私募地产投资基金投资运作全流程法律实务解析

Legal Practice Analysis of The Whole Process of Investment and Operation of Private Real Estate Investment Funds

段永强 / 编著

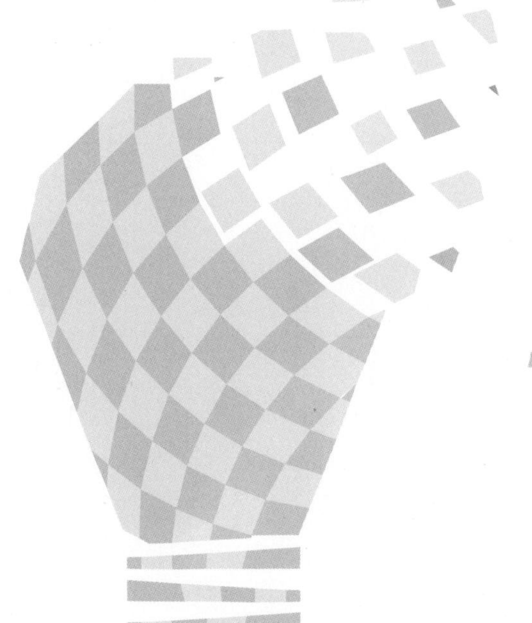

序　言

私募地产投资基金，顾名思义即以房地产及其相关权益为投资方向的私募地产投资基金。中国证券投资基金业协会发布的《有关私募投资基金“业务类型/基金类型”和“产品类型”的说明》将私募地产投资基金定义为从事一级房地产项目开发的私募投资基金，包括采用夹层方式进行投资的房地产投资基金。实践中，私募地产投资基金的投资范围与中国证券投资基金业协会定义的投资范围有很大区别，其投资范围有一级开发、二级开发、物业收购、物业改造、旧城改造、棚户区改造、房屋按揭银行余款、租金收（受）益权、项目公司股权收益权、其他收（受）益权、REITs份额权益、私募投资基金份额以及可能出现的债转股（主要针对地产开发企业）等，投资范围非常广泛。鉴于中国持续多年的房地产二级市场的迅猛增长以及高溢价、高回报，现在中国市场上比较成熟的私募地产投资基金管理公司主要在从事房地产二级市场的投资，投资房地产一级开发项目的私募地产投资基金管理公司相对较少并且规模较小。从私募地产投资基金投资方式来说，私募地产投资基金管理公司广泛采取债权模式（2018年1月12日，中国证券投资基金业协会发布的《中国证券投资基金业协会私募投资基金备案须知》已经基本禁止债权型投资，但2018年4月中基协会长洪磊在中国母基金百人论坛上的讲话指出，将针对股权、债权、收益权三类投资，推出有针对性的备案须知，明显又释放出可以做债权型投资的信号，债权型投资如何操作现在尚未可知。）股权模式、夹层模式、并购模式以及受让收（受）益权等方式进行投资，但受市场形势、投资风格、风险偏好、政策导向多重因素的影响，不同的公司对上述投资方式有不同的偏好，各种投资模式在基金管理公司业务中所占的比重也有较大的区别。总的来说，私募地产投资基金从事债权投资的比较多。从私募地产投资基金投资期限来说，有短期投资（半年）、中期投资（一年到三年）、长期投资（三年以上），投资期限与投资方式、投资风格、风险偏好、市场环境、投后能力联系比较紧密，债权投资期限相对来说中短期比较多，基金管理人风险偏好比较低，主要寻求稳定收益。股权投资相对来说中长期比较多，基金管理人风险偏好比较高，主要寻求高额回报。从私募地产投资基金投资物业的类型来说，有住宅地产、商业地产、办公地产、物流仓储地产等。不同的物业类型对资金的成本、期限、规模、投资方式等强度的要求不同决定了募集资金来源的差异。

总体来说，中国本土私募地产投资基金发展的时间并不长，管理能力还比较弱，但发展的速度很快并涌现了一批优秀的私募投资基金管理公司。在这些基金管理公司中，有单纯的市场化独立运作的基金管理公司，也有依托母公司房地产开发企业的基金管理公司；有单纯的民营企业，也有许多中央企业所属的基金管理公司。不同的股东背景决定了这些基金管理公司获取项目的能力、获取资金的能力、与项目方的议价能力、与资金方的议价能力、项目投后的管控能力、项目出现风险时的处置能力的巨大差异，进而决定了基金管理公司风险承受能力和生存发展空间的巨大差异。在市场化优胜劣汰的过程中，一大批优秀的基金管理公司和投资经理脱颖而出，为自己在市场上占据了一席空间。基金管理公司最终依靠的还是主动管理能力和募资投资能力，长期依靠母公司输液的基金管理公司因为长期的依赖性和寄生性会导致后天发育严重不良，在优胜劣汰的市场竞争中能否生存以及生存的效果具有不确定性。同时，从金融风险的角度来说，具有直接或间接控股关系的房地产开发公司与基金管理公司不可避免的会进行业务合作，实践中甚至存在基金管理公司只为股东房地产开发公司的项目提供融资、进行输血的情形。这种自投自融与关联交易的业务模式无疑存在巨大的利益冲突和道德风险，基金管理人及其房地产开发公司极有可能相互串通损害投资人的利益。因此，如何公平保护投资者的合法权益并对此种类型的基金管理公司进行规制，是监管机构面临的一个重大问题，相信监管机构会对这种基金管理公司给出具体的规范。

中国房地产金融市场是一个深受监管政策影响的市场，市场各要素与参与主体对政府的监管政策都极为敏感。纵观近几年的房地产和金融调控政策，不同时期、不同紧张程度的监管政策对市场形势具有极大的冲击作用。一旦政策偏松，房地产市场与金融市场就会剧烈膨胀和发展，许多利益相关主体都会在这个过程中分享巨大的收益；一旦政策偏紧，房地产市场和金融市场就会急速地紧缩和萎谢，过于激进的投资者在此过程中避免不了被淘汰的命运。受益于中国这些年积极的财政政策和稳健中性的货币政策，并伴随着中国住房制度改革的背景，中国房地产业和金融业都获得了快速发展，造就了一批世界级体量的房地产开发企业、房地产新贵、金融企业以及金融新富。在这个过程中，金融与房地产互相借力甚至合为一体（主要是指房地产开发企业控股银行或非银行金融机构为自己输血）、交相支撑、相互呼应、共进共退，中国的房地产市场与房地产金融市场也在这一张一弛的调控节奏中跌宕起伏，上演着一出出精彩绝伦的大戏。借着房地产发展的东风，中国私募地产投资基金市场也在这个起起伏伏的市场波动中，从无到有、从弱到强、从无序到有序、从模糊到清晰，一步步发展壮大起来，拥有了自己的品牌。但是作为新生的尚需成长的事物，中国私募地产投资基金还相当不成熟，整体管理规模较小、业务模式比较单一、盈利模式也比较简单、内控规范性比较差、主动管理能力欠缺，总体来说还比较稚嫩，与国外知名地产投资基金还有很大差距。相信随着经济结构的调整和房地产金融市场的日渐成熟、日益规范和日益完善，众多私募地产投资基金管理人会不断地锻炼和充实自己，增强主动管理能力，发展出多种业务模式，减小与世界级优秀私募地产投资基金的差距。

从律师或法律工作者的角度介入私募地产投资基金业务，从事这方面的法律工作，至少应具备以下几个方面的专业知识。第一，私募投资基金方面的法律知识。私募投资基金作为一门专门的法律业务，具有自己独特的法律特征，因此需要具备这方面的专业能力。这里需要强调的是，因为私募投资基金的法律形式或载体不同，如契约型私募投资基金、有限合伙型私募投资基金、公司型私募投资基金以及信托型私募投资基金等，在从事这方面的业务时，需要律师或法律工作者具备合伙企业法、公司法以及信托方面的专业知识。第二，房地产金融方面的专业知识。私募地产投资基金作为一种金融产品，私募投资基金管理公司作为金融公司，具有非常典型的金融特征。因此，在从事房地产方向的投资业务尤其是借助金融持牌机构从事投资业务时，必须熟悉中国金融监管领域对房地产方向的金融管制政策，防止出现违法违规行为而被金融监管机构处罚。第三，房地产方面的专业知识。术业有专攻，房地产业务作为律师业务中非常重要的一块，从事私募地产投资基金的律师应该对该项业务有非常清晰细致的了解，知悉房地产行业的监管政策、行政许可备案程序、开发运作流程以及重要的风险节点。只有这样才能在私募投资基金对接地产开发项目时做到有备无患，对整个项目的风险高低程度有清晰的判断和掌控。总的来说，私募地产投资基金是一个比较综合的业务模块，要求从事这方面业务的律师具有综合的业务能力。比较庆幸的是，中国的私募地产投资基金发展的时间并不长，房地产金融监管也不是太复杂。因此，私募投资基金方面的法律还比较简单。同时，中国的地产金融政策相对来说也比较容易掌握。所以，对于想从事私募地产投资基金的律师或法律工作者来说，进入这一领域的门槛其实并不是太高。但是中国的房地产政策相对来说比较复杂也比较繁琐。因此，对于以前没有从事房地产业务的律师或法律工作者来说，如果要补这方面的课，需要付出的时间或精力可能就要多一些。

段永强

2018 年 9 月 5 日

目　录

索引 …… 1

第一章　私募地产投资基金的募集

第一节　私募地产投资基金募集行为概述 …… 1
第二节　私募地产投资基金募集流程及其涉及的法律文件 …… 3
一、私募地产投资基金的特定对象确定程序 …… 4
二、私募地产投资基金投资者信息表的制作 …… 5
三、私募地产投资基金投资者的风险评级 …… 16
四、私募地产投资基金产品或服务风险等级的评估 …… 34
五、私募投资基金投资者与私募投资基金的适当性匹配 …… 38
六、私募投资基金的宣传、推介 …… 46
七、私募投资基金管理人宣传、推介 …… 65
八、私募地产投资基金的风险揭示 …… 66
九、私募投资基金合格投资者的确认 …… 75
十、私募地产投资基金合同的设计与制作 …… 78
十一、私募地产投资基金投资冷静期以及冷静期后的回访确认 …… 179
第三节　委托第三方募集机构（财富中心）募集 …… 182
第四节　开立银行募集监管账户、银行托管账户 …… 193
第五节　私募地产投资基金募集过程中的其他事宜 …… 235
一、对私募基金投资者支付投资款项的确认 …… 235

二、基金管理人或基金出具私募投资基金成立公告 …………………… 236
三、办理工商机关的设立、变更登记手续（以合伙企业为例，以北京为例） …………………………………………………………… 237
四、私募地产投资基金在中国证券投资基金业协会的备案 ………… 253

第二章 私募地产投资基金的投资

第一节 私募地产投资基金的对外投资概述 …………………………… 256
第二节 地产投资项目信息的收集 ……………………………………… 258
一、项目信息登记 ……………………………………………………… 258
二、采集项目融资要素 ………………………………………………… 258
三、获取地产项目商业计划书 ………………………………………… 260
第三节 私募地产投资基金项目的立项 ………………………………… 312
第四节 私募地产投资基金项目的尽职调查 …………………………… 372
一、投资方与融资方签署项目保密协议 ……………………………… 373
二、投资方与融资方签署投资意向书 ………………………………… 377
三、投资方与中介机构签署尽职调查委托协议 ……………………… 380
四、律师事务所向基金管理人提供法律尽职调查清单与出具尽职调查报告 ………………………………………………………………… 384
第五节 风险管理部出具风险审查报告 ………………………………… 401
第六节 投资决策委员会进行投资决策 ………………………………… 405
第七节 基金管理人或基金与融资方签署投资协议等系列法律文件 …… 442
一、基金管理人等与融资方签署投资主协议 ………………………… 442
二、基金管理人或基金与银行、借款人签署委托贷款协议 ………… 464
三、相关主体签署担保合同 …………………………………………… 494
四、基金管理人或基金与融资方等签署股权转让（增资）合同与公司章程 ……………………………………………………………… 532
第八节 私募投资基金办理强制执行公证书与申请执行证书 ………… 552

第九节 私募地产投资基金的跟投机制 …… 556

第三章 私募地产投资基金的投后管理

第一节 私募地产投资基金的投后管理概述 …… 560
第二节 私募地产投资基金投后管理涉及的主要工作 …… 562
一、项目公司治理层面的管控 …… 563
二、项目公司运营层面的管控 …… 565
三、私募地产投资基金的信息披露 …… 567
四、私募地产投资基金的信息报送 …… 589
五、私募地产投资基金的项目复盘 …… 589
六、私募地产投资基金的风险预警 …… 590
七、私募地产投资基金的增值服务 …… 591
八、私募地产投资基金的投后管理报告 …… 591

第四章 私募地产投资基金的退出

第一节 私募地产投资基金的退出概述 …… 599
第二节 私募地产投资基金的退出 …… 600
一、正常情况下的私募地产投资基金退出 …… 600
二、非正常情况下的私募地产投资基金的退出 …… 639

索 引

第一章 私募地产投资基金的募集

（1）示范文本：投资者基本信息表参考模板（自然人） …………………… 6

（2）示范文本：投资者基本信息表参考模板（机构） …………………… 7

（3）示范文本：投资者基本信息表参考模板（产品） …………………… 9

（4）示范文本：专业投资者确认函参考模板 …………………… 11

（5）示范文本：普通投资者转为专业投资者参考模板 …………………… 14

（6）示范文本：专业投资者转为普通投资者参考模板 …………………… 15

（7）示范文本：中国证券投资基金业协会私募投资基金投资者风险测评问卷参考模板（个人版） …………………… 18

（8）示范文本：中国证券投资基金业协会基金投资者风险测评问卷参考模板（机构版） …………………… 20

（9）示范文本：中国证券投资基金业协会私募投资基金投资者风险问卷调查内容与格式指引（个人版） …………………… 24

（10）示范文本：现实版投资者风险识别能力和承受能力调查问卷（个人） …………………… 28

（11）示范文本：现实版投者风险识别能力和承受能力调查问卷（机构） …………………… 31

（12）示范文本：中国证券投资基金业协会基金产品或服务风险等级划分参考标准 …………………… 37

（13）示范文本：投资者风险匹配告知书及投资者确认函参考模板 ········ 44
（14）示范文本：风险不匹配警示函及投资者确认书参考模板 ················ 45
（15）示范文本：私募地产投资基金募集说明书 ···························· 50
（16）示范文本：私募投资基金管理人宣传推介材料（框架） ················ 65
（17）示范文本：中国证券投资基金业协会私募地产投资基金风险揭示书 ·························· 67
（18）示范文本：现实版私募地产投资基金风险揭示书 ························ 71
（19）示范文本：私募地产投资基金合格投资者确认函 ························ 77
（20）示范文本：中国证券投资基金业协会契约型私募投资基金合同 ························ 79
（21）示范文本：现实版契约型私募地产投资基金合同 ························ 96
（22）示范文本：中国证券投资基金业协会合伙型私募投资基金合同 ························ 131
（23）示范文本：现实版合伙型私募投资基金合同 ························ 135
（24）示范文本：中国证券投资基金业协会公司型私募投资基金合同 ························ 164
（25）示范文本：现实版公司型私募投资基金合同 ························ 166
（26）示范文本：私募地产投资基金认购意向书 ························ 179
（27）示范文本：私募地产投资基金冷静期后的回访确认函 ························ 181
（28）示范文本：××私募投资基金募集服务协议 ························ 184
（29）示范文本：募集结算资金专用账户监督协议 ························ 195
（30）示范文本：××私募投资基金托管协议 ························ 207
（31）示范文本：××私募投资基金不予托管说明 ························ 234
（32）示范文本：××私募投资基金投资确认书 ························ 235
（33）示范文本：××私募投资基金成立公告 ························ 237
（34）示范文本：内资合伙企业设立登记一次性告知单（北京） ········ 239
（35）示范文本：内资合伙企业变更登记（备案）一次性告知单 ········ 245
（36）示范文本：基金备案承诺函 ························ 254
（37）示范文本：私募投资基金备案证明 ························ 255

第二章　私募地产投资基金的投资

（1）示范文本：项目信息登记表格 …… 258
（2）示范文本：××项目融资要素申请表 …… 259
（3）示范文本：××地产项目商业计划书 …… 261
（4）示范文本：××地产项目可行性研究报告 …… 313
（5）示范文本：××地产项目立项申请表 …… 371
（6）示范文本：××地产项目立项决策表 …… 372
（7）示范文本：××项目尽职调查保密协议 …… 373
（8）示范文本：××项目投资意向书 …… 377
（9）示范文本：××地产项目专项法律服务合同 …… 381
（10）示范文本：××地产项目法律尽职调查清单 …… 384
（11）示范文本：××地产项目法律尽职调查报告 …… 393
（12）示范文本：××地产项目风险审查报告 …… 401
（13）示范文本：××地产项目投资决策申请表 …… 405
（14）示范文本：××地产项目投资决策申请报告 …… 406
（15）示范文本：××地产项目投资决策决议 …… 441
（16）示范文本：××项目投资协议 …… 443
（17）示范文本：××项目委托贷款合同 …… 465
（18）示范文本：××项目委托贷款委托合同 …… 477
（19）示范文本：××项目委托贷款借款合同 …… 484
（20）示范文本：××项目抵押合同 …… 494
（21）示范文本：××项目质押协议 …… 507
（22）示范文本：××项目保证协议 …… 521
（23）示范文本：关于【××项目公司】股权转让协议 …… 532
（24）示范文本：××项目有限公司章程 …… 548
（25）示范文本：强制执行公证书 …… 553
（26）示范范本：执行证书 …… 554

(27) 示范文本：基金份额（有限合伙财产份额）代持协议书 ………… 556

第三章 私募地产投资基金的投后管理

(1) 示范文本：项目公司股东会、董事会权力设置与表决机制 ………… 563
(2) 示范文本：项目公司日常运营管控的约定 ………………………… 566
(3) 示范文本：私募投资基金信息披露内容与格式指引 2 号 – 适用于私募股权（含创业）投资基金使用说明 ………… 568
(4) 示范文本：××私募地产投资基金投后管理报告格式 ……………… 592

第四章 私募地产投资基金的退出

(1) 示范文本：关于××有限公司股权回购协议 ……………………… 602
(2) 示范文本：××房地产公司股权价值评估报告 ……………………… 606
(3) 示范文本：××项目投资事宜终止协议 …………………………… 638

第一章 私募地产投资基金的募集

第一节 私募地产投资基金募集行为概述

私募地产投资基金的募集，顾名思义即私募地产投资基金的基金管理人或募集机构寻找外部投资人或外部投资资金的过程。私募投资基金最基本的工作就是资金募集，如果没有募集资金，私募投资基金便成了无源之水、无本之木。受资金市场形势和政策调控导向的影响，私募地产投资基金的资金募集工作有时比较简单容易，有时比较复杂困难。中国房地产市场是一个深受政策影响并以政策为导向的市场，而私募地产投资基金又是依附于房地产市场的客观存在，这也直接导致私募地产投资基金深受国家地产政策的影响，二者的依附和传动关系非常明显。在国家地产政策比较宽松的时期，货币和财政政策相对来说比较宽松，资金募集相对来说比较容易和顺利，募集资金的成本相对来说也比较低，私募地产投资基金的发展也比较迅速。而在国家地产政策比较紧张的时期，货币和财政政策相对来说也比较偏紧，资金募集相对来说就比较困难，募集资金的成本相对来说也比较高，私募地产投资基金的发展也比较缓慢。当然，从资金募集来说，房地产政策仅是影响资金募集的一个方面，私募机构的合伙人背景、私募机构的企业社会声誉、私募机构的项目经验、私募机构的主动管理能力、私募机构的历史业绩等等都会对私募机构的资金募集产生一定影响，但上述因素都没有政策因素影响力那么大。

私募机构募集的对象有持牌金融机构，譬如银行、券商、基金、保险等机构，也有市场投资机构和散户。因募集对象的不同以及上述对象的受监管要求不同，各机构对基金管理机构的要求以及对项目的管控程度会有很大差异。如一些金融持牌机构对基金管理人要求比较高，有非常苛刻的准入要求和条件，如基金管理人注册资本必须一亿以上（必须实缴）、以往项目管理规模必须100亿人民币以上、项目投资规模必须500亿以上、必须已经顺利退出3个以上的投资项目、已退项目的年化收益率IRR不得低于20%、不得出现过基金未兑付或延期兑付的情形等等，只有符合其准入要求才可能进入其机构备选池。除基金管理人主体的准入标准外，这些持牌机构对于项目也有更加严苛的投资限制，如必须是一线城市和核心地段、必须是前五十强的知名开发商、单项目投资不得超过资金募集规模的20%、单主体的项目投资额度不得超过资金募集规模的20%、必须设置抵押权并且抵押率不得超过50%以及必须向项目派驻董事、财务总监，董事必须有一票否决权等等。但是对于另一些比较市场化运营的持牌机构、第三方财富中心来说，主要看中的还是基金管理人合伙人背景和以往基金管理经验，基金管理公司的过往项目投资数量和项目退出数量、退出项目的收益率，是否存在问题项目以及基金管理团队的职业操守等等，准入的门槛相对来说比较低。因此，对于基金管理人来说，针对不同的资金募集对象，应该有一个比较准确的认知，采取不同的应对策略，明确不同的资金提供主体的不同要求和准入条件，避免时间和精力上不必要的浪费和损失。

鉴于近几年私募投资基金的发展乱象，尤其是非法集资的大量存在，资金募集向来是监管机构关注的重点。中国证券投资基金业协会成立后，在基金募集方面先后发布了《私募投资基金募集行为管理办法》《证券期货投资者适当性管理办法》《基金募集机构投资者适当性管理实施指引（试行）》等规定，重点打击非法集资的乱象，着力规范私募投资基金行业的基金募集行为，足以说明私募投资基金监管机构对于基金募集这一块的重视。从特定对象确定程序、募集机构的公开宣传、基金的宣传、合格投资者的信息采集、合格投资者的风险评估、产品风险等级评估、投资者适当性匹配、基金风险揭示、合格投资者确认、基金合同签署、投资冷静期、冷静期后回访确认、普通投资者和专业投资者的界定以及二者的转换等，中国证券投资基金业协会都做了细致的规定，为基金管理人提供了清晰的、合法的募集路径，为投资者投资提供了标准化的投资流程，从而有利于建立合法、有序、安全的投资者保护程序，也从另一面为基金管理人和募集机构定制了法定的、标准化的游戏规则。可以设想，随着上述法律法规以及相关规定的逐步实行、不断修正、不断宣传，监管机构对投资者教育的不断进行，投资者的投资判断能力、投资甄别能力会越来越强，投资风险意识会越来越敏锐，投资知识和经验越来越丰富，而这也会反向刺激和促进基金管理人和募集机构在基金运作合规管理方面越来越规范，在风险控制方面越来越完善，在投资能力方面越来越深化，私募地产投资基金也会在这二者的互动过程中逐渐成熟。

第二节　私募地产投资基金募集流程及其涉及的法律文件

鉴于私募投资基金的募集历来是监管机构关注的重点，特别容易触犯非法集资的红线，因此，基金管理人应该特别注意私募投资基金募集的合规管理工作，规范募集程序并按照法律规定制作募集文件等。私募地产投资基金募集过程中涉及的文件很繁杂，主要有投资者信息表（产品、机构、自然人）、私募地产投资基金专业投资者确认函、普通投资者转为专业投资者申请书、专业投资者转为普通投资者申请书、投资者转化（专业转普通）、投资者转化（普通转专业）、私募投资基金投资者风险测评问卷（个人版、机构版）、私募投资基金产品或服务风险等级划分标准、投资者风险匹配告知书及投资者确认函、风险不匹配警示函及投资者确认书、私募投资基金募集说明书（或募集简章）、私募投资基金管理人推介宣传文件、私募投资基金风险揭示书、私募投资基金合格投资者确认函、私募投资基金合同（契约型私募投资基金合同、合伙型私募投资基金合同以及公司型私募投资基金合同等）、私募投资基金冷静期后的回访确认函、私募投资基金投资款项确认函、私募投资基金成立公告、私募投资基金募集服务协议、私募投资基金募集结算资金专用账户监督协议、私募投资基金托管协议、私募投资基金备案承诺函等等。为规范各私募投资基金管理人起草的各类基金的法律文件，中国证券投资基金业协会制定了许多文件的示范文本，供各基金管理人在实际工作过程中进行参考。但是鉴于实践中各基金管理人设计的基金产品不同并且情形各异，上述示范文件有些内容可能并不完全适用或如果适用的话，经济成本比较高，因此各基金管理人应结合具体的基金产品对上述示范文件进行适当的修改。同时建议各基金管理人尽量不要对上述示范文件进行比较大的结构性改变，以免在基金的备案过程中造成不必要的麻烦和障碍，增加监管机构反馈意见的次数，增加基金时间和经济上的成本。下面将按照中国证券投资基金业协会制定的私募投资基金的募集程序，依次介绍私募地产投资基金募集过程中涉及的法律文本，供私募地产投资基金从业者在业务活动中进行参考。

一、私募地产投资基金的特定对象确定程序

私募投资基金不同于公募投资基金的本质区别就在于其非公开性，即私募投资基金不得公开募集资金，必须针对特定对象进行募集。2016 年 7 月 15 日起施行《私募投资基金募集行为管理办法》第十五条规定，私募投资基金募集应当履行下列程序：（一）特定对象确定；（二）投资者适当性匹配；（三）基金风险揭示；（四）合格投资者确认；（五）投资冷静期；（六）回访确认。第十七条规定，募集机构应当向特定对象宣传推介私募投资基金。未经特定对象确定程序，不得向任何人宣传推介私募投资基金。第十八条规定，在向投资者推介私募投资基金之前，募集机构应当采取问卷调查等方式履行特定对象确定程序，对投资者风险识别能力和风险承担能力进行评估。投资者应当以书面形式承诺其符合合格投资者标准。投资者的评估结果有效期最长不得超过 3 年。募集机构逾期再次向投资者推介私募投资基金时，需重新进行投资者风险评估。同一私募投资基金产品的投资者持有期间超过 3 年的，无须再次进行投资者风险评估。投资者风险承担能力发生重大变化时，可主动申请对自身风险承担能力进行重新评估。第二十条规定，募集机构通过互联网媒介在线向投资者推介私募投资基金之前，应当设置在线特定对象确定程序，投资者应承诺其符合合格投资者标准。前述在线特定对象确定程序包括但不限于：（一）投资者如实填报真实身份信息及联系方式；（二）募集机构应通过验证码等有效方式核实用户的注册信息；（三）投资者阅读并同意募集机构的网络服务协议；（四）投资者阅读并主动确认其自身符合《私募办法》第三章关于合格投资者的规定；（五）投资者在线填报风险识别能力和风险承担能力的问卷调查；（六）募集机构根据问卷调查及其评估方法在线确认投资者的风险识别能力和风险承担能力。因此，特定对象确定程序是私募地产投资基金管理人推介私募地产投资基金并进行资金募集的第一道程序，鉴于该程序中国证券投资基金业协会的规定比较明确并且比较简单，在此就不再详述该道程序。

二、私募地产投资基金投资者信息表的制作

1. 私募投资基金投资者信息采集

《证券期货投资者适当性管理办法》第六条规定，经营机构向投资者销售产品或者提供服务时，应当了解投资者的下列信息：（一）自然人的姓名、住址、职业、年龄、联系方式，法人或者其他组织的名称、注册地址、办公地址、性质、资质及经营范围等基本信息；（二）收入来源和数额、资产、债务等财务状况；（三）投资相关的学习、工作经历及投资经验；（四）投资期限、品种、期望收益等投资目标；（五）风险偏好及可承受的损失；（六）诚信记录；（七）实际控制投资者的自然人和交易的实际受益人；（八）法律法规、自律规则规定的投资者准入要求相关信息；（九）其他必要信息。第三十三条规定，投资者购买产品或者接受服务，按规定需要提供信息的，所提供的信息应当真实、准确、完整。投资者根据本办法第六条规定所提供的信息发生重要变化、可能影响其分类的，应当及时告知经营机构。投资者不按照规定提供相关信息，提供信息不真实、不准确、不完整的，应当依法承担相应法律责任，经营机构应当告知其后果，并拒绝向其销售产品或者提供服务。

《基金募集机构投资者适当性管理指引（试行）》第十八条规定，基金募集机构要根据自然人投资者、机构投资者、金融机构理财产品的各自特点，向投资者提供具有针对性的投资者信息表。基金募集机构要设计风险测评问卷，并对普通投资者进行风险测评。第二十条规定，了解投资者信息要包含但不限于《办法》[①] 第六条所规定的内容。自然人投资者还要提供有效身份证件、出生日期、性别、国籍等信息。《办法》第八条第一款所述机构作为投资者的，还要向基金募集机构提供营业执照、开展金融相关业务资格证明、机构负责人或者法定代表人信息、经办人身份信息等资料。《办法》第八条第二款所述产品作为投资者的，要向基金募集机构提供产品成立、备案证明文件等资料及参照金融机构要求提交该产品管理人的机构信息。基金募集机构要告知投资者对其所填资料的真实性、有效性、完整性负责。第二十一条规定，基金募集机构在为投资者开立账户时，要以纸质或者电子文档的形式，向投资者提供信息表，要求其填写相关信息，并遵循以下程序：（一）基金募

---

① 编者注：该《办法》为《证券期货投资者适当性管理办法》的简称。

集机构要执行对投资者的身份认证程序，核查投资者的投资资格，切实履行反洗钱等法律义务；（二）基金募集机构要根据投资者的主体不同，提供相应的投资者信息表；（三）基金募集机构核查自然人投资者本人或者代表金融机构及其产品的工作人员身份，并要求其如实填写投资者信息表；（四）基金募集机构要对投资者身份信息进行核查，并在核查工作结束之日起 5 个工作日内，将结果以及投资者类型告知投资者。

为采集投资者的基本信息，中国证券投资基金业协会制定了投资者基本信息参考模板供各基金管理人在实际工作中参考。实际工作中，为了解基金投资者的基本情况，投资者的投资经历、投资偏好以及其他信息，私募投资基金管理人应向投资者提供具有针对性的投资者信息表，采集投资者的相关个人信息，并依据上述已采集的信息对于投资者作出基本的判断和了解。

（1）示范文本：投资者基本信息表参考模板（自然人）

姓名		性别		年龄	
证件类型		证件号码			
国籍		职业			
职务		联系方式	座机	移动电话	
邮编		电子邮箱			
住址					
资产规模	金融资产不低于 500 万元人民币，或者最近 3 年个人年均收入不低于 50 万元人民币			□是	□否
	＊私募投资基金或者资产管理计划投资者，最近 20 个交易日金融资产均不得低于人民币 300 万元，或者最近三年个人年均收入不低于人民币 50 万元			□是	□否
投资经历	具有 2 年以上证券、基金、期货、黄金、外汇等投资经历，或者具有 2 年以上金融产品设计、投资、风险管理及相关工作经历的自然人投资者，或者属于《证券提货投资者适当性管理办法》第八条第（一）款所规定的专业投资者的高级管理人员、获得职业资格认证的从事金融相关业务的注册会计师和律师。			□是	□否
是否存在实际控制关系	否（ ），是（ ）请说明：				

续表

<table>
<tr><td>交易的实际受益人</td><td>本人（ ），他人（ ） 请说明：</td></tr>
<tr><td>是否有不良诚信记录</td><td>否（ ），是（ ） 请说明：</td></tr>
<tr><td colspan="2">本人保证资金来源的合法性和所提供资料的真实性、有效性、准确性、完整性，并对其承担责任。
投资者签字： 年 月 日
经办人签章： 募集机构盖章：
复核人签章： 年 月 日</td></tr>
<tr><td colspan="2">*注：私募投资基金投资者须符合《证券期货投资者适当性管理办法》第十四条“一定时期”的规定</td></tr>
</table>

（2）示范文本：投资者基本信息表参考模板（机构）

<table>
<tr><td>机构名称</td><td colspan="6"></td></tr>
<tr><td>*机构类型</td><td colspan="3"></td><td>机构证件类型</td><td colspan="2"></td></tr>
<tr><td>机构证件编号</td><td colspan="3"></td><td>有效期</td><td colspan="2"></td></tr>
<tr><td>机构资质证明</td><td colspan="3"></td><td>资质证书编号</td><td colspan="2"></td></tr>
<tr><td>经营范围</td><td colspan="6"></td></tr>
<tr><td>注册地址</td><td colspan="6"></td></tr>
<tr><td>办公地址</td><td colspan="6"></td></tr>
<tr><td>注册资本</td><td colspan="3"></td><td>控股股东或实际控制人</td><td colspan="2"></td></tr>
<tr><td rowspan="5">法定代表人或负责人</td><td>姓 名</td><td></td><td>性 别</td><td></td><td>年龄</td><td></td></tr>
<tr><td>证件类型</td><td></td><td>证件号码</td><td colspan="3"></td></tr>
<tr><td>职 务</td><td></td><td>电子邮箱</td><td colspan="3"></td></tr>
<tr><td>证件有效期</td><td></td><td>联系方式</td><td>座机</td><td colspan="2">移动电话</td></tr>
<tr><td>办公邮编</td><td></td><td>办公地址</td><td></td><td colspan="2"></td></tr>
</table>

续表

<table>
<tr><td rowspan="6">指定授权经办人</td><td>姓　　名</td><td></td><td>性别</td><td></td><td>年龄</td><td colspan="2"></td></tr>
<tr><td>证件类型</td><td></td><td>证件号码</td><td colspan="4"></td></tr>
<tr><td>职　　务</td><td></td><td>电子邮箱</td><td colspan="4"></td></tr>
<tr><td>证件有效期</td><td></td><td>联系方式</td><td>座机</td><td colspan="3">移动电话</td></tr>
<tr><td>办公邮编</td><td></td><td>办公地址</td><td colspan="4"></td></tr>
<tr><td>与该机构关系</td><td colspan="6"></td></tr>
<tr><td>是否为下列机构</td><td colspan="5">符合《证券期货投资者适当性管理办法》第八条第（一）款所规定的证券公司、期货公司、基金管理公司及其子公司、商业银行、保险公司、信托公司、财务公司；或在中国证券投资基金业协会登记或者备案的证券公司子公司、期货公司子公司、私募投资基金管理人；或者第（三）款所规定的合格境外机构投资者（QFII），人民币合格境外机构投资者（RQFII）；或者第（四）款的规定，最近1年末净资产不低于2000万元，最近1年末金融资产不低于1000万元，具有2年以上证券、基金、期货、黄金、外汇等投资经历。</td><td>□是</td><td>□否</td></tr>
<tr><td>资产规模</td><td colspan="5">*私募投资基金或者资产管理计划投资者，最近三个月月末资产均超过（含）人民币1000万元</td><td>□是</td><td>□否</td></tr>
<tr><td colspan="3">是否存在实际控制关系</td><td colspan="5">否（）是（　）请说明：</td></tr>
<tr><td colspan="3">交易的实际受益人</td><td colspan="5">本机构（　），其他机构或个人（　）请说明：</td></tr>
<tr><td colspan="3">是否有不良诚信记录</td><td colspan="5">否（　），是（　）请说明：</td></tr>
<tr><td colspan="8">本机构保证资金来源的合法性和所提供资料的真实性、有效性、准确性、完整性，并对其承担责任。
机构指定授权经办人签字：　　××年××月××日
经办人签章：　　募集机构盖章：
复核人签章：　　××年××月××日</td></tr>
<tr><td colspan="8">*注1：“机构类型”参照协会《基金行业数据集中备份接口规范（试行）》的规则适用
*注2：私募投资基金投资者须符合《证券期货投资者适当性管理办法》第十四条“一定时期”的规定</td></tr>
</table>

(3) 示范文本：投资者基本信息表参考模板（产品）

<table>
<tr><td>产品名称</td><td colspan="7"></td></tr>
<tr><td>产品类型</td><td colspan="3"></td><td>产品备案机构</td><td colspan="3"></td></tr>
<tr><td>成立时间</td><td colspan="3"></td><td>备案时间</td><td colspan="3"></td></tr>
<tr><td>产品备案编号</td><td colspan="3"></td><td>产品存续期</td><td colspan="3"></td></tr>
<tr><td>产品类别</td><td colspan="3"></td><td>产品规模</td><td colspan="3"></td></tr>
<tr><td>产品托管人</td><td colspan="7"></td></tr>
<tr><td rowspan="6">指定授权
经 办 人</td><td>姓名</td><td></td><td>性别</td><td></td><td>年龄</td><td colspan="2"></td></tr>
<tr><td>证件类型</td><td></td><td>证件号码</td><td colspan="4"></td></tr>
<tr><td>职务</td><td></td><td>电子邮箱</td><td colspan="4"></td></tr>
<tr><td>证件有效期</td><td></td><td>联系方式</td><td>座机</td><td colspan="3">移动电话</td></tr>
<tr><td>办公邮编</td><td></td><td>办公地址</td><td colspan="4"></td></tr>
<tr><td colspan="2">与该机构/产品关系</td><td colspan="5"></td></tr>
<tr><td>管理人名称</td><td colspan="7"></td></tr>
<tr><td>*机构类型</td><td colspan="3"></td><td>机构证件类型</td><td colspan="3"></td></tr>
<tr><td>机构证件编号</td><td colspan="3"></td><td>有效期</td><td colspan="3"></td></tr>
<tr><td>机构资质证明</td><td colspan="3"></td><td>资质证书编号</td><td colspan="3"></td></tr>
<tr><td>经营范围</td><td colspan="7"></td></tr>
<tr><td>注册地址</td><td colspan="7"></td></tr>
<tr><td>办公地址</td><td colspan="7"></td></tr>
<tr><td>注册资本</td><td colspan="3"></td><td>控股股东或
实际控制人</td><td colspan="3"></td></tr>
<tr><td>是否为
下列产品</td><td colspan="5">为《证券期货投资者适当性管理办法》第八条第（一）款机构面向投资者发行的证券公司资产管理产品、基金管理公司及其子公司产品、期货公司资产管理产品、银行理财产品、保险产品、信托产品、经行业协会备案的私募投资基金，及第（一）款规定机构发行的其他理财产品；或者为第（三）款规定的社会保障基金、企业年金等养老基金、慈善基金等社会公益基金</td><td>□是</td><td>□否</td></tr>
<tr><td>资产规模</td><td colspan="5">*私募投资基金或者资产管理计划投资者，成立规模不得低于（含）人民币 1000 万元</td><td>□是</td><td>□否</td></tr>
<tr><td colspan="2">是否存在实际控制关系</td><td colspan="6">否（　），是（　）请说明：</td></tr>
</table>

续表

<table>
<tr><td>交易的实际受益人</td><td>本人（ ），他人（ ）请说明：</td></tr>
<tr><td>是否有不良诚信记录</td><td>否（ ），是（ ）请说明：</td></tr>
<tr><td colspan="2">本管理人保证该产品资金来源的合法性和所提供资料的真实性、有效性、准确性、完整性，并对其承担责任。
机构/产品指定授权经办人签字： ××年××月××日
经办人签章： 募集机构盖章：
复核人签章： ××年××月××日</td></tr>
<tr><td colspan="2">＊注1："机构类型"参照协会《基金行业数据集中备份接口规范（试行）》的规则适用
＊注2：私募投资基金投资者须符合《证券期货投资者适当性管理办法》第十四条"一定时期"的规定</td></tr>
</table>

2. 私募投资基金投资者分类

《证券期货投资者适当性管理办法》第七条规定，投资者分为普通投资者与专业投资者。普通投资者在信息告知、风险警示、适当性匹配等方面享有特别保护。第八条规定，符合下列条件之一的是专业投资者：（一）经有关金融监管部门批准设立的金融机构，包括证券公司、期货公司、基金管理公司及其子公司、商业银行、保险公司、信托公司、财务公司等；经行业协会备案或者登记的证券公司子公司、期货公司子公司、私募投资基金管理人。（二）上述机构面向投资者发行的理财产品，包括但不限于证券公司资产管理产品、基金管理公司及其子公司产品、期货公司资产管理产品、银行理财产品、保险产品、信托产品、经行业协会备案的私募投资基金。（三）社会保障基金、企业年金等养老基金，慈善基金等社会公益基金，合格境外机构投资者（QFII）、人民币合格境外机构投资者（RQFII）。（四）同时符合下列条件的法人或者其他组织：1. 最近1年末净资产不低于2000万元；2. 最近1年末金融资产不低于1000万元；3. 具有2年以上证券、基金、期货、黄金、外汇等投资经历。（五）同时符合下列条件的自然人：1. 金融资产不低于500万元，或者最近3年个人年均收入不低于50万元；2. 具有2年以上证券、基金、期货、黄金、外汇等投资经历，或者具有2年以上金融产品设计、投资、风险管理及相关工作经历，或者属于本条第（一）项规定的专业投资者的高级管理人员、获得职业资格认证的从事金融相关业务的注册会计师和律师。前款所称金融资产，是指银行存款、股票、债券、基金份额、资产管理计划、银行理财产品、信托计划、保险产品、期货及其他衍生产品等。第九条规定，经营机构可以根据专业投资者的业务资格、投资实力、投资经历等因素，对专业投资者进行细化分类和管理。第十条规定，专业投资者之外的投资者为普通投资者。经营机构应当按照有效维护投资者合法权益的要求，综合考虑收入来源、资产状况、债务、投资知识和经验、风险偏好、诚信状况等因素，确定普通投资者的风险承受能力，对其进行细化分类和管理。《基金募集机构投资者适当性管理实施指引（试行）》第二十二条规定，符合《办法》第八条要求的投资者为专业投资者。第二十三条规定，基金募集机构要根据《办法》第八条规定，结合投资者信息表内容，对专业投资者资格进行认定。第二十四条规定，基金募集机构可以根据专业投资者的业务资格、投资实力、投资经历等因素，对专业投资者进行细化分类和管理。第二十五条规定，基金募集机构对专业投资者进行细化分类的，要向投资者提供风险测评问卷，对专业投资者的投资知识、投资经验、风险偏好进行评估，并得出相对应的风险等级。第二十六条规定，专业投资者之外的，符合法律、法规要求，可以从事基金交易活动的投资者为普通投资者。基金募集机构要按照风险承受能力，将普通投资者由低到高至少分为C1（含风险承受能力最低类别）、C2、C3、C4、C5 五种类型。

鉴于上述规定，基金管理人在对投资人信息甄别后，应对投资者进行分类，区分专业投资者与普通投资者，因为按照《私募投资基金募集行为管理办法》以及其他规定，基金管理人对二者的审慎义务是不同的。在区分完毕普通投资者和专业投资者后，如果投资者是专业投资者，建议基金管理人要求专业投资者出具确认函，确认其符合专业投资者的资格条件。

（4）示范文本：专业投资者确认函参考模板

专业投资者确认函

本人/本机构谨在此承诺：

本人/本机构为符合《证券期货投资者管理办法》第八条规定的专业投资者。

本机构符合《证券期货投资者管理办法》第八条的规定，即：

1. 最近1年末净资产不低于2000万元；

2. 最近1年末金融资产不低于1000万元；

3. 具有2年以上证券、基金、期货、黄金、外汇等投资经历。

本人符合《证券期货投资者管理办法》第八条的规定，即：

1. 金融资产不低于500万元，或者最近3年个人年均收入不低于50万元；

2. 具有2年以上证券、基金、期货、黄金、外汇等投资经历，或者具有2年以上金融产品设计、投资、风险管理及相关工作经历，或者属于《证券期货投资者管理办法》第八条第（一）项规定的专业投资者的高级管理人员、获得职业资格认证的从事金融相关业务的注册会计师和律师。

本投资者/本机构对上述内容予以确认并自愿接受由此产生的任何法律后果及风险。

客户签名/机构盖章××
日期：××

3. 私募投资基金投资者转化

《证券期货投资者适当性管理办法》第十一条规定，普通投资者和专业投资者在一定条件下可以互相转化。符合本办法第八条第（四）、（五）项规定的专业投资者，可以书面告知经营机构选择成为普通投资者，经营机构应当对其履行相应的适当性义务。符合下列条件之一的普通投资者可以申请转化成为专业投资者，但经营机构有权自主决定是否同意其转化：（一）最近1年末净资产不低于1000万元，最近1年末金融资产不低于500万元，且具有1年以上证券、基金、期货、黄金、外汇等投资经历的除专业投资者外的法人或其他组织；（二）金融资产不低于300万元或者最近3年个人年均收入不低于30万元，且具有1年以上证券、基金、期货、黄金、外汇等投资经历或者1年以上金融产品设计、投资、风险管理及相关工作经历的自然人投资者。第十二条规定，普通投资者申请成为专业投资者应当以书面形式向经营机构提出申请并确认自主承担可能产生的风险和后果，提供相关证明材料。经营机构应当通过追加了解信息、投资知识测试或者模拟交易等方式对投资者进行谨慎评估，确认其符合前条要求，说明对不同类别投资者履行适当性义务的差别，警示可能承担的投资风险，告知申请的审查结果及其理由。第十三条规定，经营机构应当告知投资者，其根据本办法第六条规定所提供的信息发生重要变化、可能影响分类的，应及时告知经营机构。经营机构应当建立投资者评估数据库并及时更新，充分使用已了解信息和已有评估结果，避免重复采集，提高评估效率。第十四条规定，中国证监会、自律组织在针对特定市场、产品或者服务制定规则时，可以考虑风险性、复杂性以及投资者的认知难度等因素，从资产规模、收入水平、风险识别能力和风险承担能力、投资认购最低金额等方面，规定投资者准入要求。投资者准入要求包含资产指标的，应当规定投资者在购买产品或者接受服务前一定时期内符合该指标。现有市场、产品或者服务规定投资者准入要求的，应当符合前款规定。

《基金募集机构投资者适当性管理实施指引（试行）》第三十条规定，符合《办法》第十一条规定的专业投资者、普通投资者可以进行转化。投资者转化效力范围仅适用于所告知、申请的基金募集机构。其他基金募集机构不得以此作为参考依据，将投资者自行转化。第三十一条规定，专业投资者转化为普通投资者的，要遵循以下程序：（一）符合转化条件的专业投资者，通过纸质或者电子文档形式告知基金募集机构其转化为普通投资者的决定；（二）基金募集机构要在收到投资者转化决定5个工作日内，对投资者的转化资格进行核查；（三）基金募集机构要在核查工作结束之日起5个工作日内，以纸质或者电子文档形式，告知投资者核查结果。第三十二条规定，普通投资者转化为专业投资者的，要遵循以下程序：（一）符合转化条件的普通投资者，要通过纸质或者电子文档形式向基金募集机构提出转化申请，同时还要向基金募集机构做出了解相应风险并自愿承担相应不利后果的意思表示；（二）基金募集机构要在收到投资者转化申请之日起5个工作日内，对投资者的转化资格进行核查；（三）对于符合转化条件的，基金募集机构要在5个工作日内，通知投资者以纸质或者电子文档形式补充提交相关信息、参加投资知识或者模拟交易等测试；（四）基金募集机构要根据以上情况，结合投资者的风险承受能力、投资知识、投资经验、投资偏好等要素，对申请者进行谨慎评估，并以纸质或者电子文档形式，告知投资者是否同意其转化的决定以及理由。第三十三条规定，基金募集机构要建立投资者评估数据库，为投资者建立信息档案，并对投资者风险等级进行动态管理。基金募集机构要充分使用已了解信息和已有评估结果，避免投资者信息重复采集，提高评估效率。第三十四条投资者评估数据库要包含但不限于以下内容：（一）投资者填写信息表及历次变动的内容；（二）普通投资者过往风险测评结果；（三）投资者风险承受能力及对应风险等级变动情况；（四）投资者历次申请转化为专业投资者或普通投资者情况及审核结果；（五）基金募集机构风险评估标准、程序等内容信息及调整、修改情况；（六）协会及基金募集机构认为必要的其他信息。第三十五条规定，基金募集机构要告知投资者，其重要信息发生变更时要及时告知基金募集机构。基金募集机构还要通过明确的公开方式，提醒投资者及时告知重大信息变更事项。

依据上述规定，具备相应条件的，普通投资者和专业投资者是可以相互转化的，普通投资者可以转化为专业投资者，专业投资者也可以转化为普通投资者，但是私募投资基金管理人应审慎审查二者转化需要具备的条件，防止出现不当转化，从而承担风险。

（5）示范文本：普通投资者转为专业投资者参考模板

普通投资者转为专业投资者

<table>
<tr><td colspan="2">投资者姓名/名称</td><td colspan="3"></td></tr>
<tr><td colspan="2">证件类型</td><td></td><td>证件号码</td><td></td></tr>
<tr><td colspan="2">授权经办人</td><td></td><td>职务</td><td></td></tr>
<tr><td colspan="2">经办人身份证号码</td><td colspan="3"></td></tr>
<tr><td>转化申请内容</td><td colspan="4">尊敬的××（机构名称）：
本人/机构名称于××年××月××日经贵司认定为普通投资者，经本人/本机构审慎考虑，现决定自愿申请转化为贵司的专业投资者。本人/本机构已充分理解专业投资者与普通投资者的区别，转化为专业投资者后，将自主承担可能产生的风险和后果。本人/机构承诺所提供材料真实、准确、完整。
特此申请
投资者（自然人签字/机构签章、授权代表人签字）
××年××月××日</td></tr>
</table>

续表

<table>
<tr><td rowspan="8">基金销售机构复核内容</td><td>专业投者类型</td><td>复核内容</td><td colspan="2">是否符合</td></tr>
<tr><td rowspan="3">机构投资者</td><td>最近 1 年末净资产不低于 1000 万元人民币</td><td>□是</td><td>□否</td></tr>
<tr><td>最近 1 年末金融资产不低于 500 万元人民币</td><td>□是</td><td>□否</td></tr>
<tr><td>为具有 1 年以上证券、基金、期货、黄金、外汇等投资经历的除专业投资者外的法人或其他组织</td><td>□是</td><td>□否</td></tr>
<tr><td rowspan="2">自然人投资者</td><td>金融资产不低于 300 万元人民币，或者最近 3 年个人年均收入不低于 30 万元人民币</td><td>□是</td><td>□否</td></tr>
<tr><td>为具有 1 年以上证券、基金、期货、黄金、外汇等投资经历，或者具有 1 年以上金融产品设计、投资、风险管理及相关工作经历的自然人投资者。</td><td>□是</td><td>□否</td></tr>
<tr><td rowspan="2">补充材料</td><td>是否补充提交材料，对以往投资经历、投资经验以及投资知识相关情况进行说明</td><td>□是</td><td>□否</td></tr>
<tr><td>是否参加本销售机构举办的投资知识测试或者模拟交易</td><td>□是</td><td>□否</td></tr>
<tr><td>复核结论</td><td colspan="4">我司于××年××月××日依据相关规定将该投资者认定为普通投资者。经复核，该投资者符合《证券期货投资者适当性管理办法》第十一条规定的转化条件，并履行了该办法第十二条规则要求，且无其他不得转化情况，我司经过审慎考虑，现批准将其转化为专业投资者（可注明对应等级）。
复核人（一）：　　　　复核人（二）：
募集机构签章：　　　　主管领导签字：
××年××月××日</td></tr>
</table>

（6）示范文本：专业投资者转为普通投资者参考模板

专业投资者转为普通投资者申请表

<table>
<tr><td>投资者姓名/名称</td><td colspan="3"></td></tr>
<tr><td>证件类型</td><td></td><td>证件号码</td><td></td></tr>
<tr><td>授权经办人</td><td></td><td>职务</td><td></td></tr>
<tr><td>授权经办人身份证号码</td><td colspan="3"></td></tr>
</table>

续表

转化告知内容	尊敬的××（机构名称）： 本人/机构名称于××年××月××日经贵司认定为专业投资者，经本人/本机构审慎考虑，现决定自愿转化为贵司的普通投资者。该转化效力自贵司确认之日起及于所有在贵司销售的、匹配该等级普通投资者的基金产品或服务。 本人/机构自贵司确认转化为普通投资者之日起，适用普通投资者相关规则从事基金交易活动。 投资者（自然人签名/机构签章、授权代表人签名） ××年××月××日
复核结论	我司于××年××月××日依据《证券期货投资者适当性管理办法》第八条第（四）或（五）项将该投资者认定为专业投资者。经复核，该投资者符合相关转化规定条件，且无其他不得转化情况，现对其转化为普通投资者（可注明对应等级）决定予以核准、确认。 复核人（一）： 复核人（二）： 主管领导签字： 募集机构签章： ××年××月××日

三、私募地产投资基金投资者的风险评级

《私募投资基金募集行为管理办法》第十七条规定，募集机构应当向特定对象宣传推介私募投资基金。未经特定对象确定程序，不得向任何人宣传推介私募投资基金。第十八条规定，在向投资者推介私募投资基金之前，募集机构应当采取问卷调查等方式履行特定对象确定程序，对投资者风险识别能力和风险承担能力进行评估。投资者应当以书面形式承诺其符合合格投资者标准。投资者的评估结果有效期最长不得超过3年。募集机构逾期再次向投资者推介私募投资基金时，需重新进行投资者风险评估。同一私募投资基金产品的投资者持有期间超过3年的，无须再次进行投资者风险评估。投资者风险承担能力发生重大变化时，可主动申请对自身风险承担能力进行重新评估。第十九条规定，募集机构应建立科学有效的投资者问卷调查评估方法，确保问卷结果与投资者的风险识别能力和风险承担能力相匹配。募集机构应当在投资者自愿的前提下获取投资者问卷调查信息。问卷调查主要内容应包括但不限于以下方面：（一）投资者基本信息，其中个人投资者基本信息包括身份信息、年龄、学历、职业、联系方式等信息；机构投资者基本信息包括

工商登记中的必备信息、联系方式等信息；（二）财务状况，其中个人投资者财务状况包括金融资产状况、最近三年个人年均收入、收入中可用于金融投资的比例等信息；机构投资者财务状况包括净资产状况等信息；（三）投资知识，包括金融法律法规、投资市场和产品情况、对私募投资基金风险的了解程度、参加专业培训情况等信息；（四）投资经验，包括投资期限、实际投资产品类型、投资金融产品的数量、参与投资的金融市场情况等；（五）风险偏好，包括投资目的、风险厌恶程度、计划投资期限、投资出现波动时的焦虑状态等。《私募投资基金投资者问卷调查内容与格式指引（个人版）》详见附件一。《私募投资基金监督管理暂行办法》第十六条规定，私募投资基金管理人自行销售私募投资基金的，应当采取问卷调查等方式，对投资者的风险识别能力和风险承担能力进行评估，由投资者书面承诺符合合格投资者条件；应当制作风险揭示书，由投资者签字确认。私募投资基金管理人委托销售机构销售私募投资基金的，私募投资基金销售机构应当采取前款规定的评估、确认等措施。投资者风险识别能力和承担能力问卷及风险揭示书的内容与格式指引，由基金业协会按照不同类别私募投资基金的特点制定。第十八条规定，投资者应当如实填写风险识别能力和承担能力问卷，如实承诺资产或者收入情况，并对其真实性、准确性和完整性负责。填写虚假信息或者提供虚假承诺文件的，应当承担相应责任。

《基金募集机构投资者适当性管理实施指引（试行）》第二十六条规定，专业投资者之外的，符合法律、法规要求，可以从事基金交易活动的投资者为普通投资者。基金募集机构要按照风险承受能力，将普通投资者由低到高至少分为C1（含风险承受能力最低类别）、C2、C3、C4、C5五种类型。第二十七条规定，基金募集机构向普通投资者以纸质或者电子文档形式提供风险测评问卷，对其风险承受能力进行测试，并遵循以下程序：（一）基金募集机构要核查参加风险测评的投资者或机构经办人员的身份信息；（二）基金募集机构以及工作人员在测试过程中，不得有提示、暗示、诱导、误导等行为对测试人员进行干扰，影响测试结果；（三）风险测评问卷要在填写完毕后5个工作日内，得出相应结果。第二十八条规定，基金募集机构要根据投资者信息表、风险测评问卷以及其他相关材料，对普通投资者风险等级进行综合评估，并在评估工作结束之日起5个工作日内，告知投资者风险等级评估结果。第二十九条规定，基金募集机构可以将C1中符合下列情形之一的自然人，作为风险承受能力最低类别投资者：（一）不具有完全民事行为能力；（二）没有风险容忍度或者不愿承受任何投资损失；（三）法律、行政法规规定的其他情形。

为保护投资者权益，避免投资者进行不适当投资从而面临不适当性风险，私募投资基金管理人应对投资者进行风险测评，借以了解投资者的风险承受能力。风险测评问卷是私募基金管理人对投资者的风险承受能力进行评估的基本工具，通过问卷调查最终确认投资者可以承受的风险等级，以便私募投资基金募集机构为投资者确定是否符合所购买的基金风险等级作出判断，或者为投资者寻找符合其风险承受等级的产品。

（7）示范文本：中国证券投资基金业协会私募投资基金投资者风险测评问卷参考模板（个人版）

《基金募集机构投资者适当性管理实施指引（试行）》发布时的示范文本

基金投资者风险测评问卷参考模板（个人版）

投资者姓名：____________ 填写日期：____________

风险提示：基金投资需承担各类风险，本金可能遭受失。同时，还要考虑市场风险、信用风险、流动风险、操作风险等各类投资风险。您在基金认购过程中应当注意核对自己的风险识别和风险承受能力，选择与自己风险识别能力和风险承受能力相匹配的私募投资基金。

1. 您的主要收入来源是：

A. 工资、劳务报酬

B. 生产经营所得

C. 利息、股息、转让等金融性资产收入

D. 出租、出售房地产等非金融性资产收入

E. 无固定收入

2. 您的家庭可支配年收入为（折合人民币）：

A. 50 万元以下　　B. 50 万 ~100 万元

C. 100 万 ~500 万元　　D. 500 万 ~1000 万元

E. 1000 万元以上

3. 在您每年的家庭可支配收入中，可用于金融投资（储蓄存款除外）的比例为：

A. 小于 10%　　B. 10% 至 25%

C. 25% 至 50%　　　　　D. 大于 50%

4. 您是否有尚未清偿的数额较大的债务，如有，其性质是：

A. 没有

B. 有，住房抵押贷款等长期定额债务

C. 有，信用卡欠款、消费信贷等短期信用债务

D. 有，亲戚朋友借款

5. 您的投资知识可描述为：

A. 有限：基本没有金融产品方面的知识

B. 一般：对金融产品及其相关风险具有基本的知识和理解

C. 丰富：对金融产品及其相关风险具有丰富的知识和理解

6. 您的投资经验可描述为：

A. 除银行储蓄外，基本没有其他投资经验

B. 购买过债券、保险等理财产品

C. 参与过股票、基金等产品的交易

D. 参与过权证、期货、期权等产品的交易

7. 您有多少年投资基金、股票、信托、私募证券或金融衍生产品等风险投资品的经验？

A. 没有经验　　　　　B. 少于 2 年

C. 2 至 5 年　　　　　D. 5 至 10 年

E. 10 年以上

8. 您计划的投资期限是：

A. 1 年以下　　　　　B. 1 至 3 年

C. 3 至 5 年　　　　　D. 5 年以上

9. 您打算重点投资于哪些种类的投资品种？

A. 债券、货币市场基金、债券基金等固定收益类投资品种

B. 股票、混合型基金、股票型基金等权益类投资品种

C. 期货、期权等金融衍生品

D. 其他产品或者服务

10. 以下哪项描述最符合您的投资态度？

A. 厌恶风险，不希望本金损失，希望获得稳定回报

B. 保守投资，不希望本金损失，愿意承担一定幅度的收益波动

C. 寻求资金的较高收益和成长性，愿意为此承担有限本金损失

D. 希望赚取高回报，愿意为此承担较大本金损失

11. 假设有两种投资：投资 A 预期获得 10% 的收益，可能承担的损失非常小；投资 B 预期获得 30% 的收益，但可能承担较大亏损。您会怎么支配您的投资：

A. 全部投资于收益较小且风险较小的 A

B. 同时投资于 A 和 B，但大部分资金投资于收益较小且风险较小的 A

C. 同时投资于 A 和 B，但大部分资金投资于收益较大且风险较大的 B

D. 全部投资于收益较大且风险较大的 B

12. 您认为自己能承受的最大投资损失是多少？

A. 10% 以内　　B. 10% ~30%

C. 30% ~50%　　D. 超过 50%

本人已如实填写，并了解了自己的风险承受类型和适合购买的产品类型。

投资者签字：××

日期：××

经办员签字：××

日期：××

募集机构（盖章）：××

日期：××

（8）示范文本：中国证券投资基金业协会基金投资者风险测评问卷参考模板（机构版）

《基金募集机构投资者适当性管理实施指引（试行）》发布时的示范文本

基金投资者风险测评问卷参考模板（机构版）

投资者名称：__________　填写日期：__________

本问卷旨在了解贵单位可承受的风险程度等情况，借此协助贵单位选择合适的金融产品或金融服务类别，以符合贵单位的风险承受能力。

风险承受能力评估是本公司向客户履行适当性职责的一个环节，其目的

是使本公司所提供的金融产品或金融服务与贵单位的风险承受能力等级相匹配。

本公司特别提醒贵单位：本公司向客户履行风险承受能力评估等适当性职责，并不能取代贵单位自己的投资判断，也不会降低金融产品或金融服务的固有风险。同时，与金融产品或金融服务相关的投资风险、履约责任以及费用等将由贵单位自行承担。

本公司提示贵单位：本公司根据贵单位提供的信息对贵单位进行风险承受能力评估，开展适当性工作。贵单位应当如实提供相关信息及证明材料，并对所提供的信息和证明材料的真实性、准确性、完整性负责。

本公司建议：当贵单位的各项状况发生重大变化时，需对贵单位所投资的金融产品及时进行重新审视，以确保贵单位的投资决定与贵单位可承受的投资风险程度等实际情况一致。

本公司在此承诺，对于贵单位在本问卷中所提供的一切信息，本公司将严格按照法律法规要求承担保密义务。除法律法规规定的有权机关依法定程序进行查询以外，本公司保证不会将涉及贵单位的任何信息提供、泄露给任何第三方，或者将相关信息用于违法、不当用途。

1. 贵单位的性质：

A. 国有企事业单位　　B. 非上市民营企业

C. 外资企业　　D. 上市公司

2. 贵单位的净资产规模为：

A. 500 万元以下　　B. 500 万元 ~2000 万元

C. 2000 万元 ~1 亿元　　D. 超过 1 亿元

3. 贵单位年营业收入为：

A. 500 万元以下　　B. 500 万元 ~2000 万元

C. 2000 万元 ~1 亿元　　D. 超过 1 亿元

4. 贵单位证券账户资产为：

A. 300 万元以内　　B. 300 万元 ~1000 万元

C. 1000 万元 ~3000 万元　　D. 超过 3000 万元

5. 贵单位是否有尚未清偿的数额较大的债务？如有，主要是：

A. 银行贷款

B. 公司债券或企业债券

C. 通过担保公司等中介机构募集的借款

D. 民间借贷

E. 没有数额较大的债务

6. 对于金融产品投资工作，贵单位打算配置怎样的人员力量：

A. 一名兼职人员（包括负责人自行决策）

B. 一名专职人员

C. 多名兼职或专职人员，相互之间分工不明确

D. 多名兼职或专职人员，相互之间有明确分工

7. 贵单位所配置的负责金融产品投资工作的人员是否符合以下情况：

A. 现在或此前曾从事金融、经济或财会等与金融产品投资相关的工作超过两年

B. 已取得金融、经济或财会等与金融产品投资相关专业学士以上学位

C. 取得证券从业资格、期货从业资格、注册会计师证书（CPA）或注册金融分析师证书（CFA）中的一项及以上

D. 本单位所配置的人员不符合以上任何一项描述

8. 贵单位是否建立了金融产品投资相关的管理制度：

A. 没有。因为要保证操作的灵活性

B. 已建立。包括了分工和授权的要求，但未包括投资风险控制的规则

C. 已建立。包括了分工与授权、风险控制等一系列与金融产品投资有关的规则

9. 贵单位的投资经验可以被概括为：

A. 有限：除银行活期账户和定期存款外，基本没有其他投资经验

B. 一般：除银行活期账户和定期存款外，购买过基金、保险等理财产品，但还需要进一步的指导

C. 丰富：本单位具有相当投资经验，参与过股票、基金等产品的交易，并倾向于自己做出投资决策

D. 非常丰富：本单位对于投资非常有经验，参与过权证、期货或创业板等高风险产品的交易

10. 有一位投资者一个月内做了 15 笔交易（同一品种买卖各一次算一笔），贵单位认为这样的交易频率：

A. 太高了　　B. 偏高

C. 正常　　D. 偏低

11. 过去一年时间内，您购买的不同金融产品（含同一类型的不同金融产品）的数量是：

A. 5 个以下　　B. 6 至 10 个

C. 11 至 15 个　　D. 16 个以上

12. 以下金融产品，贵单位投资经验在两年以上的有：

A. 银行存款

B. 债券、货币市场基金、债券型基金或其他固定收益类产品

C. 股票、混合型基金、偏股型基金、股票型基金等权益类投资品种

D. 期货、融资融券

E. 复杂金融产品或其他产品

（注：本题可多选，但评分以其中最高分值选项为准。）

13. 如果贵单位曾经从事过金融产品投资，在交易较为活跃的月份，平均月交易额大概是多少：

A. 100 万元以内　　B. 100 万元～300 万元

C. 300 万元～1000 万元　　D. 1000 万元以上

E. 从未投资过金融产品

14. 贵单位用于证券投资的大部分资金不会用作其他用途的时间段为：

A. 短期～0 到 1 年　　B. 中期～1 到 5 年

C. 长期～5 年以上

15. 贵单位进行投资时的首要目标是：

A. 资产保值，我不愿意承担任何投资风险

B. 尽可能保证本金安全，不在乎收益率比较低

C. 产生较多的收益，可以承担一定的投资风险

D. 实现资产大幅增长，愿意承担很大的投资风险

16. 贵单位打算重点投资于哪个种类的投资品种？

A. 债券、货币市场基金、债券基金等固定收益类投资品种

B. 股票、混合型基金、偏股型基金、股票型基金等权益类投资品种

C. 期货、融资融券

D. 复杂金融产品

E. 其他产品

17. 贵单位认为自己能承受的最大投资损失是多少？

A. 10%以内　　B. 10%～30%

C. 30%～50%　　D. 超过50%

18. 假设有两种不同的投资：投资A预期获得5%的收益，有可能承担非常小的损失；投资B预期获得20%的收益，但有可能面临25%甚至更高的亏损。您将您的投资资产分配为：

A. 全部投资于A　　B. 大部分投资于A

C. 两种投资各一半　　D. 大部分投资于B

E. 全部投资于B

19. 贵单位参与金融产品投资的主要目的是什么：

A. 闲置资金保值增值

B. 获取主营业务以外的投资收益

C. 现货套期保值、对冲主营业务风险

D. 减持已持有的股票

本机构已经了解并愿意遵守国家有关证券市场管理的法律、法规、规章及相关业务规则，本机构在此郑重承诺以上填写的内容真实、准确、完整。若本机构提供的信息发生任何重大变化，本机构将及时书面通知贵公司。

经办人签字：××

日期：××

机构投资者盖章：××

日期：××

募集机构（盖章）：××

日期：××

(9) 示范文本：中国证券投资基金业协会私募投资基金投资者风险问卷调查内容与格式指引（个人版）

《私募投资基金募集行为管理办法》发布时的示范文本

格式示例如下，问卷调查须包含但不限于以下内容

投资者姓名：____________　填写日期：____________

风险提示：私募投资基金投资需承担各类风险，本金可能遭受损失。同时，私募投资基金投资还要考虑市场风险、信用风险、流动性风险、操作风险等各类投资风险。您在基金认购过程中应当注意核对自己的风险识别和风险承受能力，选择与自己风险识别能力和风险承受能力相匹配的私募投资基金。

以下一系列问题可在您选择合适的私募投资基金前，协助评估您的风险承受能力、理财方式及投资目标。

请签字承诺您是为自己购买私募投资基金产品【　　　】

请签字确认您符合以下何种合格投资者财务条件：

符合金融资产不低于300万元（金融资产包括银行存款、股票、债券、基金份额、资产管理计划、银行理财产品、信托计划、保险产品、期货权益等）【　　　】

符合最近三年个人年均收入不低于50万元【　　　】

问卷调查应至少涵盖以下几方面：

一、基本信息，包含身份信息、联系方式、年龄（了解客户对收入的需要和投资期限）、学历（了解客户的专业背景）、职业（了解客户的职业背景）等。

样题：

1. 您的姓名【　　　】　　联系方式【　　　】

证件类型【　　　】　　证件号码【　　　】

2. 您的年龄介于：

A. 18～30岁　　B. 31～50岁

C. 51～65岁　　D. 高于65岁

3. 你的学历：

A. 高中及以下　　B. 中专或大专

C. 本科　　D. 硕士及以上

4. 您的职业为：

A. 无固定职业　　B. 专业技术人员

C. 一般企事业单位员工　　D. 金融行业一般从业人员

二、财务状况（了解金融资产状况、最近三年个人年均收入、收入中可用于金融投资的比例等信息）。

样题：

1. 您的家庭可支配年收入为（折合人民币）：

A. 50万元以下　　B. 50～100万元

C. 100～500万元　　D. 500～1000万元

E. 1000万元以上

2. 在您每年的家庭可支配收入中，可用于金融投资（储蓄存款除外）的比例为：

A. 小于10%　　B. 10%～25%

C. 25%～50%　　D. 大于50%

三、投资知识（了解客户对于金融投资知识的掌握，如由专业机构或行业协会组织金融知识的培训及相关测评，通过测评的可认为客户为该类投资的专业投资者）及投资经验（了解客户对于各类投资的参与情况，如客户曾投资经历10年以上，或投资过期权、私募投资基金等高风险产品，同时了解客户的风险偏好）。

样题：

1. 您的投资知识可描述为：

A. 有限：基本没有金融产品方面的知识

B. 一般：对金融产品及其相关风险具有基本的知识和理解

C. 丰富：对金融产品及其相关风险具有丰富的知识和理解

2. 您的投资经验可描述为：

A. 除银行储蓄外，基本没有其他投资经验

B. 购买过债券、保险等理财产品

C. 参与过股票、基金等产品的交易

D. 参与过权证、期货、期权等产品的交易

3. 您有多少年投资基金、股票、信托、私募证券或金融衍生产品等风险投资品的经验？

A. 没有经验　　B. 少于2年

C. 2～5年　　D. 5～10年

E、10年以上

四、投资目标（了解客户的投资需求及对投资收益成长性的要求）

样题：

1. 您计划的投资期限是:

A. 1 年以下　　B. 1 ~3 年

C. 3 ~5 年　　D. 5 年以上

2. 您的投资目的是:

A. 资产保值　　B. 资产稳健增长

C. 资产迅速增长

五、风险偏好（了解客户的风险承受能力，包括年龄、财务状况、投资知识、投资经验、愿意接受的投资期限、投资目标等及风险偏好）。

样题:

1. 以下哪项描述最符合您的投资态度?

A. 厌恶风险，不希望本金损失，希望获得稳定回报

B. 保守投资，不希望本金损失，愿意承担一定幅度的收益波动

C. 寻求资金的较高收益和成长性，愿意为此承担有限本金损失

D. 希望赚取高回报，愿意为此承担较大本金损失

2. 假设有两种投资：投资 A 预期获得 10% 的收益，可能承担的损失非常小；投资 B 预期获得 30% 的收益，但可能承担较大亏损。您会怎么支配您的投资:

A. 全部投资于收益较小且风险较小的 A

B. 同时投资于 A 和 B，但大部分资金投资于收益较小且风险较小的 A

C. 同时投资于 A 和 B，但大部分资金投资于收益较大且风险较大的 B

D. 全部投资于收益较大且风险较大的 B

3. 您认为自己能承受的最大投资损失是:

A. 10% 以内　　B. 10% ~30%

C. 30% ~50%　　D. 超过 50%

（私募投资基金投资者风险识别能力和承担能力分为保守型、稳健型，平衡型，成长型、进取型等五大类，对应分值表由机构自行制定）

投资者风险评估结果确认书:（募集机构填写）

以上问题的总分为 100 分，根据您所选择的问题答案，您对投资风险的整体承受程度及您的风险偏好总得分为: ________分。

根据投资者风险承受能力评估评分表的评价，您的风险承受能力为: ××（机构根据评级方式自己填写），适合您的基金产品评级为××（机构根据

评级方式自己填写）。

声明：本人已如实填写《私募投资基金投资者风险问卷调查（个人版内容与格式指引）》，并了解了自己的风险承受类型和适合购买的产品类型。

投资者签字：××

日期：××

经办员签字：××

日期：××

募集机构（盖章）：××

日期：××

（10）示范文本：现实版投资者风险识别能力和承受能力调查问卷（个人）

尊敬的投资者：

本问卷旨在协助投资者了解自身对投资风险的承受能力，为保护您的合法权益，请真实、准确、完整地填写本问卷，如因存在欺诈、隐瞒或其他不实陈述而导致调查结果与实际情况不符的，本基金管理人不承担任何责任。投资者应购买与其风险偏好相适应的基金产品，若所选择基金产品的风险等级高于其风险承受能力，经提示后仍选择投资的，视为投资者已充分了解该投资风险并愿意承担相应的风险。（以下均为单选）

基本信息：您的姓名：×× 联系方式：××

证件类型：×× 证件号码：××

学历：×× 职业：××

年龄：××

调查问卷：

1. 您的家庭可支配年收入为（折合成人民币）：

A. 50 万元以下 B. 50 万～100 万元

C. 100 万～500 万元 D. 500 万～1000 万元

E. 1000 万元以上

2. 在您每年的家庭可支配收入中，可用于金融投资（储蓄存款除外）的比例为：

A. 小于5% B. 5%～20%

C. 20% ~40%　　D. 40% ~65%

E. 大于60%

3. 您的投资知识可描述为：

A. 没有：毫无金融产品方面的知识

B. 有一些：会看一些投资理财的文章

C. 一般：对金融产品及其风险有基本的认识

D. 丰富：系统学习了解过金融产品及其风险

E. 精通：从事相关工作，每天都接触并运用

4. 您的投资经验可描述为：

A. 除银行储蓄外，基本没有其他投资经验

B. 购买过债券、保险等理财产品

C. 购买过非保本类结构投资产品

D. 参与过股票、基金等产品的交易

E. 参与过权证、期货、期权等产品的交易

5. 您有多少年投资基金、股票、信托、私募证券或金融衍生产品等风险投资品的经验?

A. 没有经验　　B. 少于2年

C. 2~5年　　D. 5~10年

E. 10年以上

6. 您计划的投资期限是：

A. 1年以内　　B. 1~3年

C. 3~5年　　D. 5~7年

E. 7年以上

7. 您投资基金的主要目的：

A. 抵御通货膨胀，使资产保值

B. 多种理财配置中的一种，获得比债券略高的收益

C. 资产稳健增长

D. 资产迅速增长

E. 实现财富爆发式的增长

8. 您认为自己能承受的最大投资损失是：

A. 10%以内　　B. 10% ~20%

C. 20% ~40%　　　　D. 40% ~60%

E. 超过60%

9. 假设：投资A预期获得10%的收益，可能承担的损失非常小；投资B预期获得30%的收益，但可能承担较大亏损。您会怎么支配您的投资？

A. 全部投资于收益较小且风险较小的A

B. 同时投资于A和B，但大部分资金投资于A

C. 投资A和B的资金各占一半

D. 同时投资于A和B，但大部分资金投资于B

E. 全部投资于收益较大且风险较大的B

10. 以下哪项描述最符合您的投资态度？

A. 厌恶风险，希望本金不损失，并获得稳定回报

B. 保守投资，不希望本金损失，愿意承担一定幅度的收益波动

C. 寻求资金的较高收益和成长性，愿意为此承担有限本金损失

D. 希望赚取高回报，愿意为此承担较大本金损失

E. 对于坚定看好的项目，本金全部亏损也能承受

评分标准：

使用说明：本调查问卷共10道题，每道题有A. B. C. D. E五个选项，对应分值依次为2分、4分、6分、8分、10分。

分数统计	风险偏好	基金风险评级匹配
20分≤得分≤35分	保守型C1	低风险等级
35分<得分≤50分	稳健型C2	低风险和较低风险等
50分<得分≤65分	平衡型C3	低风险、较低风险和中风险等级
65分<得分≤80分	成长型C4	低风险、较低风险、中风险和较高风险等级
80分<得分≤100分	进取型C5	低风险、较低风险、中风险、较高风险和高风险等级

免责声明：本调查问卷系根据业内通行做法设计，目的是根据被调查人填写问卷时所提供的信息评估其风险偏好，以此作为被调查人投资基金产品

的参考，投资者需对其填写信息的真实性、准确性负责，并自行承担投资风险。

本调查问卷及评价结果仅供参考，本基金之管理人不对调查问卷的准确性及全面性负责，并有权根据需要调整调查问卷的内容及评价标准。

评估结果：经过我们测试，您共得分××分，您属于（□保守型□稳健型□平衡型□成长型□进取型）投资者。

投资人承诺：（请投资人抄写）（本人承诺以上所填全部信息为本人真实的意思表示，接受贵司评估意见，并了解了自己的风险承受类型和适合购买的产品类型。）

投资人签章：××

经办人签章：××

募集机构签章：××

测评日期：××年××月××日

测评地点：××

（11）示范文本：现实版投者风险识别能力和承受能力调查问卷（机构）

尊敬的投资者：

本问卷旨在协助投资者了解自身对投资风险的承受能力，为保护贵单位的合法权益，请真实、准确、完整地填写本问卷，如因存在欺诈、隐瞒或其他不实陈述而导致调查结果与实际情况不符的，本基金管理人不承担任何责任。投资者应购买与其风险偏好相适应的基金产品，若所选择基金产品的风险等级高于其风险承受能力，经提示后仍选择投资的，视为投资者已充分了解该投资风险并愿意承担相应的风险。（以下均为单选）

基本信息：贵单位的名称：××联系人：××联系方式：××

证件类型：××证件号码：××

调查问卷：

1. 贵单位的年营业收入为：

A. 500万元以下（含500万元）

B. 500万元~2000万元（含2000万元）

C. 2000万元~5000万元（含5000万元）

D. 5000 万元~1 亿元（含 1 亿元）

E. 超过 1 亿元

2. 贵单位计划的投资期限是：

A. 1 年以内　　B. 1~3 年

C. 3~5 年　　D. 5~10 年

E. 10 年以上

3. 贵单位曾经或正在投资于哪些种类的投资品种？（本题可多选，以得分高者计算分数）

A. 银行理财、债券、货币市场基金、债券基金等固定收益类投资品种

B. 房地产信托计划、质押融资类信托计划

C. 股票、混合型基金、偏股型基金、股票型基金等非保本投资品种

D. 期货、非保本型金融衍生品

E. PE、VC 类投资产品

4. 贵单位的投资经验可以被概况为：

A. 有限：除银行活期账户和定期存款外，基本没有其他投资经验；

B. 一般：除银行活期账户和定期存款外，购买过基金、保险等理财产品，但还需要进一步的投资指导

C. 较为丰富：具有初步的投资经验，在他人指导下购买过 5 次以下股权、债权投资产品

D. 丰富：具有相当投资经验，参与过 5 次以上（含 5 次）的股权、债权的投资，并倾向于自己做出投资决策

E. 非常丰富：本单位对于投资非常有经验，参与过 5 次以上的股权、债权的投资，完全依靠自己独立做出决策

5. 贵单位是否有尚未清偿的数额较大的债务，主要是：

A. 没有数额较大的债务

B. 银行贷款

C. 公司债券或企业债券

D. 通过担保公司等中介机构募集的借款

E. 民间借贷

6. 贵单位目前的证券投资规模：

A. 500 万以下　　B. 500 万~2000 万

C. 2000 万 ~5000 万　　D. 5000 万 ~1 亿

E. 大于 1 亿

7. 贵单位进行投资时，对投资以及可能产生的风险持以下哪种态度？

A. 确保资产保值，不愿意承担任何投资风险

B. 尽可能保证本金安全，不在乎收益率比较低

C. 产生较多的收益，可以承担一定的投资风险

D. 实现资产大幅增长，愿意承担较大的投资风险

E. 投资产生的任何风险都愿意承担

8. 贵单位的投资目的是：

A. 避免甚至弥补主营业务的亏损　B. 提高暂时闲置资金的使用效率

C. 增加公司的收益来源　D. 保证公司长期资金的保值增值

E. 多元化投资战略的需要

9. 贵公司能承担的投资损失风险比例是：

A. 10% 以下　B. 10% ~20%

C. 20% ~40%　D. 40% ~60%

E. 60% 以上

10. 假设：投资 A 预期获得 10% 的收益，可能承担的损失非常小；投资 B 预期获得 30% 的收益，但可能承担较大亏损。贵单位会怎么支配贵公司的投资：

A. 全部投资于收益较小且风险较小的 A

B. 同时投资于 A 和 B，但大部分资金投资于 A

C. 投资 A 和 B 的资金各占一半

D. 同时投资于 A 和 B，但大部分资金投资于 B

E. 全部投资于收益较大且风险较大的 B

标准：

使用说明：本调查问卷共 10 道题，每道题有 A、B、C、D、E 五个选项，对应分值依次为 2 分、4 分、6 分、8 分、10 分。

分数统计	风险偏好	基金风险评级匹配
20 分≤得分≤35 分	保守型 C1	低风险等级
35 分<得分≤50 分	稳健型 C2	低风险和较低风险等
50 分<得分≤65 分	平衡型 C3	低风险、较低风险和中风险等级
65 分<得分≤80 分	成长型 C4	低风险、较低风险、中风险和较高风险等级
80 分<得分≤100 分	进取型 C5	低风险、较低风险、中风险、较高风险和高风险等级

免责声明：本调查问卷系根据业内通行做法设计，目的是根据被调查人填写问卷时所提供的信息评估其风险偏好，以此作为被调查人未来投资本公司基金产品的参考，投资者需对其填写信息的真实性、准确性负责，并自行承担投资风险。

本调查问卷及评价结果仅供参考，本基金管理人不对调查问卷的准确性及全面性负责，并有权根据需要调整调查问卷的内容及评价标准。

评估结果：经过我们测试，贵公司共得分××分，贵公司属于（□保守型□稳健型□平衡型□成长型□进取型）投资者。

投资人承诺：（请投资人抄写）（本人承诺以上所填全部信息为本人真实的意思表示，接受贵司评估意见，并了解了自己的风险承受类型和适合购买的产品类型。）

投资人签章：××

法定代表人或授权代理人签章：××

经办人签章：××

募集机构签章××：

测评日期：××年××月××日

测评地点：××

四、私募地产投资基金产品或服务风险等级的评估

《私募投资基金募集行为管理办法》第二十一条规定，募集机构应当自行

或者委托第三方机构对私募投资基金进行风险评级，建立科学有效的私募投资基金风险评级标准和方法。募集机构应当根据私募投资基金的风险类型和评级结果，向投资者推介与其风险识别能力和风险承担能力相匹配的私募投资基金。第十七条规定，私募投资基金管理人自行销售或者委托销售机构销售私募投资基金，应当自行或者委托第三方机构对私募投资基金进行风险评级，向风险识别能力和风险承担能力相匹配的投资者推介私募投资基金。《证券期货投资者适当性管理办法》第三条规定，向投资者销售证券期货产品或者提供证券期货服务的机构（以下简称经营机构）应当遵守法律、行政法规、本办法及其他有关规定，在销售产品或者提供服务的过程中，勤勉尽责，审慎履职，全面了解投资者情况，深入调查分析产品或者服务信息，科学有效评估，充分揭示风险，基于投资者的不同风险承受能力以及产品或者服务的不同风险等级等因素，提出明确的适当性匹配意见，将适当的产品或者服务销售或者提供给适合的投资者，并对违法违规行为承担法律责任。第十五条规定，经营机构应当了解所销售产品或者所提供服务的信息，根据风险特征和程度，对销售的产品或者提供的服务划分风险等级。第十六条规定，划分产品或者服务风险等级时应当综合考虑以下因素：（一）流动性；（二）到期时限；（三）杠杆情况；（四）结构复杂性；（五）投资单位产品或者相关服务的最低金额；（六）投资方向和投资范围；（七）募集方式；（八）发行人等相关主体的信用状况；（九）同类产品或者服务过往业绩；（十）其他因素。涉及投资组合的产品或者服务，应当按照产品或者服务整体风险等级进行评估。第十七条规定，产品或者服务存在下列因素的，应当审慎评估其风险等级：（一）存在本金损失的可能性，因杠杆交易等因素容易导致本金大部分或者全部损失的产品或者服务；（二）产品或者服务的流动变现能力，因无公开交易市场、参与投资者少等因素导致难以在短期内以合理价格顺利变现的产品或者服务；（三）产品或者服务的可理解性，因结构复杂、不易估值等因素导致普通人难以理解其条款和特征的产品或者服务；（四）产品或者服务的募集方式，涉及面广、影响力大的公募产品或者相关服务；（五）产品或者服务的跨境因素，存在市场差异、适用境外法律等情形的跨境发行或者交易的产品或者服务；（六）自律组织认定的高风险产品或者服务；（七）其他有可能构成投资风险的因素。

《基金募集机构投资者适当性管理实施指引（试行）》第三十六条规定，

基金募集机构对基金产品或者服务的风险等级划分，可以由基金募集机构完成，也可以委托第三方机构提供。委托第三方机构提供基金产品或者服务风险等级划分的，基金募集机构应当要求其提供基金产品或者服务风险等级划分方法及其说明。基金募集机构落实适当性义务不因委托第三方而免除。第三十七条规定，基金募集机构所使用的基金产品或者服务风险等级划分方法及其说明，通过适当途径向投资者告知。第三十八条规定，基金产品或者服务的风险等级要按照风险由低到高顺序，至少划分为：R1、R2、R3、R4、R5 五个等级。基金募集机构可以根据实际情况在前款所列等级的基础上进一步进行风险细分。第三十九条规定，基金募集机构对基金产品或者服务进行风险等级划分，要了解以下信息：（一）基金管理人的诚信状况、经营管理能力、投资管理能力、内部控制情况、合法合规情况；（二）基金产品或者服务的合法合规情况，发行方式，类型及组织形式，托管情况，投资范围、投资策略和投资限制概况，业绩比较基准，收益与风险的匹配情况，投资者承担的主要费用及费率。第四十条规定，基金产品或者服务风险等级划分要综合考虑以下因素：（一）基金管理人成立时间，治理结构，资本金规模，管理基金规模，投研团队稳定性，资产配置能力、内部控制制度健全性及执行度，风险控制完备性，是否有风险准备金制度安排，从业人员合规性，股东、高级管理人员及基金经理的稳定性等；（二）基金产品或者服务的结构（母子基金、平行基金），投资方向、投资范围和投资比例，募集方式及最低认缴金额，运作方式，存续期限，过往业绩及净值的历史波动程度，成立以来有无违规行为发生，基金估值政策、程序和定价模式，申购和赎回安排，杠杆运用情况等。第四十一条规定，基金产品或者服务存在下列因素的，要审慎评估其风险等级：（一）基金产品或者服务合同存在特殊免责条款、结构性安排、投资标的具有衍生品性质等导致普通投资者难以理解的；（二）基金产品或者服务不存在公开交易市场，或因参与投资者少等因素导致难以在短期内以合理价格顺利变现的；（三）基金产品或者服务的投资标的流动性差、存在非标准资产投资导致不易估值的；（四）基金产品或者服务投资杠杆达到相关要求上限、投资单一标的集中度过高的；（五）基金管理人、实际控制人、高管人员涉嫌重大违法违规行为或正在接受监管部门或自律管理部门调查的；（六）影响投资者利益的其他重大事项；（七）协会认定的高风险基金产品或者服务。第四十二条规定，基金募集机构可以通过定量和定性相结合的方法对基金产品或者服务进行风险分级。基金募集机构可以根据基金产品或者服务风险因素与风险等级的相关性，确定各项评估因素的分值和权重，建立评估分值与基金产品风险等级的对应关系。基金募集机构通过定量分析对基金产品进行风险分级时，可以运用贝塔系数、标准差、风险在险值等风险指标体系，划分基金的期限风险、流动性风险、波动性风险等。

为真实反映私募投资基金的风险等级，防止投资者购买不适合其风险等级的产品，从而导致出现适当性不匹配的问题，以及承受不能承受的投资风险，私募投资基金管理人应该对私募投资基金产品或服务进行等级评估，确定产品或服务的风险高低或大小，并根据产品或服务的风险等级，向适格的投资者进行推介，防止投资者购买与自己风险能力不匹配的产品或服务。

（12）示范文本：中国证券投资基金业协会基金产品或服务风险等级划分参考标准

基金产品或者服务风险等级划分参考标准

风险等级	产品参考因素
R1	产品结构简单，过往业绩及净值的历史波动率低，投资标的流动性很好、不含衍生品，估值政策清晰，杠杆不超监管部门规定的标准
R2	产品结构简单，过往业绩及净值的历史波动率较低，投资标的流动性好、投资衍生品以套期保值为目的，估值政策清晰，杠杆不超监管部门规定的标准
R3	产品结构较简单，过往业绩及净值的历史波动率较高，投资标的流动性较好、投资衍生品以对冲为目的，估值政策清晰，杠杆不超监管部门规定的标准
R4	产品结构较复杂，过往业绩及净值的历史波动率高，投资标的流动性较差，估值政策较清晰，一倍（不含）以上至三倍（不含）以下杠杆。
R5	产品结构复杂，过往业绩及净值的历史波动率很高，投资标的流动性差，估值政策不清晰，三倍（含）以上杠杆。
注： 1. 上述风险划分标准为参考因素，基金募集机构可以根据实际情况，确定评估因素和各项因素的分值和权重，建立评估分值与具体产品风险等级的对应关系，基金服务的风险等级应按照服务涵盖的产品组合的风险等级划分。	
2. 基金服务指以销售基金产品为目的开展的基金推介、基金组合投资建议等活动	
3. 产品或服务的风险等级至少为五级，风险等级名称可以结合实际情况进行调整	
4. R4. R5 杠杆水平是指无监管部门明确规定的产品杠杆水平	

风险等级	基金产品等级表
R1	货币市场基金、短期理财债券型基金
R2	普通债券基金
R3	股票基金、混合基金、可转债基金、分级基金 A 份额
R4	债券基金分级 B 份额
R5	可转债基金分级 B 份额、股票分级基金 B 份额、大宗商品基金、私募股权基金、私募创投基金

五、私募投资基金投资者与私募投资基金的适当性匹配

《私募投资基金募集行为管理办法》第二十一条规定，募集机构应当自行或者委托第三方机构对私募投资基金进行风险评级，建立科学有效的私募投资基金风险评级标准和方法。募集机构应当根据私募投资基金的风险类型和评级结果，向投资者推介与其风险识别能力和风险承担能力相匹配的私募投资基金。

《证券期货投资者适当性管理办法》第三条规定，向投资者销售证券期货产品或者提供证券期货服务的机构（以下简称经营机构）应当遵守法律、行政法规、本办法及其他有关规定，在销售产品或者提供服务的过程中，勤勉尽责，审慎履职，全面了解投资者情况，深入调查分析产品或者服务信息，科学有效评估，充分揭示风险，基于投资者的不同风险承受能力以及产品或者服务的不同风险等级等因素，提出明确的适当性匹配意见，将适当的产品或者服务销售或者提供给适合的投资者，并对违法违规行为承担法律责任。第十八条规定，经营机构应当根据产品或者服务的不同风险等级，对其适合销售产品或者提供服务的投资者类型作出判断，根据投资者的不同分类，对其适合购买的产品或者接受的服务作出判断。第十九条规定，经营机构告知投资者不适合购买相关产品或者接受相关服务后，投资者主动要求购买风险等级高于其风险承受能力的产品或者接受相关服务的，经营机构在确认其不属于风险承受能力最低类别的投资者后，应当就产品或者服务风险高于其承受能力进行特别的书面风险警示，投资者仍坚持购买的，可以向其销售相关产品或者提供相关服务。第二十条规定，经营机构向普通投资者销售高风险产品或者提供相关服务，应当履行特别的注意义务，包括制定专门的工作程

序，追加了解相关信息，告知特别的风险点，给予普通投资者更多的考虑时间，或者增加回访频次等。第二十一条规定，经营机构应当根据投资者和产品或者服务的信息变化情况，主动调整投资者分类、产品或者服务分级以及适当性匹配意见，并告知投资者上述情况。第二十二条规定，禁止经营机构进行下列销售产品或者提供服务的活动：（一）向不符合准入要求的投资者销售产品或者提供服务；（二）向投资者就不确定事项提供确定性的判断，或者告知投资者有可能使其误认为具有确定性的意见；（三）向普通投资者主动推介风险等级高于其风险承受能力的产品或者服务；（四）向普通投资者主动推介不符合其投资目标的产品或者服务；（五）向风险承受能力最低类别的投资者销售或者提供风险等级高于其风险承受能力的产品或者服务；（六）其他违背适当性要求，损害投资者合法权益的行为。第二十三条规定，经营机构向普通投资者销售产品或者提供服务前，应当告知下列信息：（一）可能直接导致本金亏损的事项；（二）可能直接导致超过原始本金损失的事项；（三）因经营机构的业务或者财产状况变化，可能导致本金或者原始本金亏损的事项；（四）因经营机构的业务或者财产状况变化，影响客户判断的重要事由；（五）限制销售对象权利行使期限或者可解除合同期限等全部限制内容；（六）本办法第二十九条规定的适当性匹配意见。第二十四条规定，经营机构对投资者进行告知、警示，内容应当真实、准确、完整，不存在虚假记载、误导性陈述或者重大遗漏，语言应当通俗易懂；告知、警示应当采用书面形式送达投资者，并由其确认已充分理解和接受。第二十五条规定，经营机构通过营业网点向普通投资者进行本办法第十二条、第二十条、第二十一条和第二十三条规定的告知、警示，应当全过程录音或者录像；通过互联网等非现场方式进行的，经营机构应当完善配套留痕安排，由普通投资者通过符合法律、行政法规要求的电子方式进行确认。第二十六条规定，经营机构委托其他机构销售本机构发行的产品或者提供服务，应当审慎选择受托方，确认受托方具备代销相关产品或者提供服务的资格和落实相应适当性义务要求的能力，应当制定并告知代销方所委托产品或者提供服务的适当性管理标准和要求，代销方应当严格执行，但法律、行政法规、中国证监会其他规章另有规定的除外。第二十七条规定，经营机构代销其他机构发行的产品或者提供相关服务，应当在合同中约定要求委托方提供的信息，包括本办法第十六条、第十七条规定的产品或者服务分级考虑因素等，自行对该信息进行调查核实，并履行投资者评估、适当性匹配等适当性义务。委托方不提供规定的信息、提供信息不完整的，经营机构应当拒绝代销产品或者提供服务。第二十八条规定，对在委托销售中违反适当性义务的行为，委托销售机构和受托销售机构应当依法承担相应法律责任，并在委托销售合同中予以明确。第二十九条规定，经营机构应当制定适当性内部管理制度，明确投资者分类、产品或者服务分级、适当性匹配的具体依据、方法、流程等，严格按照内部管理制度进行分类、分级，定期汇总分类、分级结果，并对每名投资者提出匹配意见。经营机构应当制定并严格落实与适当性内部管理有关的限制不匹配销售行为、客户回访检查、评估与销售隔离等风控制度，以及培训考核、执业规范、监督问责等制度机制，不得采取鼓励不适当销售的考核激励措施，确保从业人员切实履行适当性义务。第三十条规定，经营机构应当每半年开展一次适当性自查，形成自查报告。发现违反本办法规定的问题，应当及时处理并主动报告住所地中国证监会派出机构。第三十一条规定，鼓励经营机构将投资者分类政策、产品或者服务分级政策、自查报告在公司网站或者指定网站进行披露。第三十二条规定，经营机构应当按照相关规定妥善保存其履行适当性义务的相关信息资料，防止泄露或者被不当利用，接受中国证监会及其派出机构和自律组织的检查。对匹配方案、告知警示资料、录音录像资料、自查报告等的保存期限不得少于20年。第三十四条规定，经营机构应当妥善处理适当性相关的纠纷，与投资者协商解决争议，采取必要措施支持和配合投资者提出的调解。经营机构履行适当性义务存在过错并造成投资者损失的，应当依法承担相应法律责任。经营机构与普通投资者发生纠纷的，经营机构应当提供相关资料，证明其已向投资者履行相应义务。第三十五条规定，中国证监会及其派出机构在监管中应当审核或者关注产品或者服务的适当性安排，对适当性制度落实情况进行检查，督促经营机构严格落实适当性义务，强化适当性管理。第三十六条规定，证券期货交易场所应当制定完善本市场相关产品或者服务的适当性管理自律规则。行业协会应当制定完善会员落实适当性管理要求的自律规则，制定并定期更新本行业的产品或者服务风险等级名录以及本办法第十九条、第二十二条规定的风险承受能力最低的投资者类别，供经营机构参考。经营机构评估相关产品或者服务的风险等级不得低于名录规定的风险等级。证券期货交易场所、行业协会应当督促、引导会员履行适当性义务，对备案产品或者相关服务应当重点关注高风险产品或者服务的适当性安排。

《基金募集机构投资者适当性管理实施指引（试行）》第三条规定，投资者适当性是指基金募集机构在销售基金产品或者服务的过程中，根据投资者的风险承受能力销售不同风险等级的基金产品或者服务，把合适的基金产品或者服务卖给合适的投资者。本指引所称的专业投资者，为符合本指引第二十二条规定的投资者；普通投资者，为符合本指引第二十六条规定的投资者；风险承受能力最低类别投资者，为符合本指引第二十九条规定的投资者。第四条规定，基金募集机构按照本指引，建立健全投资者适当性管理制度。在销售基金产品或者服务过程中，勤勉尽责，诚实信用深入调查分析基金管理人、基金产品或者服务及投资者信息，充分揭示基金产品或者服务风险，降低投诉风险。第五条规定，协会依据法律法规和自律规则，对基金募集机构投资者适当性制度建立及实施情况进行自律管理。第六条规定，基金募集机构在实施投资者适当性的过程中遵循以下指导原则：（一）投资者利益优先原则。当基金募集机构或基金销售人员的利益与投资者的利益发生冲突时，优先保障投资者的合法利益；（二）客观性原则。建立科学合理的方法，设置必要的标准和流程，保证适当性管理的实施。对基金管理人、基金产品或者服务和投资者的调查和评价，尽力做到客观准确，并作为基金销售人员向投资者推介合适基金产品或者服务的重要依据；（三）有效性原则。通过建立科学的投资者适当性管理制度与方法，确保投资者适当性管理的有效执行；（四）差异性原则。对投资者进行分类管理，对普通投资者和专业投资者实施差别适当性管理，履行差别适当性义务。第七条规定，基金募集机构建立适当性管理制度，至少包括以下内容：（一）对基金管理人进行审慎调查的方式和方法；（二）对基金产品或者服务的风险等级进行设置、对基金产品或者服务进行风险评价的方式或方法；（三）对投资者进行分类的方法和程序、投资者转化的方法和程序；（四）对普通投资者风险承受能力进行调查和评价的方式和方法；（五）对基金产品或者服务和投资者进行匹配的方法；（六）投资者适当性管理的保障措施和风控制度。第十二条规定，基金募集机构要建立健全普通投资者回访制度，对购买基金产品或者服务的普通投资者定期抽取一定比例进行回访，对持有 R5 等级基金产品或者服务的普通投资者增加回访比例和频次。基金募集机构对回访时发现的异常情况进行持续跟踪，对异常情况进行核查，存在风险隐患的及时排查，并定期整理总结，以完善投资者适当性制度。第十三条规定，回访内容包括但不限于以下信息：（一）受访人是否为投资者本人；（二）受访人是否已知晓基金产品或者服务的风险以及相关风险警示；（三）受访人是否已知晓自己的风险承受能力等级、购买的基金产品或者接受的服务的风险等级以及适当性匹配意见；（四）受访人是否知晓承担的费用以及可能产生的投资损失；（五）基金募集机构及其工作人员是否存在《办法》第二十二条规定的禁止行为。第十四条规定，基金募集机构要建立完备的投资者投诉处理体系，准确记录投资者投诉内容。基金募集机构要妥善处理因履行投资者适当性职责引起的投资者投诉，及时发现业务风险，完善内控制度。第十五条规定，基金募集机构每半年开展一次投资者适当性管理自查。自查可以采取现场、非现场及暗访相结合的方式进行，并形成自查报告留存备查。自查内容包括但不限于投资者适当性管理制度建设及落实情况，人员考核及培训情况，投资者投诉处理情况，发现业务风险及时整改情况，以及其他需要报告的事项。第十六条规定，基金募集机构通过营业网点等现场方式执行普通投资者申请成为专业投资者，向普通投资者销售高风险产品或者服务，调整投资者分类、基金产品或者服务分级以及适当性匹配意见，向普通投资者销售基金产品或者服务前对其进行风险提示的环节要录音或者录像；通过互联网等非现场方式执行的，基金募集机构及合作平台要完善信息管理平台留痕功能，记录投资者确认信息。第十七条规定，基金募集机构要建立完善的档案管理制度，妥善保存投资者适当性管理业务资料。投资者适当性管理制度、投资者信息资料、告知警示投资者资料、录音录像资料、自查报告等至少保存20年。第四十三条规定，基金募集机构要制定普通投资者和基金产品或者服务匹配的方法、流程，明确各个岗位在执行投资者适当性管理过程中的职责。匹配方法至少要在普通投资者的风险承受能力类型和基金产品或者服务的风险等级之间建立合理的对应关系，同时在建立对应关系的基础上将基金产品或者服务风险超越普通投资者风险承受能力的情况定义为风险不匹配。第四十四条规定，基金募集机构要根据普通投资者风险承受能力和基金产品或者服务的风险等级建立以下适当性匹配原则：（一）C1型（含最低风险承受能力类别）普通投资者可以购买R1级基金产品或者服务；（二）C2型普通投资者可以购买R2级及以下风险等级的基金产品或者服务；（三）C3型普通投资者可以购买R3级及以下风险等级的基金产品或者服务；（四）C4型普通投资者可以购买R4级及以下风险等级的基金产品或者服务；（五）C5 型普通投资者可以购买所有风险等级的基金产品或者服务。第四十五条规定，基金募集机构向投资者销售基金产品或者服务时，禁止出现以下行为：（一）向不符合准入要求的投资者销售基金产品或者服务；（二）向投资者就不确定的事项提供确定性的判断，或者告知投资者有可能使其误认为具有确定性的判断；（三）向普通投资者主动推介风险等级高于其风险承受能力的基金产品或者服务；（四）向普通投资者主动推介不符合其投资目标的基金产品或者服务；（五）向风险承受能力最低类别的普通投资者销售风险等级高于其风险承受能力的基金产品或者服务；（六）其他违背适当性要求，损害投资者合法权益的行为。第四十六条规定，最低风险承受能力类别的普通投资者不得购买高于其风险承受能力的基金产品或者服务。除因遗产继承等特殊原因产生的基金份额转让之外，普通投资者主动购买高于其风险承受能力基金产品或者服务的行为，不得突破相关准入资格的限制。第四十七条规定，基金募集机构在向普通投资者销售 R5 风险等级的基金产品或者服务时，应向其完整揭示以下事项：（一）基金产品或者服务的详细信息、重点特性和风险；（二）基金产品或者服务的主要费用、费率及重要权利、信息披露内容、方式及频率（三）普通投资者可能承担的损失；（四）普通投资者投诉方式及纠纷解决安排。第四十八条规定，普通投资者主动要求购买与之风险承受能力不匹配的基金产品或者服务的，基金销售要遵循以下程序：（一）普通投资者主动向基金募集机构提出申请，明确表示要求购买具体的、高于其风险承受能力的基金产品或服务，并同时声明，基金募集机构及其工作人员没有在基金销售过程中主动推介该基金产品或服务的信息；（二）基金募集机构对普通投资者资格进行审核，确认其不属于风险承受能力最低类别投资者，也没有违反投资者准入性规定；（三）基金募集机构向普通投资者以纸质或电子文档的方式进行特别警示，告知其该产品或服务风险高于投资者承受能力；（四）普通投资者对该警示进行确认，表示已充分知晓该基金产品或者服务风险高于其承受能力，并明确做出愿意自行承担相应不利结果的意思表示；（五）基金募集机构履行特别警示义务后，普通投资者仍坚持购买该产品或者服务的，基金募集机构可以向其销售相关产品或者提供相关服务。第四十九条规定，投资者信息发生重大变化的，基金募集机构要及时更新投资者信息，重新评估投资者风险承受能力，并将调整后的风险承受能力告知投资者。第五十条规定，基金募集机构销售的基金产品或者服务信息发生变化的，要及时依据基金产品或者服务风险等级划分参考标准，重新评估其风险等级。基金募集机构还要建立长效机制，对基金产品或者服务的风险定期进行评价更新。第五十一条规定，由于投资者风险承受能力或基金产品或者服务风险等级发生变化，导致投资者所持有基金产品或者服务不匹配的，基金募集机构要将不匹配情况告知投资者，并给出新的匹配意见。第五十二条规定，协会对基金募集机构履行适当性义务进行自律管理，对违反适当性管理规定的基金募集机构及人员依法采取自律惩戒措施。

投资者适当性管理是现代金融服务的基本原则和基本要求，是让“适合的投资者购买恰当的产品”，避免在金融产品创新过程中，将金融产品提供给风险并不匹配的投资群体，导致投资者由于误解产品而发生较大风险。如果经营机构没能够充分履行适当性管理的义务，投资者的合法权益受到侵害的时候，投资者就可以拿起法律的武器保护自己。

（13）示范文本：投资者风险匹配告知书及投资者确认函参考模板

投资者风险匹配告知书及投资者确认函

<table>
<tr><td colspan="2">投资者姓名/名称</td><td colspan="3"></td></tr>
<tr><td colspan="2">证件类型</td><td></td><td>证件编号</td><td></td></tr>
<tr><td>投资者风险匹配告知书</td><td colspan="4">尊敬的投资者：
根据您/贵机构填写的《投资者基本信息表》，依据相关法律、法规的规定，我司将您认定为专业投资者/普通投资者。结合您/贵机构填写的《风险测评问卷》以及其他相关信息，我司对您的风险承受能力进行了综合评估，现得到评估结果如下：
您/贵机构的风险承受能力为：（　），依据我司的投资者与产品、服务风险等级匹配规则，您/贵机构的风险承受能力等级与我司（产品、服务风险等级）相匹配。
我司在此郑重提醒，我司向您/贵机构销售的产品或提供的服务将以您的风险承受能力等级和投资品种、期限为基础，若您/贵机构提供的信息发生任何重大变化，您/贵机构应当及时以书面方式通知我司。我司建议您/贵机构审慎评判自身风险承受能力、结合自身投资行为，认真填写投资品种、期限，并做出审慎的投资判断。
如同意我司评估结果，请在投资者确认函中签字，以示同意。
募集机构签章
××年××月××日</td></tr>
</table>

续表

<table>
<tr><td>投资者确认函</td><td colspan="4">尊敬的（募集机构）
本人/本机构已仔细阅读贵司的《投资者类型及风险匹配告知书》，已充分知晓并理解贵司对本人/本机构的风险承受能力评估及产品、服务风险等级匹配结果。
本人/本机构对该《投资者类型及风险匹配告知书》内容没有异议，愿意遵守法律、法规及贵司有关规定，通过贵司购买产品或者服务。
本人/本机构承诺，将及时以书面方式如实地向贵司告知本人/本机构的重大信息变更。
本确认函系本人/本机构独立、自主、真实的意思表示。特此确认。
投资者签字/签章
××年××月××日</td></tr>
<tr><td rowspan="3"></td><td rowspan="3">授权经办人信息</td><td>经办人</td><td></td><td>职务</td></tr>
<tr><td>证件类型</td><td></td><td>证件号码</td></tr>
<tr><td colspan="3">经办人签字：
××年××月××日</td></tr>
</table>

（14）示范文本：风险不匹配警示函及投资者确认书参考模板

风险不匹配警示函及投资者确认书

<table>
<tr><td>风险不匹配警示函</td><td>尊敬的投资者（姓名/机构名称）：
资金帐号：
经核实，您/贵机构申请购买的产品或服务风险等级为（　），您当前风险等级为（　），不属于最低风险承受能力的普通投资者，不存在违反准入性要求的情况。根据适当性匹配原则，该产品或者服务高于您/贵机构风险承受能力，我司特此向您/机构书面警示：购买该产品/服务，可能导致您/贵机构承担超出自身承受能力损失以及不利后果。
请您认真考虑相应风险，审慎决定购买该产品或服务，并签署投资者确认书。
募集机构盖章：××年××月××日</td></tr>
</table>

续表

<table>
<tr><td rowspan="4">投资者确认书</td><td colspan="4">尊敬的（募集机构）：
本人/本机构已收到贵司出具的《风险不匹配警示函》，对于本人/本机构申请购买产品/服务风险等级高于本人/本机构风险承受能力情况已知悉，并且已充分了解该产品/服务的风险特征和可能的不利后果。经本人/本机构审慎考虑，仍坚持申请购买该产品/服务，并自愿承担由此可能产生的一切不利后果和损失。该销售机构及工作人员在销售过程中，不存在直接或间接主动向本人/本机构推介该产品/服务的行为。请抄写本确认书中字体加粗部分：
投资者签字/签章：
××年××月××日</td></tr>
<tr><td rowspan="3">授权经办人信息</td><td>经办人</td><td></td><td>职务</td><td></td></tr>
<tr><td>证件类型</td><td></td><td>证件号码</td><td></td></tr>
<tr><td colspan="4">经办人签字：
××年××月××日</td></tr>
</table>

六、私募投资基金的宣传、推介

为宣传推介私募投资基金产品，基金管理人需要制作必要的基金宣传材料并进行基金推介和路演（当然不是公开进行）。现在市场上可供选择的金融产品非常丰富，可供选择的金融机构也为数众多，适合不同的年龄、不同的风险偏好、不同的资金额度、不同的投资领域的理财产品上应有尽有，如何在众多的理财产品中销售出自身的产品，对于私募投资基金管理人来说也是一个比较具有挑战性的问题，尤其是对于刚刚成立的基金管理平台更是如此。一方面，随着市场的逐步成熟和规范，在优胜劣汰之后，优秀的私募投资基金管理人越来越多，各基金管理人的资产管理能力的差别越来越小，传统的持牌金融机构依赖于天然的客户先发资源优势，以及多年的后发积累的主动管理经验，与市场化的私募投资基金管理人的主动管理能力并不会再有很大差距，这样如何在一个既有外部竞争又有内部竞争的市场环境中生存下来，本身就是一个十分残酷的问题。虽然问题的核心在于各资产管理机构的管理能力，但是募集推介也是不能忽视的重要一环，这是展示资产管理人资产管理能力的最好的方式，也是让其他投资者认识和了解资产管理人最便捷、最直接的方式。通过推介这个环节，一方面让投资者了解了资产管理人，另一方面也让投资者了解了基金产品。同时鉴于募集说明书内容较多，较复杂，为使投资者更直接，更快捷地了解基金产品，部分基金管理人或募集机构会在募集说明书的基础上制作募集简章，对募集说明书的关键部分和重要内容进行汇总，以节约投资者的阅读时间，并集中投资者的关注焦点。实践中还有更为简便和易携带的募集折页，浓缩了基金产品最核心的内容，但是因为内容过于简单，对于基金产品的信息披露不够丰富，不容易作出明确、清晰地判断。同时为了路演，部分基金管理人也会制作一个路演的PPT，便于进行路演工作。

《私募投资基金募集行为管理办法》第二十二条规定，私募投资基金推介材料应由私募投资基金管理人制作并使用。私募投资基金管理人应当对私募投资基金推介材料内容的真实性、完整性、准确性负责。除私募投资基金管理人委托募集的基金销售机构可以使用推介材料向特定对象宣传推介外，其他任何机构或个人不得使用、更改、变相使用私募投资基金推介材料。第二十三条规定，募集机构应当采取合理方式向投资者披露私募投资基金信息，揭示投资风险，确保推介材料中的相关内容清晰、醒目。私募投资基金推介材料内容应与基金合同主要内容一致，不得有任何虚假记载、误导性陈述或者重大遗漏。如有不一致的，应当向投资者特别说明。私募投资基金推介材料内容包括但不限于：（一）私募投资基金的名称和基金类型；（二）私募投资基金管理人名称、私募投资基金管理人登记编码、基金管理团队等基本信息；（三）中国基金业协会私募投资基金管理人以及私募投资基金公示信息（含相关诚信信息）；（四）私募投资基金托管情况（如无，应以显著字体特别标注）、其他服务提供商（如律师事务所、会计师事务所、保管机构等），是否聘用投资顾问等；（五）私募投资基金的外包情况；（六）私募投资基金的投资范围、投资策略和投资限制概况；（七）私募投资基金收益与风险的匹配情况；（八）私募投资基金的风险揭示；（九）私募投资基金募集结算资金专用账户及其监督机构信息；（十）投资者承担的主要费用及费率，投资者的重要权利（如认购、赎回、转让等限制、时间和要求等）；（十一）私募投资基金承担的主要费用及费率；（十二）私募投资基金信息披露的内容、方式及频率；（十三）明确指出该文件不得转载或给第三方传阅；（十四）私募投资基金采取合伙企业、有限责任公司组织形式的，应当明确说明入伙（股）协议不能替代合伙协议或公司章程。说明根据《合伙企业法》或《公司法》，合伙协议、公司章程依法应当由全体合伙人、股东协商一致，以书面形式订立。申请设立合伙企业、公司或变更合伙人、股东的，并应当向企业登记机关履行申请设立及变更登记手续；（十五）中国基金业协会规定的其他内容。

《私募投资基金信息披露管理办法》第九条规定，信息披露义务人应当向投资者披露的信息包括：（一）基金合同；（二）招募说明书等宣传推介文件；（三）基金销售协议中的主要权利义务条款（如有）；（四）基金的投资情况；（五）基金的资产负债情况；（六）基金的投资收益分配情况；（七）基金承担的费用和业绩报酬安排；（八）可能存在的利益冲突；（九）涉及私募投资基金管理业务、基金财产、基金托管业务的重大诉讼、仲裁；（十）中国证监会以及中国基金业协会规定的影响投资者合法权益的其他重大信息。第十条规定，私募投资基金进行托管的，私募投资基金托管人应当按照相关法律法规、中国证监会以及中国基金业协会的规定和基金合同的约定，对私募投资基金管理人编制的基金资产净值、基金份额净值、基金份额申购赎回价格、基金定期报告和定期更新的招募说明书等向投资者披露的基金相关信息进行复核确认。第十三条规定，私募投资基金的宣传推介材料（如招募说明书）内容应当如实披露基金产品的基本信息，与基金合同保持一致。如有不一致，应当向投资者特别说明。第十四条规定，私募投资基金募集期间，应当在宣传推介材料（如招募说明书）中向投资者披露如下信息：（一）基金的基本信息：基金名称、基金架构（是否为母子基金、是否有平行基金）、基金类型、基金注册地（如有）、基金募集规模、最低认缴出资额、基金运作方式（封闭式、开放式或者其他方式）、基金的存续期限、基金联系人和联系信息、基金托管人（如有）；（二）基金管理人基本信息：基金管理人名称、注册地/主要经营地址、成立时间、组织形式、基金管理人在中国基金业协会的登记备案情况；（三）基金的投资信息：基金的投资目标、投资策略、投资方向、业绩比较基准（如有）、风险收益特征等；（四）基金的募集期限：应载明基金首轮交割日以及最后交割日事项（如有）；（五）基金估值政策、程序和定价模式；（六）基金合同的主要条款：出资方式、收益分配和亏损分担方式、管理费标准及计提方式、基金费用承担方式、基金业务报告和财务报告提交制度等；（七）基金的申购与赎回安排；（八）基金管理人最近三年的诚信情况说明；（九）其他事项。

《私募投资基金募集行为管理办法》也规定了在推介私募投资基金时的禁

止行为。第二十四条规定，募集机构及其从业人员推介私募投资基金时，禁止有以下行为：（一）公开推介或者变相公开推介；（二）推介材料虚假记载、误导性陈述或者重大遗漏；（三）以任何方式承诺投资者资金不受损失，或者以任何方式承诺投资者最低收益，包括宣传“预期收益”“预计收益”“预测投资业绩”等相关内容；（四）夸大或者片面推介基金，违规使用“安全”“保证”“承诺”“保险”“避险”“有保障”“高收益”“无风险”等可能误导投资人进行风险判断的措辞；（五）使用“欲购从速”“申购良机”等片面强调集中营销时间限制的措辞；（六）推介或片面节选少于6个月的过往整体业绩或过往基金产品业绩；（七）登载个人、法人或者其他组织的祝贺性、恭维性或推荐性的文字；（八）采用不具有可比性、公平性、准确性、权威性的数据来源和方法进行业绩比较，任意使用“业绩最佳”“规模最大”等相关措辞；（九）恶意贬低同行；（十）允许非本机构雇佣的人员进行私募投资基金推介；（十一）推介非本机构设立或负责募集的私募投资基金；（十二）法律、行政法规、中国证监会和中国基金业协会禁止的其他行为。第二十五条规定，集机构不得通过下列媒介渠道推介私募投资基金：（一）公开出版资料；（二）面向社会公众的宣传单、布告、手册、信函、传真；（三）海报、户外广告；（四）电视、电影、电台及其他音像等公共传播媒体；（五）公共、门户网站链接广告、博客等；（六）未设置特定对象确定程序的募集机构官方网站、微信朋友圈等互联网媒介；（七）未设置特定对象确定程序的讲座、报告会、分析会；（八）未设置特定对象确定程序的电话、短信和电子邮件等通讯媒介；（九）法律、行政法规、中国证监会规定和中国基金业协会自律规则禁止的其他行为。《私募投资基金信息披露管理办法》第十一条规定，信息披露义务人披露基金信息，不得存在以下行为：（一）公开披露或者变相公开披露；（二）虚假记载、误导性陈述或者重大遗漏；（三）对投资业绩进行预测；（四）违规承诺收益或者承担损失；（五）诋毁其他基金管理人、基金托管人或者基金销售机构；（六）登载任何自然人、法人或者其他组织的祝贺性、恭维性或推荐性的文字；（七）采用不具有可比性、公平性、准确性、权威性的数据来源和方法进行业绩比较，任意使用“业绩最佳”、“规模最大”等相关措辞；（八）法律、行政法规、中国证监会和中国基金业协会禁止的其他行为。第十二条规定，向境内投资者募集的基金信息披露文件应当采用中文文本，应当尽量采用简明、易懂的语言进行表述。同时采用外文文本的，信息披露义务人应当保证两种文本内容一致。两种文本发生歧义时，以中文文本为准。

（15）示范文本：私募地产投资基金募集说明书

××私募地产投资基金募集说明书

编制单位：××投资基金管理有限公司

办公地址：×× 邮编：×× 电话：××

××年××月××日

声 明

1. 本募集说明书仅供您评估参与××投资基金之用。鉴于本募集说明书的保密性，未经××股权投资基金管理有限公司（简称××基金管理公司）同意，本招募说明书的任何内容仅限于您及您的专业顾问审阅，严禁复制或披露或转载给任何其他人士。

2. 投资在获得高额回报的同时，也伴随着一定的风险。

3. 根据国家相关法规，本合伙企业有限合伙人应是合格的、具有完全民事行为能力的自然人或依法成立并有效存续的法人或其他组织，符合中国法律法规对合格投资者资格的界定，并且必须具备本募集说明书所附认购协议所述的其他资格。

4. 入伙协议不能替代合伙协议，根据《合伙企业法》合伙协议依法应当由全体合伙人协商一致，以书面形式订立。基金成立后，将申请设立合伙企业或变更合伙人，并向企业登记机关履行申请设立及变更登记手续。

4. 本募集说明书仅提供一般性指引和参考，本说明书所有内容以合伙协议及入伙协议的相关条款为准。本募集说明书的各部分内容应综合阅读，以获得完整、准确的理解。

5. 政府监督管理部门对本股权投资企业和/或受托管理机构的备案，不表明其对本股权投资企业的价值和收益做出实质性判断或保证，也不表明投资于本股权投资企业不存在风险。

如有任何问题，请通过以下方式与我们联系：

××股权投资基金管理有限公司

办公地址：××　　电　话：××　　邮编：××

第一部分　募集概要

基金名称	××私募投资基金
基金类型	封闭式私募投资基金
基金注册地	××
基金架构	非子母基金，无平行基金
基金形式	有限合伙
合伙企业管理人	××股权基金管理有限公司；登记编码：××
募集监管银行	××银行
资金托管银行	××银行
会计师事务所	××会计师事务所
律师事务所	××律师事务所
服务外包情况	无
募集规模	××万元人民币，其中普通合伙人（GP，认购不超过当期规模的××%
合伙人规模	不超过 50 人
投资期限	××个月
募集期限及方式	××年××月××日开始，不超过 30 个工作日，非公开募集
最低出资额	100 万元（人民币），按 10 万的整数倍增加
出资方式	货币，人民币
投资项目	收购××公司开发的××项目一期住宅（含别墅、花园洋房，高层）
退出方式	通过出售实现项目退出
风控措施	××公司及其股东××投资控股集团为投资人退出提供回购保证
收益分配	有限合伙人最高年化收益率（税前）如下： 100 万元≤单笔投资金额<200 万元　　（××%） 200 万元≤单笔投资金额　　（××%） 实际投资的天数不包含基金募集期限，上述期间应予刨除；有限合伙人实际收益以其实缴出资额为基础进行计算。

第二部分　基金特点

2.1 项目资源得天独厚

××项目是××市的首个高端养老养生综合体项目。项目地地处长江经济带中心，距上海仅一小时车程，区位优势明显。加之得天独厚的自然条件和央企的高品质建设，将使项目成为展示其源远流长的××文化的城市名片。

2.2 公司股东实力雄厚

交易对手为××有限责任公司；依托股东强大资金、人力及社会资源的优势，在项目开发、运营，资源整合等各个方面为项目成功提供了强有力的保障，履约信用好，对投资者投资进行风险锁定，无后顾之忧。

2.3 风控措施可靠完善

低于市场价锁定优质资产；基金管理人认购不少于当期规模的10%作为劣后资金；××公司及其股东××投资控股集团为投资人退出提供回购保证。

2.4 项目资产流动性强

可售项目五证齐全、销售情况良好，由国内以一流销售代理公司代理销售，可溢价率高，基金管理人退出有完全的自控能力，安全可靠。

第三部分　项目背景

××股权基金管理有限公司与××有限责任公司是紧密合作伙伴，双方已经进行成功合作并顺利发行成立多只基金，所有到期基金已经实现预期收益并按时退出，为投资人提供了安全可靠的投资选择。在此成功合作基础上，双方又选择在本项目的别墅、花园洋房、高层住宅资产进行类似合作。本次××投资基金是由××股权基金管理有限公司为收购××项目一期住宅（含别墅、花园洋房、高层）资产而发起成立的合伙企业。

3.1××省××市概况

××市，我国首批对外开放的14个沿海城市之一。位于沿海经济带与长江经济带交汇点和长江三角洲洲头。隔江与中国经济最发达的上海及苏南地区相依。

面积：全市总面积8001平方公里，是××全省的十二分之一。

人口：据全国第六次人口普查数据显示××全市常住人口729.8万人。人口平均寿命达80.71岁，百岁寿星多达1031位，2014年5月××被国际自然医学会、世界××乡认证委员会授予全球首个“世界××之都”。

属性：全国特大型城市，中国重要的制造研发销售基地，全国第二大造船基地，中国家纺名城，我国十大港口之一。

交通：我国重要的铁路枢纽、也是长江水系江河运输直达中转的枢纽。

荣誉：曾先后获得过中国人居环境奖、全国卫生城市、国家环保模范城市、国家园林城市、全国民营经济最具活力城市，是全球首个“世界××之都”。

经济：2013年，××市全市国内生产总值（GDP）5038.90亿元，按可比价格计算同比增长11.8%，高于全省2.2个百分点，高于全国4.1个百分点，人均GDP69050元，经济增长实现了稳中有进。固定资产投资总额3298.7亿元，较上年增长20.8%。全年规模以上工业增加值达到2583.9亿元，同比增长12.6%。全市城镇居民人均可支配收入为31059元，同比增长9.8%；农牧民人均纯收入达到14754元，同比增长11.5%。

3.2××项目公司

××有限责任公司，注册资金××万元，拥有房地产开发二级资质，是××公司的全资子公司，隶属于中国××集团有限公司（简称××集团）。××集团是国务院国资委直管的特大型企业集团、国资委批准的以房地产开发为主业的21家代表性央企之一。××有限责任公司是由××集团有限公司、××投资控股集团有限公司合作成立的一家房地产开发企业，注册资金××万元。

××集团有限公司是××集团公司控股公司，××集团公司（旗下控股的××股份有限公司，简称中国××）是国资委直接管理的多专业、跨行业、跨国经营、集科工贸于一体的综合性大型企业集团，现在拥有近70家全资和控股子公司，2011年营业收入达2000多亿元，进入世界企业500强。××投资控股集团有限公司（简称××集团）是以地产开发、服务为核心业务，以能源、矿业、股权投资为战略投资方向的跨区域、跨行业的大型多元化投资企业集团。公司旗下拥有近二十家控股公司。××集团坚持稳定是第一位的指导思想，在稳定中求发展，在发展中更稳定，信守“诚信、勤奋、守法、创新”的经营理念，以追求流动性为目标，坚定不移的开展资本运作，以无形资产协调整合有形资源，将集团打造成稳健、规范、健康、富有活力的投资控股集团。

3.3××投资基金管理公司及其团队

（1）××基金管理公司简介

××投资基金管理有限公司，成立于××年××月××日，经营范围：××，组织形式：有限责任公司，于××年××月××日在中国证券投资基金业协会登记为基金管理人，是一家集股权投资、产业整合、资产运营为一体，专注中国城市化进程中的投资机会，致力成为未来中国卓越的资本运营商的专业股权投资基金管理机构。公司的管理团队，在股权投资和产业整合等领域，具有丰富的投资、管理、运作经验，在私募股权基金、产业投资基金的发起、设立、募集、投资、管理、运营、退出等专业投资管理能力上拥有深厚的项目实操经验和行业积累。公司目前有多个系列基金，包括：××系列基金（投资标的：××）；××系列基金（投资标的：××）；××系列基金（投资标的：××）。××系列基金目前业已成功发行××期基金，募集总规模达××亿元，所有基金产品已顺利退出。优质的项目选择，完善的投后管理以及完备的风险控制体系，保证了××系列基金退出无一延期，总体客户平均年化收益率达××%以上，其中有××%以上客户选择继续投资公司其他基金产品。

（2）管理团队简介

总裁：××

CEO：××

CFO：××

CRO：××

PM：××

（3）基金管理人最近三年的诚信情况说明

基金管理人最近三年信用良好，没有受到任何行政机关的处罚或谴责。

第四部分　投资目标、投资范围、投资策略、投资限制

4.1 投资目标

在法律允许的范围内，从事项目投资及管理咨询活动，为投资人获取长期稳定的资本回报。

4.2 投资范围

本基金收购的项目位于××市中国××项目一期的部分住宅（含别墅、

花园洋房、高层)。由世界五百强××集团旗下公司，××有限责任公司投资建设的“××”位于××市城镇内，东起××河，南到××路，西临××路，北到××西路，占地面积约××亩，其中以长居养寿为主题的养生社区约××亩，以自然养性为主题的××园约××亩，以体验养生为主题的养生体验及配套等约××亩，总建筑面积约××万平方米。“××”借助××得天独厚的××资源和传统文化，建设集休闲度假、养生养老、健康体验、产品研发、会议培训为一体的，可持续的国际养生养老综合体。项目规划提出“体验养生、自然养性、长居养寿”理念。项目规划以水为灵魂，植物花卉为形，突出“天人合一、五行合一、阴阳合一、动静合一、身心合一”等文化养生理念。“××”设有中华××博物馆、文化创意产业园、养生学院、温泉养生度假、国际××论坛等功能区，将养生运动、休闲度假等功能融入其中。在继承传统养生、养寿文化的基础上，以宜居环境为前提，通过引进相关服务机构、特色物业打造全新的、有××特色的长居养寿服务产业，未来将建成一个集养生别墅、养老公寓、康复中心、特色医疗机构等设施的综合社区。项目结合××论坛、温泉养生、水幕电影等丰富活动形式打造中国最具影响力的××旅游文化胜地。“××”项目占地××亩，计划总投资额约为××亿元，计划建设时间为××年。项目分三期实施：一期××亩，开发时间：××年—××年；二期××亩，开发时间：××年—××年；三期××亩，开发时间：××年—××年。

××

图2　××项目开发分期平面图

目前项目一期已经建设完毕，建设项目包括中华××博物馆、会所、别墅、花园洋房、高层住宅，现已全部封顶，部分已交付使用，住宅已全部取得预售证开始销售，具体规划如下：

地块	规划用途	预计交房时间	销售情况
A 区	博物馆、会所、商业	已交付使用	自持
B 区	别墅及配套	××年××月××日	已开始销售
C 区	花园洋房及配套	××年××月××日	已开始销售
D 区	小高层及配套	××年××月××日	已开始销售
一期配套区	××园	××年××月××日	自持

基金拟收购项目为“××”项目一期部分住宅（包括花园别墅、花园洋房、高层湖景住宅），目前已全部封顶，预计年底交房。项目一期别墅共有33栋，8个地上车库。住宅地上四层，每户户内上跃户型，独门独院。地上车库与住宅贴建，实现每户均可从车库内直接入户。花园洋房共10栋，每栋均为三个单元的组合体。每个单元均为1体两户套型，设开敞楼梯间，一部电梯。高层住宅共两栋，住宅楼套型单元均为1梯3户。设一部防烟楼梯间，一部客梯，一部消防电梯，其中一部电梯应为担架梯。电梯厅和楼梯间前室合用。

××

图3　××项目一期平面图

××

图4　项目实景

目前项目一期施工已全部封顶，并取得预售证。预计别墅、花园洋房将于2014年12月全部交房。高层将于2015年8月全部交房。目前项目一期已开始全面销售，自开售以来，别墅已去化48%，销售均价为11000元/平方米；花园洋房已去化 47.8% 销售均价为 8300 元/平方米。高层住宅已去化 70%，销售均价为 5300 元/平方米。

××

图5　商品房预售许可证

××

图6　项目开盘销售场面

4.3 投资策略

××投资基金管理公司发起成立××养老地产投资基金，用于低价购买××项目一期住宅（花园别墅、花园洋房、高层湖景住宅），签订商品房买卖合同，同时，将所购商品房委托国内著名销售代理公司（世联行）进行销售，基金投资到期后，以销售收入实现投资人退出，当销售收入不足以支付投资人本金和收益时，××置业和股东××集团提供收购保证，确保投资人顺利退出。

××

图7　收购方案

4.4 投资限制

本基金不得违反法律、法规的规定进行投资。基金不得投资于股票、证券投资基金、券商资产管理计划、基金资产管理计划、保险资产管理计划以及其他风险较大的金融衍生品，但合伙企业对外进行的通道业务除外。

4.5 投资回报估算

根据××投资基金管理公司和××有限公司签署的协议，项目购买价格约定如下：整体收购均价别墅××元/平方米，拟××元/平方米出售；花园洋房××元/平方米，拟××元/平方米出售；高层住宅××元/平方米，拟××元/平方米出售。目前××项目周边楼盘有××世纪城、××项目、××项目、××项目等竞品项目。根据市场调查显示，××房地产市场保持平稳发展态势，价格未出现大起大落态势，健康的房地产市场有利于控制风险。

××

图8 周边楼盘

××周边楼盘销售价格情况

在售楼盘	均价（元/平方米）	备注	在售楼盘	在售均价（元/平方米）	备注
××	6500	毛坯	××	7200	毛坯
××	6900	毛坯	××	6300	毛坯
××	6500	毛坯	××	6800	毛坯
××	7400	毛坯	××	6000	毛坯
××	7500	装修	××	5800	毛坯

××项目一期，目前别墅已去化48%，销售均价为11000元/平方米；花园洋房已去化47.8%销售均价为8300元/平方米；高层住宅已去化70%，销售均价为5300元/平方米。按现在基金购买价格别墅××元/平方米，拟××元/平方米出售，花园洋房××元/平方米，拟××元/平方米出售，高层住宅××元/平方米，拟××元/平方米出售，则投资总收益为××%。

4.6 投资原则及投资流程

（1）投资原则

××投资基金管理公司在投资选择中，对于被投资项目的选择，有明确的条件，核心内容是：优秀公司、优质项目、卓越团队。优秀公司的评价包括：股东背景、治理结构、经营管理、财务实力、声誉信用等的情况。优质项目的评价包括：股东背景、股权结构、项目位置、规划设计、股东投入、市场前景、投资回报等情况。卓越团队的评价包括：团队组成、核心成员、操盘经验、管理制度及执行力、精神面貌等情况。综合来看，××项目符合××基金管理公司的投资原则。

（2）投资流程

项目收集—项目登记—项目预审—尽职调查—项目立项—项目投决—投后管理。

第五部分　基金介绍

5.1 组织架构及基金管理

（1）合伙企业架构

××

（2）基金管理

××基金管理有限公司担任合伙企业管理人，负责日常经营事务的管理。

（3）存续期及赎回

基金投资期限24个月，期满后可延期12个月。

（4）基金管理机构

①基金管理人：××基金管理有限公司担任合伙企业管理人，是合伙企业日常经营事务的管理者及投资决策的执行者，负责论证项目，投资方案设计，投资决策，跟踪项目管理，项目退出及合伙企业清算等。基金管理人近三年均诚信经营，没有受到过行政处罚或纪律处分。

②募集监管银行和资金托管银行：

募集账户信息：

开户名：××

开户银行：××

银行账号：

托管账户信息：

开户名：××

开户银行：××

银行账号：××

③律师事务所、会计师事务所：

律师事务所：××

会计师事务所：××

5.2 基金的申购与赎回安排

基金存续期间，不接受任何形式的申购和赎回安排，但是法律法规另有规定的除外。

5.3 合伙企业（基金）费用及绩效分成

（1）合伙企业承担下列费用：

有限合伙企业应承担与本企业的设立、运营、解散、清算等相关下列费用，费用根据实际发生额支付，并均由本合伙企业承担：

①合伙企业设立登记费用、变更登记费用、清算费用、注销登记费用；合伙企业在新合伙人入伙时的募集费用、运营费用、交易费用；

②合伙企业聘请专家及中介机构的购买服务费用，包括但不限于聘请法律顾问、财务顾问、税务顾问、审计顾问、评估顾问、管理顾问等；

③支付给资产受托管理人的委托管理费用；支付给资金托管机构的资金托管费用；支付给其他签约机构的服务费用；

④政府部门对本合伙企业、其收益或资产、商业交易收取的税费及其他费用；

⑤合伙企业诉讼费和仲裁费以及律师费、鉴定、评估、公告、保全、拍卖等费用；

⑥其他与合伙企业运作相关并应由有限合伙企业支付的其他合理费用。

(2) 合伙企业管理费、募集账户监管费、银行托管费用:

作为对管理人提供管理及其他服务的对价，在合伙企业存续期间，合伙企业每年缴纳××%管理费。

本合伙企业将委托××银行作为募集监管和托管银行，银行募集监管费用和银行托管费用不超过××%/年。

(3) 合伙企业不承担的费用

管理人的设立费用、日常经营费用（包括但不限于办公费、差旅费、雇员薪酬等）。

(4) 收益分成

①分配原则

所分配的投资收益为项目投资获得的现金收益。当年实现的投资收益全部用于分配，而不用于再投资。

②分配方式

合伙企业获取收益后，首先分配有限合伙人的本金和收益，剩余基金财产归基金管理人所有。

有限合伙人最高年化收益率（税前）如下:

100万元≤单笔投资金额<200万元　　（××%）

200万元≤单笔投资金额　　（××%）

实际投资的天数不包含基金募集期限，上述期间应予刨除；有限合伙人实际收益以其实缴出资额为基础进行计算。

5.4 亏损分担方式

普通合伙人和有限合伙人按其认缴的出资比例分担亏损；当有限合伙企业仅存负债时，各合伙人按照合伙企业法的规定分担相应的责任。

5.5 风险及控制以及风险收益特征

(1) 风险揭示:

××投资基金管理有限公司作为执行事务合伙人，将通过资本运作收购××资产，并通过出售实现稳定收益。尽管执行事务合伙人承诺管理资金将恪尽职守，履行诚实、信用、谨慎、有效管理的义务，但在财产管理运用和处分过程中，仍存在法律政策风险、经营管理风险、市场风险和其他风险。您的投资既存在盈利的可能，也存在损失的风险。主要有:

①法律、政策风险

在管理财产过程中，可能面临法律、法规、政府政策和监管部门规定的变更，并因此导致财产损失等风险，可能对合伙企业和有限合伙人造成损害。

②经营管理风险

由于本基金资金用于间接收购有形不动产，所收购不动产可能因市场变化、政策调整、公司经营管理不善，及诉讼、仲裁等原因导致价格下降、成本上升、利润下滑，造成合伙企业和有限合伙人获得利益较低或不能获得利益的风险。

③市场风险

由于政策调整、利率变动、通货膨胀、经济危机等影响，市场情况可能发生重大变化，本基金的投资活动可能因此产生风险。

④其他风险

由于战争、地震、火灾、海啸等不可抗力的原因和其他不能预见的原因，导致基金目的不能实现或不能全部实现而造成的风险。

××基金管理有限公司作为执行事务合伙人郑重申明：根据《合同法》、《合伙企业法》等法律法规的有关规定，依据相关合同管理合伙企业财产所产生的风险，由合伙企业财产承担，即由合伙人交付的财产以及由执行事务合伙人对该财产运用后形成的财产承担。执行事务合伙人违背合同、处理事务不当使合伙人财产受到损失的，其损失部分由执行事务合伙人负责赔偿。在签署入伙协议前，您应当仔细阅读本申明书及相关项目资料，谨慎做出是否签署入伙协议的决定。

（2）风险控制

①优质资产低价购买

本次交易是以低价格购买开发的优质住宅，从项目销售情况看，项目受到市场高度认可，项目若出现风险，可顺利以低价出售住宅来能保证基金投资人本金和收益。

②××公司及其股东回购保证

若基金购买的资产销售收入不能保证有限合伙人顺利退出，××公司及其股东××投资控股集团有权利且有义务收购住宅资产，确保投资人顺利退出。

5.6 基金估值政策、程序和定价模式；

估值政策：按照当前法律、法规及其行业规则进行估值

估值程序：聘请专业估值机构进行估值

定价模式：按照当前法律、法规及其行业规则进行

5.7 基金业务报告和财务报告提交制度

按照基金合同提交上述报告

5.8 投资者的权利、义务

5.8.1 有限合伙人享有以下权利，其实施下列行为不视为执行合伙企业事务

5.8.1.1 参与决定普通合伙人入伙、退伙；

5.8.1.2 对合伙企业的经营管理提出合理化建议；

5.8.1.3 参与选择承办合伙企业审计业务的会计师事务所；

5.8.1.4 按照合伙协议约定获取经审计的合伙企业财务会计报告或经营报告；

5.8.1.5 对涉及自身利益的情况，查阅有限合伙企业财务会计账簿等财务资料；

5.8.1.6 在其在合伙企业中的利益受到侵害时，向有责任的合伙人主张权利；

5.8.1.7 执行事务合伙人怠于行使权利时，督促其行使权利或者为了本企业的利益以自己的名义提起诉讼；

5.8.1.8 依法为本企业提供担保；

5.8.1.9 根据本协议的约定分配企业财产和收取其应得的投资收益；

5.8.1.10 监督执行事务合伙人执行合伙事务的情况。

5.8.2 有限合伙人应履行下列义务

5.8.2.1 按照本合伙协议的约定，按时、足额向本合伙企业出资；

5.8.2.2 有限合伙人不参与执行本企业的事务，对外不得代表本企业；

5.8.2.3 除非具备法定的事由，不得违反本协议约定请求分割本企业的财产；

5.8.2.4 有限合伙人不得同本合伙企业进行交易；

5.8.2.5 有限合伙人不得自营或者同他人合作经营与本合伙企业相竞争的业务；

5.8.2.6 有限合伙人不得将其在有限合伙企业中的财产份额出质；

5.8.2.7 有限合伙人不得向合伙人以外的人转让其在有限合伙企业中的财产份额，除非取得全体合伙人书面同意。

5.8.3 有限合伙人的行为约束

有限合伙人不执行本有限合伙企业的合伙事务，不得对外代表本有限合伙企业。任何有限合伙人均不得参与或试图参与管理或控制本有限合伙企业的投资业务及其他以本有限合伙企业名义进行的任何交易或业务，不得代表本有限合伙企业签署任何文件，亦不得从事其他对本有限合伙企业形成约束或限制的行为。

5.9 基金信息披露的内容、方式及频率；

（1）基金的季度报告

私募投资基金运行期间，基金管理人应当在每季度结束之日起10个工作日以内向投资者披露基金主要财务指标以及投资组合情况等信息。

（2）基金的年度报告

基金管理人应当在每年结束之日起4个月以内向投资者披露以下信息：

①报告期末基金财务信息和基金份额总额；

②基金的财务情况；

③基金投资运作情况和运用杠杆情况；

④投资者账户信息，包括实缴出资额、未缴出资额以及报告期末所持有基金份额总额等；

⑤投资收益分配和损失承担情况；

⑥基金管理人取得的管理费和业绩报酬，包括计提基准、计提方式和支付方式；

⑦可能存在的利益冲突、关联交易以及可能影响投资者合法权益的其他重大信息。

（3）发生以下重大事项的，基金管理人应当及时向投资者披露：

①基金名称、注册地址、组织形式发生变更的；

②投资范围和投资策略发生重大变化的；

③变更基金管理人或托管人的；

④管理人的法定代表人、执行事务合伙人（委派代表）、实际控制人发生变更的；

⑤管理费率、托管费率发生变化的；

⑥基金收益分配事项发生变更的；

⑦基金触发巨额赎回的；

⑧基金存续期变更或展期的；

⑨基金发生清盘或清算的；

⑩发生重大关联交易事项的；

⑪基金管理人、实际控制人、高管人员涉嫌重大违法违规行为或正在接受监管部门或自律管理部门调查的；

⑫涉及私募投资基金管理业务、基金财产、基金托管业务的重大诉讼、仲裁；

(4) 信息披露方式

基金管理人向基金份额持有人提供的报告，可以通过网站、邮寄、传真或电子邮件等任何一种方式进行。基金份额持有人通过销售机构认购或申购本基金的，管理人向销售机构送达报告视同向基金份额持有人送达完成。基金份额持有人信息及联系方式以本协议约定为准。

5.10 私募投资基金认购程序

私募投资基金认购程序

提交认购意向书——签署基金合同及其他法律文件—支付投资资金——提交工商注册或变更资料——进行工商注册或变更。

七、私募投资基金管理人宣传、推介

《私募投资基金募集行为管理办法》第十六条规定，募集机构仅可以通过合法途径公开宣传私募投资基金管理人的品牌、发展战略、投资策略、管理团队、高管信息以及由中国基金业协会公示的已备案私募投资基金的基本信息。私募投资基金管理人应确保前述信息真实、准确、完整。为宣传自身的品牌，扩大自身的影响，私募投资基金的管理人可以通过公开渠道对自身进行宣传，但是私募投资基金管理人的宣传行为必须在法律法规的规定的范围内进行，并且应保证宣传的内容真实、准确，不得随意夸大、虚构或让投资者产生误导。

(16) 示范文本：私募投资基金管理人宣传推介材料（框架）

××投资基金管理公司宣传推介材料（框架）

1. 公司介绍××

2. 获得荣誉××
3. 组织架构××
4. 管理团队××
5. 投资团队××
6. 发展战略××
7. 投资策略××
8. 投资程序××
9. 历史业绩××
10. 合作伙伴××
11. 外部专家××
12. 社会活动××

八、私募地产投资基金的风险揭示

《私募投资基金募集行为管理办法》第二十六条规定，在投资者签署基金合同之前，募集机构应当向投资者说明有关法律法规，说明投资冷静期、回访确认等程序性安排以及投资者的相关权利，重点揭示私募投资基金风险，并与投资者签署风险揭示书。风险揭示书的内容包括但不限于：（一）私募投资基金的特殊风险，包括基金合同与中国基金业协会合同指引不一致所涉风险、基金未托管所涉风险、基金委托募集所涉风险、外包事项所涉风险、聘请投资顾问所涉风险、未在中国基金业协会登记备案的风险等；（二）私募投资基金的一般风险，包括资金损失风险、基金运营风险、流动性风险、募集失败风险、投资标的的风险、税收风险等；（三）投资者对基金合同中投资者权益相关重要条款的逐项确认，包括当事人权利义务、费用及税收、纠纷解决方式等。《私募投资基金风险揭示书内容与格式指引》详见附件二。《证券期货投资者适当性管理办法》第三条规定，向投资者销售证券期货产品或者提供证券期货服务的机构（以下简称经营机构）应当遵守法律、行政法规、本办法及其他有关规定，在销售产品或者提供服务的过程中，勤勉尽责，审慎履职，全面了解投资者情况，深入调查分析产品或者服务信息，科学有效评估，充分揭示风险，基于投资者的不同风险承受能力以及产品或者服务的不同风险等级等因素，提出明确的适当性匹配意见，将适当的产品或者服务销售或者提供给适合的投资者，并对违法违规行为承担法律责任。第四条规定，投资者应当在了解产品或者服务情况，听取经营机构适当性意见的基础上，根据自身能力审慎决策，独立承担投资风险。经营机构的适当性匹配意见不表明其对产品或者服务的风险和收益做出实质性判断或者保证。

私募投资基金风险揭示书是对投资者进行风险提示的重要法律文件，核心内容就是提示投资者知悉本次投资过程中可能面临的各种风险，并且要承诺自行承担可能出现的上述风险，而不能在投资失败时仍然要求基金管理人偿付。任何投资都会有风险，其实是任何活动都会有风险，但是现在的金融市场对投资者风险教育比较缺乏。投资者往往认为，拿人钱财，为人办事，这是天经地义的事，因此既然委托基金管理人理财并支付管理费用，为投资者赚钱是应该的，尤其是基金管理人在基金产品亏损的时候还在收取基金管理费的情况下。如果金融理财产品出现兑付风险，投资者往往通过聚众闹事给监管层和金融机构压力，出于维护稳定以及维护公司声誉的需要，金融机构往往忍气吞声，以自有自己为投资者的风险买单。现在监管层虽然已经意识到这些问题，并屡屡发文要求打破刚性兑付，但是各金融机构迫于投资者的压力以及市场声誉的压力，还在承担刚性兑付的义务。

（17）示范文本：中国证券投资基金业协会私募地产投资基金风险揭示书

私募投资基金风险揭示书内容与格式指引

（格式示例如下，风险揭示书须包含但不限于以下内容）

尊敬的投资者：

投资有风险。当您/贵机构认购或申购私募投资基金时，可能获得投资收益，但同时也面临着投资风险。您/贵机构在做出投资决策之前，请仔细阅读本风险揭示书和基金合同、公司章程或者合伙协议（以下统称基金合同），充分认识本基金的风险收益特征和产品特性，认真考虑基金存在的各项风险因素，并充分考虑自身的风险承受能力，理性判断并谨慎做出投资决策。

根据有关法律法规，基金管理人［具体机构名称］及投资者分别作出如下承诺、风险揭示及声明：

一、基金管理人承诺

（一）私募投资基金管理人保证在募集资金前已在中国证券投资基金业协会（以下简称中国基金业协会）登记为私募投资基金管理人，并取得管理人登记编码。

（二）私募投资基金管理人向投资者声明，中国基金业协会为私募投资基金管理人和私募投资基金办理登记备案不构成对私募投资基金管理人投资能力、持续合规情况的认可；不作为对基金财产安全的保证。

（三）私募投资基金管理人保证在投资者签署基金合同前已（或已委托基金销售机构）向投资者揭示了相关风险；已经了解私募投资基金投资者的风险偏好、风险认知能力和承受能力；已向私募投资基金投资者说明有关法律法规，说明投资冷静期、回访确认的制度安排以及投资者的权利。

（四）私募投资基金管理人承诺按照恪尽职守、诚实信用、谨慎勤勉的原则管理运用基金财产，不保证基金财产一定盈利，也不保证最低收益。

二、风险揭示

（一）特殊风险揭示

（具体风险应由管理人根据私募投资基金的特殊性阐明）

若存在以下事项，应特别揭示风险：

1. 基金合同与中国基金业协会合同指引不一致所涉风险；

2. 私募投资基金未托管所涉风险；

3. 私募投资基金委托募集所涉风险

4. 私募投资基金外包事项所涉风险；

5. 私募投资基金聘请投资顾问所涉风险；

6. 私募投资基金未在中国基金业协会履行登记备案手续所涉风险。

（二）一般风险揭示

1. 资金损失风险

基金管理人依照恪尽职守、诚实信用、谨慎勤勉的原则管理和运用基金财产，但不保证基金财产中的认购资金本金不受损失，也不保证一定盈利及最低收益。

本基金属于（相应评级水平）风险投资品种，适合风险识别、评估、承受能力（相应评级水平）的合格投资者。

2. 基金运营风险

基金管理人依据基金合同约定管理和运用基金财产所产生的风险，由基金财产及投资者承担。投资者应充分知晓投资运营的相关风险，其风险应由投资者自担。

3. 流动性风险

本基金预计存续期限为基金成立之日（　）起至（存续期限）［包括延长期（如有）］结束并清算完毕为止。在本基金存续期内，投资者可能面临资金不能退出带来的流动性风险。

根据实际投资运作情况，本基金有可能提前结束或延期结束，投资者可能因此面临委托资金不能按期退出等风险。

4. 募集失败风险

本基金的成立需符合相关法律法规的规定，本基金可能存在不能满足成立条件从而无法成立的风险。

基金管理人的责任承担方式：

（一）以其固有财产承担因募集行为而产生的债务和费用；

（二）在基金募集期限届满（确认基金无法成立）后三十日内返还投资人已交纳的款项，并加计银行同期存款利息。

5. 投资标的风险（适用于股权类）

本基金投资标的的价值取决于投资对象的经营状况，原股东对所投资企业的管理和运营，相关市场宏观调控政策、财政税收政策、产业政策、法律法规、经济周期的变化以及区域市场竞争格局的变化等都可能影响所投资企业经营状况，进而影响本基金投资标的的价值。

6. 税收风险

契约性基金所适用的税收征管法律法规可能会由于国家相关税收政策调整而发生变化，投资者收益也可能因相关税收政策调整而受到影响。

7. 其他风险

包括但不限于法律与政策风险、发生不可抗力事件的风险、技术风险和操作风险等。

三、投资者声明

作为该私募投资基金的投资者，本人/机构已充分了解并谨慎评估自身风险承受能力，自愿自行承担投资该私募投资基金所面临的风险。本人/机构做出以下陈述和声明，并确认（自然人投资者在每段段尾“【××】”内签名，机构投资者在本页、尾页盖章，加盖骑缝章）其内容的真实和正确：

1. 本人/机构已仔细阅读私募投资基金法律文件和其他文件，充分理解相关权利、义务、本私募投资基金运作方式及风险收益特征，愿意承担由上述

风险引致的全部后果。【××】

2. 本人/机构知晓，基金管理人、基金销售机构、基金托管人及相关机构不应当对基金财产的收益状况作出任何承诺或担保。【××】

3. 本人/机构已通过中国基金业协会的官方网站（www. amac. org. cn）查询了私募投资基金管理人的基本信息，并将于本私募投资基金完成备案后查实其募集结算资金专用账户的相关信息与打款账户信息的一致性。【××】

4. 在购买本私募投资基金前，本人/机构已符合《私募投资基金监督管理暂行办法》有关合格投资者的要求并已按照募集机构的要求提供相关证明文件。【××】

5. 本人/机构已认真阅读并完全理解基金合同的所有内容，并愿意自行承担购买私募投资基金的法律责任。【××】

6. 本人/机构已认真阅读并完全理解基金合同第××章第××节“当事人的权利与义务”的所有内容，并愿意自行承担购买私募投资基金的法律责任。【××】

7. 本人/机构知晓，投资冷静期及回访确认的制度安排以及在此期间的权利。【××】

8. 本人/机构已认真阅读并完全理解基金合同第××章第××节“私募投资基金的投资”的所有内容，并愿意自行承担购买私募投资基金的法律责任。【××】

9. 本人/机构已认真阅读并完全理解基金合同第××章第××节“私募投资基金的费用与税收”中的所有内容。【××】

10. 本人/机构已认真阅读并完全理解基金合同第××章第××节“争议的处理”中的所有内容。【××】

11. 本人/机构知晓，中国基金业协会为私募投资基金管理人和私募投资基金办理登记备案不构成对私募投资基金管理人投资能力、持续合规情况的认可；不作为对基金财产安全的保证。【××】

12. 本人/机构承诺本次投资行为是为本人/机构购买私募投资基金。【××】

13. 本人/机构承诺不以非法拆分转让为目的购买私募投资基金，不会突破合格投资者标准，将私募投资基金份额或其收益权进行非法拆分转让。【××】

基金投资者（自然人签字或机构盖章）：

日期：

经办员（签字）：

日期：

募集机构（盖章）：

日期：

（18）示范文本：现实版私募地产投资基金风险揭示书

私募投资基金风险揭示书

尊敬的投资者：

投资有风险。当您/贵机构认购或申购私募投资基金时，可能获得投资收益，但同时也面临着投资风险。您/贵机构在做出投资决策之前，请仔细阅读本风险揭示书和基金合同，充分认识本基金的风险收益特征和产品特性，认真考虑基金存在的各项风险因素，并充分考虑自身的风险承受能力，理性判断并谨慎做出投资决策。

根据有关法律法规，基金管理人××及投资者分别作出如下承诺、风险揭示及声明：

一、基金管理人承诺

（一）私募投资基金管理人保证在募集资金前已在中国证券投资基金业协会（以下简称中国基金业协会）登记为私募投资基金管理人，并取得管理人登记编码。

（二）私募投资基金管理人向投资者声明，中国基金业协会为私募投资基金管理人和私募投资基金办理登记备案不构成对私募投资基金管理人投资能力、持续合规情况的认可；不作为对基金财产安全的保证。

（三）私募投资基金管理人保证在投资者签署基金合同前已（或已委托基金销售机构）向投资者揭示了相关风险；已经了解私募投资基金投资者的风险偏好、风险认知能力和承受能力；已向私募投资基金投资者说明有关法律法规，说明投资冷静期、回访确认的制度安排以及投资者的权利。

（四）私募投资基金管理人承诺按照恪尽职守、诚实信用、谨慎勤勉的原则管理运用基金财产，不保证基金财产一定盈利，也不保证最低收益。

二、风险揭示

（一）特殊风险揭示

1. 基金合同与中国基金业协会合同指引不一致所涉风险

本基金投资于房地产领域，属于房地产投资基金，不投资于证券领域，不属于证券投资基金，因此中国基金业协会合同指引中证券投资的相关条款不适用于本基金合同。

2. 私募投资基金委托募集所涉风险

本基金的成立需符合相关法律法规的规定和合同的约定，但募集机构不对本基金能确定完成预期募集规模和金额提供承诺，本基金可能存在不能满足成立条件从而无法成立的风险。

（二）一般风险揭示

1. 资金损失风险

基金管理人依照恪尽职守、诚实信用、谨慎勤勉的原则管理和运用基金财产，但不保证基金财产中的认购资金本金不受损失，也不保证一定盈利及最低收益。

本基金属于××风险投资品种，适合风险识别、评估、承受能力××的合格投资者。

2. 基金运营风险

基金管理人依据基金合同约定管理和运用基金财产所产生的风险，由基金财产及投资者承担。投资者应充分知晓投资运营的相关风险，其风险应由投资者自担。

3. 流动性风险

本基金预计存续期限为基金全部投出之日起满18个月结束并清算完毕为止。在本基金存续期内，投资者可能面临资金不能退出带来的流动性风险。

根据实际投资运作情况，本基金有可能提前结束或延期结束，投资者可能因此面临委托资金不能按期退出等风险。

4. 募集失败风险

本基金的成立需符合相关法律法规的规定，本基金可能存在不能满足成立条件从而无法成立的风险。

基金管理人的责任承担方式：

（一）以其固有财产承担因募集行为而产生的债务和费用；

（二）在基金募集期限届满（确认基金无法成立）后三十日内返还投资人已交纳的款项，并加计银行同期存款利息。

5. 投资标的风险（适用于股权类）

本基金投资标的的价值取决于投资对象的经营状况，原股东对所投资企业的管理和运营，相关市场宏观调控政策、财政税收政策、产业政策、法律法规、经济周期的变化以及区域市场竞争格局的变化等都可能影响所投资企业经营状况，进而影响本基金投资标的的价值。

6. 税收风险

契约性基金所适用的税收征管法律法规可能会由于国家相关税收政策调整而发生变化，投资者收益也可能因相关税收政策调整而受到影响。

7. 市场风险

国家法律、法规的变化以及国家货币政策、财政政策、产业政策及政府对金融市场监管政策的调整可能会导致本基金因违反有关规定而无效、被撤销或被解除。经济运行具有周期性的特点，宏观经济运行状况可能对投资项目产生影响，从而对预期收益和基金财产产生影响。

8. 信用风险

信用风险是指基金财产在交易过程发生基金财产所投资项目出现违约、拒绝清偿到期债务，或者债务人、担保人经营不善，资不抵债，都可能导致基金财产损失和收益变化。

9. 特定的投资方式及基金财产所投资的特定对象可能引起的特定风险

本基金合同项下基金财产投资对象处于房地产行业，房地产市场价格受到经济因素、政治因素、投资心理和交易制度等各种因素的影响，从而影响到投资对象的企业经营收入及盈利水平，进而影响投资对象的偿付能力，产生投资风险。

10. 其他风险

战争、自然灾害、政府行为等不可抗力可能导致基金财产有遭受损失的风险，以及基金管理人、资产托管人可能因不可抗力无法正常工作，从而有影响基金财产的提取的风险。

三、投资者声明

作为该私募投资基金的投资者，本人/机构已充分了解并谨慎评估自身风险承受能力，自愿自行承担投资该私募投资基金所面临的风险。本人/机构做出以下陈述和声明，并确认其内容的真实和正确：

1. 本人/机构已仔细阅读私募投资基金法律文件和其他文件，充分理解相关权利、义务、本私募投资基金运作方式及风险收益特征，愿意承担由上述风险引致的全部后果。【××】

2. 本人/机构知晓，基金管理人、基金销售机构、基金托管人及相关机构不应当对基金财产的收益状况作出任何承诺或担保。【××】

3. 本人/机构已通过中国基金业协会的官方网站（www. amac. org. cn）查询了私募投资基金管理人的基本信息，并将于本私募投资基金完成备案后查实其募集结算资金专用账户的相关信息与打款账户信息的一致性。【××】

4. 在购买本私募投资基金前，本人/机构已符合《私募投资基金监督管理暂行办法》有关合格投资者的要求并已按照募集机构的要求提供相关证明文件。【××】

5. 本人/机构已认真阅读并完全理解基金合同的所有内容，并愿意自行承担购买私募投资基金的法律责任。【××】

6. 本人/机构已认真阅读并完全理解基金合同第八章“当事人的权利与义务”的所有内容，并愿意自行承担购买私募投资基金的法律责任。【××】

7. 本人/机构知晓，投资冷静期及回访确认的制度安排以及在此期间的权利。【××】

8. 本人/机构已认真阅读并完全理解基金合同第××章第××节“私募投资基金的投资”的所有内容，并愿意自行承担购买私募投资基金的法律责任。【××】

9. 本人/机构已认真阅读并完全理解基金合同第××章第××节“私募投资基金的费用与税收”中的所有内容。【××】

10. 本人/机构已认真阅读并完全理解基金合同第××章第××节“争议的处理”中的所有内容。【××】

11. 本人/机构知晓，中国基金业协会为私募投资基金管理人和私募投资基金办理登记备案不构成对私募投资基金管理人投资能力、持续合规情况的认可；不作为对基金财产安全的保证。【××】

12. 本人/机构承诺本次投资行为是为本人/机构购买私募投资基金。【××】

13. 本人/机构承诺不以非法拆分转让为目的购买私募投资基金，不会突破合格投资者标准，将私募投资基金份额或其收益权进行非法拆分转让。【××】

基金投资者（自然人签字或机构盖章）：××
日期：××

基金管理人（签字）：××
日期：××

募集机构（盖章）：××
日期：××

九、私募投资基金合格投资者的确认

《私募投资基金募集行为管理办法》第二十八条规定，根据《私募办法》，私募投资基金的合格投资者是指具备相应风险识别能力和风险承担能力，投资于单只私募投资基金的金额不低于100万元且符合下列相关标准的机构和个人：（一）净资产不低于1000万元的机构；（二）金融资产不低于300万元或者最近三年个人年均收入不低于50万元的个人。前款所称金融资产包括银行存款、股票、债券、基金份额、资产管理计划、银行理财产品、信托计划、保险产品、期货权益等。第二十七条规定，在完成私募投资基金风险揭示后，募集机构应当要求投资者提供必要的资产证明文件或收入证明。募集机构应当合理审慎地审查投资者是否符合私募投资基金合格投资者标准，依法履行反洗钱义务，并确保单只私募投资基金的投资者人数累计不得超过《证券投资基金法》《公司法》《合伙企业法》等法律规定的特定数量。第二十条规定，募集机构通过互联网媒介在线向投资者推介私募投资基金之前，应当设置在线特定对象确定程序，投资者应承诺其符合合格投资者标准。前述在线特定对象确定程序包括但不限于：（一）投资者如实填报真实身份信息及联系方式；（二）募集机构应通过验证码等有效方式核实用户的注册信息；（三）投资者阅读并同意募集机构的网络服务协议；（四）投资者阅读并主动确认其自身符合《私募办法》第三章关于合格投资者的规定；（五）投资者在线填报风险识别能力和风险承担能力的问卷调查；（六）募集机构根据问卷调查及其评估方法在线确认投资者的风险识别能力和风险承担能力。《私募投资基金监督管理暂行办法》第十一条规定，私募投资基金应当向合格投资者募集，单只私募投资基金的投资者人数累计不得超过《证券投资基金法》《公司法》《合伙企业法》等法律规定的特定数量。投资者转让基金份额的，受让人应当为合格投资者且基金份额受让后投资者人数应当符合前款规定。第十二条规定，私募投资基金的合格投资者是指具备相应风险识别能力和风险承担能力，投资于单只私募投资基金的金额不低于100万元且符合下列相关标准的单位和个人：（一）净资产不低于1000万元的单位；（二）金融资产不低于300万元或者最近三年个人年均收入不低于50万元的个人。前款所称金融资产包括银行存款、股票、债券、基金份额、资产管理计划、银行理财产品、信托计划、保险产品、期货权益等。第十三条规定，下列投资者视为合格投资者：（一）社会保障基金、企业年金等养老基金，慈善基金等社会公益基金；（二）依法设立并在基金业协会备案的投资计划；（三）投资于所管理私募投资基金的私募投资基金管理人及其从业人员；（四）中国证监会规定的其他投资者。以合伙企业、契约等非法人形式，通过汇集多数投资者的资金直接或者间接投资于私募投资基金的，私募投资基金管理人或者私募投资基金销售机构应当穿透核查最终投资者是否为合格投资者，并合并计算投资者人数。但是，符合本条第（一）、（二）、（四）项规定的投资者投资私募投资基金的，不再穿透核查最终投资者是否为合格投资者和合并计算投资者人数。《基金募集机构投资者适当性管理指引（试行）》第十九条规定，投资者应当确保投资资金来源合法，不得非法汇集他人资金投资私募投资基金。

合格投资者确认函是让投资者确认自己是符合法律法规规定的合格投资者，不存在证监会或中国证券投资基金业协会规定的投资限制要求，防止投资者在基金运作过程中或基金出现风险以后以自己不是合格投资者为由，要求解除基金合同并要求基金管理人退回投资款以及赔偿造成的损失。依据中国证券投资基金业协会规定，基金管理人应尽合格投资人审查义务。现实的基金操作中，基金管理机构或基金募集机构应尽合格投资者资质审查义务，要求投资者提供资产证明，以证明符合法律法规规定的要求，而不是仅仅要求投资者仅仅签字确认上述确认函。否则，投资者还是可能以基金管理人未尽合格投资者未尽审查义务为由，要求基金管理人承担相关法律责任。

（19）示范文本：私募地产投资基金合格投资者确认函

××私募投资基金合格投资者确认函

××投资基金管理有限公司：

1. 本人/本单位承诺符合《私募投资基金监督管理暂行办法》及其他法律法规、证监会规定的合格投资者标准，具有相应的风险识别能力和风险承受能力。本人/本单位承诺向基金管理人提供的有关投资目的、投资偏好、投资限制和风险承受能力等情况真实合法、完整有效，不存在任何重大遗漏或误导性陈述，前述信息资料如发生任何实质性变更，本人/本单位应当及时书面告知基金管理人或销售机构。

2. 本人/本单位承诺用于认购/申购基金份额的财产为投资者拥有合法所有权或处分权的资产，保证该等财产的来源及用途符合法律法规和相关政策规定，不存在非法汇集他人资金投资的情形，不存在不合理的利益输送、关联交易及洗钱等情况，本人/本单位保证有完全及合法的权利委托基金管理人进行基金财产的投资管理，以及委托基金托管人进行基金财产的托管业务。

3. 本人/本单位承诺已充分理解本基金合同全文，了解相关权利、义务，了解有关法律法规及所投资基金的风险收益特征，了解本基金的投资决策安排，愿意承担相应的投资风险。本人/本单位承认，基金管理人、基金托管人未对基金财产的收益状况做出任何承诺或担保。

4. 本人/本单位承诺，本人/本单位在参与基金管理人发起设立的私募投资基金的投资过程中，如果因存在欺诈、隐瞒或其他不符合实际情况的陈述所产生的一切责任，由本人/本单位自行承担，与基金管理人及基金托管人无关。

承诺人（自然人）：××

日期：××年××月××日

十、私募地产投资基金合同的设计与制作

《私募投资基金监督管理暂行办法》第二十条规定，募集私募证券基金，应当制定并签订基金合同、公司章程或者合伙协议（以下统称基金合同）。基金合同应当符合《证券投资基金法》第九十三条、第九十四条规定。募集其他种类私募投资基金，基金合同应当参照《证券投资基金法》第九十三条、第九十四条规定，明确约定各方当事人的权利、义务和相关事宜。《私募投资基金募集行为管理办法》第七条规定，私募投资基金管理人应当履行受托人义务，承担基金合同、公司章程或者合伙协议（以下统称基金合同）的受托责任。委托基金销售机构募集私募投资基金的，不得因委托募集免除私募投资基金管理人依法承担的责任。中国证券投资基金业协会在2016年04月18日发布《关于发布私募投资基金合同指引的通知》，根据《证券投资基金法》《私募投资基金监督管理暂行办法》有关规定，经中国基金业协会理事会表决通过，现予以发布私募投资基金合同指引1号（契约型私募投资基金合同内容与格式指引）、私募投资基金合同指引2号（公司章程必备条款指引）、私募投资基金合同指引3号（合伙协议必备条款指引）。上述指引自2016年7月15日起施行。

私募投资基金合同是基金募集环节最重要和最核心的法律文件，也是界定基金管理人和投资者基本权利和义务关系的最基本的法律文件。私募投资基金合同不但规定了基金的类型、投资规模、投资方向、投资期限以及投资限制等内容，也规定了基金管理人的管理权利和管理限制，明确了投资者的权利和义务，以及出现争议时的解决方式等。一份好的基金合同，不仅保护基金管理人，也保护投资者，是对基金管理人和投资者利益的最好平衡。而一份不好的基金合同，要么不能充分的授予基金管理人权利，影响投资权利的行使，要么严重损害投资者的利益，使其利益遭受重大损害。为了保护投资人的利益，规范基金管理人制定的基金合同，中国证券投资基金业协会发布了《关于发布私募投资基金合同指引的通知》，引导各基金管理人予以适用，平衡基金管理人与投资者的权利义务安排，防止基金管理人利用自身优势通过基金合同设置不合理条款，损害投资者的利益。实践中，部分基金管理人在宣传、推介基金时，会与投资人签署一份基金认购意向书，确定投资人的初步认购意向，但是建议该意向书不得明示或暗示强迫投资人必须进行

投资即购买私募基金份额，也就是该意向书不应具有强制约束力，以免引起投资人的反感。

1. 契约型私募地产投资基金合同

（20）示范文本：中国证券投资基金业协会契约型私募投资基金合同

私募投资基金合同指引 1 号

（契约型私募投资基金合同内容与格式指引）

第一章　总　　则
第二章　基金合同正文
　第一节　前　　言
　第二节　释　　义
　第三节　声明与承诺
　第四节　私募投资基金的基本情况
　第五节　私募投资基金的募集
　第六节　私募投资基金的成立与备案
　第七节　私募投资基金的申购、赎回与转让
　第八节　当事人及权利义务
　第九节　私募投资基金份额持有人大会及日常机构
　第十节　私募投资基金份额的登记
　第十一节　私募投资基金的投资
　第十二节　私募投资基金的财产
　第十三节　交易及清算交收安排
　第十四节　私募投资基金财产的估值和会计核算
　第十五节　私募投资基金的费用与税收
　第十六节　私募投资基金的收益分配
　第十七节　信息披露与报告
　第十八节　风险揭示
　第十九节　基金合同的效力、变更、解除与终止
　第二十节　私募投资基金的清算
　第二十一节　违约责任
　第二十二节　争议的处理

第二十三节　其他事项

第三章　附　　则

契约型私募投资基金合同内容与格式指引

第一章　总　　则

第一条　根据《证券投资基金法》（以下简称《基金法》）、《私募投资基金监督管理暂行办法》（以下简称《私募办法》）、《私募投资基金管理人登记和基金备案办法（试行）》及其他相关规定，制定本指引。

第二条　私募投资基金管理人通过契约形式募集设立私募证券投资基金的，应当按照本指引制定私募投资基金合同（以下简称"基金合同"）；私募投资基金管理人通过契约形式募集设立私募股权投资基金、创业投资基金和其他类型投资基金应当参考本指引制定私募投资基金合同。

第三条　基金合同的名称中须标识"私募投资基金""私募投资基金"字样。

第四条　基金合同当事人应当遵循平等自愿、诚实信用、公平原则订立基金合同，维护投资者合法权益，不得损害国家利益和社会公共利益。

第五条　基金合同不得含有虚假内容或误导性陈述。

第六条　私募投资基金进行托管的，私募投资基金管理人、基金托管人以及投资者三方应当根据本指引要求共同签订基金合同；基金合同明确约定不托管的，应当根据本指引要求在基金合同中明确保障私募投资基金财产安全的制度措施、保管机制和纠纷解决机制。

第七条　对于本指引有明确要求的，基金合同中应当载明本指引规定的相关内容。在不违反《基金法》《私募办法》以及相关法律法规的前提下，基金合同当事人可以根据实际情况约定本指引规定内容之外的事项。本指引某些具体要求对当事人确不适用的，当事人可对相应内容做出合理调整和变动，但管理人应在《风险揭示书》中向投资者进行特别揭示，并在基金合同报送中国基金业协会备案时出具书面说明。

第二章　基金合同正文

第一节　前　　言

第八条　基金合同应订明订立基金合同的目的、依据和原则。

第二节　释　　义

第九条　应对基金合同中具有特定法律含义的词汇作出明确的解释和说明。

第三节　声明与承诺

第十条　订明私募投资基金管理人、私募投资基金托管人及私募投资基金投资者的声明与承诺，并用加粗字体在合同中列明，包括但不限于：

私募投资基金管理人保证在募集资金前已在中国基金业协会登记为私募投资基金管理人，并列明管理人登记编码。私募投资基金管理人应当向投资者进一步声明，中国基金业协会为私募投资基金管理人和私募投资基金办理登记备案不构成对私募投资基金管理人投资能力、持续合规情况的认可；不作为对基金财产安全的保证。私募投资基金管理人保证已在签订本合同前揭示了相关风险；已经了解私募投资基金投资者的风险偏好、风险认知能力和承受能力。私募投资基金管理人承诺按照恪尽职守、诚实信用、谨慎勤勉的原则管理运用基金财产，不对基金活动的盈利性和最低收益作出承诺。

私募投资基金托管人承诺按照恪尽职守、诚实信用、谨慎勤勉的原则安全保管基金财产，并履行合同约定的其他义务。

私募投资基金投资者声明其为符合《私募办法》规定的合格投资者，保证财产的来源及用途符合国家有关规定，并已充分理解本合同条款，了解相关权利义务，了解有关法律法规及所投资基金的风险收益特征，愿意承担相应的投资风险；私募投资基金投资者承诺其向私募投资基金管理人提供的有关投资目的、投资偏好、投资限制、财产收入情况和风险承受能力等基本情况真实、完整、准确、合法，不存在任何重大遗漏或误导。前述信息资料如发生任何实质性变更，应当及时告知私募投资基金管理人或募集机构。私募投资基金投资者知晓，私募投资基金管理人、私募投资基金托管人及相关机构不应对基金财产的收益状况做出任何承诺或担保。

第四节　私募投资基金的基本情况

第十一条　订明私募投资基金的基本情况：

（一）私募投资基金的名称；

（二）私募投资基金的运作方式，具体载明封闭式、开放式或者其他方式；

（三）私募投资基金的计划募集总额（如有）；

（四）私募投资基金的投资目标和投资范围；

（五）私募投资基金的存续期限；

（六）私募投资基金份额的初始募集面值；

（七）私募投资基金的结构化安排（如有）；

（八）私募投资基金的托管事项（如有）；

（九）私募投资基金的外包事项，订明外包机构的名称和在中国基金业协会登记的外包业务登记编码（如有）；

（十）其他需要订明的内容。

第五节　私募投资基金的募集

第十二条　订明私募投资基金募集的有关事项，包括但不限于：

（一）私募投资基金的募集机构、募集对象、募集方式、募集期限；

（二）私募投资基金的认购事项，包括私募投资基金合格投资者人数上限、认购费用、认购申请的确认、认购份额的计算方式、初始认购资金的管理及利息处理方式等；

（三）私募投资基金份额认购金额、付款期限等；

（四）《私募投资基金募集行为管理办法》规定的投资冷静期、回访确认等内容。

第十三条　订明私募投资基金管理人应当将私募投资基金募集期间客户的资金存放于私募投资基金募集结算专用账户，订明账户开户行、账户名称、账户号码、监督机构等。

第六节　私募投资基金的成立与备案

第十四条　私募投资基金成立的有关事项，包括但不限于：

（一）订明私募投资基金合同签署的方式；

（二）私募投资基金成立的条件；

（三）私募投资基金募集失败的处理方式。

第十五条　私募投资基金应当按照规定向中国基金业协会履行基金备案手续。基金合同中应约定私募投资基金在中国基金业协会完成备案后方可进行投资运作。

第七节　私募投资基金的申购、赎回与转让

第十六条　订明私募投资基金运作期间，私募投资基金投资者申购和赎回私募投资基金的有关事项，包括但不限于：

（一）申购和赎回的开放日及时间；

（二）申购和赎回的方式、价格、程序、确认及办理机构等；

（三）申购和赎回的金额限制。投资者在私募投资基金存续期开放日购买私募投资基金份额的，首次购买金额应不低于100万元人民币（不含认/申购费）且符合合格投资者标准，已持有私募投资基金份额的投资者在资产存续期开放日追加购买基金份额的除外。投资者持有的基金资产净值高于100万元时，可以选择部分赎回基金份额，投资者在赎回后持有的基金资产净值不得低于100万元，投资者申请赎回基金份额时，其持有的基金资产净值低于100万元的，必须选择一次性赎回全部基金份额，投资者没有一次性全部赎回持有份额的，管理人应当将该基金份额持有人所持份额做全部赎回处理。《私募办法》第十三条列明的投资者可不适用本项。

（四）申购和赎回的费用；

（五）申购份额的计算方式、赎回金额的计算方式；

（六）巨额赎回的认定及处理方式；

（七）拒绝或暂停申购、赎回的情形及处理方式。

第十七条　基金合同中可以约定基金份额持有人之间，以及基金份额持有人向其他合格投资者转让基金份额的方式、程序和私募投资基金管理人的相关职责。基金份额转让须按照中国基金业协会要求进行份额登记。转让期间及转让后，持有基金份额的合格投资者数量合计不得超过法定人数。

第八节　当事人及权利义务

第十八条　订明私募投资基金管理人、私募投资基金托管人的基本情况，包括但不限于姓名/名称、住所、联系人、通讯地址、联系电话等信息。投资者基本情况可在基金合同签署页列示。

第十九条　说明私募投资基金应当设定为均等份额。除私募投资基金合同另有约定外，每份份额具有同等的合法权益。

第二十条　根据《私募办法》及其他有关规定订明私募投资基金管理人的权利，包括但不限于：

（一）按照基金合同约定，独立管理和运用基金财产；

（二）按照基金合同约定，及时、足额获得私募投资基金管理人管理费用及业绩报酬（如有）；

（三）按照有关规定和基金合同约定行使因基金财产投资所产生的权利；

（四）根据基金合同及其他有关规定，监督私募投资基金托管人，对于私募投资基金托管人违反基金合同或有关法律法规规定、对基金财产及其他当事人的利益造成重大损失的，应当及时采取措施制止；

（五）私募投资基金管理人为保护投资者权益，可以在法律法规规定范围内，根据市场情况对本基金的认购、申购业务规则（包括但不限于基金总规模、单个基金投资者首次认购、申购金额、每次申购金额及持有的本基金总金额限制等）进行调整；

（六）以私募投资基金管理人的名义，代表私募投资基金与其他第三方签署基金投资相关协议文件、行使诉讼权利或者实施其他法律行为。

第二十一条　根据《私募办法》及其他有关规定订明私募投资基金管理人的义务，包括但不限于：

（一）履行私募投资基金管理人登记和私募投资基金备案手续；

（二）按照诚实信用、勤勉尽责的原则履行受托人义务，管理和运用基金财产；

（三）制作调查问卷，对投资者的风险识别能力和风险承担能力进行评估，向符合法律法规规定的合格投资者非公开募集资金；

（四）制作风险揭示书，向投资者充分揭示相关风险；

（五）配备足够的具有专业能力的人员进行投资分析、决策，以专业化的经营方式管理和运作基金财产；

（六）建立健全内部制度，保证所管理的私募投资基金财产与其管理的其他基金财产和私募投资基金管理人的固有财产相互独立，对所管理的不同财产分别管理，分别记账、分别投资；

（七）不得利用基金财产或者职务之便，为本人或者投资者以外的人牟取利益，进行利益输送；

（八）自行担任或者委托其他机构担任基金的基金份额登记机构，委托其他基金份额登记机构办理注册登记业务时，对基金份额登记机构的行为进行必要的监督；

（九）按照基金合同约定接受投资者和私募投资基金托管人的监督；

（十）按照基金合同约定及时向托管人提供非证券类资产凭证或股权证明（包括股东名册和工商部门出具并加盖公章的权利证明文件）等重要文件（如有）；

（十一）按照基金合同约定负责私募投资基金会计核算并编制基金财务会计报告；

（十二）按照基金合同约定计算并向投资者报告基金份额净值；

（十三）根据法律法规与基金合同的规定，对投资者进行必要的信息披露，揭示私募投资基金资产运作情况，包括编制和向投资者提供基金定期报告；

（十四）确定私募投资基金份额申购、赎回价格，采取适当、合理的措施确定基金份额交易价格的计算方法符合法律法规的规定和基金合同的约定；

（十五）保守商业秘密，不得泄露私募投资基金的投资计划或意向等，法律法规另有规定的除外；

（十六）保存私募投资基金投资业务活动的全部会计资料，并妥善保存有关的合同、交易记录及其他相关资料，保存期限自私募投资基金清算终止之日起不得少于10年；

（十七）公平对待所管理的不同基金财产，不得从事任何有损基金财产及其他当事人利益的活动；

（十八）按照基金合同的约定确定私募投资基金收益分配方案，及时向投资者分配收益；

（十九）组织并参加基金财产清算小组，参与基金财产的保管、清理、估价、变现和分配；

（二十）建立并保存投资者名册；

（二十一）面临解散、依法被撤销或者被依法宣告破产时，及时报告中国基金业协会并通知私募投资基金托管人和基金投资者。

第二十二条 存在两个以上（含两个）管理人共同管理私募投资基金的，

所有管理人对投资者承担连带责任。管理人之间的责任划分由基金合同进行约定，合同未约定或约定不清的，各管理人按过错承担相应的责任。

第二十三条　私募投资基金管理人聘用其他私募投资基金管理人担任投资顾问的，应当通过投资顾问协议明确约定双方权利义务和责任。私募投资基金管理人不得因委托而免去其作为基金管理人的各项职责。

投资顾问的条件和遴选程序，应符合法律法规和行业自律规则的规定和要求。基金合同中已订明投资顾问的，应列明因私募投资基金管理人聘请投资顾问对基金合同各方当事人权利义务产生影响的情况。私募投资基金运作期间，私募投资基金管理人提请聘用、更换投资顾问或调整投资顾问报酬的，应取得基金份额持有人大会的同意。

第二十四条　根据《私募办法》及其他有关规定订明私募投资基金托管人的权利，包括但不限于：

（一）按照基金合同的约定，及时、足额获得私募投资基金托管费用；

（二）依据法律法规规定和基金合同约定，监督私募投资基金管理人对基金财产的投资运作，对于私募投资基金管理人违反法律法规规定和基金合同约定、对基金财产及其他当事人的利益造成重大损失的情形，有权报告中国基金业协会并采取必要措施；

（三）按照基金合同约定，依法保管私募投资基金财产。

第二十五条　根据《私募办法》及其他有关规定订明私募投资基金托管人的义务，包括但不限于：

（一）安全保管基金财产；

（二）具有符合要求的营业场所，配备足够的、合格专职人员，负责基金财产托管事宜；

（三）对所托管的不同基金财产分别设置账户，确保基金财产的完整与独立；

（四）除依据法律法规规定和基金合同的约定外，不得为私募投资基金托管人及任何第三人谋取利益，不得委托第三人托管基金财产；

（五）按规定开立和注销私募投资基金财产的托管资金账户、证券账户、期货账户等投资所需账户（私募投资基金管理人和私募投资基金托管人另有约定的，可以按照约定履行本项义务；如果基金合同约定不托管的，由私募投资基金管理人履行本项义务）；

（六）复核私募投资基金份额净值；

（七）办理与基金托管业务有关的信息披露事项；

（八）根据相关法律法规和基金合同约定复核私募投资基金管理人编制的私募投资基金定期报告，并定期出具书面意见；

（九）按照基金合同约定，根据私募投资基金管理人或其授权人的资金划拨指令，及时办理清算、交割事宜；

（十）根据法律法规规定，妥善保存私募投资基金管理业务活动有关合同、协议、凭证等文件资料；

（十一）公平对待所托管的不同基金财产，不得从事任何有损基金财产及其他当事人利益的活动；

（十二）保守商业秘密，除法律法规规定和基金合同约定外，不得向他人泄露本基金的有关信息；

（十三）根据相关法律法规要求的保存期限，保存私募投资基金投资业务活动的全部会计资料，并妥善保存有关的合同、交易记录及其他相关资料；

（十四）监督私募投资基金管理人的投资运作，发现私募投资基金管理人的投资指令违反法律法规的规定及基金合同约定的，应当拒绝执行，立即通知私募投资基金管理人；发现私募投资基金管理人依据交易程序已经生效的投资指令违反法律法规的规定及基金合同约定的，应当立即通知私募投资基金管理人；

（十五）按照私募投资基金合同约定制作相关账册并与基金管理人核对。

第二十六条　根据《私募办法》及其他有关规定订明投资者的权利，包括但不限于：

（一）取得基金财产收益；

（二）取得清算后的剩余基金财产；

（三）按照基金合同的约定申购、赎回和转让基金份额；

（四）根据基金合同的约定，参加或申请召集基金份额持有人大会，行使相关职权；

（五）监督私募投资基金管理人、私募投资基金托管人履行投资管理及托管义务的情况；

（六）按照基金合同约定的时间和方式获得基金信息披露资料；

（七）因私募投资基金管理人、私募投资基金托管人违反法律法规或基金合同的约定导致合法权益受到损害的，有权得到赔偿。

第二十七条　根据《私募办法》及其他有关规定订明投资者的义务，包括但不限于：

（一）认真阅读基金合同，保证投资资金的来源及用途合法；

（二）接受合格投资者确认程序，如实填写风险识别能力和承担能力调查问卷，如实承诺资产或者收入情况，并对其真实性、准确性和完整性负责，承诺为合格投资者；

（三）以合伙企业、契约等非法人形式汇集多数投资者资金直接或者间接投资于私募投资基金的，应向私募投资基金管理人充分披露上述情况及最终投资者的信息，但符合《私募办法》第十三条规定的除外；

（四）认真阅读并签署风险揭示书；

（五）按照基金合同约定缴纳基金份额的认购、申购款项，承担基金合同约定的管理费、托管费及其他相关费用；

（六）按照基金合同约定承担基金的投资损失；

（七）向私募投资基金管理人或私募投资基金募集机构提供法律法规规定的信息资料及身份证明文件，配合私募投资基金管理人或其募集机构的尽职调查与反洗钱工作；

（八）保守商业秘密，不得泄露私募投资基金的投资计划或意向等；

（九）不得违反基金合同的约定干涉基金管理人的投资行为；

（十）不得从事任何有损基金及其投资者、基金管理人管理的其他基金及基金托管人托管的其他基金合法权益的活动。

第九节　私募投资基金份额持有人大会及日常机构

第二十八条　列明应当召开基金份额持有人大会的情形，并订明其他可能对基金份额持有人权利义务产生重大影响需要召开基金份额持有人大会的情形：

（一）决定延长基金合同期限；

（二）决定修改基金合同的重要内容或者提前终止基金合同；

（三）决定更换基金管理人、基金托管人；

（四）决定调整基金管理人、基金托管人的报酬标准；

（五）基金合同约定的其他情形。

针对前款所列事项，基金份额持有人以书面形式一致表示同意的，可以不召开基金份额持有人大会直接作出决议，并由全体基金份额持有人在决议文件上签名、盖章。

第二十九条 按照基金合同的约定，基金份额持有人大会可以设立日常机构，行使下列职权：

（一）召集基金份额持有人大会；

（二）提请更换基金管理人、基金托管人；

（三）监督基金管理人的投资运作、基金托管人的托管活动；

（四）提请调整基金管理人、基金托管人的报酬标准；

（五）基金合同约定的其他职权。

第三十条 基金份额持有人大会日常机构应当由基金份额持有人大会选举产生。基金份额持有人大会日常机构的人员构成和更换程序应由基金合同约定。

第三十一条 根据《基金法》和其他有关规定订明基金份额持有人大会及/或日常机构的下列事项：

（一）召集人和召集方式；

（二）召开会议的通知时间、通知内容、通知方式；

（三）出席会议的方式（基金份额持有人大会可以采取现场方式召开，也可以采取通讯等方式召开）；

（四）议事内容与程序；

（五）决议形成的条件、表决方式、程序；

（六）基金合同约定的其他事项。

第三十二条 基金份额持有人大会及其日常机构不得直接参与或者干涉基金的投资管理活动。

第十节私募投资基金份额的登记

第三十三条 订明私募投资基金管理人办理份额登记业务的各项事宜。说明私募投资基金管理人委托可办理私募投资基金份额登记业务的其他机构代为办理私募投资基金份额登记业务的，应当与有关机构签订委托代理协议，并订明份额登记机构的名称、外包业务登记编码、代为办理私募投资基金份额登记机构的权限和职责等。

第三十四条 订明全体基金份额持有人同意私募投资基金管理人、份额登记机构或其他份额登记义务人应当按照中国基金业协会的规定办理基金份额登记数据的备份。

第十一节　私募投资基金的投资

第三十五条　说明私募投资基金财产投资的有关事项，包括但不限于：

（一）投资目标；

（二）投资范围；

（三）投资策略；

（四）投资限制，订明按照《私募办法》、自律规则及其他有关规定和基金合同约定禁止或限制的投资事项；

（五）对于基金合同、交易行为中存在的或可能存在利益冲突的情形及处理方式进行说明；

（六）业绩比较基准（如有）；

（七）参与融资融券及其他场外证券业务的情况（如有）。

第三十六条　根据基金合同约定，可以订明私募投资基金管理人负责指定私募投资基金投资经理或投资关键人士，订明投资经理或投资关键人士的基本情况、变更条件和程序。

第三十七条　私募投资基金采用结构化安排的，不得违背“利益共享，风险共担”基本原则，直接或间接对结构化私募投资基金的持有人提供保本、保收益安排。

第十二节　私募投资基金的财产

第三十八条　订明与私募投资基金财产有关的事项，包括但不限于：

（一）私募投资基金财产的保管与处分

1. 说明私募投资基金财产应独立于私募投资基金管理人、私募投资基金托管人的固有财产，并由私募投资基金托管人保管。私募投资基金管理人、私募投资基金托管人不得将私募投资基金财产归入其固有财产。

2. 说明私募投资基金管理人、私募投资基金托管人因私募投资基金财产的管理、运用或者其他情形而取得的财产和收益归入私募投资基金财产。

3. 说明私募投资基金管理人、私募投资基金托管人可以按照合同的约定收取管理费用、托管费用以及基金合同约定的其他费用。私募投资基金管理人、私募投资基金托管人以其固有财产承担法律责任，其债权人不得对私募投资基金财产行使请求冻结、扣押和其他权利。私募投资基金管理人、私募投资基金托管人因依法解散、被依法撤销或者被依法宣告破产等原因进行清算的，私募投资基金财产不属于其清算财产。

4. 说明私募投资基金管理人、私募投资基金托管人不得违反法律法规的规定和基金合同约定擅自将基金资产用于抵押、质押、担保或设定任何形式的优先权或其他第三方权利。

5. 说明私募投资基金财产产生的债权不得与不属于私募投资基金财产本身的债务相互抵消。非因私募投资基金财产本身承担的债务，私募投资基金管理人、私募投资基金托管人不得主张其债权人对私募投资基金财产强制执行。上述债权人对私募投资基金财产主张权利时，私募投资基金管理人、私募投资基金托管人应明确告知私募投资基金财产的独立性。

（二）私募投资基金财产相关账户的开立和管理

私募投资基金管理人或私募投资基金托管人按照规定开立私募投资基金财产的托管资金账户、证券账户和期货账户等投资所需账户。证券账户和期货账户的持有人名称应当符合证券、期货登记结算机构的有关规定。开立的上述基金财产账户与私募投资基金管理人、私募投资基金托管人、私募投资基金募集机构和私募投资基金份额登记机构自有的财产账户以及其他基金财产账户相独立。

（三）私募投资基金未托管的，应当在本节明确保障私募投资基金财产安全的制度措施和纠纷解决机制。

第十三节　交易及清算交收安排

第三十九条　参照中国证监会关于证券投资基金募集结算资金管理相关规定，具体订明下列事项：

（一）选择证券、期货经纪机构的程序（如需要）；

（二）清算交收安排；

（三）资金、证券账目及交易记录的核对；

（四）申购或赎回的资金清算；

（五）其他事项。

第四十条　私募投资基金由基金托管人托管的，应当具体订明私募投资基金管理人在运用基金财产时向基金托管人发送资金划拨及其他款项收付的投资指令的事项：

（一）交易清算授权；

（二）投资指令的内容；

（三）投资指令的发送、确认及执行时间与程序；

（四）私募投资基金托管人依法暂缓、拒绝执行指令的情形和处理程序；

（五）私募投资基金管理人发送错误指令的情形和处理程序；

（六）更换被授权人的程序；

（七）指令的保管；

（八）相关的责任。

第十四节　私募投资基金财产的估值和会计核算

第四十一条　根据国家有关规定订明私募投资基金财产估值的相关事项，包括但不限于：

（一）估值目的；

（二）估值时间；

（三）估值方法；

（四）估值对象；

（五）估值程序；

（六）估值错误的处理；

（七）暂停估值的情形；

（八）基金份额净值的确认；

（九）特殊情况的处理。

第四十二条　订明私募投资基金的会计政策。

参照现行政策或按照基金合同约定执行，并订明以下事项，包括但不限于：

（一）会计年度、记账本位币、会计核算制度等事项；

（二）私募投资基金应独立建账、独立核算；私募投资基金管理人或其委托的外包服务机构应保留完整的会计账目、凭证并进行日常的会计核算，编制会计报表；私募投资基金托管人应定期与私募投资基金管理人就私募投资基金的会计核算、报表编制等进行核对。

第十五节　私募投资基金的费用与税收

第四十三条　订明私募投资基金费用的有关事项：

（一）订明私募投资基金财产运作过程中，从私募投资基金财产中支付的费用种类、费率、费率的调整、计提标准、计提方式与支付方式等；

（二）订明可列入私募投资基金财产费用的项目，订明私募投资基金管理人和私募投资基金托管人因未履行或未完全履行义务导致的费用支出或私募投资基金财产的损失，以及处理与私募投资基金财产运作无关的事项发生的费用等不得列入私募投资基金的费用；

（三）订明私募投资基金的管理费率和托管费率。私募投资基金管理人可以与私募投资基金投资者约定，根据私募投资基金的管理情况提取适当的业绩报酬；

（四）订明业绩报酬（如有）的计提原则和计算及支付方法；

（五）为基金募集、运营、审计、法律顾问、投资顾问等提供服务的基金服务机构从基金中列支相应服务费；

（六）其他费用的计提原则和计算方法。

第四十四条　根据国家有关税收规定，订明基金合同各方当事人缴税安排。

第十六节　私募投资基金的收益分配

第四十五条　订明私募投资基金收益分配政策依据现行法律法规以及基金合同约定执行，并订明有关事项，包括但不限于：

（一）收益分配原则，包括订明收益分配的基准、次数、比例、时间等；

（二）收益分配方案的确定与通知；

（三）收益分配的执行方式。

第十七节　信息披露与报告

第四十六条　订明私募投资基金管理人向投资者披露信息的种类、内容、频率和方式等有关事项。

第四十七条　订明私募投资基金管理人、私募投资基金托管人应当按照《私募投资基金信息披露管理办法》的规定及基金合同约定如实向投资者披露以下事项：

（一）基金投资情况；

（二）资产负债情况；

（三）投资收益分配；

（四）基金承担的费用和业绩报酬（如有）；

（五）可能存在的利益冲突、关联交易以及可能影响投资者合法权益的其他重大信息；

（六）法律法规及基金合同约定的其他事项。

第四十八条　订明私募投资基金管理人定期应向投资者报告经私募投资基金托管人复核的基金份额净值。

第四十九条　订明全体份额持有人同意私募投资基金管理人或其他信息披露义务人应当按照中国基金业协会的规定对基金信息披露信息进行备份。

第十八节　风险揭示

第五十条　私募投资基金管理人应当单独编制《风险揭示书》私募投资基金投资者应充分了解并谨慎评估自身风险承受能力，并做出自愿承担风险的陈述和声明。

第五十一条　私募投资基金管理人应当在基金合同中向投资者说明有关法律法规，须重点揭示管理人在管理、运用或处分财产过程中，私募投资基金可能面临的风险，包括但不限于：

（一）私募投资基金的特殊风险，包括基金合同与中国基金业协会合同指引不一致所涉风险、基金未托管所涉风险、基金委托募集所涉风险、外包事项所涉风险、聘请投资顾问所涉风险、未在中国基金业协会登记备案的风险等；

（二）私募投资基金的一般风险，包括资金损失风险、基金运营风险、流动性风险、募集失败风险、投资标的的风险、税收风险等。

第十九节　基金合同的效力、变更、解除与终止

第五十二条　说明基金合同自签署之日起生效，合同另有约定的除外。基金合同自生效之日起对私募投资基金管理人、私募投资基金托管人、投资者具有同等的法律约束力。

第五十三条　说明基金合同的有效期限。基金合同的有效期限可为不定期或合同当事人约定的其他期限。

第五十四条　说明基金合同变更的条件、程序等。

（一）需要变更基金合同重要内容的，可由全体投资者、私募投资基金管理人和私募投资基金托管人协商一致变更；或按照基金合同的约定召开基金份额持有人大会决议通过；或按照相关法律法规规定和基金合同约定的其他

方式进行变更。

（二）订明基金合同重大事项发生变更的，私募投资基金管理人应按照中国基金业协会要求及时向中国基金业协会报告。

第五十五条 订明基金合同解除的情形。基金合同应当根据《私募投资基金募集行为管理办法》的规定在合同中约定投资者的解除权。

第五十六条 订明基金合同终止的情形，包括但不限于下列事项：

（一）基金合同期限届满而未延期；

（二）基金份额持有人大会决定终止；

（三）基金管理人、基金托管人职责终止，在六个月内没有新基金管理人、新基金托管人承接。

第二十节 私募投资基金的清算

第五十七条 订明私募投资基金财产清算的有关事项：

（一）私募投资基金财产清算小组。

1. 私募投资基金财产清算小组组成，说明私募投资基金财产清算小组成员由私募投资基金管理人和私募投资基金托管人组成。清算小组可以聘用必要的工作人员；

2. 私募投资基金财产清算小组职责，说明私募投资基金财产清算小组负责私募投资基金财产的保管、清理、估价、变现和分配。私募投资基金财产清算小组可以依法进行必要的民事活动。

（二）订明私募投资基金财产清算的程序。

（三）订明清算费用的来源和支付方式。

（四）订明私募投资基金财产清算剩余资产的分配，依据私募投资基金财产清算的分配方案，将私募投资基金财产清算后的全部剩余资产扣除私募投资基金财产清算费用后，按私募投资基金的份额持有人持有的计划份额比例进行分配；基金合同另有约定的除外。

（五）订明私募投资基金财产清算报告的告知安排。

（六）私募投资基金财产清算账册及文件的保存，说明私募投资基金财产清算账册及文件由私募投资基金管理人保存10年以上。

第五十八条 私募投资基金财产相关账户的注销。

订明私募投资基金财产清算完毕后，当事人在私募投资基金财产相关账户注销中的职责及相应的办理程序。

第二十一节　违约责任

第五十九条　订明基金合同当事人违反基金合同应当承担的违约赔偿责任。基金合同能够继续履行的应当继续履行。

第二十二节　争议的处理

第六十条　订明发生纠纷时，当事人可以通过协商或者调解予以解决。当事人不愿通过协商、调解解决或者协商、调解不成的，可以根据基金合同的约定或者事后达成的书面仲裁条款向仲裁机构申请仲裁，或向人民法院起诉。

第二十三节　其他事项

第六十一条　订明基金合同需要约定的其他事项。

第三章　附　　则

第六十二条　本指引由中国基金业协会负责解释。

第六十三条　本指引自2016年7月15日起施行。

(21) 示范文本：现实版契约型私募地产投资基金合同

××私募地产投资基金基金合同

目　　录

一、前　　言
二、释　　义
三、声明与承诺
四、私募季节的基本情况
五、基金的募集
六、基金备案和基金成立的条件
七、基金的申购、赎回、转让
八、当事人及权利、义务
九、基金份额持有人大会
十、基金份额登记

十一、基金的投资
十二、基金的财产
十三、基金费用与税收
十四、基金投资的收益分配
十五、基金的信息披露
十六、风险揭示
十七、基金合同的效力、变更、解除与终止与基金资产的清算
十八、基金财产的清算
十九、违约责任
二十、争议的处理
二十一、其他

一、前　　言

1. 订立基金合同的目的、依据和原则

(1) 订立基金合同的目的

订立本基金合同的目的是明确本基金合同当事人的权利义务、规范本基金的运作，保护基金份额持有人的合法权益。

(2) 订立基金合同的依据

订立基金合同的依据是依照《中华人民共和国民法通则》《中华人民共和国合同法》《中华人民共和国证券投资基金法》《私募投资基金监督管理暂行办法》《私募投资基金管理人登记和基金备案办法（试行)》和其他有关法律法规的规定。

(3) 订立基金合同的原则

基于平等自愿、诚实信用和充分保护基金投资者及相关当事人的合法权益的原则。

二、释　　义

基金合同中除非文意另有所指，下列词语具有如下含义：

(1) 本合同、基金合同：指《××基金合同》及对本合同的任何修订和补充。

(2) 中国：指中华人民共和国大陆地区（不包括香港特别行政区、澳门

特别行政区及台湾地区）。

（3）法律法规：指中国现时有效并公布实施的法律、行政法规、行政规章及规范性文件、地方法规、地方规章及规范性文件，但不包括港澳台地区。

（4）元：指中国法定货币人民币元；本协议所指的货币单位。

（5）基金或本基金：指依据基金合同所募集的××基金。

（6）托管合同：指基金管理人与基金托管人签订的托管合同及其任何有效修订和补充。

（7）基金管理人：指××有限公司。

（8）基金托管人：指××银行。

（9）个人投资者：指符合法律法规规定的条件可以投资基金的自然人，即投资本基金初始认购金额不低于【100】万元人民币，且具备相应风险识别能力和承担所投资本基金风险能力的个人，或中国证监会认可的其他合格投资者。

（10）机构投资者：指符合法律法规规定可以投资基金的在中华人民共和国注册登记或经政府有权部门批准设立的机构。

（11）投资者：指个人投资者、机构投资者和合格境外机构投资者的总称。

（12）基金合同生效日：指基金达到法律规定及基金合同规定的条件下，基金合同生效的日期。

（13）投资期：自本基金管理人宣告基金成立之日（即投资起始日）至投资期限终止之日（包括提前终止或延期终止之日）。如果基金管理人在开放期开放申购的，申购人的投资起始日亦以上述投资起始日开始计算。

（14）募集期：指自基金份额发售之日起到基金管理人宣告基金募集结束之日止的时间段（包括募集提前结束之日或募集延期之日）。

（15）基金存续期：指基金合同规定的合法存续之期间（包括基金提前结束或基金延长期间）。

（16）日/天：指公历日；月是指公历月。

（17）工作日；指中华人民共和国法律法规规定的工作期间。

（18）认购或发售：指投资者在本基金募集期内购买本基金份额的行为。

（19）申购：指在基金开放日，基金份额持有人按照本合同的规定向基金管理人申请购买本基金份额的行为。

(20) 赎回：指在基金开放日，基金份额持有人按照本合同的规定要求将基金份额兑换为现金的行为。

(21) 开放日：基金管理人办理基金申购、赎回业务的工作日，开放日由基金管理人指定。

(22) 基金财产：指基金份额持有人拥有合法处分权、委托基金管理人管理并由基金托管人托管的作为本合同标的的财产。

(23) 基金收益：指基金投资所得（包括任何合法权益）。

(24) 基金资产总值：指本基金所进行投资、在银行存款以及其他投资所形成的价值总和。

(25) 基金资产净值：指基金资产总值扣除负债后的净资产值。

(26) 基金份额净值：指计算日基金资产净值除以计算日发行在外的基金份额总数的结果。

三、声明与承诺

3.1 私募投资基金管理人保证在募集资金前已在中国基金业协会登记为私募投资基金管理人，基金管理人登记编码××。私募投资基金管理人应当向投资者进一步声明，中国基金业协会为私募投资基金管理人和私募投资基金办理登记备案不构成对私募投资基金管理人投资能力、持续合规情况的认可；不作为对基金财产安全的保证。私募投资基金管理人保证已在签订本合同前揭示了相关风险；已经了解私募投资基金投资者的风险偏好、风险认知能力和承受能力。私募投资基金管理人承诺按照恪尽职守、诚实信用、谨慎勤勉的原则管理运用基金财产，不对基金活动的盈利性和最低收益作出承诺。

3.2 私募投资基金托管人承诺按照恪尽职守、诚实信用、谨慎勤勉的原则安全保管基金财产，并履行合同约定的其他义务。

3.3 基金份额持有人声明其为符合《私募办法》规定的合格投资者，保证财产的来源及用途符合国家有关规定，基金份额持有人声明投资资金为其拥有合法所有权或处分权的资产，保证有完全及合法的授权委托基金管理人进行投资资金的投资管理，保证没有任何其他限制性条件妨碍基金管理人对该投资资金行使相关权利且该权利不会为任何其他第三方所质疑；并已充分理解本合同条款，了解相关权利义务，了解有关法律法规及所投资基金的风险收益特征，愿意承担相应的投资风险；私募投资基金投资者承诺其向私募投资基金管理人提供的有关投资目的、投资偏好、投资限制、财产收入情况和风险承受能力等基本情况真实、完整、准确、合法，不存在任何重大遗漏或误导。前述信息资料如发生任何实质性变更，应当及时告知私募投资基金管理人或募集机构。私募投资基金投资者知晓，私募投资基金管理人、私募投资基金托管人及相关机构不对基金财产的收益状况做出任何承诺或担保。

3.4 基金合同是规定基金合同当事人之间权利义务的基本法律文件，其他与本基金相关的涉及基金合同当事人之间权利义务关系的任何文件或表述，均以基金合同为准。基金合同的当事人包括基金管理人、基金托管人和基金份额持有人（基金投资者或投资者）。基金管理人、基金托管人和基金份额持有人对于基金合同的签署构成其对基金合同的承认，基金份额持有人自依据基金合同取得基金份额，即成为基金份额持有人和基金合同的当事人，其持有基金份额的行为本身即表明其对基金合同的承认和接受。基金合同的当事人按照法律法规和基金合同的规定享有权利，承担相应的义务。

四、私募季节的基本情况

（1）基金名称：××基金

（2）基金运作方式：□开放型□封闭型

（3）基金计划募集份额：预期募集份额××亿份，预计募集金额人民币××亿元；视基金的发行情况以及拟投资项目的具体情况，基金管理人有权调整（增加或减少）上述基金预计认缴规模并宣告基金成立。

（4）基金的投资目标和投资范围

基金的投资目标：××

基金的投资范围：××

（5）基金的存续期限：基金投资期限：××年。基金管理人有权决定缩短或延长本基金的投资期限。投资期限以基金管理人【宣告基金成立之日】开始起算。

（6）基金份额面值：每基金份额的面值为人民币【1.00】元

（7）基金的结构化安排：【无】

（8）基金的托管事项：××银行

（9）基金的外包事项：【无】

（10）基金份额类别：××

五、基金的募集

5.1. 募集机构、募集对象、募集方式、募集期限

5.1.1. 募集机构

本基金通过委托符合国家规定的销售机构进行销售。

5.1.2、募集对象

中华人民共和国境内的合格个人投资者、机构投资者（法律、法规和有关规定禁止购买者除外）、合格境外机构投资者及法律法规允许的其他所有投资者。

5.1.3. 募集方式

本基金将非公开发售。

5.1.4. 募集期限

募集期限自基金份额开始发售之日起计算，最长不得超过××天。视基金销售的情况，基金管理人有权自行决定延长或缩短募集销售期间。

5.2. 基金认购事项

5.2.1 基金合格投资者人数

不超过【200】人。

5.2.2 认购费用

本基金无认购费用，即认购费率【0%】。

5.2.3 认购申请的确认

认购申请采取时间优先、金额优先原则进行确认，申请是否有效应以基金管理人的确认以及签署基金合同为准。

5.2.4 认购份额的计算方式

（1）净认购金额＝认购金额/（1＋认购费率）；（2）认购费用＝认购金额－净认购金额；（3）认购份额＝净认购金额/基金份额初始面值。

5.2.5 认购资金的管理及利息处理方式

投资者认购时，需按照本合同约定的时间内将认购款项支付到指定基金募集账户，在基金募集结束前任何人不得动用；基金份额持有人的认购款项加计其在初始销售期形成的活期存款利息计入基金财产。

5.2.6 投资者认购原则

基金募集期内，投资者可多次认购基金份额；基金管理人有权调整投资

者每次认购本基金的最低限额和最高限额。

5.3. 基金份额认购金额及其付款期限

5.3.1 认购金额及其付款期限

投资者最低认购份额不低于【100万】份（即认购金额不低于人民币【100】万元），并需在本基金合同签订之日起【2】日内支付到本基金指定银行募集账户；追加认购份数应为【10万】份（即追加认购金额人民币【10】万元）的整数倍，并需在追加认购之日起【2】日内支付到本基金指定银行募集账户。

如果基金管理人允许投资者在其他时间支付认购资金的，其他认购份额的资金需按照基金管理人的指令支付到本基金指定银行募集账户（在基金管理人发出通知后【3】日内支付；投资者逾期缴付出资的，基金管理人有权拒绝其出资并且不承担任何责任。）

5.3.2 逾期支付认购资金的处理

若任何投资者未能在本合同规定的缴款日足额交付约定的认购资金，基金管理人可以独立判断并认定该投资者违反了本基金合同从而成为一名“违约投资者”。违约投资者应就逾期缴付的金额按照每日千分之一的比例向基金支付逾期出资违约金，上述违约金基金管理人可以在向违约投资者分配投资资金或投资收益中扣除；若任何投资者逾期超过缴款日【5】日仍未缴清全部出资以及逾期出资违约金的，该投资者即被终止其投资资格，其签署的基金合同同时终止。

5.4. 投资冷静期

募集机构应给投资者不少于二十四小时的投资冷静期，投资冷静期自基金合同签署完毕的时点起算，在投资冷静期内募集机构不得主动联系投资者。募集机构应当在投资冷静期满后，指令本机构从事基金销售推介业务以外的人员以录音电话、电邮、信函等适当方式进行投资回访。回访过程不得出现诱导性陈述。募集机构在投资冷静期内进行的回访确认无效。

投资者在募集机构回访确认成功前有权解除基金合同，但应该书面通知募集机构。投资者解除基金合同的，募集机构应当及时退还投资者的全部认购款项。未经回访确认成功，投资者交纳的认购基金款项不得由募集账户划转到基金财产账户或托管资金账户（但募集账户与托管账户为同一账户的除外），私募投资基金管理人不得投资运作投资者交纳的认购基金款项。

5.5. 募集资金的存管

募集期间，投资者交付的认购资金将全部存放于指定的基金专用账户，基金指定银行募集账户：

开户名称：××有限公司

开户银行：××

银行账号：××

监督机构：××

六、基金备案和基金成立的条件

6.1. 基金合同签署的方式

签署方式：书面形式

6.2. 基金成立的条件

6.2.1 当投资者认购份额达到××份并且实缴出资金额达到人民币××万元时，本基金可宣告成立。如果在预定募集期截止日，全体投资者认购份额及实缴出资额未达到本合同规定的宣告成立的最低募集份额以及对应的实缴出资额，基金管理人有权自行决定延长募集期限（延长期限最多不超过××天）。如果在延长募集期限结束后全体投资者认购份额及实缴出资额仍未达到本合同规定的宣告成立的最低募集份额以及对应的实缴出资额，则基金管理人有权决定本次募集终止以及本基金合同终止；或有权自行决定按照投资者实缴出资规模宣告本基金成立。

6.2.2 如果基金管理人决定本次募集终止以及本基金合同终止，基金管理人将退还投资者的实际出资额及该资金产生的活期存款利率的利息（计算期间：该投资者实缴资金实际到达募集资金指定账户之日次日至基金管理人决定终止之日）。除此之外，基金管理人不再承担其他任何责任。

6.3. 基金备案的条件

基金达到《私募投资基金管理人登记和基金备案办法（试行）》规定的备案条件时，基金管理人办理基金备案手续。本基金在中国基金业协会完成备案后方可进行投资运作。

七、基金的申购、赎回、转让

7.1. 申购、赎回

本基金存续期间，不接受申购和赎回。

7.2. 基金份额转让

本基金不接受投资者的份额转让，即投资者不得转让基金份额。

7.3. 非交易过户

基金管理人只受理继承、司法强制执行情况下的非交易过户。其中：(1)“继承”是指基金份额持有人死亡，其持有的基金份额由其合法的继承人继承；(2)“司法强制执行”是指司法机构依据生效司法文书将基金份额持有人持有的基金份额强制划转给其他自然人、法人、社会团体或其他组织的情形。

投资者及其继承人办理非交易过户业务必须提供登记机构规定的相关资料，符合条件的非交易过户申请自申请受理日起【2】个月内办理。

八、当事人及权利、义务

8.1. 当事人基本情况

8.1.1 基金管理人

名称：××有限公司

住所：

联系人：

通讯地址：

联系电话：

8.1.2 基金托管人

名称：××有限公司

住所：

联系人：

通讯地址：

联系电话：

8.2. 基金份额

基金应当设定为均等份额。除私募投资基金合同另有约定外，每份份额具有同等的合法权益。

8.3. 基金合同当事人的权利和义务

8.3.1 基金管理人的权利与义务

8.3.1.1 基金管理人的权利

（1）按照基金合同约定，独立管理和运用基金财产；

（2）按照基金合同约定，及时、足额获得私募投资基金管理人管理费用及业绩报酬；

（3）按照有关规定和基金合同约定行使因基金财产投资所产生的权利；按规定要求召开基金份额持有人大会；选择、更换律师、审计师或其他为基金提供服务的外部机构。

（4）根据基金合同及其他有关规定，监督私募投资基金托管人，对于私募投资基金托管人违反基金合同或有关法律法规规定、对基金财产及其他当事人的利益造成重大损失的，应当及时采取措施制止；在基金托管人更换时，提名新的基金托管人。

（5）私募投资基金管理人为保护投资者权益，可以在法律法规规定范围内，根据市场情况对本基金的认购、申购业务规则（包括但不限于基金总规模、单个基金投资者首次认购、申购金额、每次申购金额及持有的本基金总金额限制等）进行调整；

（6）以私募投资基金管理人的名义，代表私募投资基金与其他第三方签署基金投资相关协议文件、行使诉讼权利或者实施其他法律行为。

8.3.1.2 基金管理人的义务包括：

（1）履行私募投资基金管理人登记和私募投资基金备案手续；

（2）按照诚实信用、勤勉尽责的原则履行受托人义务，管理和运用基金财产；

（3）制作调查问卷，委托募集机构对投资者的风险识别能力和风险承担能力进行评估，向符合法律法规规定的合格投资者非公开募集资金；

（4）制作风险揭示书，向投资者充分揭示相关风险；

（5）配备足够的具有专业能力的人员进行投资分析、决策，以专业化的经营方式管理和运作基金财产；

（6）建立健全内部制度，保证所管理的私募投资基金财产与其管理的其他基金财产和私募投资基金管理人的固有财产相互独立，对所管理的不同财产分别管理，分别记账、分别投资；

(7) 不得利用基金财产或者职务之便，为本人或者投资者以外的人牟取利益，进行利益输送；

(8) 自行担任或者委托其他机构担任基金的基金份额登记机构，委托其他基金份额登记机构办理注册登记业务时，对基金份额登记机构的行为进行必要的监督；

(9) 按照基金合同约定接受投资者和私募投资基金托管人的监督；

(10) 按照基金合同约定及时向托管人提供非证券类资产凭证或股权证明(包括股东名册和工商部门出具并加盖公章的权利证明文件) 等重要文件 (如有)；

(11) 按照基金合同约定负责私募投资基金会计核算并编制基金财务会计报告；

(12) 按照基金合同约定向投资者报告基金财务信息；

(13) 根据法律法规与基金合同的规定，对投资者进行必要的信息披露，揭示私募投资基金资产运作情况，包括编制和向投资者提供基金定期报告；

(14) 确定私募投资基金份额申购、赎回价格，采取适当、合理的措施确定基金份额交易价格的计算方法符合法律法规的规定和基金合同的约定；

(15) 保守商业秘密，不得泄露私募投资基金的投资计划或意向等，法律法规另有规定的除外；

(16) 保存私募投资基金投资业务活动的全部会计资料，并妥善保存有关的合同、交易记录及其他相关资料，保存期限自私募投资基金清算终止之日起不得少于10年；

(17) 公平对待所管理的不同基金财产，不得从事任何有损基金财产及其他当事人利益的活动；

(18) 按照基金合同的约定确定私募投资基金收益分配方案，及时向投资者分配收益；

(19) 组织并参加基金财产清算小组，参与基金财产的保管、清理、估价、变现和分配；

(20) 建立并保存投资者名册；

(21) 面临解散、依法被撤销或者被依法宣告破产时，及时报告中国基金业协会并通知私募投资基金托管人和基金投资者。

8.3.1.3 免责保证

（1）基金管理人可以咨询法律顾问、评估顾问、注册会计师、注册审计师、注册税务师以及其选择的其他专业中介机构及其专业人员，其在合理信赖以上专业技术人员的相关意见的基础上，基金管理人对其善意地作为或不作为的结果不承担责任。如果因为上述专业机构和人员的原因给基金造成损失或已经损害基金的合法权益，基金管理人将代表基金向上述专业机构和人员进行主张并追偿。

（2）基金管理人及其管理团队为履行其对基金的各项职责、处理基金委托事项而产生的责任及义务均归属于基金。如基金管理人及其管理团队因履行本合同约定职责或办理本合同约定受托事项遭致索赔、诉讼、仲裁、调查或其他法律程序，基金应补偿因此产生的损失和费用，除非有证据证明该等损失、费用以及相关的法律程序是由于基金管理人及其管理团队的故意或重大过失所引起。

（3）对由于基金管理人按照中国证监会的规定或当时有效的法律法规的作为或不作为而给基金造成的损失；和在没有故意或重大过失的情况下，基金管理人由于按照本合同的规定进行投资而行使或不行使其投资权而造成的损失，基金管理人不承担任何责任。

（4）鉴于任何投资均有不同程度的风险并且基金管理人已对投资者提前告知并警示投资的相关风险，如果基金管理人已经遵守法律、法规、规章以及其他规范性文件的规定以及本合同的相关约定，基金管理人及其管理团队不应被要求返还任何投资者财产份额以及预期收益，其亦不对投资者的投资本金及预期收益进行任何形式的承诺和保证，所有投资的返还及预期投资收益的分配均应受制于本基金的可用资产并以上述资产为限。

8.3.2. 基金托管人的权利义务

8.3.2.1 基金托管人的权利

（1）按照基金合同的约定，及时、足额获得私募投资基金托管费用；

（2）依据法律法规规定和基金合同约定，监督私募投资基金管理人对基金财产的投资运作，对于私募投资基金管理人违反法律法规规定和基金合同约定、对基金财产及其他当事人的利益造成重大损失的情形，有权报告中国基金业协会并采取必要措施；

（3）按照基金合同约定，依法保管私募投资基金财产。

8.3.2.2 基金托管人的义务

(1) 安全保管基金财产；

(2) 具有符合要求的营业场所，配备足够的、合格专职人员，负责基金财产托管事宜；

(3) 对所托管的不同基金财产分别设置账户，确保基金财产的完整与独立；

(4) 除依据法律法规规定和基金合同的约定外，不得为私募投资基金托管人及任何第三人谋取利益，不得委托第三人托管基金财产；

(5) 按规定开立和注销私募投资基金财产的托管资金账户、证券账户、期货账户等投资所需账户（私募投资基金管理人和私募投资基金托管人另有约定的，可以按照约定履行本项义务；如果基金合同约定不托管的，由私募投资基金管理人履行本项义务）；

(6) 复核私募投资基金财产的财务数据；

(7) 办理与基金托管业务有关的信息披露事项；

(8) 根据相关法律法规和基金合同约定复核私募投资基金管理人编制的私募投资基金定期报告，并定期出具书面意见；

(9) 按照基金合同约定，根据私募投资基金管理人或其授权人的资金划拨指令，及时办理清算、交割事宜；

(10) 根据法律法规规定，妥善保存私募投资基金管理业务活动有关合同、协议、凭证等文件资料；

(11) 公平对待所托管的不同基金财产，不得从事任何有损基金财产及其他当事人利益的活动；

(12) 保守商业秘密，除法律法规规定和基金合同约定外，不得向他人泄露本基金的有关信息；

(13) 根据相关法律法规要求的保存期限，保存私募投资基金投资业务活动的全部会计资料，并妥善保存有关的合同、交易记录及其他相关资料；

(14) 监督私募投资基金管理人的投资运作，发现私募投资基金管理人的投资指令违反法律法规的规定及基金合同约定的，应当拒绝执行，立即通知私募投资基金管理人；发现私募投资基金管理人依据交易程序已经生效的投资指令违反法律法规的规定及基金合同约定的，应当立即通知私募投资基金管理人；

（15）按照私募投资基金合同约定制作相关账册并与基金管理人核对。

8.3.3 基金份额持有人（投资者）的权利义务

8.3.3.1 基金份额持有人的权利

（1）得基金财产收益；

（2）取得清算后的剩余基金财产；

（3）按照基金合同的约定申购、赎回和转让基金份额；

（4）根据基金合同的约定，参加或申请召集基金份额持有人大会，行使相关职权；

（5）监督私募投资基金管理人、私募投资基金托管人履行投资管理及托管义务的情况；

（6）按照基金合同约定的时间和方式获得基金信息披露资料；

（7）因私募投资基金管理人、私募投资基金托管人违反法律法规或基金合同的约定导致合法权益受到损害的，有权得到赔偿。

8.3.3.2 基金份额持有人（投资者）的义务

（1）认真阅读基金合同，保证投资资金的来源及用途合法；

（2）接受合格投资者确认程序，如实填写风险识别能力和承担能力调查问卷，如实承诺资产或者收入情况，并对其真实性、准确性和完整性负责，承诺为合格投资者；

（3）以合伙企业、契约等非法人形式汇集多数投资者资金直接或者间接投资于私募投资基金的，应向私募投资基金管理人充分披露上述情况及最终投资者的信息，但符合《私募办法》第十三条规定的除外；

（4）认真阅读并签署风险揭示书；

（5）按照基金合同约定缴纳基金份额的认购、申购款项，承担基金合同约定的管理费、托管费及其他相关费用；

（6）按照基金合同约定承担基金的投资损失；

（7）向私募投资基金管理人或私募投资基金募集机构提供法律法规规定的信息资料及身份证明文件，配合私募投资基金管理人或其募集机构的尽职调查与反洗钱工作；

（8）保守商业秘密，不得泄露私募投资基金的投资计划或意向等；

（9）不得违反基金合同的约定干涉基金管理人的投资行为；

（10）不得从事任何有损基金及其投资者、基金管理人管理的其他基金及基金托管人托管的其他基金合法权益的活动。

九、基金份额持有人大会

9.1. 会议组成

基金份额持有人大会由基金份额持有人共同组成，基金份额持有人大会不设日常机构。基金份额持有人持有的每一基金份额拥有平等的投票权。

9.2. 召开事由

当出现或需要决定下列事由之一的，经基金管理人或持有基金份额【30%】（含【30%】，下同）以上的基金份额持有人（以基金管理人收到提议当日的基金份额计算，下同）提议时，应当召开基金份额持有人大会：

（1）转换基金运作方式；

（2）决定修改基金合同的重要内容；

（3）变更基金投资范围；

（4）变更基金管理人或基金托管人；

（5）提高基金管理人、基金托管人的报酬标准；

（6）基金管理人提出要求；

（7）基金合同约定的其他情形。

针对前款所列事项，基金份额持有人以书面形式一致表示同意的，可以不召开基金份额持有人大会直接作出决议，并由全体基金份额持有人在决议文件上签名、盖章。

出现以下情形之一的，不需召开基金份额持有人大会：

（1）调低基金管理费、基金托管费、其他应由基金承担的费用；

（2）因相应的法律法规发生变动必须对基金合同进行修改；

（3）对基金合同的修改不涉及本基金合同当事人权利义务关系发生变化；

（4）基金合同的修改对基金份额持有人利益无实质性不利影响；

（5）按照法律法规或本基金合同规定不需召开基金份额持有人大会的其他情形。

9.3. 召集人和召集方式

（1）基金份额持有人大会由基金管理人召集，开会时间、地点、方式和权益登记日由基金管理人选择确定。代表基金份额【30%】以上的基金份额持有人认为有必要召开基金份额持有人大会的，应当向基金管理人提出书面提议。基金管理人应当自收到上述书面提议之日起【10】日内决定是否召集，并书面告知提出提议的基金份额持有人代表。基金管理人决定召集的，应当自出具书面决定之日起【30】日内召开；基金管理人决定不召集，代表基金份额【30%】以上的基金份额持有人可以自行召开。

（2）基金份额持有人依法自行召集基金份额持有人大会的，基金管理人、基金托管人应当配合，不得阻碍、干扰。

9.4. 召开大会的通知时间、通知内容、通知方式

基金份额持有人大会的召集人负责选择确定开会时间、地点、方式和权益登记日。召开基金份额持有人大会，召集人必须于会议召开日前【10】日进行通知。基金份额持有人大会通知须至少载明以下内容：

（1）会议召开的时间、地点和出席方式；

（2）会议拟审议的主要事项；

（3）会议形式；

（4）议事程序；

（5）有权出席基金份额持有人大会的权益登记日；

（6）授权委托书的内容要求（包括但不限于代理人身份、代理权限和代理有效期限等）、送达时间和地点；

（7）表决方式；

（8）会务常设联系人姓名、电话；

（9）出席会议者必须准备的文件和必须履行的手续；

（10）召集人需要通知的其他事项。

采用通讯方式开会并进行表决的情况下，由召集人决定通讯方式和书面表决方式，并在会议通知中说明本次基金份额持有人大会所采取的具体通讯方式、委托的公证机关及其联系方式和联系人、书面表达意见的寄交和收取方式。

9.5. 基金份额持有人出席会议的方式

9.5.1 会议方式

（1）基金份额持有人大会的召开方式包括现场开会和通讯方式开会。

（2）现场开会由基金份额持有人本人出席或通过授权委托书委派其代理人出席，现场开会时基金管理人授权代表应当出席。

（3）通讯方式开会指按照本基金合同的相关规定以通讯的书面方式进行

表决。

9.5.2 召开基金份额持有人大会的条件

9.5.2.1 现场开会方式

在同时符合以下条件时，现场会议方可举行：

（1）对到会者在权益登记日持有基金份额的统计显示，有效的基金份额应占权益登记日基金总份额的【50%】（含）以上；

（2）到会的基金份额持有人身份证明及持有基金份额的凭证、代理人身份证明、委托人持有基金份额的凭证及授权委托代理手续完备，到会者出具的相关文件符合有关法律法规和基金合同及会议通知的规定，并且持有基金份额的凭证与基金管理人持有的登记资料相符。

（3）未能满足上述条件的情况下，则召集人可另行确定并公告重新开会的时间（至少应在【10】个工作日后）和地点。

9.5.2.2 通讯开会方式

在同时符合以下条件时，通讯会议方可举行：

（1）召集人按本基金合同规定公布会议通知；召集人按照会议通知规定的方式收取和统计基金份额持有人的书面表决意见；

（2）本人直接出具书面意见或授权他人代表出具书面意见的基金份额持有人所代表的基金份额应占权益登记日基金总份额的【50%】（含）以上；

（3）直接出具书面意见的基金份额持有人或受托代表他人出具书面意见的其他代表，同时提交的持有基金份额的凭证并与登记注册机构记录相符；

（4）未能满足上述条件的情况下，则召集人可另行确定并公告重新开会的时间（至少应在【10】个工作日后）和地点。

采取通讯方式进行表决时，除非在计票时有充分的相反证据证明，否则表面符合法律法规和会议通知规定的书面表决意见即视为有效的表决，表决意见模糊不清或相互矛盾的视为弃权表决，但应当计入出具书面意见的基金份额持有人所代表的基金份额总数。

9.6. 议事内容与程序

9.6.1 议事内容及提案权

（1）议事内容为本基金合同规定的召开基金份额持有人大会事由所涉及的内容以及召集人认为需提交基金份额持有人大会讨论的其他事项。

（2）基金管理人、单独或合并持有权益登记日本基金总份额【30%】以上的基金份额持有人可以在大会召集人发出会议通知前，就召开事由向大会召集人提交需由基金份额持有人大会审议表决的提案。

（3）对于基金份额持有人提交的提案，大会召集人应当按照以下原则对提案进行审核：关联性。大会召集人对于基金份额持有人提案涉及事项与基金有直接关系，并且不超出法律法规和基金合同规定的基金份额持有人大会职权范围的，应提交大会审议；对于不符合上述要求的，不提交基金份额持有人大会审议。如果召集人决定不将基金份额持有人提案提交大会表决，应当在该次基金份额持有人大会上进行解释和说明。

（4）程序性。大会召集人可以对基金份额持有人的提案涉及的程序性问题作出决定。如将其提案进行分拆或合并表决，需征得原提案人同意；原提案人不同意变更的，大会主持人可以就程序性问题提请基金份额持有人大会作出决定，并按照基金份额持有人大会决定的程序进行审议。

（5）单独或合并持有权利登记日基金总份额【30%】（含）以上的基金份额持有人提交基金份额持有人大会审议表决的提案、基金管理人提交基金份额持有人大会审议表决的提案，未获基金份额持有人大会审议通过，就同一提案再次提请基金份额持有人大会审议，其时间间隔不少于【3】个月。

（6）基金份额持有人大会的召集人发出召开会议的通知后，如果需要对原有提案进行修改，应当最迟在基金份额持有人大会召开日前【5】日公告。否则，会议的召开日期应当顺延并保证至少与公告日期有【5】日的间隔期。

9.6.2 议事程序

9.6.2.1 现场开会

（1）在现场开会的方式下，首先由大会主持人按照规定程序宣布会议议事程序及注意事项，确定和公布监票人，然后由大会主持人宣读提案，经讨论后进行表决形成大会决议。

（2）大会由基金管理人授权代表主持；如果基金管理人授权代表均未能主持大会，则由出席大会的基金份额持有人和代理人以所代表的基金份【50%】以上多数选举产生一名代表作为该次基金份额持有人大会的主持人。

（3）召集人应当制作出席会议人员的签名册。签名册载明参加会议人员姓名（或单位名称）、身份证号码、住所地址、持有或代表有表决权的基金份额、委托人姓名（或单位名称）等事项。

9.6.2.2 通讯方式开会

在通讯表决开会的方式下，在所通知的表决截止日期前由召集人统计全部有效表决并形成决议。

9.6.2.3 未公告事项

基金份额持有人大会不得对未事先公告的议事内容进行表决。

9.7. 决议形成的条件、表决方式、程序

（1）基金份额持有人所持每一基金份额享有平等的表决权。决议须经出席会议的基金份额持有人及其代理人所持表决权百分之五十以上（含）通过方为有效。

（2）基金份额持有人大会决定的事项，应当予以公告。

（3）基金份额持有人大会采取记名方式进行投票表决。

（4）基金份额持有人大会的各项提案或同一项提案内并列的各项议题应当分开审议、逐项表决。

9.8. 计票

9.8.1 现场开会

（1）如基金份额持有人大会由基金管理人召集，则基金份额持有人大会的主持人应当在会议开始后宣布在出席会议的基金份额持有人和代理人中推举【2】名基金份额持有人代表与大会召集人授权的一名监督员共同担任监票人；如大会由基金份额持有人自行召集，基金份额持有人大会的主持人应当在会议开始后宣布在出席会议的基金份额持有人和代理人中推举【3】名基金份额持有人担任监票人。

（2）监票人应当在基金份额持有人表决后立即进行清点，由大会主持人当场公布计票结果。

（3）如会议主持人对于提交的表决结果有怀疑，可以对投票数进行重新清点；如会议主持人未进行重新清点，而出席会议的基金份额持有人或代理人对会议主持人宣布的表决结果有异议，其有权在宣布表决结果后立即要求重新清点，会议主持人应当立即重新清点并公布重新清点结果。重新清点仅限一次。

9.8.2 通讯方式开会

在通讯方式开会的情况下，计票方式为：由大会召集人授权的两名监督员进行计票。

9.9. 效力

基金份额持有人大会决议对全体基金份额持有人、基金管理人、基金托管人均有约束力。基金管理人、基金托管人和基金份额持有人应当执行生效的基金份额持有人大会的决定。基金份额持有人大会决议应自生效之日起【3】日内公告。

9.10. 不干涉基金正常投资管理

基金份额持有人大会及其日常机构不得直接参与或者干涉基金的投资管理活动。

十、基金份额登记

10.1 份额登记

基金管理人自行负责基金份额持有人的基金份额登记事宜。基金份额持有人同意私募投资基金管理人应当按照中国基金业协会的规定办理基金份额登记数据的备份。

十一、基金的投资

11.1. 基金投资目标、范围、策略和限制

11.1.1 投资目标

××密切跟踪经济动向，挖掘中国经济发展过程中所蕴含的机会，追求基金财产在存续期限内的稳健增值。在各方共赢情况下实现投资者利益最大化。

11.1.2 投资范围

××

11.1.3 投资策略

××

11.1.4 投资限制

基金财产不得用于下列投资或活动：

（1）承销证券；

（2）从事承担无限责任的投资；

（3）买卖其他基金份额，但是国务院另有规定的除外；

（4）向基金管理人、基金托管人出资；

(5) 买卖与其基金管理人、基金托管人有控股关系的股东或者与其基金管理人、基金托管人有其他重大利害关系的公司发行的证券或者承销期内承销的证券;

(6) 从事内幕交易、操纵证券交易价格及其他不正当的证券交易活动;

(7) 依照法律、行政法规有关规定,由国务院证券监督管理机构规定禁止的其他活动。

11.1.5 利益冲突的处理

基金管理人应尽量避免其管理的不同基金之间以及基金管理人和基金之间产生利益冲突。如果其管理的不同基金之间、以及基金管理人和基金之间产生利益冲突,基金管理人要按照法律规定和公正的原则进行协调、处理。

11.1.6 投资经理的指定与变更

11.1.6.1 投资经理的指定、变更条件和程序

基金投资经理由基金管理人负责指定。本基金的投资经理为××,基本情况:××。

基金管理人可根据业务需要和基金投资情况变更投资经理,并在变更后及时告知基金份额持有人。

11.1.7 基金的结构化安排

【无】

十二、基金的财产

12.1. 基金资产的保管与处分

12.1.1 私募投资基金财产的保管与处分

(1) 私募投资基金财产应独立于私募投资基金管理人、私募投资基金托管人的固有财产,并由私募投资基金托管人保管。私募投资基金管理人、私募投资基金托管人不得将私募投资基金财产归入其固有财产。

(2) 私募投资基金管理人、私募投资基金托管人因私募投资基金财产的管理、运用或者其他情形而取得的财产和收益归入私募投资基金财产。

(3) 私募投资基金管理人、私募投资基金托管人可以按照合同的约定收取管理费用、托管费用以及基金合同约定的其他费用。私募投资基金管理人、私募投资基金托管人以其固有财产承担法律责任,其债权人不得对私募投资基金财产行使请求冻结、扣押和其他权利。私募投资基金管理人、私募投资

基金托管人因依法解散、被依法撤销或者被依法宣告破产等原因进行清算的，私募投资基金财产不属于其清算财产。

(4) 私募投资基金管理人、私募投资基金托管人不得违反法律法规的规定和基金合同约定擅自将基金资产用于抵押、质押、担保或设定任何形式的优先权或其他第三方权利，但是基金以及基金对外投资后形成的相应的权益，为投资项目本身融资的需要以及运营管理的需要，基金以及基金对外投资后形成的相应的权益（股权、债权和其他权益）可以用于抵押、质押、担保或设定任何形式的优先权或其他第三方权利。

(5) 私募投资基金财产产生的债权不得与不属于私募投资基金财产本身的债务相互抵消。非因私募投资基金财产本身承担的债务，私募投资基金管理人、私募投资基金托管人不得主张其债权人对私募投资基金财产强制执行。上述债权人对私募投资基金财产主张权利时，私募投资基金管理人、私募投资基金托管人应明确告知私募投资基金财产的独立性。

12.2. 基金财产相关账户的开立和管理

私募投资基金管理人或私募投资基金托管人按照规定开立私募投资基金财产的托管资金账户。开立的上述基金财产账户与私募投资基金管理人、私募投资基金托管人、私募投资基金募集机构自有的财产账户以及其他基金财产账户相独立。

基金管理人与基金托管人按照基金合同及其他有关基金规定订立托管合同，用以明确基金托管人与基金管理人之间在基金财产的保管、基金资产的管理和运作及相互监督等相关事宜中的权利、义务及职责，确保基金资产的安全，保护基金份额持有人的合法权益。

12.3 托管指令

12.3.1 交易清算授权

基金管理人应向基金托管人提供预留印鉴和有权人（“授权人”）签字样本，事先书面通知（以下称“授权通知”）基金托管人有权发送投资指令的人员名单（“被授权人”）。授权通知中应包括被授权人的名单、权限、电话、传真、预留印鉴和签字样本，并注明相应的交易权限，规定基金管理人向基金托管人发送指令时基金托管人确认有权发送人员身份的方法。授权通知由授权人签字并盖章。基金托管人在收到授权通知当日向基金管理人确认。授权通知须载明授权生效日期。授权通知自通知载明的生效日期开始生效。基金托管人收到通知的日期晚于通知载明生效日期的，则通知自基金托管人收到该通知时生效。基金管理人和基金托管人对授权文件负有保密义务，其内容不得向相关人员以外的任何人泄露。

12.3.2 投资指令的内容

投资指令是在管理基金财产时，基金管理人向基金托管人发出的资金划拨及其他款项支付的指令。基金管理人发给基金托管人的指令应写明款项事由、到账时间、金额、收付款账户信息等，加盖预留印鉴并有被授权人签字或签章。

12.3.3 投资指令的发送、确认及执行时间与程序

指令由"授权通知"确定的被授权人代表基金管理人用网银、电子直连划款指令或其他基金托管人和基金管理人认可的方式向基金托管人发送，并以传真作为应急方式备用。基金管理人应在发送指令后与托管人进行确认。网银或电子直连划款指令以指令达到基金托管人的托管系统中视为到达，传真以获得收件人（基金托管人）确认该指令已成功接收之时视为送达。因基金管理人未能及时与基金托管人进行指令确认，致使资金未能及时到账所造成的损失，基金托管人不承担责任。基金托管人依照"授权通知"规定的方法确认指令有效后，方可执行指令。

对于被授权人依照"授权通知"发出的指令，基金管理人不得否认其效力。基金管理人应按照相关法律法规以及本协议的规定，在其合法的经营权限和交易权限内发送划款指令，发送人应按照其授权权限发送划款指令。基金管理人在发送指令时，应为基金托管人留出执行指令所必需的时间，一般为2小时。由基金管理人原因造成的指令传输不及时、未能留出足够划款所需时间，致使资金未能及时到账所造成的损失由基金管理人承担。

基金托管人收到基金管理人发送的指令后，应对划款指令进行形式审查，验证指令的要素是否齐全、对纸质传真指令审核印鉴和签名是否和预留印鉴和签名样本相符，复核无误后依据本协议约定在规定期限内及时执行，不得延误。若存在异议或不符，基金托管人立即与基金管理人指定人员进行电话联系和沟通，并要求基金管理人重新发送经修改的指令。基金托管人可以要求基金管理人传真提供相关交易凭证、合同或其他有效会计资料，以确保基金托管人有足够的资料来判断指令的有效性。

基金管理人向基金托管人下达指令时，应确保本基金银行账户有足够的

资金余额，对基金管理人在没有充足资金的情况下向基金托管人发出的指令，基金托管人有权拒绝执行，并立即通知基金管理人，基金托管人不承担因为不执行该指令而造成的损失。

12. 3. 4 基金托管人依法暂缓、拒绝执行指令的情形和处理程序；

基金托管人发现基金管理人发送的指令违反本协议或其他有关法律法规的规定时，不予执行，并应及时以书面形式通知基金管理人纠正，基金管理人收到通知后应及时核对，并以书面形式对基金托管人发出回函确认，由此造成的损失由基金管理人承担。

12. 3. 5 基金管理人发送错误指令的情形和处理程序

基金管理人发送错误指令的情形包括指令发送人员无权或超越权限发送指令及交割信息错误，指令中重要信息模糊不清或指令要素不全等。基金托管人在履行监督职能时，发现基金管理人的指令错误时，有权拒绝执行，并及时通知基金管理人改正。

12. 3. 6 更换被授权人的程序

基金管理人撤换被授权人员或改变被授权人员的权限，必须提前至少一个交易日，使用传真方式或其他基金管理人和基金托管人认可的方式向基金托管人发出由授权人签字和盖章的被授权人变更通知，并提供新被授权人签字样本，同时电话通知基金托管人，基金托管人收到变更通知当日通过电话向基金管理人确认。被授权人变更通知须载明新授权生效日期。被授权人变更通知，自通知载明的生效时间开始生效。基金托管人收到通知的日期晚于通知载明的生效日期的，则通知自基金托管人收到该通知时生效。基金管理人在电话告知后三日内将被授权人变更通知的正本送交基金托管人。被授权人变更通知生效后，对于已被撤换的人员无权发送的指令，或新被授权人员超权限发送的指令，基金管理人不承担责任。

12. 3. 7 指令的保管

投资指令若以传真形式发出，则正本由基金管理人保管，基金托管人保管指令传真件。当两者不一致时，以基金托管人收到的投资指令传真件为准。

12. 3. 8 相关的责任

基金托管人正确执行基金管理人符合本协议规定、合法合规的划款指令，基金财产发生损失的，基金托管人不承担任何形式的责任。在正常业务受理渠道和指令规定的时间内，因基金托管人原因未能及时或正确执行符合本协议规定、合法合规的划款指令而导致基金财产受损的，基金托管人应承担相应的责任，但银行托管专户余额不足或基金托管人如遇到不可抗力的情况除外。

如果基金管理人的划款指令存在事实上未经授权、欺诈、伪造或未能按时提供划款指令人员的预留印鉴和签字样本等非基金托管人原因造成的情形，只要基金托管人根据本协议相关规定验证有关印鉴与签名无误，基金托管人不承担因正确执行有关指令而给基金管理人或基金财产或任何第三人带来的损失，全部责任由基金管理人承担，但基金托管人未尽审核义务执行划款指令而造成损失的情况除外。

12.4 会计核算

(1) 本基金的会计年度为公历年度的1月1日至12月31日。基金核算以人民币为记账本位币，以人民币元为记账单位。会计核算制度执行国家有关会计制度。

(2) 私募投资基金应独立建账、独立核算；私募投资基金管理人或其委托的外包服务机构应保留完整的会计账目、凭证并进行日常的会计核算，编制会计报表；私募投资基金托管人应定期与私募投资基金管理人就私募投资基金的会计核算、报表编制等进行核对。

十三、基金费用与税收

13.1. 基金费用的种类

(1) 基金管理费；基金托管人的托管费；基金认购费（如有）；支付给资产受托管理人的委托管理费用（如有）；

(2) 基金申购、赎回过程中的募集费用（如有）、赎回费用（如有）；基金设立过程中的登记费用、变更费用、清算费用、注销登记费用；

(3) 基金聘请专家及中介机构的购买服务费用，包括但不限于聘请法律顾问、财务顾问、税务顾问、审计顾问、评估顾问、管理顾问等；

(4) 政府部门对本基金及其收益或资产、商业交易收取的税费及其他费用；银行等机构在资金流通过程中收取的手续费等；

(5) 对企业进行投资并持有目标公司债权、股权而产生的取得、持有、收购、出售及其他方式处置本基金财产所产生的费用；

(6) 必要的媒体费用、信息披露费用；基金份额持有人大会费用；

（7）基金运营过程中涉及的诉讼费和仲裁费以及律师费、鉴定、评估、公告、保全、拍卖等费用；

（8）按照国家规定和合同约定其他应列入的其他费用。

13.2. 基金费用计提方法、计提标准和支付方式

13.2.1 基金管理费

13.2.1.1 固定管理费计提原则和支付时间

基金管理人将按照投资者认缴出资总额的【%】/年计提基金管理费；基金管理费的计提时间为：基金管理费【每年/每365日】支付一次，第一年的管理费应在基金宣告成立之日【5】日内支付完毕；以后在每满一年的对应日支付完毕。

13.2.1.2 浮动管理费（业绩报酬）计提原则和支付时间

【无】

13.2.2 基金托管费

依据基金管理人与基金托管人签订的托管合同而定并按照托管合同进行支付。

具体支付方式如下：××

13.2.3 基金募集费

募集费用为以基金管理人与销售代理机构签订的代销服务协议为准。

具体支付方式如下：××

13.2.4 其他费用

因基金财产的投资运作所发生的费用，以基金管理人签署相关协议确定为准。基金费用由基金财产承担，按照实际发生金额从基金财产中支付。如果基金财产不足以支付当期费用的，基金管理人可以自有财产先行垫付当期费用；如果基金管理人以自有财产先行垫付基金费用的，基金管理人有权从基金财产中优先受偿。

13.3. 不列入基金费用的项目

私募投资基金管理人和私募投资基金托管人因未履行或未完全履行义务导致的费用支出或私募投资基金财产的损失，以及处理与私募投资基金财产运作无关的事项发生的费用等不得列入私募投资基金的费用。

13.4. 税收

本基金运作过程中涉及的各纳税主体，其纳税义务按国家税收法律、法

规执行。基金份额持有人必须自行缴纳的税收，由基金份额持有人自行负责，除国家税收监管政策明确规定外，基金管理人不承担代扣代缴或纳税的义务。

十四、基金投资的收益分配

14.1. 基金投资收益的构成及其起算日

基金收益包括：基金投资所得红利、股息、利息、银行存款利息以及其他收入（不包括投资者投资资金）；因运用基金资产带来的成本或费用的节约计入收益。基金收益的起算日以认购期内实缴资金全部投出之日（即投资起始日）开始起算；如在开放日申购的，申购人的基金收益的起算日为该次（本次）申购的申购期结束之日的次日。

14.2. 基金投资分配原则和基准

在对投资者进行投资资金及投资收益进行分配时，基金份额持有人的基金份额数量、基金份额总数量均以投资者实缴的投资资金金额为基础进行核算（即以基金份额持有人实缴出资额占所有基金份额持有人的实缴出资总额的比例进行分配）；基金每次的分配以基金该次取得的可分配收入（须扣除基金承担各项费用和国家地方规定的税收）为基准。

14.3 基金投资资金和投资收益分配的比例和时间

分配的比例：每次可分配收入的××进行分配；

分配的时间：本基金存续期内，本基金每××向投资者进行一次投资收益的分配。

14.4 基金投资分配的顺序

在扣除基金相关费用及其应承担的税收后，以基金份额持有人实缴出资额占所有基金份额持有人的实缴出资总额的比例进行分配。

14.5. 投资收益分配方案的比例

本基金投资者基准年化收益率如下（税前）：××

本基金在支付投资者的投资资金以及对应的基准年化收益后，剩余的全部基金财产归基金管理人所有，投资者不得再行要求和主张基准收益以外的其他利益。

投资者的基准年化投资收益率不是基金管理人向投资者保证其委托财产（投资资金）不受损失或者保证其取得最低收益的承诺，投资者仍可能会面临无法取得基准收益甚至损失投资资金的风险。

14.6 投资资金和投资收益分配方案的确定和通知

基金投资资金和投资收益分配方案由基金管理人负责拟定并即时通知（自行或通过募集机构）基金份额持有人。

14.7 投资资金和投资收益分配的执行

受制于本合同的规定，在按照法律、法规的规定和本合同约定扣除基金应支付的各项费用和其他法定支出的前提下，并在对每次投资收回的投资权益进行清算后的【15】个工作日内，基金管理人将按照本合同按约定的分配原则、分配比例和分配顺序全部派发给投资者。

14.8 基金投资资金和投资收益分配中发生的税收和费用

投资者所得税将根据国家规定执行，需要基金管理人代扣代缴的，管理人将按照相关规定执行。基金份额持有人进行分配时，发生的银行转账等手续费用由基金份额持有人自行承担。

十五、基金的信息披露

本基金的信息披露将严格按照法律法规和基金合同的规定进行。

15.1 基金的季度报告

私募投资基金运行期间，基金管理人应当在每季度结束之日起【10】个工作日以内向投资者披露基金主要财务指标以及投资组合情况等信息。

15.2 基金的年度报告

基金管理人应当在每年结束之日起【4】个月以内向投资者披露以下信息：

（1）报告期末基金财务信息和基金份额总额；

（2）基金的财务情况；

（3）基金投资运作情况和运用杠杆情况；

（4）投资者账户信息，包括实缴出资额、未缴出资额以及报告期末所持有基金份额总额等；

（5）投资收益分配和损失承担情况；

（6）基金管理人取得的管理费和业绩报酬，包括计提基准、计提方式和支付方式；

（7）可能存在的利益冲突、关联交易以及可能影响投资者合法权益的其他重大信息。

15.3 发生以下重大事项的，基金管理人应当及时向投资者披露：

（1）基金名称、注册地址、组织形式发生变更的；

（2）投资范围和投资策略发生重大变化的；

（3）变更基金管理人或托管人的；

（4）管理人的法定代表人、执行事务合伙人（委派代表）、实际控制人发生变更的；

（5）管理费率、托管费率发生变化的；

（6）基金收益分配事项发生变更的；

（7）基金触发巨额赎回的；

（8）基金存续期变更或展期的；

（9）基金发生清盘或清算的；

（10）发生重大关联交易事项的；

（11）基金管理人、实际控制人、高管人员涉嫌重大违法违规行为或正在接受监管部门或自律管理部门调查的；

（12）涉及私募投资基金管理业务、基金财产、基金托管业务的重大诉讼、仲裁；

（13）基金合同约定的影响投资者利益的其他重大事项。

15.4. 信息披露方式

基金管理人向基金份额持有人提供的报告，可以通过网站、邮寄、传真或电子邮件等任何一种方式进行。基金份额持有人通过销售机构认购或申购本基金的，管理人向销售机构送达报告视同向基金份额持有人送达完成。基金份额持有人信息及联系方式以本协议约定为准。

15.5. 信息披露文件的存放与查阅

基金定期报告公布后，应当分别置备于基金管理人的住所，供公众查阅、复制。

15.6 信息备份

全体份额持有人同意私募投资基金管理人或其他信息披露义务人应当按照中国基金业协会的规定对基金信息披露信息进行备份。

十六、风险揭示

16.1 基金投资可能面临下列各项风险，包括但不限于：

(一) 资金损失风险

基金管理人依照恪尽职守、诚实信用、谨慎勤勉的原则管理和运用基金财产，但不保证基金财产中的认购资金本金不受损失，也不保证一定盈利及最低收益。

(二) 基金运营风险

基金管理人依据基金合同约定管理和运用基金财产所产生的风险，由基金财产及投资者承担。投资者应充分知晓投资运营的相关风险，其风险应由投资者自担。

在基金财产管理运作过程中，基金管理人的知识、技能、经验、判断等主观因素会影响其对相关信息和经济形势、投资项目风险的判断，从而影响基金财产收益水平。

(三) 流动性风险

在本基金存续期内，投资者可能面临资金不能退出带来的流动性风险。根据实际投资运作情况，本基金有可能提前结束或延期结束，投资者可能因此面临委托资金不能按期退出等风险。基金终止时，如被投资主体未按时履行付款义务，存在基金财产不能及时全部清算的风险，从而给基金份额持有人投资收益的及时足额实现造成不利影响。

(四) 募集失败风险

本基金的成立需符合相关法律法规的规定，本基金可能存在不能满足成立条件从而无法成立的风险。

(五) 投资标的风险 (适用于股权类投资)

本基金投资标的的价值取决于投资对象的经营状况，原股东对所投资企业的管理和运营，相关市场宏观调控政策、财政税收政策、产业政策、法律法规、经济周期的变化以及区域市场竞争格局的变化等都可能影响所投资企业经营状况，进而影响本基金投资标的的价值。

(六) 税收风险

契约性基金所适用的税收征管法律法规可能会由于国家相关税收政策调整而发生变化，投资者收益也可能因相关税收政策调整而受到影响。

（七）市场风险

国家法律、法规的变化以及国家货币政策、财政政策、产业政策及政府对金融市场监管政策的调整可能会导致本基金因违反有关规定而无效、被撤销或被解除。经济运行具有周期性的特点，宏观经济运行状况可能对投资项目产生影响，从而对预期收益和基金财产产生影响。

（八）信用风险

信用风险是指基金财产在交易过程发生基金财产所投资项目出现违约、拒绝清偿到期债务，或者债务人、担保人经营不善，资不抵债，都可能导致基金财产损失和收益变化。

（九）特定的投资方式及基金财产所投资的特定对象可能引起的特定风险

本基金合同项下基金财产投资对象处于房地产行业，房地产市场价格受到经济因素、政治因素、投资心理和交易制度等各种因素的影响，从而影响到投资对象的企业经营收入及盈利水平，进而影响投资对象的偿付能力，产生投资风险。

（十）其他风险

战争、自然灾害、政府行为等不可抗力可能导致基金财产有遭受损失的风险，以及基金管理人、资产托管人可能因不可抗力无法正常工作，从而有影响基金财产的提取的风险。

十七、基金合同的效力、变更、解除与终止与基金资产的清算

17.1. 基金合同的效力

基金合同自签署之日起生效，合同另有约定的除外。基金合同自生效之日起对私募投资基金管理人、私募投资基金托管人、投资者具有同等的法律约束力。

17.2 基金合同的有效期

本合同有效期自合同生效之日起至合同全部权利义务履行完毕之日止。

17.3 基金合同的变更

除非法律法规和基金合同另有规定，需要变更基金合同重要内容的，可由全体投资者、私募投资基金管理人和私募投资基金托管人协商一致变更，或可以召开基金份额持有人大会决议通过。

基金合同重大事项发生变更的，如果中国基金业协会相关规定明确要求，

基金管理人应按照中国基金业协会要求及时向中国基金业协会报告。

对基金份额持有人利益无实质性不利影响情形的变更，或法律法规或中国证监会的相关规定发生变化需要对本合同进行变更的，基金管理人可自行修改基金合同，并由基金管理人按照本合同的约定向基金份额持有人披露变更的具体内容。

17.4 基金合同解除

投资者在募集机构回访确认成功前有权解除基金合同，但应该书面通知募集机构或基金管理人。

17.5 基金合同的终止

有下列情形之一的，基金合同应当终止：

1）基金或基金合同经基金份额持有人大会表决终止的或全体投资者书面同意终止的；

2）因重大违法、违规行为，基金被监管机关责令终止的；

3）基金管理人、基金托管人职责终止，在六个月内没有新基金管理人、新基金托管人承接。

4）基金存续期满（包括基金投资提前终止或延长的）；

5）基金投资者少于2人的；

6）法律法规和基金合同规定的其他情况。

十八、基金财产的清算

18.1 基金财产清算小组

18.1.1 自出现基金合同终止事由之日起【30】个工作日内成立清算小组，由基金管理人、基金托管人组成，清算小组可以聘用必要的工作人员。

18.1.2 基金财产清算小组职责：基金财产的保管、清理、估价、变现和分配。基金财产清算小组可以依法进行必要的民事活动。

18.2 基金财产清算程序

1）基金合同终止后，由基金财产清算小组统一接管基金；

2）对基金资产和债权债务进行清理和确认；

3）对基金财产进行估值和变现；

4）制作清算报告并告知投资者；

5）对清算后的剩余基金财产进行分配。

18.3 清算费用

清算费用是指基金财产清算小组在进行基金清算过程中发生的所有合理费用，清算费用由基金财产清算小组优先从基金资产中支付。

18.4 基金剩余资产的分配

依据私募投资基金财产清算的分配方案，将私募投资基金财产清算后的全部剩余资产扣除私募投资基金财产清算费用以及应承担的费用和税款后，按私募投资基金的份额持有人持有的计划份额比例（实缴出资比例）进行分配（但基金合同另有约定的除外）。

18.5 基金财产清算的公告

基金财产清算报告报由基金财产清算小组公告；清算过程中的有关重大事项须及时公告。

18.6 账册的保存

私募投资基金财产清算账册及文件由私募投资基金管理人保存【10】年以上。

18.7 私募投资基金财产相关账户的注销

私募投资基金财产清算完毕后，基金管理人负责私募投资基金财产相关账户的注销，投资者以及基金托管人予以协助。

十九、违约责任

基金管理人和投资者在履行各自职责的过程中，违反法律法规的规定或者基金合同约定，给基金财产造成损害的，应当依法承担赔偿责任。

二十、争议的处理

有关本合同的签署和履行而产生的任何争议及对本合同项下条款的解释，均适用中华人民共和国法律法规（为本合同之目的，在此不包括香港、澳门特别行政区及台湾地区法律法规），并按其解释。

各方当事人同意，因基金合同而产生的或与基金合同有关的一切争议，如经友好协商未能解决的，依法向本协议的签署地人民法院提起诉讼。

二十一、其　他

21.1 通知

任何根据本合同要求发出的通知或通讯应以中文书写，并经专人、挂号信、电子邮件或传真送至下列地址。通知被视为实际有效做出的日期应以下列方法确定：

专人交付的通知，应被视为在专人交付之日送达；

挂号信发出的通知，应被视为在该等通知被投邮之日送达，如该日不是工作日，则应被视为在其顺延的下一个工作日被送达；

电子邮件或传真发出的通知，应被视为在该等通知成功发送时送达。

21.2 保密信息

除有关法律、行政法规、政府机构或其他监管机构要求的披露外，在未获得其他方同意的情况下，本合同中的任何一方不得将本合同的内容及有关保密信息向任何第三方（双方的股东、法律顾问、财务顾问除外）披露。上述保密信息包括在洽商投资事宜期间一方从对其他方获得的有关其他方及所投资公司的经营状况、市场和财务数据、合作伙伴、商业运作模式及其他不宜对外公开的信息。

21.3 部分无效

本合同下的任何条款的无效或不可强制执行不应影响或损害本合同其他条款的效力和可执行性。如本合同任何条款被有权机关认定为无效或不可强制执行，本合同双方应当停止执行该无效或不可强制执行的条款，并尽快进行协商确定替代性的条款。

21.4 不可抗力

“不可抗力”指在本合同签署时或签署后发生的不能预见、不能避免并不能克服的所有事件。上述事件包括地震、台风、水灾、火灾、战争、重大法律变更或政策调整。如果发生不可抗力事件并影响一方履行其在本合同项下的义务，宣称发生不可抗力的一方应迅速书面通知另一方，并在其后的【15】日内提供证明不可抗力发生及其持续的充分证据。不可抗力的法律责任按照有关法律规定执行。

21.5. 合同修改或变更

经协商一致，合同可以变更或修改本合同。对本合同的变更或修改应以书面形式作出，并经合同各方或授权代表签署方为有效。

21.6. 合同生效

本基金合同经基金管理人和基金份额持有人双方盖章或签字后生效。基金合同正本一式两份，基金管理人、投资者各持有一份，每份具有同等的法律效力。

【以下无正文】

请基金份额持有人务必确保填写的资料正确有效，如因填写错误导致的任何损失，基金管理人不承担任何责任。

（一）投资者（基金份额持有人）

1. 自然人（以下信息必填）

姓名：××

证件名称：身份证□、军官证□、护照□

证件号码：××

*联系地址：×× 邮编：××

*联系电话：××

*电子邮箱：××

2. 法人或其他组织（以下信息必填）

名称：××

营业执照号码：××

组织机构代码证号码：××

法定代表人或负责人：××

*联系地址：××

*邮编：××

*联系人：××

*联系电话：

*电子邮箱：××

【标*为必填内容。】

（二）基金份额持有人认购份额数量、金额及认购类别

认购数量为××万份，□认购/□ 申购 类别：

人民币：××万元（大写：人民币××仟××佰××拾××万元）

（三）基金份额持有人账户

基金份额持有人认购基金的划出账户与赎回基金的划入账户，必须为以基金份额持有人名义开立的同一个账户。特殊情况导致认购与赎回基金的账户名称不一致时，基金份额持有人应出具符合相关法律法规规定的书面说明并提供相关证明。账户信息如下：

账户名称：××

银行账号：××

开户名称：××

【本页为《××基金基金合同》签署页】

基金管理人：××有限公司

法定代表人或授权代表（签字）：

时间：××年××月××日

基金托管人：

法定代表人或授权代表（签字）：

时间：××年××月××日

投资者：

时间：××年××月××日

合同签署地：【××】市【××】区

附件一：

《基金销售合同》中基金管理人与销售人主要权利义务（详见代理销售协议）××

2. 合伙型私募地产投资基金合同

（22）示范文本：中国证券投资基金业协会合伙型私募投资基金合同

私募投资基金合同指引3号

（合伙协议必备条款指引）

一、根据《证券投资基金法》（以下简称《基金法》）、《合伙企业法》《合伙企业登记管理办法》《私募投资基金监督管理暂行办法》（以下简称《私募办法》）、《私募投资基金管理人登记和基金备案办法（试行）》（以下简称《登记备案办法》）及其他相关规定，制定本指引。

二、私募投资基金管理人通过有限合伙形式募集设立私募投资基金的，应当按照本指引制定有限合伙协议（以下简称“合伙协议”）。合伙协议中应当载明本指引规定的必备条款，本指引必备条款未尽事宜，可以参考私募投资基金合同指引1号的相关内容。协议当事人订立的合伙协议应当满足相关法律、法规对合伙协议的法定基本要求。

三、本指引所称合伙型基金是指投资者依据《合伙企业法》成立有限合伙企业（以下简称“合伙企业”），由普通合伙人对合伙债务承担无限连带责任，由基金管理人具体负责投资运作的私募投资基金。

四、私募投资基金管理人及私募投资基金投资者应在合伙协议首页用加粗字体进行如下声明与承诺，包括但不限于：

私募投资基金管理人保证在募集资金前已在中国基金业协会登记为私募投资基金管理人，并列明管理人登记编码。私募投资基金管理人应当向投资者进一步声明，中国基金业协会为私募投资基金管理人和私募投资基金办理登记备案不构成对私募投资基金管理人投资能力、持续合规情况的认可；不作为对基金财产安全的保证。私募投资基金管理人保证已在签订本合同前揭示了相关风险；已经了解私募投资基金投资者的风险偏好、风险认知能力和承受能力。私募投资基金管理人承诺按照恪尽职守、诚实信用、谨慎勤勉的原则管理运用基金财产，不对基金活动的盈利性和最低收益作出承诺。

私募投资基金投资者声明其为符合《私募办法》规定的合格投资者，保证财产的来源及用途符合国家有关规定，并已充分理解本合同条款，了解相关权利义务，了解有关法律法规及所投资基金的风险收益特征，愿意承担相应的投资风险；私募投资基金投资者承诺其向私募投资基金管理人提供的有关投资目的、投资偏好、投资限制、财产收入情况和风险承受能力等基本情况真实、完整、准确、合法，不存在任何重大遗漏或误导。

五、合伙型基金的合伙协议应当具备如下条款：

（一）**【基本情况】**合伙协议应列明如下信息，同时可以对变更该等信息的条件作出说明：

1. 合伙企业的名称（标明“合伙企业”字样）；

2. 主要经营场所地址；

3. 合伙目的和合伙经营范围（应含有“基金管理”“投资管理”“资产管理”“股权投资”“创业投资”等能体现私募投资基金性质的字样）；

4. 合伙期限。

（二）**【合伙人及其出资】**合伙协议应列明普通合伙人和有限合伙人的姓

名或名称、住所、出资方式、出资数额、出资比例和缴付期限，同时可以对合伙人相关信息发生变更时应履行的程序作出说明。

（三）**【合伙人的权利义务】**合伙协议应列明有限合伙人与普通合伙人的基本权利和义务。

（四）**【执行事务合伙人】**合伙协议应约定由普通合伙人担任执行事务合伙人，执行事务合伙人有权对合伙企业的财产进行投资、管理、运用和处置，并接受其他普通合伙人和有限合伙人的监督。合伙协议应列明执行事务合伙人应具备的条件及选择程序、执行事务合伙人的权限及违约处理办法、执行事务合伙人的除名条件和更换程序，同时可以对执行事务合伙人执行事务的报酬（包括绩效分成）及报酬提取方式、利益冲突及关联交易等事项做出约定。

（五）**【有限合伙人】**有限合伙人不执行合伙事务，不得对外代表合伙企业。但有限合伙人的下列行为，不视为执行合伙事务：

1. 参与决定普通合伙人入伙、退伙；

2. 对企业的经营管理提出建议；

3. 参与选择承办合伙企业审计业务的会计师事务所；

4. 获取经审计的合伙企业财务会计报告；

5. 对涉及自身利益的情况，查阅合伙企业财务会计账簿等财务资料；

6. 在合伙企业中的利益受到侵害时，向有责任的合伙人主张权利或者提起诉讼；

7. 执行事务合伙人怠于行使权利时，督促其行使权利或者为了合伙企业的利益以自己的名义提起诉讼；

8. 依法为合伙企业提供担保。

合伙协议可以对有限合伙人的权限及违约处理办法做出约定，但是不得做出有限合伙人以任何直接或间接方式，参与或变相参与超出前款规定的八种不视为执行合伙事务行为的约定。

（六）**【合伙人会议】**合伙协议应列明合伙人会议的召开条件、程序及表决方式等内容。

（七）**【管理方式】**合伙型基金的管理人可以是合伙企业执行事务合伙人，也可以委托给其他私募投资基金管理机构。合伙协议中应明确管理人和管理方式，并列明管理人的权限及管理费的计算和支付方式。

（八）【托管事项】合伙企业财产进行托管的，应在合伙协议中明确托管机构的名称或明确全体合伙人在托管事宜上对执行事务合伙人的授权范围，包括但不限于挑选托管人、签署托管协议等。全体合伙人一致同意不托管的，应在合伙协议中明确约定本合伙型基金不进行托管，并明确保障投资基金财产安全的制度措施和纠纷解决机制。

（九）【入伙、退伙、合伙权益转让和身份转变】合伙协议应列明合伙人入伙、退伙、合伙权益转让的条件、程序及相关责任，及有限合伙人和普通合伙人相互转变程序。

（十）【投资事项】合伙协议应列明本合伙型基金的投资范围、投资运作方式、投资限制、投资决策程序、关联方认定标准及关联方投资的回避制度，以及投资后对被投资企业的持续监控、投资风险防范、投资退出、所投资标的担保措施、举债及担保限制等作出约定。

（十一）【利润分配及亏损分担】合伙协议应列明与合伙企业的利润分配及亏损分担方式有关的事项，具体可以包括利润分配原则及顺序、利润分配方式、亏损分担原则及顺序等。

（十二）【税务承担】合伙协议应列明合伙企业的税务承担事项。

（十三）【费用和支出】合伙协议应列明与合伙企业费用的核算和支付有关的事项，具体可以包括合伙企业费用的计提原则、承担费用的范围、计算及支付方式、应由普通合伙人承担的费用等。

（十四）【财务会计制度】合伙协议应对合伙企业的记账、会计年度、审计、年度报告、查阅会计账簿的条件等事项作出约定。

（十五）【信息披露制度】合伙协议应对本合伙型基金信息披露的内容、方式、频度等内容作出约定。

（十六）【终止、解散与清算】合伙协议应列明合伙企业终止、解散与清算有关的事项，具体可以包括合伙企业终止、解散的条件、清算程序、清算人及任命条件、清偿及分配等。

（十七）【合伙协议的修订】合伙协议应列明协议的修订事由及程序。

（十八）【争议解决】合伙协议应列明争议的解决方式。

（十九）【一致性】合伙协议应明确规定当合伙协议的内容与合伙人之间的其他协议或文件内容相冲突的，以合伙协议为准。若合伙协议有多个版本且内容相冲突的，以在中国基金业协会备案的版本为准。

（二十）【份额信息备份】订明全体合伙人同意私募投资基金管理人、份额登记机构或其他份额登记义务人应当按照中国基金业协会的规定办理基金份额登记（全体合伙人）数据的备份。

（二十一）【报送披露信息】订明全体合伙人同意私募投资基金管理人或其他信息披露义务人应当按照中国基金业协会的规定对基金信息披露信息进行备份。

六、本指引由中国基金业协会负责解释，自2016年7月15日起施行。

（23）示范文本：现实版合伙型私募投资基金合同

××私募地产投资基金基金合同

私募投资基金管理人保证在募集资金前已在中国基金业协会登记为私募投资基金管理人，管理人登记编码【××】。私募投资基金管理人应当向投资者进一步声明，中国基金业协会为私募投资基金管理人和私募投资基金办理登记备案不构成对私募投资基金管理人投资能力、持续合规情况的认可；不作为对基金财产安全的保证。私募投资基金管理人保证已在签订本协议前揭示了相关风险；已经了解私募投资基金投资者的风险偏好、风险认知能力和承受能力。私募投资基金管理人承诺按照恪尽职守、诚实信用、谨慎勤勉的原则管理运用基金财产，不对基金活动的盈利性和最低收益作出承诺。

私募投资基金投资者声明其为符合《私募投资基金监督管理暂行办法》规定的合格投资者，保证财产的来源及用途符合国家有关规定，并已充分理解本合同条款，了解相关权利义务，了解有关法律法规及所投资基金的风险收益特征，愿意承担相应的投资风险；私募投资基金投资者承诺其向私募投资基金管理人提供的有关投资目的、投资偏好、投资限制、财产收入情况和风险承受能力等基本情况真实、完整、准确、合法，不存在任何重大遗漏或误导。

××（有限合伙）合伙协议

合同编号：××

目　　录

总　　则
第一章　定　　义
第二章　企业基本概况简介
第三章　合伙目的、经营范围、投资范围、限制、方式
第四章　出资方式、出资数额、出资期限以及出资违约处理
第五章　普通合伙人（执行事务合伙人）的权利和义务
第六章　有限合伙人的权利和义务
第七章　合伙事务的管理执行
第八章　合伙企业的投资
第九章　有限合伙企业费用
第十章　利润分配、亏损分担方式
第十一章　合伙财产份额的转让
第十二章　资金托管
第十三章　退伙与入伙
第十四章　财务会计制度与信息披露制度
第十五章　合伙企业的解散与清算
第十六章　违约责任、法律适用、争议解决
第十七章　其他事项

××（有限合伙）合伙协议

总　　则

1.1 根据《中华人民共和国合伙企业法》（以下简称《合伙企业法》）、《中华人民共和国合伙企业登记管理办法》（以下简称《登记管理办法》）及有关法律、行政法规的有关规定，经全体合伙人协商一致订立本合伙协议。

1.2 合伙企业为有限合伙企业，是根据协议自愿组成的共同经营体。全体

合伙人愿意遵守国家有关的法律、法规的规定，依法纳税，守法经营，共同投资、共享收益并共担风险。

1.3 本协议条款与法律、行政法规不符的，以法律、行政法规的规定为准。全体合伙人应按照法律规定和合伙协议享有权利，履行义务。

第一章　定　　义

1.1 定义

除非本协议条款或上下文另有规定，下列词语具有如下含义：

1.1.1 “本协议”指《××合伙协议》及其全体合伙人协商一致以书面方式对其进行的任何修订及补充。

1.1.2 “有限合伙”或“合伙企业”指××（有限合伙），一家将由本协议各方根据《合伙企业法》共同设立的有限合伙企业。

1.1.3 “营业执照”指由工商行政管理部门向合伙企业核发的、载明合伙企业性质为有限合伙企业的营业执照。

1.1.4 “成立日”指合伙企业的营业执照核发之日。

1.1.5 “普通合伙人”暨“执行事务合伙人”指××。

1.1.6 “有限合伙人”指本协议除普通合伙人之外的其他合伙人。

1.1.7 “合伙人”指合伙企业的合伙人，包括普通合伙人和有限合伙人。

1.1.8 “投资项目”指合伙企业的任何对外投资项目。

1.1.9 “管理人”就本协议而言，指普通合伙人（即执行事务合伙人）。

1.1.10 “登记注册机关”指中华人民共和国国家工商行政管理局和/或其地方分局及其派出机构。

1.1.11 “人民币”指中国的法定货币。

1.1.12 “工作日”指中国政府规定的工作日。

第二章　企业基本概况简介

2.1 企业设立依据

本合伙企业设立依据为《中华人民共和国合伙企业法》《中华人民共和国合伙企业登记管理办法》以及有关法律、法规、规章以及其他规范性文件的有关规定。

2.2 企业组织形式

合伙企业组织形式为【有限合伙企业】，合伙企业由普通合伙人和有限合伙人组成，普通合伙人对合伙企业债务承担无限连带责任，有限合伙人以其认缴的出资额为限对合伙企业债务承担责任。

2.3 企业名称和地址

2.3.1 合伙企业中文名称为：××（有限合伙）。

2.3.2 合伙企业的注册地为：××

合伙企业经营场所地址：××

普通合伙人可视有限合伙企业的经营需要自行决定变更有限合伙企业的主要经营场所，但应书面通知全体合伙人，并办理相应的工商变更登记手续（如需）。

2.4 企业合伙人构成情况

本合伙企业合伙人共计××人，其中普通合伙人××人，有限合伙人××人。合伙人信息详见附件合伙人信息登记表。有限合伙人信息发生变更时，应及时通知普通合伙人。

第三章　合伙目的、经营范围、投资范围、限制、方式

3.1 合伙目的

本有限合伙企业的目的：在法律允许的范围内，从事项目投资及管理咨询活动，为合伙人获取长期稳定的资本回报。

3.2 企业经营范围

××

3.3 合伙期限

××

3.4 企业投资范围和项目投资期限

本合伙企业的投资范围：××。在为合伙企业获取最大利益的前提下，普通合伙人可视情况需要，自行决定变更投资范围（但不得投资于本协议约定的限制领域）。

本项目的投资期限：××年；自执行事务合伙人宣告基金成立之日××起算。

3.5 企业投资限制

本合伙企业不得违反法律、法规的规定进行投资。合伙企业不得投资于股票、期权、证券投资基金、券商资产管理计划、基金资产管理计划、保险资产管理计划以及其他风险较大的金融衍生品，但合伙企业对外进行的通道业务除外。

3.6 企业投资方式

本合伙企业可以采取符合法律、法规的规定的各种方式进行投资，以实现合伙人利益的最大化。

第四章　出资方式、出资数额、出资期限以及出资违约处理

4.1 出资方式

普通合伙人与有限合伙人均需以人民币【货币】出资，本合伙企业不接受其他投资方式。

4.2 出资金额

合伙企业的总出资额为人民币××万元（大写：××万元）整，其中有限合伙人××出资额人民币××万元（大写：××万元）整，普通合伙人出资额人民币××万元（大写：××万元）整。

各合伙人具体的出资金额详见附件合伙人信息登记表。

4.3 缴付期限

合伙人应按照本协议约定将出资额支付到有限合伙企业资金指定账户。若任何合伙人未在出资付款日或之前缴清全部出资，其应就逾期缴付的金额按照每日千分之一的比例向合伙企业支付逾期出资违约金。若任何合伙人逾期超过出资期限【五】日仍未缴清全部出资以及逾期出资违约金的，该有限合伙人即被强制退伙（除名）并终止其入伙资格。

第五章　普通合伙人（执行事务合伙人）的权利和义务

5.1 普通合伙人即执行事务合伙人，其应当具备以下条件

①可以自有资金对合伙企业出资；

②具有开展投资业务的专业管理和运营团队；

③系在中华人民共和国境内注册的机构；

④具有运作和管理有限合伙企业的从业经验。

5.2 执行事务合伙人的选定程序

由全体合伙人协商选定。全体合伙人一致同意选择普通合伙人“××”为“××（有限合伙）”的“执行事务合伙人”，并同意“××”在合伙企业存续期间不可撤销地行使并承担执行事务合伙人的全部权利和义务。

5.3 普通合伙人对外代表合伙企业，行使下列权利

5.3.1 代表合伙企业与第三方就企业投资项目进行洽谈、磋商、谈判；对投资项目的进行投资接洽、投资筛选、投资调查、投资评估、投资分析、投资决策、投资管理、投资退出、投资收回等其他投资业务；

5.3.2 代表合伙企业对外聘请专业中介机构担任本企业的包括但不限于法律顾问、财务顾问、审计顾问、评估顾问、管理顾问等，购买专业化的社会服务，为企业的发展提供良好的专业化基础并建立与上述单位建立持久的合伙关系；

5.3.3 对外开展协作业务，代表合伙企业选择资金托管机构并与资金托管机构签署资金托管合同；代表合伙企业与资产管理机构签署委托管理协议；代表合伙企业与其他第三方签订其他开展业务所需合同；代表合伙企业签署或接受其他法律文件等；

5.3.4 主持合伙企业的日常经营管理工作，制定合伙企业内部管理机构的设置方案以及设置相关机构；制定并执行合伙企业的内部规章管理制度；决定聘任/解聘合伙企业的经营管理人员以及其他职员；

5.3.5 代表合伙企业并为合伙企业的利益决定提起诉讼或参与应诉程序，申请仲裁或参与仲裁程序、提起行政投诉或参与行政投诉处理；与争议的相对方进行协商、调解、和解等，以解决有限合伙企业与第三方的争议或冲突；

5.3.6 为有限合伙企业的最大利益并在法律、法规规定的范围内，代表有限合伙企业取得、持有、管理、维持和处置有限合伙企业的有效资产（包括动产、不动产、知识产权以及其他合法权利或权益），以合伙企业、合伙企业财产或合伙企业投资形成的财产权益提供担保（包括但不限于抵押、质押、保证等），为企业获取收益；

5.3.7 负责拟定合伙企业利润分配或者亏损分担的具体执行和操作方案；负责及时收取或催收合伙企业投资所产生的红利及其他收益；

5.3.8 负责办理合伙企业的工商设立登记、变更登记、注销登记以及其他国家机关要求的设立、变更、注销登记事项，但其他有限合伙人应予积极配

合；负责办理合伙企业经营所需的各种行政许可、行政审批或行政备案等事项；

5.3.9 依据本合伙协议的约定取得企业管理费以及投资收益（利润分配）以及取得有关绩效奖励或超额收益；

5.3.10 采取为维持有限合伙企业合法设立和存续、以有限合伙身份开展经营活动所需的一切其他必要行动；

5.3.11 本合伙协议规定和法律法规规定的属于普通合伙人的其他权利。

执行事务合伙人应基于诚实、信用、勤勉的原则为本合伙企业谋求最大利益。执行事务合伙人为执行合伙事务根据《合伙企业法》及本协议约定采取的全部行为，均对本有限合伙企业及其全部有限合伙人具有法律约束力。

若普通合伙人违反法律规定并因故意或重大过失行为给本合伙企业造成重大损害时，且上述损害或责任经有权仲裁机构或司法机关予以有效认定情况下，普通合伙人对该等行为对本合伙企业造成的损失承担赔偿责任。

为了本合伙企业的利益，在遵守并受制于本协议规定的条件下，执行事务合伙人可以将其权利授予其管理人员（委派代表）行使。执行事务合伙人应确保其委派的代表独立执行本合伙企业事务并遵守本协议的约定，执行事务合伙人更换委派代表应及时书面通知其他有限合伙人。

5.4 普通合伙人承担下列义务

5.4.1 普通合伙人不得从事任何违反法律、法规规定或本协议约定的行为；不得从事损害本合伙企业利益的任何活动；接受有限合伙人的监督。

5.4.2 普通合伙人对本企业负有勤勉和忠诚义务，恪尽职守，尽职尽责，为合伙人和合伙企业谋取最大的合法利益；

5.4.3 普通合伙人应合伙人的要求并在不影响合伙事务的前提下，定期或不定期向有限合伙人报告合伙事务的执行情况、合伙企业经营和财务状况并提供资料；

5.4.4 普通合伙人不得自营或与他人合作经营与本企业相竞争的业务，但普通合伙人所管理的其他基金进行的平行投资除外；

5.4.5 执行事务合伙人应在以下期限内，向有限合伙人提交以下文件：

5.4.5.1 在每会计年度结束之后的【90】日内提供经会计师事务所审计之后的财务报告和经营报告；每半年度结束之后的【45】日之内提供未审计的半年度财务报告和经营报告；在每季度结束的【15】日内提供未审计的季

度财务报告和经营报告。

5.5 免责保证

5.5.1 普通合伙人可以咨询法律顾问、注册会计师、注册审计师、注册税务师、资产评估师、技术工程师以及其选择的其他专业中介机构及其专业人员（即购买专业服务），其在合理信赖以上专业技术人员的相关意见的基础上，普通合伙人对其善意的作为或不作为的结果不承担任何责任。对于如果因为上述专业机构和人员的原因给合伙企业造成损失或已经损害合伙企业的合法权益，普通合伙人将代表合伙企业向上述专业机构和人员进行主张并追偿。

5.5.2 在遵守本合伙协议以及《合伙企业法》的前提下，普通合伙人及其管理团队为履行其对有限合伙企业的各项职责、处理有限合伙企业委托事项而产生的责任及义务均归属于本有限合伙企业。

如普通合伙人及其管理团队因履行本协议约定职责或办理本协议约定受托事项遭致索赔、诉讼、仲裁、调查或其他法律程序，有限合伙企业应补偿因此产生的损失和费用，除非有证据证明该等损失、费用以及相关的法律程序是由于普通合伙人及其管理团队的故意或重大过失所引起。

5.5.3 鉴于任何投资均有不同程度的风险并且普通合伙人已对有限合伙人提前告知并警示投资的相关风险，如果普通合伙人已经遵守法律、法规、规章以及其他规范性文件的规定以及本合伙协议的相关约定，普通合伙人及其管理团队不应被要求返还任何有限合伙人的实缴出资额，其亦不对有限合伙人的投资及预期的投资利润进行任何形式的承诺并担保。受制于《合伙企业法》及其他法律规定，所有出资的返还及预期投资利润的分配均应受制于合伙企业的可用资产并以上述资产为限。

5.6 执行事务合伙人除名和更换程序

5.6.1 发生下列情形时，经全体合伙人一致通过，可以将执行事务合伙人除名：

5.6.1.1 执行事务合伙人故意或重大过失违反法律、法规的规定以及本合伙协议的约定，严重侵害合伙企业的合法利益；

5.6.1.2 执行事务合伙人存在本协议约定的被全体有限合伙人除名的情况。

5.6.2 执行事务合伙人的更换程序：

5.6.2.1 全体有限合伙人将执行事务合伙人除名并书面送达执行事务合伙人；全体有限合伙人同时作出接纳新的执行事务合伙人之决定；

5.6.2.2 新的执行事务合伙人签署书面文件确认同意受本协议约束并履行本协议规定的应由执行事务合伙人履行的职责和义务；

5.6.2.3 原执行事务合伙人退出合伙企业，停止执行本合伙企业合伙事务并向本合伙企业已同意接纳的新执行事务合伙人交接合伙事务；

5.6.2.4 被除名的原执行事务合伙人应以专业机构所确定的评估值向新执行事务合伙人结转其应得合伙财产以及应获得的报酬和投资收益。

5.7 利益冲突和关联交易

在普通合伙人利益与本合伙企业利益发生冲突时，普通合伙人应按照以行业准则和公正原则予以处理，普通合伙人不得采取违反《合伙企业法》、本协议之措施损害本合伙企业的利益，否则上述利益应返还合伙企业。

本合伙企业与普通合伙人及普通合伙人之关联公司或企业可能发生关联交易，包括但不限于对关联方进行投资、关联方对合伙企业进行投资、与关联方共同进行平行投资或共同投资、聘请关联方作为咨询服务机构等。如上述关联交易安排系实施本合伙企业投资方案和投资策略的组成内容，该等关联交易由普通合伙人以公正、公平、合理的原则进行。

5.8 授权进行工商变更登记、注销登记以及授权进行其他机关变更、注销登记

全体有限合伙人在此通过签署本协议，向执行事务合伙人进行一项不可撤销的特别授权并对授权事项无条件予以认可，授权执行事务合伙人代表全体及任一有限合伙人在下列文件上签字：

5.8.1 合伙协议的修正案或修改后的合伙协议或出资确认书或入伙协议

当修改内容为本协议规定执行事务合伙人可自行决定并可能导致对本协议进行修改的事项时，执行事务合伙人可直接代表全体有限合伙人或有限合伙企业签署；当修改内容为本协议规定的全体合伙人决议事项之相关内容时，执行事务合伙人凭合伙人决议即可代表全体有限合伙人或有限合伙企业签署。

5.8.2 有限合伙企业的全体合伙人决议或决定书

当决议或决定书内容为本协议规定执行事务合伙人可自行决定的事项时，执行事务合伙人可直接代表全体有限合伙人或有限合伙企业签署；当决议或决定书内容为本协议规定的全体合伙人决议事项之相关内容时，执行事务合

伙人凭合伙人决议或决定书即可代表全体有限合伙人或有限合伙企业签署。

5.8.3 工商行政主管机关设立登记、变更登记、注销登记的登记申请书

当登记内容为本协议规定执行事务合伙人可自行决定的事项时，执行事务合伙人可直接代表全体有限合伙人或有限合伙企业签署；当登记内容为本协议规定的全体合伙人决议事项之相关内容时，执行事务合伙人凭合伙人决议或决定书即可代表全体有限合伙人或有限合伙企业签署。

5.8.4 工商行政主管机关设立登记、变更登记、注销登记要求合伙企业提交的其他文件/资料

当要求提交的文件/资料为本协议规定执行事务合伙人可自行决定的事项时，执行事务合伙人可直接代表有限合伙人或有限合伙企业签署；当要求提交的文件为本协议规定的全体合伙人决议事项之相关内容时，执行事务合伙人凭合伙人决议或决定书即可代表全体有限合伙人或有限合伙企业签署。

5.8.5 有关登记事项的配合

有限合伙人在此承诺：在工商行政管理机关进行变更登记、注销登记以及在其他国家机关进行变更登记、注销登记过程中，如果需要有限合伙人之一或部分或全部签署任何文件、提供任何资料或进行现场面签时，有限合伙人承诺无条件、无保留的及时配合。如果因上述有限合伙人不配合或不及时配合给有限合伙企业或其他合伙人造成损失的，该有限合伙人承诺无条件的进行赔偿。

第六章　有限合伙人的权利和义务

6.1 有限合伙人享有以下权利，其实施下列行为不视为执行合伙企业事务

6.1.1 参与决定普通合伙人入伙、退伙；

6.1.2 对合伙企业的经营管理提出合理化建议；

6.1.3 参与选择承办合伙企业审计业务的会计师事务所；

6.1.4 按照合伙协议约定获取经审计的合伙企业财务会计报告或经营报告；

6.1.5 对涉及自身利益的情况，查阅有限合伙企业财务会计账簿等财务资料；

6.1.6 在其在合伙企业中的利益受到侵害时，向有责任的合伙人主张权利；

6.1.7 执行事务合伙人怠于行使权利时，督促其行使权利或者为了本企业的利益以自己的名义提起诉讼；

6.1.8 依法为本企业提供担保；

6.1.9 根据本协议的约定分配企业财产和收取其应得的投资收益；

6.1.10 监督执行事务合伙人执行合伙事务的情况。

6.2 有限合伙人应履行下列义务

6.2.1 按照本合伙协议的约定，按时、足额向本合伙企业出资；

6.2.2 有限合伙人不参与执行本企业的事务，对外不得代表本企业；

6.2.3 除非具备法定的事由，不得违反本协议约定请求分割本企业的财产；

6.2.4 有限合伙人不得同本合伙企业进行交易；

6.2.5 有限合伙人不得自营或者同他人合作经营与本合伙企业相竞争的业务；

6.2.6 有限合伙人不得将其在有限合伙企业中的财产份额出质；

6.2.7 有限合伙人不得向合伙人以外的人转让其在有限合伙企业中的财产份额，除非取得全体合伙人书面同意。

6.3 有限合伙人的行为约束

有限合伙人不执行本有限合伙企业的合伙事务，不得对外代表本有限合伙企业。任何有限合伙人均不得参与或试图参与管理或控制本有限合伙企业的投资业务及其他以本有限合伙企业名义进行的任何交易或业务，不得代表本有限合伙企业签署任何文件，亦不得从事其他对本有限合伙企业形成约束或限制的行为。

6.4 有限合伙人的陈述和保证

6.4.1 其系依据中国法律成立并有效存续的中国境内实体或其为具有完全民事行为能力的自然人并具有投资本合伙企业的风险识别能力和承受能力；

6.4.2 其签订本协议已按其内部程序做出有效决议并获得充分授权，在本协议上签字的人为其合法有效的代表；

6.4.3 其签订本协议并进行投资不会导致其违反法律、法规、规章以及其他规范性文件；不会违反公司章程和对其具有法律约束效力的任何合同、协议；

6.4.4 除按照本协议约定作为有限合伙人取得收益分配外，其不会利用其有限合伙人身份和地位谋取其他经济利益；

6.4.5 其系为自身的利益持有有限合伙权益，该等权益之上不存在委托、信托或代持等法律关系，并承诺在合伙企业存续期间该等情况不会发生变化；

6.4.6 其已获得普通合伙人此前向其提交的项目说明并仔细阅读了该等文件的内容，其理解参与本有限合伙企业可能承担的风险并有能力承担该等风险；

6.4.7 其系根据自己的独立意志判断决定参与本有限合伙企业，其认缴出资并不依赖于普通合伙人或管理团队提供的法律、投资、财务、税收等任何建议；

6.4.8 其已仔细阅读本协议并理解本协议条款之确切含义，协议不存在重大误解或显失公平情形，不存在加重对方义务或减轻己方义务的情形；

6.4.9 其缴付至有限合伙企业的出资来源合法，如果因上述资金违法并给有限合伙企业造成损失，其承诺无条件补偿给合伙企业；

6.4.10 其向有限合伙企业和普通合伙人提交的有关其主体资格和法律地位的信息真实、准确、完整。如该等资料或信息方式变化，其将尽早通知普通合伙人；

6.4.11 同意当合伙企业合理地要求确认其陈述和保证的准确性，或者普通合伙人合理要求其遵守合伙协议以及必须遵守相关法律法规时，提供相关的信息，并且履行和递交相关的文件。

6.5 有限合伙人的赔偿责任

6.5.1 有限合伙人违反上述承诺和保证事项的，将被普通合伙人认定为违约有限合伙人，违约有限合伙人除适用本协议相应条款约定的违约责任外，如因其违约行为给本合伙企业或者其他合伙人造成损失的，还应承担赔偿责任。

6.5.2 第三人有理由相信有限合伙人为普通合伙人并与其交易的，该有限合伙人对该笔交易承担与其被视为普通合伙人一样的责任。有限合伙人未经授权以有限合伙企业名义与他人进行交易，给有限合伙企业或者其他合伙人造成损失的，该有限合伙人应当承担赔偿责任。

第七章　合伙事务的管理执行

7.1 合伙企业管理人和管理方式

合伙企业由普通合伙人××担任执行事务合伙人，根据设立合伙企业之目的，且在不损害国家利益、公共利益以及第三方利益和有限合伙人利益的前提下执行合伙事务，进行合伙企业的日常经营管理，并对外代表合伙企业。执行事务合伙人有权以合伙企业之名义，在其自主判断为必须、必要、有利和方便的情况下，为合伙企业缔结合同及达成其他约定、承诺，管理及处分合伙企业之财产，以实现合伙企业之经营宗旨和设立目的。本合伙企业中有限合伙人不执行合伙事务，不得对外代表有限合伙企业。

管理方式：【××管理】

7.2 合伙人会议规定

7.2.1 合伙人会议和临时合伙人会议

合伙人会议分为年度合伙人会议和临时合伙人会议。

年度合伙人会议执行事务合伙人可视经营情况，每年不定期召开一次；临时会议由代表合伙企业实缴出资比例【2/3】以上财产份额的有限合伙人提议或执行事务合伙人提议方可召开。

7.2.2 会议决定事项

合伙人会议由执行事务合伙人负责召集并主持，会议讨论决定如下事项：

①改变合伙企业的名称；改变合伙企业的经营范围；

②决定有限合伙经营期限的延长；决定有项目投资期限的非正常提前终止；

③听取执行事务合伙人的年度经营报告，并提出投资战略方面的建议和意见；

④依据本合伙协议决定普通合伙人的除名并选举新的执行事务合伙人；

⑤有限合伙人向合伙企业以外的第三方转让财产份额。

合伙人会议不应讨论有限合伙潜在项目或其他与有限合伙事务执行有关的事项，并且有限合伙人不应违反法律的规定通过合伙人会议对有限合伙的管理及其他活动施加控制或影响。

7.2.3 会议通知

年度会议由执行事务合伙人经提前【20】日向有限合伙人发出会议通知而召集；临时会议由会议召集人提前【15】日通知执行事务合伙人并由其向全体合伙人发出会议通知而召集。会议通知包括会议召开时间、召开地点以及会议议程。合伙人会议应仅对会议通知的事项进行讨论和表决，不对会议通知之外的事项进行讨论和表决。单独或累计持有有限合伙财产份额（需已经为实缴出资份额）【1/2】以上的有限合伙人可以向执行事务合伙人或临时会议召集人提出会议提案，供合伙人会议进行表决。

7.2.4 会议召开方式

①合伙人会议可以采取现场会议、电话会议或通讯表决方式或以上方式相结合的方式进行，由会议召集人确定，并在会议通知中列明。合计持有实缴出资总额【2/3】及以上的合伙人参与会议方为有效会议并且才可召开。有限合伙人为自然人的，应本人亲自参加会议（委托他人的，需进行公证）；有限合伙人为法人或其他组织的，应由其授权代表持加盖公章的授权委托书亲自参加会议。

②以现场会议方式召开会议的，参加会议的合伙人应现场签署表决票或决议；以电话会议方式或通讯表决方式召开合伙人会议的，参加会议的合伙人亦应签署书面表决票或决议；但对于以电话会议方式或通讯表决方式进行表决的，如果普通合伙人认为必要，可以要求参加表决的合伙人对其签署的书面表决票进行公证或认证。

③采取现场会议与电话会议或通讯表决方式相结合的方式召开合伙人会议的，对到现场参加会议的合伙人和未到现场参加会议的合伙人，分别适用前述规定。未到现场参加会议的合伙人的表决票最晚应当在合伙人会议召开的通知上载明的会议表决日后的【5】日内以书面形式提交给合伙企业（如邮寄则以发出的邮戳日期为准）。上述期限内合伙人未以书面形式进行提交或未按期进行提交或提交的表决票未按普通合伙人的要求进行公证或认证的，视为弃权。

7.2.5 会议表决

合伙人会议决定事项由合计持有有限合伙企业实缴出资总额【2/3】及以上的合伙人通过方可作出决议，但法律另有规定或本协议另有约定的除外。

第八章　合伙企业的投资

8.1. 基金投资目标、范围、策略和限制

8.1.1 投资目标

密切跟踪经济动向，挖掘中国经济发展过程中所蕴含的机会，追求基金财产在存续期限内的稳健增值。在各方共赢情况下实现投资者利益最大化。

8.1.2 投资范围

××

8.1.3 投资运作方式

××

8.1.4 投资限制

基金财产不得用于下列投资或活动：

①承销证券；

②从事承担无限责任的投资；

③买卖其他基金份额，但是国务院另有规定的除外；

④向基金管理人、基金托管人出资；

⑤买卖与其基金管理人、基金托管人有控股关系的股东或者与其基金管理人、基金托管人有其他重大利害关系的公司发行的证券或者承销期内承销的证券；

⑥从事内幕交易、操纵证券交易价格及其他不正当的证券交易活动；

⑦依照法律、行政法规有关规定，由国务院证券监督管理机构规定禁止的其他活动。

8.1.5 投资决策程序

本企业进行投资时，原则上应按以下程序进行：

①投资项目的初步筛选、初步评估；

②对投资项目进行初步尽调和初步分析（可研）；

③经投资决策委员会初步审核后，开展进一步尽职调查和可行性分析；

④投资决策委员会表决通过，对投资项目进行投资；在该投资发生重大事件时，对投资方案和该项目管理计划作出实质性改变；以及退出投资。

8.6 关联方认定标准及关联方投资回避制度

8.6.1 关联方是指一方控制（直接或间接）、共同控制（直接或间接）另一方或对另一方施加重大影响（直接或间接），以及两方或两方以上同受一方控制（直接或间接）、共同控制（直接或间接）或重大影响（直接或间接）的主体。

8.6.2 如果发生不属于投资方案和投资策略中的关联交易（如果关联交易作为本合伙企业投资方案和投资策略的一部分的，不属于关联交易，包括但不限于与其他关联方管理的基金共同进行平行投资或共同投资、对其他关联方管理的基金进行投资、其他关联方管理的基金对本合伙企业进行投资、聘请关联方作为咨询服务机构以收取有关费用），应经过有限合伙人同意。

8.7 投后监管事宜

8.7.1 持续监控

普通合伙人应在投资完成后，对被投资企业和被投资项目进行持续性监控和监督，维护合伙企业作为投资方的合法的权益和诉求，努力防止被投资企业和被投资项目出现损害合伙企业利益的行为。

8.7.2 风险防范

普通合伙人应按照采取综合性的管控措施，依据合伙企业或指定投资主体按照与被投资方签署的投资协议的有关内容，落实有关风险防范的手续和措施，最大限度的维护合伙企业的合法权益。

8.7.3 投资退出

按照合伙企业与被投资方签署的投资文件的相关约定进行退出。

8.7.4 所投资标的的担保措施、举债及担保限制等

按照合伙企业与被投资方签署的投资文件的相关约定执行。

第九章　有限合伙企业费用

9.1 运营费用

有限合伙企业应承担与本企业的设立、运营、解散、清算等相关下列费用，费用根据实际发生额支付，并均由本合伙企业承担：

①合伙企业设立登记费用、变更登记费用、清算费用、注销登记费用；合伙企业在新合伙人入伙时的募集费用、运营费用、交易费用；

②合伙企业聘请专家及中介机构的购买服务费用，包括但不限于聘请法律顾问、财务顾问、税务顾问、审计顾问、评估顾问、管理顾问等；

③支付给资产受托管理人的委托管理费用；支付给资金托管机构的资金托管费用；支付给其他签约机构的服务费用；

④政府部门对本合伙企业、其收益或资产、商业交易收取的税费及其他费用；

⑤合伙企业诉讼费和仲裁费以及律师费、鉴定、评估、公告、保全、拍卖等费用；

⑥其他与合伙企业运作相关并应由有限合伙企业支付的其他合理费用。

9.2 管理费用

9.2.1 管理费用

本合伙企业应根据本协议规定向普通合伙人支付管理费，作为普通合伙人执行合伙事务的报酬。

9.2.2 管理费用的计取数额、支付时间

作为普通合伙人对有限合伙企业提供管理及其他服务的对价，各有限合伙人同意有限合伙企业在其经营期间应按下列规定向普通合伙人支付管理费用。

①投资期内有限合伙企业应每年向普通合伙人支付相当于有限合伙企业总认缴出资额××的管理费。如果本企业存续期限或投资期限延长，则延长存续期内每年管理费为认缴出资总额的××。

②管理费【每年/每365日】支付一次，第一年的管理费应在合伙企业成立之日【五】日内支付完毕；以后在每年同一日支付完毕。

③在有限合伙企业后续募集时并在接纳新的有限合伙人入伙或现有有限合伙人追加出资的情况下，普通合伙人对新增的认缴出资额追加收取管理费。

9.2.3 浮动管理费（业绩报酬）计提原则和支付时间

【无】

9.3 管理费的使用

管理费由普通合伙人自由支配，包括但不仅限于：

①管理团队的人事开支，包括工资、奖金、保险和福利等费用；

②办公场所租金、物业管理费、水电费、通讯费、办公设施等费用；

③在持有、运营、出售企业或项目投资期间发生的差旅费；

④普通合伙人的其他日常运营经费。

9.4 托管费用

依据普通合伙人与基金托管人签订的托管合同而定并按照托管合同进行支付。

具体支付方式如下：××

9.5 其他费用

因投资运作所发生的费用，以普通合伙人签署相关协议确定为准。上述费用由合伙财产承担，按照实际发生金额从基金财产中支付。如果合伙财产不足以支付当期费用的，普通合伙人可以自有财产先行垫付当期费用；如果

普通合伙人以自有财产先行垫付基金费用的，普通合伙人有权从基金财产中优先受偿。

9.6 不列入合伙企业费用的项目

普通合伙人因未履行或未完全履行义务导致的费用支出或合伙企业财产的损失，以及处理与合伙企业运作无关的事项发生的费用等不得列入合伙企业的费用。

第十章　利润分配、亏损分担方式

10.1 投资资金和利润分配的原则

10.1.1 投资资金和利润分配基础和比例

合伙企业投资收回后原则上不再进行新的项目投资（即循环滚动投资）。合伙人的投资收益（即合伙企业取得的可分配利润）采取单项目独立核算的方式计算（但普通合伙人认为可以更好的增加有限合伙人投资利益的情形除外），合伙人的投资资金和收益（即从合伙企业取得的可分配利润）待投资项目退出或合伙企业清算后以实缴出资额为基础并按照各方实缴出资比例进行分配。

10.1.2 不当诉求禁止

在合伙人退伙、转让合伙企业中的财产份额或减少出资额后，该合伙人不得以有限合伙企业尚未办理完毕工商变更登记为由，而要求有限合伙企业向其支付任何权益（在合伙人退伙、转让合伙企业中的财产份额的情况下）或向有限合伙企业主张任何已经减资部分的权益（在减少出资额的情况下），有限合伙企业亦无支付的义务。

10.2 税费承担

在合伙企业存续期内，本合伙企业将依据有关法律、法规、规章以及其他规范性文件的规定代扣代缴各方合伙人的所得税以及其他税费。当法律、行政法规及部门规章有其他规定的，按照有关规定办理。

10.3 投资利润分配的形式

10.3.1 货币形式

合伙企业的财产和投资利润分配原则上以货币形式进行分配或以全体合伙人共同认可的其他形式进行。

10.3.2 非货币形式

在有限合伙企业清算之前，普通合伙人应尽其最大努力将有限合伙企业的投资变现、避免以非现金方式进行分配；但如普通合伙人自行判断认为非现金分配更符合全体合伙人的利益并经合伙人会议表决通过，可以非现金方式进行分配。

10.3.3 若有限合伙企业进行非现金分配，普通合伙人应负责协助各合伙人办理所分配资产的转让登记手续，并协助各合伙人根据相关法律、法规履行受让该等资产所涉及的信息披露义务。如果政府主管部门要求有限合伙人必须为该转让登记亲自签署相关法律文件的，有限合伙人应无条件按普通合伙人的指示签署相关转移登记所需法律文件。

10.4 投资资金和投资利润分配的前提和时间

受制于《合伙企业法》、本合伙协议的规定，在合伙人已经按照本合伙协议约定实际缴付出资（应到达合伙企业指定账户）和按照法律、法规的规定扣除有限合伙企业应支付的各项费用和其他法定支出的前提下，并在对企业投资进行清算后的【15】个工作日内，有限合伙企业将投资资金和投资利润按约定的分配原则、分配比例和分配顺序派发给全体合伙人。

10.5 亏损的分担

有限合伙企业亏损但仍有企业资产时，有限合伙人按其应缴的出资比例分担亏损；当有限合伙企业亏损并且企业仅存负债时，各合伙人按照合伙企业法的规定分担相应的责任。

第十一章　合伙财产份额的转让

11.1 有限合伙人财产份额转让

11.1.1 通知

在全体合伙人书面同意并且在退伙人提前【30】日通知全体合伙人的前提下，有限合伙人可以全部或部分转让其财产份额，但转让需按照本合伙协议规定的程序进行。不符合本协议规定之财产份额转让可能导致普通合伙人认定该转让方为违约合伙人并要求其承担违约责任。

11.1.2 有效申请

拟转让其持有的全部或部分财产份额的有限合伙人（“转让方”）应向普通合伙人提交转让申请。当以下条件全部满足时，该转让申请方为“有效申请”：

①财产份额转让不会导致有限合伙企业违反《合伙企业法》或其他有关法律、法规、规章以及其他规范性文件的规定；或由于转让导致有限合伙企业的经营活动受到限制/影响；或该权益转让不会导致转让方对本协议的违反；

②受让方已向普通合伙人签署并提交关于其同意受本协议约束及将遵守本协议约定、承继转让方本协议项下全部义务的承诺函以及普通合伙人认为适宜要求的其他文件、证件及信息；

③受让方已书面承诺承担因财产份额转让引起的有限合伙企业及普通合伙人发生的所有费用以及连带承担转让方原来和现在违反本协议所应承担的责任以及应该支付的费用和利息；

④如果转让方存在违反法律、法规的规定或违反合伙协议的约定的行为，其违约行为已经处理完毕，应支付给合伙企业的违约金已经支付，对合伙企业已经造成的损失已经赔偿；

⑤转让方转让的财产份额不存在任何争议或纠纷或权利约束。受让方应具备本合伙企业设立目的所要求的有关资格或条件。

若普通合伙人根据其独立判断认为拟议中的转让符合有限合伙企业的最大利益，则可决定放弃本条规定的全部或部分条件，认可一项有关有限合伙权益转让的申请为“有效申请”。

11.1.3 独立决定

当一项有关有限合伙权益转让的申请成为有效申请时，普通合伙人有权并且独立做出同意或不同意的决定且无须说明任何理由。但有限合伙人因法律调整必须退出本有限合伙企业而转让有限合伙权益，普通合伙人原则上应予同意。

11.1.4 购买顺序

对于全体合伙人同意转让的有限合伙权益，同等条件下普通合伙人有权指定第三方作为第一顺序优先受让，转让方以外的其他守约合伙人有权第二顺序优先受让。如普通合伙人放弃第一顺序优先受让权，其应向全体有限合伙人发出书面通知，该等书面通知发出后【10】日内其他守约合伙人有权经书面通知普通合伙人行使优先受让权；如果多人愿意受让，行使优先受让权的守约合伙人之间根据其认缴出资数额按比例确定受让份额；上述【30】日期限内守约合伙人未行使优先受让权的，转让方可向拟议受让方转让并需受制于本协议约定的条款。

11.2 普通合伙人财产份额转让

11.2.1 除依照本协议之明确规定进行的转让，普通合伙人不应以其他任何方式转让其在有限合伙企业当中的任何财产份额。

11.2.2 如普通合伙人出现其被宣告破产、被吊销营业执照之法律规定当然退伙的情形，为使有限合伙企业存续而确需转让其财产份额，且在受让人承诺承担原普通合伙人之全部责任和义务的前提下，普通合伙人方可转让，否则有限合伙企业进入清算程序。

11.2.3 普通合伙人有权将其持有的有限合伙财产份额转让给其关联方（必须具备管理该有限合伙的能力或资格）而不用经过全体合伙人同意并且其他有限合伙人承诺放弃优先购买权；如普通合伙人将其持有的有限合伙财产份额转让给非关联方，则必须经全体合伙人书面同意。

11.2.4 若根据本协议的规定有限合伙企业决定将原普通合伙人强制除名并全体有限合伙人一致决定接纳新的普通合伙人，则原普通合伙人应向新的普通合伙人转让其持有的全部有限合伙权益，转让价格应经普通合伙人及受让方均接受的独立第三方进行评估确定或双方协商确定。

11.3 财产份额转让后责任

合伙人以外的人依法受让合伙人在合伙企业中的财产份额的，经修改合伙协议并进行工商变更后即成为合伙企业的合伙人，依照《合伙企业法》和修改后的合伙协议享有权利，履行义务、承担责任。

第十二章 资金托管

12.1 资金银行托管

有限合伙企业委托××商业银行（“托管机构”）对有限合伙企业账户内的全部现金实施托管，全体合伙人同意委托普通合伙人全权选择托管机构并签署资金托管协议。有限合伙企业发生任何现金支出时，均应遵守与托管人之间的托管协议规定的以及法律法规规定的程序。有关有限合伙企业与托管机构的权利、义务、责任关系以双方签署的资金托管协议为准。

第十三章　退伙与入伙

13.1 自愿退伙

在合伙企业约定的存续期间，有《合伙企业法》规定的如下情形之一的，普通合伙人或有限合伙人可以退伙：

13.1.1 合伙协议约定的退伙事由出现；

13.1.2 经全体合伙人一致同意；

13.1.3 发生合伙人难以继续参加合伙的事由；

13.1.4 达到合伙协议约定的可以退伙时间；

13.1.5 其他合伙人严重违反合伙协议约定的义务。

如合伙人违反该条款规定退伙，并给合伙企业造成损失的，应当赔偿由此给合伙企业造成的直接和间接损失。

13.2 法定退伙

13.2.1 普通合伙人有如下列情形之一的，当然退伙：

13.2.1.1 作为普通合伙人的法人或者其他组织依法被吊销营业执照、责令关闭、撤销，或者被宣告破产；

13.2.1.2 法律规定或者合伙协议约定合伙人必须具有相关资格而丧失该资格；

13.2.1.3 普通合伙人在合伙企业中的全部财产份额被人民法院强制执行。

13.2.2 有限合伙人有如下列情形之一的，当然退伙：

13.2.2.1 作为有限合伙人的自然人死亡；

13.2.2.2 作为有限合伙人的法人或者其他组织依法被吊销营业执照、责令关闭、撤销，或者被宣告破产；

13.2.2.3 法律规定或者合伙协议约定有限合伙人必须具有相关资格而丧失该资格；

13.2.2.4 有限合伙人在合伙企业中的全部财产份额被人民法院强制执行。

作为有限合伙人的自然人在有限合伙企业存续期间丧失民事行为能力的，其他合伙人不得因此要求其退伙。作为有限合伙人的自然人死亡、被依法宣告死亡或者作为有限合伙人的法人及其他组织终止时，其继承人或者权利承受人可以自动依法取得该有限合伙人在有限合伙企业中的资格。但如果上述继承人或者权利承受人出现：（一）继承人不愿意成为合伙人；（二）法律规定或者合伙协议约定合伙人必须具有相关资格，而该继承人未取得该资格；（三）合伙协议约定不能成为有限合伙人的其他情形的；则有限合伙企业应当向有限合伙人的继承人按照本合伙协议的约定退还被继承合伙人的财产份额及其应得权益。

13.3 除名退伙

合伙人有如下情形之一的，经其他合伙人一致同意，可以决议将其除名：

13.3.1 未按照约定履行出资义务；

13.3.2 因故意或者重大过失给合伙企业造成损失；

13.3.3 执行合伙事务时有不正当行为；

13.3.4 发生合伙协议约定的其他事由。

对合伙人的除名决议应当书面通知被除名人。被除名人接到除名通知之日，除名生效，被除名人退伙并应按照法律规定履行相关手续。被除名人对除名决议有异议的，可以自接到除名通知之日起【30】日内，向人民法院起诉。

13.4 退伙结算

合伙人退伙，合伙企业应当与该退伙人按照退伙时的合伙企业财产状况进行结算，并以实缴出资额为基础按照本协议第十章约定的投资资金和利润分配原则退还退伙人的财产份额以及其他应得利益。退伙人对给合伙企业造成的损失负有赔偿责任的，相应扣减其应当赔偿的数额。退伙时有未了结的合伙企业事务的，待该事务了结后进行结算。退伙人在合伙企业中财产份额的退还形式，可以退还货币，也可以退还实物。

13.5 债务承担

普通合伙人退伙后，对基于其退伙前的原因发生的合伙企业债务，承担无限连带责任；有限合伙人退伙后，对基于其退伙前的原因发生的有限合伙企业债务，以其退伙时从有限合伙企业中取回的财产承担责任。合伙人退伙时，合伙企业财产少于合伙企业债务的，退伙人应当按照合伙人认缴出资比例分担亏损。

13.6 普通合伙人和有限合伙人的转化

经全体合伙人一致同意，有限合伙人可以转变为普通合伙人，普通合伙人也可以转化为有限合伙人。有限合伙人转变为普通合伙人的，对其作为有限合伙人期间有限合伙企业发生的债务承担无限连带责任。普通合伙人转变为有限合伙人的，对其作为普通合伙人期间合伙企业发生的债务承担无限连带责任。

13.7 新人入伙和增加出资（合称后续募集）

13.7.1 普通合伙人依本条获得全体有限合伙人和合伙企业的授权，在有限合伙企业成立后有权自行独立决定向现有有限合伙人（增资）或新的有限合伙人（入伙）进行一次或数次后续募集。

13.7.2 后续有限合伙人（增资的有限合伙人和新入伙的有限合伙人）应满足并受制于如下条件：

①新的有限合伙人经普通合伙人批准入伙或普通合伙人同意现有有限合伙人增加认缴有限合伙企业出资额；

②以普通合伙人认为使其成为后续有限合伙人生效所必需的行为为限，该后续有限合伙人应履行相关协议或采取其他行动，包括但不限于签署并履行《入伙申请书》《入伙协议书》《有限合伙协议》《出资确认书》或相关其他追加认缴出资的法律文件；

(3) 新的有限合伙人或增加认缴出资的有限合伙人已签署书面文件确认其同意受本合伙协议约束并基于其认缴出资额履行本协议约定的有关义务；并同意按照法律、法规、规章以及其他规范性文件的规定履行法定义务；

④该加入合伙企业的行为不应违反任何法律、法规和本协议的规定。

13.7.3 普通合伙人根据本条规定进行后续募集时，可独立的、不受干扰的决定接纳新的有限合伙人入伙或接受现有有限合伙人增加认缴有限合伙出资，并有权代表有限合伙企业签署与后续募集相关的文件。

13.7.4 后续募集的有限合伙人应分担合伙企业已经发生的成本和费用。同时，后续募集的有限合伙人应以其实际出资之日为投资起始日折算其应分配的合伙企业财产权益；对于后续募集的有限合伙人实际出资之日之前的，原已经入伙的合伙人已分配的合伙企业财产权益，后续募集的有限合伙人不不享有分配权利。

第十四章　财务会计制度与信息披露制度

14.1 会计核算

14.1.1 本合伙企业的会计年度为公历年度的 1 月 1 日至 12 月 31 日。合伙企业核算以人民币为记账本位币，以人民币元为记账单位。会计核算制度执行国家有关会计制度。

14.1.2 合伙企业应独立建账、独立核算；普通合伙人应保留完整的会计账目、凭证并进行日常的会计核算，编制会计报表；托管人应定期与普通合伙人就合伙企业的会计核算、报表编制等进行核对。

14.1.3 如法律、法规以及其他规范性文件要求合伙企业财务信息必须经审计的，合伙企业必须将有关财务状况进行审计。

14.2 信息披露

本合伙企业的信息披露将严格按照法律法规和本协议的规定进行。

14.2.1 季度报告

合伙企业运行期间，普通合伙人应当在每季度结束之日起【10】个工作日以内向有限合伙人披露合伙企业主要财务指标以及投资组合情况等信息。

14.2.2 年度报告

普通合伙人应当在每年结束之日起【4】个月以内向有限合伙人披露以下信息：

1）报告期末合伙企业财务信息和合伙企业份额总额；

2）合伙企业的财务情况；

3）合伙企业投资运作情况和运用杠杆情况；

4）有限合伙人账户信息，包括实缴出资额、未缴出资额以及报告期末所持有合伙企业份额总额等；

5）投资收益分配和损失承担情况；

6）普通合伙人取得的管理费和业绩报酬，包括计提基准、计提方式和支付方式；

7）可能存在的利益冲突、关联交易以及可能影响有限合伙人合法权益的其他重大信息。

14.3 发生以下重大事项的，合伙企业管理人应当及时向有限合伙人披露：

1）合伙企业名称、注册地址、组织形式发生变更的；

2）投资范围和投资策略发生重大变化的；

3）变更合伙普通合伙人或托管人的；

4）管理人的法定代表人、执行事务合伙人（委派代表）、实际控制人发生变更的；

5）管理费率、托管费率发生变化的；

6）合伙企业收益分配事项发生变更的；

7）合伙企业触发巨额减资的；

8）合伙企业存续期变更或展期的；

9）合伙企业发生清盘或清算的；

10）发生重大关联交易事项的；

11）合伙企业管理人、实际控制人、高管人员涉嫌重大违法违规行为或正在接受监管部门或自律管理部门调查的；

12）涉及合伙企业管理业务、合伙企业财产、合伙企业托管业务的重大诉讼、仲裁；

13）合伙企业合同约定的影响有限合伙人利益的其他重大事项。

14.4 信息披露方式

合伙企业普通合伙人向有限合伙人提供的报告，可以通过网站、邮寄、传真或电子邮件等任何一种方式进行。有限合伙人通过销售机构认购，普通合伙人向销售机构送达报告视同向有限合伙人送达完成。合伙企业有限合伙人信息及联系方式以本协议约定为准。

14.5 信息披露文件的存放与查阅

合伙企业定期报告公布后，应当分别置备于合伙企业的场所，供公众查阅、复制。

14.6 信息备份

全体有限合伙人同意普通合伙人或其他信息披露义务人应当按照中国证券基金业协会的规定对合伙企业信息披露信息进行备份。

第十五章　合伙企业的解散与清算

15.1 本企业有下列情形之一的，应当解散

①合伙期限届满，合伙人决定不再经营；

②本协议约定的解散事由出现；

③全体合伙人决定解散；

④合伙人已不具备法定人数满【30】日；

⑤本协议约定的合伙目的已经实现或者无法实现；

⑥依法被吊销营业执照、责令关闭或者被撤销；

⑦法律、行政法规规定的其他原因。

15.2 清算人

本企业解散，应当由清算人进行清算。清算人由全体合伙人担任；经全体合伙人过半数同意，可以自本企业解散事由出现后【15】日内指定一个或者数个合伙人，或者委托第三人，担任清算人；自本企业解散事由出现之日起【15】日内未确定清算人的，合伙人或者其他利害关系人可以申请人民法院指定清算人。

全体合伙人在此同意并确认，当企业解散时，由普通合伙人担任清算人。

15.3 清算人在清算期间执行下列事务

①清理本企业财产，分别编制资产负债表和财产清单；

②处理与清算有关的本企业未了结事务；

③清缴所欠税款；

④清理债权、债务；

⑤处理本企业清偿债务后的剩余财产；

⑥代表本企业参加诉讼或者仲裁活动。

15.4 清算公告

清算人自被确定之日起【10】日内将合伙企业解散事项通知债权人，并于【60】日内在报纸上公告。债权人应当自接到通知书之日起【30】日内，未接到通知书的自公告之日起【45】日内，向清算人申报债权。债权人申报债权，应当说明债权的有关事项，并提供证明材料。清算人应当对债权进行登记。清算期间，合伙企业存续，但不得开展与清算无关的经营活动。

15.5 清算分配

本企业财产在支付清算费用和职工工资、社会保险费用、法定补偿金以及缴纳所欠税款、清偿债务后的剩余财产，按照本协议第九章约定的投资资金和利润分配原则进行分配。

15.6 企业注销登记

清算结束，清算人应当编制清算报告，经全体合伙人签名、盖章后在【15】日内向企业登记机关报送清算报告，申请办理本企业注销登记。

第十六章　违约责任、法律适用、争议解决

16.1 违约责任

除本协议另有规定或协议各方另有约定外，任何一方违反本协议给本企

业或其他协议方造成损失，均应承担相应的赔偿责任。

16.2 法律适用和争议解决

本协议的解释与适用遵循中华人民共和国法律、法规、规章以及其他规范性文件。

合伙人之间履行合伙协议发生争议的，合伙人可以通过协商或者调解解决；不愿通过协商、调解解决或者协商、调解不成的，可以依法向本协议签署地人民法院提起诉讼。

第十七章　其他事项

17.1 通知

任何根据本协议要求发出的通知或通讯应以中文书写，并经专人、挂号信、电子邮件或传真送至下列地址。通知被视为实际有效做出的日期应以下列方法确定：

①专人交付的通知，应被视为在专人交付之日送达；

②挂号信发出的通知，应被视为在该等通知被投邮之日送达，如该日不是工作日，则应被视为在其顺延的下一个工作日被送达；

③电子邮件或传真发出的通知，应被视为在该等通知成功发送时送达。

17.2 保密信息

除有关法律、行政法规、政府机构或其他监管机构要求的披露外，在未获得其他方同意的情况下，本协议中的任何一方不得将本协议的内容及有关保密信息向任何第三方（双方的股东、法律顾问、财务顾问除外）披露。上述保密信息包括在洽商投资事宜期间一方从对其他方获得的有关其他方及所投资公司的经营状况、市场和财务数据、合作伙伴、商业运作模式及其他不宜对外公开的信息。

17.3 部分无效

本协议下的任何条款的无效或不可强制执行不应影响或损害本协议其他条款的效力和可执行性。如本协议任何条款被有权机关认定为无效或不可强制执行，本协议双方应当停止执行该无效或不可强制执行的条款，并尽快进行协商确定替代性的条款。

17.4 一致性

当合伙协议的内容与合伙人之间的其他协议或文件内容相冲突的，以合伙协议为准。若合伙协议有多个版本且内容相冲突的，以在中国基金业协会备案的版本为准。

15.7 信息备份

全体合伙人同意普通合伙人应当按照中国基金业协会的规定办理全体合伙人数据的备份。

17.6 报送披露信息

全体合伙人同意普通合伙人或其他信息披露义务人应当按照中国基金业协会的规定对合伙企业信息披露信息进行备份。

17.7 不可抗力

“不可抗力”指在本协议签署时或签署后发生的不能预见、不能避免并不能克服的所有事件。上述事件包括地震、台风、水灾、火灾、战争、重大法律变更或政策调整。如果发生不可抗力事件并影响一方履行其在本合同项下的义务，宣称发生不可抗力的一方应迅速书面通知另一方，并在其后的【15】日内提供证明不可抗力发生及其持续的充分证据。不可抗力的法律责任按照有关法律规定执行。

17.8 协议修改或变更

经协商一致，协议可以变更或修改本协议。对本协议的变更或修改应以书面形式作出，并经协议各方或授权代表签署方为有效。

17.9 协议生效

本协议经合伙人签字或盖章后生效。

【以下无正文】

【本页为《××（有限合伙）合伙协议》签署页】

普通合伙人：××有限公司

法定代表人：××

时间：××年××月××日

有限合伙人：××

时间：××年××月××日

3. 公司型私募地产投资基金合同

(24) 示范文本：中国证券投资基金业协会公司型私募投资基金合同

私募投资基金合同指引 2 号

（公司章程必备条款指引）

一、根据《证券投资基金法》（以下简称《基金法》）《公司法》《公司登记管理条例》《私募投资基金监督管理暂行办法》（以下简称《私募办法》）《私募投资基金管理人登记和基金备案办法（试行）》（以下简称《登记备案办法》）及其他相关规定，制定本指引。

二、私募投资基金管理人通过有限责任公司或股份有限公司形式募集设立私募投资基金的，应当按照本指引制定公司章程。章程中应当载明本指引规定的必备条款，本指引必备条款未尽事宜，可以参考私募投资基金合同指引 1 号的相关内容。投资者签署的公司章程应当满足相关法律、法规对公司章程的法定基本要求。

三、本指引所称公司型基金是指投资者依据《公司法》，通过出资形成一个独立的公司法人实体（以下简称公司），由公司自行或者通过委托专门的基金管理人机构进行管理的私募投资基金。公司型基金的投资者既是基金份额持有者又是公司股东，按照公司章程行使相应权利、承担相应义务和责任。

四、私募投资基金管理人及私募投资基金投资者应在公司章程首页用加粗字体进行如下声明与承诺，包括但不限于：

私募投资基金管理人保证在募集资金前已在中国基金业协会登记为私募投资基金管理人，并列明管理人登记编码。私募投资基金管理人应当向投资者进一步声明，中国基金业协会为私募投资基金管理人和私募投资基金办理登记备案不构成对私募投资基金管理人投资能力、持续合规情况的认可；不作为对基金财产安全的保证。私募投资基金管理人保证已在签订本合同前揭示了相关风险；已经了解私募投资基金投资者的风险偏好、风险认知能力和承受能力。私募投资基金管理人承诺按照恪尽职守、诚实信用、谨慎勤勉的原则管理运用基金财产，不对基金活动的盈利性和最低收益作出承诺。

私募投资基金投资者声明其为符合《私募办法》规定的合格投资者，保证财产的来源及用途符合国家有关规定，并已充分理解本合同条款，了解相关权利义务，了解有关法律法规及所投资基金的风险收益特征，愿意承担相应的投资风险；私募投资基金投资者承诺其向私募投资基金管理人提供的有关投资目的、投资偏好、投资限制、财产收入情况和风险承受能力等基本情况真实、完整、准确、合法，不存在任何重大遗漏或误导。

五、公司型基金的章程应当具备如下条款：

（一）【基本情况】章程应列明公司的基本信息，包括但不限于公司的名称、住所、注册资本、存续期限、经营范围（应含有“基金管理”“投资管理”“资产管理”“股权投资”“创业投资”等能体现私募投资基金性质的字样）、股东姓名/名称、住所、法定代表人等，同时可以对变更该等信息的条件作出说明。

（二）【股东出资】章程应列明股东的出资方式、数额、比例和缴付期限。

（三）【股东的权利义务】章程应列明股东的基本权利、义务及股东行使知情权的具体方式。

（四）【入股、退股及转让】章程应列明股东增资、减资、入股、退股及股权转让的条件及程序。

（五）【股东（大）会】章程应列明股东（大）会的职权、召集程序及议事规则等。

（六）【高级管理人员】章程应列明董事会或执行董事、监事（会）及其他高级管理人员的产生办法、职权、召集程序、任期及议事规则等。

（七）【投资事项】章程应列明本公司型基金的投资范围、投资策略、投资运作方式、投资限制、投资决策程序、关联方认定标准及对关联方投资的回避制度、投资后对被投资企业的持续监控、投资风险防范、投资退出等。

（八）【管理方式】公司型基金可以采取自我管理，也可以委托其他私募投资基金管理机构管理。采取自我管理方式的，章程中应当明确管理架构和投资决策程序；采取委托管理方式的，章程中应当明确管理人的名称，并列名管理人的权限及管理费的计算和支付方式。

（九）【托管事项】公司财产进行托管的，应在章程中明确托管机构的名称或明确全体股东在托管事宜上对董事会/执行董事的授权范围，包括但不限于挑选托管人、签署托管协议等。

（十）公司全体股东一致同意不托管的，应在章程中明确约定本公司型基金不进行托管，并明确保障投资基金财产安全的制度措施和纠纷解决机制。

（十一）【利润分配及亏损分担】章程应列明公司的利润分配和亏损分担原则及执行方式。

（十二）【税务承担】章程应列明公司的税务承担事项。

（十三）【费用和支出】章程应列明公司承担的有关费用（包括税费）、受托管理人和托管机构报酬的标准及计提方式。

（十四）【财务会计制度】章程应对公司的财务会计制度作出规定，包括记账、会计年度、经会计师事务所审计的年度财务报告、公司年度投资运作基本情况及重大事件报告的编制与提交、查阅会计账簿的条件等。

（十五）【信息披露制度】章程应对本公司型基金信息披露的内容、方式、频度等内容作出规定。

（十六）【终止、解散及清算】章程应列明公司的终止、解散事由及清算程序。

（十七）【章程的修订】章程应列明章程的修订事由及程序。

（十八）【一致性】章程应明确规定当章程的内容与股东之间的出资协议或其他文件内容相冲突的，以章程为准。若章程有多个版本且内容相冲突的，以在中国基金业协会备案的版本为准。

（十九）【份额信息备份】订明全体股东同意私募投资基金管理人、份额登记机构或其他份额登记义务人应当按照中国基金业协会的规定办理基金份额登记（公司股东）数据的备份。

（二十）【报送披露信息】订明全体股东同意私募投资基金管理人或其他信息披露义务人应当按照中国基金业协会的规定对基金信息披露信息进行备份。

六、本指引由中国基金业协会负责解释，自2016年7月15日起施行。

(25) 示范文本：现实版公司型私募投资基金合同

××私募地产投资基金基金合同

私募投资基金管理人保证在募集资金前已在中国基金业协会登记为私募投资基金管理人，管理人登记编码【××】。私募投资基金管理人应当向投资者进一步声明，中国基金业协会为私募投资基金管理人和私募投资基金办理登记备案不构成对私募投资基金管理人投资能力、持续合规情况的认可；不作为对基金财产安全的保证。私募投资基金管理人保证已在签订本协议前揭示了相关风险；已经了解私募投资基金投资者的风险偏好、风险认知能力和承受能力。私募投资基金管理人承诺按照恪尽职守、诚实信用、谨慎勤勉的原则管理运用基金财产，不对基金活动的盈利性和最低收益作出承诺。

私募投资基金投资者声明其为符合《私募投资基金监督管理暂行办法》规定的合格投资者，保证财产的来源及用途符合国家有关规定，并已充分理解本合同条款，了解相关权利义务，了解有关法律法规及所投资基金的风险收益特征，愿意承担相应的投资风险；私募投资基金投资者承诺其向私募投资基金管理人提供的有关投资目的、投资偏好、投资限制、财产收入情况和风险承受能力等基本情况真实、完整、准确、合法，不存在任何重大遗漏或误导。

××有限公司章程

第一章　总　　则

第一条　本章程依据《中华人民共和国公司法》（以下简称《公司法》）及有关法律、行政法规制定。

第二条　本章程条款如与国家法律、法规相抵触的，以国家法律、法规为准。

第三条　公司类型：有限责任公司。

第二章　公司名称和住所

第四条　公司名称为：××有限公司（以下简称“公司”）。

第五条　公司住所：××市××区××路××号××房。邮政编码：××。

第三章　公司经营范围与经营期限

第六条　公司经营范围：××。

公司的营业期限××年，自公司营业执照签发之日起计算。

第四章　公司注册资本

第七条　公司注册资本为人民币××元。

第五章　股东姓名（或名称）

第八条　公司股东共【2】个，分别是：

1. 名称：××（以下简称“××”），住所：××，营业执照注册号为：××。

2. 名称：××（以下简称“××”），住所：××，营业执照注册号为：××。

第六章　股东的出资方式、出资额和出资时间

第九条　股东的出资方式、出资额和出资时间：

1. 名称：××，以货币方式出资××元，占公司注册资本××；出资时间：××年××月××日前缴足。

2. 名称：××，以货币方式出资××元，占公司注册资本××；出资时间：××年××月××日前缴足。

第七章　股东的权利和义务

第十条　股东享有下列权利：

（一）依法享有资产收益、参与重大决策和选择管理者等权利；

（二）要求公司为其签发出资证明书，并将姓名（或名称）、住所、出资额及出资证明书编号记载于股东名册上；

（三）按照实缴的出资比例分取红利；

（四）公司新增资本时，原股东可以优先认缴出资，按照增资前各自实缴出资比例认缴新增出资；

（五）按有关规定转让和抵押所持有的公司股权；

（六）对公司的业务、经营和财务管理工作进行监督，提出建议或质询。有权查阅、复制公司章程、股东会会议记录和财务会计报告；

（七）在公司办理清算完毕后，按照实缴出资比例分享剩余资产；

（八）公司法以及其他法律规定的权利。

第十一条 股东履行下列义务：

（一）以其认缴的出资额为限对公司承担责任；

（二）应当按期足额缴纳公司章程中规定的各自所认缴的出资额；以货币出资的，应当将货币出资足额存入公司在银行开设的账户；以非货币财产出资的，应当依法办理其财产权转移到公司名下的手续；

（三）不按认缴期限出资或者不按规定认缴金额出资的，应向已按期足额缴纳出资的股东承担违约责任；

（四）公司经工商行政管理机关依法登记注册后，股东不得抽逃出资或变相抽逃出资，损害公司利益；

（五）遵守公司章程，保守公司秘密；

（六）支持公司的经营管理，提出合理化建议，促进公司业务发展；

（七）公司法以及其他法律规定的义务。

第八章 公司的股权转让以及增资、减资

第十二条 股东之间可以相互转让其全部或部分股权。

股东向股东以外的人转让股权，应当经其他股东过半数同意。股东应就其股权转让事项书面通知其他股东征求同意，其他股东自接到书面通知之日起满三十日未答复的，视为同意转让。其他股东半数以上不同意转让的，不同意的股东应当购买该转让的股权；不购买的，视为同意转让。

经股东同意转让的股权，在同等条件下，其他股东有优先购买权。两个以上股东主张行使优先购买权的，协商确定各自的购买比例；协商不成的，按照转让时各自的实缴出资比例行使优先购买权。受让人必须遵守本公司章程和有关法律、行政法规规定，依据本章程、法律、行政法规的规定享有权利、承担义务。

第十三条 公司增资、减资按照中华人民共和国公司法的规定执行。

第九章 公司的机构及其产生办法、职权、议事规则

第十四条 公司股东会由全体股东组成，股东会是公司的最高权力机构。

第十五条 股东会行使下列职权：

（一）决定公司的经营方针和投资计划；

（二）选举和更换非由职工代表担任的董事、监事，决定有关董事、监事

的报酬事项；

（三）审议批准董事会的工作报告；

（四）审议批准监事的工作报告；

（五）审议批准公司的年度财务预算方案、决算方案；

（六）审议批准公司的利润分配方案和弥补亏损方案；

（七）对公司增加或者减少注册资本作出决议；

（八）对发行公司债券作出决议；

（九）对公司合并、分立、解散、清算或者变更公司形式作出决议；

（十）对股东股份转让作出决议；

（十一）修改公司章程。

第十六条　股东会的议事方式和表决程序，按照本章程的规定执行。

股东会会议事项必须经股东所持表决权过半数通过。但修改公司章程、增加或者减少注册资本的决议，以及公司合并、分立、解散或者变更公司形式的决议，必须经代表三分之二以上表决权的股东通过。

股东会会议由股东按照实缴的出资比例行使表决权。

第十七条　股东会会议分为定期会议和临时会议。定期会议每半年召开一次。代表十分之一以上表决权的股东，三分之一以上的董事，监事提议召开临时会议的，应当召开临时会议。

首次股东会会议由出资最多的股东召集和主持，依照《公司法》有关规定行使职权。公司股东会会议由董事会召集，董事长主持；董事长不能履行职务或者不履行职务的，由副董事长主持；副董事长不能履行职务或者不履行职务的，由半数以上董事共同推举一名董事主持。董事会或者执行董事不能履行或者不履行召集股东会会议职责的，由监事召集和主持；监事不召集和主持的，代表十分之一以上表决权的股东可以自行召集和主持。

第十八条　召开股东会会议，应当于会议召开15日前通知全体股东。股东会应当对所议事项的决定作成会议记录，出席会议的股东应当在会议记录上签名。

第十九条　公司设立董事会，董事会成员共计××人。董事由股东会选举产生，其中××提名××名，××提名××名。董事每届任期三年，任期届满，可以连选连任。

第二十条　董事会对股东会负责，行使下列职权：

（一）负责召集和主持股东会，并向股东会报告工作；

（二）执行股东会的决议；

（三）决定公司的经营计划和投资方案；

（四）制订公司的年度财务预算方案、决算方案；

（五）制订公司的利润分配方案和弥补亏损方案；

（六）制订公司的增加或减少注册资本以及发行公司债券的方案；

（七）制订公司合并、分立、变更公司形式、解散的方案；

（八）决定公司内部管理机构的设置；

（九）决定聘任或者解聘公司经理及其报酬事项，并根据经理的提名决定聘任或者解聘公司副经理、财务负责人及其报酬事项；

（十）制定公司的基本管理制度。

第二十一条　董事会的议事方式和表决程序：

（一）召开董事会会议应当于会议召开【10】日以前通知全体董事；

（二）董事会会议由董事长召集和主持；董事长不能履行职务或者不履行职务的，由副董事长召集和主持；副董事长不能履行职务或者不履行职务的，由半数以上董事共同推举一名董事召集和主持；

（三）董事会应当对所议事项的决定作成会议记录，出席会议的董事应当在会议记录上签名；

（四）董事会决议的表决，实行一人一票；

（五）董事会作出决议，必须经全体董事的过半数通过。

第二十二条　董事会设董事长××人。董事长由××提名的董事担任并由董事会选举产生，任期三年，任期届满，可以连选连任。

第二十三条　公司可以设总经理【1】人，由董事会聘用或解聘。

总经理对董事会负责，行使下列职权：

（一）主持公司的生产经营管理工作，组织实施董事会决议；

（二）组织实施公司年度经营计划和投资方案；

（三）拟订公司内部管理机构设置方案；

（四）拟订公司的基本管理制度；

（五）制定公司的具体规章；

（六）提请聘任或者解聘公司副经理、财务负责人；

（七）决定聘任或者解聘除应由董事会决定聘任或者解聘以外的负责管理

人员。

第二十四条　公司不设监事会，设监事××人。由××提名的人员担任并由股东会选举产生，每届任期三年。任期届满，可以连选连任。董事、高级管理人员及财务负责人不得兼任监事。

第二十五条　监事行使下列职权：

（一）检查公司财务；

（二）对董事、高级管理人员执行公司职务的行为进行监督，对违反法律、行政法规、公司章程或者股东会决议的董事、高级管理人员提出罢免的建议；

（三）当董事、高级管理人员的行为损害公司的利益时，要求董事、高级管理人员予以纠正；

（四）提议召开临时股东会会议，在董事会不履行本章程规定的召集和主持股东会会议职责时召集和主持股东会会议；

（五）向股东会会议提出提案；

（六）依照《公司法》第一百五十二条的规定，对董事、高级管理人员提起诉讼。

监事可以列席董事会会议，并对董事会决议事项提出质询或者建议。

第十章　公司法定代表人

第二十六条　公司法定代表人由董事长担任。

第二十七条　董事长即法定代表人职权为：

（一）负责召集和主持董事会，检查董事会的落实情况，并向股东会和董事会报告工作；

（二）执行股东会决议和董事会决议；

（三）代表公司签署有关文件；

（四）提名经理人选，交董事会任免。

第十一章　投资事项、管理方式、托管机构

第二十八条　投资目标××

第二十九条　投资范围××

第三十条　投资策略××

第三十一条　投资运作方式

第三十二条　投资决策程序

本公司进行投资时，原则上应按以下程序进行：

1. 投资项目的初步筛选、初步评估；

2. 投资项目进行初步尽调和初步分析（可研）；

3. 投资决策委员会初步审核后，开展进一步尽职调查和可行性分析；

4. 资决策委员会表决通过，对投资项目进行投资；

5. 退出投资。

第三十三条　投资限制

基金财产不得用于下列投资或活动：

(1) 承销证券；

(2) 从事承担无限责任的投资；

(3) 买卖其他基金份额，但是国务院另有规定的除外；

(4) 向基金管理人、基金托管人出资；

(5) 买卖与其基金管理人、基金托管人有控股关系的股东或者与其基金管理人、基金托管人有其他重大利害关系的公司发行的证券或者承销期内承销的证券；

(6) 从事内幕交易、操纵证券交易价格及其他不正当的证券交易活动；

(7) 依照法律、行政法规有关规定，由国务院证券监督管理机构规定禁止的其他活动。

第三十四条　关联方认定标准及对关联方投资的回避制度

一方控制、共同控制另一方或对另一方施加重大影响，以及两方或两方以上同受一方控制、共同控制或重大影响的，构成关联方。

本合伙企业与普通合伙人及普通合伙人之关联公司或企业可能发生关联交易，包括但不限于对关联方进行投资、关联方对合伙企业进行投资、与关联方共同进行平行投资或共同投资、聘请关联方作为咨询服务机构等。如上述关联交易安排系实施本合伙企业投资方案和投资策略的组成内容，该等关联交易由普通合伙人以公正、公平、合理的原则进行。

第三十五条　投资后对被投资企业的持续监控

公司应在投资完成后，制定相应的投后管理方案和制度，对被投资企业和被投资项目进行持续性监控和监督，维护投资方的合法的权益和诉求，努力防止被投资企业和被投资项目出现损害公司利益的行为。

第三十六条　投资风险防范

公司应按照采取综合性的管控措施，依据公司或指定投资主体按照与被投资方签署的投资协议的有关内容，采取人员委派、实地走访、进行质询、财务审计等多种措施落实有关风险防范的手续和措施，最大限度的维护公司的合法权益。

第三十七条　投资经理的指定、变更条件和程序

基金投资经理由基金管理人负责指定。本基金的投资经理为××，基本情况：××。

基金管理人可根据业务需要和基金投资情况变更投资经理，并在变更后及时告知基金份额持有人。

第三十八条　公司采取自我管理方式，投资决策程序严格按照股东会、董事会以及公司投资决策委员会的投资决策程序进行。

第三十九条　公公司财产进行托管，托管机构为××。

第十二章　公司财务会计制度、信息披露制度以及费用

第四十条　公司应当依照法律、行政法规和国务院财政主管部门的规定建立本公司的财务、会计制度，并应在每个会计年度终结束之日起【60】日内制作财务会计报告，委托国家承认的会计师事务所审计并出具书面报告，股东可以按照公司法随时查阅。

第四十一条　按照国家法律的规定，本公司的会计年度为公历元月一日至十二月三十一日。公司应当在每一年会计年度终了时编制财务会计报告，并经会计师事务所审计。财务会计报告应当依照法律、行政法规和国务院财务部门的规定制作。

第四十二条　公司的信息披露将严格按照法律法规和基金合同的规定进行。

基金的季度报告

私募投资基金运行期间，基金管理人应当在每季度结束之日起【10】个工作日以内向投资者披露基金主要财务指标以及投资组合情况等信息。

基金的年度报告

基金管理人应当在每年结束之日起【4】个月以内向投资者披露以下信息：

(1) 报告期末基金财务信息和基金份额总额；

(2) 基金的财务情况；

(3) 基金投资运作情况和运用杠杆情况；

(4) 投资者账户信息，包括实缴出资额、未缴出资额以及报告期末所持有基金份额总额等；

(5) 投资收益分配和损失承担情况；

(6) 基金管理人取得的管理费和业绩报酬，包括计提基准、计提方式和支付方式；

(7) 可能存在的利益冲突、关联交易以及可能影响投资者合法权益的其他重大信息。

发生以下重大事项的，基金管理人应当及时向投资者披露：

(1) 基金名称、注册地址、组织形式发生变更的；

(2) 投资范围和投资策略发生重大变化的；

(3) 变更基金管理人或托管人的；

(4) 管理人的法定代表人、执行事务合伙人（委派代表）、实际控制人发生变更的；

(5) 管理费率、托管费率发生变化的；

(6) 基金收益分配事项发生变更的；

(7) 基金触发巨额赎回的；

(8) 基金存续期变更或展期的；

(9) 基金发生清盘或清算的；

(10) 发生重大关联交易事项的；

(11) 基金管理人、实际控制人、高管人员涉嫌重大违法违规行为或正在接受监管部门或自律管理部门调查的；

(12) 涉及私募投资基金管理业务、基金财产、基金托管业务的重大诉讼、仲裁；

(13) 基金合同约定的影响投资者利益的其他重大事项。

第四十三条 信息披露方式

基金管理人向基金份额持有人提供的报告，可以通过网站、邮寄、传真或电子邮件等任何一种方式进行。基金份额持有人通过销售机构认购或申购本基金的，管理人向销售机构送达报告视同向基金份额持有人送达完成。基金份额持有人信息及联系方式以本协议约定为准。

第四十四条 信息披露文件的存放与查阅

基金定期报告公布后，应当分别置备于基金管理人的住所，供公众查阅、复制。

第四十五条 信息备份

全体份额持有人同意私募投资基金管理人或其他信息披露义务人应当按照中国基金业协会的规定对基金信息披露信息进行备份。

第四十六条 发生费用及其计提标准

（一）基金费用的种类

(1) 基金管理费；基金托管人的托管费；基金认购费（如有）；支付给资产受托管理人的委托管理费用（如有）；

(2) 基金申购、赎回过程中的募集费用（如有）、赎回费用（如有）；基金设立过程中的登记费用、变更费用、清算费用、注销登记费用；

(3) 基金聘请专家及中介机构的购买服务费用，包括但不限于聘请法律顾问、财务顾问、税务顾问、审计顾问、评估顾问、管理顾问等；

(4) 政府部门对本基金及其收益或资产、商业交易收取的税费及其他费用；银行等机构在资金流通过程中收取的手续费等；

(5) 对企业进行投资并持有目标公司债权、股权而产生的取得、持有、收购、出售及其他方式处置本基金财产所产生的费用；

(6) 必要的媒体费用、信息披露费用；基金份额持有人大会费用；

(7) 基金运营过程中涉及的诉讼费和仲裁费以及律师费、鉴定、评估、公告、保全、拍卖等费用；

(8) 按照国家规定和合同约定其他应列入的其他费用。

（二）基金费用计提方法、计提标准和支付方式

(1) 基金管理费

固定管理费计提原则和支付时间

基金管理人将按照投资者认缴出资总额的【××%】/年计提基金管理费；基金管理费的计提时间为：基金管理费【每年/每365日】支付一次，第一年的管理费应在基金宣告成立之日【5】日内支付完毕；以后在每满一年的对应日支付完毕。

浮动管理费（业绩报酬）计提原则和支付时间【无】

(2) 基金托管费

依据基金管理人与基金托管人签订的托管合同而定并按照托管合同进行支付。

具体支付方式如下：××

(3) 基金募集费

募集费用为以基金管理人与销售代理机构签订的代销服务协议为准。

具体支付方式如下：××

(4) 其他费用

因基金财产的投资运作所发生的费用，以基金管理人签署相关协议确定为准。基金费用由基金财产承担，按照实际发生金额从基金财产中支付。如果基金财产不足以支付当期费用的，基金管理人可以自有财产先行垫付当期费用；如果基金管理人以自有财产先行垫付基金费用的，基金管理人有权从基金财产中优先受偿。

(三) 不列入基金费用的项目

私募投资基金管理人和私募投资基金托管人因未履行或未完全履行义务导致的费用支出或私募投资基金财产的损失，以及处理与私募投资基金财产运作无关的事项发生的费用等不得列入私募投资基金的费用。

(四) 税收

本基金运作过程中涉及的各纳税主体，其纳税义务按国家税收法律、法规执行。基金份额持有人必须自行缴纳的税收，由基金份额持有人自行负责，除国家税收监管政策明确规定外，基金管理人不承担代扣代缴或纳税的义务。

第十三章 公司解散事由与清算办法

第四十七条 公司有下列情形之一的，可以解散：

(一) 公司章程规定的营业期限届满；

(二) 股东会决议解散；

(三) 因公司合并或者分立需要解散；

(四) 依法被吊销营业执照、责令关闭或者被撤销；

(五) 人民法院依照《公司法》第一百八十三条的规定予以解散。

第四十八条 公司解散时，应当在解散事由出现十五日内成立清算组，开始清算。清算组由股东组成。

第四十九条 清算组在清算期间行使下列职权：

（一）清理公司财产，分别编制资产负债表和财产清单；

（二）通知、公告债权人；

（三）处理与清算有关的公司未了结的业务；

（四）清缴所欠税款以及清算过程中产生的税款；

（五）清理债权、债务；

（六）处理公司清偿债务后的剩余财产；

（七）代表公司参与民事诉讼活动。

第五十条 清算组应当自成立之日起十日内通知债权人，并于六十日内在报纸上公告。债权人应当自接到通知书之日起三十日内，未接到通知书的自公告之日起四十五日内向清算组申报其债权。

第五十一条 清算组在清算公司财产、编制资产负债表和财产清单后，应当制定清算方案，并报股东会或者人民法院确认。

公司财产在分别支付清算费用、职工工资、社会保险费用和法定补偿金，缴纳所欠税款，清偿公司债务后的剩余财产，按照股东的实缴出资比例分配。

清算期间，公司续存，但不得开展与清算无关的经营活动。公司财产在未依照前款规定清偿前，不得分配给股东。

第五十二条 公司清算结束后，清算组应当制作清算报告，报股东会或者人民法院确认，并向公司登记机关申请注销公司登记，公告公司终止。

第十四章 附 则

第五十三条 当章程的内容与股东之间的出资协议或其他文件内容相冲突的，以章程为准。若章程有多个版本且内容相冲突的，以在中国基金业协会备案的版本为准。

第五十四条 全体股东同意私募投资基金管理人、份额登记机构或其他份额登记义务人应当按照中国基金业协会的规定办理基金份额登记（公司股东）数据的备份。

第五十五条 全体股东同意私募投资基金管理人或其他信息披露义务人应当按照中国基金业协会的规定对基金信息披露信息进行备份。

第五十六条 本章程于××年××月××日订立，自××工商行政管理机关核准公司设立登记之日起生效。

第五十七条　本章程未规定的事项，按《中华人民共和国公司法》的相关规定执行。

全体股东签名（盖章）

时间:【××】年【××】月【××】日

4. 私募地产投资基金认购意向书

(26) 示范文本：私募地产投资基金认购意向书

××私募投资基金认购意向书

致：××股权投资基金管理有限公司

一、本人（本单位）拟认购××股权投资基金管理有限公司发行的××私募投资基金的份额××万份，合计人民币××万元。

二、本意向书仅为认购人认购××私募投资基金的初步意向，对认购人和基金发行人不具有约束力。××私募投资基金的最终、有效认购行为需以双方签署的基金合同为准。

三、本人（本单位）保证购买资金来源合法，为本人（单位）合法拥有、可自由处分和免受任何第三方追索之投资资金。

四、本人（本单位）知悉投资过程中可能带来收益，也可能带来风险和可能造成损失，并自愿承担投资过程中可能发生的风险。

认购人：××

联系方式：××

时间：××年××月××日

十一、私募地产投资基金投资冷静期以及冷静期后的回访确认

《私募投资基金募集行为管理办法》第二十九条规定，各方应当在完成合格投资者确认程序后签署私募投资基金合同。基金合同应当约定给投资者设置不少于二十四小时的投资冷静期，募集机构在投资冷静期内不得主动联系

投资者。(一) 私募证券投资基金合同应当约定，投资冷静期自基金合同签署完毕且投资者交纳认购基金的款项后起算；(二) 私募股权投资基金、创业投资基金等其他私募投资基金合同关于投资冷静期的约定可以参照前款对私募证券投资基金的相关要求，也可以自行约定。第三十条规定，募集机构应当在投资冷静期满后，指令本机构从事基金销售推介业务以外的人员以录音电话、电邮、信函等适当方式进行投资回访。回访过程不得出现诱导性陈述。募集机构在投资冷静期内进行的回访确认无效。回访应当包括但不限于以下内容：(一) 确认受访人是否为投资者本人或机构；(二) 确认投资者是否为自己购买了该基金产品以及投资者是否按照要求亲笔签名或盖章；(三) 确认投资者是否已经阅读并理解基金合同和风险揭示的内容；(四) 确认投资者的风险识别能力及风险承担能力是否与所投资的私募投资基金产品相匹配；(五) 确认投资者是否知悉投资者承担的主要费用及费率，投资者的重要权利、私募投资基金信息披露的内容、方式及频率；(六) 确认投资者是否知悉未来可能承担投资损失；(七) 确认投资者是否知悉投资冷静期的起算时间、期间以及享有的权利；(八) 确认投资者是否知悉纠纷解决安排。第三十一条规定，基金合同应当约定，投资者在募集机构回访确认成功前有权解除基金合同。出现前述情形时，募集机构应当按合同约定及时退还投资者的全部认购款项。未经回访确认成功，投资者交纳的认购基金款项不得由募集账户划转到基金财产账户或托管资金账户，私募投资基金管理人不得投资运作投资者交纳的认购基金款项。第三十二条规定，私募投资基金投资者属于以下情形的，可以不适用本办法第十七条至第二十一条第二十六条至第三十一条的规定：(一) 社会保障基金、企业年金等养老基金，慈善基金等社会公益基金；(二) 依法设立并在中国基金业协会备案的私募投资基金产品；(三) 受国务院金融监督管理机构监管的金融产品；(四) 投资于所管理私募投资基金的私募投资基金管理人及其从业人员；(五) 法律法规、中国证监会和中国基金业协会规定的其他投资者。投资者为专业投资机构的，可不适用本办法第二十九条、第三十条第三十一条的规定。

私募投资基金规定冷静期是为了给投资者更多的考虑机会，使其来判断是否投资，防止基金管理人或募集机构的过度游说导致投资人在不理智情况下的冲动投资，赋予了投资者在冷静期确认前无条件解除合同的权利。

(27) 示范文本：私募地产投资基金冷静期后的回访确认函

××私募投资基金基金回访确认书

尊敬的投资者××先生/女士/机构：

依照中国法律法规、证监会和中国证券投资基金业协会的政策制度要求，我公司对您投资的××基金进行回访确认，请您对如下问题进行填写：

1. 您是否为投资者本人或机构：

是【××】；否【××】

2. 您是否为自己购买了该基金产品以及您是否按照要求亲笔签名或盖章；

是【××】；否【××】。

3. 您是否已经阅读并理解基金合同和风险揭示的内容：

是【××】；否【××】。

4. 您的风险识别能力及风险承担能力是否与所投资的私募投资基金产品相匹配：

是【××】；否【××】。

5. 您是否知悉投资者承担的主要费用及费率，投资者的重要权利、私募投资基金信息披露的内容、方式及频率：

是【××】；否【××】。

6. 您是否知悉未来可能承担投资损失：

是【××】；否【××】。

7. 您是否知悉投资冷静期的起算时间、期间以及享有的权利：

是【××】；否【××】。

8. 您是否知悉您投资的产品发生纠纷时的解决方式与安排：

是【××】；否【××】。

本投资者/本机构对上述内容予以确认并自愿接受由此产生的任何法律后果及风险。

客户签名/机构盖章××

日期：【××】年【××】月【××】日

第三节 委托第三方募集机构（财富中心）募集

私募投资基金的资金募集是私募投资基金的一个非常重要的工作，再好的基金产品或投资项目，如果没有投资者购买，基金也不能成立。现在市场上资金的来源和募集渠道很多，问题的关键在不同的资金的品性不同即对产品的要求和判断不同，不同的资金在监管政策上不同，从而导致了资金募集上的难度大小具有很大的差异。一般来说，对于持牌金融机构（如银行、保险公司、基金公司、资管公司等）来说，一方面，监管机关对于投资方向、投资规模、投资经历、投资主体、准入主体等都有严格的要求，另一方面，机构本身对于投资方向、投资规模、投资经历、投资主体、准入主体也有自身的标准，因此向持牌金融机构进行资金募集相对来说要求比较高。当然，一旦和这些机构建立了良好的合作关系，资金的来源还是非常有保障的。对于第三方财富机构来说，资金募集要求略有差异。对于一些资质、信誉较差的募集机构来说，因其主要的目标就是赚取服务费，并且服务费的点位越高越好，因此，这些募集机构对于基金管理公司和基金的准入要求非常低，甚至基本上没有什么准入的要求，有的甚至协助一些基金管理公司从事违法违规的资金募集活动，从而将所有的风险留给投资者，并且有的募集机构甚至违法对投资人进行承诺，导致基金产品一旦出现问题，投资者要求基金管理人承担责任。而对于一些资质好、信誉高的募集机构来说，这些机构具有自己完善的产品评价和管理人评价系统和体系，可以对基金管理人和基金产品进行基本筛查和判断，从而对投资者提供了一定的保护，并且这些正规的募集机构也不会违法或违规对投资者进行承诺，对于基金管理人来说也是一种保护。对于募集机构提供的募集服务，募集机构必然会收取一定的服务费用，并签署募集服务协议，该协议主要内容是明确募集服务费用标准以及基金管理机构对基金募集机构的一些要求，譬如募集期限、募集规模等等。

《私募投资基金募集行为管理办法》第二条规定，私募投资基金管理人、在中国证监会注册取得基金销售业务资格并已成为中国证券投资基金业协会会员的机构（以下统称募集机构）及其从业人员以非公开方式向投资者募集资金的行为适用本办法。在中国证券投资基金业协会（以下简称中国基金业协会）办理私募投资基金管理人登记的机构可以自行募集其设立的私募投资基金，在中国证监会注册取得基金销售业务资格并已成为中国基金业协会会员的机构（以下简称基金销售机构）可以受私募投资基金管理人的委托募集私募投资基金。其他任何机构和个人不得从事私募投资基金的募集活动。本办法所称募集行为包含推介私募投资基金，发售基金份额（权益），办理基金份额（权益）认/申购（认缴）、赎回（退出）等活动。第三条规定，基金业务外包服务机构就其参与私募投资基金募集业务的环节适用本办法。本办法所称基金业务外包服务机构包括为私募投资基金管理人提供募集服务的基金销售机构，为私募投资基金募集机构提供支付结算服务、私募投资基金募集结算资金监督、份额登记等与私募投资基金募集业务相关服务的机构。前述基金业务外包服务机构应当遵守中国基金业协会基金业务外包服务相关管理办法。第四条规定，从事私募投资基金募集业务的人员应当具有基金从业资格（包含原基金销售资格），应当遵守法律、行政法规和中国基金业协会的自律规则，恪守职业道德和行为规范，应当参加后续执业培训。第六条规定，募集机构应当恪尽职守、诚实信用、谨慎勤勉，防范利益冲突，履行说明义务、反洗钱义务等相关义务，承担特定对象确定、投资者适当性审查、私募投资基金推介及合格投资者确认等相关责任。募集机构及其从业人员不得从事侵占基金财产和客户资金、利用私募投资基金相关的未公开信息进行交易等违法活动。第八条规定，私募投资基金管理人委托基金销售机构募集私募投资基金的，应当以书面形式签订基金销售协议，并将协议中关于私募投资基金管理人与基金销售机构权利义务划分以及其他涉及投资者利益的部分作为基金合同的附件。基金销售机构负责向投资者说明相关内容。基金销售协议与作为基金合同附件的关于基金销售的内容不一致的，以基金合同附件为准。第十条规定，募集机构应当对投资者的商业秘密及个人信息严格保密。除法律法规和自律规则另有规定的，不得对外披露。第十一条规定，募集机构应当妥善保存投资者适当性管理以及其他与私募投资基金募集业务相关的记录及其他相关资料，保存期限自基金清算终止之日起不得少于10 年。

《私募投资基金监督管理暂行办法》第十四条规定，私募投资基金管理人、私募投资基金销售机构不得向合格投资者之外的单位和个人募集资金，不得通过报刊、电台、电视、互联网等公众传播媒体或者讲座、报告会、分析会和布告、传单、手机短信、微信、博客和电子邮件等方式，向不特定对象宣传推介。第十五条私募投资基金管理人、私募投资基金销售机构不得向投资者承诺投资本金不受损失或者承诺最低收益。《私募投资基金管理人内部控制指引》第十六条规定，私募投资基金管理人自行募集私募投资基金的，应设置有效机制，切实保障募集结算资金安全；私募投资基金管理人应当建立合格投资者适当性制度。第十七条规定，私募投资基金管理人委托募集的，应当委托获得中国证监会基金销售业务资格且成为中国证券投资基金业协会（以下简称“中国基金业协会”）会员的机构募集私募投资基金，并制定募集机构遴选制度，切实保障募集结算资金安全；确保私募投资基金向合格投资者募集以及不变相进行公募。

《基金募集机构投资者适当性管理实施指引（试行）》第八条规定，基金募集机构选择销售基金产品或者服务，要对基金管理人进行审慎调查并做出评价，了解基金管理人的诚信状况、经营管理能力、投资管理能力产品设计能力和内部控制情况，并可将调查结果作为是否销售该基金管理人产品或者服务、是否向投资者推介该基金管理人的重要依据。基金管理人在选择基金募集机构时，为确保适当性的贯彻实施，要对基金募集机构进行审慎调查，了解基金募集机构的内部控制情况、信息管理平台建设、账户管理制度、销售人员能力和持续营销能力，并可将调查结果作为选择基金募集机构的重要依据。第九条规定，基金募集机构要建立对销售人员的考核、监督问责、培训等机制规范销售人员履行投资者适当性工作职责的情况。基金募集机构不得采取鼓励其向投资者销售不适当基金产品或者服务的考核、激励机制或措施。第十条规定，基金募集机构要加强对销售人员的日常管理，建立管理档案，对销售人员行为、诚信、奖惩等方面进行记录。第十一条规定，基金募集机构及其销售人员要对履行投资者适当性管理职责过程中获取的投资者信息、投资者风险承受能力评价结果等信息和资料严格保密，防止该等信息和资料泄露或被不当利用。

（28）示范文本：××私募投资基金募集服务协议

产品（渠道）销售代理服务协议

甲方（委托人）：××

注册地址：××

法定代表人：××
联系方式：
乙方（代理人）：××
注册地址：××
法定代表人：××
联系方式：

鉴于：

1. 甲方系一家依照中国法律成立并存续的从事投资业务的有限公司，具有中国基金业协会登记并授予的私募投资基金管理的资格和能力，并委托乙方作为销售代理人，代为从事金融产品销售业务；

2. 乙方系一家依照中国法律成立并有效存续的财富管理公司，具备从事金融产品代销的业务资格，乙方愿意接受甲方的委托，担任其金融产品销售代理人，代为从事金融产品销售业务。

为了明确甲乙双方在金融产品的销售代理业务及其相关事宜中的权利和义务，保证各项业务正常进行，保护产品投资者的合法权益，甲乙双方本着平等自愿、诚实信用的原则，经友好协商签订本协议。

第一条　释义

一、产品：指甲方在中国境内发行的，经国家有关部门或者其授权机构批准或备案的金融产品。

二、产品合同：指甲方根据有关法律法规的要求就发行的产品制定的基金合同及其他涉及产品本身的合同、协议。

三、代销产品：指乙方根据代销规定，接受甲方的委托，为其销售金融产品或者介绍金融产品购买人的行为。

四、相关法律法规：指所有适用于本协议的中华人民共和国现行有效的法律、行政法规、部门规章、规范性文件、地方法律法规。凡提及相关法律法规，均包括对该等相关法律法规的不时修订。

五、保密信息：指涉及产品数据、产品投资者的信息及甲乙双方的商业秘密等资料和信息。

六、中国证监会：指中国证券监督管理委员会。

第二条　协议目的及适用范围

一、协议目的

本协议为甲乙双方订立的关于产品代销业务的整体合作协议。除双方另有约定，凡甲方委托乙方代销的金融产品，均适用本协议。甲方委托乙方代理销售甲方某一具体或若干金融产品时，甲乙双方应另行协商并签署补充协议，就该产品的具体代销业务规则等事项作出约定。补充协议生效后，乙方开始为甲方提供相应的代理销售服务。

二、适用范围

在本协议中，甲方委托乙方办理的销售代理业务包括：

1. 产品销售业务、合法的产品市场营销、与产品销售代理业务相关的咨询等客户服务；

2. 甲乙双方以补充协议方式协商确定的其他业务。

乙方应在本协议及其补充协议确定的代理权限范围内开展产品销售与服务业务，并由甲方对乙方在代理权限内的法律行为对外承担责任。

第三条　甲方的权利和义务

一、甲方享有如下权利：

1. 甲方有权根据相关法律法规及其他有关规定，委托乙方办理产品销售代理业务、增加或缩小委托范围，以及按照本协议约定的条件和程序解除本协议。

2. 甲方有权要求乙方严格按照产品合同、本协议及其补充协议的约定，办理产品销售代理有关事宜。

3. 对乙方在办理甲方金融产品销售代理业务期间发生的问题、争议、纠纷，乙方应及时通知甲方。若相关问题、争议、纠纷系由乙方的原因导致的，则甲方有权要求乙方作出书面解释并要求乙方采取适当措施妥善解决相关问题，因此产生的费用，给双方或者第三方造成的损失由乙方承担。

4. 对因乙方原因而给甲方造成的损失，甲方有权要求乙方承担相应的责任。

5. 相关法律法规以及本协议约定的其他权利。

二、甲方负有如下义务：

1. 向乙方提供与甲方金融产品销售代理业务有关的发行产品资质文件、发行依据、基本性质、金融产品合同、公告、资讯、投资安排、期限、锁定期、提前终止的可能性、终止条件、基础资产的状况、担保品或其他信用保障及其价值情况、风险收益特征、产品投资者购买、持有或出售产品或服务的成本、费用和可能的损失等销售文件和资料信息，并保证其真实性、准确性、完整性和及时性。

2. 确认甲方金融产品依法发行、有明确的投资安排和风险管控措施、风险收益特征清晰且可以对其风险状况做出合理判断。

3. 向乙方及产品投资者充分说明产品的信用风险、市场风险、流动性风险等主要风险特征，如果产品具有复杂的结构、不易估值、流动性较低、透明度较低、损失可能超过购买支出或者不易理解的，甲方还应向乙方及产品投资者进一步提供资料信息，包括但不限于产品的结构、定价方式和杠杆情况、产品信用风险的性质和复杂程度、产品投资者是否会被要求追加后续投资或承担后续债务、产品投资者可能产生的本金损失和最大损失等重大风险因素资料信息，保证资料信息的真实性、准确性、完整性和及时性，并应当以简明、易懂的文字向乙方及产品投资者作出有针对性的书面说明。

4. 及时向乙方及甲方金融产品投资者进行信息披露及风险揭示。

5. 按照本协议或补充协议约定的标准、方式和时间，给付乙方销售代理费用及其他费用，如实核算、记账，并依法纳税。

6. 对保密信息负有保密义务，并且该保密义务不因本协议的终止而终止。在任何时候，除经乙方事先书面许可或法律法规规定或监管部门要求的情况下，甲方均不得以任何方式披露与第三方，亦不得将该等保密信息用于除履行本协议以外的其他目的。

7. 根据乙方的指令及甲方金融产品合同约定受理并及时处理产品业务，及时、足额向产品投资者支付赎回款项和应分配的产品收益。

8. 按照约定及时、准确地向乙方传输数据、信息；

9. 对在甲方金融产品运作中发生的可能影响产品销售代理业务或产品投资者利益的事项，甲方应及时通知乙方。

10. 根据乙方的合理要求，支持、配合乙方的销售代理业务培训工作。

11. 根据乙方或甲方金融产品投资者的查询要求，及时提供产品相关信息；

12. 对乙方在办理甲方金融产品销售代理业务期间发生的问题、争议、纠纷需要甲方提供协助的，甲方应当予以协助。若相关问题、争议、纠纷系由甲方的原因导致的（包括但不限于出现甲方对产品投资者违约的情况，及因甲方产品设计、运营和甲方提供的信息不真实、不准确、不完整而产生的纠纷等），则甲方应当负责解决，如造成乙方或投资者损失的，应由甲方承担赔偿责任。

13. 相关法律法规、产品合同及本协议约定的其他义务。

第四条　乙方的权利和义务

一、乙方享有如下权利：

1. 乙方有权在本协议约定的范围内，根据有关法律法规、甲方金融产品合同和甲方制定并不时修订的产品业务规则、资料等，制定乙方代理销售甲方金融产品业务流程，依法独立确定乙方的销售策略、销售网点安排，办理甲方金融产品销售代理业务。

2. 乙方有权按照本协议及补充协议约定的标准、方式和时间，取得甲方相关金融产品销售代理费用及其他费用。

3. 在符合相关法律法规、甲方金融产品合同的前提下，乙方有权根据对于甲方金融产品风险做出的评价结果，决定向产品投资者推介产品的宣传和销售政策。

4. 乙方有权自主选择销售甲方金融产品以外的其他产品。

5. 乙方有权按照本协议约定的条件和程序解除本协议。

6. 对因甲方责任而给乙方造成的损失，乙方有权要求甲方承担相应的责任。

7. 相关法律法规及本协议约定的其他权利。

二、乙方负有如下义务：

1. 遵守相关法律法规、甲方金融产品合同及本协议的约定，办理产品销售代理业务，勤勉、尽责地履行销售代理人的职责。

2. 采取有效手段和方式，保障甲方金融产品销售代理业务的正常、高效进行。

3. 对保密信息负有保密义务，并且该保密义务不因本协议的终止而终止。在任何时候，除经甲方事先书面许可、法律法规规定或有权机关要求，乙方均不得以任何方式披露给第三方，亦不得将该等保密信息用于除履行本协议以外的其他目的。

4. 协助代理的甲方金融产品投资者向甲方查询相关金融产品相关信息。

5. 若投资金融产品存在合格投资者要求，乙方有义务确保由其代理销售金融产品的投资者具备合格投资者资格。

6. 相关法律法规及本协议约定的其他义务。

第五条 业务安排

一、交易资讯

1. 甲方应及时、完整地向乙方提供最新版本的甲方金融产品合同等文件，以确保产品投资者可以及时获得该等信息。

2. 甲方有义务及时向乙方提供依法必须披露的交易公告信息，以确保甲方金融产品投资者可以及时获得该等信息。

二、宣传推介材料的使用

1. 乙方为销售甲方金融产品之目的，可以依法在其销售网点摆放、播出、张贴甲方金融产品宣传推介材料或者通过其他方式使用宣传推介材料。

2. 甲方金融产品的宣传推介材料应由甲方提供给乙方。甲方应保证其提供的宣传推介材料符合相关法律法规的规定且不存在权利瑕疵，并负责解决因甲方提供的该等金融产品宣传材料引起的任何争议。

三、业务申请的受理

乙方应按照甲方金融产品合同、甲方的相关公告、本协议及补充协议的要求受理相关金融产品业务申请，审查产品投资者的申请材料的完备性、表面真实性及表面合法性，甲方应对乙方已受理的产品业务申请及时予以确认。

四、数据、信息传输及资金交收

甲乙双方根据甲方金融产品合同的约定以补充协议的方式确认数据及信息传输、资金交收的方式。

五、产品投资者持续服务事宜

甲方应向乙方代理销售的甲方金融产品投资者提供持续服务，以保障产品投资者有效了解所投资产品的相关信息，乙方应给予必要的协助。持续服务内容包括但不限于：

1. 持续向产品投资者提供甲方及产品的运作信息；

2. 在产品投资者需要时，持续向产品投资者提供相关业务的服务；

3. 持续向产品投资者提供相关投资者教育的服务，包括但不限于现场培训、网站资讯、递送投资者书面材料等方式。

六、责任的划分

甲乙双方应严格按照本协议的约定，在各自的职责范围内尽职、高效地办理各项业务，并按本协议第九条约定的违约条款承担责任。对在业务开展过程中涉及到的本协议及补充协议中未作明确约定的特殊状况及不能归咎于任何一方责任的事项，甲乙双方应本着为甲方金融产品和产品投资者负责的原则，相互配合，尽快协商解决。

第六条　代理费用

一、乙方按照甲方委托及本协议的约定执行代销职责，甲方应按本协议及其补充协议的约定向乙方支付销售代理费用（以下简称代理费用）。代理费用的计算方式为：××

二、甲乙双方以补充协议的方式确定销售代理费用、其他应收费业务的收费及分成标准。双方所获得的费用、分成或收入所涉及的相关税费，由双方各自依法承担。

第七条　代销客户的认定

一、所有通过乙方代销网点或交易系统购买甲方委托乙方代理销售的甲方金融产品的客户，均自然成为乙方的代销客户，并作为乙方业绩计算代销业务量。

二、应乙方合理要求，甲方应积极配合乙方开展针对相关甲方金融产品的各种形式的推介活动，但这部分客户通过乙方的代销网点发生的购买业务依然作为乙方业绩计算业务量，不因甲方做了推介工作而改变。

三、因甲方关于本产品有直销渠道，如有客户联系甲方直销渠道购买本系列产品，但在沟通中明确告知甲方得知本产品的途径为乙方提供，应认定为乙方客户，甲方需建议该客户通过乙方渠道购买本产品，不得将本产品直销给该客户；如该等客户未告知甲方并通过甲方直销渠道购买本产品，乙方提供客户签署的相关证明文件的，应认定为乙方代销客户。

四、甲方不得以电话、短信、传真、信函、电子邮件或其他任何方式为推介甲方其他理财产品或为商业目的而主动联系乙方推介投资者。必须联系时，甲方应通过乙方联系。

五、乙方客户再次购买或者追加认购同一产品的，仍应视为乙方客户，乙方就该等客户再次购买或者追加认购的份额部分享有的服务费用，仍按本协议及其补充协议约定执行。

第八条 协议变更、解除与终止

一、相关法律法规或监管政策得到有权机构解释或发生任何变化，从而使得本协议的任何约定无法实施或不符合相关法律法规及监管政策的要求，甲乙双方一致同意本协议自动按照法律法规及监管政策的要求进行修改。

二、除本协议第八条第一款约定的情形外，甲乙双方不得擅自修改本协议的任何条款。如需变更本协议，应经甲乙双方协商一致并达成书面协议。

三、协议任何一方违反相关法律法规，或严重违反甲方金融产品合同或本协议，损害了甲方金融产品财产、产品投资者或另一方的利益，经通知后十日内仍然不能改正的，另一方有权单方解除本协议。

四、发生以下情形之一者，本协议将终止：

1. 甲方解散、依法被撤销、破产或由其他产品管理人接管其管理的产品；

2. 乙方解散、依法被撤销、破产或由其他销售代理人接管产品的销售代理业务；

3. 甲方管理的产品合同均终止（若甲方管理的某一或若干产品的产品合同终止而非全部产品的产品合同终止，则本协议继续有效）；

4. 甲乙双方协商终止；

5. 其他导致本协议终止之事项。

五、本协议终止后，甲乙双方应对委托代理期间发生的应尽未尽事项负责结清，相关业务交接及持续尽职的规则参照本协议解除的有关条款执行，有关保密义务的条款对双方仍继续有效。

第九条 违约责任

一、甲乙双方应妥善保管各类相关业务资料，如因任何一方原因导致业务资料的灭失、错误或泄露等，给相关金融产品、产品投资者或对方带来损失的，由责任方承担相应责任。

二、协议双方一致确认，乙方仅为甲方提供销售代理服务，如因甲方金融产品设计、运营和甲方提供的信息不真实、不准确、不完整等原因而产生的法律责任由甲方承担，乙方无须承担任何责任，如因上述原因给乙方造成损失，乙方有权要求甲方承担全部责任。

三、本协议任何一方违反本协议的约定，给相关金融产品、产品投资者、另一方造成损失的，应承担相应的法律责任。如属双方共同违约，按照过错程度由双方分别承担各自应负的责任。

四、如一方承担了按相关法律法规或本协议约定应由另一方承担的责任，或由于对方的违约行为而对任何第三方承担责任和/或受到有关行政管理机关处罚导致的经济损失，该方在承担责任后有权向另一方进行追偿并获得全面的赔偿，包括但不限于本金、利息、实现债权的费用和律师费等。

五、由于不可抗力造成的损失。如果一方当事人因不可抗力不能履行本协议时，根据不可抗力的影响，该方部分或者全部免除责任，但法律法规另有规定的除外。任何一方迟延履行后发生不可抗力的，不能免除责任。同时，遭遇不可抗力一方应于其能力范围内积极采取有效措施以阻止损失进一步扩大，对其未尽合理努力导致损失进一步扩大的，其就该损失扩大部分向对方承担赔偿责任。

六、若监管部门或其他政府部门对本协议所述的金融产品代销业务进行检查或调查，甲乙双方应互相提供必要的协助。

七、在涉及第三方的争议中，甲乙双方有义务向对方提供必要的证据或协助必要的取证工作。

八、当事人一方违约，另一方在职责范围内有义务及时采取必要的措施，尽力防止损失的扩大。

九、违约行为虽已发生，但本协议能够继续履行的，在最大限度地保护产品投资者利益的前提下，甲方和乙方应当继续履行本协议。

十、本协议一方对另一方的任何违约及延误行为给予的任何宽容、宽限，或延缓行使其根据本协议享有的权利或权力，不能视为该方对其权利或权力的放弃，亦不能损害、影响或限制该方根据本协议和中国相关法律法规所享有的一切权利和权力；而单独或部分地行使本协议项下的任何权利、权力或补救办法，不应妨碍其进一步行使上述或其他权利和补救办法。

十一、除双方在本协议中已经约定外，因履行本协议而相互发出或者提供的所有通知应当采取中文书面形式，包括快递、传真、电子邮件，或者双方认可的其他方式。双方按本协议各方所列明的地址，以派专人递送、邮政特快专递、挂号信等方式送达，送达文书应当列明收件人的法定代表人或联系人；传真递交的，传真机报告确认时视为送达；电子邮件发送的，发件方发送成功时视为送达。

第十条　争议处理

因履行本协议而发生的争议，由甲乙双方协商解决，协商解决不成的，任何一方有权将争议提交中国国际经济贸易仲裁委员会，按照其届时有效的仲裁规则进行仲裁。仲裁裁决是终局的，对当事人均有约束力。

第十一条　效力及其他

一、本协议经双方加盖双方公章/法定代表人或授权签字人签字后生效。

二、本协议未尽事宜，由甲乙双方协商解决。如需制定补充协议，补充协议与本协议具有同等法律效力。若补充协议的内容与本协议有冲突，以补充协议的约定为准。

三、本协议一式4份，甲乙双方各持1份，主管机关备案2份，每份具有同等的法律效力。

【以下无正文】

甲方：××

法定代表人或其授权签字人签字：××

签定日期：××年××月××日

乙方：××

法定代表人或其授权签字人签字：××

签定日期：××年××月××日

第四节　开立银行募集监管账户、银行托管账户

私募投资基金产品设计完成后，因涉及后续资金的募集，所以必须及时寻找合作银行，为基金开立募集账户（强制要求）和托管账户（非强制要求）。实践中，部分银行对于私募投资基金业务还不太熟悉，因此部分银行并不能提供该服务或拒绝提供该项服务。鉴于此，提醒基金管理人应提前沟通不同的银行，以免耽误基金的募集工作。依据中国证券投资基金业协会《私募投资基金募集行为管理办法》的规定，基金必须开立资金募集账户，资金的募集和运用必须通过该账户进行。募集账户的设立一方面是基金财产独立性的要求，防止基金管理人财产和其他基金财产与本基金财产的混同，另一方面加强对基金财产的监管，防止基金财产被基金管理人不适当的挪用。通

过引入银行等外部第三方机构的监管，防止资金运用的随意性，为基金财产增加一道防火墙。同时，依据中国证券投资基金业协会鼓励基金管理人为基金开立托管账户，让基金财产在募集账户和托管账户之间封闭来回流动，为基金财产的独立性增加另外一道防火墙，防止不同资金的混同，最大限度保证投资者的利益。如私募基金不进行托管，必须进行说明。在银行等机构开立募集账户和托管账户后，银行或其他金融机构会依据募集结算资金专用账户监督协议以及托管协议对基金财产进行监管，对不适当的指令不予执行，在一定程度上保证基金募集资金的运作的安全性。

《私募投资基金募集行为管理办法》第十二条规定，募集机构或相关合同约定的责任主体应当开立私募投资基金募集结算资金专用账户，用于统一归集私募投资基金募集结算资金、向投资者分配收益、给付赎回款项以及分配基金清算后的剩余基金财产等，确保资金原路返还。本办法所称私募投资基金募集结算资金是指由募集机构归集的，在投资者资金账户与私募投资基金财产账户或托管资金账户之间划转的往来资金。募集结算资金从投资者资金账户划出，到达私募投资基金财产账户或托管资金账户之前，属于投资者的合法财产。第十三条规定，募集机构应当与监督机构签署账户监督协议，明确对私募投资基金募集结算资金专用账户的控制权、责任划分及保障资金划转安全的条款。监督机构应当按照法律法规和账户监督协议的约定，对募集结算资金专用账户实施有效监督，承担保障私募投资基金募集结算资金划转安全的连带责任。取得基金销售业务资格的商业银行、证券公司等金融机构，可以在同一私募投资基金的募集过程中同时作为募集机构与监督机构。符合前述情形的机构应当建立完备的防火墙制度，防范利益冲突。本办法所称监督机构指中国证券登记结算有限责任公司、取得基金销售业务资格的商业银行、证券公司以及中国基金业协会规定的其他机构。监督机构应当成为中国基金业协会的会员。私募投资基金管理人应当向中国基金业协会报送私募投资基金募集结算资金专用账户及其监督机构信息。第十四条规定，涉及私募投资基金募集结算资金专用账户开立、使用的机构不得将私募投资基金募集结算资金归入其自有财产。禁止任何单位或者个人以任何形式挪用私募投资基金募集结算资金。私募投资基金管理人、基金销售机构、基金销售支付机构或者基金份额登记机构破产或者清算时，私募投资基金募集结算资金不属于其破产财产或者清算财产。

《私募投资基金监督管理暂行办法》第二十一条除基金合同另有约定外，私募投资基金应当由基金托管人托管。基金合同约定私募投资基金不进行托管的，应当在基金合同中明确保障私募投资基金财产安全的制度措施和纠纷解决机制。第二十三条规定，私募投资基金管理人、私募投资基金托管人、私募投资基金销售机构及其他私募服务机构及其从业人员从事私募投资基金业务，不得有以下行为：（一）将其固有财产或者他人财产混同于基金财产从事投资活动；（二）不公平地对待其管理的不同基金财产；（三）利用基金财产或者职务之便，为本人或者投资者以外的人牟取利益，进行利益输送；（四）侵占、挪用基金财产；（五）泄露因职务便利获取的未公开信息，利用该信息从事或者明示、暗示他人从事相关的交易活动；（六）从事损害基金财产和投资者利益的投资活动；（七）玩忽职守，不按照规定履行职责；（八）从事内幕交易、操纵交易价格及其他不正当交易活动；（九）法律、行政法规和中国证监会规定禁止的其他行为。第二十四条规定，私募投资基金管理人、私募投资基金托管人应当按照合同约定，如实向投资者披露基金投资、资产负债、投资收益分配、基金承担的费用和业绩报酬、可能存在的利益冲突情况以及可能影响投资者合法权益的其他重大信息，不得隐瞒或者提供虚假信息。信息披露规则由基金业协会另行制定。

《私募投资基金管理人内部控制指引》第十八条规定，私募投资基金管理人应当建立完善的财产分离制度，私募投资基金财产与私募投资基金管理人固有财产之间、不同私募投资基金财产之间、私募投资基金财产和其他财产之间要实行独立运作，分别核算。第十九条规定，私募投资基金管理人应建立健全相关机制，防范管理的各私募投资基金之间的利益输送和利益冲突，公平对待管理的各私募投资基金，保护投资者利益。第二十一条规定，除基金合同另有约定外，私募投资基金应当由基金托管人托管，私募投资基金管理人应建立健全私募投资基金托管人遴选制度，切实保障资金安全。基金合同约定私募投资基金不进行托管的，私募投资基金管理人应建立保障私募投资基金财产安全的制度措施和纠纷解决机制。

（29）示范文本：募集结算资金专用账户监督协议

××私募投资基金募集结算资金专用账户监督协议

甲方（委托人）：

执行事务合伙人：××
住所：××
邮政编码：××
法定代表人：××

乙方：××
住所：××
邮政编码：
法定代表人：

鉴于：

××私募投资基金（以下简称本基金）之执行事务合伙人，已在中国证券投资基金业协会（以下简称中国基金业协会）登记，具有合法资格以非公开方式向合格投资者自行募集本基金。

乙方为中国证监会注册取得基金销售业务资格的商业银行并已成为中国基金业协会会员，具有合法资格担任私募投资基金募集结算资金专用账户监督机构。乙方担任本基金募集结算资金专用账户监督机构，并非对甲方募集行为合法性的认可、担保。乙方不对本基金及其投资行为承担任何形式的担保义务和收益保证，也不承担本基金各当事方的投资损失和风险。

双方特此达成协议如下：

第一条　定义

（一）定义：本协议中除非上下文另有解释或者文意另有所指，下列术语具有如下明确定义：

募集结算资金专用账户：指甲方按照本协议第三条第三款规定开立的账户；专门用于统一归集甲方进行销售的本基金项下募集结算资金、向投资者分配收益、给付赎回款项以及分配基金清算后的剩余基金财产等，确保资金原路返还。

收款账户：指本协议第三条第四款规定开立的账户；

监管资金：指由甲方存入募集结算资金专用账户并由乙方按照本协议规定进行监督的资金；

划款通知书：指如附件二格式的纸质划款通知书；

不可抗力：指第七条第一款所规定的各类事件；

营业日：指乙方对公业务的通常开门营业日，不包括星期六、星期日（因节假日调整而对外营业的除外）或者其他法定节假日。

（二）在本协议上下文中，凡提及甲乙双方，应被解释为包括其各自权益及义务的继承人和受让人。

（三）法律法规：在本协议中凡提及任何一项法律、法规，除非上下文另有规定，应被解释为包括法律、法规、规章、地方性法规、司法解释及其他任何可适用之规定的当前或者随后任何有效的修订版本。

第二条　当事人的权利义务

（一）甲方的权利义务

1. 甲方应当遵守中国基金业协会有关规定，恪尽职守、诚实信用、谨慎勤勉，防范利益冲突，履行说明义务、反洗钱义务等相关义务，承担特定对象确定、投资者适当性审查、私募投资基金推介及合格投资者确认等相关责任，确保投资者信息的真实性和准确性。

甲方及其从业人员不得从事侵占基金财产和客户资金、利用私募投资基金相关的未公开信息进行交易等违法活动。

2. 甲方在乙方开立的专用账户为该募集机构为本基金项下进行非公开募集开立的唯一专用账户。

3. 甲方有权了解募集结算专用账户中的资金进出情况。

4. 甲方应为乙方履行本协议约定的各项监督职责提供一切必要的便利和支持。

5. 其他法律法规规定或合同约定的权利和义务。

（二）乙方的权利义务

1. 为私募投资基金募集结算资金开立人民币专用结算账户，确保专用账户内资金和自有资产严格分离。

2. 安全保管募集结算专用账户内的资金；

3. 依据本协议约定执行授权人的指令，办理募集资金的资金划拨；

4. 有权拒绝执行不符合法律法规、监管规定、行业规范和协议约定的划款指令，无须承担由此产生的法律责任和经济责任。

5. 其他法律法规规定或合同约定的权利和义务。

第三条　账户开立、监管资金存入

（一）在本协议签署之日起××个营业日内，甲方应当向乙方提交下列文件、资料：

1. 甲方申请开立募集结算资金专用账户应提交的账户开立文件，并确认乙方的一个指定印章为本协议项下专用账户专用印章之一；

2. 甲方签发划款通知书的有效印鉴及其合法授权文件；

3. 其他乙方要求甲方提交的文件或者资料。

（二）对于乙方根据本协议第三条第一款的规定接收的文件、资料原件，乙方应妥善保管。

（三）甲方应当在乙方开立人民币募集结算资金专用账户，该账户资金按照活期计息。乙方在专用账户开立的次日，向甲方发出附件一格式的账户开户通知书。

（四）甲方或甲方指定的收款单位应当开立人民币的如下收款账户，用于接收由专用账户划入的资金。

1. 如为私募投资基金托管资金账户或其他指定收款账户，收款账户为：

账户名：××

账　号：××

账户行：××

甲方提供能够证明收款账户信息为私募投资基金托管资金账户或指定收款账户的证明文件，包括但不限于：《私募投资基金合同》（或《合伙协议》《入伙协议》《公司章程》《发起协议》《增资入股协议》等）《托管协议》（如有）等

2. 如为退款或赎回分配资金等情形时，收款账户为依据附件二格式所列示的收款账户。

（五）监管资金实际到账日期为监管起始日，监督终止日根据本协议第八条第1款的规定确定，监督期间为监督起始日到监督终止日的期间。监督期间的展期应由协议双方协商一致后以书面方式确定。

（六）甲方应在募集期结束，将由委托人完整填写，并经委托人签字确认、甲方加盖公章确认的“投资者身份信息表”（见附件四）原件提供给乙方。乙方收到“投资者身份信息表”后，应根据该表与专用账户的明细逐一核对，确保两者一致。遇有两者信息不同时，乙方有权利拒绝执行后续甲方

的划款指令。乙方需根据“投资者身份信息表”建立投资者信息台账，作为专用户向投资人进行收益分配等划款的核对依据。

第四条　监管资金的管理

（一）向私募投资基金指定收款账户划款。甲方需按照约定方式向乙方发送划款指令，并符合本协议第三条第四款第（一）项的规定，乙方据此根据本协议预留的私募投资基金指定收款账户信息，审核无误后，按照本协议约定执行资金划拨。

（二）向投资者分配收益。向投资者分配收益时，甲方需按照约定方式向乙方发送划款指令，并提供能够证明收益分配情况的证明文件，包括但不限于：执行事务合伙人盖章确认的“收益分配通知”等。乙方据此，根据记录的“投资者信息台账”进行核对，审核无误后，按照本协议约定执行资金划拨。

（三）给付赎回款。投资者申请赎回时，甲方需按照约定方式向乙方发送划款指令，并提供私募投资基金赎回信息的证明文件，包括但不限于：投资者的赎回申请等。乙方据此，根据记录的“投资者信息台账”进行核对，审核无误后，按照本协议约定执行资金划拨，并及时更新“投资者信息台账”。

（四）分配基金清算后的剩余基金财产。私募投资基金清算后，分配剩余基金财产时，甲方需按照约定方式向乙方发送划款指令，并提供私募投资基金清算报告及剩余基金财产分配的证明文件，包括但不限于：私募投资基金清算报告、剩余基金财产分配通知等。乙方据此，根据记录的“投资者息台账”进行核对，审核无误后，按照本协议约定执行资金划拨。

（五）私募投资基金募集期间，遇有投资者申请退款，甲方需按照约定方式向乙方发送划款指令，并提供投资者申请退款的证明文件，包括但不限于：甲方批准的投资者退款申请。乙方据此，根据记录的“投资者信息台账”进行核对，并与专用账户明细核对，审核无误后，按照本协议约定执行资金划拨。如果甲方还未提供“投资者身份信息表”时，乙方尚未建立“投资者信息台账”，甲方需单独提供该投资者的“投资者身份信息表”原件。

（六）募集失败的处理。私募投资基金募集失败，甲方需按照约定方式向乙方发送划款指令，并提供管理人和募集机构确认募集失败及募集失败时资金处置的证明文件，包括但不限于：管理人和募集机构确认募集失败的证明文件、《基金合同》等。乙方据此，根据记录的“投资者信息台账”进行核对，并与专用账户明细核对，审核无误后，按照本协议约定执行资金划拨。如果甲方还未提供“投资者身份信息表”时，乙方尚未建立“投资者信息台账”，甲方需单独提供投资者的“投资者身份信息表”原件。

（七）甲方在发送划款指令时，应为乙方留出执行指令所需的时间（乙方接收划款指令的截止时间为甲方指定到账时间之前两个工作小时），并且提交指令的时间不得晚于当天下午15:00。如果非因乙方原因在截止时间（15:00）后收到指令，乙方为保障交易安全，应在确认收到指令后及时通知甲方并与甲方确认是否继续执行，如甲方继续要求执行的，乙方尽力配合，但不保证按甲方要求时间到账，乙方不承担由此造成的责任。划款指令以原件形式送达。

（八）除本协议另有规定外，乙方所进行的划款，仅指按照本协议第四条第一款至第七款的有关规定进行资金划付。专用账户孳息等未明事项，由甲乙双方根据法律法规和《基金合同》（或《合伙协议》《公司章程》等文件）另行约定。

（九）乙方有权根据甲方的划款通知书原件进行划款，只要：

1. 划款通知书如附件二格式，需要加募集结算资金专用账户开户时甲方预留的全部印鉴，且加盖的印章应与预留印鉴相符；

2. 划款通知书指定的划入账户为本协议第三条第四款所指收款账户；

3. 划款通知书载明的划款日不早于划款指令/通知书的送达日；

4. 划款通知书所指定的划款金额及汇划费用不大于募集结算资金专用账户资金余额。

5. 划付内容符合本协议第四条第一款至第七款的有关规定。

（十）进行本条二、三、四、五、六款情形划款时，乙方仅根据甲方提供的投资者身份信息表中记录的客户名称、收款账号、开户行是否一致进行核对。

第五条　独立性

（一）甲方特此确认：乙方仅根据本协议的规定进行划款，且仅审核相关文件的印鉴或格式与本协议要求或者预留的印鉴或格式表面相符即可，只要乙方系按照本协议的规定进行划款，即不对甲方因此所产生的任何损失承担任何形式的责任。

（二）专用账户内的募集结算资金从投资者资金账户划出，到达私募投资基金托管资金账户或指定账户之前，属于投资者的合法财产。禁止任何单位或者个人以任何形式挪用私募投资基金募集结算资金。执行事务合伙人、基金销售机构、基金销售支付机构或者基金份额登记机构破产或者清算时，私募投资基金募集结算资金不属于其破产财产或者清算财产。

（三）如遇司法机关要求查封、冻结专用账户或对专用账户内资金采取其他强制措施的情形，乙方有义务将本协议约定的专用账户内资金的来源及资金性质告知司法机关。如果发生司法机关强制措施情况，乙方应在发现之日起【1】个工作日内将该等情形告知甲方，但乙方不负有保证该账户内资产不被任何司法机关查封或扣划的责任。因国家政策和相关法律法规限制，导致乙方无法按照本协议约定完成资金划转的，乙方不承担任何法律责任，但乙方须书面通知甲方。

第六条　监督费及汇划费

本协议项下监督费率为××%/年，汇划费不包括在内，应从专用账户中支付。

监督费的计算公式为：H＝E×年化监督费率×当期实际监管天数/365。

其中：H为每季度应计提的基金监督费；

E为基金的累计募集资金规模。

监督费按日计算，每季度支付一次，于次季度首月【20】个工作日内支付。

本协议项下的汇划费为××，均应全额支付，由甲方按照附件二格式将上述约定的监督费由募集结算资金专用账户划入如下收款账户：

乙方收取上述费用的账号如下：

账户名称：××

账　号：××

开户行：××

第七条　不可抗力事件

（一）在协议有效期间，下列事件构成不可抗力：因法律法规的变化，政府干预，国家重大政策调整，任何通讯或电脑系统故障、停止运作或瘫痪，战争，以及火灾、暴雨、地震、飓风等自然灾害等原因导致乙方无法履行本协议项下的义务。

（二）在协议有效期间，如果发生上述不可抗力事件，乙方应通知甲方终止监督职责，但对甲方因此所发生的损失，乙方不承担任何形式的责任。

第八条　监督终止

（一）监督终止日为下述日期之先到之日：

1. 募集资金对应的私募投资基金完成清算；

2. 发生本协议第七条第一款所规定的不可抗力事件，乙方通知甲方终止监管发生之日；

（二）监督终止日，如为第八条第一款第（2）项情形，对于专用账户中的资金余额，乙方在扣除其应收的监督费和汇划费之后，乙方的监督职责即告解除。甲方应确定接替监督人，乙方将按甲方的还款指令，将专用账户资金余额划入接替监督人的指定账户。

第九条　通知

（一）本协议项下的各项通知或者指令均应采用书面通知的形式（本协议另有约定的除外）。本协议所指书面通知均为纸质原件。本协议各方书面通知或指令的授权签发人预留签字样本如附件三。

（二）载明有权签字人员名单（手签样式）和预留印鉴样本，在有权签字人员的名单或者权限有任何变化时，甲方应提前【1】个工作日以书面方式送达乙方，同时电话通知乙方，乙方收到变更通知后应立即向甲方通过录音电话确认。授权签发人预留签字的修改自乙方电话确认后于修改通知载明的生效时间生效。

（三）以书面形式提交的通知或者指令，应送达以下地址，如果相关信息发生变动，变动的一方应当立即通知其他各方：

甲方地址：××

联 系 人：××

联系电话：××

乙方地址：××

联 系 人：××

联系电话：××

第十条　法律适用、司法管辖及其他

（一）有关本协议的签署、履行及任何争议，均适用中华人民共和国法律（为本协议之目的，在此不包括香港、澳门特别行政区和台湾地区法律），并按其解释。本协议项下的任何争议，各方应当友好协商解决，若协商不成，可向××仲裁委员会提起仲裁解决，该仲裁裁决为终局的，对双方均有约束力。

（二）本协议经协议甲方法定代表人或者授权代理人或执行事务合伙人委派代表签字（或盖章）或加盖公章，及乙方法定代表人/负责人或授权代理人签字（或盖章）或加盖公章（或合同专用章）后生效。除本协议另有规定外，本协议直至协议双方按照本协议的规定履行完毕各自的义务后终止。

（三）根据本协议的附件格式所签署的文件作为本协议不可分割的组成部分，并在其签署时生效。

（四）本协议正本一式××份，其中甲方执××份、乙方执××份，每份具有同等法律效力。

第十一条　保密

各方对于本协议以及与本协议有关的事项承担保密义务，未经其他方书面同意，任何一方不得将本协议的任何有关事项向除本协议以外的第三方披露，但是因以下情况所进行的披露除外：

（一）甲方按照法律法规或本基金《基金合同》（或《合伙协议》《公司章程》）文件约定的信息披露义务，向投资人进行的披露。

（二）向在正常业务中所委托的审计、律师等工作人员进行的披露，但前提是该等人员必须对其在进行前述工作中所获知的与本协议有关的信息承担保密义务。

（三）该等资料和文件可由公开途径获得或者该资料的披露是法律法规的要求。

（四）向法院或者根据任何诉前披露程序或类似程序的要求，或根据所采取的法律程序所进行的与本协议有关的披露。

（五）乙方根据金融监督机构的要求，向金融监督机构进行的披露。

【本页以下无正文】

本协议由下述各方于××年××月××日签署。双方确认，在签署本协议时，双方已就全部条款进行了详细地说明和讨论，各方对本协议的全部条款均无疑义，并对当事人有关权利义务与责任限制或免除条款的法律含义有准确无误的理解。

甲方：××

授权代表：××

时间：××年××月××日

乙方：××

授权代表：××

时间：××年××月××日

附件一：

开户通知书（格式）

致：(填入客户公司名称)

兹就贵企业及我行于××年××月××日签署的编号为××的《××募集结算资金专用账户监督协议》(以下简称监督协议）出具本函。

监管协议中所定义的词语在本函中应具有相同的含义。

根据监管协议第三条第三款的规定，我行特此通知贵企业，相关募集结算资金专用账户已在我行开立，账户信息如下：

募集结算资金专用账户

账户名：××

账　号：××

账户行：××

××银行股份有限公司××分行

××年××月××日

附件二：

划款通知书（格式）

致：××银行股份有限公司××分行

兹就贵行、我司于××年××月××日（填入签署日期）签署的编号为××的《募集结算资金专用账户监督协议》(以下简称监督协议）出具本函。

监督协议中所定义的词语在本函中应具有相同的含义。

根据监督协议第四条的有关规定，我企业特此向贵行发送本通知书，请贵行按照监督协议第四条的规定在××年××月××日（填入划款日）将监管资金××（填入金额币种）划入如下账户：

本次划款属于认申购资金划款，划入监管协议第三条第（四）款第1项规定的收款账户；

本次划款属于××（写明原因，如退款、赎回、收益分配等），收款账户信息为：

序号	客户名称	收款账号	金额	开户行
1				
2				

甲方经办人：　　　　　　　　　　甲方复核人：

募集结算资金专用账户开户预留印鉴：

××年××月××日

乙方经办人：　　　　　　　　　　乙方复核人：

××年××月××日

附件三：

授权代表的签字与印鉴章样本（格式）

××公司在此证明，下列人员有权代表我公司向××银行股份有限公司××分行签发就贵行、我公司于××年××月××日（填入签署日期）签署的编号为××的《募集结算资金专用账户监督协议》约定的指令、通知和其他业务文书。下述姓名右边对应的签字与印章是他们的真实签字与印章样本，××银行股份有限公司××分行凭此签字和印章接受我司的指令、通知和其他业务文书。

<table>
<tr><th colspan="2">代表类型</th><th>姓名</th><th>对应签字样本</th><th>对应印章样本</th><th>启用日期</th><th>预留业务章印鉴</th></tr>
<tr><td rowspan="3">甲方</td><td>授权复核人</td><td></td><td></td><td></td><td colspan="2"></td></tr>
<tr><td>授权经办人</td><td></td><td></td><td></td><td colspan="2"></td></tr>
<tr><td>授权经办人</td><td></td><td></td><td></td><td colspan="2"></td></tr>
</table>

甲方：

法定代表人：

日期：××年××月××日

附件四：

投资者身份信息表（格式）

（请基金份额持有人务必确保填写的资料正确有效，如因填写错误导致的任何损失，基金募集机构和监督机构不承担任何责任）

（一）委托人（基金份额持有人）

1. 自然人

姓名：××

证件名称：身份证□、军官证□、护照□

证件号码：××

联系地址：××

联系电话：××

2. 法人或其他组织

名称：××

统一社会信用证号码：××

法定代表人或负责人：××

联系地址：×× 邮编：××

联系电话：××

联系人：××

（二）基金份额持有人认购金额

人民币××元整（¥××）

（三）基金份额持有人认购份额

数量××份

（四）基金份额持有人在此确认，认购、申购基金的资金从该账户划出，基金的赎回、收益分配和基金剩余财产分配的资金也划入该账户。该账户为基金份额持有人本人开立、使用的合法账户。账户信息如下：

账户名称：××

账号：××

开户银行名称：××

委托人：（签章）××

日期：××年××月××日

募集机构公章：××
日期：××年××月××日

(30) 示范文本：××私募投资基金托管协议

××私募投资基金托管协议

协议编号：××

目　　录

第一章　协议当事人
第二章　当事人权利与义务
第三章　合伙企业资产的保管
第四章　划款指令的发出、确认和执行
第五章　合伙企业投资监督
第六章　托管报告
第七章　合伙企业有关文件档案的保存5
第八章　合伙企业的费用和支出
第九章　托管人的更换及程序
第十章　合伙企业终止与清算
第十一章　违约责任
第十二章　其他事项
附件一：托管账户及其他指定划款及收款账户信息
附件二：合伙企业资金及文件移交清单
附件三：划款指令授权书
附件四：划款指令（格式）
附件五：投资运作监督事项表
附件六：资产托管业务起始运作通知书（格式）
附件七：托管报告（格式）
附件八：托管账户预留印鉴样本

附件九：业务联系表（格式）

附件十：合伙企业投资决策委员会签字样本

为保障资产安全，××（以下简称为甲方或合伙企业）委托××股份有限公司（以下简称为乙方或××）作为合伙企业资产的托管人，各方经友好协商，依据《中华人民共和国合伙企业法》（以下简称为《合伙企业法》）、《中华人民共和国合同法》（以下简称为《合同法》）等中国有关法律、法规及规范性文件的规定，以及《××（有限合伙）合伙协议》（以下简称为《合伙协议》）的约定，就甲方委托并移交乙方保管的甲方的货币类资产（以下简称托管资产）的托管事宜达成一致意见，订立本托管协议（以下简称为本协议）。

各方订立本协议的目的是为了明确协议各方在合伙企业资产的保管、合伙企业资产的投资运作和监督、合伙企业资产日常划拨等事宜中的权利、义务和责任，确保合伙企业资产的安全，保护合伙企业及合伙人的合法权益。

本协议各方均声明并保证，其签署本协议、行使本协议项下的权利及履行本协议项下的义务系基于各方的真实意思表示，已经按照各自章程或者其他内部管理文件的要求取得合法、有效的授权，且不违反对各方有约束力的任何协议、合同和其他法律文件。

本协议项下，乙方接受甲方委托，在甲方委托范围内，依法办理甲方交付的相关资产的托管事宜。就该等托管事宜中各方当事人的权利、义务，乙方处理的委托事项及相关职责，各方经友好协商一致，在本协议中作出约定。

第一章　协议当事人

本协议由以下当事人签署：

甲方（委托人）：××

名称：××（有限合伙）

注册地址：××

执行事务合伙人：××

执行事务合伙人注册地址：××

执行事务合伙人委派代表：××

乙方（托管人）：××
名称：××股份有限公司
法定代表人：××
注册地址：××

丙方：××
名称：××
负责人：××
联系地址：××

第二章　当事人权利与义务

2.1 甲方的权利与义务

2.1.1 甲方的权利：

（1）依照《合伙协议》的约定管理和运作合伙企业资产；

（2）委托乙方担任合伙企业的托管人；

（3）享有合伙企业财产的所有权；

（4）取得合伙企业的投资收益；

（5）检查乙方对合伙企业资产的托管运作情况；

（6）获取合伙企业业务及财务状况的资料；

（7）根据本协议的约定更换托管人；

（8）根据本协议和《合伙协议》及补充协议的有关规定向乙方发出划款指令；

（9）法律、法规及规范性文件规定的，以及本协议约定的其他权利。

2.1.2 甲方的义务：

（1）从本协议生效开始，按照本协议的约定，及时与乙方办理托管资产移交手续；

（2）按照本协议规定及时、足额地向乙方支付托管费；

（3）在合法合规前提下，应乙方要求提供开展托管业务各项必需的协助；

（4）任何因合伙企业业务性质或范围发生重大变化、因甲方合伙人认缴出资或合伙人发生变动等直接导致影响乙方托管业务的重大事项，应提前通知乙方，并提供有关文件；

(5) 及时向乙方提供托管业务所需的合伙人决议、执行事务合伙人的决议和决定、《合伙协议》及其修改等文件；

(6) 将本协议中乙方履行的职责向全体合伙人进行完整的披露，并确保《合伙协议》等各项法律文件与本协议没有冲突；如上述文件与本协议不一致，以本协议为准；

(7) 若合伙企业的资产被有权机关采取查封、冻结、扣划等强制执行措施，甲方应采取合理措施，包括但不限于依法向有权机关提出抗辩、异议，乙方对此不承担任何责任。若乙方因此遭受任何损失，甲方全额负责偿还；

(8) 甲方对关联方进行投资的，投资决策应当实行关联方回避制度，关联方的认定标准根据《合伙协议》的约定执行；

(9) 法律、法规及规范性文件规定的，以及《合伙协议》和本协议约定的其他义务。

2.2 乙方的权利和义务

2.2.1 乙方的权利：

(1) 接受甲方的委托，根据本协议及相关附件的约定，在甲方授权范围内依法行使对托管资产的保管权；

(2) 根据本协议监督甲方的投资运作行为；

(3) 根据本协议规定按期收取托管费；

(4) 法律、法规及规范性文件规定的，以及本协议约定的其他权利。

2.2.2 乙方的义务：

(1) 以诚实信用、勤勉尽责的原则履行托管人的义务，安全保管托管资产；乙方对托管资产的托管并非对甲方投资本金或收益的保证或承诺，乙方不承担甲方的投资风险；

(2) 配备足够的、合格的、熟悉托管业务的专职人员，负责甲方托管事宜；

(3) 执行甲方的有效划款指令，负责办理托管账户名下的资金往来；

(4) 根据本协议的约定，采取适当合理措施对甲方的投资管理行为进行监督。对甲方违反法律法规及规范性文件、违反《合伙协议》或本协议有关规定的划款指令，不予执行并及时向甲方发出书面提示，若甲方在乙方规定时间内未予调整或合理处理，则有权向甲方全体合伙人报告；

(5) 根据本协议第六章的约定，按时向甲方出具年度的托管报告；

（6）对所托管的不同股权投资企业的资产分别设置账户，保证甲方托管资产与乙方自有资产之间以及与乙方其他托管资产之间相互独立；

（7）保存获得的与甲方投资有关的会计记录、账册和档案，保存期限至少二十（20）年；

（8）根据《合伙协议》，在甲方期限届满或甲方提前终止后协助甲方进行的清算；

（9）按照本协议约定接受甲方对本协议项下托管业务执行情况的监督；

（10）经甲方合理要求的与甲方业务相关的其他事项；

（11）法律、法规及规范性文件规定的，以及本协议约定的其他义务。

第三章　合伙企业资产的保管

3.1 托管账户的开设和管理

3.1.1 合伙企业正式成立后，甲方委托乙方依据甲方业务开展需要，以甲方名义在乙方开立人民币专用存款账户作为合伙企业资产的银行托管账户（以下简称托管账户），用于存放合伙企业向乙方移交的所有货币资产（账户信息见附件一）。本协议签订后，甲方未经乙方书面同意不得撤销该托管账户。

该托管账户预留印鉴为以下印鉴中的（1）（2）（预留印鉴样本见附件八）：

（1）甲方财务专用章；

（2）乙方托管业务负责人的人名章；

（3）××/代表无约定。

在托管期间，前述印鉴（1）由甲方保管，前述印鉴（2）由乙方保管。

自本协议生效之后，合伙企业存续期间的一切货币收支活动（包括但不限于接收甲方合伙人认缴出资、接收甲方对外投资收入及其他收入、支付对外投资款、支付甲方应承担的日常费用、支付甲方应分配利润、支付乙方托管费、以及返还合伙人出资等）均需要通过托管账户进行。托管账户不得用于支取现金。

3.1.2 甲方托管账户的管理应符合《人民币银行结算账户管理办法》《中华人民共和国现金管理暂行条例》《人民币利率管理规定》等国家法律法规及规范性文件的规定。

3.1.3 乙方根据甲方的划款指令，办理所有甲方托管账户内的资金划拨。甲方同意将托管账户纳入乙方托管业务集团网银账户进行控制和管理，授权乙方通过网银系统对托管账户进行查询和转账等操作，由乙方相关授权人员负责网银指令信息的录入、发起网银资金转账业务，并对提交的指令信息进行复核与发送。甲方承诺甲方人员仅使用托管账户网上银行的查询功能。在乙方达到国内行业通常技术标准的前提下，对因人为网络袭击、病毒袭击等原因造成的托管资产损失，乙方不承担任何责任。

3.1.4 托管账户的资金划拨一般应通过乙方托管服务平台进行，在乙方系统出现故障的情况下，可以通过乙方柜台办理资金划拨，甲乙双方需分别委派专人，持各自的预留印鉴共同前往开户银行柜台通过汇票、电汇、贷记凭证或者其他方式办理业务，任何一方不得单独前往，否则由此给托管资产造成的损失由责任方负责。

3.1.5 乙方不得违反本协议约定擅自动用甲方托管账户内的甲方资产，乙方不得使用甲方托管账户进行本协议项下托管业务以外的活动。

3.1.6 如因甲方投资业务需要乙方为甲方开立除上述托管账户以外的其他账户并纳入托管范围，需提前通知乙方并经甲乙双方协商一致后办理。

3.2 托管资产与有关资料的移交与确认

3.2.1 甲方应在与乙方办理托管资产移交手续当日，向乙方发出《合伙企业资金及文件移交清单》（格式见附件二），注明合伙人认缴出资总额、首期拟缴付资金金额、缴付时间等，并附各合伙人首期缴付资金明细清单并加盖甲方公章。乙方在各合伙人首期缴款到达甲方托管账户后，根据甲方以公章确认的首期缴付资金明细清单和《合伙协议》，确认首期资金到账情况。以后各期合伙人出资的缴付，均根据甲方向乙方提供加盖公章的通知，乙方协助甲方对各合伙人的资金到账情况进行确认，并对未缴齐或多缴的情况进行书面确认。甲方应及时办理合伙企业的工商登记变更等事宜，并将变更后的最新情况在变更之日起五（5）个工作日内书面通知乙方。

3.2.2 乙方应在收齐上述首批托管资金的当日，在《合伙企业资金及文件移交清单》上进行书面确认，并加盖乙方业务章。

3.2.3 甲方应在办理托管资产移交的同时，向乙方提交下列文件、资料［其中，下列第（2）至第（7）项文件、资料要求必须提供正本，其他文件、资料，若为复印件需与原件核对无误并加盖甲方公章，本协议另有约定的除外]：

(1) 加盖甲方骑缝公章的《合伙协议》及相关附件［在合伙企业存续期间《合伙协议》发生变更的，甲方应将变更后的《合伙协议》或《补充协议》等变更文件在变更之日起五 (5) 个工作日内递交乙方]；

(2) 加盖甲方公章、甲方执行事务合伙人公章并由甲方执行事务合伙人法定代表人或其授权代理人签字或盖章的划款指令授权书（附件三）；

(3) 加盖甲方公章的托管账户预留印鉴样本（附件八）；

(4) 合伙企业托管账户及其他指定划款及收款账户信息（附件一）；

(5) 业务联系表（含送达地址、日常运营联系人及联系方式）（见附件九）；

(6) 合伙企业投资决策委员会（如有）签字样本（附件十）；

(7) 自然人作为合伙企业的出资人的，甲方应向乙方提供有权机构出具的自然人出资人符合向合伙企业出资条件的证明。

(8) 本协议和法律、法规及规范性文件规定提交的其他文件或资料。

3.2.4 只有在甲方根据上述规定向乙方提交了所有相关文件，并且将甲方收取的首期实缴出资按《合伙协议》的要求足额划入托管账户，乙方在《合伙企业资金及文件移交清单》上确认盖章且甲方向乙方发出“资产托管业务起始运作通知书”（格式见附件六）后，乙方才开始进行托管资产的日常的托管运作。

3.3 合伙企业股权投资的登记与保管

3.3.1 甲方对外投资所取得的股权凭证或权利证明文件及变动相关文件等的原件由乙方保管，甲方对该等文件的真实性、准确性和完整性负责。

3.3.2 乙方应建立股权记录制度，根据甲方提供的投资文件和被投资企业的资料，记录甲方在被投资企业的股权数量和股权比例，并根据甲方提供的相应证明文件对股权变动情况及时进行变更记录。甲方应在变动之日起五 (5) 个工作日内向乙方提供被投资企业股权变动的相关文件。

3.3.3 甲方所投资股权不得用于质押、担保。甲方所投资股权上市前的转让、重组、变现或作其他处置，应按照《合伙协议》约定程序进行，并在处置完成后三 (3) 个工作日内书面通知乙方，同时向乙方提供股权处置的书面证明文件，以及负责将股权处置资金足额、及时划入托管账户。乙方应依据甲方提供的股权处置证明文件核对股权处置资金是否足额、及时到账。如甲方擅自将合伙企业股权资产用于抵/质押、担保或设定任何形式的优先权或其他第三方权利，而造成托管资产损失，乙方不承担任何形式的责任。

3.4 投资收入的保管

基于合伙企业资产产生的全部收入，包括但不限于股权转让收入、股权红利、存款利息、补贴收入等，甲方须负责确保托管账户作为甲方全部收入的唯一收款账户并应及时向乙方发送（传真或当面送达）书面的收款通知书（内容应至少包括应收款项金额和预计到账时间范围，并须加盖甲方公章），甲方负责各类收入的催收管理，乙方负责跟踪确认实际到账情况，发生未按收款通知书及时到账情况时，乙方应及时提示甲方进行催收。

3.5 合伙企业有关法律文件的保管

3.5.1 除本协议另有约定外，甲方应保管其《合伙协议》、合伙人名册、合伙人出资证明及出资转让文件、全体合伙人会议文件、甲方执行事务合伙人签署文件等法律文件的原件。

3.5.2 上述 3.5.1 款所规定的与甲方设立和运作相关的重要法律文件，甲方均应向乙方提供原件或加盖甲方公章的复印件，乙方指定专人进行保管。

3.5.3 甲方运用合伙企业资产对外投资或对外签署的各种合同、协议、章程、决议、备忘录等法律文件及其附件，应保证甲方和乙方至少各持有一份正本原件，乙方所持有的文件正本由乙方指定人员负责存档保管。如上述法律文件只有一份正本，则由乙方持有。

3.5.4 乙方无义务审核本条项下甲方提交的法律文件的真实性、完整性及有效性，对于该等文件的真实性、完整性及有效性以及与此相对应的投资、资产等的风险、损失，乙方不承担任何形式的责任。

3.6 合伙企业印章的保管

甲方公章、甲方财务专用章、甲方执行事务合伙人公章、甲方执行事务合伙人委派代表的人名章等，除本协议另有约定外，均由甲方负责保管。

3.7 甲方应为乙方开立托管账户提供一切必要的开户资料和文件，包括但不限于营业执照等。

3.8 乙方应制定严密的银行托管账户管理制度，并实施完善的风险防范措施，安全保管甲方的各类资产账户，确保甲方资产的安全，包括但不限于：

3.8.1 乙方应为甲方托管账户单独建立银行日记账簿，每日记录资金划拨情况。按本协议相关规定，逐笔核对资金变动情况，确保资金变动记录及结果与开户银行记录及余额相符。

3.8.2 每季度结束后的五（5）个工作日内，甲方应主动与乙方就账户的划款记录的情况和资金余额进行核对。如有不符，甲乙双方应及时联系，查明原因，按照“谁出错谁调整”的原则进行调整。

3.8.3 因合伙企业资金收付而取得的原始凭证（如发票等）应由甲方进行妥善保管，乙方保管原始凭证复印件。甲方向乙方提供原始凭证复印件应加盖甲方公章。

3.9 甲方资产应和乙方自有资产和乙方其他托管资产严格分开，实行分账管理。乙方应对甲方资产的运作状况严格保密，除法律法规另有规定或者有关机关要求披露之外，未经甲方许可，不得向甲方以外的第三方以任何形式透露甲方资产状况。

3.10 当托管资产处于乙方以外机构实际有效控制时，乙方对该部分资产不承担安全保管职责，但在条件许可的情况下应进行监督和检查。

3.11 非货币类财产的保管（如有）

3.11.1 证券类资产及证券交易资金的保管

3.11.1.1 合伙企业投资形成的证券类资产，由相关法定登记或托管机构根据法律法规的规定实行第三方保管；证券交易结算资金由相关证券经纪商和存管银行保管。对于未经乙方同意的情况下甲方自行变更证券经纪商或存管银行造成的损失，及因证券经纪商及存管银行原因等非乙方原因导致证券交易结算资金无法正常转账支取造成的损失，乙方不承担责任。

3.11.1.2 交易所证券账户及合伙企业进行交易所证券投资专用资金账户（即客户交易结算资金第三方存管模式下的“证券交易资金台账账户”）的开立和管理。因为乙方暂时尚未获得与此条款相关的“第三方存管”业务资格，在乙方获得此业务资格前，如果甲方有与此条款相关的业务需求，可通过与乙方及具备此业务资格的第三方商业银行签署补充协议的方式约定相关业务处理规则，以保证甲方资产安全及运营的正常进行。在乙方获得此业务资格情况下，则各方按照如下约定开展相关业务：

（1）甲方负责在中国证券登记结算有限责任公司上海分公司、深圳分公司开立证券账户，用于合伙企业财产投资于场内交易证券品种所发生的交割和存管。如交易所另有规定或要求，从其规定；

（2）甲方应当在中国证券监督管理委员会批准的证券公司开设合伙企业

证券交易资金台账账户，甲方开设的合伙企业证券交易资金台账账户应指定甲方托管账户为对应的“银行结算账户”；此后，甲方应到开立托管账户的乙方下属营业机构签署“客户交易结算资金银行存管协议书”。完成以上客户交易结算资金第三方存管的有关手续后，甲方应及时告知乙方；

(3) 甲方应将证券交易及资金台账账户的开户资料（复印件）和证券账户卡（复印件）加盖公章后交与乙方留存；

(4) 合伙企业专用证券账户和证券交易资金台账账户的开立和使用，限于满足开展合伙企业业务的需要。甲方和乙方不得出借或未经对方同意擅自转让合伙企业的任何证券账户和证券交易资金台账账户，亦不得使用合伙企业的任何账户进行合伙企业业务以外的活动；

(5) 甲方提取证券交易资金台账账户内的资金时，只能划往甲方托管账户。

3.11.1.3 其他账户的开立和管理

合伙企业财产投资于符合法律法规规定和合伙文件约定的其他投资品种时，甲方应按照相关规定以合伙企业名义负责开立相关账户，并负责管理账户，及时将相应的合伙文件、账户资料复印件加盖公章后交付乙方。此账户的开立和管理应符合法律法规的规定，并且仅限于满足开展甲方合伙企业业务的需要。

第四章　划款指令的发出、确认和执行

4.1 划款指令的内容

4.1.1 划款指令系指运用甲方托管资产进行投资、支付相关费用及分配收益时，甲方向乙方发出投资资金划拨和其他款项划拨的书面指令（如需要相应的附件需一并提供）。根据《合伙协议》的约定，划款指令可由□甲方执行事务合伙人□××/××代表甲方向乙方发出，甲方划款指令包括项目投资划款指令、费用支出划款指令和分配划款指令。

4.1.1.1 项目投资划款指令由如下文件构成：

(1) 划款指令；

(2) 甲方的投资决策文件原件，投资决策文件中需列明被投资对象的名称、投资金额、所取得的股权/股份比例以及被投资对象的收款账户、账号、开户行；

(3) 甲方对外签署的投资协议及其他相关文件原件，如《股权转让协

议》《保证合同》等。

甲方保证以上所提供的作为划款依据的文件资料的真实性、有效性、准确性及完整性。乙方依据以上甲方提供的文件资料并根据本协议第五章的有关规定对划款指令进行核对，核对无误后，乙方按照划款指令执行划款，乙方对由于甲方提供的投资决策文件与实际签署的投资协议不一致所产生的后果不承担任何责任。甲方投资决策所产生的后果由甲方自行承担。

4.1.1.2 费用支出划款指令由以下文件构成：

（1）划款指令；

（2）合伙企业费用明细（加盖甲方公章）；

（3）合同、函件通知等文件资料及发票或支付凭证复印件（加盖甲方公章）（如有）。

甲方保证以上所提供的作为划款依据的文件资料的真实性、有效性、准确性及完整性。乙方依据以上甲方提供的文件资料对划款指令进行核对，核对无误后，乙方按照划款指令执行划款，乙方对由于合伙企业费用明细与实际签署的相关协议或发票、支付凭证等不一致所产生的后果不承担任何责任。

4.1.1.3 分配划款指令由以下文件构成：

（1）划款指令；

（2）分配方案（加盖甲方公章），分配方案包括出资返还方案或利润分配方案，应载明本次拟分配总额、分配对象、分配原则和计算公式、分配时间、分配方式等内容；

（3）合伙企业的合伙人账户明细（加盖甲方公章）。

甲方保证以上所提供的作为划款依据的文件资料的真实性、有效性、准确性及完整性。乙方依据以上甲方提供的文件资料对划款指令进行核对，核对无误后，乙方按照划款指令执行划款，乙方对由于分配方案、合伙人账户明细与合伙企业合伙人实际达成的分配方案等不一致所产生的后果不承担任何责任。

4.1.2 划款指令（格式见附件四）必须具备以下基本要素：日期、付款人、付款账号、付款行、收款人、收款账号、收款行、金额（大小写）、付款事由等。划款指令应由甲方的有权签署划款指令的人员（简称“有权签字人”）签字或盖章，并加盖以下印鉴中的（1）（2）：

（1）甲方财务专用章；

（2）甲方执行事务合伙人委派代表的人名章；

（3）××/代表无约定。

4.1.3 减资、退伙等事项原则上按照《合伙协议》进行操作。

4.2 划款指令的发出和接收

4.2.1 甲方应按照本协议的约定向乙方提供划款指令授权书（见附件三）指定并向乙方提供有权签字人的人员名单、权限，预留其签字或印章样本，同时预留以下印鉴中的（1）（2）作为划款指令预留印鉴：

（1）甲方财务专用章；

（2）甲方执行事务合伙人委派代表的人名章；

（3）××/代表无约定。

前述有权签字人的人员名单、权限、签字或印章样本有变化时，甲方应提前三（3）个工作日以书面形式（加盖甲方公章、甲方执行事务合伙人公章并由甲方执行事务合伙人法定代表人或其授权代理人签字或盖章）通知乙方，同时向乙方提供新的有权签字人的人员名单、权限、签字和印章样本，该变更将在乙方收到正式书面通知后生效。

4.2.2 甲方向乙方提供合伙企业全体合伙人的名单。甲方合伙人有变化时，甲方应在发生变化后五（5）个工作日以书面形式通知乙方并提供新的名单。该变更将在乙方收到正式书面通知后生效。

4.2.3 乙方指定专人接收甲方划款指令，确保资金汇划安全、快捷。乙方事先制作并向甲方提供业务联系表（见附件九），列明乙方接收和处理人员的姓名、电话、传真等。乙方上述接收和处理人员如果出现变化，乙方应提前三（3）个工作日以书面形式通知甲方，并提供变更后的人员情况表。该变更将在甲方收到正式书面通知后生效。

4.2.4 甲方的划款指令原件及作为划款审核依据的文件资料应以专人送达或发送快递方式向乙方发出。甲方事先制作并向乙方提供业务联系表（见附件九），列明甲方联系人员的姓名、电话、传真等。上述联系人员如果出现变化，甲方应提前三（3）个工作日以书面形式通知乙方，并提供变更后的人员情况表。该变更将在乙方收到正式书面通知后正式生效。

4.3 划款指令的确认

4.3.1 乙方对划款指令进行确认的依据是本协议的约定。甲方必须完整提供本协议第4.1条规定的全部文件，否则，乙方将暂缓执行相应划款指令，直至甲方补齐所有文件。因甲方提供的文件不完整而未及时执行划款指令的，乙方不承担任何责任。

4.3.2 对投资划款指令，乙方指定人员应对划款指令进行表面一致性审查，验证指令的书面要素是否齐全，指令的印鉴或签名是否与预留印鉴或签名一致，并与本协议第4.1.1.1条项下的其他各项文件进行相互核对：

（1）若存在异议或不符，立即与甲方指定人员进行电话联系和沟通，并将指令退回甲方进行修改。

（2）若核对无误，乙方还应根据本协议第五章的有关规定进行形式审核，确认支付范围是否符合本协议的有关规定。若存在违反投资监督事项的，立即与甲方指定人员进行电话联系和沟通，并将指令退回甲方修改。

4.3.3 对非投资业务的其他划款指令，乙方应指定人员对划款指令进行表面一致性审查，验证指令的书面要素是否齐全、指令的印鉴或签名是否与预留印鉴或签名一致，并与本协议第4.1.1.2条或第4.1.1.3条项下的其他文件进行相互核对，核对无误后，确认是否符合企业资产的支付范围。若存在异议或不符，立即与甲方指定人员进行电话联系和沟通，并将指令退回甲方修改。

4.4 划款指令的执行

4.4.1 甲方向乙方发出划款指令时，应确保托管账户内资金余额充足；乙方执行甲方发出的划款指令，应以甲方托管账户内实际可用资金为限，乙方不为甲方资产垫资。

4.4.2 甲方应给乙方留有充足的审核及划款时间，对于在甲方指定的有效付款日期当天15:00前送达的有效指令，乙方应保证可于当天执行；对于在甲方指定的有效付款日期当天15:00后送达的有效指令，乙方应保证可于下一工作日上午执行；如果甲方指定的有效付款日期为非工作日的，乙方应保证可于有效付款日期下一个工作日上午执行。

划款指令的送达时间以乙方完整收到本协议4.1条规定的各项划款指令组成要件的时间为准。审核要件不齐或送达时账户资金不足的等同于指令未送达，在此情况下，乙方不对未及时执行前述划款指令承担任何责任。

4.4.3 在网银资金划付出现问题须通过柜面进行应急划款时，按照本协议相关约定，支付结算方式可使用汇票、电汇、贷记凭证或者其他方式。

4.5 相关责任

4.5.1 乙方正确执行甲方的合法合规且符合本协议约定的有效划款指令，

甲方资产发生损失的（包括但不限于因甲方投资决策不当而导致损失的），乙方不承担任何形式的责任。在正常业务受理渠道和时间内，因乙方原因未能及时或正确执行合法合规且符合本协议的划款指令而导致甲方资产受损的，乙方应承担相应的责任，但甲方托管账户余额不足或有本协议约定的其他免责事由或乙方遇到不可抗力的情况除外。

4.5.2 如果甲方的划款指令存在事实上未经授权、欺诈、伪造或未能按时提供划款指令人员的预留印鉴和签字样本等非乙方原因造成的情形，只要乙方根据本协议相关规定验证有关印鉴与签名无误，乙方不承担因正确执行有关指令而给甲方或任何第三人带来的损失，全部责任由甲方自行承担，乙方不承担任何形式的责任。

4.5.3 如果甲方有权签字人的人员名单、权限、签字或印章样本有变化时，甲方未能按本协议约定及时通知乙方并提供新的有权签字人的人员名单、权限、签字和印章样本，或者甲方或其指定人员的联系方式有变化时，甲方未能按本协议约定及时通知乙方，而导致甲方资产或任何第三人受损的，甲方应承担相应责任，乙方不承担任何形式的责任。

4.6 划款指令一式两联，甲方执第一联、乙方执第二联。

4.7 甲方、乙方的送达地址、联系人员及联系方式见本协议附件九。

第五章　合伙企业投资监督

5.1 甲方根据《合伙协议》中的规定，包括但不限于甲方投资目标、投资方向和范围、投资策略、投资限制以及投资禁止行为等，编制《投资运作监督事项表》（见附件五），明确各项投资监督内容，经甲乙双方确认后作为乙方实施投资监督的依据。乙方配备专门的监督人员对甲方的投资运作进行监督，乙方按照《投资运作监督事项表》的约定履行了相应义务即完成了本协议项下的监督义务。

5.2 乙方在收到符合本协议第4.1条规定的划款指令之后，执行划款指令之前，应审核该投资行为是否违背《投资运作监督事项表》的各项约定。如果没有违背《投资运作监督事项表》的各项约定且符合本协议其他执行划款指令的条件的，乙方应按本协议相关约定执行划款。

5.3 乙方发现投资划款指令违反《投资运作监督事项表》有关规定的，或存在违法违规行为时，应停止执行划款指令，并在划款指令送达后三（3）

个工作日内以书面提示函的方式通知甲方，指明违规事项，甲方收到提示函后二（2）个工作日内应予以正式回函，说明缘由并及时纠正，若甲方在规定期限内未予合理处理，乙方有权向甲方全体合伙人报告。由此造成乙方不能及时执行甲方划款指令的责任由甲方自行承担，乙方不承担任何形式的责任。

5.4 甲方应在投资完成后，按照本协议第3.3条约定及时将投资所形成的股权凭证或股权变动相关资料提交给乙方。

5.5 甲方应保证其所提供的上述与投资相关的各项法律文件的合法性、真实性、完整性和有效性，乙方对此类文件的真实性和有效性不作实质性判断。如因甲方提供的上述文件不合法、不真实、不完整或失去效力而影响乙方对《投资运作监督事项表》各项约定的审核或给甲方、合伙人或任何第三人带来损失，乙方不承担任何形式的责任。

5.6 本合同有效期内，丙方应主动持续关注甲方投资项目执行情况及甲方及其管理人或执行事务合伙人的经营情况。当甲方及其管理人或执行事务合伙人出现合规风险、经营风险、声誉风险等情形时，丙方应及时通知乙方，并派专人负责信息、资料的搜集及与甲方、甲方管理人、甲方执行事务合伙人的沟通协调。

第六章　托管报告

6.1 年度报告：乙方应在每会计年度结束3个月内，向甲方提交上年度合伙企业托管报告，主要内容包括但不限于：该年度托管资产的主要运作情况、主要业绩指标、乙方履行本协议的情况。年度报告还应说明甲方执行事务合伙人对合伙资产的投资运作是否严格按照本协议的有关规定进行。

6.2 托管报告的格式及内容要求见附件七，乙方有权根据监管部门的要求和自身实际履行托管职责的情况，对托管报告的内容和格式进行不时的变动和更新。

第七章　合伙企业有关文件档案的保存

7.1 在本协议有效期内，甲方和乙方应各自建立严密的内控制度，完整保存各自取得的企业的所有原始凭证、记账凭证、原始单据、企业账册、交易记录、合伙人名册和合同等文件至少二十（20）年。

第八章 合伙企业的费用和支出

8.1 除本协议约定的托管费外，合伙企业应承担的费用以《合伙协议》的约定为准。

8.2 管理费及绩效分成作为□执行事务合伙人□××/××对甲方提供管理及其他服务的对价及奖励，由甲方向□执行事务合伙人□××/××支付。具体计提方法、计提标准、支付方式以《合伙协议》的约定为准。

8.3 乙方托管费的计提方法、计提标准和支付方式

8.3.1 托管费按甲方有限合伙人□认缴□实缴出资总额的××%/年收取，托管费计算公式＝甲方有限合伙人□认缴□实缴出资总额×××%×实际托管天数/360，实际托管天数自“资产托管业务起始运作通知书”（附件六）约定的资产托管业务运作的起始日开始计算。如出现有限合伙人□认缴□实缴出资总额发生变化的情况时，该日之前（含该日）按变化前有限合伙人□认缴□实缴出资总额计算及支付托管费，从下一日开始按变化后有限合伙人□认缴□实缴出资总额计算及支付托管费。

托管费按季度收取，收取日为每个自然季度末月的21日，如遇节假日则顺延至节假日后的第一个工作日，首期托管费的收取日为××年××月××日，最后一期托管费的收取日为投资期限终止日。

8.3.2 每个托管费收取日前，乙方将甲方应付的托管费书面通知甲方，甲方应在三（3）个工作日内复核完毕并向乙方发送托管费的划款指令，乙方复核无误后执行划款指令，托管费收款账户信息见本协议附件一。

8.3.3 若甲方未及时发送指令，则乙方有权直接从托管账户中扣收应收而未收的托管费；如托管账户余额不足，乙方需通知甲方。

若5个工作日内托管账户余额仍不足，甲方授权乙方从其在乙方及乙方总行所辖任何分支机构开立的任何账户中直接扣划。并且，甲方应赔偿未及时发送指令或托管账户余额不足给乙方造成的损失。

8.4 合伙企业汇划费用

乙方办理甲方资产划拨时发生的人民银行规定的各类银行结算费用，按实际发生额从甲方托管账户中直接扣除，无须甲方发送指令。如托管账户余额不足，乙方需通知甲方。若5个工作日内托管账户余额仍不足，甲方授权乙方从其在乙方及乙方总行所辖任何分支机构开立的任何账户中直接扣划，

若仍出现余额不足情况，乙方应立即通知甲方补足资金余额，甲方并应赔偿由此给乙方造成的损失。由此造成资金汇划的延误，乙方不承担任何责任。

第九章　托管人的更换及程序

9.1 托管人的解任

乙方有下列情形之一的，甲方有权更换托管人：

（1）违反法律、法规的规定或违反本协议的约定给甲方造成重大损失的；

（2）被依法取消托管业务资质的；

（3）依法解散、撤销、破产或者被接管的；

（4）法律、法规规定和本协议约定的其他情形。

9.2 托管人的辞任

9.2.1 发生下列情形之一的，乙方可以辞任：

（1）甲方违反法律、法规及规范性文件的规定，或违反《合伙协议》和本协议的约定，经乙方书面通知后仍不纠正的；

（2）发生其他可能会对托管资产安全或正常运行产生重大不利影响的重大事件，各方协商后一致认为乙方辞任有利于保证合伙企业的稳健运行。

9.2.2 乙方因本协议第9.2.1条第（1）款原因辞任的，应以书面传真方式通知甲方，说明辞任的决定和理由。乙方因本协议第9.2.1第（2）款原因辞任的，乙方与甲方应当联合签署书面声明，表明乙方辞任的决定和原因，并由甲方向甲方全体合伙人进行解释和说明。

9.2.3 乙方辞任的，甲方应该在九十（90）个工作日内找到合适的托管人替换乙方。乙方应该协助完成替换的相关交接工作，保证合伙企业平稳运行。乙方按上述程序辞任不视为违约。

9.3 托管人更换程序

9.3.1 乙方解任或辞任，甲方确认新任托管人后，应以书面方式通知乙方进入托管人更换程序的具体时间。

9.3.2 自进入托管人更换程序之日起，托管资产停止运作，托管账户冻结，乙方对合伙企业资产和文件资料进行清理，提供清单；甲方和乙方对托管资产进行确认后，乙方与新任托管人办理托管资产移交手续。上述更换程序应自进入托管人更换程序之日起三十（30）个工作日内完成，因甲方的过错造成的延误可顺延。

9.3.3 自启动更换托管人程序和托管资产投资运作停止、资产冻结之日起，乙方仍应对托管资产承担保管等项工作，并继续计收托管费至全部资产移交完成前一日止。

第十章 合伙企业终止与清算

10.1 甲方经营期满，或者甲方解散、依法被撤销、破产或由其他方接管其资产，或者甲方因《合伙企业法》《合伙协议》规定的其他各项原因而终止，本协议自然终止，乙方对甲方资产的托管职责即告终止。甲方应及时书面通知乙方前述合伙企业终止情形，以便乙方在接到甲方书面通知后按照本协议12.4.3条执行，否则造成的任何损失由甲方自行承担，乙方不承担任何形式的责任，甲方并应赔偿由此给乙方造成的损失。

10.2 发生上述合伙企业终止情形，甲方应按照《合伙企业法》《合伙协议》等相关规定负责组织清算小组对甲方财产进行清算，甲方清算小组负责甲方财产的保管、清理、估价、变现和分配等。除本协议另有约定外，乙方不承担甲方清算责任。

第十一章 违约责任

11.1 本协议当事人不履行或不完全履行本协议，由违约方承担违约责任；如各方均有违约行为，根据实际情况，由各方分别承担各自应负的违约责任。

11.2 除本协议另有约定外，本协议任何一方当事人的违约行为给另外一方造成实际损失的，应承担相应的赔偿责任。

11.3 违约行为已经发生，但本协议仍能够继续履行的，在保护各方当事方合法权利的前提下，各方当事人应当继续履行本协议约定的各项义务。

第十二章 其他事项

12.1 不可抗力

12.1.1 不可抗力是指各方不能预见，不能避免，并不能克服的客观情况，包括但不限于任何通讯或电脑系统的故障，停止运作或瘫痪，国家重大政策调整，火灾，暴雨，地震，飓风，雷击等自然灾害。

12.1.2 如果各方因不可抗力不能履行本协议时，不承担违约责任。协议一方因不可抗力不能履行本协议时，应及时通知对方并在合理期限内提供受到不可抗力影响的证明，并应采取适当措施防止损失的扩大。

12.2 保密条款

本协议的任何一方承诺对关于各方的业务和事务（包括对于各方而言，任何投资或潜在投资）的任何及所有信息保密，且除法律法规和本协议另有规定或有权机构要求披露的之外，不披露任何该等信息。任何一方进一步承诺不为本协议以外的目的利用该等保密信息，但前提是该方可向由其任命或雇佣的雇员、董事、受托人员、顾问、代理人或其他人员在为实现本协议目的所必需的范围内披露该等信息，在该等情况下，该方应确保其雇员、董事、受托人员、顾问、代理人或其他人员被告知本协议项下的保密义务并遵守该等义务。

12.3 争议的处理

12.3.1 任何因本协议而产生的或与本协议有关的争议，各方首先应通过友好协商予以解决；若协商不成，各方按如下第××种方式解决：

（1）依法向乙方所在地有管辖权的人民法院起诉；

（2）提交中国国际经济贸易仲裁委员会天津国际经济金融仲裁中心，按照申请仲裁时该会有效的仲裁规则进行仲裁。

12.3.2 争议解决期间，除争议事由本身外，各方应继续履行本协议规定的各项义务。

12.4 协议的效力及其他

12.4.1 本协议的生效

本协议自各方当事人的法定代表人或授权代理人签署并加盖公章或合同专用章之日起生效。除非根据本协议的有关规定提前解除或终止本协议，本协议的期限为甲方存续期。(如甲方的存续期根据甲方《合伙协议》予以延长的，除非甲乙任何一方提出书面异议，本协议的期限自动延长)。

12.4.2 本协议因下列原因解除或终止：

（1）各方经过友好协商，书面同意解除或终止本协议；

（2）甲方经营期满，或者甲方解散、依法被撤销、破产或由其他方接管其资产，或者甲方因《合伙企业法》《合伙协议》规定的其他各项原因而终止；

（3）如乙方违反本协议约定擅自动用或处分甲方托管账户资产或乙方无故拖延或拒绝执行甲方合法合规且符合本协议约定的有效划款指令，甲方有权书面通知乙方提前解除或终止本协议；

(4) 乙方在甲方违反法律、法规及规范性文件的规定或者本协议约定的情况下有权书面通知甲方提前解除或终止本协议。

(5) 乙方按照本协议的约定提出辞任，可以书面形式向甲方提出终止本协议，本协议在完成托管人更换程序之日终止。

12.4.3 本协议解除或终止后，乙方应将托管账户内的资金本息余额划转到甲方划款指令指定的银行账户，该等划款指令应符合本协议第 4.1 条的约定。乙方依据以上甲方提供的文件资料对划款指令进行表面一致性核对，核对无误后，乙方按照划款指令执行划款并对所产生的后果免责。在托管账户内的资金余额按照前述约定转出前，托管账户内的资金不得用于任何支付目的，除按照前述约定转出托管账户内的资金余额外，乙方有权拒绝甲方的任何划款指令并对所产生的后果免责。甲方应按照乙方要求及时办理托管账户销户等手续。

12.4.4 对本协议条款在操作上的细化可由各方另行约定实施细则，该等细则自各方的法定代表人或授权代理人签字并加盖各方公章或合同专用章之日起自动构成本协议不可分割的组成部分，对协议各方都有不可撤销的约束力。

12.4.5 对本协议的修改、变更及补充，须由本协议各方协商一致，并订立书面补充协议后方才生效。补充协议为本协议之不可分割的组成部分，在相同事项的规定上，如果补充协议与本协议存在冲突，以补充协议为准。

12.4.6 本协议以中文签署，一式××份，甲方执××份，乙方持××份，均为正本，具有同等的法律效力。

【以下无正文】

本页无正文，为《××（有限合伙）与××股份有限公司之托管协议》（编号为：××）的签署页

甲方（公章）：××

执行事务合伙人委派代表：

××年××月××日

执行事务合伙人（公章）：××

执行事务合伙人法定代表人（或授权代理人）：
××年××月××日

乙方（公章或合同专用章）：××
法定代表人（或授权代理人）：
××年××月××日

丙方（公章）：××股份有限公司××分行
负责人：
××年××月××日

附件一：托管账户及其他指定划款及收款账户信息

《××（有限合伙）与××股份有限公司之托管协议》（编号为：××号）
托管账户及其他指定划款及收款账户信息

托管账户：
户　　名：××
账　　号：
开户银行：××股份有限公司××分行

托管费收款账户：
账户名：××
账号：××
开户行：××

管理费收款账户：
户名：××
账号：××
开户银行：××

全体合伙人及其指定收款账户信息：（可另行书面提供）

户　　名：××
账　　号：××
开户银行：××

户　　名：××
账　　号：××
开户银行：××

户　　名：××
账　　号：××
开户银行：××

户名：××
账号：××
开户银行：××

附件二：合伙企业资金及文件移交清单

《××（有限合伙）与××股份有限公司之托管协议》（编号为：××）

合伙企业资金及文件移交清单（格式）

1. 合伙企业托管资金 1.1 认缴出资总额：×× 1.2 首期拟缴付资金金额：×× 1.3 缴款时间：××
2. 托管账户： 开户行：×× 户名：×× 账号：××
3. 相关文件资料 (1) ×× (2) ×× (3) ×× (4) ××

续表

移交时间：×× 移交人（签字）：×× ××（有限合伙）（公章）
经核实，上述托管资金及文件资料已收到。 接收时间： 经办人（签字）： ××股份有限公司托管业务部 （盖章）

附件三：划款指令授权书

《××（有限合伙）与××股份有限公司之托管协议》（编号为：××）
划款指令授权书

致：××股份有限公司

敬启者：

兹就贵行与我方于××年××月××日签署的编号为××的《××（有限合伙）与××股份有限公司之托管协议》（以下简称托管协议）出具本授权书。授权下列人员作为我方的有权签字人，于××年××月××日至××年××月××日期间，代表我方向你行发送托管协议项下划款指令。被授权人在授权范围内向你行发送指令的真实性、准确性、完整性及合法性由我方负全部责任。

现将划款指令发送用章样本及有权签字人的签字、印章样本及相应权限留给你行，请在使用时核验。

有权签字人姓名	权限	签字样本	印章样本
划款指令预留印鉴	合伙企业财务专用章、执行事务合伙人委派代表的人名章		

续表

备注：划款指令应按照托管协议及本授权书规定，由我方有权签字人签字或盖章，并加盖我方财务专用章和执行事务合伙人委派代表的人名章，方为有效。

××（有限合伙）（公章）

执行事务合伙人：××

执行事务合伙人法定代表人或授权代理人（签章）：××

日　　期：××

附件四：划款指令（格式）

《××（有限合伙）与××股份有限公司之托管协议》（编号为：××）

划款指令（格式）

第××号

××年××月××日

单位：元

付款户名：	收款户名：
付款账号：	收款账号：
开户行：	开户行：
大写金额：	小写金额：
支付日期：	
划款事由及备注： （如为投资划款指令，需列明被投资企业名称、投资金额等投资事项）	
甲方： 有权签字人（签字或印章）： 合伙企业财务专用章： 执行事务合伙人委派代表的人名章：	托管行：

重要提示：

1. 指令审核无误后，××应按照指令条款于《××（有限合伙）与××股份有限公司之托管协议》（编号为××，简称为托管协议）规定时间内划款。

2. 投资划款指令必须附有托管协议规定的投资协议和批准划款事项的书面决议文件等相关证明文件和材料。

3. 费用支出划款指令须附有托管协议规定的相关发票、协议等相关证明文件和材料。

4. 分配划款指令须附有托管协议规定的分配方案等相关证明文件和材料。

5. 划款指令一式两联，合伙企业执第一联、××执第二联。

附件五：投资运作监督事项表

《××（有限合伙）与××股份有限公司之托管协议》（编号为：××）

投资运作监督事项表

序号	监督项目	监督内容	监督处理
一	投资目标		
二	投资限制		
三	现金管理		
四	举债限制		

备注：如果投资品种和监督内容需要调整，必须经过甲方相应修改合伙协议后书面通知乙方。

附件六：资产托管业务起始运作通知书（格式）

《××（有限合伙）与××股份有限公司之托管协议》（编号为：××）

资产托管业务起始运作通知书（格式）

××股份有限公司：

根据《××（有限合伙）与××股份有限公司之托管协议》（编号为：

××）的要求，我方初始资金人民币　　　　　　　　元整已划入贵行托管专户，相关文件资料已齐备，根据实际业务情况，确定××年××月××日为资产托管业务运作的起始日。

特此通知。

××（有限合伙）

日期：××

附件七：托管报告（格式）

《××（有限合伙）与××股份有限公司之托管协议》（编号为：××）

托管报告（格式）（××年）

根据贵合伙企业与我行于××年××月××日签订的编号为“××”的《××（有限合伙）与××股份有限公司之托管协议》（以下简称《托管协议》）。为保障合伙企业资产的安全、维护合伙企业的合法权益，我行本着“笃守诚信、勤勉尽责，严格自律，创造卓越”的工作精神，对贵合伙企业是否按照相应的合伙协议、《托管协议》的有关规定管理和运作合伙企业资产行使托管职能；并严格按照监管部门有关要求，以合伙企业为会计核算主体，独立建账，独立核算，办理资金清算业务，以专业经营的方式认真履行了我行作为托管人的义务。

现将××年××月××日至××年××月××日的托管情况向贵合伙企业报告如下：

一、报告期内保管账户资金往来明细

日期	收/付	摘要	金额	余额

二、合伙企业投资组合情况

截至××年××月××日，贵合伙企业投资组合情况如下：

序号	所投资名称	投资金额（人民币万元）	所持比例	报告期变动情况

截至××年××月××日，贵合伙企业申购的新股情况如下：××。

截至××年××月××日，贵合伙企业申购的债券情况如下：××。

三、合伙企业主要财务指标

（托管资产总额及实际缴纳金额汇报，现金余额，费用开支总额及明细，投资后形成的股权投资比例和价值（按照历史成本计价）及其变动情况，合伙企业按照市值计算形成的所投资股权的估值，分红派息情况汇报）

四、执行事务合伙人对托管资产的运作情况

我行依据《托管协议》的规定，监督并记录了执行事务合伙人对托管资产运作情况，我行在此确认：【请在此处明确执行事务合伙人对贵合伙企业的托管资产的投资运作是否严格按照合伙协议、《托管协议》的有关规定进行，是否尽职尽责的履行了应尽的义务】。

五、存在的问题（如有，请在此描述）

××股份有限公司托管业务部

××年××月××日

附件八：托管账户预留印鉴样本

《××（有限合伙）与××股份有限公司之托管协议》（编号为：××）

托管账户预留印鉴样本

××（有限合伙）：	财务专用章印章样本：	
××托管业务部：	托管业务负责人人名章样本：	

××（有限合伙）（盖公章）

××年××月××日

附件九：业务联系表（格式）

《××（有限合伙）与××股份有限公司之托管协议》（编号为：××）

业务联系表（格式）

××股份有限公司 送达地址：（本协议项下的书面通知到达该地址即为送达）					
姓名	联系电话	手机电话	电子邮箱	传真电话	岗位

××（有限合伙） 送达地址： （本协议项下的书面通知到达该地址即为送达）					
姓名	联系电话	手机电话	电子邮箱	传真电话	岗位
陈丹					

附件十：合伙企业投资决策委员会签字样本

《××（有限合伙）与××股份有限公司之托管协议》（编号为：××）

合伙企业投资决策委员会签字样本

姓名	签字样本

（31）示范文本：××私募投资基金不予托管说明

《私募投资基金监督管理暂行办法》第二十一条规定，除基金合同另有约定外，私募投资基金应当由基金托管人托管。基金合同约定私募投资基金不进行托管的，应当在基金合同中明确保障私募投资基金财产安全的制度措施和纠纷解决机制。私募投资基金在中国证券投资基金业协会进行备案时，如果基金不进行托管，可能中国证券投资基金业协会会要求私募投资基金管理人提交一份全体投资人签署的不予托管的声明，表明投资人同意私募投资基金不进行托管并且自行承担相关风险。

××私募投资基金不予托管说明

××基金投资人一致同意由××发起设立的××基金的募集资金不进行托管，由××基金管理人自行进行管理。全体投资人知悉并了解本××基金无托管的事实，并知道其所存在的风险。如因此发生争议的，按照××基金合同争议解决方式进行解决。

基金管理人：××

投资人：××

时间：××年××月××日

第五节　私募地产投资基金募集过程中的其他事宜

一、对私募基金投资者支付投资款项的确认

私募投资基金管理人在收到私募投资基金的投资者支付的投资款项后，应及时向投资者出具投资款项的确认书，明示私募投资基金已经收到投资人支付的投资款项。投资确认书是投资者已经支付投资款项的依据，对投资者来说也是一个投资证明。根据基金类型的不同，投资确认书出具的主体有些轻微的差异。契约型基金由基金管理人出具即可，合伙型基金由基金管理人和私募投资基金出具较好，公司型基金由基金本身出具即可。

（32）示范文本：××私募投资基金投资确认书

××私募投资基金投资确认书

尊敬的××投资人：

您好！

衷心的感谢您加入××私募地产投资基金。我们通过××银行的确认，已于××年××月××日收到您的投资款项共计人民币大写：××元（人民

币：××万元）。

由××投资基金管理有限公司发起的××私募投资基金的投资周期为××个月，成立日期为××年××月××日，备案日期为××年××月××日，到期日期为××年××月××日。

城市化是中国经济持续三十余年增长的基石，并仍将是今后经济增长的基石。随着中国市城市化的进程的展开，必将在更广泛的地区和领域产生更多的投资机会，××地产投资基金将追踪中国城市化进程中的特殊投资机会，为投资人创造安全、可持续的收益。

本公司特此致函通知，请妥善保管相关基金文件。

××投资基金管理有限公司

××年××月××日

地址：××

邮编：××

联系电话：××

二、基金管理人或基金出具私募投资基金成立公告

基金管理人在私募投资基金募集完成后，应及时向私募投资基金的投资人出具成立公告，及时告知私募投资基金的成立情况。实践中，以前许多私募投资基金都是在募集完成后即可以自行安排投出，因此私募投资基金的成立和投资日期即可以定在基金募集完成的当天。但是根据近期中国证券投资基金业协会的反馈意见，私募投资基金必须在备案成功后才可以投出，这样无疑会拉长私募投资基金的投出时间，对于许多投资人来说，时间成本和经济成本都比较高，许多投资人不可以接受。《私募投资基金管理人登记和基金备案办法（试行）》第十一条规定，私募投资基金管理人应当在私募投资基金募集完毕后20个工作日内，通过私募投资基金登记备案系统进行备案，并根据私募投资基金的主要投资方向注明基金类别，如实填报基金名称、资本规模、投资者、基金合同（基金公司章程或者合伙协议，以下统称基金合同）等基本信息。公司型基金自聘管理团队管理基金资产的，该公司型基金在作为基金履行备案手续同时，还需作为基金管理人履行登记手续。第十二条规

定，私募投资基金备案材料不完备或者不符合规定的，私募投资基金管理人应当根据基金业协会的要求及时补正。第十三条规定，私募投资基金备案材料完备且符合要求的，基金业协会应当自收齐备案材料之日起20个工作日内，以通过网站公示私募投资基金基本情况的方式，为私募投资基金办结备案手续。网站公示的私募投资基金基本情况包括私募投资基金的名称、成立时间、备案时间、主要投资领域、基金管理人及基金托管人等基本信息。根据上述规定，即使私募投资基金备案顺利的话，备案完成也可能需要一个月左右，对于投资人来说无疑这有一个很大的时间上和经济上的损失。

(33) 示范文本：××私募投资基金成立公告

××私募投资基金成立公告

××私募股权投资基金的募集已于××年××月××日截止，依据与××银行的确认，××基金募集资金人民币××元，已经符合基金合同的成立标准，现本基金宣告成立。

本基金将依据法律法规的规定进行备案，并在备案完成后投出。

本基金募集资金将严格按照××私募股权投资基金的基金文件的规定进行投资。

再次感谢您对本基金管理人的支持和信任。

××股权投资管理有限公司

××年××月××日

三、办理工商机关的设立、变更登记手续（以合伙企业为例，以北京为例）

公司型、合伙型与契约型基金的组织形式不同，因此私募地产投资基金成立后，对于公司型和合伙型私募地产投资基金还要进行工商变更工作。现在以合伙型基金为例（北京）介绍一下私募投资基金的工商变更登记情况。合伙型私募投资基金成立后，如果是新设的有限合伙型基金，需要按照有限合伙设立登记的告知单办理有限合伙型基金的注册登记手续；如果是已设的有限合伙型基金，需要按照有限合伙变更登记告知单办理有限合伙型基金的变更登记手续。需要注意的是，无论是有限合伙型基金还是公司制基金都应及时办理上述工商设立或变更登记手续，因为现在中国证券投资基金业协会只接受已经办理完毕工商变更登记手续的私募投资基金进行备案，所以如果未办理完毕上述类型的私募投资基金的工商设立或变更登记手续，私募投资基金不能进行备案并且不能投出。原来许多私募投资基金都是在募集完成后一边进行私募投资基金备案，一边进行工商变更登记，现在这种方式已经不能操作。同时，现在各地工商行政管理机关只接受自身提供的工商注册登记或变更登记文件指导范本，如合伙协议、退伙协议、合伙人决议等，如果基金管理人以自己制定的文件进行工商变更，可能不被当地工商行政管理机关接受，因此在做工商登记或变更时，应及时与当地工商行管管理机关进行沟通，以免耽误办理时间。

（34）示范文本：内资合伙企业设立登记一次性告知单（北京）

109

内资合伙企业设立登记一次性告知单

尊敬的申请人，欢迎您到北京投资兴业，我们承诺为您提供尽可能的帮助与服务。为使您更好地了解办理内资合伙企业营业执照的过程及有关知识，我们制作了这份《一次性告知单》。为了避免办照风险，请您同时认真阅读我们编制的《投资办照通用指南及风险提示》。如您在办理过程中还有其他疑问，请登陆“北京工商”网站：gsj.beijing.gov.cn 查询或直接到登记服务大厅现场咨询。

北京市工商行政管理局
gsj.beijing.gov.cn
（2018第一版）

内资合伙企业设立登记一次性告知单

合伙企业概念

合伙企业是指自然人、法人和其他组织依照《中华人民共和国合伙企业法》设立的普通合伙企业和有限合伙企业。

合伙企业基本条件

有符合要求的企业名称

在申请登记注册前，应先到工商部门申请合伙企业的名称登记。名称中的组织形式后应标明“普通合伙”、“特殊普通合伙”“有限合伙”等字样。（具体要求请详见《企业名称预先核准一次性告知单》）

有符合要求的合伙人

应有两个以上合伙人，合伙人为自然人的，应当具有完全民事行为能力。

有限合伙企业由二个以上五十个以下合伙人设立，有限合伙企业至少应当有一个普通合伙人。有限合伙企业由普通合伙人执行合伙事务。

国有独资公司、国有企业、上市公司以及公益性的事业单位、社会团体不得成为普通合伙人。

有符合要求的书面合伙协议

合伙人可以依法自主制定合伙协议。

协议中应当载明“本协议与法律法规不符的，以法律法规的规定为准”。

协议中的经营范围条款应当注明“以工商行政管理机关核定的经营范围为准”。

工商部门提供合伙协议的参考格式服务，您可到各工商大厅领取参考格式范本，或登陆我局网站获取。

有合伙人认缴或者实际缴付的出资

内资合伙企业设立登记一次性告知单

合伙人可以货币、实物、知识产权、土地使用权或其他财产权利出资，也可以劳务出资。但有限合伙人不得以劳务出资。

合伙人以实物、知识产权、土地使用权或者其他财产权利出资，需要评估作价的，可以由全体合伙人协商确定，也可以由全体合伙人委托法定评估机构评估。合伙人以劳务出资的，其评估办法由全体合伙人协商确定，并在合伙协议中载明。

有符合要求的经营场所

您所选择的经营场所应为有房产证的合法建筑，且房产证上记载的用途应与注册企业的使用用途一致。（如不符合上述条件，请您仔细阅读《投资办照通用指南及风险提示》中“选择企业住所（经营场所）时应注意哪些问题”的有关内容）

从事的经营项目应符合国家规定

如您从事的经营项目属于法行政法规或国务院决定规定须经审批的，无论是工商登记前置审批项目还是照后后审批项目，均应在获得相关部门批准后依批准的内容开展经营活动。

到哪里办理执照

一般而言，您应到经营场所所在地工商分局申请办理营业执照。

如果您的企业从事投资基金、登记注册代理等特殊行业，或注册地址位于西客站地区、天安门地区等特殊区域，应到市工商局办理。（具体请您仔细阅读《投资办照通用指南及风险提示》中“到哪里去办营业执照”的有关内容）

内资合伙企业设立登记一次性告知单

温馨提示：

1. 除了现场提交申请材料外，您还可以选择通过网上申请的方式提交材料。请登陆我局网站 gsj. beijing. gov. cn，点击“网上登记”模块，注册用户后按照网站指导逐步填写。我们的工作人员将在网上为您先行审查材料是否齐备，并详细指导您如何进一步修改完善。

2. 鉴于部分城区分局业务量较大，为了减少您的等候时间，除了现场直接办理外，我们还为您提供预约办理的方式。各工商机关的具体预约方式请您拨打属地工商部门的咨询电话详细了解。（咨询电话请详见《投资办照通用指南及风险提示》最后一页）

内资合伙企业设立登记一次性告知单

办理执照需要准备哪些材料

序号	材料	提示
1	《合伙企业设立登记申请书（分支机构设立登记申请书）》	全体合伙人签署。（其他填写要求请详见申请书上的说明提示）
2	全体合伙人的身份证明或主体资格证明	合伙人为自然人的提交身份证复印件；合伙人为企业法人的提交加盖公章的营业执照复印件；合伙人为农民专业合作社的，提交加盖公章的农民专业合作社营业执照副本复印件；合伙人为民办非企业单位的，提交加盖单位公章的民办非企业单位证书复印件。特殊普通合伙企业还应提交合伙人的职业资格证明。（其他类别合伙人的资格证明提交方式请参见《投资办照通用指南及风险提示》中“如何准备投资人（股东）资格证明文件”的详细说明）
3	合伙协议	全体合伙人共同签署。
4	全体合伙人对各合伙人认缴或者实际缴付出资的确认书	以实物、知识产权、土地使用权或其他财产权利出资，由全体合伙人委托法定评估机构评估作价的，还应提交法定评估机构出具的评估作价证明。
5	《企业名称预先核准通知书》	
6	《指定（委托）书》	
7	住所使用证明	产权人签字或盖章的房产证复印件。产权人为自然人的应亲笔签字，产权人为单位的应加盖公章。

内资合伙企业设立登记一次性告知单

序号	材料	提示
8	许可项目审批文件	仅限经营项目涉及前置许可的，如危险化学品经营、快递业务等。
9	商务部门的批准文件	仅限合伙人为外商投资企业（不含外商投资的投资性公司），且合伙企业申请的经营范围涉及《外商投资产业指导目录中限制类项目的情况。
10	《补充信息登记表》	
11	执行事务合伙人委派代表的委派书	仅限执行事务合伙人为法人企业时需提交。

温馨提示：

1. 上述第1、6、10项材料应提交登记机关制式格式的申请文件，您可到就近工商部门领取或登陆我局网站下载。

2. 所有提交的材料均需使用A4纸打印。

3. 未明确提示可提交复印件的，应当提交文件原件。提交复印件时，应在复印件上注明与原件一致，并由申请人签字确认。

4. 您所提交房产证的房产用途应与实际经营用途一致。未取得房屋所有权证的房屋，在何种情况下可以办理营业执照？请您认真阅读《投资办照通用指南及风险提示》中“选择企业住所（经营场所）时应注意哪些问题”的有关内容，以避免风险。

(35) 示范文本：内资合伙企业变更登记（备案）一次性告知单

209

内资合伙企业变更登记（备案）一次性告知单

尊敬的申请人，欢迎您到北京市工商行政管理机关办理登记注册。在经营过程中，您是否会遇到这些问题：我们企业想换个地址应该怎么办？合伙人变更了，应该如何办理？本告知单将为您介绍有关内资合伙企业办理变更、备案和增减补换执照的基本流程、应提交的材料等内容。为了避免办照风险，请您同时认真阅读我们编制的《投资办照通用指南及风险提示》。如您在办理过程中有其他疑问，请登陆“北京工商”网站：gsj.beijing.gov.cn 查询或直接到登记服务大厅现场咨询。

北京市工商行政管理局
gsj.beijing.gov.cn
（2018 第二版）

内资合伙企业变更登记（备案）一次性告知单

一、应该到哪里办理变更手续

一般而言，您应到企业设立时办理登记注册的工商机关办理变更、备案等登记注册手续。

二、如何办理合伙企业的变更登记

（一）变更名称

注意事项：

如果您申请企业名称变更，应先办理新名称的核准，取得《企业名称变更预先核准通知书》（具体要求、办理流程请参见《企业名称预先核准一次性告知单》）。

提交材料：

1.《非公司制企业变更（改制）登记申请书（非公司制企业备案申请书）》（具体填写要求请详见表格注释）；

2. 变更决定书（全体合伙人或合伙协议约定的人员签署）；

3.《指定（委托）书》；

4. 营业执照正、副本；

5.《企业名称变更预先核准通知书》；

企业修改合伙协议的，可以提交新的合伙协议（由全体合伙人签署），或者依据设立登记时合伙协议的约定作出的修改决议。

（二）变更企业住所

注意事项：

1. 您所选择的企业住所应为有房产证的合法建

内资合伙企业变更登记（备案）一次性告知单

筑，且房产证上记载的用途应与注册企业的使用用途一致。（如不符合上述条件，请您仔细阅读《投资办照通用指南及风险提示》中“选择企业住所（经营场所）时应注意哪些问题”的有关内容）

2.《北京市新增产业的禁止和限制目录》规定，严控总部企业新迁入城六区，因此总部企业不得从京外或本市其他地区迁入城六区。

提交材料：

1.《非公司制企业变更（改制）登记申请书（非公司制企业备案申请书）》（具体填写要求请详见表格注释）；

2.《指定（委托）书》；

3. 营业执照正、副本；

4. 住所使用证明（一般应为产权人签字或盖章的房产证复印件。产权人为自然人的应亲笔签字，产权人为单位的应加盖公章）。

（三）变更合伙人

注意事项：

1. 有限合伙企业由两个以上五十个以下合伙人设立，且至少应当有一个普通合伙人。有限合伙企业由普通合伙人执行合伙事务。

2. 国有独资公司、国有企业、上市公司以及公益性的事业单位、社会团体不得成为普通合伙人。

内资合伙企业变更登记（备案）一次性告知单

提交材料：

1.《非公司制企业变更（改制）登记申请书（非公司制企业备案申请书）》（具体填写要求请详见表格注释）；

2. 变更决定书（全体合伙人或合伙协议约定的人员签署）；

3.《指定（委托）书》；

4. 营业执照正、副本；

5. 新合伙人的身份证明或主体资格证明；

6. 入伙协议；

7. 全体合伙人对新合伙人认缴或者实际缴付出资的确认书；

新合伙人为外商投资企业（不含外商投资的投资性公司），且合伙企业的经营范围涉及《外商投资产业指导目录》中限制类的，还应提交商务部门的批准文件。

企业修改合伙协议的，可以提交新的合伙协议（由全体合伙人签署），或者依据设立登记时合伙协议的约定作出的修改决议。

（四）变更法人、其他组织执行事务合伙人委派的代表

提交材料：

1.《非公司制企业变更（改制）登记申请书（非公司制企业备案申请书）》（具体填写要求请详见表格注释）；

内资合伙企业变更登记（备案）一次性告知单

2. 变更决定书（全体合伙人或合伙协议约定的人员签署）；

3.《指定（委托）书》；

4. 营业执照正、副本；

5. 继任代表的身份证明；

6. 执行事务合伙人出具的委派书；

企业修改合伙协议的，可以提交新的合伙协议（由全体合伙人签署），或者依据设立登记时合伙协议的约定作出的修改决议。

（五）变更经营范围

注意事项：

如果新增经营项目涉及前置许可的，应先取得相应审批部门的批准文件。

提交材料：

1.《非公司制企业变更（改制）登记申请书（非公司制企业备案申请书）》（具体填写要求请详见表格注释）；

2.《指定（委托）书》；

3. 营业执照正、副本；

4. 新增经营项目涉及前置许可的，应先提交相应审批部门的批准文件。

（六）变更企业类型

提交材料：

1.《非公司制企业变更（改制）登记申请书（非

内资合伙企业变更登记（备案）一次性告知单

公司制企业备案申请书）》（具体填写要求请详见表格注释）；

2. 变更决定书（全体合伙人或合伙协议约定的人员签署）；

3.《指定（委托）书》；

4. 营业执照正、副本；

5.《企业名称变更预先核准通知书》；

普通合伙企业变更为特殊的普通合伙企业的，应提交合伙人的职业资格证明。

企业修改合伙协议的，可以提交新的合伙协议（由全体合伙人签署），或者依据设立登记时合伙协议的约定作出的修改决议。

（七）变更合伙人的出资数额

提交材料：

1.《非公司制企业变更（改制）登记申请书（非公司制企业备案申请书）》（具体填写要求请详见表格注释）；

2. 变更决定书（全体合伙人或合伙协议约定的人员签署）；

3.《指定（委托）书》；

4. 营业执照正、副本；

5. 全体合伙人对变更的合伙人认缴或实际缴付出资的确认书；

企业修改合伙协议的，可以提交新的合伙协议（由全体合伙人签署），或者依据设立登记时合伙协议的

 内资合伙企业变更登记（备案）一次性告知单

约定作出的修改决议。

三、如何办理合伙企业清算人成员备案登记

提交材料：

1.《非公司制企业变更（改制）登记申请书（非公司制企业备案申请书）》（具体填写要求请详见表格注释）；

2.《指定（委托）书》；

3. 全体合伙人指定清算人成员名单的决定；

4. 加盖公章的企业营业执照复印件。

四、如何办理合伙企业申领、补发执照登记

（一）因执照丢失、损毁申请补发营业执照

注意事项：应先在国家企业信用信息公示系统（北京）(http://bj.gsxt.gov.cn或http://wsnj.baic.gov.cn/nb)上公示“营业执照作废声明 ”

提交材料：

1.《更换、增（减）、补营业证照申请表》；

2.《指定（委托）书》；

3. 全体合伙人签署的情况说明。

（二）申请增发营业执照副本

提交材料：

1.《更换、增（减）、补营业证照申请表》；

2.《指定（委托）书》；

3. 原营业执照副本。

 内资合伙企业变更登记（备案）一次性告知单

温馨提示：

1. 上述提交材料中涉及的申请表格均应提交登记机关制式格式的申请文件，您可到就近工商部门领取或登陆我局网站下载。

2. 所有提交的材料均需使用A4纸打印。

3. 未明确提示可提交复印件的，应当提交文件原件。提交复印件时，应在复印件上注明与原件一致，并由申请人签字确认。

4. 除了现场提交申请材料外，您还可以选择通过网上申请的方式提交材料。请登陆我局网站gsj.beijing.gov.cn，点击“网上登记”模块，注册用户后按照网站指导逐步填写。我们的工作人员将在网上为您先行审查材料是否齐备，并详细指导您如何进一步修改完善。

5. 鉴于部分分局业务量较大，为了减少您的等候时间，除了现场直接办理外，我们还为您提供预约办理的方式。各工商机关的具体预约方式请您拨打属地工商部门的咨询电话详细了解。（咨询电话请参见《投资办照通用指南及风险提示》最后一页）

四、私募地产投资基金在中国证券投资基金业协会的备案

《私募投资基金管理人登记和基金备案办法（试行）》第十一条规定，私募投资基金管理人应当在私募投资基金募集完毕后20个工作日内，通过私募投资基金登记备案系统进行备案，并根据私募投资基金的主要投资方向注明基金类别，如实填报基金名称、资本规模、投资者、基金合同（基金公司章程或者合伙协议，以下统称基金合同）等基本信息。公司型基金自聘管理团队管理基金资产的，该公司型基金在作为基金履行备案手续同时，还需作为基金管理人履行登记手续。第十二条规定，私募投资基金备案材料不完备或者不符合规定的，私募投资基金管理人应当根据基金业协会的要求及时补正。第十三条规定，私募投资基金备案材料完备且符合要求的，基金业协会应当自收齐备案材料之日起20个工作日内，以通过网站公示私募投资基金基本情况的方式，为私募投资基金办结备案手续。网站公示的私募投资基金基本情况包括私募投资基金的名称、成立时间、备案时间、主要投资领域、基金管理人及基金托管人等基本信息。第十四条规定，经备案的私募投资基金可以申请开立证券相关账户。私募投资基金备案时，中国证券投资基金业协会会要求基金管理人上传《基金备案承诺函》，承诺及时、准确报送后续重大事项更新和定期更新信息以及恪尽职守、诚实信用、谨慎勤勉的原则管理运用基金财产，不以私募投资基金的名义从事利益输送、非法集资等损害投资人利益的行为。根据中国证券投资基金业协会的窗口指导意见，只有基金在完成备案手续后，基金的资金才可以对外投资，正式运作。如果基金不进行备案，根据《私募投资基金监督管理暂行办法》第三十八条的规定，私募投资基金管理人、私募投资基金托管人、私募投资基金销售机构及其他私募服务机构及其从业人员违反本办法第七条、第八条、第十一条第十四条至第十七条、第二十四条至第二十六条规定的，以及有本办法第二十三条第一项至第七项和第九项所列行为之一的，责令改正，给予警告并处三万元以下罚款；对直接负责的主管人员和其他直接责任人员，给予警告并处三万元以下罚款；有本办法第二十三条第八项行为的，按照《证券法》和《期货交易管理条例》的有关规定处罚；构成犯罪的，依法移交司法机关追究刑事责任。私募投资基金备案完成后，中国证券投资基金业协会会向基金管理人出具《私募投资基金备案证明》。

《私募投资基金监督管理暂行办法》第八条规定，各类私募投资基金募集完毕，私募投资基金管理人应当根据基金业协会的规定，办理基金备案手续，报送以下基本信息：（一）主要投资方向及根据主要投资方向注明的基金类别；（二）基金合同、公司章程或者合伙协议。资金募集过程中向投资者提供基金招募说明书的，应当报送基金招募说明书。以公司、合伙等企业形式设立的私募投资基金，还应当报送工商登记和营业执照正副本复印件；（三）采取委托管理方式的，应当报送委托管理协议。委托托管机构托管基金财产的，还应当报送托管协议；（四）基金业协会规定的其他信息。基金业协会应当在私募投资基金备案材料齐备后的20个工作日内，通过网站公告私募投资基金名单及其基本情况的方式，为私募投资基金办结备案手续。第九条规定，基金业协会为私募投资基金管理人和私募投资基金办理登记备案不构成对私募投资基金管理人投资能力、持续合规情况的认可；不作为对基金财产安全的保证。

（36）示范文本：基金备案承诺函

基金备案承诺函

本机构承诺如实填报“××”的备案信息，并将按《私募投资基金管理人登记和基金备案办法（试行）》要求，及时、准确报送后续重大事项更新和定期更新信息。

本机构已了解《私募投资基金监督管理暂行办法》《私募投资基金募集行为管理办法》《私募投资基金合同指引》等私募投资基金行业法律法规和中国证券基金业协会自律规则。本机构承诺所设立的私募投资基金符合私募投资基金行业法律法规及中国证券投资基金业协会自律规则的相关要求。

本机构承诺按照恪尽职守、诚实信用、谨慎勤勉的原则管理运用基金财产，不以私募投资基金的名义从事利益输送、非法集资等损害投资人利益的行为。

机构签章：

××年××月××日

（37）示范文本：私募投资基金备案证明

私募投资基金完成备案后，中国证券投资基金业协会会出具私募投资基金证明（电子版），证明基金已经备案完成。

中国证券投资基金业协会
Asset Management Association of China

备案编码：[redacted]

私募投资基金备案证明
Private Investment Fund Filing Information

基金名称 Fund Name	[redacted]发展基金（有限合伙）
管理人名称 Manager Name	[redacted]有限公司
托管人名称 Trustee Name	中信银行股份有限公司
备案日期 Filing Date	2018年01月24日
证书打印时间 Printing Time	2018年03月13日 16:50

该基金已根据《证券投资基金法》和《私募投资基金监督管理暂行办法》等法律法规的要求在我协会备案。

重要提示：

1. 本备案证明仅作为对私募投资基金备案情况的确认，该基金备案信息请到 中国证券投资基金业协会网站查阅，网址为gs.amac.org.cn。
2. 私募投资基金的备案不构成对其投资能力、持续合规情况的认可， 不作为对基金财产安全的保证。

第二章　私募地产投资基金的投资

第一节　私募地产投资基金的对外投资概述

私募地产投资基金的投资，顾名思义即私募地产投资基金将募集而来的资金对外投出的全过程。私募地产投资基金的对外投资是一个十分复杂的过程，需要公司各部门的密切配合，经过一系列的严谨程序、收集大量的基础性资料、进行大量的计量测算、进行严密的有逻辑分析判断、基金管理公司和基金最高权力机构的决策、外部机构的适当介入等等。“投资”行为是所有私募投资基金运作过程中最具价值含量、最具技术含量的部分，事关私募投资基金运作的成败。投资部门也是私募投资基金管理公司最重要的部门，事关私募投资基金管理公司的生存和发展。私募投资基金管理公司成长的关键要素就在于投资部门投资人员掌握的项目资源、获取项目的能力、项目投资标准、项目评判标准以及投后管理水平，等等。这是一个私募投资基金管理公司的最核心的竞争力。私募投资基金管理公司最核心的能力应该是投资能力的培养，只有在市场的实践中经过不断的摸爬滚打，不断总结经验教训，才有可能百炼成钢，在私募投资基金市场上谋得一席之地。

私募地产投资基金虽然是以地产为投资方向的基金，但是由于中国土地分类和用途多种多样，导致了不同的基金管理人投资地产的方向不同，有的只投住宅地产，有的只投商业地产，有的只投写字楼，有的只投仓储物流地产，有的只投养老地产等等，当然也有的基金管理人各种物业类型都进行投资。地产投资方向的不同并不意味着基金管理人管理水平的差异，相反，各种不同类型的基金管理人经过长期在特定地产领域的浸润，对该特定领域已经驾轻就熟、轻车熟路，拥有其他私募投资基金管理人所不可比拟的投资分析判断能力，并成为该投资领域的精英和翘楚，投资业绩也是一路绝尘、遥遥领先。所以，不能仅以投资方向和领域来判断基金管理人的基金管理水平的高低。对于从事私募地产投资基金的法律工作者来说，由于中国土地法律制度的复杂性和金融监管的实时动态性，不同的地产投资方向适用的法律和金融政策不同，因此对于不同地产投资方向的基金管理人，应注意其投资方向适用的地产政策和金融政策的差异，防止出现法律方面的风险进而导致整个投资的失败。

私募地产投资基金的投资必须遵循完整、严谨的投资程序，这既是基金管理公司内控建设的要求，也是防止基金投资任意性的关键。由于基金管理公司管理风格的迥异和成熟程度的不同，不同的基金管理公司投资程序不尽一致，有的公司比较严谨，而有的公司比较随意。相对来说，比较正规的地产投资基金管理公司投资程序比较严谨，而一些不太正规的基金管理公司投资程序比较随意，这也意味着风险的增加。“受人之托，替人理财”，对于投资人的信任和嘱托，基金管理人应保持足够的敬畏和诚信，应尽量减少盲目性和随意性投资，而完整、严谨、规范的投资程序是确保这一问题的基本保证。同时，“买着自负、卖着尽责”，遵循程序的完整性也是卖者尽责的一个基本义务和免除管理责任的一个基本证据。

私募地产投资基金投资过程中，涉及大量文件的制作，这其中投资分析文件占很大一部分，如项目融资要素申请表、商业计划书（融资方提供）、项目可行性研究报告（含项目测算），项目尽职调查报告（市场、财务、法律）、项目风险审查报告、项目投资决策申请报告等等，这些投资分析文件是基金管理人和基金进行投资决策的基本前提和参考，一切投资行为均应以这些文件中的事实为依据，以分析数据为基础进行投资决策，而不是通过主观臆想从而导致投资的随意性。虽然许多基金管理公司在投资过程中都会要求提供上述投资文件，但是不同的公司对上述文件所具备的要素和深度的要求是不同的，这也反映着一个公司基金管理水平和投资能力的差异。投资过程中另外一大部分文件就是项目投资法律文件的制作，如投资意向书、投资协议、委托贷款合同以及担保合同、股东协议、股权转让或增资协议、公司章程、强制执行公证文件等等，上述文件和协议也是私募投资基金的投资过程中最重要的文件，对投资进程具有决定性影响。投资法律文件是将投资行为固化为法律关系的工具，也是投资行为法律上的证明，是双方契约型关系的基本见证。一套好的、完善的投资协议无论对于投资人来说还是对于被投资人来说，都是一个保护，对于建立良好、和谐的契约型关系具有不可或缺的作用。

第二节 地产投资项目信息的收集

一、项目信息登记

对于基金管理人来说，可能每天都会收到方方面面的项目信息，这些项目信息种类繁杂、良莠不齐、信息量大，对于基金管理人来说短时间可能并不能及时消化和分析，因此有必要及时对来自各方面的信息进行整理、分类、登记，以备后续筛选和后查。

（1）示范文本：项目信息登记表格

	项目名称	项目类型	融资主体	融资金额	融资成本	融资期限	项目来源
1							
2							
3							
4							
5							
6							
7							
……							

二、采集项目融资要素

实际工作中由于基金管理人接收的项目过多，没有时间和精力也不可能对每个项目进行分析、判断并总结出其中的关键要素，因此基金管理人有必要对有融资需求的融资人提供一张融资要素申请表，列明和收集基金管理人关注的项目关键要素和信息，并且基于这些关键信息初步对项目本身做出一个基本的判断，看看是否符合公司的投资标准和投资需求，从而避免浪费大量的时间和精力去阅读项目资料、选取项目信息、分析项目数据，最后的结果却是不符合公司的基本投资标准和需求。融资要素需求表应依据公司的投资标准制定，简明扼要的攫取项目的关键信息，不必全面深刻地追求项目信息，能对项目作出基本判断即可。

（2）示范文本：××项目融资要素申请表

<table>
<tr><td rowspan="16">公司概况</td><td>公司名称</td><td></td><td>注册地点</td><td colspan="2"></td></tr>
<tr><td>注册资金</td><td>认缴××实缴××</td><td>注册日期</td><td colspan="2"></td></tr>
<tr><td>企业类型</td><td colspan="4"></td></tr>
<tr><td>经营范围</td><td></td><td>开发资质</td><td colspan="2"></td></tr>
<tr><td rowspan="3">股东情况</td><td>出资人（前十大股东）</td><td>认缴出资</td><td>实缴出资</td><td>股比</td></tr>
<tr><td></td><td></td><td></td><td></td></tr>
<tr><td>合计</td><td></td><td></td><td></td></tr>
<tr><td>母公司及下属公司概况</td><td colspan="4"></td></tr>
<tr><td rowspan="8">项目公司财务状况</td><td>时间</td><td></td><td></td><td></td></tr>
<tr><td>资产合计</td><td></td><td></td><td></td></tr>
<tr><td>负债合计</td><td></td><td></td><td></td></tr>
<tr><td>其中：流动负债</td><td></td><td></td><td></td></tr>
<tr><td>所有者权益合计</td><td></td><td></td><td></td></tr>
<tr><td>营业收入</td><td></td><td></td><td></td></tr>
<tr><td>净利润</td><td></td><td></td><td></td></tr>
<tr><td>经营活动现金流量净额</td><td></td><td></td><td></td></tr>
<tr><td rowspan="2">项目概况</td><td>项目简介及现状</td><td colspan="4"></td></tr>
<tr><td>项目进度</td><td colspan="4"></td></tr>
</table>

续表

<table>
<tr><td rowspan="17">项目概况</td><td rowspan="5">已获得证件</td><td>《国有土地使用证》</td><td colspan="2"></td></tr>
<tr><td>《建设用地规划许可证》</td><td colspan="2"></td></tr>
<tr><td>《建设工程规划许可证》</td><td colspan="2"></td></tr>
<tr><td>《建筑工程施工许可证》</td><td colspan="2"></td></tr>
<tr><td>《预售许可证》</td><td colspan="2"></td></tr>
<tr><td rowspan="6">资金投入</td><td>项目总投资额和项目峰值</td><td colspan="2">××万元/××万元</td></tr>
<tr><td>其中：自有资金</td><td colspan="2"></td></tr>
<tr><td>项目已投资金</td><td colspan="2"></td></tr>
<tr><td>其中：自有资金</td><td colspan="2"></td></tr>
<tr><td>其他资金来源</td><td colspan="2"></td></tr>
<tr><td>施工方垫资</td><td colspan="2"></td></tr>
<tr><td>已有抵押、贷款</td><td colspan="3"></td></tr>
<tr><td>已完成销售情况</td><td colspan="3"></td></tr>
<tr><td>项目预估价值</td><td colspan="3"></td></tr>
<tr><td rowspan="4">融资需求</td><td>融资金额</td><td></td><td>融资期限</td><td></td></tr>
<tr><td>期望年利率</td><td></td><td>期望融资方式</td><td></td></tr>
<tr><td>资金用途</td><td></td><td>要求到位时间</td><td></td></tr>
<tr><td>还款来源</td><td colspan="3"></td></tr>
<tr><td rowspan="6">增信方式</td><td rowspan="4">抵/质押物说明</td><td>抵/质押物名称</td><td colspan="2"></td></tr>
<tr><td>抵/质押物位置</td><td colspan="2"></td></tr>
<tr><td>抵/质押物现状</td><td colspan="2"></td></tr>
<tr><td>抵/质押物评估值</td><td colspan="2"></td></tr>
<tr><td>担保公司</td><td colspan="3"></td></tr>
<tr><td>其他增信措施</td><td colspan="3"></td></tr>
</table>

三、获取地产项目商业计划书

商业计划书是项目公司为了达到融资和其他发展目标，根据一定的格式和内容要求而编辑整理的展示公司和项目目前状况、未来发展潜力的书面材料，着重市场分析和投资回收等经济测算，主要目的是递交给投资人，以便于投资人能对公司或项目做出评判，从而使公司获得融资，这也是与主要侧重于项目技术分析的可研报告的区别。商业计划书是一份全方位的项目计划并且有相对固定的格式。实践中，有些项目公司制作的商业计划书相对来说比较简单，关键要素缺失或者深度不够，尤其是财务测算不真实、不准确、不完整，缺乏必要的逻辑和证据支撑，导致基金管理人认为项目公司对项目管理不够专业，从而放弃对项目投资，这是地产项目融资时应该注意的问题。

（3）示范文本：××地产项目商业计划书

××地产项目商业计划书

第一章　项目基本情况

一、项目概况简介

二、主要经济技术指标

三、项目整体定位

四、项目运作模式

五、项目市场前景展望

第二章　项目运作环境

一、宏观环境分析

1. ××市政策优势

2. ××市宏观经济现状及发展趋势

3. ××市区位优势

二、项目相关产业的现状及发展趋势

1. ××市房地产现状及发展趋势

2. ××市总部基地现状及发展趋势

3. ××市主题乐园现状及发展趋势

三、项目的运行主体

1. 公司简介

2. 公司管理模式

3. 公司发展战略

第三章　项目分析与定位

一、项目消费者动机及行为分析

1. 房地产市场消费者动机及行为分析

2. 主题乐园消费者动机及行为分析
3. 总部基地消费者动机及行为分析
二、项目定位分析
1. 项目区位定位
2. 项目品牌定位
3. 项目产品定位
4. 项目目标客户群体定位
5. 项目客户服务定位
6. 项目功能定位
第四章　项目分析与规划
一、项目地块情况
1. 项目地形分析
2. 项目地质分析
3. 项目自然资源
4. 市政基础设施及管网布局
二、项目规划原则
1. 总体规划原则
2. 住宅规划原则
3. 总部基地规划原则
4. 主题乐园规划原则
5. 技术经济指标
三、项目用地规划
1. 用地总体规划（附图）
2. 项目绿化带集中分布（附图）
3. 土地价值分析（附图）
4. 业态分布（附图）
5. 总部基地、住宅、乐园、商业示范区选址（附图）
第五章　项目财务分析
一、项目投资估算与资金筹措
1. 计算依据
2. 总投资估算

3. 投资计划与资金筹措

二、项目财务评价

1. 经济评价依据、原则及方法

2. 基础数据测算

3. 财务评价分析

4. 不确定性分析

5. 财务风险及对策

第六章 项目运行风险及对策

一、项目运行环境风险分析及对策

二、项目经营管理风险分析及对策

三、项目市场风险分析及对策

第七章 项目综合评价

第一章 项目基本情况

一、项目概况简介

项目名称：××总部基地 项目区位：××市××区境内的××内运行主体：××公司周边情况：项目位于××市××区××内，东与××相邻，北临××，西与××相望，距××主城区××公里。项目用地：项目用地分为总部基地区、主题乐园区、商业配套区、生活服务区四大部分，其具体用地性质和面积见下表。

项目投资：总投入××亿元，其中总部基地区总投入××亿元，主题乐园和商业配套区共投入××亿元，生活服务区××亿元。

建筑面积：总建筑面积413万平方米，总部基地区总建筑面积150万平方米，主题乐园47万平方米，生活服务区198万平方米，商业配套区18万平方米。

建设周期：总部基地区、生活服务区均分6期开发，主题乐园区分3期开发，商业配套区分2期开发。

融资方式：以自有资金、合作方投资、滚动开发资金为主，银行贷款、房地产信托、金融租赁等多形式相结合的方式。即以自有资金、合作方投资和部分借贷资金启动项目，通过分期分组团的建设，实现资金回流，以滚动开发资金作为下一期投资的重要资金来源。

二、主要经济技术指标：××

三、项目整体定位

整体定位：以总部经济为龙头，休闲旅游和高尚住宅为基础，多个关联产业聚合良性互动发展，汇集人流、物流、信息流和资金流的区域积聚，集总部经济、旅游、房地产、商业、主题酒店、文化、教育和休闲娱乐于一体的5平方公里的××国际形象代言之城。

四、项目运作模式

以“总部经济+旅游+地产”良性互动为核心，为项目的后续开发储备大量具有价格优势的土地和提供稳定持续的现金流，并获取巨大的利润空间，具体原则如下：1. 规划先行，规划就是财富；2. 环境优先，以文化营造环境，环境创造效益；3. 以项目的巨大社会价值获取大量有价格优势的土地；4. 大规模成片区开发，并提供完善而且高标准的配套设施；5. 以产业聚合效应提升区域价值。

五、项目市场前景展望

根据《××市统计年鉴》和《××年××政府报告》，××人均GDP正处于2000~3000美元经济飞速发展阶段，预计到××年，人均GDP将突破4000美元。××人均GDP处于2000~3000美元发展阶段的基本趋势和特点是：①经济将总体保持高速稳定增长；②城市化发展加速，③第三产业比重明显增加；④旅游消费需求将从观光游向休闲游转换升级，即休闲游突增。在这样的时代背景下，对于拥有3100位于中国西部交通枢纽中心，中国西部唯一的直辖市××来说，作为现代服务业的总部基地和旅游产业的主题乐园将会有巨大的市场发展机会。

国内旅游地产企业深圳华侨城2001~2006年平均净利润率26%，远高于中国住宅第一品牌万科10.1%的水平，其关键原因是：华侨城“旅游+地产”的经营模式形成了旅游与地产互动良性发展的格局，即以旅游的社会效益获取大量低成本的土地储备，而后通过营造良好环境来提升房地产项目价值，为房地产发展提供稳定的现金流，反过来又通过房地产快速巨额的盈利为旅游业的发展和扩张提供支持，提升旅游业的基础配套设施水平和边际效益。

××项目除了具备“旅游+地产”模式的优势外，还拥有总部基地的特殊优势，即创造高税收、增加就业机会、带动产业发展和提升区域价值。由此，以总部经济为龙头，休闲旅游和高尚住宅为基础，多个关联产业聚合良性互动发展的和大规模成片开发的××项目，具有更高的盈利性和更广阔的市场前景。根据预测，××项目将会吸引1000万人次/年的游客量，创造7亿元/年的税收，每年带动约6万个就业岗位，并且创造高于26%的年平均净利润率和带动20多个相关产业的发展。

第二章　项目运作环境

一、宏观环境分析

1. ××市政策优势

1.1 全国性政策形势分析

为防止经济增长由偏快转为过热、防止价格由结构性上涨演变为明显通货膨胀，国家宏观调控实施稳健的财政政策和从紧的货币政策，严格控制固定资产投资过快增长。一系列政策使得一线大城市不断上涨的房价得到一定的抑制，也使中国房地产业的发展步伐更加稳健。限制外资投资房地产行业限制的主要领域是“商住地产”和“短期的套利”行为。对于长期投入到生产领域，特别是鼓励的旅游、农业等行业，国家是没有限制或者说是鼓励的。

1.2××市政策环境

1.2.1××年××月，××在“两会”（十届）期间发表了重要讲话，为××的发展“导航定位”，即“314”总体部署，内容包括：三大定位—努力把××加快建设成为西部地区的重要增长极、长江上游地区的经济中心、城乡统筹发展的直辖市；一大目标—在西部地区率先实现全面建设小康社会目标；四大任务—加大以工促农、以城带乡力度，扎实推进社会主义新农村建设；切实转变经济增长方式，加快老工业基地调整改革步伐；着力解决好民生问题，积极构建社会主义和谐社会；全面加强城市建设，提高城市管理水平。××对××发展的这一“导航定位”无疑为××提供了一个稳定的持续的政策环境。

1.2.2 三峡库区的产业扶持

三峡库区通过政策扶持、产业发展基金投入、重大项目牵引、对口支援与招商引资、改善金融服务环境等措施，产业加快发展的态势正在形成。

1.2.3 西部大开发的历史机遇

国家“十一五规划”表明将进一步深化西部大开发，加大金融、政策向西部倾斜，突出重点发展西部特色产业，这对××的发展，是难得的一次历史机遇。

1.2.4 城乡统筹新特区

2007年6月，国务院正式批准××设立“全国统筹城乡综合配套改革试验区”。无疑为加快城市化的步伐，通过城市化发展的内在动力机制带动农村地区经济社会的全面发展。合理架构梯度式辐射模式，成为缩小城乡差距、实现全面小康、构建和谐社会的必要条件。

结论：以上政策是推动××市发展的强劲推进器，让××真正确立了在中国西部的龙头和中心地位。作为探路先锋，××将更多得到中央的大力支持，可以优先享受成果，试验获得的成功经验将向全国推广。同时，这些政策也为××提供了一个稳定而持续的政策支持，为××的发展提供了一个和谐、稳定的政策环境。

1.3××与其他城市享受政策比较

政策比较分析××

结论：××，是享受国家优惠政策较多的城市，“国家+直辖市+西部开发+库区政策+城乡统筹试验区+保税港区（已与海关总署达成共识）”的叠加形成了全国“政策洼地”，水往低处走，资金往“政策洼地”流，将使大量“资金、企业、人才”等优质社会资源向××快速汇聚，形成“涡轮效应”。这为××发展带来了其他城市不可比拟的特殊优势。

1.4××利用外资情况 截至2007年12月31日，世界500强企业累计有93家入驻××。在2007年1~12月，××市利用外资项目263个，合同外资40.7369亿美元，实际使用外资10.8912亿美元；项目数、合同外资、实际使用外资同比增长4.37%、260.63%、55.11%。（来源：××市经委）。2007上半年，××市外商投资资本金结汇4.6亿美元，同比增长2.05倍，外资房地产企业结汇1.8亿美元，占同期资本金结汇总额的39%。（来源：新华社）

结论：上列数据表明，外商、外资高速涌入××，虽然国家控制外资流入房地产市场，但在××房产市场外资仍然活跃，并且在外商投资中占4成比例。

1.5××的政策优势

××是××市四大国家级特色工业园区之一，重点发展以“临空产业”

为引领的现代产业集群。落户××的产业企业，不论国内企业还是海外企业，其所得税按15%征收（政府限制的行业除外）；和旅游相关的企业所得税按15%征收。

根据××区2008年国家经济和社会发展计划，2008年将加快形成一批100亿级大产业，100亿级大园区，10亿级大企业；并抓好长安、汽配等80个工业项目建设，培育亿元以上工业项目10个；强化旅游资源开发，做到游客增长20%，旅游收入突破10亿；力争商品房销售300万m^2，销售额100亿；加快发展中小型企业，力争入住中心镇企业达到80家以上。

××将紧紧抓住三大老机遇（十年直辖、三峡百万移民、西部大开发）和四大新机遇（××314导航定向、统筹城乡综合配套改革试验区、城乡总体规划实施、保税区）利用七大机遇的叠加效应，将真正成为××经济腾飞的引擎。

2. ××市宏观经济现状及发展趋势

2.1××市宏观经济现状 描述一个国家或区域的宏观经济现状，通常采用GDP、产业结构、人口、城镇化水平、城镇居民人均可支配收入、社会消费品零售总额和全社会固定资产投资等几个方面点特征数据进行分析。对于××市宏观经济现状分析，我们也采用这样的方法。

2.1.1××市GDP变化趋势××

数据来源：2007年××市统计年鉴2005年全市生产总值达到3100亿元，2006年达到3486.2亿元，比上年增长12.2%；2007年全市生产总值达到4112亿元，比上年增长15.6%，五年平均增长12.6%，人均地区生产总值达到14010元，比2002年翻了一番。

结论：××市经济的高速增长主要受益于国家宏观政策环境和经济环境，尤其在中央批准××市成为城乡统筹示范区后，众多利好因素将会更进一步推动××经济的发展。

2.1.2××市产业结构发展变化××

数据来源：2007年××市统计年鉴

××市三大产业比重由1998年的20.9:38.8:40.3调整为2007年的12.9:44.6:42.5。第一产业产值比重逐渐降低，第二、三产业比重逐渐提高，维持在40%的水平，工业增加值占全市生产总值的比重由31.7%提高到36.8%，规模以上工业企业户数翻了一番，销售收入超100亿元的企业集团由1户增加到9户，规模以上工业企业实现利润220亿元，工业园区和特色园区工业产值占全市工业的比重达到50%，工业经济体现出非常明显的优势。

结论：随着××市工业经济的快速发展，规模以上工业经济数量迅速增加，规模不断扩大，凸现主导地位，成为××市经济较有活力和成长较快的增长点，工业企业的聚集效应将会产生对工业园区的较大需求，对于致力于工业园区和总部基地建设的开发商来说将会是一个巨大的商机。

2.1.3××市人口增长变化趋势××

数据来源：1998年至2006年××市统计年鉴

2006年户籍人口增长率达到0.94%的历史较高水平；常住人口则保持在2800万水平，2005年之前呈现负增长趋势，2005年后开始小幅回升，呈现正增长趋势，外出人口将逐步减少，而外来人口将逐步增加。

结论：新特区的良好形象和经济发展前景将吸引越来越多的外地及外籍人士进入××，新增人口对住房、商业及商务等方面的需求必将推动××市房地产业的进一步发展。

2.1.4××市城镇化变化趋势××

数据来源：2001年至2007年××市统计年鉴

从2003年开始，××市城镇化比率超过40%并逐年增加。按照《××市城乡总体规划》规划，至2010年，城镇人口将达到1615万人，城镇化水平达到53.8%；至2020年，城镇人口2160万人，城镇化水平达到70%左右。在城镇体系结构规划上，至2020年，××市将形成1个特大城市与6个大城市，25个中等城市和小城市，495个左右小城镇的城镇体系。

结论：城镇化进程将会对住宅有效需求不断扩大起有力支撑，而新增城镇人口将引领住房需求，××市房地产开发商将会面对一个诱人的大蛋糕。

2.1.5××市城镇居民人均年可支配收入变化趋势

1998年至2007年××市城镇居民收入支出情况××

数据来源：1998年至2007年××市统计年鉴

至2007年，城镇居民人均可支配收入达到13715元，预计到2010年，城市居民可支配收入预计将超过15000元，随着城镇居民可支配收入的增长，消费支出也将逐步增长。

结论：从近年的增长幅度来看，消费支出的增长明显不及可支配收入的增幅，消费支出占可支配收入的比重逐年下降，这表明居民储蓄进一步增长，居民的消费潜力还有待挖掘，潜在的消费市场还没有得到有效开发。

2.1.6××市社会消费品零售总额变化趋势××

数据来源：1998年至2007年××市统计年鉴

2003年前，总体涨势相对平缓，进入2004年，居民消费需求得到有效释放，同比增幅达到14.3%，此后消费市场一直保持高速增长，2006年又达到15.4%的增长高峰，2007年社会消费品零售总额增长17.5%，全社会零售总额增长较快。

结论：消费品零售总额增长变化表明××市消费需求旺盛，具有较强的消费能力，消费市场活跃，特别是近几年的数据，可以反映出××消费者购买力的增长和生活水平的改善。

2.1.7××市全社会固定资产变化趋势××

××市全社会固定资产投资变化趋势××

全社会固定资产投资（亿元）全社会固定资产投资增长率

数据来源：2007年××市统计年鉴

从上图表可以看出，2004年开始××市加大固定资产投资力度，

投资总量上升较快，由2000年的1621.9亿元增加到2007年的3161.5亿元，增长速度翻了一番。

结论：国家和××市政府加大对固定资产的投资力度，为更好实现“一圈两翼”的发展和打造主城核心目标，促进直辖市高速发展奠定了坚实的基础。

2.1.8房地产投资占社会固定资产投资比率××

数据来源：2007年××市统计年鉴、2006年深圳、上海市统计年鉴

通过图表中（房地产投资总额/全社会固定资产投资）的比例变化情况可以发现，××市房地产投资比重一直维持在25%左右，××房地产投资比重远低于深圳、上海等一线城市。以2001年为例，投资比例比深圳和上海分别低了20.3%、9.2%个百分点；到2006年，比深圳和上海分别低了10.7%、6.9%个百分点，和深圳、上海相比越来越接近，投资比重逐步增加。

结论：××市房地产投资额度稳步上升，与全社会固定资产投资的比例一直稳定在1/4的水平，××市房地产行业运行平稳，发展比较健康，发展态势良好。但是，××房地产投资比重远低于深圳、上海等一线城市，在××从事房地产开发存在较大的空间。

××市宏观经济呈现良好的运行态势，虽然整体宏观经济指标与沿海发达城市相比，存在一定的差距，但是在经济增长速度方面已经逐渐缩短与它们的距离，部分宏观经济指标甚至已经超过发达城市的指标。从以上几个方面的数据表明，××市宏观经济形势一直在健康快速地发展。

2.2××市宏观经济发展趋势

根据2008年××市政府工作报告，到2012年人均地区生产总值迈上4000美元台阶，2018年迈上8000美元台阶。××市宏观经济形势的健康发展，对于推动工业经济、房地产行业、旅游行业的增长起到了关键作用，有利于三大行业良好运行。到2010年城市居民人均可支配收入达到15000元，农村居民人均纯收入达到4100元。随着城乡居民收入水平的提高，消费结构将会趋于多样化，消费支出的比例扩大，消费者将会将消费焦点转向汽车、旅游、房地产、娱乐等高档消费。到2012年，社会消费品零售总额翻一番以上，达到3500亿元，比2007年增长112%。这表明社会消费潜力较大，居民有较强的消费愿望。2008年将完成全社会固定资产投资3600亿元，增长15%，到2012年全社会固定资产投资翻一番，达到6500亿元。随着固定资产投资额度的逐年增加，基础设施和房地产投资的比例也在不断提高，房地产投资增长的趋势加强。

3. ××市的区位优势

3.1××市区位认识

××是将东部发达地区和西部资源富集地区联结起来的重要交通通道和独具发展潜力的经济轴线。如今成渝已成为继珠三角、长三角和环渤海经济圈之后的中国经济第四增长极。按照中国经济社会发展布局的“弓箭理论”，沿海是弓，长江是箭，上海是箭头，××是箭尾，西部是弦。成渝经济带中的××是中国大西部经济腾飞的真正发力点。××在“314”总体部署中，把××定位为“西部地区重要增长极、长江上游地区的经济中心和城乡统筹发展的直辖市。”凸显了××在中国大西部发展中重要的政治和经济地位，同时将为××区域内各行业带来千载难逢的发展机遇。

3.2××交通发展现状及规划

位于中国腹地的××，拥有西部唯一的内陆港口，和长江黄金水道。未来××将投入2265亿元打造西部交通枢纽。2008年，××划定寸滩码头附近6平方公里的区域打造中国内陆唯一保税区。航××也正紧锣密鼓地进行2.3

期的建设，将形成西部较大的客运和货运中心。近几年××的路桥也得到了迅猛的发展，成为中国闻名遐迩的桥都。未来5年内，××用于轻轨、地铁建设的投资将达到450亿元，比原计划增加170亿元。目前××规划了9条轻轨线，总长度513公里。

3.2.1 航空：××正在建第2条跑道，××未来将建设4条跑道，即便是现在异常繁忙的首都机场也只有2条跑道；

3.2.2 港口：××港是长江上游较大的港口，将成为内陆唯一一个保税港，目前国内只有3大港口被批准为保税港；

3.2.3 高速公路：直辖前，××高速公路通车里程仅100公里，经过10年的发展通车里程达到800多公里，规划到2020年将建成“两环十射多联线”高速公路网基本骨架；××也提出要建设“1小时主城”“4小时都市区至市域各区县”；

3.2.4 铁路：××现有铁路里程1209公里，至2015年，通车里程将达到2267公里，成为我国继北京、上海、广州、武汉之后的第五大铁路枢纽。

3.2.5 桥梁：现状和规划跨长江的道路桥梁共14座，为了满足远景交通发展的需求，远景规划了4座大桥桥位及朝天门越江隧道（渝中－南岸）。已建成的地维大桥也属于跨长江大桥。目前和规划跨嘉陵江的道路桥梁共15座，为了满足远景城市交通出行的需求，规划控制大竹林、蔡家、礼嘉3座规划大桥桥位及朝天门过江隧道。××是中国实实在在的“桥都”。

结论：从以上可以看出，××在西部地区的区域和经济增长极地位都十分明显，××凭借其得天独厚的区位优势和国家政策倾斜及财力支持，一定会迅速崛起。中国的深圳、美国西部的水陆空交通枢纽芝加哥、汽车城底特律都是类似发展趋势的较好例证。

二、项目相关产业的现状及发展趋势

1. ××市房地产市场现状及发展趋势

1.1××房地产无泡沫，运行健康发展空间大

根据国家发改委公布的2007年11月份全国36个大中城市商品房集中成交平均价格看，××（主城区均价）排在倒数第三位，仅高于呼和浩特和兰州。××房价不但只有沿海城市的几分之一，也大大低于周边省会城市：××

××市房管局公布，2007年主城商品房建面成交均价为3155元/m^2（套

内每平方米3800元)。同时，××成为统筹城乡综合配套改革试验区后，外地到××主城购房客户日益增多：2007年8月××主城以外客户购房比例只占到13.02%，11月就达到57.5%(其中××远郊区县45%，××市外12.5%)，呈现井喷式的增长趋势。并且，外来客户购买高端楼盘较多，购房成交均价比主城居民要高396元。

结论：××房价在全国大城市中历来就属于著名的价值盆地，虽然2007年经过了一轮价值回归的上涨，依然属于没有泡沫风险、发展空间巨大的地区。外地客户的大量增加为××房地产市场长期健康发展装上了发动机。

1.2××区是××房地产市场的制高点

即便在火热的××主城各区中比较，××区房地产发展速度也非常突出：从2003年到2007年商品房销售额有成倍的增长，在××市商品房销售面积和金额中占有的比例也一再攀升，发展趋势显而易见。下图是××市和××区2003~2006年商品房销售情况：××

数据来源：××市统计年鉴(2006年)、××统计局网站。××区不但是××本地较大的房企龙湖、金科赖以起家的大本营，也是外来巨头抢滩××的首选区域。结论：××区房地产市场需求旺盛、项目品质高、市场竞争激烈，××区是××房地产市场的制高点和风向标。

1.3××片区是主城区较后价值被低估的区域

1.3.1××片区和北部新区目前主要楼盘均价××

数据来源：××搜房网+实地考察

1.3.2 北部新区和××片区主要楼盘位置图××

××片区(含两路园区和科技产业开发区)项目均价不到北部新区大盘的50%。两个地理位置紧邻、条件类似的片区，房价却有如此巨大的落差，除了楼盘定位和品质不同，较重要的原因是××本土和外来有实力的开发商尚未入驻××片区。

结论：××是××主城较后一片价值被低估、潜力巨大的区域。

1.4××和××区土地交易情况分析

2007年，××市共成交土地208宗。除去工业用地、加油站用地等20宗，2007年××市用于地产开发的用地总面积为1287万平方米，成交金额360亿，成交均价约186万/亩，允许建筑规模约3067万平方米，平均容积率2.83，平均楼面地价1175元/平方米。

1.4.1 2003 年至 2007 年××主城区土地成交均价一览表（单位：万元/亩）

1.4.2 2003 年至 2007 年××主城各区土地成交均价图（单位：万元/亩）

1.4.3 2003 年至 2007 年主城区土地成交面积一览表（单位：亩）

1.4.4 2003 年至 2007 年××主城各区土地成交总面积比例图

数据来源：××网上房地产

从上面的图表可以清晰地看到近几年主城区土地交易情况的走势。从均价来看，××、江北和北部新区在 2006 年土地成本还相差无几，2007 年因为江北区和北部新区几块高价商住用地（集中在江北城、人和、鸳鸯片区），两区的地价发生了跃变。

从供地量来看，2003 到 2007 年三北地区总供地面积占××主城总供地面积的 51%，遥遥领先其他片区。加上 2007 年江北区和北部新区的土地成交均价位居××各区的第二、第三位，城市向北的方向一览无余。

结论：目前××区土地价格正处在飙升的前夜。在开发热点不断北移的今天，江北区的今天就是××区的明天。

1.5 城市向北——政策导向强力推动××区地产发展

前面已经提到，××片区享受北部新区同样的政策，是××仅有的四个国家级开发区之一。如果说××因西部大开发、三峡工程、城乡统筹试验区而成为中国的政策特区，那××片区则是这片政策特区中的特区。在优厚的政策支持下，外来开发商大批抢滩北部新区。棕榈泉、保利、奥园、融科、绿地、复地、常青藤、和记黄埔等，在这片热土获得了丰厚的回报。这也说明××人对外来品牌有很高的认同度。

1.5.1 北部新区部分大盘 2004～2008 年售价走势表如下××

1.5.2 北部新区主要大盘拿地情况表如下××

经过故意控制节奏的几年发展，开发商充分享受了地块价值不断增值带来的巨额利润，并且将来还会持续相当时间。

1.5.3 外地人××购房区域选择表外地人××购房区域选择表××

三北地区无论是地理位置、交通的便捷程度、商贸业的成熟度、开发的进程等方面都是其他区域无法比拟的。

1.6××和××区标杆住宅项目的亮点与缺陷

××房地产行业已经发展到相当的高度，产品也日益成熟。根据对××和××区较新较具代表性高档楼盘的考察，可以总结出如下的亮点和不足：

【抽样标杆项目：龙湖蓝湖郡．江与城、金科十年城、保利高尔夫花园、绿地翠谷、棕榈泉花园……】

1.7 ××和××房地产发展趋势

1.7.1 开发企业可以发现“边缘”片区的价值，获得巨大回报。××区是距离××传统中心相对较远，××直辖后才得到迅猛发展的区域。同国内其他大城市的新兴片区一样，实力开发商大手笔高起点的规划和开发，可以极大地提升原本处于边缘位置的片区价值，并从中获得巨大的回报。××区的新牌坊片区就是较经典的例子，也是新都市主义的实践范本。

十年前的新牌坊还到处是荒坡和农田。新牌坊片区的飞速成熟，离不开“拓荒者”龙湖。龙湖不仅将住宅进行合理的规划，更重要的是整个片区的规划。从基本的住宅到商业、市政规划的配套，龙湖无一不全方位投入。在龙湖精心布局一系列楼盘打造的“龙湖大社区”周围，众多开发商众星捧月地参与发展，新牌坊迎来了大规模开发的局面。从下表可以看出新牌坊房地产市场的变化趋势：××

数据来源：××搜房＋实地考察

龙湖在十年前低价拿下的土地终于在多年耕耘后开花结果，在炒热新牌坊的过程中龙湖获得了巨额回报，为其成就目前的高度打下了坚实基础。

1.7.2 超大型复合地产项目是今后的发展趋势。纵观××和××区的高档大盘，虽然体量较大，在产品品质方面也各具特色，但是都存在着商业不足人气不旺的缺陷，导致西式的建筑形态和中式生活方式脱节。西方人爱清净，中国人讲人气。单靠小区内部的商业配套体量，形不成各类资源的集聚效应，无法满足不同层次业主的各种需求，不能代表如今市场发展的方向。

目前，全国较成功、较成熟的主题乐园＋高品质住宅＋商业的复合地产项目，是深圳华侨城片区。在4.8平方公里范围内，分布着欢乐谷、世界之窗等主题公园；波托菲诺高档住宅和商业街；超五星级威尼斯酒店、洲际大酒店；美术馆、华夏艺术中心、创意文化园、沃尔玛、高尔夫俱乐部等，真正体现出“城”的魅力，构成了深圳较有活力的多功能花园城市片区。波托菲诺囊括了几乎所有住宅形态，是深圳特区内规模较大、5年内房价增值幅度较大、社会名流较集中的小区。波托菲诺的成功标志着旅游、房地产两大产业资源巧妙结合、互动发展；成功处理旅游与居住、开放性与私密性的关系，乐园和住宅有机结合，乐园不是单调的窗前风景，融入业主生活当中，将日常生活赋予了旅游休闲的内涵的旅游地产的成熟与成功。

1.7.3 拥有轨道交通、靠近机场区域将是新一轮城市建设的热点。根据对国外和国内城市轨道交通的大量研究发现，轨道交通会缩小沿线郊区一端与中心城区的房价差。由于××经济健康快速发展，沿线郊区住宅需求的释放不会以市中心的负增长为代价，而是郊区和市中心同时升值，但郊区的增值幅度和速度远远高于市中心。另一方面，××机场正在持续扩建过程中，第二跑道和第三跑道都已开工或完成规划，2020年旅客吞吐量将达到4500万人次，必将极大地持续提升××片区的价值。

北京望京新区就是典型的例子。望京位于四环、五环、机场高速、京承高速合围的方形区域内，由望京新区、望京科技园区、货流中心三部分组成，是以居住为主的多功能、综合性城市新区，总用地约14平方公里，规划总人口约30万人。望京科技园区吸引了大批精英阶层在望京新区落户。毗邻机场高速为高端商务人士带来了巨大便利，轨道交通对生活产生了深刻影响，加上毫不亚于主城商业中心的商业配套，给业主带来了资源聚集的整合效应，得到大批外籍人士尤其是韩国人的青睐。望京房价从20世纪90年代至今已成倍上涨，目前该区域的在售房价为17748元/平方米，公寓项目已经占据整个市场的50%。如今，望京区域是北京较热点的板块之一，发展依然处于快速上升期。

1.7.4 从商业的区位来看，××历来就是多中心多组团的商业格局。××不同于普通平原城市的一大特点，就是商业呈多中心多组团式的发展。××现有五大商圈同质化严重，加上各区之间距离较远，市民习惯就近消费，各大商圈社会消费零售额差异不大。2005年以前，因为江北缺乏集中化上档次的商业中心，居民都不得不过江到解放碑商圈释放消费需求；2005年底观音桥商圈步行街完工后，立即“拦截”了绝大部分过江消费，传统排名的第一的解放碑商圈，面临着观音桥商圈赶超的危险。2006年国庆黄金周解放碑、观音桥两大商圈，7天分别创下2.18亿元和2.0074亿元销售收入，观音桥商圈零售总额增长103%，增幅远超位居第一的渝中区。

目前××各商圈都面临着缺乏统一规划、风格杂乱、购物场所良莠不齐、停车紧张（××市规划局规定，主城区新建住房每100平方需建停车位0.6个，商业、办公楼宇每100平方需建停车位0.7个，没有拓展空间的渝中区这两个数字分别是0.34个和0.5个）、管理缺位等问题。

结论：××项目高起点开展商业区规划、先招商后建设、商业物业坚持只租不售，控制商家的入驻门槛和行为，给消费者一个优雅而便利的购物环境，可以有效地规避这些问题。机场、高速路、轻轨、保税区、会展中心、港口等利好要素必将为××的总部基地、主题乐园和住宅项目带来大量的人气、商气和财气，保障项目的健康持续发展。

2. ××市总部基地现状及发展趋势

总部基地是发展和建设总部经济的重要载体和具体体现，在总部基地中不仅有品质优良、环境优美、配套完善、功能齐全的现代化办公楼作为企业和公司总部的办公硬环境；同时在基地中还蕴涵着深厚的总部文化，需要一种国内外成熟、高端企业之间能够交流互动、资源共享、共同发展的软环境。

2.1××总部基地需求现状

在××，如今尚没有真正意义上的总部基地，而对总部基地的办公需求是客观存在的。这类需求群体主要为：有一定实力的企业和在中高档写字楼中办公的公司。他们的办公现状为：

2.1.1××市企业办公地点分布

大都会商厦、××总商会大厦金融、IT、商贸及服务等三产企业北部高新园、两路工业园内、外资工业企业海王星、上丁企业公园中小科技企业嘉陵厂、长安厂大型生产性工业企业及配套企业。

结论：企业办公地点分散，资源综合利用率不高，企业间横向联系差。

2.1.2 国有企业及规模以上非国有企业数量分析

根据××市历年统计年鉴和××统计信息网统计××市国有企业及规模以上非国有企业数量如下表：××

注：①规模以上企业即指年产品销售收入在500万元以上的企业②数据来源：××市历年统计年鉴和××统计信息网

结论：历年数据显示，××市每年新增国有企业及规模以上非国有企业数量近300家，这些增加的企业为总部基地的发展创造了市场空间。

2.1.3 企业对办公场所需求调查

××总部经济的代表——渝中区CBD共有金融机构近90家，世界500强企业及其他外资办事处70多家，国内企业办事处80多家，中介机构300多家，聚集了2/3的驻渝境外银行、保险机构。根据××立业房地产顾问公司对××市中心区域企业办公场所需求市场调查显示，客户对办公场所关注度

如下图：××

结论：企业客户较为关注的是企业生产所需相关服务配套的完善及区位优势，其次是生活服务配套及办公环境；整体来看，企业客户对办公软环境的需求更为重要。

2.1.4 总部现状标杆分析××

结论：××市现有企业办公场所不能满足现代大型企业、注重企业形象的内外资企业办公需求，××现在还无真正意义上的总部基地。

2.2 总部基地的发展趋势

2.2.1 成功总部基地标杆分析××

结论：成功的总部基地的特点是办公环境优美，生活服务和生产服务配套齐全，区位交通优越，有品质品牌保证，价格适宜，并配备专业物业管理的独栋办公楼宇。

2.2.2××发展总部经济趋势

根据××市政府《关于建设××的意见》，按照2020年把××建设成为功能较为完善的现代枢纽和现代服务业较为发达的综合性城市功能区的目标定位。××区域优势、交通优势、政策优势、规模优势非常明显，具备总部基地建设的软、硬环境。

根据全国成功的总部基地开发经验及企业客户对办公场所的需求，我们在××开发总部基地应着重考虑以下几方面：

（1）采用政企合作形式来开发；

（2）开发独栋办公楼，打造优美办公环境；

（3）成片开发，为企业提供完善商务配套；

（4）为入驻企业提供金融、企业交流等全方位的平台。

3. ××市主题乐园现状及发展趋势

主题乐园的所属行业主要涉及到休闲娱乐类的旅游业，因此，我们对一个地区主题乐园的环境研究，可以从旅游业情况分析入手。

3.1××市旅游市场现状 根据《××市统计年鉴》和《××政府报告》，2007年上半年，全市共接待海内外旅游者4390.85万人次，旅游总收入232.94亿元人民币，同比分别增长20.23%和29.48%。其中：接待入境旅游者31.6万人次，旅游外汇收入为14972万美元，同比分别增长20.19%和30.21%，旅游经济总量增长率高于全市国民经济增长平均水平。而××人均

GDP 正处于 2000～3000 美元经济飞速发展阶段，预计到 2012 年，人均 GDP 将突破 4000 美元。

人均 GDP 正处于 2000～3000 美元经济飞速发展阶段的典型特点是，旅游消费需求将从观光游向休闲游转换升级，即休闲游突增阶段。较近对于旅游业的利好消息有：××市 2007 年市级重点建设项目中社会文化旅游项目有 11 项（发改委文件）。日本软银准备在未来三年内投入 13 亿进入××旅游地产。由此可见，××旅游休闲产业在良好的产业发展环境和良好经济形势推动下，正处于一个起飞的阶段。

3.1.1××市旅游市场细分和收入细分××

资料来源：2007 年××市旅游局信息中心数据

结论：图表显示出××市旅游市场大致分四类：农业旅游、温泉旅游、古镇旅游、休闲娱乐旅游，通过对这四类旅游项目的接待能力、游客实际接待量、景点数及收入对比，看得出农业旅游在××旅游市场占据很大的份额。

××旅游市场发展良好，自然和人文旅游资源丰富，具有巨大的市场空间。但旅游产业结构较单一，主要以农业旅游、温泉旅游、古镇旅游为主，休闲娱乐旅游为辅，而市场对于休闲娱乐旅游的需求是很大的，因此突出休闲旅游的主题乐园在××旅游市场发展潜力是巨大的。

3.1.2××市旅行社现状××

数据来源：2007 年××市旅游局统计年鉴

在旅行社行业发展方面，截至 2007 年年底，全市共有国际旅行社 27 家，国内旅行社 260 家，国际旅行社数量增加幅度不是很大，但国内旅行社数量增加幅度比较明显。旅行社规模的日益扩大和数量的日益增加表明了市场的旅游需求旺盛。

3.1.3 旅游者消费目的××

数据来源：2007 年××市旅游局调查统计分析报告

由上表可知，以“休闲观光度假”为目的游客比重是 52.4%，远远高于其他旅游项目，“休闲观光度假”已经是××旅游者的主要的旅游消费选择。

3.2××市主题乐园的发展情况

主题乐园是旅游地产的重要种类，是一种舶来品。1989 年华侨城开中国主题乐园先河，投资 1 亿元的“锦绣中华”的微缩景区，开业 1 年后即收回投资，取得了极大的成功。由此，上世纪 80 年代末 90 年代初期开始，全国兴起了第一轮主题公园热。我国主题乐园主要分布在沿海地区，但随西部地区经济的快速增长，人们日益旺盛的休闲娱乐需求，其逐渐呈现往西部发展的趋势。

我国知名主题乐园扩展趋势图

我国的主题乐园在1986年至2004年的16年间，平均每年开园的主题乐园数量还不到1个，而2005年全国的主题乐园开园为2个，2006年全国的主题乐园开园数量达到7个，其增长势头明显。××作为有着3000万常住人口的，经济快速发展的直辖市，有着很好的发展主题乐园的环境，大型动态主题乐园可谓呼之欲出。

3.2.1××市主题乐园分析××

由上表可知，××现有的几个游乐项目没有一个占地面积达到500亩，很难产生足够的聚合效应来提升地域价值和保证自身的持续经营。东部沿海城市主题乐园已发展到第三代，但××还处在第二代，目前××游乐项目主题定位单一，或者无统一定位。严格来讲，××还没有真正意义上的主题乐园。虽然××现有的游乐项目品质不高，但其仍然受到市场的认可，因此××乐园消费需求极为旺盛，市场潜力巨大。

3.3××市旅游休闲产业及主题乐园发展趋势

在外部良好的产业环境引导下，××旅游休闲产业已处腾飞的起点，其产业升级的速度也在加快。一方面人们生活水平提高产生了大量的需求；另一方面又对旅游产品提出了更高层次上的要求。××市旅游接待人数持续上升，旅游经济收入逐年增加。全市旅游产业规模日益扩大，旅游服务体系日趋完善。××旅游休闲产业将会在更高层次上竞争，传统以农家乐为代表的初级旅游产品很快会被更高层次的产品如大型的动态主题乐园和特色旅游等所替代。

而根据目前××本地主题乐园几乎空白的市场现状，一个具有鲜明主题，娱乐性与观赏性相结合，文化品牌可持续性发展，配套服务完善，物业管理健全，具有较多种类大型游乐设备，能够适应不同年龄层的中外游客，参与性强的主题项目的大型主题乐园，势必会成为××旅游的新热点。

××地块的区位优势和交通条件都非常突出，它位于××市近郊新兴发展带上，水、陆、空交通体系完善，距主城区仅20分钟车程。这个区域紧邻机场、码头、火车站，铁路、轻轨、高速路交织，聚集有汽车、高新技术产业和发达的现代服务业，同时中高档居住社区云集，人口众多。在这里开发大型主题乐园项目有许多得天独厚的条件和优势。

三、项目的运行主体——××公司

公司简介

1. 公司人力资源构架

1.1 ××公司为成都××集团旗下的子公司之一，把集团在“××”的成功经验带到××。××年××月在××注册。将倾力打造××7500亩的商住、文化旅游、总部基地等大型综合项目，实现集团公司继上海之后全国化战略的第二步。

公司现有员工93人，来自规划设计、工程管理、政策研究、金融、美术等多个专业背景的资深人士，负责××项目的3大版块的运作。18名来自××总部基地、国色天乡等项目经验丰富的老员工行使部门领导的管理职能，使××整个团队，有效的吸取企业的精髓，发挥更强大的团队力和生命力。

1.2 政府关系

在未来的项目中，××集团和地方政府将一起为拉动区域经济增长、实现城乡统筹、增加地方税收、解决地方就业等方面，进行深入的合作和探索。××集团因在总部基地、主题乐园、商业住宅等方面有着巨大成功经历，对此××市××区政府多次进行考察，于2007年10月26日和××集团签定了“建设西南总部基地”的合作协议。市政府童小平副市长亲临签约现场，并作了“全力支持，高起点建设西南总部基地”的重要讲话。2007年11月，××区成立了由主要领导任组长的“西南总部基地开发建设领导小组”，为“总部基地”项目迅速展开提供的政府保障。

1.3 战略合作伙伴

在战略合作伙伴上，××在金融投资上与基汇基金、中国银行、川投集团、凯德置地；经营管理与三星爱宝乐园；规划设计与美国蓝马克娱乐集团等有着长期的合作，较好解决了项目投资与运营等问题。

2. 公司管理模式

2.1 标杆管理模式对比分析

2.1.1 万科管理模式特点分析

2.1.2 龙湖管理模式特点分析

2.1.3 ××管理模式制定环境分析××

万科、龙湖都是以住宅地产为主的单一产业结构的房地产开发公司，而××是以“总部基地+旅游地产+商住地产”的复合产业结构的房地产开发公司。

在项目中，××是进行“总部基地、主题公园、商住地产”等不同类型项目联动开发，因此必须在合理吸收万科、龙湖管理模式的优点基础上，创造一个以“流程管理为核心，扁平化”的创新管理模式，使各项目能够快速、精准、联动推进。

2.1.4 ××管理模式构架图××

2.1.5 ××管理模式特点分析××

结论：××在目前的新形势下，既要实现产品创新，更要进行管理上的创新。该管理模式依靠强大的信息共享平台，实现管理知识化、流程化，从而快速、精准把握较前端的信息和知识，掌握了企业在未来竞争中的“制空权”。

3. 公司发展战略

3.1 短期发展战略

3.1.1 短期发展战略标杆企业对比分析

3.1.2 ××“短期发展战略”环境分析

“龙湖”和“鲁能”在战略发展初期都不约而同地选择了“品牌经营战略”，它们通过在“政企资源整合、研发设计、项目品质”等方面的用心经营，一步步的确立了其在××市场的品牌地位，并都获得了良好的市场业绩。

虽然现在的政治、市场环境与以前相比有很大的改变，但是“品质与品牌”理念在消费者的心中却是越来越重。与上述两个企业不同的是，××在创立之初有更强大的资金支持，有更优越的管理架构，有更专业的人员配置，有更优质项目的支持，这些要素要求我们以更快的时间启动我们的品牌战略，并实现我们的利润。

3.1.3 ××短期发展战略××

3.2 中期发展战略

3.2.1 中期发展战略标杆企业对比分析

3.2.2 ××“中期发展战略”环境分析

“商业”是地产的灵魂与血脉，做活了商业也就做活了地产，龙湖在中期发展战略中一改初期平稳的发展战略，强势进入××市商业地产市场，而万达更是由“商业与地产双核心”发展战略调整为以“商业地产”为单一核心，都是看到了商业地产的“巨大利润市场”、“资本升值空间”及租赁市场上“持续稳定现金流”的保证。

××项目有1000亩的纯商业用地，如何利用商业有机联系我们“总部基地、主题乐园和住宅”，使之实现良性互动，并通过商业来提升土地价值和实现资本持续保值？这是我们项目持续推进的关键所在。万达和龙湖对商业的成功运作模式，值得我们参考和借鉴。

3.2.3 ××中期发展战略

4. 长期发展战略

4.1 长期发展战略标杆企业对比分析××

4.2 ××“长期发展战略”环境分析

从标杆企业的分析来看，它们都通过“公司内部治理、优质资产数量及规模扩张、强化投融资能力”等各种手段上市或即将上市，走向资本化运作之路。

从它们的战略发展轨迹来看，其较终目的也是实现资产证券化，走向企业资本化运作之路。通过资产证券化，不仅可以较大限度利用企业的沉积资产，还可以较低的利率来获取巨大的资金运作空间。因此，资本化运作可以解决长期困扰房地产企业的资金问题，也是支撑企业走向强大，走向国际化的较重要因素。

4.3 ××长期发展战略××

第三章　项目分析与定位

一、项目消费者动机与行为分析

××项目主要由商住房产、主题乐园、总部基地三部分组成，因此其消费者主要分为三类；一、房地产市场消费者；二、休闲娱乐消费者；三、总部基地办公需求消费者，以下即对这三类消费者进行分析。

1. 房地产市场消费者行为及动机分析

数据来源说明：以下数据主要针对近3年有明确购房意向，年龄分布在20至60岁的各个年龄段，平均年龄为33.93岁，是购房的主要决策者或参与决策者，现场收集样本622份，其中有效样本609份，有效率达到98%。

1.1 购房目的调查

其他为老人购房楼价升值后出售为子女购房出租以获取租金改善居住环境，自己长期居住××。

分析：一方面，需求性消费是目前××房市的消费主流，也是未来一段时间内××房地产市场发展的趋势，这说明了××整个房地产市场仍然呈良性发展趋势；另一方面，随着生活水平的不断提高，消费者对居住环境的要求越来越高，因此，对住房品质的要求也会提出更高的要求，这为××高品质的产品开发和优质售后服务理念提供了广阔的市场空间。

1.2 购房首选区域调查

消费者购房选择的区域××

分析：随着“××向北”口号的提出，政府、开发商、消费者的目光一致转向了三北区域。××地区过半消费者购房首选区域在江北区，而××地区虽然目前仅占两成，但其地理位置紧邻江北区，随着城市向北发展的不断深入，在未来1~2年内江北地区房地产市场的发展必将带动××地区房地产市场的快速发展，这将给我们房地产项目带来巨大的市场机遇。

北部城区需求持续上升，渝中区退居其次。受城市规划与政策倾向的影响，北部城区的进一步拓展与配套不断完善对广大市民具有相当大的吸引力。渝中区由于城区配套较为完善，传统城市中心的观念已深入人心，在相当长的一段时间内一直为消费者购房的首选区域，但受城市发展空间与价格的限制，以及市民对居住环境的要求越来越强烈等因素的影响，住宅郊区化日益明显。

1.3 消费者购房关注的因素

消费者购房关注的因素××

分析：除房价外，消费者对楼盘的综合素质要求也越来越高，消费越来越理性，房产营销已过了单纯的价格和产品营销时代，对开发商的综合要求是越来越高了。而××秉承集团作为系统的社会生活服务供应商的经营理念，在产品品质要求上及优质的售后服务上是顺应市场需求的，因此必将给××项目带来强大有力的竞争优势。

1.4 基础生活设施的需求

消费者需要的基础生活设施

物业管理及服务设施交通便利休闲设施医疗设施教育设施运动设施商业设施智能化设施××

分析：良好的交通有利于消费者出行的方便，而商业设施的完备，有利于居民的日常生活。因此消费者在购买住宅时，对于交通便利（65.07%）和商业设施（60.77%）更为看重。××辅助区在××市拥有较为便捷的交通优势，距机场仅5分钟车程，距江北区10分钟车程，距渝中区15分钟车程。到2010年，城南将开通轻轨3号线直通机场，轻轨6号线将直接通过我们项目地块。届时，项目的交通将得到极大的改善。

1.5 投资房产成为××市民投资渠道的首选

其他存于银行投资证券炒金投资酒店式公寓投资写字楼投资商铺/门面购买基金购买住宅××

分析：××房产市场健康稳定的发展、以及良好的未来前景，使得其成为市场投资的首选项目。从另一个角度也说明了消费者对房产的信心是看长的。投资住宅、门面和商铺成了消费者的第一和第二投资选择。

结论：××房地产市场呈良性发展态势，满足居住需求和改善居住环境仍是居民置业的主要两大目的；除房价以外，消费者对楼盘的综合素质要求也越来越高，消费市场越显理性；影响消费者购房的众多因素中，房价、配套设施（景观）和地理位置是影响消费者购房的三大因素；××房产市场健康稳定的发展、以及良好的未来前景，使得其成为市场投资的首选项目。从另一个角度也说明了消费者对房产的信心是看长的。投资住宅、门面和商铺成了消费者的第一和第二投资选择。

2. 主题乐园消费者行为及动机分析

数据来源说明：本部分的数据来源于××智创企业管理咨询有限公司2007年底××游乐市场消费需求与特征调查，调查的区域主要集中在××市六大城区，采用方式为街头随机拦截，调查对象为在1年内有过游乐经历的消费者，总体样本量为300个。

2.1 消费者对××主要游乐市场满意度调查××

项目偏少、游乐设备落后、陈旧、不够新颖、整体环境较差、配套设施偏少等方面。这说明了××市在大型复合旅游项目上还处于一片市场真空状态，现有游乐市场无法满足××市民的游乐需求，这对我们主题乐园的进驻来说，是一个无竞争性市场，项目前景十分看好。

2.2 消费者对××游乐项目的评价××

表二：消费者对××目前市场上游乐项目的评价

分析：从整体上看，消费者对目前××市场上的游乐项目的整体满意度偏低，而不足的地方主要表现在游乐项目偏少、游乐设备不够新颖和配套设施偏少等方面。

2.3 消费者对××主要游乐市场忠诚度调查××

分析：当问及消费者是否会“故地重游”××主题乐园时，49.30%的消费者表示不一定，30.37%的消费者明确表示不会，仅有20.33%的消费者表示会“故地重游”。从中说明，××有了市场对当地消费者的吸引力相对不足。据调查：欢乐谷游乐项目满意度达98%以上；“故地重游”的游客达到30%。从这两个方面来看，欢乐谷项目、主题的定位是符合旅游市场的需求，也是深受深圳市民所喜爱的。而结合××主要游乐场所的满意度和“故地重游”的占比情况来看，远远不如欢乐谷游乐项目对当地消费者的吸引力。

2007年，××拥有3200万余人口，加上海内外游客6847.51万人次，其中前来观光休闲独家的占54.4%。因此，从××本地市场和对外地游客的吸引来看，××市场有巨大游乐市场空间，而在另一方面××游乐市场的现状已经远远不能满足消费市场的需求，这就造成了××市游乐市场的巨大市场空白，这对我们主题乐园项目的建设与运营来讲是一个前所未有的市场机遇。

结论：从整体上看，××地区的消费者对消费者在对方特科幻乐园、洋人街和科普中心的满意度评价偏低；消费者“故地重游”的比例偏少，从中说明目前××市场上的游乐项目对当地消费者的吸引力相对不足；从消费者对××游乐项目的评价来看，目前××市场上的游乐项目不足主要表现在游乐项目偏少、游乐设备不够新颖和配套设施偏少等方面；××游乐市场的现状已经不能满足消费市场的需求；从消费市场的层面讲，××游乐市场具有较大的市场空间。

3. 总部基地目标消费群体（高档写字楼业主）行为及动机分析

调查说明：以下调研的范围主要集中在江北区、北部新区、渝中区、南岸区近16个高档写字楼，样本量为200个。

3.1 目标群体对总部基地的认知与评价调查××

3.2 目标群体对总部基地的配套的三大需求××

分析：针对高档写字楼的目标客户群体，他们对办公环境和相应的配套设施要求相对较高，尤其对周边商业气氛和各种业态齐全性的要求非常高。

3.3 目标群体对总部基地的区域选择调查××

其他南岸区九龙坡区沙坪坝区××区江北区渝中区××

分析：渝中区作为××的经济文化中心区域，商业配套、交通环境、办公环境等都条件相对比较成熟，因此，渝中区仍然是大部分目标群体的首选区域。同时，两北地区的强势发展也吸引了部分消费群体的眼球。

3.4 目标群体对总部基地看中的三大因素的调查××

分析：周边环境氛围，便利的交通和物业价格与管理是目标群体选择商业物业看重的主要三大因素。

结论：在配套需求方面，目标消费群体对周边商业氛围以及基础配套设施的齐全性看得非常重要；目标消费群体对工业总部都有一定的认知，整体来讲，他们对工业总部具有浓厚的兴趣；在区域选择上，渝中区仍然是大部分目标群体的首选区域，但从六大城区来看，部分目标群体看到了江北和××两个区的强大发展前景，因此，他们把目光转向了这两个地区；目标群体对办公的大环境非常看重，胜过对物业价格的考虑。

二、项目相关定位

项目区位定位

1. 项目区位

本项目地块位于××北面，××区××辅助区内。××辅助区是为实施××“城市向北”战略而设立的一个重要区域，是快速推动××经济圈建设的重要战略棋子。项目处于新开发区核心和具备众多优势资源的区位，紧邻规划中的××区政府和××管委会。我公司不仅掌握了区域发展的先机，而且充分享受了航空城及政府驱动所带来的交通配套、人气聚合和产业聚合效应。

1.2 项目交通（轻轨）优势××

1.2 项目交通（轻轨）分析××

随着轻轨的修建，一种全新的“带状经济”将在××及项目所在地形成，这不仅是轻轨带来的交通便利，更是随之而来的全新生活方式。有了准时、高效的轨道交通，人们出行前对目的地距离的衡量标准将发生彻底改变。“距离不是距离，时间才是距离”，城市轨道使人们改变了“区位”的概念，把地理距离变成了准确的时间距离。这种“区位”概念的转变将极大地弥补了我们项目区位暂时偏远主城区的缺陷，并为项目带来大量人气，拉升地块价值。

1.3 项目临空经济

项目紧临××江北国际机场，未来将达到4500万人的年吞吐量。因此我项目将具有高起点规划，积极承接国外和沿海发达地区的产业投资优势。加快国际大型商业门户总部经济和临空经济发展，依托××服务功能完善的现代枢纽××和现代产业发达的综合性城市功能区，具备充分的临空经济优势。

1.4 项目区位定位

在具备了上述优势资源的前提下，我公司项目将成为北部新城综合开发区中独有的，带动总部经济与旅游经济，以实现土地增值，拉动地方税收经济，和政府共赢的大型综合旅游地产项目，在未来××区“产业聚集、人口集中、旅游带动”的××中心区里，占有核心地位。

2. 项目品牌定位

2.1 总部基地品牌定位

2.1.1 标杆企业品牌定位分析××

2.1.2 本项目品牌定位优势

1. 任何一个品牌定位的确立，都必须是该品牌较有能力占据的，而××集团对成都××工业总部基地的成功运作，已获得了国内有实力建立总部的企业的全面认可，××集团在国内已牢牢占据了建设总部基地的领航者的地位，提前占领了消费者的心理市场。

2. ××集团在××总部基地的运作上已成功取得了市场的品牌知名度和美誉度，××是集团的子公司，更可充分借力于××项目的成功经验，提升自己的品牌地位。

3. 我公司项目可在“××模式”的基础上，提升产品品质，拔高品牌定位。为入园企业提供更优质、舒适的工作环境，并将入园的知名企业品牌与园区品牌相结合，进一步提升我项目的整体品牌。因此，在品牌定位策略上，突出差异化定位，将以产品为导向，初期采取依附策略，针对目标客户进行宣传，突出亮点；中期依托企业品牌推广产品，借此再推广企业品牌，塑造行业领先地位；后期将结合入园知名企业，提升项目整体品牌。

2.1.3 品牌愿景

企业安家首选地

2.1.4 品牌定位

企业花园——新型商务总部基地（功能诉求）

2.2 主题乐园品牌定位

2.2.1 主题乐园标杆企业品牌定位分析

因此，在品牌定位策略上，抓住都市人繁忙奔波之余的脆弱情感，让其从繁忙的工作生活中解脱出来，以“首家”吸引市民。丰富的产品能满足家庭各年龄段人群需要，使得“家庭式主题乐园”概念得以推进；同时抓住“体验世界巅峰游乐”的功能价值，将“情感诉求”与“功能价值”完美的结合。

2.2.2 品牌愿景

国内休闲娱乐旅游首选地

2.2.3 品牌定位

“释放心灵之地”××首家主题公园——情感诉求+功能诉求

2.3 住宅地产品牌定位

2.3.1 住宅地产品牌定位分析

2.3.2 本项目品牌定位优势

从“金六福酒”的品牌战略中可以看出，它在同样竞争白热化的酒市场中找到了一块专属的蛋糕，从而避免了和竞争对手的正面冲突。而我项目同样具备房地产市场上别的开发商所不具备的一块专属蛋糕，就是有主题乐园作为我们住宅产品的后花园。同时有花园式的总部基地提升整个区域的环境和档次。使我们的产品独一无二，难以被取代。因此，品牌定位策略为多个项目品牌共同推进，相互促进。

品牌愿景中国较好的生态居住领地（主题住宅）

品牌定位“花园够用不行，够大才好”—比邻××主题乐园—功能诉求

3. 项目产品定位

3.1 总部基地产品定位

3.1.1 标杆企业产品定位分析××

3.1.2 产品档次定位西部地区顶极的总部基地

3.1.3 建筑风格定位

稳健、含蓄、简洁的具有企业总部特质的建筑风格

3.1.4 建筑形态定位

以爬坡式独栋形态为主，同时兼有拼接式、生态多层写字楼。注重户型的多元化配比，较强的市场兼容性。

3.1.5 产品品质定位

塑造出不同企业的个性化标志，从而强化企业的标识性，满足各类企业总部的形象需求。体现产品的高品质定位。

3.1.6 综合形象定位

成为西南地区总部基地市场标杆。植入“新型理念”，总部基地自身的完善配套加上主题乐园、住宅、商业区等多元化复合地产的高度整合，形成了较完善的国际形象的代言之作。

3.2 主题乐园产品定位

3.2.1 标杆企业产品定位分析

3.2.2 本项目产品定位：①为蹒跚学步的小孩到家庭老人提供较广泛的游乐体验产品。②结合都市人对梦想世界的“情感诉求”与释放繁忙生活与工作压力所需的产品功能诉求，将产品分为七大类：一类专为年轻人定制的世界较先进惊险有趣的大型游乐设备，即乘坐及观览类；二类为具有四季鲜明特征的观赏性生态景观产品，集中式和分散式分布在整个主题乐园，如爱宝乐园的玫瑰花园；三类为适合孩子和年轻人游乐的结合科普知识寓教于乐的高科技感观体验式视听设备及游乐互动项目，中小型游乐设备（三星爱宝乐园魔术天地）；四类为大量结合季节等各类主题的演艺产品；五类为以水为主题的畅游水世界；六类为以购物休闲为主的环球集市（三星爱宝乐园）七类为以表演为主的中心演艺广场，综合形成我项目主题乐园的产品定位。

3. 通过乐园内游乐产品、商业配套及周边商业（酒店等）的配套逐步形成游乐产业链的搭建。

3.3 住宅地产产品定位

3.3.1 标杆产品定位分析

3.3.2 别墅形态产品定位

高档次原生态的别墅社区的升级版，山水优居生活。高绿化率、优车库及交房标准配置提升整体档次及品质。建筑风格以现今市场追捧的北美风格为主，更强调建筑本身风格元素的纯粹，与园林景观和谐搭配，浑然天成。独栋要强调庄园别墅的奢华感，产品形态以庄园独立别墅和叠拼爬坡别墅为主。主力户型为200～260m^2联排别墅，几联拼的联排立面做成接近一套独栋，送架空层，车库为坡地特色的半面采光车库，别墅比例为10%。

3.3.3 花园洋房产品定位

延续别墅的纯正北美风格，高档品质。综合形象为种植在林中的“亲地”洋房，主力户型为4房：140～158m^2，定位为舒适型3房、4房、跃层（顶/底，5房）。

3.3.4 高层产品定位

在陌生区进行大盘开发，启动期产品形态不考虑高层，随着区域开发和配套条件的成熟，再依据市场对高层的产品需求和发展趋势进行产品定位。总体档次定位为高档社区中的高层。

4. 项目目标客户群定位

4.1 总部基地目标群体定位

4.1.1 总部基地标杆企业目标群体定位分析××

4.1.2 本项目优势分析：①通过上述分析可以发现，城市政治经济环境对总部基地的发展具有强大的支撑和推动力。××是新兴直辖市，政治经济中心地位已经确立，可以有效发挥支撑推动作用。××位于四川盆地东部，是连接东西部的枢纽，拥有长江黄金航道的水运优势，东可辐射东部平原，西可辐射四川盆地及西南地区，市场辐射面宽。可见，××总部基地项目有很大的发展空间。②对比标杆发现，成都××总部基地位于成都工业集中发展区，定位过于集中；北京丰台总部基地位于中关村，产业面广而杂，定位过于分散。本项目位于××，南有高新科技园，东有寸滩港，紧靠两路工业园和经开工业园。为发挥产业聚合效应，本项目应主要着眼于高新技术、物流、工业制造三个产业领域。这样既能避免产业过于单一、客户面狭窄，又能避免由于产业杂乱形不成产业聚合效应的弊端。③成都是旅游城市，北京是政治中心。××是老工业基地，有坚实的工业基础，又是长江上游的重要港口城市，在本地市场有丰富的客源基础。④××目前在工业总部基地方面尚属空白，正是本项目入渝发展的较佳时机。

4.1.3 总部基地目标客户群体定位 一级目标客户群体：××高新技术企业、工业制造型企业、物流企业。二级目标客户群体：西南地区高新技术企业和工业制造型企业。三级目标客户群体：国内知名企业、西南营销中心、管理中心等。四级目标客户群体：国际知名企业、跨国公司、中外合资企业的西南分部、分公司。

4.2 主题乐园目标群体定位

4.2.1 主题乐园标杆企业目标群体定位分析

4.2.2 本项目优势分析：①与华侨城和爱宝相似，本项目乐园距离市区较近（20余公里），路网发达、交通便利，游客通达性好，地段增值空间巨大。②通过深圳大量外来商务人员为华侨城提供的客源支撑可以推断，随着××

与西南地区的经贸往来日益频繁，外来商务人员越来越多，××必将会成为西南地区一大旅游热点。③从旅游产业的类型来看，××目前以农业旅游和历史文化旅游为主，旅游产品严重雷同，缺乏鲜明特色。本项目是经过总体规划布局、主题鲜明的乐园，现在是入市的时机。④本项目填补了××区乃至××市的大型主题乐园市场空白，充分满足市场需求，并得到政府的大力支持。

4.2.3 目标客户群体定位

主体市场是3000万××本土游客，辐射云、贵、川乃至整个西南地区，主要针对家庭、单位和情侣游客。随着项目规模的不断扩大，较终辐射全国范围，成为外地游客到××必到的景点之一，吸引大量外地旅行团和商务观光游客。

4.3 住宅地产目标群体定位

4.3.1 商住地产标杆产品目标群体定位分析

4.3.2 本项目优势分析

别墅：

①目前三北地区是××房地产发展较火热的地区，这为本项目规划别墅产品提供依据。三北地区的房地产开发主要是中高端物业，有助于项目高端人群的集聚和选择。

②××有消费顶极物业的能力，随着直辖和新特区的发展，越来越多的外地企业及投资商来到××，会更加快速、更加健康地推动××房地产市场的成长。

③××大手笔高起点的规划和开发，可以极大的提升项目所在地区的区域价值，并从中获得巨大回报。

④本项目拥有坡地自然条件（有山有水、高低错落，可营造坡地景观等），合理整合现有的自然资源，将会吸引大量本地高端客户和外地客户（如北京、上海、深圳等自然资源相对缺乏的城市客源）。

花园洋房：

①两个标杆企业洋房产品地理位置较偏，而单价总价都很高，其旺销说明市场接受度高，购买力强。本项目地处××区××，区位条件优于标杆项目，因此具有更好的发展空间。

②从江与城和十年城客户构成中的外地客户所占比例可以看出，××直辖和新特区效应对××经济及楼市发展注入了极大推动力，带来大批外地高端消费群体。而本项目紧邻机场，对外地客户具有更大吸引力，大大丰富了本项目的目标客户群范围和层次。

③江与城和十年城项目尽管地理位置较偏，但是自然、人居环境十分优越。这为我们开发高端花园洋房，定位多次置业的人群，提供了市场佐证。

④花园洋房的客户属于中高端消费群体，这是优质购买群体：对区位不敏感，购买力强，处于客户群体的弹性区域（从高层消费者升级而来，无力消费别墅物业而又追求高品质的替代品），数量众多。

高层电梯公寓：

①本项目临近××区政府及几个园区管委会，机场员工购房能力亦不可忽视，因此我们具有更广泛的客户面。

②××是国家重点开发区域之一，市场潜力大，对城区中产阶层吸引力大。

③本项目临近××机场、交通网络发达，对外地客户和区县客户亦具有相当的吸引力。

4.3.3 本项目目标客户群定位

别墅：以××主城企业家为主，金领为辅，以及外地高端客户群体。定位于城市顶端人群。花园洋房：××主城及三北地区政府官员、医生、律师等中高收入、多次置业客户群体。辐射西南乃至全国中高端购房者。高层电梯公寓：位于北部新城，面向三北地区的白领阶层消费者；临近××区政府、几个园区管委会和机场，针对公务员、机场员工消费群体；交通便利，也可针对外地客户定向营销。

5. 本项目客户服务定位

5.1 总部基地客服定位

5.1.1 标杆企业客服定位分析××

第一类：成都近郊、远郊的扩张型工贸企业。第二类：西南地区部分三线企业和其他工贸企业在成都设立的分部、总部及片区管理中心。第三类：国内知名企业的西南营销中心、分部、分公司、管理中心等。第四类：国际知名企业、跨国公司、中外合资企业的西南营销中心、管理中心等。多为外地进京的大型国有企业及外资企业。一期以电子信息，生物医药，光机电一体化企业为主；二期以 Business Park 为主三期定位为汽车博物馆，以汽车展示，汽车销售等汽车一体化企业为主；客户服务中心是科创园入园企业及××工业集中建设发展有限公司的窗口部门和中心枢纽，强大的服务平台和先进的服务组织是提供规范客户服务的前提。客户服务中心将物管处服务分为后台和前台操作，从而保证管理处对外形象的统一化。通过前台的有效运作，第一，可保证管理处对外信息传播的口径统一化，第二，建立首问责任制，所有客户的投诉和需求都有专人负责跟踪和落实直至客户满意；第三，前台24小时的工作时间将可保证客户的需求全天候地得到受理及满足。

结合科创园的管理要求，以“为您想得更多，为您做得更好”的管理理念，执行ISO9001品质管理体系，采用“服务分包到人，品质控制到位”的经营管理模式实现科创园的客户服务工作。

丰台总部基地建设了四大体系的配套服务：即现代金融服务体系；信息服务体系；中介服务体系；服务支撑体系。实行了“一站式”为高新企业服务，推行全程办事代理制，编制《绿色服务指南》，构建了绿色服务体系，为企业总部建立服务“绿色通道”，开通“入园服务”和“支持保障”两个直通车；除为企业建立基础物业服务之外，以“为总部服务”为宗旨，着手建立以总部新文化体系为主的区内生活管理服务，开展以总部生活为中心、相匹配的各种社交、庆典、联谊活动。如总部基地篮球大赛、首届乒乓球邀请赛、青苹果乐园单身青年派对等在内的多项活动。

为企业搭建一个提供全方位营运支持的商业平台非常重要，这是客户的需求，也是总部基地的一大亮点。结合对标杆项目的分析，可以看出总部基地大多地理位置不在城区，企业经营活动不方便，需要就近解决跟经营相关的各种问题，特别是对办公地点非常挑剔的国际知名企业及国内上市公司，对办公地点的环境及配套服务非常看重。由于交流不便和周边配套不完善，入驻员工也需要在企业总部的范围内满足交通、餐饮、娱乐休闲等各方面的生活需求。因此，为企业搭建一个提供全方位营运支持的商业平台非常重要，这是客户的需求，也是总部基地客户服务的关键点。

5.1.2 本项目客户服务对象

××本地高新技术企业、工业制造型企业、物流企业；西南地区高新技术企业和工业制造型企业；国内、国际知名企业。

5.1.3 总部基地客服定位

针对不同服务对象对服务的不同需求，总部基地将系统地向客户提供高标准的生活性服务、生产性服务及社会性服务。生活性服务包括：1. 传统物业服务——保安、保洁、公共设施维护、信件收发、费用代收代缴。2. 基础配套服务——与员工生活工作密切相关的配套服务，如员工食堂、员工公寓等。3. 生活管理服务——开展以总部生活为中心的各种社交、庆典、联谊活动。生产性服务包括：1. 支持服务——全程代理入园手续、企业年检代办、会议接待。2. 以搭建商家服务平台为手段的区域配套服务——包括现代金融服务体系；信息服务体系；中介服务体系；服务支撑体系四大休体系的建设。另外，鉴于××项目的开发周期较长，区域配套服务的完善需要大量资金投入、土地开发以及入驻企业数量的积累才能实现，在项目初期计划先搭建企业经营必须的配套服务平台，如通信、网络、物流等。社会性服务包括：1. 协助政府满足三大区域拆迁人员的就业需求。2. 给予拆迁人员各种专业技能的培训。3. 将培训人员推荐给园区企业或直接招聘进入××公司。

5.2 主题乐园客服定位

5.2.1 标杆企业客服定位分析

结合对标杆项目的分析，可以看出服务魅力的展现在于抓住客户的特点和需求，专业的服务更能传达统一的服务标准，有利于品牌塑造和更好地把控客户情绪。

5.2.2××项目主题乐园客服定位

建立全方位的客户服务体系，秉承“为您想得更多，为您做得更好”的经营理念，创新客户服务标准，紧紧围绕各年龄段客户的需求，提供贴心的、人性化的客户服务。使客户感受上帝般的尊崇感。安全服务：保安、失物招领、引导迷失儿童等。引导客户情绪：服务专业化、热情周到、注重细节、重视客户等。

5.3 住宅地产客服定位

5.3.1 标杆企业客服定位分析

结合对标杆项目的分析，我们可以看出，住宅项目的业主较大的需求是舒适、安全的居住环境。但根据小区物业定位的差别，客户的需求有所不同。比如龙湖江与城的高端消费者，年龄及知识层面偏高，对物业的服务倾向于宁静、清闲、隐私；而金科十年城的中高端消费者，对物业服务更倾向于时尚、丰富多彩。

5.3.2 本项目客户服务对象：

①别墅的业主是企业家、金领等城市的顶端人群；②花园洋房的业主以政府官员、医生、律师等中高收入、多次置业客户群体为主，也包括西南乃至全国中高端购房者。③高层客户为白领阶层消费者，公务员、机场员工等消费群体。

5.3.3 住宅地产客服定位

视业主为自己的亲人，始终强调微笑服务。以亲切贴心的物业服务树立××客户服务的一线品牌，以××生活方式、商业化的增值服务为补充，提升客服服务的功能和标准。较终在市场中建立一流的客户服务品牌。

渗透服务意识：尊重客户、善待客户，将客户意识贯彻到各个项目、各个部门基层员工的一言一行中去，贯穿到产品的各个阶段。规范化打造服务品质：建立规范化服务体系，要求管理的每一项工作乃至工作中的每一个环节都有章可循，有法可依，避免人为因素造成工作操作的随意性。

CRM 为服务定位：搜集、追踪和分析每一个客户的信息，建立客户数据库，可以深入了解市场信息和客户的价值取向，为拓展市场创造条件。在此基础上，进行客户细分，选择较有价值的客户，并与其建立密切的长期合作关系。传统物业服务：保安、保洁、公共设施维护、信件收发、费用代收代缴等；客户服务中心：提供产品介绍、权证代办、置业咨询、信息反馈、投诉受理服务等。

商业化的增值服务：以搭建商家平台为手段的会员制，提供形式多样的购物折扣，如家电折扣、购书折扣、购车折扣，通过商家返点寻找赢利点，摆脱房地产客户服务的亏损局面。

××生活方式：根据业主兴趣爱好组织季节活动、节假日活动、项目专题活动、街道社区活动等；对别墅类高端消费者，隐私安全、个性化服务、高端休闲配套更为重要；对花园洋房类中高端消费者，更倾向时尚的小区环境和完善的配套服务；对高层中端消费者，更看重的安全、基础、实惠的客户服务。

6. 项目功能定位

6.1 总部基地功能定位

6.1.1 标杆企业功能定位分析

综合上述分析，对本项目功能定位分析如下：

××作为直辖市、三峡库区、城乡统筹改革示范区等特殊身份所享受的优惠政策，又是西南较大的交通枢纽之一，必然会吸引国内外的企业入驻××。总部基地的建设为××本地市场、西南地区和外省市成熟企业入渝发展提供了良好的平台。

6.1.2 工业总部基地功能定位

打造智能化、低密度、生态型，集产业、研发、办公于一体的总部集群基地。为到××及西南片区发展的高新技术企业、精密制造型企业、其他轻工企业搭建平台。通过业态组合和功能布局的多元化，紧密结合企业总部基地、企业加工制造基地和配套服务基地三大产业链条，从而实现工业生产积聚化、产业链条化和科研生产一体化的新型工业发展基地。

6.2 主题乐园功能定位

6.2.1 标杆企业功能定位分析

综上，对本项目市场定位分析如下：××旅游产业目前以农业旅游和历史文化旅游为主，产品雷同严重，缺乏鲜明特色，××市场对旅游游乐项目有迫切的需求。

6.2.2 主题乐园功能定位

将旅游资源和地产资源优势相结合，改善和提升片区内自然人文环境和素质，从而有效提升房价，实现价值较大化，并较终形成一个配套完善、充满活力和包容性的国际性城市社区。

6.3 住宅地产功能定位

6.3.1 标杆企业功能定位分析

综上，对本项目功能定位分析如下：本项目可依托我们主题乐园带来的人文氛围塑造一个融合人文精髓具有人文主题的高档住宅社区，提升住宅产品的品位。结合本项目所拥有的自然环境，我们可以依靠现有坡地、水面、植被等资源打造生态、宜居的世外桃源。

6.3.2 住宅地产功能定位

商住地产是乐园的完美配套。住宅区包含的餐饮、休闲、娱乐、住宿、金融、文教等各方面的完善服务配套，能够克服其他园区由于配套滞后所形成的“空城现象”，聚集了人气，也为乐园提供了一定的客源基础。乐园也为商住地产带来人气，大大提升了周围地段的价值。因此，我们的目标是打造××资源配套较齐全、较具魅力、较适合居住的新型社区。

第四章　项目分析与规划

一、项目地块情况

1. 项目地形分析

区境地处巴渝平行岭谷地带，地势又西北向东南缓缓倾斜，较高点高程403米，较低为241米，高差162米。全境由华蓥山脉、铜锣山脉、明月山脉3条西北——东南条状山脉与宽谷丘陵交互组成平行岭谷景观，北部山地海拔

230 到 480 米。规划区位于平行岭谷的中南部。用地内冲沟分布较多，低洼水塘密布，主要水域为公布在西南部的猪肠溪和分布在中部的三大冲沟：仓满沟、大院子沟及江边沟，三条冲沟在规划区西南部的大桥处汇于猪肠溪内。猪肠溪是后河流域的一级支流，属于嘉陵江水系。冲沟内多坡耕地，沟壑纵横，山谷相间，源短水急，洪水徒长徒落，历时较短，具有山区特点。项目典型地貌照片如下：

2. 项目地质分析

该区域地质构造，形态组合分两种类型褶皱束，主要有 3 条背斜，西部以龙王洞背斜为主，属华蓥山帚状褶皱束；东部为 0 铜 0 锣峡背斜和明月背斜，属宣汉××平行褶皱束。褶皱带呈东北东向展布，狭长不对称，褶皱紧密，向斜宽，北斜窄，断裂较小。境地层岩性，出露地层总厚约 3416～4479 米。其中侏罗系分布较广，约占 73%，三叠系次之，约占 21%，二叠系出露面积仅在区境东北及西北的背斜高点有少量分布，仅占 1%。此外，第四系地层属零星分布。

3. 项目自然资源

场地内大小山丘植被基本完好，场地内有猪肠溪自北向南穿过。项目周边有丰富的旅游资源，东北部有“武陵仙境”美誉的××“十佳”风景区——统景风景区，融山、水、泉、林、洞、峡、寨、古堡、天池为一体；东部有“亚洲第一地下阴河”张关水溶洞，城区有巴渝民俗文化村，有集旅游、观光、休闲为一体的碧津公园、双龙湖公园、鹿山观光农业示范村。

地形、地质、自然资源分析小结：

通过以上分析和结合标杆项目分析发现：乐园、商业、住宅、总部的环境都与水景观营造密切相关，我们将结合现有地形资料发现应充分利用区域内自然水系资源，提升环境品质，形成水上世界乐园、滨水商业带、湖滨景观住宅、流水庭院总部。

4. 市政基础设施及管网布局

4.1 基础设施简介

××区有日产水 30 万吨的××梁砣水厂和日产水 7 万吨的两路水厂供水；现有 22 万伏变电站 3 座，11 万伏变电站 3 座，3 万伏变电站 5 座无虚席××区内有装机容量 150 万门程控电话、20 万门移动电话的××第二电信枢纽，并正加紧进行××区信息港建设，川东及××地区天燃气主干道贯穿×

×区境，区内有天燃气站10座。

4.2 给水工程现状

在规划区南面，有两条（DN700、DN600）经开区往两路城区去的给水管，其中一条DN700管为过境管线，另一条DN600管引有一条DN500管进入规划区内；在规划区东北面两路城区方向有一条DN500给水管，从此管上引有一条D300管进入规划区，其余地区基本上无市政给水管。以上三条给水管均由位于规划区南面的梁沱水厂（嘉陵江）供水，供水标高为480m，水厂原水取自嘉陵江水。规划区内近期现已开发的地块核准开发的地块均由DN500和DN300给水管道供水，远期将由规划中的锐来水厂与现有的梁沱水厂联合供水满足本规划区的用水要数。

4.3 污水工程现状

规划区内的现状西部片区仅有零星的自然村落和居民点，基本上无市政污水管网，居民生活污水直接排入附近水体，已对水体造成一定的污染。东部片区已经存在少许数量的工作，紧邻工厂的市政道路已修建了一条DN400排污管道，但是工作投资，故还没有污水排放。

4.4 雨水工程现状

规划区属四川盆地中亚热带湿润气候，大陆季风性气候显著，年平均气温17.1℃，多年平均降雨量1150.7mm，年较大降雨量为1523.3mm，年较小降雨量889.8mm，主要降雨量集中在夏、秋两季，约占全年总降雨量的70%以上。由于该规划区的地形北高南低、东高西低，且有猪肠溪蜿蜒流经规划区西、南部、将毗邻规划区西部的经开区和南部的悦来组团分割开来，东、北方向地势高，形成了一道天然的分水线，故整个规划区就是雨水系统的汇水面积，为1334ha。现有的防洪系统西部片区完全依靠其内的大型冲沟，东部片区依靠其中的大型湖泊。该湖泊已经设计了一尺寸为4.2m*4.5m的排水沟与西南部的猪肠溪相接。

主要存在问题：规划区开发建设后，现有的水土植被和自然生态将受到一定的破坏，局部的地形、地貌及水系会改变，雨水的汇水区域须重给。

4.5 电力工程现状

本规划区内现有三路110kv高压线经过，分别是竹两110kv架空线，黑两110kv架空线以及云空110kv架空线。在本规划区的北面有两路110kv变电站，南面有回兴110kv变电站及桐岩110kv变电站。另外有几回10kv架空线经过，10kv 线路根据规划将地下敷设。

4.6 电信工程现状

本规划区北侧主干道及南侧主干道有通讯线路及光缆线路。

4.7 燃气工程现状

按××市××区燃气总体规划，鹿山片区南端有一管径 DN700 的过境市政天然气管道，东北部有管径 DN300（1.6MPa）的次高压市政天然气管道。××两路城区有南、北两个配气站，现供气量约为 19 万立方米/日，通过管径为 DN100 的天然气管道接入本区域，暂时为本区域已建成部分供气，供气量约为 5 万立方米/日。

项目电力、通讯、燃气分布图

二、项目规划原则

1. 总体原则：

①以《××市城乡总体规划》为指导，《两路片区控制性规划》《××辅助区控制性详规》（见下图）为原则，进行土地价值分析。

②坚持以人为本、创造“人与自然、城与自然”和谐共存的生活、工作、休闲环境，精心塑造富有特色的生态城区。

③节约和集约化利用土地，走“紧凑城市”的发展到道路，充分发挥城市土地价值，科学配置城市空间资源、合理确定土地利用强度指标，为城市土地出让提供切实可行的规划管理依据。通过合理控制地块开发指标来控制城市总体容量，通过合理控制公益设施和公共空间来增强城市的宜居性。

④理顺片区交通，注重发挥该片区在区域综合交通的功能和作用，整合内部交通系统，创造方便快捷和切实可行的交通网络。

⑤坚持公共交通优先原则，引导土地利用开发和城市功能完善。

⑥注重城市形象，控制与城市设计相衔接，将城市设计的相关要求体现在各地块的控制中，强化对城市总体风貌的控制。

⑦规划具有灵活性和时代特征，为建立在土地贮备制度条件下有计划招标、出让、综合开发提供信息和技术依据，作为规划区建设的引导和控制。

××辅助区控制性详规图××

2. 住宅规划原则

①“尊重自然、尊重环境、尊重各种生活形态”作为规划原则，利用天然河流进行梯度截留，利用落差形成跌水景观；高处修建观景平台。低处储

水形成湖泊，提高地块价值。根据山地特点依山就势建设，采用弧线、曲线、直线结合布置，坡、坎、岩等高差变化处，采用立体绿化。业态分布充分考虑品牌、投资强度、消费定位。

②建筑空间布局：根据标杆，平面上采取围合的方式；住宅区内每50亩到90亩一围合，只在临街底层设计门面，商业所占比例10%左右。立面上多业态立体布置。了解国内外住宅市场的通体趋势，强调技术价值。

③设计创新可以参照江与城，在片区中心设计长廊式商业带，并有教堂，该部分总面积在住宅区应控制，只占58亩地，为总占地面积的3.2%。突出三大项目特点，以造城为核心进行公共设施布局；

④充分挖掘文化资源，功能上动静分开，生活与教育、文化、运动设施分开的办法处理。突出北部新城富人贵人区特点以《住宅性能评定》为设计标准；

⑤容积率大致分布：别墅0.4左右，多层花园洋房1.2左右；高层建筑2.5左右。全面追赶和超越××住宅市场的领头羊。

3. 总部基地规划原则

①独栋、双拼、三拼、单元式总部楼、公建商务楼围合式布局、围合庭院布局。

②高密度低产出低密度高产出，容积率1.2左右（根据标杆）；

③为企业服务的商业配套放在优先考虑，如企业需要的银行、税务等。彻底挖掘××工业总部基地的设计理念，不断学习赶超；

④用优美的环境，变相降低车速，控制道路面积，提高路面质量；

乔木灌木草坪结合，重点考虑季相。把环境和服务放在第一位置；

⑤移植国外经验，借鉴住宅设计理念进行总部基地设计；

⑥考虑可以持续发展。

4. 主题乐园规划原则

①交通轨道车从区外进入乐园形成环行循环，便捷高效。

②盘山交通路网沿等高线环山环水修建，路线呈弧形，对各围合区形成优美的弧线封闭。韩国乐天规模小，精致，全部为人造景观，分室内外两部分，以人造湖为亮点。

韩国乐天总平面图××

③选择不同类型的题材，如以各国风情、科技幻想等为主题，配以高科技装备制造一个梦幻世界，从而形成主题公园。三星爱宝总平面图××

④人流物流分开，互不干扰。5. 游乐设备集中（美国）或穿行（国色天乡）于各个游乐组团之间，购物与游乐可以同时进行。

⑤项目主要技术经济指标

三、项目用地规划

1. 用地总体规划（见下图）××

本项目的规划概念设计思路为：采用拦河筑坝的形式形成自然水系，和天然水岸线，对应陆地则是优美的水湾，景观价值极高，同时平衡高差，调节微气候。由西至东按照水的形态分为：互动的乐园水系、热闹的滨水商业、优美的水景住宅、宁静的流水办公。

2. 项目绿化分布图

项目7500亩范围内的绿化面积按与政府的协议的绿地指标执行，集中绿化安排在乐园3500亩范围内，具体规划见下图：××

3. 土地价值分析（见下图）××

用地规划应该结合地形资料充分利用有利地形，规避不利地形。经分析，区域内禁建区域主要沿冲沟形成，将通过工程的手法适当改造不利地形，形成本区域特色和亮点。还将节约和集约化利用土地，走"紧凑型"发展到道路，充分发挥土地价值，合理规划土地利用强度，增强本区域的宜居性。

4. 业态分布（见下图）××

乐园、商业、住宅、总部的业态分布将尊重政府规划，合理调整路网形成理性组团分区，动与静、公共与私密流线清晰，并合理分区，把控开发节奏，实现土地利用效率较大化与建设成本较优化，和可持续性发展。

项目将环绕水主题做足文章，利用天然谷地地形拦河筑坝形成湖泊人造景观，围绕水系划分政府公共绿地形成"内胆形"中心绿地景观。实现"乐园+水域、商业+水体、住宅+水景、总部与水系"的复合叠加效应与价值互动，实现价值最大化。

5. 总部基地、住宅、乐园、商业示范区选址（见下图××）

第五章　项目的财务分析

一、项目投资估算和资金筹措

1. 计算依据

1.1 项目建设主要技术经济指标：见附表1

1.2 投资估算编制依据

◆××市××区人民政府、成都××实业（集团）有限公司《关于建设××西南总部基地协议》（以下简称《协议》）

◆××市××区人民政府征地办公室关于××项目用地土地成本测算的有关文件

◆××市建设综合开发办出版的《房地产综合开发文件汇编》中的有关文件

◆建设工程配套使用的取费标准和相关文件

◆××市颁发的有关建设方面的税费文件

◆其他相关资料

1.3 有关税费率表××

2. 投资总估算

2.1 项目拿地计划××

2.2 项目总投资

本项目总投资1594794万元，其中，总部基地部分总投资532761万元，平均单位成本为3552元/平方米，住宅部分总投资820623万元，平均单位成本为4152元/平方米，乐园部分总投资241910万元，投资强度为60.48万元/亩；项目总投资中，扣除土地整治费、社会事业项目建设成本和返还得区收土地出让金部分后的实际支付土地总费用为343570万元，测算依据为××区人民政府征地办公室提供的《××集团拟用地综合价金测算》标准和××市关于国有土地出让相关文件。具体情况详见附表3.1《××项目总投资估算表》和附表3.2《××项目土地费用估算》：

××项目总投资估算表××

2.3 项目开发成本估算

根据总投资估算表和不同产品形态所占比例进行分摊，得出各产品的单方成本，分列于下表，详见附表4《××项目开发产品成本估算》。××

2.4 投资计划与资金筹措

2.4.1 项目投资计划

根据公司战略规划、××区供地计划、并结合各项目实施计划和施工进度安排，安排各项目的投资计划。详见附表5《××项目投资计划与资金筹措表》。××

2.4.2 资金筹措计划

本项目总投资 1459753 万元本项目中工业总部基地与成都××工业总部基地、国色天乡项目有很大的相似形，在本项目的资本结构设计上，可参照××工业发展的总部基地的“小资金启动带动大投入”的投资模式（资金结构为：自有资金 10%、合作企业投资 20%、银行贷款 10%、预售收入滚动开发占 50%），与其大体一致，确定开发期间的资金筹措选择四个渠道：

①自有资金：比例 9%，金额 150000 万元，分四次投入。②合作企业投资：比例 22%，金额 350000 万元，分六次投入。③向银行贷款：比例 9%，金额 150000 万元，分五次投入。④预售收入滚动开发：比例 59%，金额 944794 万元，根据项目进度后期开发主要采用此类投入。

详见附表 5《××项目投资计划与资金筹措表》及附表 10《××项目借贷资金还本付息表》。

2.5 项目融资计划

根据项目销售进度和投资进度预测××项目融资计划表和各年资金需求表，如下：表一：××项目融资计划表××表二：各项目各年资金需求表××

从上述“××项目融资计划表”和“各年各项目资金需求表”，我们可以看出，2008 年和 2011 年的资金缺口较小，分别为 10.8 亿元和 12.1 亿元，2009 年资金缺口为 23.58 亿元，2010 年资金缺口较大，高达 31 亿元，资金压力大。所以在 2009 年和 2010 年，除了自有资金、合作者的资金投入、银行贷款和压缩建设周期、销售周期以求收回投资以外，我们还会寻求其他融资渠道，来达到投资的优化组合、融资成本的较小化以及现金流的安全化，如房地产信托、企业并购、合作开发，在娱乐设备购买方面，我们也会考虑采用金融租赁形式来缓解 2009 年和 2010 年的资金压力。

二、项目财务评价

1. 经济评价依据、原则及方法

1.1 评价依据

1.《建设项目经济评价方法与参数》（国家计委、建设部颁布，2006 年 8 月 1 日，第三版）。2.《房地产开发项目经济评价方法》（建标［2000］205 号）。3. 本项目各项成本及效益核算以财政部颁发的《房地产企业会计制度》《房地产企业财务制度》的有关规定为依据。4. 中华人民共和国建设部建标（2000）205 号关于发布《房地产开发项目经济评价方法》的通知。5. 中国建筑工业出版社《民用建筑可行性研究与快速报价》(2002 年第 1 版)。6. 本项目税金测算，按财政部、国家税务总局有关精神执行。

1.2 评价原则：①本项目经济评价遵循以动态分析为主，静态分析为辅；定量分析为主，定性分析为辅的基本原则。②本项目经济评价遵循效益与费用计算口径一致的原则，在计算期内销售价格及成本均不考虑通货膨胀因素。③为规避市场和经营风险，本项目经济评价遵循谨慎性原则。

1.3 评价方法

1.3.1 假设条件

根据公司战略规划，并假设本项目在 12 年建设期内 (2008 年至 2019 年) 能顺利实施，建设内容和建设进度按计划进行，房屋市场销售与预测基本一致，在 12 年内能够顺利完成销售，国家宏观政策保持相对稳定，税率保持目前水平。

1.3.2 评价方法

本项目经济评价是在市场研究和技术研究的基础上进行的，主要是利用有关的基础数据，通过编制财务报表，计算财务评价指标及各项财务比率，进行财务分析，做出评价结论。本项目是按房地产开发项目进行经济评价。

2. 基础数据测算

2.1 项目计算期

本项目中计算期从 2008 年到 2024 年共 17 期，含建设期，其中总部基地每期建设期 18 个月，住宅部分每期建设期 20 个月，共 12 年，乐园部分计算期共 17 年，其中每期建设期 18 个月。

2.2 销售收入及税金测算

2.2.1 销售收入估算的基础数据

根据对目前××房地产以及××区房地产市场的分析以及对本项目单方成本的估算，通过对本开发项目的详细分析，并参考竞争楼盘销售价格及各特殊因素分析所制定的价格策略，预计本项目的销售单价及总销售收入。

①总部基地部分

总部基地销售价格定为：建面 4500 元/平方米。销售的中期和后期，随着市场对项目认知度的提高，企业品牌的成功本土化以及区域商务环境的成熟，销售均价后面每一期上涨 650 元/平方米。

②住宅部分

住宅部分销售价格定为：别墅为 9500 元/平方米，花园洋房 6400 元/平方米，高层4700元/平方米。销售的中期和后期，随着市场对项目认知度的提高，品牌影响力的扩大，轻轨3号线的开通，生活配套的完善，销售均价第二期别墅上涨10%，花园洋房12%，高层10%；从第三期开始别墅每期上涨5%，花园洋房5%，高层4%。

③乐园项目年经营收入

一期建成后年客流量230万人次，二期建成后预计新增370万人次，三期建成后新增400万人次，共1000万人次。门票价格为80元/人，考虑二期、三期建成后，涨价幅度20%。

根据以上数据，结合公司经营战略，安排销售计划和选择商业部分销售部分自营，为公司在中期实现资产累积奠定基础。各类产品租售比例见下表。预计项目完成后，总部基地共实现销售收入1099310万元，住宅部分共实现销售收入1366805万元；以2019年为例，自营收入部分情况为：总部基地182万元，住宅项目中商业配套自营收入601万元，乐园商业自营收入1239万元；乐园三期建成后，正常年份（以2019年为例）经营收入112219万元。

以上详见附表2.1《××项目销售收入预测表》、附表2.2《××项目自营收入预测表》和附表2.3《××乐园项目经营收入预测表》。

2.2.2 销售税金及附加

本项目的销售税金及附加包括销售不动产的营业税、城市维护建设税、教育费附加。营业税按销售收入5%计算，城建税、教育费附加、地方交通附加分别按营业税的7%、3%计缴。因此项目销售税金及附加按照5.5%的综合税率乘以销售收入估算。本项目各产品销售税金及经营税金分别见附表2.1《××项目销售收入预测表》、附表2.2《××项目自营收入预测表》和附表2.3《××乐园项目经营收入预测表》。

2.2.3 土地增值税

根据税法规定，在销售环节土地增值税按销售收入的1%预征，到项目销售完毕后进行结算，应缴土地增值税总额为243429万元，详见附表7《××项目土地增值税估算表》。

2.2.4 所得税：本项目按25%计。

2.3 项目收益预测

2.3.1 项目成本估算

总部基地、住宅、乐园一期项目的成本详见附表3.1《××项目总投资估算》、附表4《××项目开发产品成本估算》、附表8《乐园项目总成本估算》。

2.3.2 利润情况

①总部基地和住宅项目税前利润总额共806719万元，所得税共202573万元，税后利润共598065万元。其中总部基地利润总额389348万元，所得税97910万元，税后利润281783万元；住宅部分利润总额417371万元，所得税104663万元，税后利润312708万元。

②乐园三期建成后，以2015年为例，年利润总额15316万元，所得税3829万元，税后利润11487万元。

详见附表9.1《××总部基地和住宅项目损益表》、9.2《××乐园项目损益表》和附表9.3《××各产品损益汇总表》。

3. 财务评价分析

财务评价基数 本项目基准折现率取12%，自有资金基准折现率取12%。财务评价分析

3.1 现金流量分析

本项目全部投资现金流量详见附表11.1《××项目全投资现金流量表》。预测税前累计净现金流量为921165万元，全部投资财务净现值为620917万元，全部投资财务内部收益率为44.02%，投资回收期为3.85年。以上数据均采用税前估算指标。

3.2 各项财务指标经计算

财务评价主要指标如下：投资利润率（税前）：58.93%；投资利润率（税后）：44.20%；资本金利润率（税后）：469.89%；所得税后财务净现值：177359万元，大于零；

税后投资回收期：7.51年（含建设期）。

4. 不确定性分析

4.1 临界点分析

本项目的盈亏平衡分析详见下表：××。例如，当其他条件不变，销售收入下降46.08%时，对于总部基地和住宅部分刚好不亏不盈，此时，销售收入为1367353万元，同理，当总部基地和住宅部分的土地上涨451.43%，其他条件不变，达到盈亏平衡，此时土地总费用1272664万元。当工程造价上涨112.57%，财务净现值为零，此时工程造价1165811万元。

综上，本项目的临界点较高，说明抗风险的能力很强。

4.2 敏感性分析

鉴于销售价格和建设开发投资等不确定因素发生变化对项目的各项指标有不同程度的影响，所以有必要在一定的变化幅度内进行敏感性分析，以上各单因素的变化对税前财务净现值、税后内部收益率、税后投资利润率和税后利润的影响分别通过对××总部基地及住宅项目和乐园项目进行分析，详见下表××。

由上表可知：销售收入和开发建设投资的变化所引起的项目效益变化，财务净现值和内部收益率较为敏感，且销售收入的敏感系数相对较小。通过各因素向不利方向变化5%~20%的敏感性分析，项目仍有较好的经济效益。说明项目具有一定的抗风险能力。

4.3 财务评价结论

综上分析，本项目盈利能力较强，税后投资利润率高达44.20%；财务净现值177359万元，大于零；且项目具有较大的抗风险能力，所以该项目财务上可行。

附：其他财务评价中的具体数据及计算详见财务测算各附表

5. 财务风险及对策

财务风险是指由于筹资及财务状况不良不足以维持企业偿债能力而产生的风险。开发项目的经济效益与投资大小及资金成本密切相关，因此，投融资方面的风险因素对项目至关重要。

5.1 财务风险分析

5.1.1 财务风险主要表现在

- 资金来源中断或供应不足导致工期延长甚至被迫终止；
- 利率变化导致融资成本提高，给项目造成损失；
- 采用赊销、按揭或采用分期付款方式销售房地产商品时，客户不能偿付款项或延期付款也会给项目带来损失；
- 对资金运用监管不理，导致项目成本上升，项目利润下降。

5.1.2 标杆企业的财务风险防范对策

通过对××总部基地和国色天乡的分析，我们发现，××工业通过信托、政策贷款、员工集资房融资、BT等多种方式获得融资渠道，有效缓解了资金压力，保障资金供给。国色天乡更是跟新加坡凯德集团合作，引入强大实力的合作者为项目的顺利展开奠定了坚实的基础。

5.1.3 标杆企业的财务风险防范对策

本项目初期拿地阶段资金需求量较大，随着后期项目的推进，销售工作逐渐展开，可回笼部分资金，弥补一定资金缺口。在项目实施的过程中，各年的资金缺口可通过银行贷款、与实力强大的机构投资者合作、房地产信托等多种渠道融资，有效防范财务风险。

第六章　项目运行风险及对策

一、项目运行环境风险分析与对策

1. 政治、法律、经济环境分析及风险对策

1.1 环境、资源、能力分析对比分析××

1.2 标杆企业及其风险对策分析××

1.3 风险分析

任何项目都是在一定的政策和法律环境下成长的，简单地说就是游戏的政治背景与游戏规则。如：区域规划、产业政策、财税政策、金融政策、法律法规的变化等都可能会在不同程度上对项目产生一定的影响。特征表现为：战略无法继续、资本严重缩水乃至企业无以为继。

1.4 风险案例

目前受国家宏观政策调控的影响，房产市场的自我调整拐点正在进行，必然有相当部分的产业市场面临重组，对于无行业操守的纯投机者将迫退出行业市场。如在前几年的房地产开发过程中，为规范金融和市场秩序，国家规定了金融机构、政府部门不能参与房地产开发，由此导致一些挂靠的开发企业资金链断裂，从而引起了大量的烂尾楼工程。

1.5 对策研究

为了更好的应对战略“精、准、稳、效（效率与效益）”的特殊需求，××专门成立了“战略管理办”“信息中心”与“资源管理办”，全维整合政府关系和外界社会信息机构的力量，从政治、政策、时事、人文、社会、历史、经济发展等进行多侧面、多层次来研究政治生态，社会与市场需求与变革，并在不同的政策背景下，及时调整公司的发展战术，让××始终以保障并服务于市场绝大多数人的根本需求为导向。

1.5.1 项目前期对策：专业应对，预案应急创建专业的扁平化、网络化、信息化管理组织架构体系，保障精准的战略方向性与战略信息灵敏度、项目

战术的高匹配度、时效性与科学实用性等，以达化解规避风险的目的。

1.5.2 项目中期对策：化威胁为机会：①寻找细分化市场，差异化市场，产业链延伸，寻找蓝海战略的无竞争空间。②选好供应商与战略合作伙伴，强调与合作合同密切相关的风险预测，条款清晰，责任明晰、强化监控、突出信息、应急预案，就能共担风险、降低风险、化解风险与灵活调整战术，迅速走出风险。③项目尽可能与有关政府、金融、财税、规划各方建立密切的捆绑式战略关系，顺应趋势，结合产业，随时获得一线信息与资源支撑并共担与分散风险，同舟共济。

1.5.3 项目后期对策：合理分散或转移风险带来的损失

引入保险：在项目中增设不可预见费与投保费，对一些不可预见的风险进行投保，分解不可预见、不可抗风险的威胁程度。

2. 项目经营管理风险分析与对策

2.1 风险分析

本项目的经营管理风险主要体现在重大经营决策方面，包括项目定位、发展方向、产品设计、合同管理、预算管理、系统生活配套的建设经营、整个项目在营销推广上取得的实效程度等。特征表现为：成本超支、流程加长、工期延误、风险增加。

2.2 风险案例

通过某联合体承建非洲公路项目的风险管理失败案例看出对该项目管理风险规避应着重加强如下：①合同管理；②融资方案；③工程保险；④进度管理；⑤成本管理；⑥分包管理。总而言之就是要牢牢抓住项目推进过程中的人、财、物这三条主线。

2.3 对策研究

按计划根据时空与对象的不同变化，知己知彼地对战略资源：人、财、物进行高度匹配与高度管控，用较少的资源获得较佳的效率与效益，达到降低工程造价、节约管理成本、缩短流程周期、规避风险提前之目的。××十年来铸就了相当丰富的抗对项目经营管理风险能力，惯有强有力的大型项目运作统筹能力与文化优势。如：每年的周年庆大练兵、房地产界的黄埔军校——“××培训学校”、××三大法宝之一的“××生活方式”等。

2.3.1 项目前期对策：①充分市场调研，着力研究本项目盈利模式，高度统筹、整体规划，统一招投标管理、分期建设、分步实施，规避重复建设与管理无序。②强化规划龙头、强调设计匹配、严格预决算管理、“三公”招投标、独立合同管理（成立专门的合同管理部，负责合同的签订和管理）、资金滚动投入、严密网状监控。③把好供应商与战略合作伙伴选择关，强调合同管理、风险预测、责任明晰、强化监控、应急预案、降低与化解风险，灵活调整战术，迅速走出风险。

2.3.2 项目中期对策：①选好项目带头人，签订廉政与风险协议及建立。②分阶段按步骤地完成整个项目。投资速度宜先慢后快，投资金额宜先小后大，在市场对本项目的接受程度不确定情况下，宜以减小风险为主。③采用“总部构建平台，乐园促进住宅”的项目示范、以点串线、以线促面、动态增资的抗风险方案和可持续发展模式。④在尽可能的情况下，增大自有资金的投入比例，从而在滚动式开发效果不理想的情况下，增强资金供给能力，保证本项目的顺畅运作。

2.3.3 项目后期对策：①以流程管理替代以往的管理流程模式，与时俱进的研究与优化调整流程链条及链条长短，降低成本与风险。②把给定的资产负债组合的价值波动控制在指定的范围内，通过经常调节资产负债组合灵敏度来实现风险管理。③引入保险：在项目中增设不可预见费与投保费，对一些不可预见的风险进行投保，分解不可预见、不可抗风险的威胁程度。④奖惩基金，强化人的“绝对忠诚、坚决执行、坚守信义、敢于负责、勇敢创新”。

3. 市场风险分析与对策研究

3.1 风险分析本项目的市场风险体现在：经济滑坡、政策调控、市场接受、需求变化、替代产品等。直接特征表现为：市场疲软、产品滞销、利润下降。

3.2 风险案例

以前在成都的住宅房产市场开始萎缩时，××一直就在苦苦的寻找细分化市场与差异化市场，把原产业链延伸同时寻找蓝海战略的无竞争空间，结果成都××三年走出了经典汽车/工业地产/旅游地产的产业扩张道路，这些都是市场的蓝海部分与产业链条的衍生，于是也由之引出了××“城市运营商”、“系统生活服务商”的战略提法。通过这些模式企业也可以有效规避对房地产住宅单一开发的风险。

3.3 对策研究

本着“洞悉天意、先知先觉、未雨绸缪、防患于未然！”的理念，××特别成立了运营监控、信息中心——就是典型的战略探测感知传导系统，市场的发展趋势、能量大小、推进节奏、着力中心、战略效果等直接传导于战略神经中枢——“战略管理办”，进行较终解码还原、资源匹配、战术调整、战略重组。同时不断强化主营业务（不断推陈出新的产品和完善的服务强化“总部+地产”的精髓，使××始终保持行业领先地位。

3.3.1 项目前期对策：①在项目落成前期，尽量先通过强势广告宣传推广占领市场，（区位优势——产品优势）再推出项目，一旦产品投入市场，则能迅速回笼资金。②强化市场信息发展趋势预测，制定应时预案规划，加速产品、技术研发，让市场、资源、营销更加配套适应。③在必要的情况下，宜在前期的促销工作中，适当降低总部基地部分的售价，以提高总部基地房产部分的销售率，确保项目开发的现金流。

3.3.2 项目中期对策：①加强内部管理与调整，营销策略齐头并进。如：流程优化、人事精简、开源节流、提高效率。②低调做人，高调做事，强势启动，速战速决。如：在项目落成前、选择时机、强势营销广告占领市场与受众，迅速回笼资金。

3.3.3 项目后期对策：①在保障时间与品质下争取缩短项目开发周期，尽快形成系统配套与避开风险机会。②在后期项目开发时，不断升级产业结构，并较终形成横向产业链条。③市场眼光尽量放眼整个国内外市场，强攻需求较强烈的客户密集地和自己的薄弱地。④以国际视野，强强联合、助推发展。以规避自身短板与低效益竞争，做大蛋糕，形成产业生态聚合效应，引领项目纵深发展，还可规避市场相似的低端竞争，营造核心竞争力。

二、项目风险分析结论

通过全方位、系统化、流程化、科学化（SWOT分析）、模型化（5W2H）的定性量化分析，我们一致认为：项目的风险是可控与可接受的。

第七章　项目综合评述

通过全面深入的宏观经济政策研究和市场环境调研，以及严谨的投融资财务分析，我们得出以下结论：

从项目社会经济效益来看，××项目以××市设立“全国统筹城乡综合配套改革试验区”和××直辖以来高速发展对总部基地、主题乐园的巨大市场需求为历史契机，将总部基地和主题乐园的建设提升至一个新的高度，将成为××区经济的新增长极，对整个××区的就业、财政收入、区域经济发展具有重大社会意义。

从我们全面深入的市场调研来看，××已有的一批优秀大中型企业，和即将被直辖经济高速发展吸引而至的大量海内外企业，都存在着对总部基地未被满足的市场需求；××现有旅游结构较单一，目前还没有一个高规模、高经营水平，并能和当地自然、人文高度融合的主题游乐项目，尚未被满足的市民休闲旅游需求现状，为主题乐园切入××市场带来契机；××房地产在全国大城市中历来就属于著名的价值盆地，虽然2007年经过了一轮价值回归性的上涨，但是泡沫性风险依然处于较低状态，发展空间巨大。

从项目的开发模式来看，本项目不但拥有明确的市场定位、项目定位，还具备着以往工业园区建设理念所不可比拟的优势，更容易确立项目市场形象和品牌，更能充分体现项目概念，并展示出企业的形象和品牌，提高项目投资回报率和抗风险能力，具有良好的可持续发展性。××不仅拥有一批知识结构完善、工作经验丰富、工作技能水平突出的专业队伍，并且还将与国外顶级规划设计公司和管理运营公司充分合作，为项目较终成为“××市国际形象代言之城”在规划设计方面作了充分的保障。

从各项财务指标来看，本项目5年内带动投资约454亿元，创税74.4亿元，带动就业7万~10万人，聚集常住人口数量超过21万人。这巨大的经济和社会双重效益将使××迅速形成××区新的商业中心和大型高品质生态居住社区，并能保障该区域稳定的税收来源和充分的就业机会。在保证商业中心持续健康的发展的同时，为××区迅速实现“××之窗”的发展战略和十一五发展规划要求打下坚实的基础。

从团队建设及管理模式来看，该项目拥有一支由“规划设计、工程管理、政策研究、策划营销、投融资”等多个专业背景组成的资深团队，并潜心研究出来了一整套符合项目需求的全新管理架构，使管理流程化、模块化、知识化，为项目的顺利启动和推进在人力资源和管理方面作好了强有力的支撑。

通过对本项目的各项论证可知，本项目的开发具有充分的必要性和可行性。本项目的实施将极大地带动地区经济发展、优化××区产业结构、有效解决社会就业问题、增加财政收入、树立并提升区域整体形象、创造良好的经济和社会双重效益。

第三节　私募地产投资基金项目的立项

基金管理人的投资部门在取得投资项目的基本资料以后，经过初步、简单的分析测算，如果认为项目符合公司的投资策略和标准，经济上可行并且具有往前推荐的可能，可以向公司提出立项申请，进行项目立项。因为项目立项后涉及尽调以及其他费用的支出，并且涉及组织其他部门和中介机构对项目的现场尽调事宜，因此部分基金管理公司对于该环节比较重视，要召开专门的立项或投资决策会议来决定，程序比较正式和严谨。实践中也有一些公司对立项环节管理比较松弛，报基金管理公司主管领导审批即可。项目立项或投资决策会议主要由总裁、投资负责人、募集负责人、投资负责人、风险负责人以及法律负责人方面的人士组成，一人一票，按照公司规定的程序召开表决，一般项目经过二分之一通过即可，重大项目需经过三分之二通过。项目立项之前，投资部门应该将收集的项目要素表、项目商业计划书、项目可行性研究报告以及项目立项申请表提交立项或投资决策会议的秘书，由其转发给各立项或投资决策委员工期在决策时进行参考。会议秘书应及时组织会议，对项目进行决策。

可行性研究报告是从事投资之前，从经济、技术、生产、市场直到社会各种环境、法律等各种因素进行具体调查、研究、分析，确定有利和不利的因素、项目是否可行，估计成功率大小、经济效益和社会效果程度，综合论证项目建设的必要性、财务的盈利性、经济上的合理性、技术上的先进性和适应性以及建设条件的可能性和可行性，从而为投资决策提供科学依据，为决策者提供审批的上报文件。可研报告是项目决定是否投资的一项关键文件，对项目是否向前推进具有重大的支撑作用，实践中还需认真的对待和制定。

（4）示范文本：××地产项目可行性研究报告

××地产项目可行性研究报告

目　　录

第一章　总　　论

一、项目名称

二、项目背景
三、项目概况
四、建设单位基本情况
五、编制依据
六、主要技术经济指标
第二章　项目建设的必要性
一、项目的建设是实现××协同发展目标的需要
二、项目的建设是落实××区十二五规划纲要的需要
三、项目的建设是完善××商务区基础配套设施的需要
第三章　项目市场分析
一、××市宏观经济走势
二、××房地产市场分析
三、××区经济状况及相关优惠政策
四、××区房地产市场分析
第四章　项目选址及建设条件
一、项目选址
二、项目工程建设条件
第五章　项目总体规划及建设方案
一、规划原则
二、总平面布局
三、建设方案
四、人防工程
五、无障碍设计
第六章　公用工程
一、给排水工程
二、采暖及通风工程
三、供配电工程
第七章　环境保护
一、编制依据
二、环境控制目标
三、施工期和运营期环境影响分析

四、施工期和运营期环境保护措施
第八章　节能
一、编制依据
二、用能系统分析
三、节能措施
四、能源计量与能源管理
第九章　消防工程
一、编制依据
二、项目的建筑分类和耐火等级
三、总图布置
四、建筑防火分区
五、消防给水系统
六、灭火器系统
七、采暖、通风
八、消防供电
第十章　抗震设防
一、编制依据
二、抗震设防
第十一章　劳动安全与卫生防疫
一、编制依据
二、危害因素分析
三、安全与劳动防护
四、卫生防疫
第十二章　组织机构及管理
一、项目组织机构
三、项目管理
第十三章　项目实施进度
一、项目建设工期
二、项目实施进度表
第十四章　项目招标方案
一、工程招投标所依据的法律、法规文件

二、招标范围
三、招标组织形式
四、招标方式
五、保障措施
第十五章　投资估算与资金筹措
一、编制依据
二、投资估算编制说明
三、投资估算
四、资金筹措及使用计划
第十六章　财务分析
一、收入分析
二、收益分析
三、财务分析评价
四、基金投入产出分析
第十七章　风险分析及应对措施
一、主要风险综述
二、风险影响程度
三、风险应对措施
第十八章　社会影响分析
一、社会影响效果分析
二、社会适应性分析
三、社会风险分析

第一章　总　　论

一、项目名称

××商业项目

二、项目背景

《××市城市总体规划（2005～2020年）》中提出了“一轴两带三区”的城市空间布局结构，“一轴”即××新城、中心城区和××新区核心区，三者构成城市发展主轴线。××区位于××市西北部，地处京、××两大直辖市的中心点，素有“京××走廊”“京××明珠”美誉，是国家“××一体化”

战略的重要核心区和桥头堡。《××区国民经济和社会发展第十二个五年规划纲要（2010~2015年）》中明确规定“力争把××建设成为京滨综合发展轴上的重要新城、高新技术产业基地、现代物流基地和生态宜居城区”“发展楼宇经济”“大力发展现代服务业”“大力发展房地产业，稳步开发商业房地产，建设一批高品质写字楼”，旨在加快经济发展、争取率先基本实现现代化。

为更好地贯彻和落实上述规划要求，近些年××区不断创新理念、拓宽思路、强化举措，区域经济和社会发展取得了较大成就。为使××区经济水平和质量达到更高层次，吸引更多的国内外大企业到××投资落户，××区于2012年2月成立××商务区，园区规划面积5平方公里，规划建筑面积600万平方米，拟建成“园区化、集约化、高端化”的现代服务业聚集区，发展目标是建成国际化的高端商务区。××商务区经过几年的发展，已成功吸引中兴通讯等500余家企业纷纷落户。××物产置业发展有限公司抓住××商务区良好的发展势态，拟在××商务区总部办公区东北侧投资建设商业金融业项目，建设内容包括四栋办公楼和一栋沿街商业，项目建成后可为总部办公区增加办公及商业用房，丰富总部办公区及商务区整体的功能布局。

三、项目概况

（一）项目选址及四至范围

项目选址位于××商务区总部办公区内、××与××交口西南侧。四至范围为：北至××，南至××，西至××，东至××。规划可用地面积23394.90平方米。

图1.1 项目位置示意图

（二）项目性质

新建项目

（三）建设内容及规模

项目总建筑面积77253.02平方米，其中地上建筑面积58123.83平方米，地下建筑面积19129.19平方米。主要建设内容为四栋办公楼（1#、2#、3#、5#）、一栋沿街商业（4#楼）及地下停车库组成。具体建设规模如下：

1#楼为办公楼，建筑为五层建筑，建筑面积5579.52平方米。

2#楼为办公楼，建筑为五层建筑，建筑面积5721.71平方米。

3#楼为办公楼，建筑为二十层建筑，建筑面积22577.40平方米。

4#楼为沿街商业建筑，建筑为四层建筑，建筑面积10424.14平方米。

5#楼为办公楼，建筑为十二层建筑，建筑面积13495.00平方米。

地下车库为地下一层建筑，建筑面积19455.25平方米（计容面积326.06平方米）。

（四）项目建设计划

项目总建设期拟为30个月。

（五）项目投资及资金筹措

本项目总投资××万元，全部来源于银行贷款。

四、建设单位基本情况

（一）单位名称

××市××投资有限公司

（二）单位性质

有限公司

（三）建设单位简介

××

五、编制依据

1.《××市城市总体规划（2005~2020年）》

2.《××市××区城乡总体规划（2008~2020年）》

3.《××区国民经济和社会发展第十二个五年规划纲要（2010~2015年）》

4. 国家及××市工程建设有关规定及标准

5. 项目方案设计资料

六、主要技术经济指标

表1.1 主要技术经济指标表

序号	内容	单位	指标
1	规划总用地面积	m^2	36147.30
2	规划可用地面积	m^2	23394.90
3	总建筑面积	m^2	77253.02
3.1	地上建筑面积	m^2	58123.83
3.2	地下建筑面积	m^2	19129.19
4	建筑基底面积	m^2	7816.87

续表

序号	内容	单位	指标
5	容积率		2.48
6	建筑密度	%	33.41
7	绿地率	%	15.32
8	机动车停车位	个	653
8.1	地上停车位	个	168
8.2	地下停车位	个	485
9	项目总投资	万元	40000
10	项目建设期	月	30

第二章 项目建设的必要性

一、项目的建设是实现××协同发展目标的需要

2014年12月26日，××在北京主持召开座谈会，强调实现××协同发展，探索完善城市群布局和形态、为优化开发区域发展提供示范和样板，促进人口经济资源环境相协调，实现××优势互补、促进环渤海经济区发展、带动北方腹地发展。2014年3月5日，国务院总理李克强在作政府工作报告时指出，加强环渤海及××地区经济协作。然而，2013年中央明确提出，新增的企事业单位不能在北京，北京市内的优质资源也要向外溢出。同时，北京市内土地成本很高，发展也会受到规划的限制。因此，在××协同发展中，新增事业单位、优质总部资源外溢等势必会选择北京周边地区。

××位于环渤海经济圈京滨发展主轴中间节点，便于承接京××两大城市商务辐射，共享京××两大城市资源。同时，××位于环首都经济圈东南部，契合北京金融商务产业今后向东南发展这一趋势，具有依托北京发展现代服务业的潜力。北京东南部周边区县中，同时拥有以上两大优势的仅有××。××同时还位于××市总体规划的发展主轴线上，经过近些年发展形成了以国家级经济技术开发区和高新技术产业园区为龙头、4个市级示范工业园为支撑的多极经济增长格局。因此，××区位优势得天独厚，产业发展基础雄厚，具有吸引京××城市资源的潜能。

本项目位于××商务区总部办公区，是××新城的核心区，项目的建设将为××商务区实现国际化高端商务区的目标作出积极贡献，提高商务区吸

引京××城市资源的能力，也可在一定程度上促进××协同发展。

二、项目的建设是落实××区十二五规划纲要的需要

《××区国民经济和社会发展第十二个五年规划纲要（2010~2015年）》（以下简称《规划》）中明确提出"按照'融入环京××、建设新××、推动新发展，争当排头兵'的思路，集聚发展优势，凝聚发展合力，提升发展品质，努力把××打造成京××之间最具实力和竞争力的地区"，"力争把××建设成为京滨综合发展轴上的重要新城、高新技术产业基地、现代物流基地和生态宜居城区"。为了优化空间布局，推动区域经济协调发展，《规划》中对××区产业布局做出明确规定"新城核心区，重点发展六个区域：一是……四是以创业总部基地为中心，发展楼宇经济、总部经济……"同时在发展现代服务业方面要求"加快发展房地产业，稳步开发商业房地产，建设一批高品质写字楼"，推动区域经济社会加快发展。

为加快区域经济快速发展，提供强有力的载体支撑，××区大力发展园区经济，目前已经形成"两区五园"的开放格局。"两区"即××开发区和××商务区。开发区是××开放的龙头、经济发展的主发动机，拥有国家级经济技术开发区和国家级高新技术产业区两个国家级品牌，累计引资1200亿元，入区企业1400多家。商务区成立于2012年，尚处于大力开发建设阶段，园区发展还不太成熟。

为更好地落实上述《规划》要求，××区需继续加强载体建设。××物产置业发展有限公司正是看好这一历史机遇，拟在××区开发建设一处商业金融业项目，建设高品质写字楼和沿街商业。项目建成后，可在一定程度上加大××区的招商引资力度，推动××区经济和社会更好地发展。

三、项目的建设是完善××商务区基础配套设施的需要

××商务区成立于2012年2月，园区规划面积5平方公里，规划建筑面积600万平方米，重点打造具有国际一流水准的生态智慧园区，重点发展总部经济、信息科技等现代服务业。××商务区自成立以来，积极抢抓××协同发展、京××双城联动发展历史机遇，率先提出打造××协同发展示范区CBD的工作目标，按照"重点突破、以点带面"的思路，不断加大招商引资力度、优化产业布局、加快开发建设、提升园区环境，实现自身又好又快发展。园区相继引进了互联网高端龙头企业之一的微软创投加速器、863国家级信息安全云创意产业基地、中央政府门户网站中国网、中国搜索网、当当网、

云适配等10余家互联网企业。其中，引进的总投资200亿元、国内最大的华贸互联网生态园，将有力带动××城区科技重心西移。园区以中兴通讯平台吸引云联盟企业19家，借助迅联时代引进上下游项目154个，太平洋电信追踪了惠普、IBM等一批大项目。园区在集中力量打造信息技术产业链的同时，商务区还培育了世纪博爱、NCO中小企业服务平台、××设计谷等8个优质平台，累计引进项目超300个，实现了多极化招商。

由上可知，园区发展势态良好，要想继续保持并更好地发展园区经济，完善园区的基础配套设施建设显得尤为必要。园区规划"一心九区"，一心为中央景观核心，九区分别为金融商务区、信息技术产业区、北斗导航产业区、科技研发区、总部办公区、综合服务区、时尚休闲区、酒店会展区和精品生活区。园区成立至今仅有三年，各项基础配套设施正在全面建设中，建设任务重。

本项目拟在在总部办公区东北部选址建设，主要建设四栋办公楼和一栋沿街商业，项目建成后将为总部办公区增加77253.02平方米的办公及商业建筑，进一步充实总部办公区的区域功能，使得园区整体建设向规划目标迈进一步。

第三章　项目市场分析

一、××市宏观经济走势

"十二五"期间，面对错综复杂的国内外经济环境，××市认真贯彻落实中央各项宏观调控政策措施，坚持稳中求进、稳中求优，深入开展"促发展、惠民生、上水平"活动，积极推进经济转型发展，全市经济保持平稳较快增长，整体实力、水平和效益进一步提升。

2014年××全市生产总值15722.47亿元，按可比价格计算，同比增长10%。2014年××一般公共预算收入2390亿元，增长15%；全社会固定资产投资11654亿元，增长15.1%；社会消费品零售总额增长6%；外贸进出口增长4.2%。城镇登记失业率3.6%；居民消费价格涨幅1.9%；城乡居民收入分别增长8.7%和10.8%。2015年是"十二五"规划收官之年，全市上下将共同努力，力争使经济社会发展取得更好效果、达到更高水平。

（一）GDP 走势

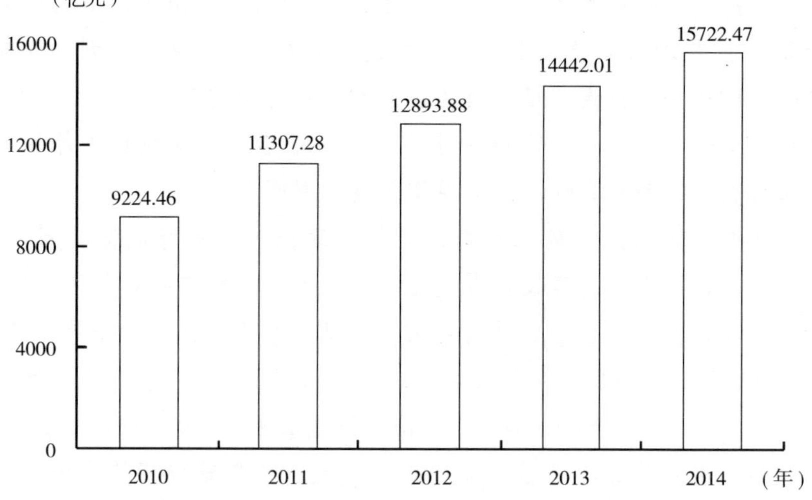

图 3.1 2010～2014 年××市 GDP 增长走势图

2014 年全年实现地区生产总值（GDP）15722.47 亿元，按可比价格计算，比上年增长 10.0%。分三次产业看，第一产业增加值 201.53 亿元，增长 2.8%；第二产业增加值 7765.91 亿元，增长 9.9%；第三产业增加值 7755.03 亿元，增长 10.2%。三次产业结构为 1.3：49.4：49.3。

从三种产业来看，农业稳定发展，全年农业总产值 441.69 亿元，增长 3.0%。全年粮食总产量 175.95 万吨，增长 0.7%；蔬菜产量 460.20 万吨，增长 1.1%。新增农民专业合作社 1558 家，总数达到 6694 家。

工业生产保持稳定。全年全部工业增加值 7083.39 亿元，增长 10.0%。其中，规模以上工业增加值增长 10.1%。全部工业总产值 30055.12 亿元，增长 7.3%；其中，规模以上工业总产值 28078.82 亿元，增长 7.3%。

服务业发展势头良好。全年批发和零售业增加值 1981.10 亿元，增长 8.6%；住宿和餐饮业增加值 234.41 亿元，增长 4.8%。全年交通运输、仓储和邮政业增加值 753.19 亿元，增长 8.8%。全年金融业增加值 1389.53 亿元，增长 13.1%。外贸出口稳步回升。全年外贸进出口总额 1339.12 亿美元，增长 4.2%。

2015 年是推动××经济社会发展再上新台阶、各项工作再上新水平的关键一年。但同时随着宏观调控政策的变化以及市场竞争更加激烈，企业面临的市场环境也更加复杂。

（二）××市固定资产投资走势

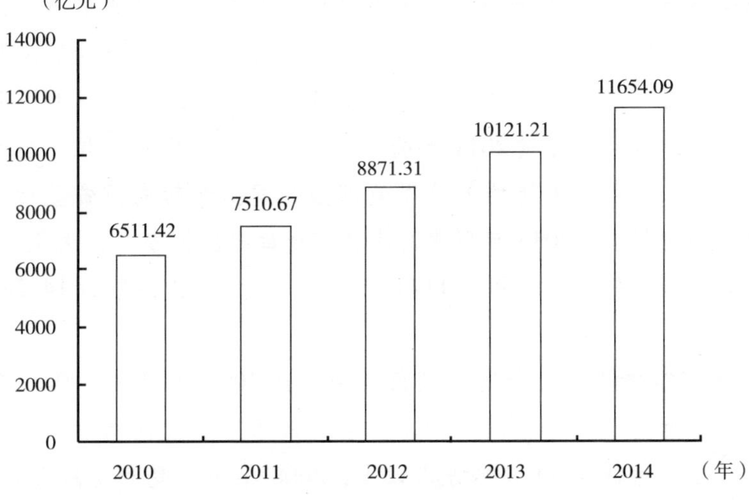

图 3.2　2010～2014 年××市固定资产投资走势图

2014 年全社会固定资产投资 11654.09 亿元，增长 15.1%，连续七年增量超过 1000 亿元。其中，城镇投资 10986.50 亿元，增长 15.3%；农村投资 667.59 亿元，增长 12.6%。在城镇投资中，第一产业投资 75.50 亿元，增长 18.8%；第二产业投资 4845.20 亿元，增长 15.1%；第三产业投资 6065.80 亿元，增长 15.4%，占城镇投资的 55.2%。三次产业投资结构为 0.7∶44.1∶55.2。第三产业对城镇投资增长的贡献率为 55.5%，优势产业投资占工业投资的比重达到 91.3%，投资结构继续优化。

2015 年，全市上下将全面贯彻落实党的十八大和十八届三中、四中全会精神，认真落实市委、市政府决策部署，坚决落实国家宏观调控政策措施，紧紧围绕美丽××建设，稳中求进，开拓创新，经济社会发展争取取得新成绩。

二、××房地产市场分析

（一）写字楼

2013 年××写字楼市场销量持续回落，为 2005 年以来低值，环比降幅为 16.61%，降幅有所收窄，销售价格相较上一年度明显下跌，均价为 11443 元/平方米，跌幅为 14.28%；开发建设方面，施竣工面积均有所增加，环比增幅分别为 6.13%和 13.06%，均达到历史高值，开发投资额达 99.91 亿元，同样达到历史高位，新开工面积回落态势，降至 200 万平方米以下水平。

1. 价格

2013 年××写字楼市场高库存压力显现，在需求收紧的情况下，市场销售价格有较明显回落，降至 11443 元/平方米。伴随××经济快速发展，写字楼市场需求的日益旺盛导致成家价格自 2005 年以来持续走高，2009 年攀升至万元以上水平，其后除经过 2011 年的大幅回落后，均保持高位，自房地产调控政策实施以来，住宅市场的低迷促使部分开发企业转向投资型地产，写字楼市场持续高位供应，2013 年以来写字楼市场库存压力攀升，去化速度减缓，致使市场价格回落较明显，降至 11443 元/平方米，环比降幅为 14.28%。

2. 销量

2013 年写字楼销售面积延续回落态势，达 2005 年以来新低。2005 年以来，随着经济的发展，企业的入住，写字楼市场需求大幅增加，销售面积也大幅增加，基本保持在 30 万平方米以上；2008 年由于受到金融危机的影响，市场需求大幅萎缩，销量面积跌回 30 万平方米水平。但是随着经济的复苏，写字楼需求逐步增加，其销量面积也逐步回升，2011 年住宅市场严厉的调控政策一定程度推热写字楼市场，销售面积攀升至 67.14 万平方米，达到历史高值，至 23.49 万平方米，降幅为 16.61%，达 2005 年以来最低水平。

3. 销售额

2013 年写字楼市场销售价格突显明显降幅，销售面积持续回落，受其影响，销售额降幅明显，达 2007 年以来低值。2008 年受金融危机影响，销售额出现下滑，降幅为 9.95%。2009 年以来，随着经济的回升，写字楼销售面积逐步增加，价格也持续上涨，促使销售额逐步上涨，2011 年实现 59.80 亿元的销售额，达历史高值；2012 年受销售面积的大幅下滑，导致销售额出现回落，为 37.61 亿元；2013 年，随着写字楼市场低迷态势显现，销售面积、销售价格均现回落，销售额随之明显下降，至 26.88 亿元，降幅达 28.53%，为 2007 年以来最低水平。

（二）商业用房

2013 年，××商业营业用房市场销售价格延续自 2010 年以来的上涨态势，环比上涨近三成，达 16550 元/平方米，达到历史高值，销售面积回落 28.50%，受销售量大幅下滑影响，销售金额延续回落态势，至 85.40 亿元；建设投资方面，商业营业用房开发投资额有所增加，2013 年的 165.29 亿元投资额度为历史较高水平，新开工面积、施工面积均为增幅，其中，新开工面积达370.11万平方米，环比增幅达83.08%，受开发周期内新开工面积，施工面积的回落影响，2013年竣工面积出现明显降幅。

1. 价格

2013年商业市场销售价格延续自2010年以来的上涨态势，为16550元/平方米，达到历史高值。随着××经济的发展，××商业营业用房需求整体呈增加态势，拉动价格的持续走高，2008年涨至万元以上水平，除2009年受经济冲击价格回落外，其后价格均保持上涨态势。一方面房地产调控政策主要是针对住户市场，住宅投资收到遏制，逐步转向商业用房，另一方面随着经济发展，商用物业需求逐步增加，促使××商业用房销售价格连续两年上涨，2013年随着房地产市场的回暖，纯商用物业占比高位的同时，住宅配套商业占比增加，带动整体价格持续上涨，2013年16550元/平方米的价格环比涨幅达27.24%，扩大11个百分点，达历史高位。

2. 销量

销售面积延续告诉回落态势，环比降幅近三成，销量降至2005年以为低值。2008~2009年，受金融危机对房地产市场的冲击影响，××商业用房销售面积出现同比下滑过程；随着经济的复苏，以及前几年积累需求的释放。2010年、2011年，销售量持续上涨，连续两年保持百万平方米以上水平。2011年商业营业用房销量面积达104.50万平方米，达历史高值；2013年受住宅市场回暖的冲击，销售面积延续自2012年的高速下滑态势，销售面积降至51.60万平方米，环比降幅达28.50%，50万平方米的销售水平，为2005年以来低值。

3. 销售额

2013年××商业营业用房销售价格大幅上涨，在销售面积回落的情况下销售金额延续回落态势，降幅收窄。××商业市场销售价格呈稳步上涨态势，在销售面积整体波动上行的情况下，自2008年开始波动较为明显。2009年，商业市场遇冷，销售面积、销售价格均现降幅，销售金额有所回落，2010年由于市场的回暖以及商业房地产的利好促动，销售量和销售金额均持续上涨。2011年，虽然成交量涨幅趋缓，但价格持续上涨，销售额达138.58亿元，为历史高值。2013年受住宅市场逐步回暖的影响，商业市场受到一定程度挤压，商业市场销售额延续2012年的下降态势，至85.40万平方米，降幅为9.02%，受价格上涨影响，降幅收窄。

三、××区经济状况及相关优惠政策

（一）××区经济状况

2014年，××区上下认真落实各项决策部署，主动适应经济发展新常态，坚持经济转型和城市转型的奋斗目标和工作思路，全力推进经济发展，全区经济运行实现新突破，促进全区经济实力明显增强，人民生活更加富足。

1. GDP走势

2014年，××区国民经济总体运行平稳，全年完成地区生产总值924.28亿元，同比增长14.8%。分三次产业看，第一产业增加值37.71亿元，同比增长0.3%；第二产业增加值528.54亿元，同比增长15.9%；第三产业增加值358.02亿元，同比增长14.6%。第一、二、三产业增加值占地区生产总值的比重为4.1∶57.2∶38.7，第三产业增加值所占比重比2013年提高4.6个百分点。人均地区生产总值为81484元，比2013年增加8299元，按现价比增长11.3%。职工人均工资51965元，农村居民人均可支配收入17140元，人均储蓄余额37027元。全区总用电量41.8亿千瓦时，同比增长4.8%，其中工业用电29.1亿千瓦时，同比增长5%。

2. 固定资产投资走势

2014年，××区投资项目增多，规模增大。固定资产投资1024.4亿元，同比增长46.9%。全年685个重点投资项目全面开工，竣工480个，竣工率70%；114个市级大项目全部竣工投产，新增市级大项目34个、总投资1100亿元。总投资750亿元的忠旺铝业完成一号线建设，二号线加快实施；比亚迪电动大客车项目整车下线。重点片区开发项目建设提速，示范镇建设项目及基础设施项目稳步推进，建成太平洋电信110千伏变电站、重建增容5座35千伏变电站。

此外，招商引资和对外开放形势良好。2014年，全年吸引内资到位额358.2亿元，同比增长11.4%，实际使用外资额7.3亿美元，增长12.2%。全年完成外贸出口额28.5亿美元，增长16.7%。

（二）商务区相关政策

为了更好地发展××区经济，提供强有力的载体支撑，××区近几年大力发展园区经济，目前已经形成“两区五园”的开放格局。“两区”即××开发区和××商务区。开发区是××开放的龙头、经济发展的主发动机，已实现累计引资1200亿元，入区企业1400多家。××商务区成立于2012年，目标是建成“园区化、集约化、高端化”的现代服务业聚集区，建成国际化的高端商务区。重点开发两块区域，一是城区西部新区商务区，二是西北部新城商务区。

为促进商务区经济快速发展，××商务区相继出台了税收政策、科企政策、人才政策、户口政策和科研经费、投融资政策。

1. 税收政策

为鼓励国内、外投资者来××商务区兴办企业，促进企业与商务区共同发展，对在××商务区注册纳税的新引进企业采取以下办法，给予扶持资金奖励。

（1）在一个年度内，企业缴纳的增值税（××区税收留成18.75%）、营业税（××区税收留成50%）、企业所得税（××区税收留成30%）、个人所得税（××区税收留成20%）的××区留成之和在10万元以内的企业（含10万元），将××区税收留成的50%奖励给企业；××区税收留成之和高于10万元低于30万元的企业，将××区税收留成的55%奖励给企业；××区税收留成之和高于30万元低于50万元的企业，将××区税收留成的60%奖励给企业；××区税收留成之和高于50万元低于100万元的企业，将××区税收留成的65%奖励给企业；××区税收留成之和高于100万元以上的企业，将××区税收留成的75%奖励给企业；××区税收留成之和高于200万元以上的企业，将××区税收留成的70%奖励给企业。

（2）为鼓励注册企业规模化经营，其营业执照上的注册资本达到1000万元（美金按现行汇率折算）以上的，其扶植资金奖励标准上浮一档，封顶档为区税收留成的70%奖励给企业。对××区经济发展有特殊贡献的企业，采取一事一议的入区企业优惠政策。

（3）自注册企业取得第一笔营业收入月份起，给予无限期奖励。

（4）扶持资金兑现期限为：每半年或年终兑现一次，也可隔月进行兑现，企业自行选择，由××区财政负责兑现。

（5）凡入区企业，由招商部协助办理营业执照、代码证、税务登记、一般纳税人等手续。

2. 科企政策

为落实《中共××市××区委、××市××区人民政府关于进一步加快科技型中小企业发展的意见》（××武党发〔2012〕89号），进一步促进科技型中小企业更好更快发展，在现行政策基础上，××商务区制定如下政策措施。

（1）鼓励创新平台建设。对经认定的市级、国家级企业重点实验室、工程实验室给予50万至100万元资金支持，对经认定的市级、国家级工程技术中心给予100万至300万元资金支持。对现代医药医疗、高端新材料、新能源汽车、云计算、现代农业等重点领域的龙头科技型企业筹建重点实验室、工程实验室、工程技术中心等创新平台可优先给予资金支持，支持额度不低于200万元。

（2）对新引进注册资金或合同投资总额达1亿元以上的实体潜力小巨人企业，经认定并经科技型中小企业发展工作领导小组评估后给予30万至50万元资金支持。

（3）加大对小巨人企业、科技型领军企业的扶持力度。对新引进或培育年销售收入1亿元以上，拥有超前的技术和产品，具有较高成长性的科技小巨人企业，经认定并与统计部门核实后给予30万至50万元资金支持。对新培育年主营业务收入超10亿元、年缴税1亿元以上，且产品、技术填补国内空白或国内领先，细分行业国内排名前三位的领军型小巨人企业，经认定并与统计部门核实后给予100万至300万元资金支持。

（4）着力培育“杀手锏”产品。对科技型中小企业新培育出的经市级以上鉴定，达到国内领先或国际先进技术水平，拥有自主知识产权，市场潜力巨大，在本行业内拥有明显优势的“杀手锏”产品给予50万至100万元资金支持。

（5）强化金融服务。对新引进实体科技型中小企业，需流动资金的，在满足担保条件前提下，区担保中心可优先为其提供贷款担保。

（6）加强产学研合作。对各类科研院所、大专院校在区内投资实体项目并建立研发机构、成果转化中心，经认定后给予50万元资金支持。

（7）对列为区级专利试点并完成年度计划任务目标的科技型中小企业给予10万元资金支持。

（8）鼓励企业实施品牌战略，对获得市级名牌产品的科技型中小企业给予10万元资金支持。

（9）强化对上市企业的扶持。对在国内主板或创业板新上市的科技型中小企业给予200万元资金支持，对在国内三板市场新挂牌的科技型中小企业，初始融资额超过500万元的，给予50万元资金支持。

（10）支持和鼓励创新创业高层次人才的引进。按照《××区人才引进、培养和奖励暂行办法》中关于对创新创业人才的相关奖励政策给予奖励。

（11）加强对引进科技型中小企业处级领导干部的奖励。年内完成新引进任务的，区别不同情况给予奖励：对引进租赁或注册类科技型中小企业的，从注册之日起一年内税收达5万元以上的，按5000元/家奖励引进人；对新引进购地型实体科技型中小企业的，签订土地预留协议并预缴土地出让金后，按10000元/家奖励引进人。奖励资金由区财政先行拨付到企业所在乡镇、园区，再由乡镇、园区兑现给引进人。

3. 人才政策

设立××区人才发展专项资金，用于支持和鼓励各类人才的引进、培养和奖励。引进人才与××用人单位签订正式劳动合同，且在××正常缴纳社会保险和个人所得税的，经相关职能部门综合评估，并报区人才工作领导小组办公室审核后，按不同层级享受资助或奖励。

4. 户口政策

(1) 本市企业引进的具有高级技术职称或普通全日制硕士学位及以上学历人员，准予本人、配偶及其十八周岁以下子女在××落户；

(2) 突出贡献人员及家属落户

对外省市人员和我市农业人口在××兴办私营企业，上年度纳税额达三十万元人民币的，可准予一次性办理该企业投资人或法定代表人及其配偶和十八周岁以下子女一户或高级管理人员、企业董事长、总经理、厂长一名在××落户或"农转非"。

5. 科研经费、投融资政策

(1) 科技经费支持

①对新引进并通过认定的科技型中小企业，由企业提出申请，经专家评审通过后给予5万至10万元资金奖励。

②对新引进规模以上、成长性良好的科技型中小企业，经专家评审通过后给予10万至50万元资金奖励。

(2) 投融资支持

①创投

商务区积极成立专门的创投引导基金，并积极引导包括银行、信托、保险在内的国内外知名投行、风险投资公司在园区成立合资基金。

②中小企业贷款担保和贷款统贷平台

区担保中心为中小企业提供第三方担保，帮助企业获得银行贷款融资。根据××市商务委的规定：软件出口支持资金支持方式，采用软件出口后补助年度结算方式。企业出口软件一美元，补助人民币六分钱。每年一季度到市商务委科技处办理。

③××股权交易所、××柜台交易市场、××金融资产交易所，有力促进股权交易和流转，为中小企业融资提供便利平台。

(3) 科技领军计划

为了进一步鼓励自主创新的高科技企业，每年将分上、下半年评审出一批产业化前景好、具有自主知识产权和项目执行力的创业型团队，给予以下特殊扶持：

①经区科技型中小企业发展工作领导小组批准引进的创新创业领军人才一次性给予资助20万至100万元项目启动资金。

②中小企业担保公司提供项目流动资金贷款担保。

③对新引进的实体科技型中小企业，需要流动资金的，在满足担保条件前提下，区担保中心可优先为其提供贷款担保。

④大力支持高层次创新创业领军人才带项目、带资金、带技术创办、领办中小型科技企业，给予领军人才50万元安家补贴。

上述各项优惠政策的制订，必定会在一定程度上助推××商务区招商引资力度，促进××商务区全面、更好的发展。

四、××区房地产市场分析

(一) ××整体写字楼销售情况

根据调研及查阅××区写字楼相关资料，得出××区写字楼近三年的销售量、销售单价及存量情况：

表3.1 ××区写字楼情况

年份	销售面积（万平方米）	销售价格（元/平方米）	可售面积（万平方米）	备注
2015年	0.27	6580	23.85	截至2015年5月份
2014年	0.6	6000	19.1	
2013年	0.96	5724	13.33	

由上表可得，××区写字楼2014年均价较2013年增幅4.8%，但销售量跌幅37.5%，总销售额跌幅34.49%；2015年写字楼均价较2014年增幅9.67%，年销售量预计比2014年有所增加，达0.65万平方米。未来几年，×

×区的写字楼销售量将平稳，销售单价将有所增幅。

本项目位于××区商务区，经过对项目周边其他物业项目的走访调研，依据物业形态相似程度，初步对××中心和××进行分析。

1. ××中心

××中心位于××市××区××，共两栋临街写字楼，建筑面积75519平方米，销售均价为7000元/平方米。截至2014年年底，本项目未售面积为36255平方米，占总可售面积的48%。

2. ××科技创新产业大厦

××科技创新产业大厦位于××市××区××附近，项目总建筑面积96万平方米，其中一期建筑面积30万平方米。2012年底开盘，写字楼均价7000元/平方米，房源只售不租。截至2012年年底，项目一期销售量为40%，约12万平方米。二期在建，但并未开盘。

综上，本项目地理位置优越，售价较××区写字楼均价稍高，拟定7000元/平方米，均价设定较为合理。

（二）××整体商业用房销售情况

根据调研及查阅××区写字楼相关资料，得出××区商业用房近三年的销售量、销售单价及存量情况：

表3.2　××区商业用房情况

年份	销售面积（万平方米）	销售价格（元/平方米）	可售面积（万平方米）	备注
2015年	4.71	8643	124.22	截至2015年5月份
2014年	10.25	12047	111.74	
2013年	10.51	11859	75.32	

由上表可得，××区商业用房2014年均价较2013年增幅1.59%，但销售量跌幅3.5%，总销售额跌幅基本持平；2015年，××区商业用房的销售单价有所回落，跌幅近28%，年销售量预计与2014年略有增加，将达11.30万平方米。

为了更好地明确本项目商业用房的销售单价，我们查阅搜集了项目周边商业街铺的相关资料，具体如下表所示：

表 3.3 项目周边商业街铺情况

序号	项目名称	业态类型	位置	开发商	开盘时间	批准上市建筑面积（平方米）	累计成交面积（平方米）	可售建筑面积（平方米）	平均价格（元/平方米）
1	××	综合体/购物中心	××	××	2013.2	37180	26048	11132	7627
2	××	商业街商铺	××	××	2014.6	47918.9	1986	45932.9	14273
3	××	商业街商铺	××	××	2014.5	40131	11941	28190	15054
4	××	综合体/购物中心	××	××	2014.12	70523	0	70523	——
5	××	综合体/购物中心	××	××	2014.12	88000	0	88000	——
6	××	综合体/购物中心	××	××	2014.5	75184.5	4965	70219.5	18064
7	××	商业街商铺	××	××	2014.9	27866	2711	25155	26486

通过对上述表格数据进行整理可得，本项目周边的商业用房整体销售均价约 11850 元/平方米，较××区 2013 年商业用房的整体销售单价持平，较 2014 年商业用房销售单价跌幅 1.64%，基本持平。

综合考虑××区商业用房整体销售单价回落较大、项目周边商业用房销售单价基本稳定的情况，本项目为力求稳妥，商业用房销售单价暂定 10000 元/平方米。

（四）未来两三年即将入市的商业楼盘

表 3.4 ××区未来两三年即将入市的商业楼盘

序号	位置	土地面积（平方米）	竞得人	编号	容积率	建筑面积（平方米）
1	××	17863.8	××	××	2.5	44659.5
2	××	3352.1	××	××	3	10056.3
3	××	6806.7	××	××	1.5	10210.05
4	××	2552.1	××	××	1.5	3828.15
5	××	4291.4	××	××	1.5	6437.1
6	××	49345.2	××	××	2	98690.4
7	××	36151.7	××	××	2	72303.4
8	××	23618.4	××	××	1.5	35427.6

综合上述表 3.1 和表 3.2，预测××区 2015 年写字楼和商业用房市场存量将达到 150 万平方米。结合表 3.4，可预测出到 2018 年初××区商业楼盘的市场存量将达到约 180 万平方米。现配套设施相对齐全的××开发区尚有大量写字楼和办公楼的租售存量，并且消化率低，存在大量物业积压现象。

位于其开发区后方的××商务区成立于2012年，规划规模600万平方米，需要上万家企业入驻，依托的政策扶持力度和落实情况是否能满足大量企业的需求，存在较大的不确定性，因此完成规划目标的时间有较大的不确定性，且物业销量将存在较大风险。

第四章　项目选址及建设条件

一、项目选址

项目选址位于××中心城区西北部、福源道与南东路交口西南侧，规划可用地面积23394.90平方米，距离××区政府约5公里，地理位置优越。

××

图4.1 项目位置示意图

××区中心城区西北部主要有××开发区及××商务区，××商务区位于整体××开发区的后方，园区规划面积5平方公里，规划建筑面积600万平方米，是规划建设中的××新城的核心区。园区规划“一心九区”，一心为中央景观核心，九区分别为金融商务区、信息技术产业区、北斗导航产业区、科技研发区、总部办公区、综合服务区、时尚休闲区、酒店会展区和精品生活区。

××

图4.2××商务区总体规划图

本项目位于××商务区总部办公区东北部，所在位置交通方便、地势平坦开阔、空气清新、阳光充足、排水通畅、环境适宜、公用设施比较完善，项目选址良好。

二、项目工程建设条件

（一）自然条件

1. 地貌

项目所在区域地处华北冲积平原下端，地势平缓，自北、西、南向东南海河入海方向倾斜，海拔高度最高13米，最低2.8米。土壤的成土母质多为永定河和北运河的冲积物，土壤均为潮土，土层深厚，具有多宜性特点。

2. 气候

项目所在区域属温带半湿润大陆性季风气候，四季分明。春季日照长，干旱、少雨、多风；夏季炎热，降雨集中；秋季昼暖夜凉，温差大；冬季寒冷，北风多，日照少，降水稀少。年平均气温为11.6度，1月平均气温为-5.1度，7月平均气温为26.1度。年平均降水量为606毫米。无霜期212天。

3. 水文

项目所在区域内有永定河、北运河、青龙湾河、排污河4条一级河道和龙河、龙凤河故道、北新河等7条二级河道、纵横区境269.7公里，年径流量4.2亿立方米。境内平均年产水量1.58亿立方米，地下水储量1.5亿立方米。可开采量1亿立方米。区内有上马台、小于庄和黄庄三座水库，总蓄水量3600万立方米。

4. 土地资源

××区区域面积1574平方公里，其中耕地面积137万亩，占土地面积的58%。土壤分为砂性土、壤质土、粘性土三大类。土质疏松肥沃，宜于农业生产。气候资源：属暖温带半湿润大陆性季风气候，四季分明，光照充足。年平均气温11.6度，年平均日照总时数2705小时，平均无霜期212天，平均年降水量606.8毫米。

（二）对外交通条件

项目所在地主要路网已基本成型，商务区内已有数十条道路具备通车条件。××商务区周边十分钟车程内有4条高速公路的5个出入口，103、104国道，京××城际铁路经停站1处。区内对外交通网络已基本形成。

（三）配套设施建设条件

1. 给排水

本项目自来水和中水水源均引自市政自来水管网，供水管径DN200，供水压力不小于0.2Mpa。

本项目排水采用雨、污分流制排水系统。

2. 电力

本项目电源从市政不同路径引2路10kV双电源供电。

3. 供热、制冷

本项目冷热源由直燃溴化锂机组提供7℃/14℃冷水夏季使用，60℃/50℃热水冬季使用。

4. 通讯、网络和电视

本项目地域为××区城市宽带网服务范围，现场具备电视、通讯和网络接入条件。

综上所述，本项目选址所在地路网发达、交通便捷，工程地质和水文地质较好，周边市政设施完善，选址合理可行。

第五章 项目总体规划及建设方案

一、规划原则

（一）遵循因地制宜的原则。

（二）建筑的规划设计满足办公及商业使用需求，布局合理，指标达标。

（三）地块绿化结合建筑景观统一规划设计和建设，以形成优美的办公及商业环境。

（四）地块内交通道路的路线通畅便捷。

（五）充分结合地形地貌，在节约用地的基础上追求整体品质。

二、总平面布局

（一）建筑总体布局

依据建筑的功能要求和场地特征，结合场地现状、采光要求进行建筑规划布局。四栋办公楼和一栋沿街商业沿地块北侧、南侧和东侧围合布置。建筑之间形成的围合空间和开放空间分布有序，充分体现了空间的使用属性，既凸显了主楼与附属商业楼之间的功能关系，又将办公与生活广场巧妙的分开，贴合人在空间中的活动顺序，使空间使用的归属感和舒适性得到淋漓尽致的展现，营造了良好、友善的办公及生活空间。

××

图5.1 总平面图

（二）交通组织

本项目设有两个主要出入口及一个园区针对本地块规划设置的出入口。场地内部交通主要由外围车行环路与院落内部人行路组成，交通组织清晰、明确。本项目建筑外围设环形车道，路面宽6米，沟通各建筑，满足机动车行驶及消防通道宽度要求，其中在院落中央西侧和东侧设置地下车库出入口。人流出入口与建筑单体及活动区相互贯通，从而保证各分区的交通流线清晰、便捷，做到了人行流线和机动车流线有效分离，避免事故发生。

××

图5.2　道路交通分析图

（三）景观绿化

景观绿地与公共空间布局在四栋建筑围合的中央区域，注重景观绿地与公共空间的有效使用性，并通过其周边建筑形态的处理，使景观绿地系统成为体现项目形象特征的骨架。地块中央设置四个入口花园及一个幽静花园，与项目北侧的城市绿带共同营造一种大气、宜人的办公及商业环境。

××

图5.3　景观系统分析图

三、建设方案

（一）建筑平面设计

项目总建筑面积77253.02平方米，其中地上建筑面积58123.83平方米，地下建筑面积19129.19平方米。主要建设内容为四栋办公楼（1#、2#、3#、5#）、一栋沿街商业（4#楼）及地下停车库组成。具体平面设计方案如下：

1. 1#楼

1#楼为办公楼，建筑为五层建筑，建筑面积5579.52平方米。建筑首层设置两个主要出入口，分别位于平面北侧和南侧。办公用房沿平面四周布置，走道、电梯、楼梯位于平面中央。为了缓解人流压力，建筑内部设2部疏散楼梯和2部电梯。建筑平面布局详见下表：

表5.1　1#楼平面布局

序号	项目	功能布局
1	首层	大厅、办公用房、消防分控室、弱电机房、卫生间
2	二层至五层	办公用房、卫生间
3	屋顶	电梯机房

2. 2#楼

2#楼为办公楼，建筑为五层建筑，建筑面积5721.71平方米。建筑首层设置两个主要出入口，分别位于平面北侧和南侧。办公用房沿平面四周布置，走道、电梯、楼梯位于平面中央。为了缓解人流压力，建筑内部设3部疏散楼梯和2部电梯。建筑平面布局详见下表：

表5.2　2#楼平面布局

序号	项目	功能布局
1	首层	大厅、办公用房、物业管理用房、弱电机房、安防监控室、消防分控室、卫生间
2	二层至五层	办公用房、卫生间
3	屋顶	电梯机房

3. 3#楼

3#楼为办公楼，建筑为二十层建筑，建筑面积22577.40平方米。建筑首层设置两个主要出入口，分别位于平面北侧和南侧。办公用房沿平面四周布置，走道、电梯、楼梯位于平面中央。为了缓解人流压力，建筑内部设3部疏散楼梯和3部电梯。建筑平面布局详见下表：

表5.3　3#楼平面布局

序号	项目	功能布局
1	首层	大厅、办公用房、监控中心、消防控制中心、值班室、弱电机房、卫生间
2	二层至二十层	办公用房、卫生间
3	屋顶	电梯机房、消火栓水箱间、喷淋水箱间

4. 4#楼

4#楼为沿街商业建筑，建筑为四层建筑，建筑面积10421.14平方米。沿街商业近似南北向布置，主要出入口布置在建筑北侧。四层全部布置成商店，并根据需求设置成规模大小不等的商店，每个商店内设单独的出入口并设1部疏散楼梯。此外，在平面西北角处设置两部电梯及公共卫生间。

5. 5#楼

5#楼为办公楼，建筑为十二层建筑，建筑面积13495.00平方米。建筑首层设置两个主要出入口，分别位于平面北侧和南侧。办公用房沿平面四周布置，走道、电梯、楼梯位于平面中央。为了缓解人流压力，建筑内部设2部疏散楼梯和3部电梯。建筑平面布局详见下表：

表5.4 5#楼平面布局

序号	项目	功能布局
1	首层	大厅、办公用房、消防分控室、卫生间
2	二层至十二层	办公用房、卫生间
3	屋顶	电梯机房

6. 地下车库

地下车库为地下一层建筑，建筑面积19455.25平方米（计容面积326.06平方米），共设部分设备用房及485辆机动车停车位，其中非机械停车333辆，机械停车152辆（共24组）。

（二）建筑立面设计

建筑采用简约风格，形成本项目的建筑语言。在立面上，大胆的运用了石材与幕墙结合的设计手法，不失现代感，极具雕塑美。项目整体表达了××城市发展的感觉，体现了企业的进取精神，提高了公司的外在形象。四栋建筑在平面上秉承点式布局，图底关系明确了然，突出了主体建筑，传递了稳定、坚实的信息。沿街商业部分利用首层的进退关系和二层的外廊，形成层次丰富而风格统一的建筑形式。竖向体量以典雅的暖黄色石材勾勒，形成体量光影之间的和谐关系，形成对于建筑语言的现代解读。

× ×

图 5.4　建筑立面效果图

（三）建筑剖面设计

1. 层高

1#楼总高度 20.65 米。首层至五层层高均为 4 米，电梯机房层高为 4.9 米。室内外高差 0.45 米。

2#楼总高度 20.65 米。首层至五层层高均为 4 米，电梯机房层高为 4.9 米。室内外高差 0.45 米。

3#楼总高度 85.25 米。首层层高 4.8 米，二层至二十层层高均为 4.2 米，电梯机房层高 3.6 米。室内外高差 0.45 米。

4#楼总高度 18.05 米。首层层高均为 5.1 米，二层至四层层高均为 4.2 米。室内外高差 0.45 米。

地下停车库高 5.75 米。

5#楼总高度 51.65 米。首层层高 4.8 米，二层至十二层层高均为 4.2 米，电梯机房层高 5.1 米。室内外高差 0.45 米。

2. 竖向交通

本项目竖向交通有楼梯、电梯，提倡绿色节能。每座建筑内根据需求均设疏散楼梯及电梯，保证使用和疏散要求。

（四）建筑结构设计

1. 设计依据

（1）《建筑结构荷载规范》GB50009 - 2012

（2）《建筑抗震设计规范》GB50011 - 2010

（3）《建筑工程抗震设防分类标准》GB50223 - 2008

（4）《混凝土结构设计规范》GB50010 - 2010

（5）《建筑地基基础设计规范》GB50007 - 2011

（6）《建筑桩基技术规范》JGJ94 - 2008

(7)《高层建筑混凝土结构技术规程》JGJ3 -2010

(8)《砌体结构设计规范》GB50003 -2011

(9)《岩土工程技术规范》Db. 29 -20 -2000

2. 建筑设计标准

设计使用年限：50 年

建筑结构安全等级：二级

地基基础设计等级：丙级

抗震设防类别：丙类

抗震设防烈度：7 度

设计基本地震加速度值：0. 15g

3. 荷载确定

(1) 风雪荷载

①风雪荷载参数

表 5. 5 风雪荷载参数

基本风压	地面粗糙度	基本雪压
Wo =0. 50kN/m²	B 类	So =0. 40kN/m²

②最大冻土深度：0. 6m

③地下水情况

地下静止水位埋深：1. 60 ~2. 10m。

(2) 活荷载标准值

表 5. 6 活荷载标准值

荷载类别	活荷载标准值（kN/m²）
上人屋面	2. 0
不上人屋面	0. 5
办公	3. 0
商业	3. 5
消防疏散楼梯间	3. 5
卫生间	2. 5
走廊	2. 5

4. 结构选型

(1) 基础部分

1#及2#(5层)桩基础：拟采用直径为600mm钻孔灌注桩。

3#及5#(20.12层)桩基础：拟采用直径为700mm钻孔灌注桩。

4#商业(4层)桩基础：拟采用直径为600mm钻孔灌注桩。

地下车库桩基础：拟采用直径为600mm钻孔灌注桩。

(2) 上部结构部分

1#、2#及4#商业：框架结构。

5#(12层)：框剪结构。

3#(20层)：框架—核心筒结构。

地下车库部分：框架结构

四、无障碍设计

根据《××市无障碍设计规范》，本项目在建筑出入口位置设置无障碍入口和无障碍坡道；并在首层设无障碍专用卫生间；在地下设无障碍停车位14个，入口门、房间门、通向无障碍卫生间门及走道等相关门均作无障碍门。

第六章 公用工程

一、给排水工程

(一) 编制依据

1. 《建筑给水排水设计规范》GB50015-2003(2009年版)
2. 《建筑中水设计规范》GB50336-2002
3. 《××市再生水设计规范》J10926-2007
4. 《××市二次供水工程技术标准》J10369-2008
5. 《××市管网叠压供水技术规程》J11016-2007
6. 《室外给水设计规范》(GB50013-2006)
7. 《生活饮用水卫生标准》(GB5749-2006)
8. 《污水综合排放标准》(DB12/356-2008)
9. 《××市公共建筑节能设计标准》(DB29-153-2010)

(二) 自来水

1. 水源

本项目水源为市政管网供水，因现无具体工程周边市政资料。预计分别从项目周边两道路引入一路市政给水管道，供水管径 DN200，供水压力不小于 0.2Mpa。

2. 自来水用水量

办公楼人员暂按 1400 人测算，沿街商业暂按 800 人/天测算，则自来水用水量预测见下表：

表 6.1 自来水用水量估算表

序号	用水项目名称	使用人数或单位数	用水量标准（L）	小时变化系数	使用时间（h）	用水量（m^2）		
						最高日	平均时	最大时
1	办公楼	1400 人	16L/人·d	1.5	8	22.40	2.8	4.2
2	沿街商业	10416m^2	2L/m^2·d	1.5	12	20.83	1.74	2.6
3	未预见水量	1～2 项×10%				4.32	0.45	0.68
	合　　计					47.55	4.99	7.48

最大日用水量为 47.55m^2/d，最大日最大时用水量为 7.48m^2/d。

3. 自来水供水系统

（1）系统设置

本项目地下一层至三层由城市给水管网直接供水；四层及二十层由给水泵房内的生活水箱和变频加压泵提供。生活水泵房位于地下车库。

（2）管材及连接方式

室内生产生活给水管道采用内外涂环氧复合钢管，DN＜100 采用丝扣连接，DN≥100 采用沟槽连接；室外给水管道采用钢丝网骨架塑料（聚乙烯）复合管，电熔连接。

（三）中水系统

1. 水源

本项目水源为市政管网供水，因现无具体工程周边市政资料。预计引入一路市政中水管道，供水压力不小于 0.2Mpa。

2. 中水用水量

表 6.2 中水用水量测算表

序号	用水项目名称	使用人数或单位数	用水量标准（L）	小时变化系数	使用时间（h）	用水量（m^3）		
						最高日	平均时	最大时
1	办公楼	1400 人	24L/人·d	1.5	8	33.6	4.2	6.3
2	沿街商业	10416m^2	3L/m^2·d	1.5	12	31.25	2.6	3.9
3	绿化、道路浇洒	15569m^2	2L/m^2·日	1.0	2	31.14	15.57	15.57
4	未预见水量	1~3 项×10%				9.60	2.24	2.58
5	合　　计					105.59	24.61	28.35

最大日用水量为 105.59m^2/d，最大日最大时用水量为 28.35m^2/d。

3. 中水供水系统

中水系统竖向分区、供水方式、管材及连接方式同自来水。

（四）排水系统

1. 本工程采用雨、污分流制排水系统，将雨、污水分别排入市政雨、污水管网。

2. 污水废水通过基地管网收集后自流排入市政污水管网。

3. 屋面雨水采用重力流外排水系统，庭院雨水由排水沟汇合后统一排至建筑外雨水管道。采用的降雨强度为 q，设计重现期为 10 年。

4. 管材及连接方式

室内排水管道采用 PVC－U 排水塑料管粘接；室外排水管道采用 HDPE 双壁波纹管，橡胶圈承插连接。

二、采暖及通风工程

（一）编制依据

1.《采暖通风与空气调节设计规范》GB50019－2003

2.《民用建筑采暖通风与空气调节设计规范》GB50736－2012

3.《全国民用建筑工程设计技术措施 暖通空调 动力》2009

4.《××市公共建筑节能设计标准》DB29－153－2010

5.《建筑给水排水及采暖工程施工质量验收规范》GB50242－2002

6.《通风与空调工程施工质量验收规范》GB50243－2002

（二）冷热源系统设计

空调冷热源由直燃溴化锂机组提供7℃/14℃冷水夏季使用，60℃/50℃热水冬季使用。

空调机房及冷却塔设置在5#楼四层屋顶，定压补水由空调机房统一解决。分、集水器设置在地下车库内的计量小室内。

（三）建筑单体内部采暖及空调系统设计

1#~4#办公楼：冬季及夏季采用冷热水风机盘管的形式进行冬季采暖和夏季供冷。

5#楼采用分体空调形式进行夏季供冷和冬季供暖。

地下车库设计热风幕，泵房值班采暖。

（四）管道材料

地下车库及单体建筑管井内管道采用无缝钢管或镀锌钢管，冷凝水管道采用镀锌钢管。通风管道采用镀锌钢板风管或柔性金属软风管。

（五）保温材料

管道井内及吊顶内供回水主管道采用32mm厚橡塑保温，支管道采用25mm厚橡塑保温。风道保温采用橡塑保温，厚度达防结露要求。

（六）通风系统设计

1. 不具备自然排烟的防烟楼梯间前室或合用前室设置机械加压送风系统。

2. 设备间、卫生间等房间按规范要求进行通风设计。

3. 地下车库设置机械通风系统，按照6次/h计算排风量，车库补风由补风机及车道入口自然补风共同负担。

4. 地下一层柴油发电机房及变电站按照规范要求设置事故通风，发电机房根据发电机厂家提供数据计算散热冷却通风量和燃烧所需补风量。

5. 地下车库事故排烟按6次换气次数计算排烟量，地下车库消防补风机按照不小于排烟量的50%计算选择。地下车库平时排风与消防排烟共用一套通风系统，排风（排烟）风机选用双速风机：平时低转速运行进行排风，事故时高转速运行进行排烟。

三、供配电工程

（一）编制依据

1.《民用建筑电气设计规范》JGJ16－2008

2.《建筑物防雷设计规范》GB50057－2010

3.《建筑照明设计标准》GB50034 – 2013

4.《低压配电设计规范》GB50054 – 2011

5.《供配电系统设计规范》GB50052 – 2009

6.《有线电视系统工程技术规范》GBJ50200 – 94

7.《建筑物与建筑群综合布线系统工程设计规范》GB50311 – 2007

（二）编制范围

本项目强电设计包括380/220V低压配电系统、照明动力系统、防雷接地的强电设计。弱电设计包括火灾自动报警与消防联动控制系统、有线广播系统、电话网络综合布线系统、有线电视系统、安防系统及能耗监测系统。

（三）负荷等级

一类高层建筑：4#楼一层营业插座、八层机房（银行数据控制中心）设备及机房专用空调为一级负荷中特别重要负荷；消防设备（如消防排污泵、消防风机、消防电梯、防火卷帘、火灾自劢报警系统电源、电气火灾监控系统电源、应急照明等）、走道照明、值班照明、警卫照明、障碍照明用电，主要业务和计算机系统用电，安防系统用电，电子信息设备机房用电，客梯用电，排污泵、生活水泵供电负荷等级为一级，其他普通设备供电负荷等级为三级。

地下车库：本项目地下车库为Ⅰ类汽车库，消防设备（如消防泵、消防风机、防火卷帘、火灾自劢报警系统电源、可燃气体报警系统电源、电气火灾监控系统电源、应急照明等）、电话、网络机房，电视机房、车库弱电机房、给水、中水设备、机械停车设备供电负荷等级为一级，车库内普通照明供电负荷等级为二级。

（四）供电电源

项目电源拟引2路10kV电源至车库地下一层设置的10KV/0.4KV变电站，要求此双路电源当一路电源线路失电时，另一路电源不会同时失电以保证一级负荷用电。由各变电站至各单体建筑供配电半径不宜大于200米。

（五）负荷估算

表 6.3 电力系统负荷估算表

序号	项目	单位面积负荷指标（W/m²）	建筑面积（m²）	电负荷（kW）
1	1#楼	60	5736.68	344.20
1.1	照明系统	25	5736.68	143.42
1.2	动力系统	15	5736.68	86.05
1.3	空调系统	20	5736.68	114.73
2	3#楼	60	22571.83	1354.32
2.1	照明系统	25	22571.83	564.30
2.2	动力系统	15	22571.83	338.58
2.3	空调系统	20	22571.83	451.44
3	1#楼	60	5578.56	334.71
3.1	照明系统	25	5578.56	139.46
3.2	动力系统	15	5578.56	83.68
3.3	空调系统	20	5578.56	111.57
4	5#楼	80	13492.17	1079.37
4.1	照明系统	30	13492.17	404.77
4.2	动力系统	25	13492.17	337.30
4.3	空调系统	25	13492.17	337.30
5	4#楼	75	10040.28	753.03
5.1	照明系统	25	10040.28	251.01
5.2	动力系统	25	10040.28	251.01
5.3	空调系统	25	10040.28	251.01
6	地下车库	25	19455.25	486.40
7	地下车库设备房区域			120
8	直燃机空调机房			225
9	合计			4697.03

考虑同时使用系数（0.95）和变压器经济运行功耗（0.8）等因素，本项目拟在地下一层变电站内设置4台1600kVA的变压器，负责建筑及室外照明

的全部用电负荷的供电。

（六）低压配电系统

低压配电系统采用 TN－S 三相五线制供电方式。电力负荷分配时保持三项负荷平衡。

（七）照明系统

1. 电源

采用三相五线制，电压 380V/220V。

2. 灯具

采用高效节能荧光灯、节能 PLC 筒灯及普通照明灯具相结合。

3. 光源：使用 T5 或 T8 荧光灯管作为主要光源。

4. 本工程所选用的荧光灯均采用电子镇流器，以提高功率因数，减少频闪和噪音。

5. 灯具控制：普通房间就地控制，大厅、走廊等大空间分组分区集中控制。

6. 照明、插座分别由不同的支路供电；凡安装高度低于 2.4 米的灯具，均应加 PE 线保护。当采用 I 类灯具时，灯具的外露可导电部分应可靠接地。

7. 线路敷设方式：普通照明末端箱后布线均采用 BV 线，均穿线槽、KBG 管沿顶棚、墙体及地面垫层内暗敷设，最小线径 2.5mm^2。

8. 事故照明：各单体各层疏散走道、楼梯间等公共部分设置带自充电功能的灯具作为应急灯及疏散指示灯，疏散指示及出口标志灯为长明型，应急灯为失电自动燃亮型，应急时间均为 30 分钟。

9. 室外照明：庭院内道路设置高压钠节能型路灯。

10. 景观照明：本设计只预留电容量及管线，具体景观设计不在本设计范围内。

（八）防雷接地

1. 各单体建筑分别设有防雷及接地系统。

2. 各单体屋面上的所有金属物体如：屋顶风机、金属管道、金属护栏、装饰金属屋面等均不避雷网（带）可靠焊接。

3. 各单体电源接地系统为 TN－S 系统。TN－S 系统电源电缆 PEN 线在进线配电箱内实现重复接地。接地后 PEN 线分为工作零线 N 和接地保护线 PE，其接地不防雷共用基础作接地体，接地电阻不大于 1 欧。

4. 各单体在电源进户处设总等电位联结端子箱 MEB。配电系统 PE 线、进户电缆金属外皮、进出建筑物的各种非电气金属管道等采用40×4热镀锌扁钢与MEB联结。同时MEB还与建筑物基础主筋（不少于4根）之间采用40×4热镀锌扁钢联结。与各种非电气金属管道的连接须采用卡子连接，严禁焊接。

（九）其他工程

1. 火灾自动报警与消防联动控制系统

（1）火灾自动报警系统

①在变电站、办公室、商店、走道等处设置感烟探测器，车库等处设置感烟探测器。在各个主要出入口、楼梯口等处设置声光报警器。

②点型感温探测器、感烟探测器、火焰探测器、可燃气体探测器、红外光束感烟探测器和缆线式线型定温探测器的设置要满足《火灾自动报警系统设计规范》Gb. 50116－2013的要求。

③在本项目的各层主要出入口、疏散楼梯口及人员通道上适当位置设置手动报警按钮及消防对讲电话插口。

④在消火栓箱内设置消火栓泵按钮。

⑤火灾自动报警控制器可接收感烟、感温、火焰、可燃气体探测器的火灾报警信号及水流指示器、检修阀、湿式报警阀、手动报警按钮、消火栓按钮的动作信号；还可接收排烟阀、加压阀的动作信号。

（2）消防联动控制系统

消防控制室内设置联动控制台，其控制方式分为自动/手动控制、手动硬线直接控制。通过联动控制台，可实现对消火栓系统、自动喷水系统、防排烟系统、正压送风系统、防火卷帘门、防火门、电梯运行、气体灭火、火灾应急广播、火灾应急照明等的监视及控制。火灾发生时可手动/自动切断空调机组、通风机及其他非消防电源。

2. 能耗监测系统

能耗监测系统的计量装置的设置：在变电室设置高压计量，在每路10kV进线设置总计量装置。在低压馈电回路设置有带通讯接口的多功能计量仪表，对照明、电梯、空调、水泵等干线设置分项计量表计单相和三相导轨式计量表，精度不低于1级；利用BA系统实现对用水、用气和冷/热源的用量进行计量并经通讯接口接入到能耗监测系统。

能耗监测系统对用电、用水、用气和冷/热量等能源消耗情况进行分项监

测及计量。系统所采集的数据为楼节能降耗提供更直接的数据，使

能耗的监管变得更加快速、有效。同时，还可有效控制能源的浪费，达到优化能源供应、提高能源管理水平、节约能源成本的目的。

3. 其他弱电

（1）本工程在3#楼设有一个消防控制中心，其他单体设有消防分控室。

（2）本工程在3#楼设有一个监控中心（与消防控制中心贴临），其他单体设有分控室，可与消防分控室合用。

（3）本工程在地下车库设有一个与市政接口的有线电视机房。

（4）本工程在地下车库设有一个与市政接口的电话、网络机房。

（5）本工程在3#楼设有一个能耗监测系统机房。

（6）每个单体建筑都设有一个本单体使用的弱电机房。

（7）消防广播在消防控制室控制，平时广播在弱电机房控制。

第七章 环境保护

一、编制依据

1.《中华人民共和国环境保护法》

2.《环境空气质量标准》GB3095－2012

3.《××市污水综合排放标准》DB12/356－2008

4.《声环境质量标准》GB3096－2008

5.《建筑施工场界噪声限值》GB12523－2011

二、环境控制目标

1. 废气的影响不超过环境空气质量标准二级

2. 废水排放达到污水综合排放标准三级

3. 城市区域环境噪声标准二类

4. 固体废物以无害化处理为目标

三、施工期和运营期环境影响分析

（一）施工期环境影响分析

1. 扬尘

施工期扬尘主要来自施工期原址场地平整、土方挖掘、建筑材料搬运及堆放、施工垃圾的清理及堆放、运输车辆的装卸、施工机械的往来等。

2. 噪声

在施工期各种施工机械在运转中将会产生较大的噪声。

施工期的噪声主要来源于施工现场的各类施工机械设备运行和物料运输的交通噪声。

(1) 施工场地噪声

施工场地噪声主要是施工机械设备噪声、物料装卸碰撞噪声和施工人员的活动噪声。

(2) 物料运输的交通噪声

主要是施工各阶段物料运输车辆引起的噪声。

3. 废水

施工期废水主要是车辆和设备冲洗水以及施工人员生活污水。

4. 固体废弃物

施工期产生的固体废物主要有施工产生的工程弃土、施工人员的生活垃圾、废建材等建筑垃圾。

(二) 运营期环境影响分析

1. 噪声

项目主要噪声源为机械设备所产生的噪声和汽车出入项目区的交通噪声等。

2. 废水

项目建成后产生的废水为生活污水。

3. 固体废弃物

项目主要废弃物来自生活垃圾。

四、施工期和运营期环境保护措施

(一) 施工期环境保护措施

1. 扬尘

施工场地尽量使用预拌砂浆及混凝土；对易起尘物料实行库内堆放或加盖篷布，定期清扫施工现场；经常清洗汽车车轮及底盘上的泥土，采取洒水抑尘措施，减少施工场地和道路的扬尘污染。

2. 噪声

本项目对产生噪声、振动的施工机械，采取限时施工、避免夜间施工等有效措施，减轻危害，减少对周边居民的噪音干扰。合理制定施工计划，严格控制和管理产生噪声设备的使用时间，尽量避免在同一区段安排大量噪声设备，避免大量噪声设备同时施工。在施工现场设立临时声障，最大限度地减小噪声影响。

3. 废水

必须经预处理后排入项目周边污水管道，最终排入市政污水管网。

4. 固体废弃物

各种建筑垃圾必须及时运到指定点妥善处置。生活垃圾用袋装收集并就近投放至垃圾收集点。

（二）运营期环境保护措施

1. 噪声治理

（1）空调机组、风机、水泵等设备均选用低噪声设备。

（2）设备机房做建筑隔声与吸声处理，机房门为隔音门。

（3）对项目的出入口处加强交通管理、减少项目区的交通噪声。

2. 废水治理

厕所废水经化粪池预处理，普通生活废水排至项目周边污水管道，最终排入市政污水管网。

3. 固体废弃物处理

生活垃圾用袋装收集并就近投放至垃圾收集点。

通过上述措施，本项目在建设期和运营期均不会对建设地区的周围环境构成明显影响。

第八章　节　　能

一、编制依据

（一）××市有关规定

1.《××市节约能源条例》××人发（2012）39号

2.《××市建筑节约能源条例》××市第十五届人民代表大会常务委员会第三十二次会议

（二）建筑类相关标准及规范

1.《供配电系统设计规范》GB50052－2009

2.《低压配电设计规范》GB50054－2011

3.《通用用电设备配电设计规范》GB50055－2011

4.《公共建筑节能设计标准》GB50189－2005

5.《××市公共建筑节能设计标准》DB29－153－2010

6.《××市建筑节能门窗技术标准》DB29－164－2010

7.《建筑外门窗保温性能分级及检测方法》GB/T8484－2008

8.《建筑外门窗气密、水密、抗风压性能分级及检测方法》GB/T7106－2008

9.《建筑照明设计标准》GB50034－2004

10.《采暖通风与空气调节设计规范》GB50019－2003

二、用能系统分析

（一）能耗种类

项目能耗种类分别为：电力。

（二）能耗量测算

1. 电能耗计算

表 8.1　电能耗计算表

序号	项目	电负荷（kW）	负荷系数	有功负荷（kW）	同时系数	运行天数	运行时数	年耗电量（万 kWh）
1	1#楼	344.20	0.8	275.36				40.06
1.1	照明系统	143.42	0.8	114.74	0.8	251	8	18.43
1.2	动力系统	86.05	0.8	68.84	0.8	251	8	11.06
1.3	空调系统	114.73	0.8	91.784	0.8	180	8	10.57
2	2#楼	1354.32	0.8	1083.46				157.64
2.1	照明系统	564.30	0.8	451.44	0.8	251	8	72.52
2.2	动力系统	338.58	0.8	270.86	0.8	251	8	43.51
2.3	空调系统	451.44	0.8	361.15	0.8	180	8	41.60
3	3#楼	334.71	0.8	267.77				38.96
3.1	照明系统	139.46	0.8	111.57	0.8	251	8	17.92
3.2	动力系统	83.68	0.8	66.94	0.8	251	8	10.75
3.3	空调系统	111.57	0.8	89.26	0.8	180	8	10.28
4	4#楼	1079.37	0.8	863.50				126.45
4.1	照明系统	404.77	0.8	323.82	0.8	251	8	52.02

续表

序号	项目	电负荷(kW)	负荷系数	有功负荷(kW)	同时系数	运行天数	运行时数	年耗电量(万kWh)
4.2	动力系统	337.30	0.8	269.84	0.8	251	8	43.35
4.3	空调系统	337.30	0.8	269.84	0.8	180	8	31.09
5	5#楼	753.03	0.8	602.42				175.43
5.1	照明系统	251.01	0.8	200.81	0.8	365	12	70.36
5.2	动力系统	251.01	0.8	200.81	0.8	365	12	70.36
5.3	空调系统	251.01	0.8	200.81	0.8	180	12	34.70
6	地下车库	486.40	0.8	389.12	0.8	365	24	272.70
7	地下车库设备房区域	120.00	0.8	96.00	0.8	365	24	67.28
8	直燃机空调机房	225.00	0.8	180.00	0.8	180	24	62.21
9	合计	4697.03		3757.62				940.71

电1万kwh =1.229tce，因此电能共消耗940.71 ×1.229 =1156.13tce。

2. 项目年总耗能计算

表8.2 项目年总耗能量

序号	主要能源及含能工质名称	计量单位		年消耗量			其中		
		实物	标煤	实物	折算系数	折标煤	购入量折标煤	自产量折标煤	其他折标煤
1	电能	万kWh	t	1156.13	1.229	1420.88	1420.88		
	总计					1420.88	1420.88	0	0

项目总建筑面积77250.49m²，单位能耗为0.018tce/m²。

三、节能措施

（一）建筑节能

1. 采用外墙外保温体系，按规定性方法进行节能设计、计算，节能设计达到规定的节能标准。

2. 非采暖空间部位：地下室、楼梯间、电梯间、电气房间、管道井为非采暖房间。

3. 室内设计参数、管道保温材料及保温厚度按公共建筑节能设计标准的相关要求进行设计。

（二）电力系统节能

1. 供配电系统应简单可靠，变电站、低压配电间应靠近负荷中心，以缩短供电半径，减少线路损耗。

2. 功率因数补偿：应采用低压集中与分散相结合的自动补偿方式，每台变压器低压母线上装设成套静电电容器自动补偿装置，按功率因数调节原则自动投切补偿电容器，补偿后达到0.9。无功补偿装置及变频控制装置具有抑制谐波和电磁兼容的功能，并预留有源滤波装置的安装位置。

3. 应采用节能型电力变压器；并合理选用变压器容量，使其经济运行。

4. 照明供电干线应采用三相五线制供电，减少电压损失，三相照明负荷尽量均衡，减少对光源发光效率的影响，合理布置照明配电箱，照明电压保持在允许的电压偏移之内。

5. 应合理选择配电形式，尽量使运行的三项负荷平衡，以减少变压器的零序损耗。

6. 为了达到节能要求，应在如下供电回路中设置多功能数字仪表，实现分项计量，包括：公共部分照明干线，各配套用房等。

7. 应采用树干式与放射式相结合的供电方式，尽最大可能减少电缆干线上的分接头，减少电缆故障机会减少电损，利于节能。

（三）照明系统节能

1. 照明光源采用节能光源，灯具采用高效灯具。

2. 车库采用光导照明，庭院灯具采用太阳能灯具。

3. 公共区域如：大厅、走道、地下停车场等处照明采用智能照明控制系统。

（四）设备系统节能

1. 变压器选用SCB10系列节能型变压器。变压器采用低耗损、高效率的节能型干式变压器。变压器低压则采用集中自动补偿方式，以提高功率因数，达到节能目的。

2. 泵类设备选用节能型电机产品。

3. 采用的电气元器件（如：信号灯等）均为低损耗。

4. 风机盘管供水管设置电动两通阀，散热器供水管设置温控阀。

5. 空调冷媒为环保型冷媒。

6. 高低压配电装置选用技术先进，节能效果显著国家推荐的节能设备。

7. 二次回路控制设备采用节能型元件。

（五）给排水系统节能

1. 选用节水型卫生洁具及配件，座便器应采用容积为（3）6L两档式的节水型冲洗水箱，公共卫生间的洗手盆、小便器采用感应龙头，蹲便器采用脚踏式冲水阀，用水点应选用陶瓷芯水咀，避免滴漏。

2. 在水质满足使用要求前提下尽量使用中水。

3. 水池溢流水位应设报警装置，防止进水管阀门故障时水池长时间溢流排水。水箱进水管阀门具有机械和电气双重控制功能。

4. 供水系统合理分区，在满足功能要求条件下尽量利用市政压力。供水加压设备采用变频设备。

5. 给水管材选用内壁光滑、摩擦阻力小，传送能力高的材料，以减少管道的沿程损失，降低供水能耗。

四、能源计量与能源管理

（一）能源计量

1. 电量计量

在变电所的主要出线及各主要功能区内设置计量仪表，对主要能耗设备进行监测实现按部位分段计量，及时分析，以利节电。

水泵、公共照明设专用计量。

照明用电与动力用电分别计量。

2. 给水专业计量

给水入口设置计量装置。

（二）能源管理

1. 深入贯彻落实《中华人民共和国节约能源法》等国家、地方、行业相关法规和规范，搞好节能宣传工作，使每位员工都有节能意识。

2. 建立和完善节能管理体制，建立能源管理岗位，明确岗位任务和职责。

3. 加强能源管理，建设和完善节能考核制度。

4. 加强能源计量管理，配合准确可靠的具有分时功能的能源计量器具，对耗能设备实行严格的计量管理。

5. 组织能源管理人员、设备操作人员以及其他有关人员进行节能培训。

6. 建立能源消耗统计和能源利用现状分析制度，及时发现能源消耗异常部位，及时采取措施加以解决。

7. 及时引进、采用国家、行业推广的节能新技术。

8. 建立项目能量平衡测试制度。

第九章 消防工程

一、编制依据

1.《建筑内部装修设计防火规范》GB50222－95（2001 年修订版）

2.《自动喷水灭火系统设计规范》GB50084－2001（2005 年版）

3.《汽车库、修车库、停车场设计防火规范》GB50067－97

4.《建筑灭火器配置设计规范》GB50140－2005

5.《火灾自动报警系统设计规范》GB50116－2008

6.《民用建筑设计通则》GB50352－2005

7.《建筑设计防火规范》GB50016－2014

二、项目的建筑分类和耐火等级

本项目所涉及的建筑物建筑结构类别：乙类；建筑耐火等级：地上为二级，地下为一级。

三、总图布置

地块内拟建各建筑距离周边最近的建筑均大于6米，因此防火间距满足《建筑设计防火规范》5.2.1条规定。建筑周围设有环形消防通道，车道宽度均大于4米，消防车道上空4米以下范围内无障碍物，满足《建筑设计防火规范》6.0.9条规定。

四、建筑防火分区

地下汽车库部位为一个防火分区，防火分区小于4000平方米，满足《汽车库、修车库、停车场设计防火规范》GB50067－97第5.1.1条的规定。地上每层一个防火分区，面积均小于2500平方米，满足《建筑设计防火规范》第5.1.7条的规定。

地下室、走道等需做防烟分区的部分，均按每个分区不超过500平方米划分，符合《建筑设计防火规范》第9.4.2条要求。

每个建筑内至少设置两部疏散楼梯，楼梯间为封闭防烟楼梯间，楼梯间门选用乙级防火门。疏散距离、疏散宽度、防火墙材料及各部位建筑构造防火处理等均按规范规定严格执行。

五、消防给水系统

（一）水源

本项目消防水水源为市政管网供水，因现无具体工程周边市政资料。预计分别从项目周边两道路引入一路市政给水管道，供水管径 DN200，供水压力不小于 0.2Mpa。

（二）消防给水系统和设备

1. 室外消防给水系统

（1）室外消防用水量为 30L/S。

（2）室外采用生活用水与消防用水合用管道系统。在室外设置地上式消火栓，布置满足规范对建筑物保护以及为水泵接合器供水的要求。其间距不超过 120m，距道路边不大于 2.0m，距建筑物外墙不小于 5.0m。

（3）室外消防采用临时高压制给水系统，由消防水池结合消防水泵供水，发生火灾时，由城市消防车从现场室外消火栓取水经加压进行灭火或经消防水泵接合器供室内消防灭火用水。

2. 室内消防给水系统

（1）室内消防水量

1）室内消火栓系统

系统用水量 15L/S。

2）室内自动喷淋系统

按照中危险Ⅰ级设计，喷水强度 $6L/min \cdot m^2$，用水量 30L/S，火灾延续时间 1 小时，喷淋系统用水量为 30L/S。

（2）系统概述

①消火栓系统

整个区域内设置一套消防加压管网，采用临时高压供水系统，内设两台消防泵，屋顶设置消防水箱储存十分钟室内消火栓用水量 $9m^3$。

室外设置室外消火栓加压管道，满足在室外设置地上式消火栓，布置满足规范对建筑物保护以及为水泵接合器供水的要求。其间距不超过 120m，距道路边不大于 2.0m，距建筑物外墙不小于 5.0m。

全楼设消火栓，布置满足同层两股充实水柱同时到达室内任何部位，消火栓管网在建筑内连成环状。每个消火栓箱内设消防泵启动按钮，火灾发生时启动消防泵灭火。

系统管材采用热浸镀锌钢管，无采暖部分的消防管网采用电伴热保温防冻。

②自动喷水灭火系统

设计原则：在地下室设消防水池及消防泵房，泵房内设两台喷淋泵，屋顶设置消防水箱储存十分钟喷淋用水量18m^3。报警阀设于消防泵房及地下室及首层报警阀室内，报警阀后采用枝状管网，在地下室设置自动喷淋系统，根据《自动喷水灭火系统设计规范》规定，各防火分区、各层均设水流指示器，喷头采用吊顶型闭式玻璃球喷头，采用湿式灭火系统。地下车库采用预作用系统，直立型喷头。

系统概述：系统不分区，采用临时高压供水形式，湿式系统。考虑设置格栅吊顶的可能性，系统流量采用计算流量乘以1.3，则系统设计流量30L/s。消防泵房设置自喷系统加压水泵两台（一用一备），采用智能控制形式，供给自喷用水。地下室及首层设报警阀室。

系统组成为消防水池、喷淋泵、屋顶高位水箱、稳压装置、湿式报警阀组、水流指示器、闭式喷头、末端试水装置、水泵结合器等。系统设两套水泵接合器。

系统控制和动作指示：火灾发生后喷头玻璃球爆碎，向外喷水，水流指示器动作，向消防控制中心报警，显示火灾发生位置并发出声光等信号。系统压力下降，报警阀组的压力开关动作，并自动开启自动喷水灭火给水加压泵。与此同时向消防控制中心报警。水力警铃报警。给水加压泵在消防控制中心有运行状况信号显示。系统给水加压泵，应在泵房的控制盘上和消防控制中心的屏幕上均设有运行状况显示装置。在泵房内和消防控制中心均设手动开启和停泵控制装置，备用泵在工作泵发生故障时自动投入工作。

管材：系统管道采用内外壁镀锌复合钢管，管径小于DN100时采用螺纹连接，管径大于及等于DN100时采用沟槽式卡箍连接。

系统设两套水泵接合器。管材为热镀锌钢管。

六、灭火器系统

根据《建筑灭火器配置设计规范》规定，建筑按中危险等级，A类火灾，设置手提式磷酸铵盐干粉灭火器，每具灭火器最小配置灭火级别2A，最大保护面积75m^2/A，最大保护距离20米。配电室配置磷酸铵盐灭火器。

七、采暖、通风

采暖空调系统所用设备、管材及其保温材料均为非燃烧材料。

八、消防供电

在疏散走道、出入口设置诱导照明及出口指示灯，消防应急照明灯具和灯光疏散指示标志的备用电源的连续供电时间不应小于30分钟。

消防用电设备应采用专用的供电回路。其配电设备应有明显标志并设专人管理。

第十章　抗震设防

一、编制依据

1.《建筑抗震设计规范》GB50011－2010

2.《工程场地地震安全性评价》GB17741－2005

3.《地震安全性评价管理条例》国务院令2001年第323号

4.《××市防震减灾条例》××市人民代表大会常务委员会公告第二十八号

二、抗震设防

本项目主要建筑为四栋办公楼和一栋沿街商业。1#、2#及4#楼采用框架结构，5#楼采用框剪结构，3#楼采用框架－核心筒结构，地下车库部分采用框架结构。建筑结构设计使用年限为50年，结构安全等级为二级。

本项目位于××，根据《建筑抗震设计规范》GB50011－2010，抗震设防烈度为7度，设计基本加速度值为0.15g。

第十一章　劳动安全与卫生防疫

一、编制依据

1.《中华人民共和国职业病防治法》国家主席60号令

2.《中华人民共和国安全生产法》国家主席70号令

3.《××市劳动保护条例》市人大十二届21次会

4.《建设项目（工程）劳动卫生监察规定》劳动部令第3号

二、危害因素分析

（一）施工期的危害因素分析

1. 施工中机械性伤害及建筑材料的磕、砸、碰等伤害。

2. 焊接工作过程中产生的烟尘和氮氧化物等有害气体及焊接弧光等伤害。

3. 移动式电动工具的电击伤害。

4. 施工过程中，高空坠落及物体打击对人员的伤害。

（二）运营期的危害因素分析

1. 建筑内存在电气设施和线路设计安装不当造成的触电危险。

2. 机电设备因操作不当或违反操作规程造成的人身伤害。

3. 建筑设计不完善，导致突发或紧急事件疏散不畅。

4. 火灾隐患。

三、安全与劳动防护

（一）施工期的安全防护措施

1. 建筑材料的运输和码放应设立醒目的标识，防止人体伤害。

2. 采取必要的劳动保护措施，作好个人的安全防护工作，严格执行安全操作规程，防止机械损伤及意外伤害。

3. 焊接工作中佩带防弧光面罩。

4. 为移动式电动工具设置漏电保护装置。

5. 施工期应加强施工监理，严格控制建材购进渠道，使整个工程符合对环境无害化的要求。

6. 为保证安全使用，项目建设完工后严格按照建设项目管理程序进行竣工验收，合格后投入使用。

7. 供电线路采用三相五线制供电，做好电气保护，用电设备加装漏电保护装置。

（二）运营期的安全防护措施

1. 购置的电器设施和辅助材料的安全性能指标须符合国家和行业标准要求。

2. 建筑内电器、设备需采取接零措施，电源需采取三相五线制并配备保护开关。

3. 凡应采用安全电压的场所，必须采用安全电压。移动电器应有漏电保护装置。

4. 加强教职员技能培训和学生的安全教育，建立安全操作规程和安全管理制度。

四、卫生防疫

本项目在使用过程中人员比较集中，流动量较大，易于传播流行性疾病，是卫生防疫的重点区域。

1. 建立卫生管理制度，对办公楼和沿街商业的卫生状况进行经常性检查，并提供必要的条件。

2. 加强卫生管理，做到定时清扫、定期消毒，防止流行性疾病的发生与传播。

3. 室内装修和设备安装均按国家卫生防疫标准进行设计、施工，严格把好验收关，合格后投入使用。

第十二章　组织机构及管理

一、项目组织机构

（一）项目经理部主要组成人员如下

项目经理资质为市政一级，职称为高级工程师。

项目总工程师资质为市政一级，职称为高级工程师。

（二）项目经理部组织机构

根据本工程特点，成立项目经理部，下设4科1室。具体组织结构如下图所示：

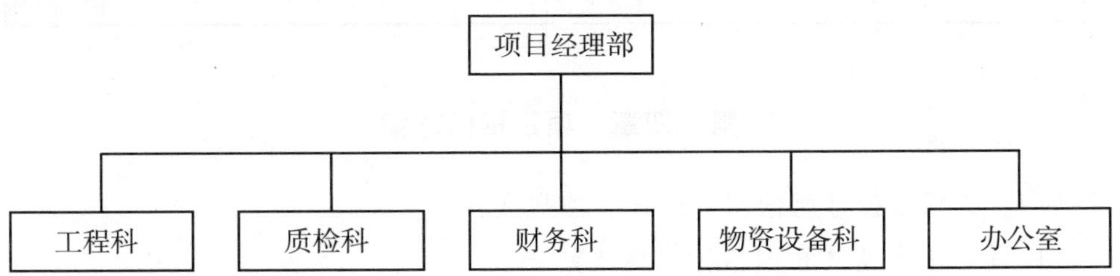

三、项目管理

项目成立后建立施工安全领导小组，项目经理任组长，划分领导机构，明确个人职责，并且认真编制安全生产、临时用电、保卫措施及方案，报批后严格执行。健全安全防护、临时用电、机械安全、保卫消防制度。

第十三章　项目实施进度

为科学、全面、合理地安排项目建设各环节的工作进度，尽可能地缩短建设周期，减少成本、节约资金，使本项目早日投入正常运行，编制项目实施计划。

一、项目建设工期

本项目的建设工期拟定为30个月。

二、项目实施进度表

本项目实施进度如下：

表13.1　项目实施进度表　　单位：月

时间 项目名称	1	2	3	4	5	6	7	8	9	10	……	23	24	25	26	27	28	29	30
前期手续办理																			
项目招标																			
工程设计																			
工程施工																			
设备采购安装																			
装修工程																			
室外工程																			
竣工验收																			

第十四章　项目招标方案

一、工程招投标所依据的法律、法规文件

1. 《中华人民共和国招标投标法》

2. 《工程建设项目招标范围和规模标准规定》（以下简称国家计委3号令）

3. 《建设项目可行性研究报告增加招标内容以及核准招标事项暂行规定》（以下简称国家计委9号令）

4. 《工程建设项目施工招标投标办法》

5. 《××市招标投标条例》

6. 《××市必须招标项目范围和规模标准确定》

二、招标范围

根据《中华人民共和国招标投标法》、国家计委3号令和国家计委9号令中的有关规定，××商业金融业项目应依法必须采取公开招标。招标范围包括：工程勘察、工程设计、建筑施工、设备采购与安装和工程监理等。

三、招标组织形式

本项目拟采取委托招标形式。

四、招标方式

本项目招标方式拟采取公开招标方式进行。具体招标事宜详见下表:

表 14.1 招标基本情况表

项目名称	招标范围		招标组织形式		招标方式		不采用招标方式
	全部招标	部分招标	自行招标	委托招标	公开招标	邀请招标	
工程勘察	√			√	√		
工程设计	√			√	√		
建筑施工	√			√	√		
设备采购与安装	√			√	√		
工程监理	√			√	√		
其他	√			√	√		

五、保障措施

1. 完善招标制度。拟制定一系列加强招标工作的范围、规定和办法。

2. 规范招标程序。本项目招投标严格按照“发布招标信息→制定初步入围条件→组织资格预审→考察入围单位→选定投标单位→组织投标评标”的程序,严密组织招投标。

3. 项目所有合同形式,实行总价包干,减少合同范围内项目的价格变更。

4. 实行业务工作与招投标组织工作相分离、具体承办人的权利与每个招标环节相分离、统一标准尺度,确保招标工作的准确性。

第十五章 投资估算与资金筹措

一、编制依据

1. 根据建设单位提供方案设计图纸及设计说明。

2. 国家发改委与建设部颁布的《建设项目经济评价方法与参数》(第三版)。

3. 国家建设部颁发的《房地产开发项目经济评价方法》

4. 国内类似项目投资。

5. 国家及××市关于建设项目的法律法规和有关收费标准。

二、投资估算编制说明

（一）开发建设投资是指在开发期内完成房地产产品开发建设所需投入的各项费用，主要包括：土地费用、前期工程费用、基础设施建设费用、建筑安装工程费用、公共配套设施建设费用、开发间接费用、财务费用、管理费用、销售费用、其他费用以及不可预见费用等。

（二）土地费用主要是指为取得房地产项目用地而发生的费用。本项目土地费用主要是土地取得费，以及所产生的交易服务费、契税、印花税和代理代办费。

（三）前期工程费主要包括项目前期规划、设计、可行性研究，水文、地质勘测，以及“三通一平”等阶段的费用支出。

（四）基础设施建设是指建筑物2米以外和项目用地规划红线以内的各种管线和道路工程，其费用包括供水、供电、供气、排污、绿化、道路、路灯、环卫设施等建设费用，以及各项设施与市政设施干线、干管、干道的接口费用。

（五）建筑安装工程费是指建造房屋建筑物所发生的建筑工程费用、设备采购费用和安装工程费用等。

（六）公共配套设施建设费是指居住小区内为居民服务配套建设的各种非营利性的公共配套设施的建设费用。

（七）开发间接费用是指在开发现场组织管理所发生的各项费用。主要包括：工资、福利费、折旧费、修理费、办公费、水电费、劳动保护费、周转房摊销和其他费用等。本项目的开发间接费按照建筑安装工程费的3%计取。

（八）管理费用是指管理部门为组织和管理房地产项目的开发经营活动而发生的各项费用。本项目管理费按照销售收入的1%计取。

（九）财务费用是指为筹集资金而发生的各项费用，主要是借款利息，利率约为10%。

（十）销售费用是指在销售房地产产品过程中发生的各项费用。本项目销售费用按照销售收入的2.5%计取。

（十一）其他费用主要包括：工程造价咨询费、工程监理费、竣工图编制费、工程保险费等。

（十二）不可预见费是指在项目实施中可能发生、但在项目决策阶段难以预料的支出，需要事先预留的费用。本项目预备费按照3%计取。

（十三）在建工程转让税费以原有立项中总投资40000万元的25%为基数，缴纳3%的契税和0.05%的印花税。

三、投资估算

表15.1 总投资估算表

四、资金筹措及使用计划

本项目全部资金来源于银行贷款。具体资金使用计划详见下表：

表15.2 资金使用计划表　　单位：万元

	2015	2016	2017
投资比例	38.30%	42.55%	19.15%
总投资	18000.0	20000.0	9000.0
自有资金	0	0	0
银行贷款	18000.00	20000.00	9000.00

第十六章　财务分析

一、收入分析

（一）单价预测

依据市场分析章节的介绍，2015年，本地块周围办公用房租赁价为1.5元/平方米，沿街商业用房均价为10000元/平方米，车位出售均价暂定为60000元/个，车位出租价格参考周边及市区同类型项目，定价为3元/小时，而沿街商业用房逐年增长率定为5.00%，车库近年价格保持不变，使用年限与商业用房保持一致。具体销售租赁单价相见下表：

表16.1　销售租赁单价预测表

××

2. 销售收入预测

表 16.2 销售收入表

× ×

二、收益分析

（一）税金估算

1. 营业税：税率 5%。

2. 城市维护建设税和教育费附加计算：该地区城市维护建设税为 5%，国家教育费附加为 3%，地方教育费附加为 2%。

3. 防洪费：费率为 1.0%

4. 土地增值税：按照土地清算金额进行测算。本项目增值额超过扣除项目金额 200%，税率为 60%；速算扣除系数为 35%。

表 16.3 税金预测表

× ×

5. 根据 2007 年中华人民共和国主席令第 63 号《中华人民共和国企业所得税法》规定，自 2008 年 1 月 1 日起企业所得税的税率调整为 25%。

（二）法定盈余公积金按照净利润的 10% 提取。

（三）损益表

表 16.4 损益表

× ×

三、财务分析评价

（一）主要财务评价指标

1. 静态指标分析

经测算，本项目所得税前利润为 －916.09 万元，所得税后利润为

-687.07万元；税前全部投资利润率为-1.95%，税后投资利润率为-1.46%。本项目静态指标较差，项目财务不可行。

2. 动态指标分析

经测算，本项目所得税前财务净现值为-2029.51万元，所得税后财务净现值为-1750.57万元；税前内部收益率为-4.23%，税后内部收益率为-3.52%。本项目动态指标较差，项目财务不可行。

（二）经济评价指标

表16.5　经济评价指标表

序号	项目名称	单位	指标
1	开发建设投资	万元	47000
2	回款总收入	万元	50002
2.1	销售收入	万元	47952
2.2	租赁收入	万元	2050
3	营业税金及附加	万元	2775
4	租赁费用（车位管理费用）	万元	421
5	利润总额	万元	-916
6	销售利润率	%	-1.46
7	财务净现值（税前，i=8%）	万元	-2029.51
8	财务净现值（税后，i=8%）	万元	-1750.57
9	财务内部收益率（税前）	%	-4.23
10	财务内部收益率（税后）	%	-3.52

四、基金投入产出分析

项目总投资	××	
资金峰值	××	土地款+前期费用
项目净利润	××	
基金总投资	××	
注册资本	××	××
基金股权比例	××%	
基金股权投资	××	××%

续表

基金总收益	××	基金投资收益比
基金债权投资	××	××%
基金债权收益率	××%	
基金债权收益	××	
基金股权收益	××	
基金债权期限	金额	年
其中:	××	1
	××	1.5
	××	2
基金股权期限	××	2.5
	××	3
	加权投资期	加权收益率
基金加权投资期（债权）	××	××%
基金加权投资期（股权）	××	××%
基金加权投资期	××	××%

第十七章　风险分析及应对措施

一、主要风险综述

本项目为××商业项目，综合考虑多种因素，本项目主要从市场风险、建设风险、财务风险、突发性风险等4大类风险进行分析论证。

市场风险包括区域经济发展状况、区域经济稳定性以及顾客群稳定程度；建设风险包括设计方案认同度、工程技术环境；财务风险主要是工期延长带来的有关支出增加方面的内容及银行贷款利率变化；突发性风险主要是由于自然灾害造成的不可抗力风险。

二、风险影响程度

本项目采取的风险影响程度主要采取头脑风暴法分析。通过对项目主要风险的风险类型、风险内容、发生概率及威胁等级进行识别和评价。

（一）市场风险

作为房地产类项目，市场风险是本项目未来面临的较大风险，直接决定了本项目的未来现金流。影响本项目的市场风险包括区域经济发展状况及稳定性、顾客群状况。

1. 经济发展状况及稳定性

××地处我国北方黄金海岸的中部，是北方对内对外开放两个扇面的轴心，是以港口为中心的海陆空结合、立体式的综合性现代化经济中心。按照可比价格计算，2000年以来，××市GDP增长率在10%以上，保持了一个高速增长的势头。随着××新区被纳入国家“十一五”规划，××更是独揽区位、交通、资源、工业基础和体制创新五大优势。可以预期，在未来几年的发展中，××将维持高速增长的局面。本项目所处区域是××新城的核心区域，未来经济活动频繁，商业气氛浓厚，对于商业、写字楼以及居住建筑的需求较为旺盛，因此总体市场环境是积极乐观的。故此方面风险发生的概率较小，威胁等级不高。

2. 顾客群

目标顾客群体对本项目的需求状况，直接决定了本项目未来现金流，顾客群的稳定程度取决于三个因素：目标客户群的定位、本项目的知名度、客户对本项目的认可程度。

目前，××市区各种政务、商务活动频繁，对于办公场所的需求量很大。同时本项目为综合建筑群，配有完善的商业文化设施，可以为区域内居民和来往区域商谈事务的商务人士提供高质量文化商业服务。因此将项目定位为中高等档次，这是基于激烈竞争的市场状况以及项目所处的环境和区域规划做出的综合判断。因此，在定位合理的条件下，未来经营将得到一定的保障。

综上所述，市场风险发生概率中等，威胁等级较低。

（二）建设风险

从施工角度来看，本项目不存在太大的技术障碍。尤其是近年来××区投资旺盛，相关参建单位均积累了丰富的建设经验，进一步减少了本项目的建设风险。故此类风险发生的概率很低，威胁等级较低。

（三）财务风险

本项目的财务风险主要为工期延长带来的建设成本的增加及银行贷款利率变化。本项目只要控制好施工进度，工期延长的发生概率不高。银行贷款利率问题，属于政策性风险，具有不可控性，可扩大融资方式来降低此风险。

（四）突发性风险

近年来，随着全球气候不可预测性逐渐增强，地震、雪灾、暴雨等恶劣天气不断出现，突发性风险也逐渐成为项目值得格外关注的风险。对于这种不可抗力风险发生的概率，目前还没有科学的预测方法，但是威胁等级则很高，有些甚至是毁灭性的。××市地形地貌多为平原，地质结构稳定，相关部门多年观测结果显示，××市发生地震、雪灾以及暴雨的几率较小。

三、风险应对措施

（一）建立信息披露制度

建设单位应建立完善的信息披露制度，建立投诉渠道，对提出的问题及时反馈，时刻树立公关意识，避免不满情绪升级。政府特别是宣传部门，应时刻关注社会舆论导向，引导媒体客观传递信息，积极促进经济社会平稳发展，依法发挥媒体监督作用；及时对外公布权威信息，避免谣言传播。

（二）加强沟通，遏制谣言

建设单位应重视与媒体的沟通合作，利用媒体平台宣传项目建设的积极影响以及为居民带来的便利条件，保障项目建设顺利实施；接受媒体监督，在负面信息传播时应尽早介入，对于属实的情况要尽快处理，对于不实之词要及时澄清，避免谣言扩散。

（三）通过招标确定优秀的设计方案，对招标过程进行严格的监督，努力使招标过程透明化，经过城市规划、交通、经济、建筑专家的评选，选取有利的设计方案，避免由于设计方案不当可能带来的风险。

（四）确保前期工作投入，保证必要人力、物力和时间，避免决策风险失误。加强与××区各方面的联系和协调，确保与本项目有关的所有配套条件都能够落实，以保证本项目能够按时竣工。

（五）多方面采取措施，降低财务风险。设计良好的投资方案，广泛利用各种金融工具，避免由于上游产品价格上涨可能带来的投资增加的风险。优化工期、控制总建设规模和确定合理的分期建设规模，避免由于工期延长所带来的支出增加。

（六）对于不可抗力风险的预防，建设单位要提前制定不可抗力风险发生的应急预案，以减小不可抗力风险发生时的损失。

第十八章　社会影响分析

一、社会影响效果分析

本项目的建设，可以为××商务区带来固定资产的增加，项目的规划和建设也充分考虑了项目对周边的实用性、综合性、美化环境的公益性，设置完善齐备的商务配套和写字楼也为企业营造出适宜的办公环境。项目的开发建设使××商务区周边区域形成了良好的生活与商业综合圈，为本区的综合发展做铺垫。同时，沿街商业的建设对引领服务业发展、推动服务业进步、拉动本地服务业增长起到积极的作用，本项目社会效益良好。

二、社会适应性分析

本项目的利益相关者包括：项目投资方、城市居民等。

本项目××物产置业发展有限公司是项目投资方，并将参与项目的建设，在建设初期以及建设过程中将会把现代化的建设理念逐步渗透至项目过程中，使得项目建设顺利进行。

本项目建成后可以为××商务区新增一处办公及商业服务用房，满足部分企业办公及周边市民生活需求，项目建设将会受到城市居民的支持。综上所述，项目社会适应性较强。

三、社会风险分析

由于本项目性质为城市基础教育设施建设，项目的建设深受各个利益群体的欢迎，其需求、资源、技术、工程、资金、政策、外部协作条件、社会风险等因素很小，社会适应性较强、社会风险低。

（5）示范文本：××地产项目立项申请表

××地产项目立项申请表

××地产项目立项申请表			
项目名称		立项时间	
项目负责人			
项目背景概述			
交易方案简述			
交易对手简述			
项目简述分析			
项目存在风险			
项目风控措施			
项目投资建议			

(6) 示范文本：××地产项目立项决策表

××项目立项决策表

项目名称：	项目负责人：
×××	□通过 □附条件通过 □否决 所附条件： 签字：
×××	□通过 □附条件通过 □否决 所附条件： 签字：
×××	□通过 □附条件通过 □否决 所附条件： 签字：
×××	□通过 □附条件通过 □否决 所附条件： 签字：
×××	□通过 □附条件通过 □否决 所附条件： 签字：
投决 表决意见	□通过 □附条件通过 □否决 时间：××年××月××日

第四节　私募地产投资基金项目的尽职调查

拟投项目经过基金管理公司立项或投资决策委员会通过后，投资部门就可以组织公司内部各部门或外部三方机构对项目展开尽职调查。尽职调查又称谨慎性调查，是指投资人在与目标企业达成初步合作意向后，投资人对目标企业或项目与本次投资有关的事项进行现场调查、资料分析的一系列活动。一般来说，私募地产投资基金对地产项目会进行市场、财务以及法律方面的尽职调查，但是对于一些要求比较高的私募投资基金来说，可能会在上述基础上进行工程、设计、造价、营销、管理方面等尽职调查，调查的广度和深度相对来说比较细致。尽职调查是私募投资基金投资过程中的必要动作，尽职调查的结果对于是否投资具有决定性的作用。尽职调查的主要目的是了解项目的真实信息，发现潜在的风险，获取项目的真正价值。

一、投资方与融资方签署项目保密协议

一般来说，私募投资基金管理人启动对拟投项目时，因为尽职调查会获取项目股东、项目公司或项目的所有核心信息，这属于融资方的商业秘密，所以融资方都会要求私募投资基金管理人签署一个保密协议，要求其承诺对于获取的项目公司和项目信息进行保密，并采取切实有效的措施，防止信息泄露和外传，并且在双方合作终止后将保密信息删除或销毁。

（7）示范文本：××项目尽职调查保密协议

××地产项目尽职调查保密协议

甲方：××
地址：××
邮政编码：××
电话：××

乙方：××
地址：××
邮政编码：××
电话：××

为保证甲方、乙方在合作过程中直接或间接的接触、知悉、了解或掌握甲方公司的经营信息和技术信息不被非法使用、透露、泄露，以及保护甲方的商业秘密并维护甲方的合法权益，依据《中华人民共和国合同法》的相关

规定，经甲乙双方友好协商并达成一致，签署本保密协议，以供遵守。

一、保密信息及范围

保密信息是指在合作过程中甲方以书面形式或非书面形式向乙方披露的或乙方在合作过程中从甲方获取的文字的或非文字的、不为公众所知悉的、能为甲方带来现实或潜在经济利益、具有机密性质并被甲方采取了一定保密措施的技术和经营信息（以下简称商业秘密）。

上述保密信息包括但不限于任何介质的资料、文件、数据、软件、数据库、源代码、图纸、符号等。保密信息包括但不限于下列信息：

1. 经营信息：包括客户资料、客户合同、经营策略、业务模式、销售渠道、广告计划、促销计划等，并包括但不限于：

①甲方的合作客户名单、合作客户资料、合作客户合同、合作客户的联络方式等；

②甲方投资策略、策划报告、投资方案、投资流程和投资模式等；

③甲方的重大交易合同及其重大交易合同中的商务条款和合作模式；

④甲方以文字或非文字形成的非公开的发展规划、经营策略、财务报表资料；

⑤甲方规章制度中明确的属于甲方商业秘密的其他经营信息。

2. 技术信息：包括设计，方法，程序，源代码、流程等，并且包括但不限于：

①甲方专有的并以各种方式保存的软件、技术资料和方法等；

②甲方正在使用和准备投入使用的技术模块，技术设备等有形资产；

③甲方以各种形式拥有的技术说明书，软盘密匙等有形资产；

④甲方正在申报或已经拥有的计算机软件版权、专利权、商标权和著作权等知识产权及该等知识产权形成的产品；

⑤甲方提出并下达研究和正在实施的技术设想，技术方案，研究成果等；

⑥甲方规章制度中确定的属于甲方商业秘密的其他技术信息。

二、乙方保密承诺

1. 对于乙方从甲方获取的商业秘密，乙方不得以任何方式直接或间接的向任何自然人，公司，企业或其他经济组织透露、泄漏，乙方必须采取切实有效的措施以保证上述信息不被泄露、透漏或被第三方所获取、知悉或了解或产生具有类似效果的行为。

2. 非经甲方同意，乙方不得自行摘录、复印、拷贝载有甲方商业秘密的文件，资料，数据、源代码、信息、图纸、图表，画册和软件，不得许可非岗位人员使用、操作、观看载有保密内容的主机或其他载体。

3. 非经甲方同意，乙方不得将商业秘密自己使用、许可任何第三方使用或自己与他方共同使用。未经甲方同意，乙方不得擅自利用甲方商业秘密，开发和研制使自己享有权利的技术或程序，也不得通过此方式获利，乙方以此获得的任何权利和利益均归甲方无偿所有。

三、保密信息的例外情形

各方同意，以下情形不被视为披露或泄露保密信息：

1. 保密信息在泄露之前已为公众所知（但以违反本协议的方式泄露的除外）；

2. 对方的事先书面同意而披露或者使用保密信息；

3. 出于项目洽商和实施的需要，将保密信息披露给各方的专业顾问，前提是须确保该专业顾问得悉并遵守本协议下的保密责任；

4. 应政府部门或法律法令的强制性要求而披露保密信息，但政府部门的要求必须是以正式书面文件或其他符合法律规定的形式发出的。

5. 在法律程序中因答辩而需披露保密信息。

四、保密信息的退还和销毁

无论合作关系因为何种原因而终止，甲方有权要求乙方退还保密信息的有关载体。如甲方未提出退还要求的，乙方有义务销毁保密信息的载体，并不得以任何方式截留商业秘密资料的一部或全部的原件及拷贝副本。

五、保密期限

本协议的保密期限为永久。

六、违约责任

如在本协议履行过程中，乙方不履行或不完全履行本协议约定的保密义务，给甲方造成损失的，应赔偿给甲方造成的损失；乙方严重违反保密义务并给甲方造成严重损失的，甲方还具有解除本协议的权利。

七、转让禁止

双方享有的或承担的本协议项下的权利或/和义务或/和责任，不得发生转让、互易、赠与、委托、信托或发生具有类似效果的行为，但对方书面同意的除外，并转让方应对给对方造成的损失承担赔偿责任。

八、部分无效

如果本协议的任何条款或条款的任何部分，或对任何人或在任何情况下适用该等条款或其任何部分会被认定为无效或不可执行，本协议中任何其他条款或该条款的任何其他部分，或对任何人或在任何情况下适用该等条款或其任何部分的效力不受影响，仍然对任何人或在任何情况下有效并可执行。

九、最终性

本协议构成对经双方就协议业已确认之事项最终的、具有约束力的法律文件，并取代以前已经发生的任何有关该事项的合同、协议、文件、函件、资料、表述、传真、记录、谅解、备忘等，双方在此对此不持异议。

十、不放弃权利

任何非违约方未要求或延迟要求违约方履行本协议项下的任何义务或违约责任，不得视为非违约方放弃要求违约方履行本协议项下的义务或违约责任，但非违约方书面承诺放弃或免除违约方该义务或责任的除外。

十一、适用法律

本协议的解释与适用遵循中华人民共和国的法律、法规、规章及其他规范性文件。

凡因本协议引起的争议，双方同意向甲方住所地人民法院提起诉讼。

十二、内容明示

双方在签署本协议时已详细阅读了本协议的全部文字表述，对本协议各个条款的表述、权利、义务、责任已明确知悉并完全理解，双方亦承诺本协议中不具有任何排除或限制各方权利、过度增加各方义务以及实质性加重各方责任的条款和内容，并双方完全同意受其约束。

十三、其他约定

本协议用中文书写，经甲、乙双方法定代表人或授权代表签字或盖章后生效。本协议正本一式××份，甲方和乙方各执××份，具有同等法律效力。

【以下无正文】

甲方：

法定代表人或授权代表：

时间：××年××月××日

乙方：

法定代表人或授权代表：

时间：××年××月××日

二、投资方与融资方签署投资意向书

为了以书面的形式正式确立双方的合作关系，投资方与被投资方一般会签署一份项目投资意向书，表明双方已正式确立合作关系，双方合作的主要内容和交易条件以及合作关系的约束性和非约束性。实践中，对于合作关系即合作意向书是签署具有约束性的还是非约束性的，许多公司比较犹豫。如果签署有约束性的，对于双方来说都要承担一定的义务，法律风险相对较大；如果签署非约束性的，对于双方来说都不承担法律上的具有约束力的义务，法律风险较小，但是合作关系比较脆弱。鉴于签署合作意向书时，一般来说双方接触时间都不太长并且了解不够深入，建议签署不具有约束力的合作意向，防止因为不了解而承担过多的义务和责任，并且即使被迫履行协议义务也会导致以后的合作不会太顺利。同时，对于部分投资意向书中的一些合作方和合作期限的排他性安排，也需要投资方与融资方在签约时进行明确，以免在合作过程中产生不和谐。

（8）示范文本：××项目投资意向书

××项目投资意向书

本意向书由以下双方于××年××月××日于××签署。

鉴于：

1. 甲方是一家依法设立并有效存续的专业化的股权基金管理公司，专业投资于房地产开发与运营领域，经营范围为：受托管理股权投资基金、从事投融资管理及相关咨询服务等；注册资本为人民币××万元。

2. 乙方为一家依法设立并有效存续的房地产开发公司，其经营范围为：投资开办企业及企业管理咨询服务，旅游项目开发，房地产开发、酒店管理经营等；注册资本为人民币××万元。

3. ××房地产开发有限公司（以下简称项目公司）正在开发集居住、商业为一体的高尚住宅生态文化小区××项目（以下简称项目），项目位于××市××区北片区是本区城市干道主轴线的终点区域，北接××山庄、××、××等大型楼盘，南面为××。

4. 乙方与××为项目公司股东，其中乙方占注册资本的××，××占注册资本的××，上述股东均承诺上述出资已经实际出资到位。甲方与乙方欲在项目上进行深入合作，由甲方旗下基金拟向项目公司及其股东提供融资安排。

甲方与乙方已就合作事宜进行协商，并就主要的商务条款达成一致，现双方签署本意向书对主要条款进行确认，以供双方进行遵守和执行。

项目公司及项目概况	
投资金额	受制于本意向书以及后续投资交易文件中的相关条款，投资总额为××万元人民币，分三次投资。每次额度××万元，每次投资年限为【1】年，每次投资的起始期限为甲方支付股权转让价款之日。 上述任何一笔投资款项均需以甲方募集到位为前提，甲方不对上述任何一笔资金可以募集到位提供承诺和保证，乙方亦不得要求甲方对任何一笔资金募集不到位承担任何责任。
投资方式	甲方通过受让项目公司股权的方式进行投资。具体为：第一次受让乙方××的股权（价格人民币：××万元）与××××的股权（价格人民币：××万元）；第二次受让乙方××的股权（价格人民币：××万元）；第三次受让乙方××的股权（价格人民币：××万元）； 每次投资到期××时，乙方应对甲方受让的该次项目公司股权进行回购。每次回购的价格为：甲方受让股权的价格×（1+25%）【上述价格为甲方净得款项，甲方受让股权与乙方回购股权过程中的税费均由乙方承担并缴纳（但不含回购时的甲方应承担的所得税）】。
投资用途	专项用途：××；如乙方变更投资用途，应经甲方书面同意或认可。
正式投资协议签署的前提条件	正式投资协议签署以下列条件的全部满足为条件（甲方亦可以豁免部分条件）：1. 甲方内部权力机构和投资决策委员会已经批准和授权本次投资；2. 甲方已经完成所有法律、财务、管理、工程、市场尽职调查并且对尽职调查结果无异议和满意；3. 甲方已经募集基金并且全部资金已经如期全部募集到位；4. 正式投资法律文件及其附属文件已经谈判完成并且双方无异议；5. 项目公司已经提交商业计划书及其他经营测算数据文件并且上述文件已经获得甲方认可；6. 项目公司已经按照内部批准程序对该事项进行通过；7. 项目公司股东已经书面放弃优先受让权；8. 截止签署正式协议及其附属协议前，项目公司及乙方未发生危机本次交易的重大不利变化从而影响本次交易；9. 本次交易已经无其他法律上和执行上的障碍。
公司治理	1. 项目公司董事会由【3】人组成，其中甲方委派【1】名，乙方委派【2】名，董事长由【甲方】委派的人员担任。董事会职权将在正式合作协议中进行商定。项目公司资产处置、重大投资、对外担保、对外融资以及其他董事会决定事项，甲方派驻的董事具有一票否决权。2. 甲方向项目公司派驻财务总监，乙方派驻副总监，实行财务双签制。项目公司公章、财务印章及其他印签等由甲方、乙方人员共同保管和使用。3. 项目公司总经理由【乙方】派驻的人员担任，负责项目公司的日常经营管理事宜。4. 其他组织架构依据公司法规定设置。

续表

资金监管	甲方指定销售公司负责项目公司的房屋销售，销售款项应进入甲乙双方资金共管账户，以保证每轮投资的回购资金来源，并且每轮投资预留金额在预留账户不得低于如下金额：①回购日前第三个月不得低于××万元；②回购前第二个月不得低于××万元；③回购前第一个月不得低于××万元。
担保措施	1. 乙方股东及其实际控制人××对乙方的股权回购提供连带责任保证。2. 乙方以其在项目公司的××股权进行质押。3. 项目公司土地第二顺位抵押（如果存在第一顺位）。
费用分担	如最终投资交易文件得以签署，乙方应承担投资者因意向书项下投资所产生的第三方费用，包括但不限于法律顾问、会计顾问、财务顾问、管理顾问、评估顾问、工程顾问等进行尽职调查的费用。如最终投资交易文件未能签署，甲方、乙方各自承担其聘请的第三方机构发生的费用。上述费用甲方可以在支付乙方的任何款项中进行事先扣除。
保密义务	在没有各方一致同意下，任何一方都不应该向任何人披露意向书所述的交易内容、进展以及任何各方的意见或倾向。对于那些不为公众所知的保密信息、数据或资料以及文件，各方都要承诺，仅将这些信息用于本次交易目的，并且尽力防止这些保密信息被其他人以不合法的手段获取。各方也要保证，仅向相关的员工和专业顾问提供保密信息，并在提供保密信息的同时告知其承担保密义务。
排他性	甲方有【90】日的排他期以便和乙方进行投资条款的谈判。在排他期间，乙方和其他股东不能招揽，接受甲方之外的任何潜在投资人或者潜在投资人的代理方或委托人，并与之讨论，协商及形成建议书，备忘录，意向书，协议或者其他任何和公司股权/债权相关的安排。除非协议双方有其它书面的约定或共同确认上述排他期可以延长的，如果在排他期内双方没有就此项交易达成一致并签署限制性商业条款，本意向书规定的所有条款将被终止，协议双方彼此之间无任何义务和责任。
有效期	本投资意向书在签署后【90】日内有效。如果相关方无法在上述时限内对有关事项进行实质性谈判以及进入投资相关文件起草及签署，并且没有获得所有参与方的同意延长，该意向书将自动终止或失效。本意向书规定的所有条款将被视为自动终止，意向书双方彼此之间无任何义务和责任。

续表

法律适用	本协议的解释与适用遵循中华人民共和国的法律、法规、规章及其他规范性文件。因本协议引起的或与本协议有关的任何争议，均提请北京仲裁委员会按照该会仲裁规则进行仲裁。仲裁裁决是终局的，对各方均有约束力。在根据本条仲裁程序进行期间，除仲裁事项之外，本协议应在所有方面保持全部效力。除仲裁事项所涉及的义务之外，各方应继续履行其在本协议项下的义务及行使其在本协议项下的权利。
非约束力	本投资意向书仅供谈判之用，不构成甲方与乙方之间具有法律约束力的法律文件或约束，但“保密条款”“排他性条款”“费用分担”“法律适用”条款具有法律约束力。本意向书并非投资人进行投资的承诺，其生效尚需完成令投资者满意的尽职调查、投资评估、协议签署、内部审批为条件。甲方、乙方均无义务一定要进入投资相关的交易之中。

同意并签署：

甲方：××

法定代表人或授权代表：××

时间：××年××月××日

乙方：××

法定代表人或授权代表：××

时间：××年××月××日

三、投资方与中介机构签署尽职调查委托协议

基金管理公司外聘律师事务所、会计师事务进行尽调时，应及时与上述主体签署相关服务购买协议，协议应明确调查的职责范围以及需要提交的成果和深度和完成的时间。实践中，常常发生委托人认为受托人服务内容不到位，不全面，以及受托人认为服务内容已经超出责任界限的事情，从而导致双方合作关系破裂，因此委托方和受托方应注意在合同中明确上述事宜的具体内容，避免产生争议。下面以法律尽调为例，展示一下尽调委托合同的主要内容和条款。

(9) 示范文本：××地产项目专项法律服务合同

××地产项目专项法律服务合同

甲方：××有限公司
地址：
邮政编码：
电话：

乙方：××律师事务所
地址：
邮政编码：
电话：

甲方拟对××公司进行尽职调查，根据《中华人民共和国合同法》《中华人民共和国律师法》等有关法律规定，聘请乙方的律师作为该事项的专项法律顾问，并为此提供专项法律服务。

甲乙双方按照诚实信用原则，经协商一致，立此合同，共同遵守。

第一条　乙方的服务范围

乙方律师的服务内容包括：

尽职调查事项按照尽职调查清单进行。超出尽调清单服务范围的，双方另行协商。

第二条　乙方的义务

1. 乙方应为有能力从事此专项服务的律师事务所；

2. 乙方委派××律师作为甲方本项目专项法律顾问，甲方同意上述律师指派××律师配合完成前述法律事务工作，但乙方更换上述专项法律顾问应取得甲方认可；

3. 乙方律师应当勤勉、尽责地完成第一条所列法律事务工作；

4. 乙方律师应当以其依据法律作出的判断，尽最大努力维护甲方合法权益；

5. 乙方律师应当在取得甲方提供的文件资料后，在工作计划列明的期限内及时完成委托事项，并应甲方要求通报工作进展情况；

6. 乙方律师在担任专项法律顾问期间，不得为甲方员工个人提供任何不利于甲方的咨询意见；

7. 乙方律师在本合同期内或双方约定的期间内，对涉及甲方的对抗性案件或者交易活动，未经甲方同意，不得担任与甲方具有法律上利益冲突的另一方的法律顾问或者代理人；

8. 乙方律师对其获知的甲方商业秘密和与本项目有关的非公开的信息、资料负有保密责任，非由法律规定或者甲方同意，不得向任何第三方披露；

9. 乙方对甲方业务应当单独建档，根据律师事务所档案管理规定保存完整的工作记录，对涉及甲方的原始证据、法律文件和财物应当妥善保管。

第三条　甲方的义务

1. 依照法律、法规的要求，真实、完整和及时地向乙方提供与本项目有关的各种情况、文件、资料；

2. 甲方应当为乙方律师办理法律事务提出明确、合理的要求；

3. 甲方应当按时、足额向乙方支付专项法律服务费和工作费用；

4. 甲方指定为法专项法律服务的联系人，负责转达甲方的指示和要求，提供文件和资料等，甲方更换联系人应当通知法律顾问；

5. 甲方有权利对委托事项作出独立的判断、决策。甲方基于商业考虑或者未根据接受乙方律师提供的法律意见、建议、方案自行所作出的决定而导致的损失，由甲方自行承担。

第四条　法律服务费

经双方协商同意，甲方向乙方支付律师费总额为××万元人民币，支付方式为：一次性支付。在本合同签定之日后××日内支付。乙方对所有收费均提供正式发票。

非因乙方原因，甲方项目未能实现或成立时，甲方不得拒绝支付前款法律服务费。

乙方户名：××律师事务所，开户行：××，账号：××。

本合同到期终止后或者提前解除的，应当由双方书面确认并结清有关费用。

第五条　工作费用

乙方律师办理甲方委托事项所发生的下列工作费用，应由甲方承担：

1. 相关行政、司法、鉴定、公证等部门收取的费用；

2. 因项目需要而发生的差旅费、食宿费，翻译费、复印费、长途通讯费等；

3. 征得甲方同意后支出的其他费用。

乙方律师应当本着节俭的原则合理使用工作费用。

第六条 合同的解除

甲乙双方经协商同意，可以变更或者解除本合同。

乙方有下列情形之一的，甲方有权解除合同：

1. 未经甲方同意，擅自更换作为甲方专项法律服务的律师的；
2. 因乙方律师工作延误、失职导致甲方蒙受损失的；
3. 违反第二条第6~8项规定的义务之一的。

甲方有下列情形之一的，乙方有权解除合同：

1. 甲方的委托事项违反法律或者违反律师职业道德的；
2. 甲方向乙方提供的资料有虚假、误导、隐瞒、重大遗漏及其他违规行为，致使乙方律师不能提供有效的法律服务的；
3. 甲方逾期（ ）日仍不向乙方支付专项法律服务费或者工作费用的。

第七条 违约责任

乙方违约不提供第一条规定的法律服务或者违反第二条规定的义务，甲方有权要求乙方退还部分或者全部已付的法律服务费。

乙方律师因工作延误、失职导致甲方蒙受损失，或者违反第二条第6－8项规定的义务之一的，乙方应当通过所其投保的职业保险向甲方承担赔偿责任。因甲方、其他中介机构或者有关主管部门和行政机关等原因造成乙方律师工作不能按期完成，乙方不承担责任。

甲方不支付法律服务费或者工作费用，或者无故终止合同，乙方有权要求甲方支付未付的法律服务费、未报销的工作费用以及延期支付的利息。

甲方向乙方提供的资料有虚假、误导、隐瞒、重大遗漏及其他违规行为，导致乙方律师出具的法律文件出现错误或者遗漏，并导致乙方或者乙方律师受到处罚或者导致第三人向乙方追偿的，甲方应当向乙方承担全部赔偿责任。

第八条 争议的解决

本合同适用《中华人民共和国合同法》《中华人民共和国律师法》等法律。

甲乙双方如果发生争议，应当友好协商解决。如协商不成，可向××所在地法院提起诉讼解决。

第九条 合同的生效

本合同正本一式叁份，甲乙双方各执一份，壹份存卷，由甲乙双方代表签字并加盖公章，自××年××月××日起生效，自乙方律师完成本项目法律服务或双方解除本合同时止。

第十条　通知和送达

甲乙双方因履行本合同而相互发出或者提供的所有通知、文件、资料，均以扉页所列明的地址、传真送达，一方如果迁址或者变更电话，应当书面通知对方。

通过传真方式的，在发出传真时视为送达；以邮寄方式的，挂号寄出或者投邮当日视为送达。

第十一条　其他特别约定

××

甲方：××公司

乙方：××律师事务所

时间：××年××月××日

四、律师事务所向基金管理人提供法律尽职调查清单与出具尽职调查报告

基金管理人与律师事务所签署完毕专项法律服务协议以后，律师事务所应及时向委托人提供法律尽职调查清单，列明尽职调查的主要法律内容。一般来说，地产投资项目法律尽调集中在公司设立、变更、注销（所投资公司）、备案登记的工商文件、公司运营所需的行政许可、审批、备案文件、公司主要资产（动产、不动产、知识产权和其他权益）、项目开发建设（固定资产投资）行政许可、审批、备案文件、重大合同/协议/保函/承诺函、重大诉讼案件、仲裁案件、行政处罚等主要的方面。对于实践中，一些律师事务所也会要求备调方提供财务报表、审计报告以及债权、对外担保和关联交易方面的资料，鉴于上述资料均属于财务尽调的内容，并且会计师对于该事项比较具有发言权，建议还是由会计师事务所进行审核比较好。

(10) 示范文本：××地产项目法律尽职调查清单

××地产项目法律尽职调查资料清单

致：××有限公司（以下简称贵司或公司）

为了解贵司的基本公司状况，方便和推进双方合作的进一步开展，我司

制作了关于贵司及其关联公司基本情况尽职调查方面的法律调查清单，请贵司及其所属关联公司根据本调查清单尽快准备相关资料，以便迅速开展工作，在此感谢贵司的配合。

调查清单与资料提供的说明：

1. 除非以黑体特别标明需要提供原件和为本次法律尽职调查而新制作的情况说明外，清单所列文件可用复印件或电子扫描件的形式提供。请统一使用A4复印纸复印所需提供的文件，并确保复印件的清晰及复印件与原件或正本的一致；

2. 需要贵司提供情况说明的，请作出文字说明并加盖贵司印章；贵司相关人员在提供书面材料的同时，请提供本问卷清单回答和相关表格的电子版及有关复印件资料的电子版（如有），且需保证提供的电子版文件内容与书面材料内容完全一致；

3. 贵司应保证向我司提供的文件和资料系根据法律尽职调查文件清单的要求收集和整理，该等文件和资料是真实、准确、全面、完整和有效的，所提供文件中的所有印章是真实的，所提供的文件不存在任何虚假性记载和误导性陈述；

4. 如果在对某一问题，贵司认为其中要求的文件资料已在其他问题下提供，可以在相关位置进行明确注明，不必再次重复提供文件或资料；如果本清单中所需要的某一项文件或资料不适用贵司的具体情况，请注明“不适用”；

5. 对贵司提供的有关须保密的资料、信息，我司均将严格进行保密。本清单仅为我司初步了解贵司之基本情况之用，随着尽职调查工作的不断深入，我司将视情况，进一步向贵司发出补充调查清单，届时亦请贵司予以配合，在此非常感谢！

××有限公司

××年××月××日

承诺函

致：××有限公司

因本次××事宜，贵司对本公司进行了法律尽职调查。在此，本公司就法律尽职调查相关事宜声明、保证及承诺如下：

本公司向贵司提供的文件和资料，系根据贵司提出的《法律尽职调查资料清单》的要求收集和整理，该等文件和资料是真实、准确、全面、完整和有效的，所提供文件中的所有印章是真实的，文件的复印件与原件一致，并且关于本公司的一切重大事实和文件在本次提交的文件和资料中均已提供，无任何隐瞒、遗漏或偏差之处，且不存在任何误导性陈述。如本公司的前述声明、保证和承诺与事实不符，本公司愿意对由此引发的一切法律后果负责，并将承担一切法律责任。

××有限公司

××年××月××日

房地产项目法律尽职调查材料清单

一、公司设立、变更、注销（所投资公司）、备案登记的工商文件

1. 公司设立登记文件：请提供公司工商设立登记所需文件，包括公司注册登记申请书、公司营业执照、股东协议、公司章程、验资报告、资产或技术评估报告、股东资格证明、公司股东名册、股东出资证明书。如果公司工商设立登记注册涉及前置许可的或后置审批的，应提供其他国家权力机关的许可、批准或备案文件。

2. 公司变更登记文件：请提供公司工商变更登记申请书，变更后的公司营业执照以及变更登记工商机关所要求提交的所有变更文件。上述变更包括但不限于：变更公司名称、变更公司住所、变更公司法定代表人、增加或减少注册资本、公司股权转让（股东变更）、变更经营范围、变更股东姓名和名称、变更营业期限、变更企业性质及组织形式。如果上述工商变更涉及前置许可的或后置备案的，应提供其他国家权力机关的许可、批准或备案文件。

3. 公司注销登记文件：请提供公司所投资公司或分支机构的工商注销文

件（如有），包括：企业注销登记申请书、公司决议或决定或行政机关责令关闭的文件或法院的解散裁定或破产裁定；清算报告；注销税务登记证明。如果公司工商注销登记涉及前置许可的或后置备案的，应提供其他国家权力机关的许可、批准或备案文件。

4. 公司备案登记文件：请提供公司工商备案登记（含分公司）申请文件，备案登记申请书以及备案登记机关所要求提交的所有备案登记文件。上述备案登记包括但不限于：修改公司章程、变更公司董事、经理、监事；以及其他需要备案的事项文件。如果公司工商备案登记涉及前置许可的，应提供其他国家权力机关的许可、批准或备案文件。

注：

1. 对于公司所参股或控股的子公司或所成立的分公司以及联营、关联公司，请按照上述要求提供有关子公司或分公司、联营公司的全部工商登记或备案文件。

2. 请公司提供公司股东对本公司和公司对外控股或参股的公司股权结构图及其持股比例（以图形表示，并结合本注意3的提示内容）。

3. 请重点说明本公司股东所持本公司股权和本公司所控股和参股的子公司股权是否存在抵押、质押或其他权利担保以及其他权利受到限制的情形。请重点对上述股权是否已经实际出资到位进行说明。

4. 上述文件应为工商登记或备案的全部提交和工商底档文件。

二、公司运营所需的行政许可、审批、备案文件

请贵司提供公司业务运营（经营）所需的政府机关、派出机构或行业协会以及其他机构的行政许可、审批、备案文件（含许可证书和相关批准文件），包括：税务机构登记证明（税务登记证）；银行开户证明（开户许可证、授信证明和信用证明、贷款卡）；企业信用代码证；质量监督机构登记证明（组织机构代码证）；社保机构登记证明（社保登记证）；企业资质管理机构证明（房地产开发资质证书）；商务机构批准或备案证明（外商投资企业批准证书、章程、合同批复及其变更审批文件等）；外汇管理机构登记证明（外汇登记证）；公安管理机关审批或备案文件（如特种行业经营许可证）；以及其他企业经营前置许可审批文件、企业经营后置所需许可备案文件等。

注：

1. 如果在上述证明被有关机关审批或备案时，政府权力部门已经在先给

予企业其他审批或备案文件或已经同意该审批或备案，请同时提供该文件。

2. 如果公司在运营过程中，某项具体业务需要审批或备案时（譬如对外担保审批、特种行业经营许可证、卫生许可证、安全生产许可证等），请提供从事该项业务所审批或备案的文件。

三、公司主要资产（动产、不动产、知识产权和其他权益）

（1）主要动产【购买价格在人民币（100）万元上】清单

名称	动产来源说明 【买卖、转让、赠与、租赁、投资或其他方式取得】，请写明合同名称。	合同金额 【支付比例或履约情况】	交易对手	备注： 【请注明该动产是否存在权利限制的情形，如抵押、质押、其他担保和所有权保留或所有权限制等】
1				
2				
3				
……				

（2）不动产清单

A：土地清单

名称	土地来源说明 【出让、转让、赠与、租赁、投资或其他方式取得】，请写明合同名称。	合同金额 【支付比例或履约情况】	证件编号 交易对手	备注： 【请注明该土地是否存在权利限制的情形，如抵押、质押、其他担保和所有权保留或其他所有权限制等，请注明该土地的权利截止期限】
1				
2				
3				
……				

B：房屋清单

名称	房屋来源说明【买卖、转让、赠与、租赁、投资或其他方式取得】，请写明合同名称。	合同金额【支付比例或履约情况】	证件编号 / 交易对手	备注：【请注明该房产是否存在权利限制的情形，如抵押、质押、其他担保和所有权保留或所有权限制等，请注明该房产截止期限】
1				
2				
3				
……				

C：在建工程清单

名称	在建工程来源说明【买卖、转让、赠与、租赁、投资或其他方式取得】，请写明合同名称。	合同金额【支付比例或履约情况】	建设许可证件【含项目审批部门、土地审批部门、规划审批部门、建设审批部门审批文件、竣工验收备案文件】（四）	备注：【请注明该在建工程是否存在权利限制的情形，如抵押、质押、其他担保和所有权保留或所有权限制等，请注明土地的权利截止期限】
1				
2				
3				
……				

(3) 知识产权(含商标权、专利权、著作权)和发明权、发现权及其他科技成果权清单

名称	知识产权来源说明【买卖、转让、赠与、租赁、投资或其他方式取得】,请写明合同名称。	合同金额【支付比例或履约情况】	证件编号 交易对手	备注:【请注明该知识产权是否存在权利限制的情形,如抵押、质押、其他担保和所有权保留或所有权限制等,请注明该知识产权截止期限】
1				
2				
3				
……				

(4) 其他权益(含对外投资、所持股票或债券以及其他证券性权益、期权、特许经营权等)

名称	权益来源说明【买卖、转让、赠与、租赁、投资或其他方式取得】,请写明合同名称。	合同金额【支付比例或履约情况】	交易对手	备注:【请注明该权益是否存在权利限制的情形,如抵押、质押、其他担保和所有权保留或所有权限制等,请注明权利截止期限(如有)】
1				
2				
3				
……				

注:

请提供上述资产涉及合同/协议的复印件以及相关证书的复印件。对外投资请按照第一条提供的对外投资股权结构图进行填写。

四、项目开发建设(固定资产投资)行政许可、审批、备案文件

依据国家和地方固定资产许可或备案的规定,请提供贵司所持有的不动产(含土地、房产及其在建工程)开发建设所需办理的所有政府机构的行政许可、审批或备案的文件以及政府机构所属或委托的事业或企业单位对有关项目事项的审查意见,包括但不限于:发展改革主管部门文件(立项文件、

招标方式审批文件)、建筑规划主管部门文件（选址意见书、建筑工程规划许可证、建设用地规划许可证、修建性详细规划或规划方案批准文件、建筑方案批准文件、初步设计批准文件、项目地址审批文件、放线验收文件、规划验收文件)、住房和城乡建设主管部门审批文件［建筑施工许可证、施工图审批文件、资格预审、招标文件、招标情况、建筑材料和设备采购备案文件、施工合同备案文件、商品房预（销）售许可证、建设工程竣工验收备案表］、国土资源主管部门文件（土地预审文件、国有土地使用证、国有土地使用权出让合同、建设用地批准证书)、环保主管部门文件（环境影响评价书/表及其验收文件)、交通主管部门审批文件（交通影响评价书及其验收文件)、质量监督主管部门文件（质量监督备案文件)、安全监督部门文件（安全监督备案文件)、建筑节能审查备案、消防主管部门审批文件（消防图纸的方案设计、初步设计以及施工图设计的批准文件、项目消防验收文件)、人防主管部门审批文件（人防工程规划设计条件审查、人防工程建设设计方案审批、人防工程施工图设计文件审批、人民防空工程易地建设审查、人防工程质量监督、竣工验收及备案文件)、公安行政主管部门审批文件（涉外安全审批文件、门牌号审批文件)、园林绿化部门审批文件（园林设计图纸的方案设计、初步设计以及施工图设计的批准文件、验收文件)、文物保护部门审批文件（如有)、市政公用部门审批文件（如有)、路政管理部门审批文件（如有)、教育行政主管部门审批文件（如有）等。

注：

1. 如果市政基础设施的管理权限已经归属相关专业市政基础设施公司，请提供相关专业公司的确认文件或所签署的有关合同以及支付费用的证明。

2. 上述“审批文件”包括行政许可、行政审批、行政核准或行政备案文件；如果项目已经验收，请提供各行政机关的验收文件。

3. 如果上述机关已将部门职能授权给专业机构，请提供该专业机构出具的审查或批准证明。

4. 如涉及多个项目，请以单一项目为标准，对涉及的项目进行分别编号、分别提供。

五、重大合同/协议/保函/承诺函

名称	合同标的	合同金额【支付比例或履约情况】	交易对手	备注【请注明合同尚未履行、正在履行、履行完毕；请着重说明该合同是否存在公司或交易对手违约的情形】
1				
2				
3				
……				

注：

1. 重大合同/协议：是指金额在人民币（500）万元以上的合同或协议，或虽金额未达到上述数额但对公司具有重大影响的合同或协议。

2. 请贵司重点提供规划策划、国有土地出让、施工、设计、监理、采购、投资、借款、保证、抵押、质押或其他担保合同或所有权保留或所有权限制等协议。

六、重大诉讼案件、仲裁案件、行政处罚

A：诉讼案件清单

	案由	当事人	诉讼请求	备注【请注明已立案、已判决、执行中、执行完毕】
1				
2				
3				
……				

B：仲裁案件清单

	案由	当事人	主要仲裁请求	备注【已立案、已裁决、执行中、执行完毕】
1				
2				
3				
……				

C：行政处罚案件清单

	处罚原因	处罚决定书	处罚结果	备注【处罚过程中、已作出处罚、已处罚完毕】
1				
2				
3				
……				

注：

1. 请提供对集团公司、实际控制人、项目公司的已知或潜在的起诉状、申请书、答辩状、代理词及法院判决、裁定、仲裁裁决、法院或仲裁调解书、查封、冻结、扣押通知书、协助执行通知书、执行通知书等类似文件的复印件。请提供已知或潜在的行政处罚决定书、查封、冻结、扣押通知书或类似文件的复印件。

2. 请提供对集团公司、实际控制人、公司股东的已知或潜在的起诉状、申请书、答辩状、代理词及法院判决、裁定、仲裁裁决、法院或仲裁调解书、查封、冻结、扣押通知书、协助执行通知书、执行通知书等类似文件的复印件。请提供已知或潜在的行政处罚决定书、查封、冻结、扣押通知书或类似文件的复印件。

××有限公司

××年××月××日

(11) 示范文本：××地产项目法律尽职调查报告

××律师事务所

关于××项目的法律尽职调查报告

致：××有限公司

××律师事务所（以下简称本所）为在中华人民共和国依法注册的律师事务所，持有中国司法行政主管部门颁发的律师事务所执业许可证。本所接受××有限公司（以下简称××）的委托，作为××特聘法律尽职调查专项顾问，根据中国有关法律、法规和规范性文件的要求，对××（以下简称××）的法律状况进行了尽职调查工作，并出具本尽职调查报告。

为出具本尽职调查报告，本所依据中国律师行业公认的业务标准、道德规范和勤勉尽责精神，对××的法律状况进行了必要和适当的尽职调查。本所向××提交了法律尽职调查需提供材料清单；××依据该等清单提供的资料、文件和对有关问题的说明构成了本所律师出具尽职调查报告的基础。

本所查阅了本所认为必须查阅的文件，包括有关政府部门的批准文件、有关记录、资料和证明以及现行有关法律、法规、行政规章和其他规范性文件，并向有关人员做了询问或与之进行了必要的讨论，对有关问题进行了核实。

本所已得到××的承诺，保证已经向本所提供了出具本尽职调查报告所必需的、真实的、完整的、有效的书面材料、副本材料或者口头证言，且一切足以影响本尽职调查报告的事实和文件均已向本所披露并无任何隐瞒、虚假或遗漏之处。

为出具本尽职调查报告，本所及本所律师特作如下声明：

(1) 本所律师对本尽职调查报告所涉及有关事实的了解和判断，主要依赖于××向本所提供的文件、资料及所作说明，且××已向本所及本所律师保证了其真实性、完整性和准确性。

(2) 对于本尽职调查报告中的部分事实和事项，因无法或者未获得相关证据，本所无法作出明确的认定和判断。对于该等事实和事项，已在本尽职调查报告的相关位置进行了提示。

(3) 对于出具本尽职调查报告必不可少而又无法得到独立证据支持的事实，本所律师依赖于××所出具的说明或确认文件及本所认为适当合理的查证而出具本尽职调查报告。

(4) 本尽职调查报告中存在涉及或说明财务、审计、评估的内容，仅为引用有关专业机构报告或××提供的书面文件，且并不表明本所律师对该等事项明示或默示地承认及发表法律意见和评价。

(6) 本尽职调查报告所述事项，仅限于本尽职调查报告所确定的尽职调查基准日以前已发生或存在的事实，并且根据中国当时和现行有效的法律、法规和规范性文件的规定。

(7) 本尽职调查报告，非经本所及本所律师书面同意，不得用于其他任何目的。

本尽职调查报告做出的相关律师意见为本所对××所涉相关法律事宜的最终有效意见，此前本所提供的关于××的任何书面、口头意见、咨询、建议、答复与本尽职调查报告不一致者，均以本尽职调查报告为准。

一、××的历史沿革

（一）××的设立

××设立于××年××月××日，由××与××共同出资组建，公司类型为中外合资，成立时总投资额为××万元，注册资本为××万元，工商注册号为××，住所为××，法定代表人为××，营业期限自××年××月××日至××年××月××日。公司设立时各股东的出资额、出资形式和出资比例如下表所示：图略。

根据本所律师查询的工商资料显示，××股东共分两期缴清全部注册资本，第一期从工商营业执照签发之日起二个月内缴纳注册资本的××%，其余在工商营业执照签发之日起二年内全部缴清。具体缴纳情况如下：

第一期：根据××事务所出具的“××第××号”《验资报告》，确认截至××止，××已收到全体股东缴纳的注册资本××元，占注册资本总额比例为××%。第二期：根据××事务所出具的“××第××号”《验资报告》，确认截至××止，××已收到全体股东本次缴纳的注册资本××元，累计缴纳的注册资本××元，占注册资本总额比例为××%。

（二）××的工商变更登记

1. 公司股权变更

（1）第一次股权变更

××年××月××日，××的全体董事于作出决议，公司注册资本由原来××万元增加为××万元，××认购增资××万元；××认购增资××万元；新增部分由双方按其出资比例在营业执照变更签发之日缴足。××年××月××日，××的股东××、××分别签署《合同增资修正案》《章程增资修正案》。××年××月××日，××商务委员会作出《关于合资经营××增资的批复》，同意××的投资总额由××万元增加为××万元，注册资本由××万元增加为××万元；新增部分由双方按其出资比例在营业执照变更签发之日全部到位。××年××月××日，××向××工商行政管理局申请了变更登记。××工商行政管理局核准此次变更登记，于××年××月××日向××签发新的营业执照。

变更后各股东出资额和出资比例如下表所示：图略。

根据工商资料显示，××两股东已缴清增加的注册资本。具体缴纳情况如下：根据××事务所出具的“××第××号”《验资报告》，确认截至××

年××月××日止，××已收到全体股东本期缴纳的新增注册资本××元。

(2) 第二次股权变更

××年××月××日，××的全体董事于作出决议，同意××将持有本公司××%的股权分别转让给××【××%】及××【××%】，其他股东放弃优先购买权，××与××为新股东。××年××月××日，××商务委员会作出《关于合资经营××股权转让的批复》，同意公司股权转让事宜。××年××月××日，××向××工商行政管理局申请了变更登记。随后，××工商行政管理局核准此次变更登记，于××年××月××日向××签发新的营业执照。

变更后各股东出资额和出资比例如下表所示：图略

2. 增设分支机构、经营范围变更

××年××月××日，××的全体董事于作出决议，将公司经营范围变更为：商品房开发建设；住宿、餐饮服务（限分支机构经营）。增设分支机构：××。

××年××月××日，××的全体股东签署《合同修正案》《章程修正案》，对增加经营范围及设立分支机构作出修正××年××月××日，××商务委员会作出《关于合资经营××增加经营范围及设立分支机构的批复》，同意××增加经营范围及设立分支机构，并核发新的《外商投资企业批准证书》。

（三）××现工商登记情况

××现持有的《企业法人营业执照》系××工商行政管理局××年××月××日核发，该企业注册号为：××；注册企业名称为××；住所××；法定代表人为××；公司类型为××；注册资本和实收资本均为××元；经营范围为：商品房开发建设（凭有效资质证书经营）；住宿、餐饮服务（限分支机构经营）；营业期限为××年××月××日至××年××月××日。董事会由××名董事组成，董事长为公司法定代表人。××已通过××年度企业年检，开业状态。

本所律师认为，××为根据中国法律设立、有效存续的有限责任公司（中外合资），××的设立及存续已取得了法律规定所必须取得的相关的批准文件，并办理了根据中国法律规定所必须办理的有关登记备案手续，具有完全的民事权利能力和民事行为能力，能够依法独立享有民事权利和承担民事义务，能够以其自己所拥有的财产对其在民事活动中的债务承担责任，其合法经营行为受中国法律保护。

（四）××的股东情况

××现为有限责任公司，股东为××、××、××。其中法人股东为××，注册号：××，注册地址为××，法定代表人××，注册资金为人民币××元，实收资本为××元，公司类型为有限责任公司，经营范围为××等，成立日期为××年××月××日，营业期限自××年××月××日至××年××月××日。

本所律师认为，××个人股东均为具有完全民事行为能力和民事权利能力的自然人，持股符合法律规定；××为依法设立、合法存续、独立享有民事权利并承担民事义务的法人，具有法律、法规和规范性文件规定的出资的资格。

二、××的经营资格证件

（一）房地产开发企业资质

××建设委员会向××核发《房地产开发企业暂定资质证书》，证书编号为“××”，有效期××年××月××日至××年××月××日。但截至本报告出具之日，该资质证书已过期，公司称××正在办理新的《房地产开发企业暂定资质证书》。

（二）组织机构代码证

××质量监督局向××核发《组织机构代码证》，该机构代码为××，有效期为××年××月××日至××年××月××日。

（三）税务登记证

××国税局与××地税局于××年××月××日核发的编号为××的《税务登记证》。

（四）开户许可证

中国人民银行××中心支行于××年××月××日核发的编号为××的《开户许可证》，核准号为××，开户银行为：××，账号为××。

（五）贷款卡

中国人民银行××中心支行营业管理部核发的银行信贷登记咨询系统《贷款卡》，贷款卡号为：××。

（六）外商投资企业批准证书

××人民政府核发的《中华人民共和国外商投资企业批准证书》，该证书批准号为××号，进出口企业代码为××，批准日期为××年××月××日，经营年限××年。

本所律师认为，××已按照相关法律、法规的规定取得了公司经营所需的相关资质及证照等。

三、××项目开发建设许可情况

（一）项目概况

根据××提供的相关资料以及相关项目人员介绍，××开发“××”项目。据该项目可研报告显示，××项目地理位置优越、交通便利，具有良好的商业前景。项目坐落于××区位条件优越。××项目总占地面积为××平方米，总建筑面积为××平方米，其中地面建筑面积××平方米，地下建筑面积××平方米，项目总投资为××万元。项目整体规划为：五星级酒店二幢、酒店式公寓各一幢。目前，××项目已就××楼取得商品房预售许可证（编号：××），预售面积合计××平方米。

（二）土地使用权的取得情况

××年××月××日，通过招拍挂程序，××与××国土资源局签订编号为“××”的《国有土地使用权出让合同》，将位于××，东至××、南至××、北至××、西至××，土地用途为商办综合用地（地号××），宗地总面积为××平方米的土地出让给××。土地出让期限为商业用途（含经营性文化娱乐、体育设施用地）40年，办公用地50年，自××年××月××日起算。土地出让金为每平方米人民币××元，总额为人民币××元。××已全部缴清该宗土地的出让成交价款合计人民币××元，缴纳相关土地出让契税合计人民币××元。××年××月××日，××取得编号为“××”的《国有土地使用证》，该证记载使用权人为××，坐落于××，地号为××，土地用途为商办综合，使用权类型为出让，终止日期为××年××月××日，土地使用面积为××平方米，无抵押，无查封。

本所认为，××已经通过合法程序取得××项目土地的国有土地使用权，并已依法办理并取得相关国有土地使用权证。该宗土地现不存在抵押、查封等权利限制。

（三）项目报批报建情况

1. ××年××月××日，××发改委核发《关于同意××的批复》（编号：×××），同意××建造××，总建筑面积为××平方米（地下建筑面积

××平方米)，项目总投资××元。

2. ××年××月××日，××取得××规委核发《建设用地规划许可证》(编号：×××)，用地单位为××；用地项目名称为××；用地位置为××；用地面积××平方米。××年××月××日，××取得××规委核发《建设工程规划许可证》(编号：×××)，建设单位为××；建设项目××(××楼、地下车库、商业裙房、酒店裙房)；建设位置为××；建设规模为××平方米(其中地下车库约××平方米)。

3. ××年××月××日，××建委《建筑工程施工许可证》(编号：×××)，建设单位为××；工程名称为××(××楼、地下车库、商业裙房、酒店裙房)；建设地址为××；建设规模为××平方米；合同价格为××万元；设计单位为××；施工单位为××；监理单位为××；合同开工期限为××年××月××日至××年××月××日。

4. ××年××月××日，××环境保护局下发了《关于××项目的环境影响报告的批复》，同意××项目的开发建设。××年××月××日，××国土资源局向××公司下发了《国有土地使用证》(编号：×××)

5. ××年××月××日，××公安局下发了《关于同意××建筑工程消防设计的审核意见》(编号：×××)，同意××设计阶段的消防设计。××年××月××日，××公安局下发了《关于同意××内部装修工程消防设计的审核意见》(编号：×××)，同意××内部装修工程施工阶段的消防设计。

6. ××年××月××日，××建委核发《商品房预售许可证》(编号：×××)，预售许可证显示：房屋坐落地点为××，用途性质为××，其中商品房面积为××，写字楼面积为××平方米，商业面积为××平方米。××年××月××日，××建委又核发《商品房预售许可证》(编号：×××)，预售许可证显示：房屋坐落地点为××，用途性质为××，其中商品房面积为××，写字楼面积为××平方米，商业面积为××平方米。

本所认为，××已经依据相关法律法规的规定，就××项目取得了发改委立项批复、规委核发的《建设用地规划许可证》《建设工程规划许可证》，建委核发的《建筑工程施工许可证》、国土资源局核发的《国有土地使用证》和部分建筑的《商品房预售许可证》等相关证照及审批手续。

四、××资产以及负债情况

××公司的主要资产即为开发建设的××项目，包括项目土地及在建工程。××现持有编号为"××"的《国有土地使用证》，根据该土地使用权证的记载，××对面积为××平方米土地依法享有国有土地使用权。根据××提供的审计报告，截××年××月××日，××资产总计××元；××负债合计××元，其中应付账款为××元，预收账款××元。根据××所述并在央行征信系统查询，××目前无对外融资、无银行贷款、未对外提供抵质押或保证担保情况。

本所认为，××现主要资产为其依法取得并享有的××项目的国有土地使用权及该土地上的在建工程（扣除已售部分）。

五、重大合同及其履行情况

根据××项目公司提供的合同清单及其履行情况说明，公司已经签署了《国有土地使用权出让合同》《一级开发补偿协议》《建设工程施工合同》《建设工程设计合同》《建设工程监理合同》《××采购合同》《××项目贷款合同》及其担保协议等，所有协议均已经依约履行，不存在任何违法或违约情形。

本所律师认为，依据项目公司出具的说明以及部分合同的抽查情况，涉及项目的重大合同均以依约履行。

六、涉诉情况

××与××的存在购房合同纠纷。××年××月××日，××与××签订购房合同，因××延期交房，××向××人民法院提起诉讼，要求××支付违约金并赔偿相关损失，现案件已经审理完毕并且执行完毕，不再具有任何争议。

××与××有限公司的存在建设工程施工合同纠纷。××年××月××日，××与××有限公司签订建设工程施工合同，因××拖欠施工款，××有限公司向××人民法院提起诉讼，要求××支付施工款项并赔偿相关损失，现案件正在审理中。

本所认为，上述案件××败诉风险较大并需要承担相应的赔偿责任。

以上法律尽职调查报告，仅供贵司参考。

××律师事务所：××

签字律师：××

××年××月××日

第五节　风险管理部出具风险审查报告

依据中国证券投资基金业协会《私募投资基金管理人内部控制指引》的要求，私募投资基金管理人应加强内部控制，防范经营风险。实践中，许多私募投资基金管理公司已经仿照持牌金融机构的组织架构，组建了风险管理部，加强对内部控制风险与项目投资风险的管理。但是各机构对于风险的定义及管控的程度有不同的理解，这也导致了风险管理部职能出现了重大的差异。根据 COSO 发布的《全面风险管理框架》以及国有资产监督管理委员会 2006 年 6 月发布的《中央企业全面风险管理指引》，风险管理实际上是一个全面风险管理的概念，涵盖了企业各机构和业务环节，这与实践中部分公司只注重内控建设或只注重单项目风险有极大区别。私募地产投资基金风险管理部门如果想实质性的控制项目风险（市场风险、财务风险、合规风险等），应积极参与到项目的全程过程中，发掘各个环节可能存在的风险。但是如果风险管理部参与到各个环节的管理和控制，这实际上无疑在各个职能部门和业务部门之间重新设置了一套体系和人员，这无语会加大整个管理公司的人员和经营成本，也间接导致了业务部门的实际抵触，实践操作中是不可取的。因此如何平衡风险部门的权力和职能，也是各个基金管理公司需要考虑的问题。

（12）示范文本：××地产项目风险审查报告

××地产项目风险审查报告

一、风控审查情况

××年××月××日召开立项审议会，审议通过了××项目的立项申请。立项会后，投资部门进行了××项目市场调查，同时聘请××律师事务所、××会计师事务所等中介机构对交易对手和标的项目进行了法律和财务尽职调查，风险管理部也派出了风控人员进行了全程参与，并进行了高管访谈和项目现场调查。

风险管理部于××年××月××日召开了该项目的风险审查会议。根据该次风险审查会议讨论的情况，以及基于业务团队提供的书面材料，合规与风险管理部围绕标的项目、交易对手资金与财务状况等方面进行了审查和评估，出具本项目风险审查报告，供决策委员会委员参考。

二、项目风险分析

（一）住宅项目存在大量工程抵款，项目去化存在不确定性

根据企业提供的数据和尽调机构的统计，项目公司以标的项目××套房屋（货值××亿元）用以抵款，抵款金额达××亿元（其中二期抵款金额××万元），涉及多家抵款方。

截至2016年3月，××项目企业销控表销售面积18.53万平，网签销售面积13.62万，相差4.91万平；销控表销售金额为13.66亿元，网签销售金额10.03亿元，相差3.63亿。销控表和网签销售的金额和面积存在较大差异，据业务团队介绍，主要是由于首付分期造成。

项目公司迄今销售住宅和LOFT公寓共计13.66亿，工程抵款2.14亿，首付分期3.63亿，合计5.77亿，占到销售总额的42%。住宅类业态存在大量工程抵款、首付分期对未来项目现金流、销售去化可能存在负面影响，进而影响我司投资资金的顺利退出。

（二）项目商业部分销售测算较为乐观，现金流本息保障倍数偏低

××项目二期商业逾4万平方米，其中底商2.35万平方米，月均销售1067平，24个月去化完成；地下商业1.67万平，月均销售1400平，12个月去化完成。周边竞品××的底商去化速度为月均去化365平，37个月去化完成，考虑××市场对于商业物业供大于求的现状，我部认为商业部分的销售测算较为乐观。

根据业务团队测算，当我司债权到期时，项目本金保障倍数只有1.18，（远低于房地产投资项目通常1.5倍以上的本金保障倍数），项目整体现金流较为紧张，若项目销售不及预期将导致第一还款来源无法覆盖我司债权本息的情况发生。

（三）除前述住宅、商业外，剩余抵押物变现能力较差

除上述在销售计划中的住宅和底商外，抵押物还包括地下车位5.8万平，大商业3.6万平，合计货值8.2亿元。根据××市相关规定，车位只能销售给本小区业主，而二期LOFT公寓的购买者以年轻人为主，对车位的需求存疑。大商业3.6万平位于小区内部8号楼的1至4层，每层为一户，每户9000多平的面积，若涉及处置也存在较大的不确定性。我部认为若项目出现极端情况时，上述抵押物的变现处置存在较大的难度，影响我方债权的顺利

实现。

（四）借款人存在“外保内贷”情况，对我方债权顺利偿付存在一定影响

××银行给项目公司两笔共计10亿元的授信额度，实际已放款7.5亿元，均已倒款给关联方××使用，借款分六笔，借款期限均为1年，2016年11月至2017年3月分批到期，名义借款人为××。根据与××银行的沟通，××银行可以将上述六笔贷款分别展期一次，期限均为一年。目前7.5亿借款中5亿已转至表外，××银行表示在2016年10月前将剩余2.5亿转至表外，但如届时未能转至表外，展期的借款会在央行征信报告中显示。××国际为该笔授信提供存单质押担保，但企业没有提供存单原件。目前××集团对上述债务的归还计划及还款路径仍没有明确安排。

由于项目公司是该债务还款义务人，此“外保内贷”增加了项目公司或有债务，进而影响我方债权的顺利偿付。若债务到期时××集团未能协调安排及时还款，将导致××的违约，进而影响项目公司在金融机构的融资能力，不利于我方投资的顺利退出。若届时××银行选择直接要求××偿还，项目公司的资金将出现缺口，对我司债权的顺利收回造成不利影响。

（五）项目公司存在资金挪用的风险

项目公司对××银行的8.5亿借款，除归还××银行贷款外，3.59亿通过××转出，除1.84亿通过关联方转回，其余1.75亿元被关联方占用。由于项目公司发生过资金被挪用的先例，若后续项目开发过程中，借款人还沿用过往资金操作方式，不利于我方对项目的投后管理。

（六）保证人担保能力不足

担保方北京××资产截至2015年9月30日总资产15.8亿，负债17.5亿，净资产-1.7亿。根据××信托于2016年3月10日查询的中国人民银行征信记录显示，北京××对外担保54亿元，担保余额36亿，其中海上××（青岛）37亿，××8.5亿。从以上信息可以判断北京××对我方未来债务不具有担保能力。

三、项目结论与建议

本次投资的交易对手××地产在××区域深耕多年，具有一定的开发经验和能力，标的项目业态中商业、车位等低效滞销产品占比较大，去化存在一定不确定性，担保方担保能力不足。另外，从工程抵款、首付分期以及××银行的贷款延期来看，公司现金流也较为紧张。

综上所述，提请投资决策委员会决策审议。相关建议如下：

（一）严格落实放款前置条件

1. 协议签署前，要求××就××项目存在工程抵款的情况进行说明，明确由于工程抵款造成的销售计划变更及抵押物处置风险，由原股东承担。

2. 由××集团对××银行“外保内贷”的还款作出承诺，明确不由××偿还该笔借款，明确该笔债务不会影响到我司的本次投资。

3. 在相关协议中约定，在对方销售去化不及预期时我方可单方面行使强制降价权

4. 取得××银行的书面确认，除贷款合同约定的应付本息外，项目公司无其他债务和义务（包括违约金、罚息等）

（二）资金使用及销售监管

1. 要求我司与委贷方、监管银行、交易对手签署《资金监管协议》，设立资金监管账户，由我司和监管银行作为监管人，监管该账户资金使用，该监管账户内的资金支出未经我司批准只能用于项目用款（工程款、相关税费等），及用于归还该委托贷款的本金、利息。在支付我司债权本息前，不得将资金用于分配股东收益，或归还股东及关联方借款。

2. 在《资金监管协议》中约定动态抵押率，保持抵押物综合抵押率不高于50%，设置资金沉淀计划，并确保可操作性。

（三）加强投后管理的监管

修改企业章程，项目公司证、章、照由双方共同管理；我部向项目公司派驻董事，控制项目公司经营管理；派驻现场管理人员对公司的资金使用进行监管，对项目的施工进度和销售情况进行监控；派驻财务负责人，全面参与项目公司财务管理，控制银行网银密钥，资金监控，及审核重大合同。

以上内容请参考。

风险管理部
时间：××年××月××日

第六节　投资决策委员会进行投资决策

在投资部门完成市场尽职调查以及律师事务所完成法律尽职调查、会计师事务所完成财务尽职调查工作并出具尽调报告、以及风险管理部门完成风险审查报告以后，如投资部门认为项目可行，并且法务和风控部门认为项目无重大瑕疵和风险，投资部门应及时编写项目投资决策申请报告，完整、全面的介绍项目背景、交易结构、交易对手、项目区位、项目经济技术指标以及项目投资测算、基金投资测算等，将投资决策申请报告、投资决策申请表、尽调报告、风险审查报告以及其他资料提交投资决策委员会秘书，由其组织召开项目投资决策会议，对项目最终决策进行表决。投资决策会议一般由总裁、投资负责人、财务负责人、募集负责人、法律负责人、风险负责人等方面的人员组成，一人一票，实行多数决原则。投资决策会议是私募投资基金的投资事宜决策机构，在投资方面具有最高决策权力，对投资事宜具有完全的、独立的、不受干涉的权利。投资决策委员会一般由基金管理人任命的人员组成，实践中，部分有限合伙人特别是大的资金方要求投资决策委员会必须要有其委派的人员并且其委派的人员要有一票否决权，这实质上违反了合伙企业法的基本原则即有限合伙人不具有管理有限合伙事务的权利，并可能导致该有限合伙人被认定为普通合伙人并承担无限连带责任，对于该有限合伙人来说，法律风险比较大。

（13）示范文本：××地产项目投资决策申请表

××地产项目投资决策申请表

项目名称		申请日期	
申请单位		项目经理	
申请内容及附件：			
业务负责人意见			

续表

法律事务中心意见	
风险管理中心意见	

(14) 示范文本：××地产项目投资决策申请报告

××地产项目投资决策申请报告

一、项目背景介绍

××年××月××同××进行了沟通，确定以××地产××的××项目为融资主体来合作，融资规模××亿，资金用来置换前期由平安信托提供7亿贷款，双方对融资要素基本达成一致意见。我部认为××地产作为全国百强开发商，资产增长规模和发展速度均比较稳健，公司品牌在全国已布局城市形成了良好口碑。本次融资项目位于××市，项目一期已开发完毕，现就项目二期进行融资，经初步沟通认为本次融资项目市场情况良好，风控措施完备，还款来源充足，故申请项目立项。

二、交易结构及融资要素

交易结构图××

1. 融资主体：××居业置业有限公司（以下简称项目公司）。
2. 担保主体：××集团股份有限公司（以下简称××集团）。
3. 融资模式：债权融资。
4. 融资规模：××亿。
5. 融资期限：1+1年。
6. 资金到位时间：××年××月××日前。
7. 融资用途：项目开发。
8. 融资成本：总成本不超过××%（暂定）。

9. 还款来源：项目销售收入、××集团资金调配。

10. 增信担保措施：

（1）××集团将××广场项目中B1地块（评估值4.87亿元）和3号写字楼（评估值1.73亿）、××枫尚项目地块（评估值5.61亿）作为抵押，此三块抵押物价值共12.22亿元，抵押率为57%；

（2）××集团为项目公司偿还借款本息提供无限连带责任担保；

11. 抵押物情况：

项目	占地面积（m^2）	现状	地价估值（万元）	在建估值（万元）	评估公司	评估时间	货值（万元）
××广场B1用地	56911	净地	48772	0	××	2015. 7. 31	48772
××广场3号楼	建面6367	在租写字楼		17320	××	2014. 5. 8	17320
××枫尚项目	98929	停工	55256	876	××	2014. 3. 17	56132
合计			104028	18196	××		12224

根据以上数据，××广场和××项目根据评估值可提供抵押物价值近12.22亿，对应融资额度7亿的抵押率为57%。

三、交易对手基本信息

企业名称	××集团股份有限公司
企业类型	股份有限公司
注册地址	××
法定代表人	××
注册资本	××万元
营业执照	××
经营范围	××
成立日期	××年××月××日
房地产开发资质	二级

1. 基本情况

××集团的主营业务是房地产开发、物业管理和物业租赁。截至2015年第三季度，公司房地产开发业务的销售收入占主营业务收入的比重均超过了90%。

在中国房地产研究会、中国房地产协会、中国房地产测评中心三家单位联合主办的“2014 中国房地产 500 强测评”及“2015 中国房地产 500 强测评”中，××排名分别在第××位和第××位。

××的房地产开发业务，整体以住宅为主，再配以少量商业物业开发，已先后进入福州、××、西安、北京、××、上海等近 20 个城市，从事住宅开发业务。截至 2016 年第一季度，××集团目前在建工程建筑面积为 961 万平，土地储备面积为 550 万平。

截至 2015 年 9 月 30 号，××纳入合并报表范围的直接或间接控股的子公司合计 58 家，其中包括直接控股子公司 15 家和间接控股子公司 43 家，以及重要共同经营企业 2 家。此外，××亦持有 6 家合营企业的股权或者权益，以及 3 家参股企业的股权或权益。

××已开发部分项目：

××项目图

2. ××集团股权架构图

××集团股权架构图

3. ××集团本部组织架构图

××集团本部组织架构图

4. 信用情况

截至目前，融资人××集团股份有限公司无未决诉讼。

××最高院诉讼查询系统查询。

截至目前，项目公司无未决诉讼。

截至目前，××集团实际控制人××无未决诉讼。

5. 财务情况

××会计师事务所（特殊普通合伙）审计了××股份财务报表，包括 2013 年 12 月 31 日、2014 年 12 月 31 日、2015 年 12 月 31 日的合并及公司资产负债表、利润表、现金流量表，并出具了标准无保留意见的审计报告。

（1）资产负债表（单位：亿元）

项目	2013 年	2014 年	2015 年
货币资金	20.13	22.65	25.39
应收账款	0.74	2.27	1.38

续表

项目	2013 年	2014 年	2015 年
预付款项	515	4. 69	16. 38
其他应收款	27. 55	23. 59	7. 27
存货	259. 32	265. 75	231. 48
其他流动资产	10. 12	13. 33	10. 17
流动资产合计	323	332. 3	292. 08
可供出售金融资产	1. 95	2. 08	0. 33
长期股权投资	4. 3	20. 45	31. 68
投资性房地产	54. 02	61. 12	69. 80
固定资产	5. 66	6. 23	4. 73
在建工程	0. 29	0. 42	0. 48
无形资产	0. 45	0. 43	0. 43
长期待摊费	0. 07	0. 04	0. 01
递延所得税资产	6. 88	7. 23	6. 1
非流动资产合计	73. 64	98. 01	113. 58
资产总计	396. 64	430. 32	405. 66
短期借款		10	6. 06
应付票据	0. 12		
应付账款	33. 93	27. 05	32. 78
预收款项	150. 09	153. 51	121. 81
应付职工薪酬	0. 36	0. 39	0. 69
应交税费	8. 33	10. 25	7. 46
应付利息	1. 86	1. 7	1. 67
应付股利			0. 89
其应付款	6. 33	8. 76	22. 1
一年内到期的非流动负债	27. 99	37. 66	65. 75
流动负债合计	229. 02	249. 33	259. 24
长期借款	77. 59	69. 12	43. 41
递延所得税负债	11. 03	12	12. 17

续表

项目	2013 年	2014 年	2015 年
其他非流动负债	1.6	2	1.38
非流动负债合计	90.23	83.13	56.96
负债合计	319.25	332.45	316.19
股本	4.57	4.57	18
资本公积	9.72	15.54	15.99
盈余公积	0.3	0.3	0.0078
未分配利润	59.42	73.23	53.98
归属于母公司股东权益合计	74.02	93.67	87.97
少数股东权益	3.37	4.19	1.49
所有者权益小计	77.39	97.86	89.47
负债和所有者权益总计	396.64	430.32	405.67
财务指标			
资产负债率	80.49%	77.26%	77.94%
剔除预收账款负债率	42.68%	41.63%	47.9%
流动比率	1.41	1.33	1.13
速动比率	0.21	0.19	0.13

从以上的资产负债表可以看出，××地产的资产负债率在80%左右，剔除预收账款负债率分别为42.68%、41.63%、47.9%。集团近三年在项目中的投入成本（预付+存货）为264.47亿元、270.44亿元、247.86亿元。在地产企业中相对健康，在资产中占比较大的是存货、投资性房地产、长期股权投资、货币资金、预付款项、其他流动资产、其他应收款，分别占资产总额的比例为57.6%、17.21%、7.81%、6.26%、4.04%、2.51%、1.79%。负债中占比较大的是预收账款、一年内到期的非流动负债、长期借款、应付账款，分别占负债总额的比例为38.52%、20.79%、13.73%、10.37%。

资产类科目

长期股权投资

被投资单位	年初数	本年增减变动			年末数	减值准备年末余额
		追加投资	减少投资	权益法下确认的投资损益		
①合营企业						
××		490000000		-15089741	474910258	
××	352211558			-10291319	341920239	
××	49824669			-416470	49408199	
××		25500000		-10384311	15115688	
××	17317634			-1611952	15705682	
小计	419353863	515500000		-37793794	897060068	
②其他企业						
××	1208815016	527810110			1736625127	
××	328023713	67120363			395144077	
××	89294790	4970791			139075581	
小计	1626133520	644711265			2270844786	
合计	2045487383	1160211265		-37793794	3167904855	

以上长期股权投资是××集团与其他公司合资成立项目公司，共同开发项目。报告期内，××集团长期股权投资账面余额持续增加，主要是因为随着近几年房地产市场的不断升温，各大城市的土地价格持续上涨，在国内整体经济发展速放缓的大背景下，各大房地产开发商组成联合体共同拍地开发已成为当前房地产开发的主要模式。

预付款项

账龄	年末数		年初数	
	金额	比例%	金额	比例%
1年以内	1244837830	75.99	52125797	11.10
1-2年	1421825	0.09	13055264	2.78
2-3年	199741	0.01	139732650	29.76

续表

账龄	年末数		年初数	
	金额	比例%	金额	比例%
3 年以上	391806759	23.91	264541289	56.36
合计	1638266158	100.00	469455002	100.00

说明：

(1) 账龄超过 1 年的金额重要的预付款项

单位名称	年末数	未及时结算的原因
××	132380000	2011 年 6 月 17 日，××有限公司与××市国土资源局签订《国有建设用地使用权出让合同》受让宗地编号为××，出让价款为 246000000.00 元。截至 2015 年 12 月 31 日，尚未交付土地。
××	257535000	2011 年 7 月 26 日，子公司××居业房地产开发有限公司与××国土资源局签订《国有建设用地使用权出让合同》受让宗地××，地块面积 143075.00 平方米，2015 年 9 月 8 日，双方签订补充协议，按已交出让金部分供应住宅用地，出让面积调整为 71537.00 平方米，正在办理交地手续。

(2) 按预付对象归集的预付款项年末余额前五名单位情况

单位名称	预付款项年末余额	占预付款项年末余额合计数的比例%
××	563000000	34.37
××	505000000	30.83
××	257535000	15.72
××	132380000	8.08
××	75500000	4.61
合　计	1533415000	93.61

由于××集团在 2015 年 11 月至 12 月通过招拍挂获取上海、南京、苏州等地块，故 2015 年预付账款比 2014 年多近 14 亿。

其他流动资产

项　目	年末数	年初数
预缴各项税费	937724158	1081024315
理财产品	79000000	252060000
待抵扣进项税	291193	186552
合　计	1017015351	1333270868

从上表可知，其他流动资产主要是预缴各项税费。

其他应收款

（1）按欠款方归集的其他应收款年末余额前五名单位情况

单位名称	款项性质	其他应收款年末余额	账龄	占其他应收款年末余额合计数的比例（%）	坏账准备年末余额
××	关联方往来款	294425617	1年以内	38.15	
×××	关联方往来款	150550000	1～2年	19.51	
××	公积金保证金	27868000	1年以内12700000 1～2年13800000 2～3年1368000	3.61	
××	物业保修金	27525943	1年以内10274348 1～2年13408738 3年以上3842857	3.57	
××	建设用地履约保证金	10000000	1年以内	1.30	
合计		510369561		66.13	

2014年其他应收款中占比最大的为应收关联方款项19.43亿元，2015年结算关联方往来款，应收关联方款项减少到4.45亿元，所以2015年其他应收款比2014年减少了16.3亿。

负债类科目

短期借款

项　目	年末数	年初数
质押借款	46000000	1000000000
抵押及保证借款	560000000	
合　计	60600000	1000000000

说明：

质押借款明细如下：

借款公司名称	年末数	质押物
××	46000000	子公司××置业有限公司提供的人民币4800万元定期存单

抵押及保证借款明细如下：

借款公司名称	年末数	抵押及保证情况
××	160000000	××
××	400000000	××

一年内到期的非流动负债

项　目	年末数	年初数
质押及抵押及保证借款	600000000	
抵押及保证借款	2899800000	3135756000
抵押借	2715500000	570000000
保证借款	200000000	
股权融资款	60000000	60000000
上海国际信托有限公司	100000000	
合　计	6575300000	3765756000

长期借款

项　目	年末数	利率区间	年初数	利率区间
质押及抵押及保证借款	800000000	10.00% ~14.64%	700000000	5.50% ~14.64%
抵押及保证借款	5847800000	5.0% ~12.00%	8161156000	5.50% ~12.00%
抵押借款	3908500000	5.00% ~6.67%	1557000000	5.50% ~7.38%
保证借款	200000000	8.7%	200000000	8.7%
小计	10756300000		10618156000	
减：一年内到期的长期借款	6415300000	5.50% ~14.64%	3705756000	5.50% ~14.64%
合　计	434100000		6912400000	

说明：

抵押及质押及保证借款明细如下：

借款公司名称	年末数	其中：一年内到期长期借款金额	抵押物	质押物	担保人
××	500000000	500000000	××	××	本公司
××	300000000	100000000	××	××	本公司
合计	800000000	600000000			

抵押及保证借款明细如下：

借款公司名称	年末数	其中：一年内到期长期借款金额	抵押物	担保人
××	85000000	10000000	××	××
××	390000000		××	××
××	1000000000	1000000000	××	××
××	950000000	950000000	××	××
××	1500000000	500000000	××	××
××	200000000		××	××
××	55000000	55000000	××	××
××	200000000		××	××
××	500000000		××	××

续表

借款公司名称	年末数	其中：一年内到期长期借款金额	抵押物	担保人
××	106800000	96800000	××	××
××	310000000	150000000	××	××
××	159000000	108000000	××	××
××	280000000	30000000	××	××
××	112000000		××	××
合计	5847800000	2899800000		

抵押借款明细如下：

借款公司名称	年末数	其中：一年到到期的长期借款	抵押物
××	990000000	990000000	××
××	1725500000	1495500000	××
××	485000000		××
××	260000000	80000000	××
××	348000000	50000000	××
××	100000000	100000000	××
合计	3908500000	2715500000	

保证借款明细如下：

借款公司名称	年末数	其中：一年到到期的长期借款	保证人
××	200000000	200000000	××

从上述表的负债情况来看，短期一年内到期的非流动负债为71.81亿元，长期借款为43.41亿，故总负债为115.22亿元，其中2016年的偿债压力较大。

应付账款

1）应付账款

项 目	年末数	年初数
工程款	3262197787	2697217459
货款	8932375	3364626
其他	7025530	4068521
合计	3278155693	2704650608

其中，账龄超过1年的重要应付账款

项目	年末数	未偿还或未结转的原因
××	84510835	尚未达到合同约定工程付款条件
××	67289573	尚未达到合同约定工程付款条件
××	18305978	尚未达到合同约定工程付款条件
××	5101764	尚未达到合同约定工程付款条件
××	504000	尚未达到合同约定工程付款条件
合计	180248552	

其他应付款

项 目	年末数	年初数
关联方往来	1332233390	71753511
预提土地增值税	442486047	435640538
外部单位往来款	85604286	148371784
购房意向金	143652130	40131471
押金及质保金	63824347	81783095
应付股权转让款	50000000	70000000
代收代付款项	92353017	28900849
合计	2210153219	876581251

2）利润表（单位：亿元）

项目	2013	2014	2015.9
一、主营业务收入	102.16	122.07	148.7
减：营业成本	60.67	81.42	108.89
营业税金及附加	11.12	13.75	12.75
销售费用	2.99	3.95	3.53
管理费用	2.98	3.44	3.55
财务费用	0.64	0.97	0.87
资产减值损失	5.59	1.62	1.39
加：公允价值变动损益	3.07	3.44	3.06
投资收益	0.09	-0.02	0.6
二、营业利润	21.33	20.35	21.42
加：营业外收入	0.13	0.09	0.49
减：营业外支出	0.5	0.32	0.26
四、利润总额	20.97	20.13	21.65
减：所得税	6.38	5.47	6
五、净利润	14.59	14.66	15.65
归属于母公司股东的净利润	15.13	13.83	15.01
少数股东损益	-0.54	0.82	0.63
盈利能力指标			
毛率	29.73%	22%	18.19%
净利率	14.28%	12%	10.52%
管理费用、销售费用占比	5.84%	6%	4.76%

从上表可知，2013年、2014年和2015年的毛利率分别是29.73%、22%和18.19%，净利率分别是14.28%、12%、10.52%。毛利率和净利率逐年下降的原因可归结为两个方面：

随着近几年房地产行业的不断发展和土地市场的升温，土地作为该行业最为核心的资源，其固有的稀缺性在市场需求不断扩大的情况下，公司取得的土地成本逐年上升，在项目开发成本中，土地成本的占比比较大，故导致房地产销售毛利率下降；

2010 年随着房地产销售市场的持续升温，为了控制房价过快增长，国家对重点城市，特别是针对一线城市采取了限购等宏观调控措施。故××集团在 2011 年按照“全国布局、区域聚焦、城市领先”的战略方针，进入了沈阳、合肥、盐城、淮安等二三线城市，但由于系发行人首次进入该等城市，品牌溢价尚未得到体现，随着该等房地产项目在报告期内的不断结转，降低了整体毛利率；

截至 2015 年第三季度末××集团在全国的城市布局主要集中在××、××、××、××等地，××项目贡献销售占集团整体的 34.45%、××项目贡献销售占集团整体 14.95%、××项目贡献销售占集团整体 14.9%、××项目贡献销售占集团整体的 7.42%，这四个区域项目销售占集团整体销售的比例为 71.72%。

3）现金流量表

项目	2013	2014	2015.9
一、经营活动产生的现金流量			
销售商品、提供劳务收到的现金	109.23	123.97	118.93
收到其他与经营活动有关的现金	49.58	54.44	69.29
现金流入小计	158.8	178.41	188.2
购买商品、接受劳务支付的现金	79.33	79.54	68.24
支付给职工以及为职工支付的现金	3.27	4.42	5.11
支付的各项税费	13.4	15.96	19.25
支付其他与经营活动有关的现金	52.15	57.44	57.7
现金流出小计	148.15	157.35	150.3
经营活动现金流量净额	10.65	21.05	37.92
二、投资活动产生的现金流量			
收回投资收到的现金	80.57	99.58	133.75
取得投资收益收到的现金	0.04	0.05	.02
处置固定资产、无形资产和其他长期资产收回的现金净额	0.07	0.05	0.04
收到其他与投资活动有关的现金		0.15	
现金流入小计	80.68	99.84	134.8

续表

项目	2013	2014	2015.9
购置固定资产、无形资产和其他长期资产支付的现金	3.36	4.95	5.68
投资支付的现金	83.85	118.46	141.87
取得子公司及其他营业单位支付的现金净额	4.99	0.29	0.2
现金流出小计	92.22	123.72	147.76
投资活动现金流量净额	-11.53	-23.88	-1.95
三、筹资活动产生的现金流量			
吸收投资收到的现金		5.82	2
取得借款收到的现金	68.42	64.33	60.14
现金流入小计	68.42	70.15	62.14
偿还债务支付的现金	55.08	53.34	62.32
分配股利、利润或偿付利息支付的现金	8.19	10.35	21.97
支付其他与筹资活动有关的现金	0.5	0.8	0.85
现金流出小计	63.78	64.49	85.15
筹资活动现金流量净额	4.64	5.65	-23.01
四、汇率变动会现金及现金等价物的影响		-0.01	
五、现金及现金等价物净增加额	3.76	2.8	1.95
加：期初现金及现金等价物余额	15.57	19.33	22.14
六、期末现金及现金等价物余额	19.33	22.14	24.09

6. 集团征信情况

集团贷款类

编号	种类	金额（万元）	放款日期	到期日期	担保
1	流动资产贷款	15000	2016.3.18	2017.3.18	是
2	固定资产贷款	8500	2015.9.11	2025.9.11	否

从上表可知，集团层面贷款总额为2.35亿元，分别在2017年和2025年到期。

集团担保类

编号		被担保人	担保金额	各期余额（万元）		
				2016	2017	2018
1	××	××	123100		123100	
2		××	80000		16000	28100
3		××	80000		33000	
4		××	80000		56500	
5		××	40000			23300
6		××	27100			27100
7		××	27000			50000
8		××	5.1			19700
9		××	70000		20000	
10		××	35000		20000	
33		××	7500			
11		××	66000	10000	17000	
12		××	60000		29500	
13		××	51000			28000
14	××	××	100000			
15		××	50000	50000		
16		××	50000		50000	
17		××	25000		25000	
18		××	20000		20000	
19		××	20000		20000	
20		××	20000		20000	
21		××	500	50000		
22		××	10000		10000	
23	××	××	20000			
24		××	15000			1667
25		××	16000			
26		××	35000			

续表

				各期余额（万元）		
编号		被担保人	担保金额	2016	2017	2018
27		××	25500	5500		
28		××	24000			24000
29	××	××	2000	20000		
30		××	14616	2680		
31		××	12900	5000		
32		××	5000		1000	
合　计			1230221	143180	461100	201867

从上表可知，××集团对外担保的总金额为123亿元，截至2016年5月3日担保余额为806147万元，其中于2016年到期的为141100万元，于2017年到期的为461100万元，于2018年到期的为201867亿元。

贷款分布

截止到2016年5月贷款余额			
序号	银行名称	总贷款余额	贷款余额占比
1	××	111955	7%
2	××	187970	12%
3	××	149767	10%
4	××	50000	3%
5	××	138000	9%
6	××	26500	2%
7	××	422000	27%
8	××	15000	1%
9	××	8500	1%
10	××	12700	1%
11	××	418500	27%
总计		1540892	100%

从以上数据可知，与××集团合作最密切的金融机构为××信托和××

银行，分别占比27%和27%，其次为××银行、××银行、××银行，这些银行合作的贷款类别应该是项目开发贷。

7. 集团在售项目情况

项目名称	占地面积（万平方米）	建筑面积（万平方米）	已投金额（亿元）	总投资（亿元）	土地取得时间	开工时间	销售时间	销售均价（元/平方米）	销售率
××	6	10	3	6	2001.4	2015.9.2	未开盘	–	0
××	13	49	19	23	2001.4	2013.6.18	2014.5.14	8157	52%
××	3	19	5	9	2001.4	2014.1.20	未开盘	–	–
××	3	5	1	2	2003.12	2014.12.1	2015.6.29	10951	69%
××	16	39	13	22	2012.10	2013.2.1	2013.4.1	7800	43%
××	13	22	10	14	2014.5	201410	2014.12	10000	45%
××	7	14	9	13	2014.11	2015.6.12	2015.10	20000	11%
××	8	17	8	12	2014.11	2015.6.5	2015.9	15000	23%
××	5	21	7	9	2013.7	2013.6.12	2013.9.1	住宅：6300；商业12500	55%
××	6	21	9	9	2011.11	201112.1	2012.5.1	5800	68%
××	1	3	2	3	2009.12	2014.6.30	待定	待定	0
××	6	14	19	23	2013.11	2015.12.12	2016.4.30	32000	0
××	10	48	7	32	2013.9	2013.12.16	2013.12.27	6645	40%
××	11	25	8	20	2013.9	2013.12.30	2014.1.10	9297	29%
××	9	40	4	30	2014.2	2014.8.22	2014.9.1	8184	15%
××	5	21	9	36	2013.12	2014.12.11	2014.12.21	9020	15%
××	7	27	7	13	2014.11	2015.4.16	2015.10.31	7517	14%
××	8	33	18	18	2010.12	2012.4.12	2012.4.27	7249	99%
××	8	40	25	27	2012.1	2012.9.10	2012.10.15	7105	90%
××	3	15	5	8	2013.7	2014.10.20	2015.1.31	6524	30%
××	7	27	7	13	2014.11	2015.4.16	2015.10.31	7517	14%
××	8	33	18	18	2010.12	2012.4.12	2012.4.27	7249	99%

续表

项目名称	占地面积（万平方米）	建筑面积（万平方米）	已投金额（亿元）	总投资（亿元）	土地取得时间	开工时间	销售时间	销售均价（元/平方米）	销售率
××	8	40	25	27	2012. 1	2012. 9. 10	2012. 10. 15	7105	90%
××	3	15	5	8	2013. 7	2014. 10. 20	2015. 1. 31	6524	30%
××	13	35	10	17	2014. 1	2014. 8. 1.	2014. 9. 1	6500	53%
××	1	12	10	15	2011. 5	2015. 10. 1	自持	自持	-
××	5	13	6	7	2013. 12	2014. 4	2014. 9	6917	48%
××	8	20	3	11	2013. 12	2015. 5	2015. 12	7300	3%
××	8	28	13	14	2011. 10	2013. 4. 3	2013. 11. 10	7000	58%
××	9	35	9	19	2014. 3	2015. 5. 11	2015. 11. 10	7100	9%
××	7	29	8	10	2011. 6	2011. 8. 16	2011. 12. 16	4500	72%
××	13	42	7	15	2012. 12	2012. 11. 25	2013. 8. 20	4728	32%
××	9	23	4	8	2011. 10	2012. 5. 30	2012. 8. 29	9297	9%
××	36	78	30	60	2009. 4	2012. 9. 17	2014. 5. 14	14000	49%
××	36	11	10	28	2013. 4	2014. 11. 6	2015. 9. 18	60000	1%
××	6	17	10	10	2013. 7	2013. 5. 14	2013. 8. 23	11000	99%
××	6	15	4	6	2011. 1	2014. 6. 1	2015. 6. 3	6495	98%
××	1	3	2	2	2015. 3	2015. 1. 7	2015. 12. 19	11663	58%
合计	330	961	370	616					

从上表可以看出，××集团截至2016年第一季度，在建项目总占地为330万方，总建筑面积为961万方，已投资金额为370亿元，总投资金额为616亿元。按照总投金额来统计，××地区总投为249亿元，占比为41%；××项目总投为98亿元，占比为16%；××项目总投为41亿元，占比为7%；××项目总投为39亿元，占比为6%；这四个地区的项目加起来占集团总投的70%。

8. 集团储备项目情况

序号	地区	项目名称	所在城市	业态	占地面积（万方）	建筑面积（万方）	土地取得时间	土地款总额（含契税）（万元）	已支付土地款金额（含契税）（万元）
1	××	××	××	住宅	5.95	17.27	2001.4	14440	14440
		××		住宅/商业	13.70	52.52	2001.4	39143	39143
		××		商业	2.00	0.73	2001.4	4508	4508
2	××	××	××	住宅、商业	7.07	17.08	2016.1	41503	20142
3	××	××	××	住宅	5.70	15.26	2015.11	96453	96453
		××	××	住宅	8.07	17.50	2016.4	298393	16941
4	××	××	××	住宅	2.28	6.16	2015.12	104030	101000
5	××	××	××	工业	4.60	15.00	2009.12	11764	2764
6	××	××	××	住宅	7.15	23.60	2016.4	26526	26526
	××	××	××	住宅、商业	7.64	24.28	2011.11	28344	28344
7	××	××	××	住宅	3.21	6.43	2015.12	290621	290621
8	××	××	××	教育服务	12.61	36.39	2014.6	58950	58950
		××	××	商业	2.84	10.72	2014.2	10300	10300
		××		住宅	4.68	18.54	2015.9	20020	20020
		××	××	商业	6.85	55.60	2015.10	32574	32574
9	××	××	××	住宅	1.37	4.78	2015.11	14270	14270
10	××	××	××	住宅	9.89	22.60	2012.2	31767	31767
11	××	××	××	住宅	37.87	92.00	2011.8	29968	29968
12	××	××	××	住宅、商业	7.29	25.37	2011.9	19034	19034
	××	××	××	住宅	10.88	27.20	暂无	25343	13243
13	××	××	××	住宅、商业	2.84	11.90	2015.7	86000	86000
		××	××	住宅	4.51	17.50	2016.2	173000	86500
14		××	××	住宅、商业	7.59	31.53	2013.12	77250	37500
合计					176	550		1534201	1081008

从上表可以看出，××集团未来储备土地占地面积为176万方，总建面为550万方，土地款总额为153亿元，已投入土地款为108亿元。其中××的

土地金额占比最大，为26%，××占比22%，××占比19%，××占比8%，××占比7%，可见××集团整体未来战略布局在优质二线城市。

四、项目市场分析：××市

××市从大区域上分，可分为主城区（金牛区、××区、成华区、武侯区）、近郊区（郫县、温江、双流、天府新区、龙泉驿、新都区）和远郊区。

1. ××土地市场

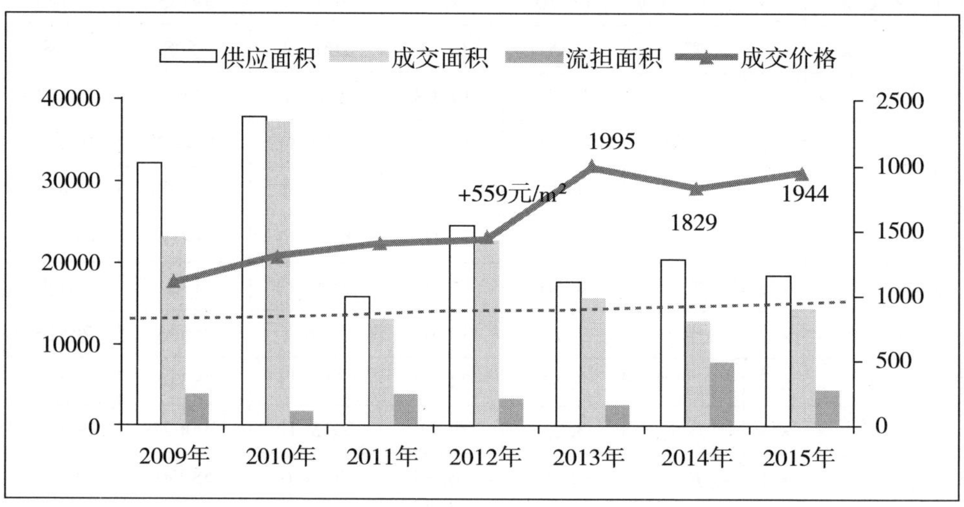

2009～2015年大成都土地供销价情况年度对比

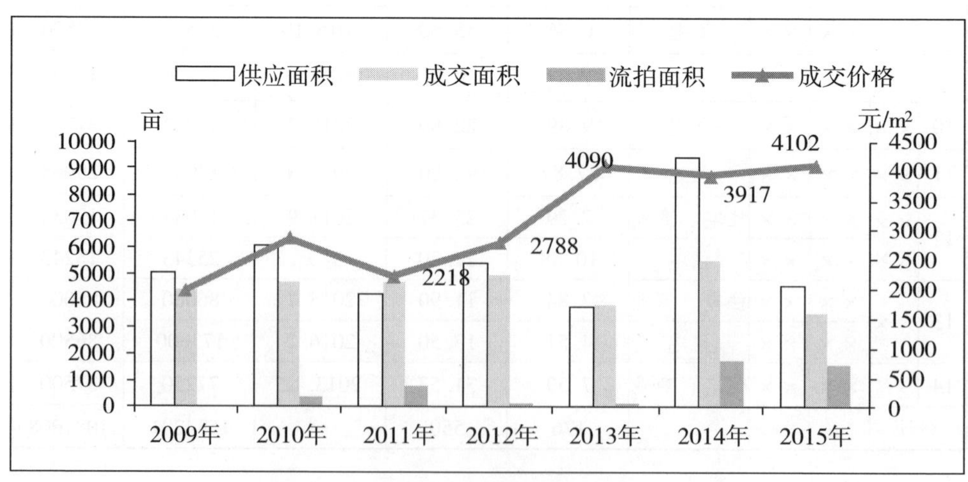

2009～2015年主城区土地代销价情况年度对比

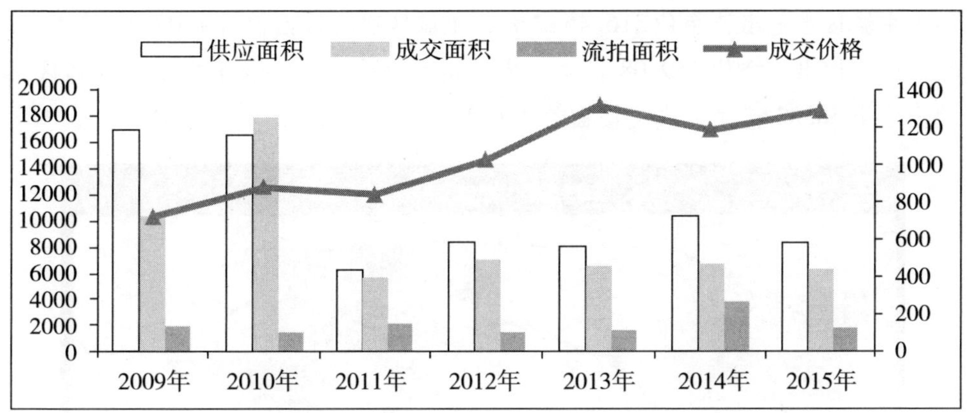

2009～2015 年近郊土地供销价情况年度对比

数据来源：××

从上图可知，2015 年大××土地市场表现比 2014 年成交量价小幅上涨。2015 年大××土地市场成交 14316 亩，环比上涨 12.62%，平均楼面价为 1944 元/平方米，环比上涨 6.3%。

2015 年主城区土地市场供销量比 2014 年均有减少。2015 年主城区成交面积 3514 亩，环比下跌 36.57%，成交均价为 4102 元/平方米，环比上涨 4.7%。

2015 年近郊区供应量和成交量均有下降。2015 年近郊区成交土地 6258 亩，环比下跌 6.5%，成交均价在 1289 元/平方米，环比上涨 8.6%。

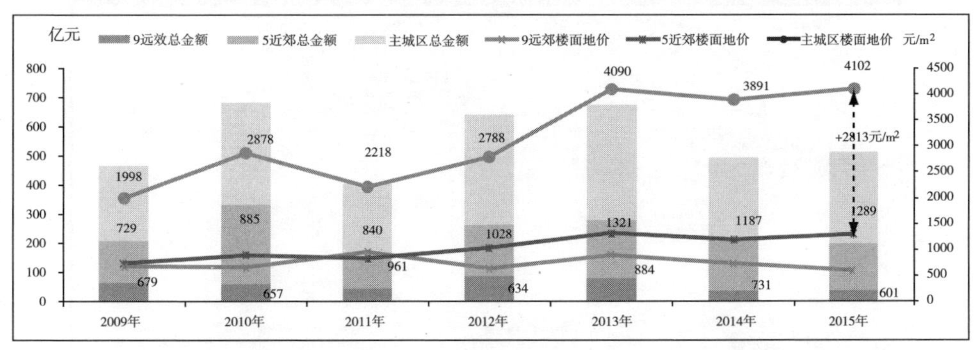

2009～2015 年大成都（主城区＋5 近郊＋9 远郊）土地成交楼面地价及总金额对比

数据来源：××

从上图可知，2015 年××土地出让金 513.84 亿元，比去年增加近 20 亿。

其中主城区土地出让金约316.45亿元，主城区成交楼面价为4102元/平方米；近郊区土地出让金约159.08亿元，成交楼面价为1289元/平方米；远郊区土地出让金38.32亿元，成交楼面价为601元/平方米。

数据来源：××

2015年土地成交前十强主要分布在三环附近，从上图可看出，二环至三环之间依然是××土地市场的热门区域。

数据来源：××

2015 年土地成交楼面地价 TOP10 来看，××二环内的成交楼面价集中在 6000～17000 元/平方米，三环附近的成交楼面价集中在 6000～8000 元/平方米。

2. 商品房市场

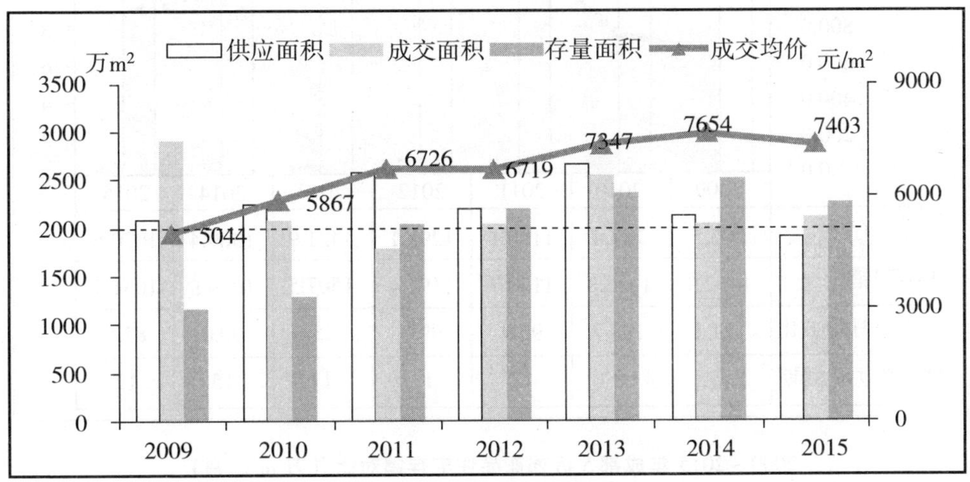

2009～2015 年大成都住宅供销价存情况年度对比

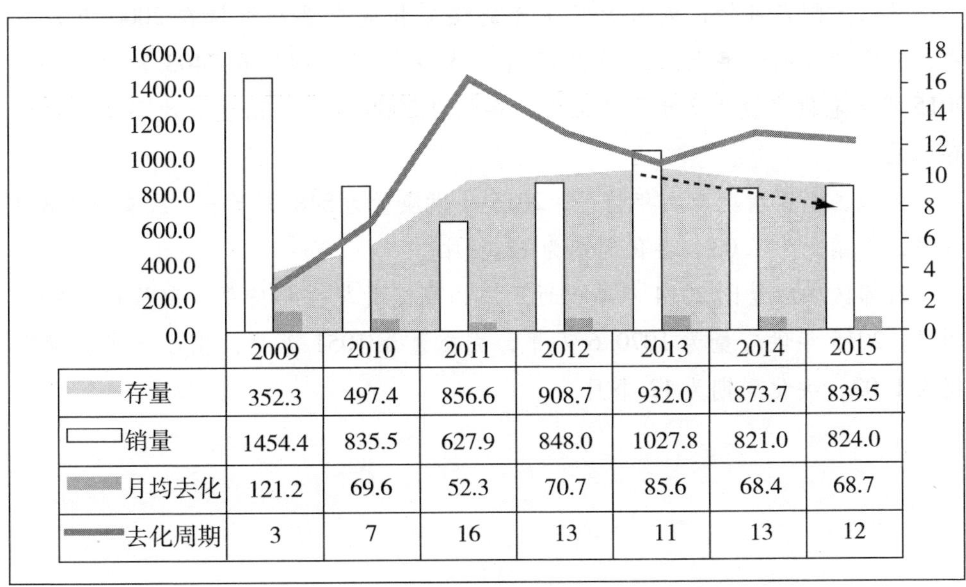

	2009	2010	2011	2012	2013	2014	2015
存量	352.3	497.4	856.6	908.7	932.0	873.7	839.5
销量	1454.4	835.5	627.9	848.0	1027.8	821.0	824.0
月均去化	121.2	69.6	52.3	70.7	85.6	68.4	68.7
去化周期	3	7	16	13	11	13	12

2009～2015 年成都主城区商品住宅存销对比（万 m^3、月）

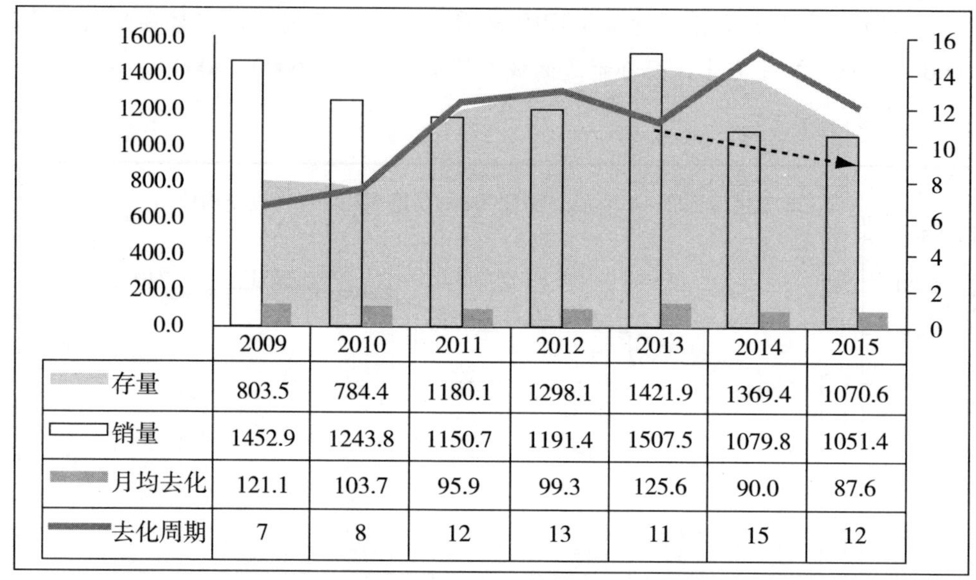

	2009	2010	2011	2012	2013	2014	2015
存量	803.5	784.4	1180.1	1298.1	1421.9	1369.4	1070.6
销量	1452.9	1243.8	1150.7	1191.4	1507.5	1079.8	1051.4
月均去化	121.1	103.7	95.9	99.3	125.6	90.0	87.6
去化周期	7	8	12	13	11	15	12

2009～2015 年成都 5 近郊商品住宅存销对比（万 m^3、月）

数据来源：××

从以上图表可知，大××近 7 年的供应和成交量都维持在 2000 万方左右，成交均价也逐年上涨，到 2015 年大××的成交均价在 7403 元/平方米。2015 年住宅供应量为 7 年历史低位，存量自 2009 年以来出现首次下跌，去库存明显。

主城区供销情况与去年持平，2015 年供应量为 848.7 万平，成交量为 824 万平，供销比为 1.03，去化周期为 12 个月。

近郊区供应量比 2014 年减少近 3 成，成交量与去年持平，以价换量成交明显。2015 年供应量为 1070.6 万平，成交量为 1051 万平，供小于求，供需比为 1.02，去化周期为 12 个月。

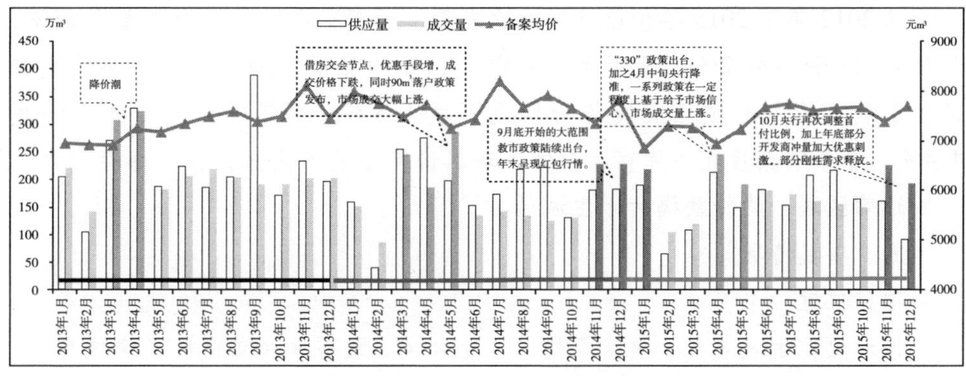

2013～2015年大成都（主城区+5近郊）商品住宅供销月度走势对比

数据来源：××

2015年4月至5月××住宅市场成交量相对较大，主要原因在于"330"政策的影响以及4月央行降准降息给予市场的信心，部分改善类产品热销及备案集中所致。下半年可能由于年内央行几度降准降息，10月再次调整首付比例，年底政策环境宽松，再加上部分开发商为冲量让利，11月均价下跌成交量再次冲高，形成年末红包行情。除此之外其余各月市场成交表现较为平稳。

2015年上半年××商品住宅均价较低，均价从5月攀升其后均价基本维持在7600元/平方米。

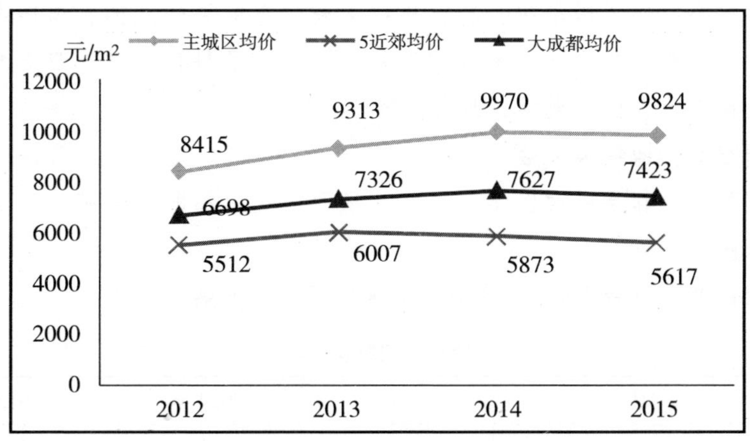

2009～2015年主城区与5近郊住宅备案均价走势对比

数据来源：××

从2012年至2015年价格涨幅对比来看，近四年主城区均价涨幅为17%，而近郊均价涨幅仅2%，低于大××均价11%的涨幅。2015年××整体成交均价下跌，其中主城区成交均价同比下跌1.5%，近郊成交均价同比下跌4.4%，今年重点旨在去库存，整体市场以价换量较为明显，作为库存压力较大的近郊区域，均价跌幅大于主城区。

五、项目情况

项目位置

该地块位于××与××交汇处，地处××。距离××立交桥（绕城高速）约1.5km，距离××商圈1.0km，距离××大型购物中心2.5km，距离地铁××线地铁规划站点1.3km，距离××广场14.0km，区域距离市中心较远，但交通便捷，道路通达性强。

地块优势：

紧邻××大道和××大道，周边道路体系完善，通达性强。

周边以高新创业园区为主，××等国际知名企业都落户，环境整洁纯粹。

该地块于××年××月××日由××集团旗下××置业有限公司摘得，后于××年××月××日由××居业置业有限公司与××市国土局签署《国有建设用地使用权出让合同》，楼面价为1120元/平方米。

项目配套

教育配套：外国语学院、高新科技学校、金苹果幼儿园、树德中学、中医药大学、犀浦实验小学、××中医药大学、电子科技大学、四川大学锦城学院、西南交大、西华大学、四川传媒。

交通配套：地铁××站。

医院配套：郫县中西医结合医院、华西医院上锦颐苑分院、二医院、郫县人民医院。

商业配套：自带10万平商业、××广场、××购物中心。

项目公司财务分析　　资产负债表（单位：万元）

项　　目	2013年	2014年	2015年
货币资金	1430	1177	3865
预付款项	20	239	174
其他应收款	1284	266	348

续表

项　　目	2013 年	2014 年	2015 年
存货	24972	42254	31584
流动资产合计	27706	43937	35977
固定资产	48	47	32
长期待摊费用	20	31	55
递延所得税资产			-129
非流动资产合计	68	78	-42
资产总计	27775	44015	34934
应付账款	106		11836
预收款项	10777	43721	333
应付职工薪酬			66
应交税费	-575	-2915	709
应付利息			62
其他应付款	17255	-25882	-9459
一年内到期的非流动负债			25500
流动负债合计	27564	14924	29048
长期借款		31000	
递延所得税负债			1
其他非流动负债			
非流动负债合计		31000	1
负债合计	27564	45924	29049
股本	1000	1000	1000
资本公积			
盈余公积			
未分配利润	-798	-2908	5885
归属于母公司股东权益合计			
少数股东权益			
所有者权益小计	210	-1908	6885
负债和所有者权益总计	27775	44015	35934

项目公司于2013年成立，注册资金为1000万元，故财务报表自2013年开始编制。项目一期住宅自2013年8月开始预售，故在2014年预收账款达到4.37亿元，是项目一期的销售预收款。

利润表

（单位：万元）

项　目	2013	2014	2015
一、主营业务收入			49546
减：营业成本			31005
营业税金及附加			3346
销售费用	624	158	769
管理费用	141	753	688
财务费用	4	-0.5	3
资产减值损失			2885
投资收益		-0.4	
二、营业利润	-770	-910	10847
加：营业外收入	0.5	2	13
减：营业外支出	20	13	
四、利润总额	-789	-921	10860
减：所得税			2716
五、净利润	-789	-921	8143

从利润表可以看出，2014年的预收账款在2015年已确认为收入，故2015年项目公司财务报表体现盈利。

项目经济技术指标

项目	面积（平方米）	备注
用地	48565	≤145695.72平方米，其中住宅≤71390.90平方米，商业≥74304.82平方米，且商业部分需规划建设一处不小于35000平方米的集中商业卖场
容积率	3	
总建筑面积	195695	
地上建筑面积	145695	
其中：住宅	70695	
SOHO公寓	40000	
商业	35000	
地下建筑面积	50000	

项目开发关键节点

开发重要节点	××一期（1#~5#，地下室）	××二期（6#~8#，地下室）	××三期
用地规划	2013年1月2日	2013年1月2日	2013年1月2日
土地证	2013年1月11日	2013年1月11日	2013年1月11日
工程规划	2013年7月10日	2014年8月1日	
施工证	2013年8月7日、9月29日	2013年8月7日	
领取预售证	1#：2013年9月6日 2#：2013年9月30日 3#：2014年4月29日 4#：2013年12月27日 5#：2013年10月30日	2015年8月13日	

项目现状 单位：m^2

	总建面	已开工面积	未开工面积	已开盘面积	未开盘面积	已销售面积	未销售面积
××	195695	157413	38282	141641	54054	78100	117595

项目销售情况

××一期与二期销售情况

预售时间/项目期数	2013年8月	价格（元/平方米）	去化率
××一期住宅	816	5700~7100	100%
现状	剩余2套样板间		99.75%
预售时间/项目期数	2015年8月	价格（元/平方米）	去化率
××二期SOHO	773套	5000~6000	100%
现状	已售43套，剩余730套		5.56%

相关政策及手续办理：

预售政策：当地住宅预售标准是工程达到正负0时可以办理预售证；

土地增值税政策：普通住宅预征率为1%；非普通住宅预征率为2%；非住宅预征率为2.5%；土地增值税预缴金额=上月回款金额*对应业态的预征率；

企业所得税政策：按国税发（2009）31文和川国税函（2009）195号规

定，按企业销售未完工开发产品的计税毛利率暂按开发项目所在地区的低限执行，即：开发项目位于××市城区和郊区的暂按15%；企业所得税税率按25%，所得税预缴金额=（上季度回笼金额＊15%－营业税金及附加－预缴土地增值税－当期期间费用）＊25%。

项目主要指标及测算

项目投资估算表

序号	项目名称	面积（m^2）	计算标准（元/m^2）	总金额（万元）
一	土地费用	145695	1218	17654
1	土地出让金	145695	1120	16318
2	契税	195695	0.0819	1336
二	前期工程费	145695	358	5220
三	建筑安装工程费	145695	1757	25609
四	基础设施建设费	145695	240	3499
五	配套设施费	145695	742	10813
六	开发间接费	145695	159	2313
开发成本小计			4474	65108
七	管理费用		销售收入＊3%	3664
八	销售费用		销售收入＊3%	3997
九	财务费用			17829
开发费用小计			1749	25490
成本费用合计				90598

项目现金流量表

见附件一

附件一：项目资金来源与运用表

项目现金流预测			累计	2016				2017				2018				2019			
				Q1及以前	Q2	Q3	Q4	Q1	Q2	Q3	Q4	Q1	Q2	Q3	Q4	Q1	Q2	Q3	Q4
经营性	经营现金流	销售回笼	117799	53789	6244	5538	4884	5287	13048	10867	9558	4326	2311	372	1575	–	–	–	–
		税金：营业税	-6509	-2865	-147	-350	-310	-273	-296	-731	-609	-535	-242	-129	-21	-88	–		
		预缴土增税	-1891	-669	-153	-136	-122	-132	-107	-212	-183	-81	-58	-9	-27				
		清算土增税	-2547					-1863							-684				
		预缴所得税	-2356	-1076	-125	-111	-98	-106	-261	-217	-191	-87	-46	-7	-32	–	–	–	–
		清算所得税	-2760												-2760				
		土地款支出（含契税）	-17770	-17770	–	–		–	–	–	–	–	–	–	–	–	–	–	–
		工程款支出（不含利息、费用资本化部分）	-47194	-28770	-1755	-1505	-2055	-1804	-1356	-1999	-1182	-1263	-1184	-996	-896	-789	-653	-462	-525
		分摊集团的管理费用（0.5%）	-1017	-256			-96	-64	-129	-64	-194	-22	-64	-64	-64	-64			
		管理费用（含资本化，减摊销）	-2647	-2376	-120	-71	-69	-1	-5	-1	-4	-1	–	–	–	–	–	–	–
		销售费用（含资本化，减摊销）	-3997	-2709	-236	-88	-165	-164	-128	-140	-127	-81	-81	-78	–	–	–	–	–
		财产性支出	-171	-171	–	–	–	–	–	–	–	–	–	–	–	–	–	–	–
		其他经营收支	-20	-20															

续表

项目现金流预测			累计	2016				2017				2018				2019			
				Q1及以前	Q2	Q3	Q4	Q1	Q2	Q3	Q4	Q1	Q2	Q3	Q4	Q1	Q2	Q3	Q4
经营性	当期经营活动净现金流		28921	862	3708	3277	1968	880	10765	7503	7068	2257	635	-912	-2908	-941	-653	-462	-525
	累计经营活动净现金流		31350	-2892	816	4093	6061	6941	17706	25209	32277	34534	35170	34258	31350	30408	29755	29293	28768
筹资性	银行贷款	银行放款	25500	25500															
		归还贷款	-25500		-25500														
		支付利息等	-3955	-3074	-881	–	–	–	–							–	–	–	–
	其他融资	机构放款	70000	70000															
		归还贷款	-70000										-70000						
		支付利息等	-13874	-2136	-1080	-1523	-1523	-1523	-1523	-1523	-1523	-1523	–	–	–	–	–	–	–
	筹资活动净现金流			68027	-27461	-1523	-1523	-1523	-1523	-1523	-1523	-1523	-70000	–	–	–	–	–	–
当期现金净流量（可自有支配的现金）				68889	-23753	1755	446	-643	9243	5980	5546	735	-69365	-912	-2908	-941	-653	-462	-525
累计现金净流量（可自有支配的现金）				87398	63644	65399	65845	65202	74445	80425	85971	86705	17341	16429	13520	12579	11926	11464	10939

项目经济效益分析

			均价	面积（平方米）	销售收入（万元）
收入	(1)	高层	6000	70695	42417
	(2)	SOHO	5000	40000	20000
	(3)	商业	15000	35000	52500
	(4)	车库	6 万元/个	1250 个	7500
				均价/按可售面积计算	
经济效益分析	(1)	成本			65109
	(2)	收入			122417
	(3)	营业税及附加	(2) ×5.65%		6916
	(4)	净收入	(2) ~ (3)		115501
	(5)	毛利	(4) ~ (1)		50392
	(6)	毛利率	(5) / (4)		43.6%
	(7)	费用			25490
	(8)	成本费用合计	(1) + (7)		90599
	(9)	清算土地增值税			4437
	(10)	税前利润	(5)~(7)~(9)		20465
	(11)	所得税	(10) ×25%		5116
	(12)	项目公司净利润	(10) ~ (11)		15349
	(13)	销售净利率			12.5%
	(14)	项目总投资			106707

价格项目敏感性分析

	销售均价（元/平方米）	项目销售净利率	项目 IRR	基金 ROE	基金 IRR
价格下降 15%	××	××	××	××	××
正常价格	××	××	××	××	××
价格提高 15%	××	××	××	××	××

六、风险分析

市场风险：由于本项目所在位置较偏，近几年房地产售价不升反降，且区域内项目较多，竞争激烈，将会影响本项目的去化速度。

应对措施：户型设计更具功能性，平价销售，以价换量；

项目定位风险：由于××政府规定出让地块商业：住宅比例为51∶49，造成区域内大量商业待售，本项目有近4万平的公寓和3.5万平的商业，将会影响本项目的去化速度。

应对措施：与××沟通对这块地的安排，并时刻关注；

企业经营风险：因××的项目基本都在西安、××等二、三线城市，有因房地产市场环境恶化导致企业经营出现困境，不能偿还借款的风险。

应对措施：密切关注××集团经营状况，出现风险时及时与资金方沟通，确保本项目顺利开发建设完成。

七、基金收益测算与投资建议：

1. 基金收益测算表：

项目总投资	××	
资金峰值	××	土地款+前期费用
项目净利润	××	
基金总投资	××	
注册资本	××	××
基金股权比例	××%	
基金股权投资	××	××%
基金债权投资	××	××%
基金债权收益率	××%	
基金债权收益	××	
基金股权收益	××	
基金总收益	××	基金投资收益比
基金债权期限	金额	年
其中：	××	1
	××	1.5
	××	2

续表

基金股权期限	××	2.5
	××	3
	加权投资期	加权收益率
基金加权投资期（债权）	××	××%
基金加权投资期（股权）	××	××%
基金加权投资期	××	××%

2. 投资建议

合作主体为全国地产××强，综合实力较强；项目所在区域为二线城市××市，区位较好；我部认为此项目可行。

项目负责人签字：

申请日期：××年××月××日

（15）示范文本：××地产项目投资决策决议

××地产项目投资决策决议

项目名称：	项目负责人：
×××	□通过　□附条件通过　□否决 所附条件： 签字：
×××	□通过　□附条件通过　□否决 所附条件： 签字：
×××	□通过　□附条件通过　□否决 所附条件： 签字：

续表

项目名称：	项目负责人：
×××	□通过 □附条件通过 □否决 所附条件： 签字：
×××	□通过 □附条件通过 □否决 所附条件： 签字：
投决 表决意见	□通过 □附条件通过 □否决 时间：××年××月××日

第七节 基金管理人或基金与融资方签署投资协议等系列法律文件

一、基金管理人等与融资方签署投资主协议

拟投项目经投资决策委员会通过后，基金管理人或基金就应该自行或聘请第三方服务机构律师事务所或自身的法务团队起草投资协议以及一系列的法律文件。投资主协议是整个私募地产投资基金的主协议，它是确定私募地产投资基金、私募地产投资基金管理人与融资方基本权利义务关系的法律文件，是整个私募地产投资中的纲领性文件，是整个私募地产投资中的最重要的法律文件，是对该项投资行为的法律上的概括和阐述，因此必须高度重视。投资协议是一个总称，它包含着一系列的法律协议或函件。由于私募地产投资基金投资方式的不同，投资协议涉及的法律文件也会有很大的差异。如果是债权型的私募地产投资基金投资（2018 年 1 月 12 日中国证券投资基金业协会发布的《中国证券投资基金业协会私募投资基金备案须知》已经基本禁止

债权型投资，但2018年4月中基协会长在中国母基金百人论坛上的讲话指出，将针对股权、债权、收益权三类投资，推出有针对性的备案须知，明显又释放出可以做债权型投资的信号，债权型投资如何操作现在尚未可知。）就会涉及投资协议、委托贷款或信托贷款合同、保证合同、抵押合同、质押合同等；如果是股权型私募地产投资基金，就会涉及投资协议，股东协议，公司章程、保证合同、质押合同、股权回购协议等；如果是夹层型私募地产投资基金，上述债权型投资和股权型投资中的协议都可能存在。下面我们以私募地产投资夹层基金为例，详细列举私募地产投资基金投资过程中涉及的法律文本。

2018年1月12日，中国证券投资基金业协会发布《私募投资基金备案须知》，明确规定，通过委托贷款、信托贷款等方式直接或间接从事借贷活动的不属于私募投资基金范围，协会将于2018年2月12日起，不再办理不属于私募投资基金范围的产品的新增申请和再审申请，因此债权类私募地产投资基金的运作暂时宣告终止，此类地产投资基金以后何去何从现在无从知晓。但是洪磊会长在中国母基金百人论坛发表私募投资基金可以进行债权投资的讲话后，如何进行合规操作，中国证券投资基金业协会尚未给出明确意见和指示。但是鉴于债权型基金在2018年2月12日之前是私募地产投资基金的主要投资形式，在私募地产投资基金领域比重极高，存量极大，因此有必要在详述私募地产投资夹层基金时，将原来夹层地产基金中的上述债权投资部分的运作模式进行一下介绍，以便全面了解私募地产投资夹层基金的运作模式。同时，2018年1月23日，基金业协会召开类REITs业务专题研讨会，并在协会官网和官方微信公众号上发布研讨会相关内容，其中明确，在私募基金投资端，私募基金可以综合运用股权、夹层、可转债、符合资本弱化限制的股东借款等工具投资到被投企业，形成权益资本。因此，股权、夹层、债转股以及符合资本弱化限制的股东借款等工具类型的基金仍可以操作，并可以正常备案。实践中，类债权的以收益权（与债权型基金最大的区别在于部分增信措施有可能做不了）为投资标的的私募投资基金已经有多只通过中国证券投资基金业协会备案，因此在债权型基金受限的情况下，其他变通型的基金备案仍有操作的空间。

（16）示范文本：××项目投资协议

投资协议是私募地产投资基金投资中的主协议，协议主要内容是确定投资事宜、对双方的交易模式、交易条件、权利义务、增信措施等进行明确。

编号：××

××项目投资协议

本投资协议（以下简称本协议）由以下各方于××年××月××日在××签署：

1. ××股权投资管理有限公司（以下简称××或基金管理人）

2. ××投资合伙企业（有限合伙）（以下简称××或基金）

（××和基金合称投资方）

3. ××（实际控制人）

4. ××有限公司（以下简称××集团）

5. ××开发有限公司（以下简称项目公司）

（实际控制人、××集团、项目公司各方合称项目方）

鉴于：

1. ××

2. ××

3. ××

经友好协商，各方同意就上述投资合作事宜订立如下投资协议：

第一条　合作概述

1.1 目标项目

1.1.1 各方确认并同意，××将与××合作按照本协议的约定共同投资××项目。项目描述：××

1.2 预计投资资金

1.2.1 各方确认并同意，目标项目的预计投资资金峰值为人民币××万元。××拟对目标项目投资的投资额为不超过人民币××万元；目标项目预计投资资金剩余部分全部由××负责投入，其中××自有资金对目标项目总投资额为不低于人民币××万元，其余部分由××负责进行外部融资。目标项目的实际投资资金超过上述预计投资资金的部分，××有义务立即调配资金作为股东贷款（不得计收利息和其他任何费用）投入项目公司，以保证目标项目顺利推进。

1.2.2 各方一致确认并同意，鉴于××尚需在市场上进行募集，受市场环境不断波动和变化的影响，××不对××确定完成投资资金的募集提供任何承诺和保证，协议各方也不得以此为由要求××承担任何责任。××以募集所得的资金投资于目标项目，实际投资金额取决于募集结果并以募集结果为限。

1.2.3 此外，××和××可引入合作金融机构参与××对目标项目的投资；××和××引入的合作金融机构对目标项目的投资，视为本协议约定的××对目标项目投资的一部分。

1.3 投资形式

1.3.1××在本协议项下的投资分两部分：一部分以股权投资方式投资，即××收购（或增资）××持有的××的××%股权，详见第3.1条；一部分为债权投资，即××以银行委托贷款形式投资于××，详见第3.2条。

1.4 投资用途

1.4.1 各方一致确认并同意，××对目标项目的投资（包括股权投资及债权投资）应以××认可的方式划付至项目公司，且只能用于目标项目的开发建设，不得用作其他用途。

1.4.2 除本协议另有规定外，××及项目公司应确保××的投资款项最终全部用于目标项目开发之目的。目标项目取得的项目开发贷款及以任何以目标项目作为第三方融资担保而取得的资金均用于目标项目的开发建设，除非项目公司董事会一致同意，不得挪作他用。

1.5 项目交易文件的签订及强制执行公证手续的办理

1.5.1 为履行本协议之目的并在本协议签署之时，本协议各方当事人应就本协议约定的合作事宜另行签署、制作、提交符合、反映本协议约定的如下文件（合称项目交易文件）并办理强制执行公证手续：

（1）本协议各方按照各方均满意的格式签署《投资协议》，对各方在此次投资过程中的权利、义务、责任进行约定，并在上述协议签署之日起10日内办理完毕强制执行公证并将强制执行公证书交付给××。

（2）××、项目公司与委托贷款银行按令各方均满意的格式签署《委托贷款协议》，由××以委托贷款形式发放贷款，并在上述协议签署之日起××日内办理完毕强制执行公证并将强制执行公证书交付给××；

（3）项目公司与委托贷款银行签署《最高额抵押合同》，将××名下土地【国有土地使用证号码：（）；（）平方米】及在建工程抵押给委托贷款银行（作为第一顺位抵押权人），为项目公司按时足额偿还委托贷款本息及向××或其指定主体支付融资顾问费和按照本协议、《委托贷款合同》《最高额抵押合同》应支付的其他款项和费用提供担保。项目公司应在《最高额抵押合同》签署后××日内完成抵押登记并将抵押登记证明（他项权利证书）交付××。项目公司应在《最高额抵押合同》签署后××日内办理强制执行公证并将强制执行公证书交付××。项目公司不得再将上述抵押物抵押给第三方。

(4) ××与委托贷款银行签署《最高额质押合同》，将××持有的××的××股权质押给委托贷款银行（作为第一顺位质押权人），为项目公司按时足额偿还委托贷款本息、向××或其指定主体支付融资顾问费和按照本协议、《委托贷款合同》《最高额质押合同》应支付的其他款项和费用提供担保。××应在《最高额质押合同》签署后××日内完成工商机关股权质押登记手续并将质押登记证明交付××。××应在《最高额质押合同》签署后××日内办理强制执行公证并将强制执行公证书交付××。××不得再将上述质押物质押给第三方。

(5) ××集团及其实际控制人××及配偶××、××、项目公司（以下统称保证人）与××签署《保证合同》，为项目公司按时足额偿还委托贷款本息及向××或其指定主体支付融资顾问费和按照本协议、《委托贷款合同》《保证协议》应支付的其他款项和费用等提供连带责任保证，并在上述协议签署之日起××日内办理完毕强制执行公证并将强制执行公证书交付给××；

(6) ××与××按令双方均满意的格式签署《股权转让协议》（或股权增资协议）及补充协议，约定××受让××持有的××公司的××的股权及股权回购事宜；

(7) ××与××按令双方均满意的格式签署《融资顾问服务协议》，约定融资顾问费的具体支付事宜，并在上述协议签署之日起××日内办理完毕强制执行公证并将强制执行公证书交付给××；

(8) 按令××及××均满意的格式签署体现本协议约定的项目公司新章程/章程修正案，项目公司股东/董事（会）决议（载明接受××成为项目公司的股东）；××指定人士被聘为项目公司董事并体现本协议第4.1和4.2条约定及其他必要事项）；

(9) 其他为本协议项下交易所需之文件。

1.5.2 项目交易文件如与本协议有不一致之处以本协议为准，但各方一致另行书面确认同意对本协议进行修改的除外。如未经××事先书面确认，其他方签署、制定与本协议不一致或冲突的项目交易文件，构成对本协议的违约。

1.5.3××及项目公司保证作出适当的行动并提供所有必要的协助（包括但不限于提供所有必需的文件资料、出具必要的承诺或说明、与有关政府部门沟通等），以保证本协议的履行及与本协议的履行有关的全部事宜能得到全面、有效的执行，使本协议的目的、条款和条件得以实现。

第二条　××划付投资款之先决条件

2.1 先决条件

2.1.1 各方确认，××按本协议之规定划付的每一笔投资款（委托贷款或股权投资）的前提是下列各项先决条件均已全部成就，即××仅在以下所列各项先决条件均成就后才有义务按本协议之规定划付投资款（除非本协议另有约定），但××有权自行决定以书面形式放弃全部或部分先决条件或同意全部或部分先决条件延后满足：

（1）第1.5.1条规定的项目交易文件均已签署并按照约定办理完毕交易文件强制执行公证手续、办理完毕股权质押工商登记手续、办理完毕国有土地使用权及在建工程（或房屋所有权）抵押登记手续，并将相关证明文件交付××；

（2）××已按照本协议的约定将其持有××的××的股权转让给××，并办理完毕股权转让、公司章程、董事的工商变更登记手续，向××出具更新后的登记变更文件；

（3）在××发放委托贷款日之前，××已经向项目公司投入共计人民币××万元（股东借款或股权投资），并向××提供支付凭证。××承诺，在项目公司偿还××委托贷款本息以及其他应支付款项以及××股权投资退出之前，××的上述资金投入不得先于××发放的委托贷款要求项目公司偿还或从项目公司退出；

（4）项目公司应在本协议签署后××日内按照××的要求开立一个账户作为资金监管账户，接受对目标项目的投资，同时项目销售回款（包括但不限于定金、诚意金、首付款、按揭贷款等）应全部汇入到该资金监管账户，并按本协议第××条的约定完成资金归集。该账户内资金专项用于销售回款监管并用于备偿××发放的委托贷款本息以及其他应付的款项和费用以及股权回购价款；若依据当地政府机构有关房地产销售法规及规章要求，部分销售款项需要进入政府机构另行指定的监管账户，则××派驻的财务代表有权实施与本协议第××条约定同等程度的监管；

（5）项目公司应配合××办理完毕项目公司的公章、财务章、合同章、法定代表人人名章等印章的共管手续，具体共管手续的办理按照××投后管理的规定执行。项目公司已按照××投后管理制度约定的要求落实各项监管措施；

（6）项目公司及××集团及实际控制人××、××未违反陈述与保证义务，对各项陈述与保证无重大的瑕疵从而危及本交易；项目公司及××集团及实际控制人××、××未发生或即将发生危及本次交易的重大不利情形以及影响自身经营的重大不利情形；项目公司及××集团及实际控制人××、××在过渡期内履行本协议约定义务，未发生或即将发生严重损害或将要损害项目公以及××权益的行为；

（7）全部资金已经实际募集到位。

2.1.2 为避免歧义，如上述先决条件均已满足，或××书面同意放弃先决条件或同意延后成就时，××集团及项目公司不得拒绝××投资，××集团及项目公司有义务促使上述先决条件得到满足。如××的资金已经到位，但因××集团和项目公司原因导致上述先决条件尚未满足，导致××未能放款的，××集团、项目公司应自××的资金到位之日起，承担××%/年的资金成本，直至上述先决条件满足、××放款之日止。

2.2 收款账户

2.2.1 项目公司应开立接受本协议项下投资款的专用银行账户。项目公司账户内的投资款仅能用于本协议约定的用途；不符合本协议约定用途的，不得支取。

第三条　资金投入

3.1 股权投资

3.1.1 ××向××转让其持有的××的××股权，股权转让价款计人民币××元；股权转让完成后，××持有××的××股权；××有××的××股权。鉴于项目方为本项目的操盘人，项目方在此承诺并提供对赌安排，基金投资期间（含延长退出期间），每年分配的利润不低于其投资额的利润不低于其投资额的××%。如果项目公司每年分配的利润达不到上述数额的，项目方对其差额负责无条件补足。

3.1.2 就股权投资事宜，相关方将签署第1.5条所提及之《股权转让协议》及补充协议、股东会决议、变更后的新章程及其他工商变更登记文件。

3.2 委托贷款

3.2.1 贷款金额：××通过指定银行向项目公司提供委托贷款人民币××亿元（投资款），××将在先决条件成就后或××自行决定放弃或同意延迟成就全部或部分先决条件后，向项目公司提供委托贷款。具体的放款方案如下：××年××月××日前，向项目公司发放委托贷款，人民币××亿元；贷款期限为××个月。委托贷款到期一次性偿还剩余本息。无论每笔贷款到达项目公司指定账户时间为何时，均以委贷银行放出第一笔贷款之日为起算日，满××个月为到期日。除本协议另有规定，上述委托贷款均自各笔贷款到达监管账户之日计息。（具体放款日期、放款金额及贷款期限以《委托贷款合同》为准）。

3.2.2 贷款利率：各笔委托贷款利率均为××/年，项目公司应于委贷银行放出各笔贷款之日起每满××个月之日或××、委贷银行与项目公司另行书面确认的付息日（具体以《委托贷款合同》为准）支付利息，最后一次付息日为该笔贷款到期之日，每笔贷款到期时一次还本。

3.2.3 抵押率：××通过委贷银行向项目公司发放委托贷款时，贷款本金与经××认可的评估公司评估的抵押物价值的比例不超过××%（抵押率）。如果本协议约定的抵押物抵押率不足的，××集团和项目公司应增补××认可的抵押物以使抵押率达到上述要求；××亦可以减少委托贷款的金额，从而使抵押率达到上述要求。

3.2.4 提前还款：委托贷款自各笔贷款发放之日起满××个月之后，项目公示可提前偿还借款，项目公司应在拟定提前还款日前××日书面通知××，每次偿还本金金额不低于人民币××万元的倍数；自各笔贷款发放之日起满××个月之后，××有权要求项目公司提前还款，每次偿还本金金额不低于人民币××万元的倍数。

3.2.5 资金归集：委托贷款届满前××日，监管账户内资金预留金额不得少于××向项目公司发放委托贷款余额的××；委托贷款届满前××日，监管账户内资金预留金额不得少于××向项目公司发放委托贷款余额的××；委托贷款届满前××日，监管账户内资金预留金额不得少于××向发放项目公司委托贷款余额的××；委托贷款届满前××日，监管账户内资金预留金额不得少于××向项目公司发放委托贷款余额的××。上述归集资金专项用于项目公司偿还××委托贷款本息及其他应付款项。若届时监管账户内资金额度未达到上述金额，××集团及实际控制人××及配偶××、××须承担补足义务。

3.2.6 资金调配：本协议履行中，在满足本协议第3.2.5条约定的前提下，在项目公司预留未来××个月项目支出（由××与项目公司均认可的项目预算为准）后，经××同意，××集团可对项目公司富余资金进行调用。如果资金调用后，项目公司资金已经不能满足3.2.5归集的要求，××集团必须将已经调走的资金及时调回以满足该归集的需求。

3.2.7 其他事宜：详见《委托贷款合同》的约定。

3.3 不足资金需求投入

3.3.1 除按照本协议提供的股权投资及委托贷款外，××无义务为目标项目提供额外资金支持。目标项目开发建设以及运营管理如另有资金需求，××集团有义务以股东借款形式补足，不计利息且得不加收任何其他费用。

3.3.2 各方一致确认，如××及其合作金融机构对项目公司的各笔委托贷款到期时，项目公司自有现金流不足以支付到期的委托贷款本息的，则××集团承诺向项目公司提供流动性支持，另行提供额外股东借款用于支付该等不足部分。

第四条 项目公司管理

4.1 项目公司股东会

4.1.1 各方确认，股东会是项目公司的最高权力机构。股东会有权决定项目公司的一切重大问题，并负责制定项目公司基本政策，监督项目公司运营。股东会行使如下职权：

（1）决定公司的经营方针和投资计划；

（2）选举和更换非由职工代表担任的董事、监事，决定有关董事、监事的报酬事项；

（3）审议批准董事会、监事会的报告；

（4）审议批准公司的年度财务预算方案、决算方案；

（5）审议批准公司的利润分配方案和弥补亏损方案；

（6）对公司增加或者减少注册资本作出决议；

（7）对公司股东变更或股权结构变更作出决议；

（8）对发行公司债券作出决议；

（9）公司合并、分立、解散、清算或者变更公司形式作出决议；

(10) 出售、转让、赠与或以其他方式处置其债权、重大资产；

(11) 修改公司章程；

(12) 法律法规规定的其他职权。

××对项目公司投资期间，股东会需经全体股东出席方可召开，股东会审议事项须经全体股东一致通过方为有效。

4.1.2 股东会可不召开股东会会议而直接做出决议。前提是该等决议必须送交全体股东并经全体股东适当签署后方为有效。

4.1.3 各方同意，本条相关事宜应在项目公司章程中予以体现。

4.2 项目公司董事会

4.2.1 项目公司设董事会，成员××名，××有权委派××名董事。(1) 未经××事先书面同意，××集团及项目公司不得以任何理由罢免或更换基金委派的董事人选，但××有权随时更换其委派的董事且基金更换的董事自基金书面通知项目公司之日起行使职权，其他各方应予以配合；(2) ××委派的董事任期届满时，项目公司应无条件续聘。

4.2.2 董事会会议每【季度】召开一次。董事会对项目公司股东会负责，董事会行使下列职权：

(1) 审议项目公司章程的修改方案；

(2) 审议项目公司注册资本的增加或者减少方案；

(3) 审议项目公司的解散方案；

(4) 审议项目公司合并、分立和变更组织形式的方案；

(5) 审议项目公司的年度财务预算方案、决算方案以及对年度预算方案、决算方案的重大调整和修改；

(6) 审议项目公司的利润分配方案和弥补亏损方案以及对利润分配方案和弥补亏损方案的调整和修改；

(7) 审议批准项目的商业计划书（项目销售计划、施工进度计划、成本、费用预算、税收计划、融资及资金收支计划等），以及对上述计划书的重大调整和修改；开盘时间及销售进度；

(8) 审议批准项目公司对外借款/贷款及提供担保（包括但不限于任何第三方、子公司、股东、雇员等）；审议项目公司的任何对外投资、收购、兼并、重组或类似事项；

(9) 审议项目公司所拥有的股权、债权、重大资产的让与、出售、转让、负担、处置、重组等相关事项；

(10) 审议批准承担项目公司审计任务的会计师事务所（独立审计师）的选聘和更换；

(11) 审议批准项目公司签署或修改标的额达到或超过人民币××万元的合同，但公司正常商品房预售/销售合同除外；

(12) 审议批准项目公司提起或终结或涉及标的公允金额达到或超过人民币××万元的重大诉讼、仲裁、行政处罚。

(13) 公司法规定的应由董事会决定其他事项。

××对项目公司投资期间，董事会应经全体董事出席方可召开，董事会审议事项必须由全体董事一致同意后方可通过；

4.2.3 就前述第4.2.2条所述须经董事会全体董事一致决议通过的事项，董事会可不召开董事会会议而直接做出决议，前提是该等决议必须送交全体董事并经全体董事适当签署方为有效。

4.2.4 各方同意，本条相关事宜应在项目公司章程中予以体现。

第五条　项目公司投后管理、审计、利润分配

5.1 投后管理

5.1.1 本协议签署后，××将委派财务代表（任职项目公司财务副总监职位）和成本代表（任职项目公司成本副总监职位）作为××派驻人员（以下简称派驻人员）对项目公司的印章和证照、监管账户和资金、销售、合同、工程进度、成本等进行监管；监管人员的委派、变更由××自行决定。派驻人员的薪酬待遇由项目公司承担，由××负责发放，薪酬待遇标准按人民币××万元/年执行。

5.1.2 本协议签署后，项目公司应在首个放款日前将项目公司的公章、财务专用章、法定代表人人名章及监管账户网银密钥移交给派驻人员保管；如果相关印章等在本协议签署时尚未取得，则该等印章应在取得当日移交给派驻人员保管。

5.1.3 项目公司应当向××详尽披露其截至本次委托贷款发放之日所开立的境内外全部银行账户。自首笔委托贷款达到监管账户之日起，派驻人员参与项目公司合同的会签和付款的审批，对于违反本协议及相关协议约定的情形，派驻人员有权拒绝证照、印章、网银等的使用。

5.1.4 派驻人员有权列席项目公司召开的财务资金、项目运营等相关会议，项目公司不应拒绝；项目公司应在会议召开前提前通知派驻人员，以确保派驻人员可及时参加。

5.1.5 项目公司应将销售所得（包括但不限于定金、诚意金、首付款、按揭贷款等）的全部款项（以下简称销售款）存入本协议有效监管的银行账户，否则派驻人员有权暂停项目公司所有对外支付；销售款应用于本协议的约定进行归集和沉淀，以及用于项目公司项目的开发建设；未经××事先同意，项目公司不得将销售款用于其他用途。

5.1.6 项目公司应于放款日前为派驻人员开立其管理系统（如财务系统等）的账号，该账号及其密码由派驻人员保管和使用，且应具有查询系统内相关信息的权限和本协议约定的审批权限；同时，派驻人员有权随时要求查询项目公司全部银行账户的信息、银行流水及余额。

5.1.7 在××对项目公司发放委托贷款期间，项目公司按时向××提供标准信息，包括但不限于在各日历年度结束后60日内提供项目公司经审计的年度财务报告，以及在每一日历月度最后一天后的10日内，每一日历年度最后一天后的30日内提供该月度、年度的资产负债表、损益表和现金流量表；

5.1.8 在本协议签署后两个月内向××提交目标项目公司经董事会确认通过的商业计划书，内容包括但不限于项目销售计划、施工进度计划、成本、费用预算、税收计划、融资及资金收支计划等。

5.2 审计

5.2.1 项目公司每年应进行财务审计并向股东提交审计报告，以项目公司董事会批准的会计师事务所审计结果为准。

5.2.2 若任何一方对该审计报告有重大疑问时，可自行聘请有资质的审计师复审账目，但若未审核出重大差错则需自行承担复审审计费用。如复审结果认为第5.2.1条的审计报告存在重大差错的，复审审计费用由项目公司承担，且项目公司应要求项目公司聘请的会计师事务所按照复审结果调整审计结果。

5.3 利润分配

5.3.1 项目公司利润分配或亏损弥补方案由项目公司董事会制订，报经股东一致批准后实施。

5.3.2 协议各方一致同意，在××行使退出权且足额收回委托贷款本息以及其他应付款项之前，未经××书面同意，项目公司将不得向股东进行任何利润分配（如分配利润用于偿还××向项目公司的委托贷款除外）。

第六条　担保及风控措施

6.1 保证担保

6.1.1 保证人××集团及实际控制人××及配偶××、××就项目公司偿还××委托贷款本息事项向委贷银行及××提供连带责任保证。具体的权利、义务、责任详见《保证合同》的相关约定。

6.2 股权质押

6.2.1××将其持有项目公司××股权就项目公司偿还委托贷款本息及其他等相关债务向××提供质押担保。具体的权利、义务、责任详见《股权质押合同》的相关约定。

6.3 土地以及在建工程抵押

6.3.1 项目公司将其持有的项目地块土地使用权以及在建工程就项目公司偿还委托贷款本息等相关债务向委贷银行提供土地抵押担保。具体的权利、义务、责任详见《最高额抵押合同》的相关约定。

6.4 担保权利的行使

6.4.1 就任何一项债权，如果同时有保证担保、质押担保、抵押担保时：××及委贷银行有权选择单独或同时行使各项担保权利，并有权自行决定行使各项担保权利的顺序；××及委贷银行未行使、变更或放弃其在本协议及相关项目交易文件项下部分担保权利的，不影响××及委贷银行享有的其他担保权利，相应的担保提供人仍应按本协议及相关项目交易文件的约定承担担保责任。

第七条　交易费用承担

7.1 交易费用

7.1.1 为实施本协议项下投资而必要的相关税费（包括但不限于项目公司股权变更登记费用、委托贷款费用、评估费用、××退出项目公司发生的项目公司清算费用、××聘请法律及财务顾问费用、审计费用等），均应由项目公司承担。××不承担该等费用，××根据本协议及项目交易文件取得的委托贷款本息、股权回购款、财务顾问费收入均应为实际净收入。

7.1.2××发生的直接费用（包括但不限于资管计划管理费、聘请托管银行的管理费、有限合伙企业设立和变更费用、××应缴纳的各项税费等），由××承担。

第八条　陈述与保证

8.1 各方的陈述和保证

为履行本协议的目的，各方陈述和保证，截至本协议签署日：

（1）各方拥有完全合法的权利和授权签订本协议并根据本协议履行约定义务，各方在本协议上签字的代表已经获得充分的授权签署本协议，不存在权利上的瑕疵。

（2）各方承诺并保证责成各自的公司的股东会和/或董事会就本次股权转让的任何相关事项予以批准或同意，不造成不必要的拖延或履行相应的内部手续并经批准或同意，不存在任何内部程序上的瑕疵。

（3）就各方现在所知，订立和履行本协议将不会造成双方违反：

a. 中国法律、法规和政府主管部门的有关规定或任何政府部门的授权或批准；

b. 各方的股东出资协议、合作协议、公司章程、营业执照或其他组织性文件；

c. 各方订立的对其本身或其资产有约束力的任何重要协议和协议或对其有约束力的任何单方/双方承诺或保证；如有违反的情况，双方已经在本协议生效前获得该等协议和协议之他方的同意、许可或放弃；

d. 任何对其有约束力的法院判决或仲裁庭的仲裁裁决或对其有管辖权的任何政府或主管机关的命令或裁决。

（4）各方不会进行与本协议或与执行本协议约定的相违背或违反的其他任何行为；各方应采取合理的、必要的、合适及可取的措施以完成和执行本次交易。

（5）各方同意：如果作为批准或许可本协议规定的交易的条件，行政许可、审批或备案机关要求对本协议、新章程或任何补充协议作重大的修改，各方应当善意的进行协商并尽力按照上述行政/主管机关的要求进行修改。

（6）本协议生效前，各方均应当自行承担各自所发生的所有成本、费用、支出或款项。一方承诺不得向其他方主张（无论采取何种方式）上述成本、费用、支出或款项，其他方也无支付的义务。除非本协议另有规定，所有的营业税、印花税、转让税、使用税、增值税、登记费、总收入或类似费用以及与本协议项下的交易有关的所有备案和登记费用，应由适用法律或司法区域的惯例规定应当承担的一方承担，或若无相关规定、惯例或约定时，由各方平均分担。

(7) 在本协议履行完成之前，每一方应及时就以下情况向其他方发出书面通知：发生导致或可能导致任何该一方于本协议作出的陈述或保证不真实、不准确、不完整的任何情况；该方出现不能够符合或满足本协议规定的需要符合或满足的任何重大承诺、前提、条件或状况。

8.2 关于××集团、项目公司的陈述和保证

为履行本协议的目的，××集团以及项目公司共同连带地就目标项目和项目公司向××陈述和保证如下：

(1) 项目公司所属股权已经全部实际出资完毕并已经取得中国注册会计师事务所的验资报告，上述股权上未设定也不存在任何第三人的所有权、共有权、抵押权、质押权、留置权或其他第三者权益，不存在任何纠纷、争议或权利瑕疵、不存在被查封或其他限制股东行使股权权利的其他情形，亦不存在对上述股权出资抽逃或变相抽逃的情形。

(2) 除事先声明及披露的之外，项目公司向××提供的全部书面文件/资料，以及通过口头等其他非书面方式提供的文件/资料均真实、准确、完整和有效，不存在重大遗漏、虚假性记载或误导性陈述。××集团、项目公司所提供的书面文件的复印件均与原件一致、副本均与正本一致。

(3) 除事先声明及披露的之外，××集团、项目公司披露的项目公司所有工商档案信息均真实、合法、有效、完整，没有包含或不存在任何不真实的描述或陈述，亦不存在任何忽略、隐瞒、误导和遗漏的情形。

项目公司有效合法存续并已经通过工商历年年检，其已经按照国家和地方的规定办理完毕工商注册及其变更登记手续，不存在或具有任何可能导致其终止、停业、解散、清算、丧失法人资格的情形或法律程序。

(4) 除事先声明及披露的之外，××集团、项目公司披露的项目公司所有相关经营资格及其许可文件及资质文件均真实、合法、有效、完整，没有包含或不存在任何不真实的描述或陈述，亦不存在任何忽略、隐瞒、误导和遗漏的情形。

项目公司合法合规从事经营活动，拥有从事项目公司业务范围的所需的所有政府批准、许可、登记、备案、认证等相关经营及资质文件，所有上述文件有效并可持续使用，没有任何现实或潜在的可能导致上述政府批准、许可、登记、备案和认证文件被取消、收回或失效的事由发生。

(5) 除事先声明及披露的之外，目标公司披露的财务报表/数据以及××集团、项目公司披露的财产清单中反映的公司的各项资产/数据均真实、合法、有效、完整，没有包含或不存在任何不真实的描述或陈述，亦没有存在任何忽略、隐瞒、误导和遗漏的情形。

项目公司所属资产完整、充分不存在权利上的任何瑕疵，其可以按照中国法律转让或以其他方式依法处置，在上述资产上不存在任何第三人的权利，也没有被法院、仲裁机构或其他有权机构采取的查封、冻结、扣押等强制措施，其资产也不存在任何保留所有权或其他可能影响完整的所有权的安排或负担。

项目公司所拥有及使用的知识产权均为公司的合法有效财产，其对知识产权享有完整、充分的所有权且无任何权利负担，所有权利均经过相关的政府部门批准或备案，并按时缴纳相关费用，以维持权利的持续有效，不存在无效的情形。

(6) 除事先声明及披露的之外，项目公司披露的公司所属项目的开发建设的行政许可、审批或备案手续和文件均真实、合法、有效、完整，没有包含或不存在任何不真实的描述或陈述，亦没有存在任何忽略、隐瞒、误导和遗漏的情形。

项目公司已经按照国家和地方法律、法规、规章以及规范性文件的规定对所属项目进行了合法的开发和建设，所有固定资产投资所需的行政许可、审批或备案手续均已经合法办理并取得项目投资建设的合法文件，所有项目均合法的可以通过国家和地方主管行政机关的验收并取得相应的验收文件，上述项目取得或办理相应的产权证明以及进行交易亦无法律上的障碍或瑕疵。

(7) 除事先声明及披露的之外，××集团、项目公司披露的所有重大协议的签订、履行和终止情况均真实、合法、有效、完整，没有包含或不存在任何不真实的描述或陈述，亦没有任何忽略、隐瞒、误导和遗漏的情形。

项目公司已按通常的商业惯例并依据协议条款履行重大协议，不存在任何已经发生的或潜在的违约行为，也不存在可能导致项目公司承担违约责任及/或赔偿责任的情形，亦不存在未按照法律的规定进行备案的情形。

项目公司均没有在披露信息之外另行订立的协议或安排，或受到这些协议或安排的义务的限制，或订立了具有不寻常、承担过重义务或期限过长的或具有非正常交易性质的任何协议或安排，或受到这些协议或安排的任何义务的限制。

(8) 除项目公司的财务报表以及××集团、项目公司披露的其他财务文件反映的债务之外，项目公司不存在任何其他债务（包括已有既存债务及由于公司提供保证、抵押、质押或其他形式的担保或协议违约所产生的或然债务），已披露文件没有包含或不存在任何不真实的描述或陈述，亦没有存在任何忽略、隐瞒、误导和遗漏的债务的情形。

若项目公司存在其他债务但××集团、项目公司未进行披露，××集团应自行承担该债务。如果法院判决或仲裁裁决或债权人要求项目公司承担未披露的债务，××集团应直接向有关债权人清偿债务；如果项目公司承担了债务，××及项目公司有权向××集团追偿，××集团应立即无条件无保留的偿还。

本协议的签订和履行将不会导致目标公司的债权人（包括但不限于贷款银行）有权宣布债务提前到期或要求提供担保或提高利息或在其他方面改变债务条件和条款；如果有上述事宜发生，甲方应立即无条件无保留的承担有关责任。

(9) 除事先声明及披露的之外，项目目标已经披露的正在进行或已经完结的诉讼、仲裁、争议、行政处罚或任何其他法律程序均真实、合法、有效、完整，没有包含或不存在任何不真实的描述或陈述，亦没有存在任何忽略、隐瞒、误导和遗漏的情形。

××集团、项目公司保证项目公司不存在任何其他正在进行或已经完结的诉讼、仲裁、争议、行政处罚或任何其他法律程序，或存在任何就该等诉讼、仲裁、争议、行政处罚或任何其他法律程序未履行之判决或命令。××集团、项目公司亦进一步保证项目公司不存在有可能引起前述诉讼、仲裁、争议、行政处罚或其他法律程序的行为或事件。

8.3 过渡期安排

(1) 自本合同签署之日起至委托银行放款之日的期间为过渡期。

(2) 过渡期内，××集团同意××派驻人员参与并监督项目公司的日常经营工作。对于项目公司的日常经营管理事项，各方应共同决定并且将对共同对决定事项进行书面确认，××集团不得无故为××参与管理制造障碍。对于××集团和项目公司自行决定的行为或事项，××不承担任何责任并将索赔。

(3) 过渡期内，××集团、项目公司应尽一个诚实、善良、诚信的管理人的职责，保证项目公司平稳、持续、合法的经营，采取所有合理的步骤以保存和保护公司的资产及其商誉，继续为项目公司创造经营收益。

(4) 过渡期内，××集团、项目公司不得从事任何有损于项目公司或××权益的行为，尤其是应保持公司核心经营管理团队人员的稳定。

(5) ××集团、项目公司不对其任何实质性业务、项目公司资产设定任何新的债务负担，包括但不限于在资产和业务上设置抵押、质押、留置、出借、出租、转让等；不与其关联方或实际控制人发生任何新的关联交易，以及不发生任何新的资产被关联方占用的情况；依诚信原则维持与其客户、员工、债权人，以及与其往来的其他人之间的原有关系。

(6) 过渡期内××集团保证自己和其他股东不转让其所持有的部分或全部项目公司股权或在其上设置质押等权利负担；保证自己和其他股东不得再对项目公司进行增资或减资或融资等活动；保证自己和其他股东不得进行利润分配或变相利润分配；保证自己和其他股东不对项目公司股权或其衍生权益进行委托、信托等行为；保证自己和其他股东不得运用其股东权利从事任何违反法律以及本协议的行为。

8.4 陈述和保证不实的后果

如果一方在本条所作的任何陈述及保证与事实不符，则视为该方违约，并适用本协议第十条的规定。守约方除可根据本协议或适用法律寻求任何其他救济之外，还有权要求违约方赔偿因其违约行为而造成的任何损失。

第九条 本协议签署后的承诺

9.1××集团及项目公司的承诺

××集团及项目公司共同及连带地向××承诺，在本协议签署后：

(1) 项目公司依法按照国家规定的固定资产报批报建流程进行项目开发经营，保证依法进行项目的开发建设取得项目的各项开发建设手续以及后续项目销售手续。项目公司将按照法律法规要求及时申领维持其正常经营所必需的一切许可、特许、政府批准（包括但不限于《房地产开发企业资质证书》），该等许可、特许、政府批准始终保持其完全效力。

(2) ××集团、项目公司应根据本协议之规定足额按时地向项目公司提供资金投入；××集团负责委派专业人员对项目公司进行管理运营，确保项目的开发建设进度；××集团允许项目公司依照本协议约定无偿使用××集团拥有的专业技术、品牌、商标等方面的知识产权。

(3) ××对项目公司投资期内，除非经××事先书面同意，××不以任何形式处置其对项目公司的股权及/或任何债权/或其他权益（包括已有债权及对项目公司的新增债权，下同），也不得对外设定土国有土地使用权及其在建工程抵押、房屋所有权抵押、股权质押，不得对外提供担保。

(4) ××对项目公司投资期限内，除非经××事先书面同意，项目公司不得对外借款/贷款及提供担保（包括但不限于任何第三方、子公司、股东、雇员等，但为购房客户提供按揭担保除外）；

(5) 严格按照国有土地出让合同的约定确保目标项目的开发与建设（包括但不限于开发与建设方式、规划设计要求、开发建设进度及相关证照），并保证符合国家法律法规以及相关政府部门的要求。严格按照国家和地方规定确保目标项目的销售、销售资金监管以及相关登记备案手续等符合国家法律法规以及相关政府部门的要求。不存在因前述项目销售事项违规或违反相关合同约定而可能导致××或项目公司权益减损的情形。

第十条　提前退出

10.1 投资后因违约××提前退出

发生如下任何一项违约情形时，××有权选择提前退出：(1) 违反《委托贷款合同》的有关约定未能足额支付委托贷款本息以及其他应付的款项以及其他应付的款项；(2) 违反本协议协议 1.2.1 的义务；(3) 违反本协议第 1.4 条的相关约定；(4) 违反本协议第 1.5 条相关约定；(5) 违反本协议第 2.1 条的相关约定；(6) 违反本协议第 3.2.3 和 3.2.4、3.2.5、3.2.6 条的相关约定 (7) 违反本协议第 4.1、4.2、5.1、5.3 条的相关约定；(8) 违反本协议第 8.2、8.3 和第 9 条的相关约定；(9) ××集团或其实际控制人或项目公司涉嫌犯罪或被司法机关采取强制措施；(10) ××集团或项目公司被申请破产、解散、清算、被吊销营业执照，或者主动提出破产、解散、清算、注销工商登记的申请，或者进行分立、重组；(11) ××集团或项目公司实施承包、租赁、合并、兼并、合资、分立、联营、股份制改造等改变经营方式或转换经营机制的行为，已经或可能影响或损害××或基金在本协议及项目交易文件项下的权益；(12) 未履行本协议约定的其他义务，并在××发出纠正通知后××日内仍未纠正的。

10.2 违约救济措施：

发生上述违约情形之一，××有权采取下列任一或/和多项措施且不受权利行使顺序限制：(1) 解除本协议以及委托贷款合同并宣布各笔贷款提前到期，要求返还贷款本息及其他应付款项；(2) 要求保证人承担连带保证责任；(3) 处置抵押物及质押股权；(4) 行使降价销售权。项目公司应按照××指定价格销售目标项目的房产（含车库、商业等）；或××以项目公司名义销售目标项目房产（含车库、商业等），直至销售收入足以偿还贷款余额本息以及其他款项；(5) 按委托贷款余额×【5%】的标准要求××集团和项目公司支付违约金并赔偿给××造成的损失（包括诉讼过程中发生的各种费用）；(6) 采取本协议或项目交易文件规定的其他救济措施；及采取其他××认为合理的救济措施。

第十一条　通知

11.1 通知送达

任何一方向任何其他方发出与本协议有关的通知、要求或信息传达，应采用书面形式，并以专人送递、传真、电传或邮寄方式发出。除非有证据证明其已提前收到，否则：

(1) 在派专人交付的情况下，通知于送至指定地址之时视为送达；

(2) 在通过邮资预付的挂号邮件或快递发出的情况下，通知于邮寄或快递后七个工作日视为送达；

(3) 在通过航空邮件邮寄的情况下，通知于邮寄后五个工作日视为送达；

(4) 及在以传真发送的情况下，通知于发件人传真机记录传输确认时视为送达。

11.2 通知地址

各方指定接收通知的地址如下。任何一方可以书面形式向其他各方通知变更通知送达地址。

给××的通知发送至：

地址：

电话：

收件人：

给××集团的通知发送至：

地址：

电话：

收件人：

给项目公司的通知发送至：

地址：

电话：

收件人：

第十二条　其他

12.1 保密

各方均有义务对本协议约定内容、与各方合作相关的全部信息、因本次合作而知悉的对方商业秘密采取保密措施，未经一方书面同意，不得向任何第三方披露，否则，违反保密义务的一方应赔偿守约方因此受到的全部损失。

12.2 修订

任何对本协议的修改或修订均应以书面形式作出、取得××合作的金融机构的事先同意并经各方签署后方能生效。

12.3 独立性

如因中国法律的原因导致本协议或各方间的任何其他协议或合同的任何条款无效或不能执行或变得无效或不能执行，本协议或各方间的任何其他协议或合同之其余条款的有效性应不受影响；各方应尽力寻求一个有效和可执行的且最能反映各方签约时之商业意图的替代条款。

12.4 弃权

如一方未行使或延迟行使本协议项下的任何权利或救济，将不应被视其放弃了该等权利或救济。对任何权利或救济的单项或部分行使也不应阻碍将来行使该项权利或救济。

12.5 转让

未经××及其合作的金融机构书面同意，××、项目公司不可部分或全部转让本协议项下的权利义务；××可以部分或者全部转让本协议项下的权利义务，但是需要提前××天以上书面通知××集团和项目公司。

12.6 争议解决

由本协议引起的或与本协议有关的，包括本协议的效力、无效、违约或终止的任何争议、争论或主张，应由各方协商解决。协商解决不成的，各方应将该等争议、争论或主张提交本协议签署地的人民法院解决。

12.7 强制执行公证手续的办理

（1）本协议各方共同确认：根据有关法律规定已经对强制执行公证的含义、内容、程序、效力等完全明确了解。经慎重考虑决定，自本协议签订之日，本协议各方自愿办理本协议的公证并赋予强制执行效力，为办理强制执行公证所交纳的公证费用由项目公司承担。

（2）项目方任何一方：如地址、联系方式等发生变更时，自前述变更发生之日起××个工作日内将变更通知送至××及公证处承办公证员并取得回执。否则，××因业务需要按照本协议所约定的各方联系方式对其送达有关文件时，不论各方是否收悉，自发出之日起××个工作日，视为××已履行了送达义务。在此情况下，项目方自愿放弃对××所负通知义务的抗辩权。

（3）对本协议中所约定的义务无异议，各方共同确认：如项目方不履行、不能履行或不适当、不完全履行本协议项下的义务，××有权向项目方任何一方发出履行通知书。如自××发出履行通知书的××个工作日内，项目方任何一方均仍不履行其在本协议项下的义务时，则××可直接向公证处申请出具执行证书，继而向有管辖权的人民法院申请强制执行，而无须经过诉讼程序，同时，项目方均放弃对××直接申请强制执行的抗辩权。

（6）关于强制执行公证的约定优先于本协议争议解决条款执行。

12.8 特别约定

针对××合作的金融机构提供的委托贷款，各方、委贷银行和××合作的金融机构届时将另行签署《委托贷款合同》《保证合同》《股权质押合同》《抵押合同》《资金监管协议》及其他相关配套协议（具体以实际签署的协议名称为准，合称“委托贷款相关配套协议”）。本协议的约定与委托贷款相关配套协议的约定不一致的地方，以委托贷款相关配套协议的约定为准。

未取得××合作的金融机构事先的书面同意，本协议的任何约定不应损害××合作的金融机构作为委托贷款的委托人和实际的债权人享有的全部合法权益和权利，亦不应实质性增加××合作的金融机构应承担的义务和责任。

12.9 生效

本协议应于各方当事人自然人签字、非自然人盖章后生效。本协议一式××份，其中各方各持××份，每份具有同等法律效力。

【以下无正文，为《××之投资协议》签署页】

××有限公司（公章）
法定代表人签章：
××合伙企业（有限合伙）（公章）
执行事务合伙人委派代表签章：

××有限公司（公章）
法定代表人签章：

××有限公司（公章）
法定代表人签章：

二、基金管理人或基金与银行、借款人签署委托贷款协议

委托贷款合同，即基金或基金管理人委托银行金融机构向融资人发放贷款的合同。实践中，委托贷款合同有两种操作模式，一是基金或基金管理人（委托人）、借款人（融资方）与银行（借款人）签署一份三方合同，在三方合同中约定各方的权利义务责任关系；二是基金或基金管理人（委托人）与银行（受托人）签署《委托贷款委托合同》，约定基金委托银行进行放款；银行（贷款人）与融资方（借款人）再签署一份《委托贷款借款合同》，由银行向融资方进行放款。这两种操作模式本质上并无实质区别，主要是看各个银行倾向于哪种模式操作。实践中需要注意的是，由于银行在委托贷款法律关系中只是作为一个通道，基本不产生任何权利义务责任关系。因此，如果基金在投资中出现风险进而导致纠纷，银行一般不会主动承担起诉讼义务。当私募投资基金出现法律纠纷时，基金或基金管理人往往会受到融资方以基金不是借款主体为由进行抗辩，不过现在实践中最高人民法院已经通过判例确定出借人可以直接向借款人主张权利。

(17) 示范文本：××项目委托贷款合同

××有限公司委托贷款合同

合同编号：××
委托人：××
借款人：××
贷款人：××

目　　录

第1条　委托贷款金额
第2条　委托贷款用途
第3条　委托贷款期限
第4条　委托贷款资金账户
第5条　先决条件
第6条　提　　款
第7条　利息及手续费
第8条　提前还款
第9条　付款规定
第10条　银行工作日
第11条　陈述与保证
第12条　承　　诺
第13条　违约事件
第14条　税收与费用
第15条　合同的转让
第16条　合同的修改
第17条　通　　知
第18条　部分无效
第19条　贷款人义务范围及免责
第20条　适用法律和管辖
第21条　协议文本

第22条　生效及变更

第23条　特别提示

本××有限公司委托贷款合同（以下简称本合同）由以下各方于　　年　　月　　日在××市××区签署：

委托人：××（以下简称委托人）

借款人：××（以下简称借款人）

贷款人：××有限公司（以下简称贷款人）

鉴于：

(1) 委托人拟委托贷款人根据本合同的条款与条件用委托人的自有资金代为向借款人发放贷款；

(2) 在委托人承担全部贷款风险的前提下，贷款人接受该等委托。

各方经友好协商一致，达成如下协议：

第1条　委托贷款金额

贷款人接受委托人的委托，向借款人发放金额总计不超过RMB××元（大写：人民币××元整）的委托贷款。上述委托贷款可一次或多笔发放，但不可循环使用。

第2条　委托贷款用途

本合同项下贷款的用途仅限于××项目建设。

第3条　委托贷款期限

3.1 本合同项下的每一笔委托贷款期限不超过两年，其中第一年归还本金人民币××元，第二年归还本金人民币××元，每期本金相对应的利息应利随本清。具体的贷款期限以委托人和借款人按照本合同约定向贷款人提交的提款通知书中列明的为准。

3.2 本合同项下的委托贷款不得展期，但经委托人、贷款人同意的除外。

第4条　委托贷款资金账户

4.1 委托人已在贷款人处开立并将维持以下结算账户作为委托贷款资金账户（以下简称委托账户）。

开户人：××

开户银行：××有限公司

账号：

第5条　先决条件

5.1 本合同生效的先决条件：

借款人和委托人已经向贷款人提供了在形式和内容上都符合贷款人要求的本合同附件一（先决条件文件）中所列的全部文件。

5.2 借款人在提用本合同项下每一笔贷款时，必须满足如下先决条件：

（1）本合同已生效；

（2）借款人应在提款期内并应至少于计划提款日之前1个银行工作日上午向贷款人发出一份格式如本合同附件二（提款通知书格式）的提款通知书，该等提款通知书应当经委托人会签加以确认；

（3）委托人已按照要求在贷款人处开立了委托账户并且委托账户中有足够的资金用于发放贷款；

（4）担保合同/文件已经生效，任何所需的政府部门批准、登记或其他手续均已办理完毕，借款人或委托人并已按照贷款人的要求将担保合同/文件以及所需批准、登记或其他手续等证明文件提交贷款人。

（5）借款人和委托人不存在已发生并且正在持续的违约事件；

（6）中国法律规定及合同各方约定的其他条件已经满足。

5.3 贷款人必须作为委托贷款的资金监管行，借款人在贷款人处设立资金监管账户，与贷款人签订资金监管协议，明确项目销售回款全部归集至资金监管账户。贷款人有权通过资金监管账户对委托贷款和销售回款资金的流入及流出等情况进行全程监管，具体使用时由贷款人审批同意。借款人在每次还款到期前5个工作日须将全部偿付资金本息足额划入资金监管账户，确保按期、足额兑付贷款本金和利息。

5.4 办妥××合法有效的保证担保手续；办妥××股权质押手续以及编号为××的土地使用权抵押手续。

第6条　提　　款

6.1 本合同项下委托贷款的提款期自本合同第5.2条规定的先决条件具备之日起至××年××月××日止（以下简称提款期）。所有提款均应在提款期内的银行工作日进行。任何未提取的委托贷款金额将在提款期最后一个银行工作日结束后自动取消，不得再提用。

6.2 提款通知书是本合同的组成部分，本合同项下所有关于提款和还款的约定均以借款人和委托人按照本合同约定向贷款人发出的提款通知书中载明的相关内容为准，该等提款通知书是不可撤销的，一经发出即对借款人及委托人具有约束力。

第7条　利息及手续费

7.1 本合同项下每一笔贷款适用的年利率为××%（含增值税），贷款期限内前述利率固定不变。每一笔贷款的利息应按实际发生的天数在一年360天的基础上计算。

委托人和借款人经协商一致可调整利率或变更计息方式，委托人和借款人应就该调整或变更协商一致并取得贷款人的同意。贷款人同意该等调整或变更，应于贷款人收到并同意该书面通知之日的下一个银行工作日起生效。

7.2 本合同项下每一笔贷款的结息方式为：

□按季结息。结息日为每季末月的20日。如借款本金的最后一次偿还日不在结息日，则未付利息应利随本清；

□按月结息。结息日为每月的20日。如借款本金的最后一次偿还日不在结息日，则未付利息应利随本清；

□利随本清。结息日为贷款期限到期日的前一日。

7.3 首次付息日为××年××月××日，除首次付息日外借款人须于每一结息日的下一个银行工作日付息。借款人应在付息日之前在借款人资金监管账户中备足当期应付的利息金额，并不可撤销的授权贷款人于付息日直接从该账户中扣除到期应付金额。

7.4 如果借款人出现挪用贷款的情形，对挪用部分，从挪用之日起直至清偿贷款本息之日止，按照挪用贷款计收罚息，罚息利率为原贷款利率加收100%的年利率。如果借款人未能按期偿还本合同项下的任何款项，则自逾期之日起直至清偿该贷款本息之日止，按照逾期贷款计收罚息，罚息利率为原贷款利率加收50%的年利率；如发生贷款逾期并且借款人挤占挪用同一笔贷款，贷款人有权决定收取由该笔贷款产生的罚息中的较高者。对于贷款项下未能按时支付的利息，按上述罚息利率计收复利。

7.5 每一笔委托贷款的手续费以贷款金额和贷款期限为基础，按年费率（　/　）‰计算，手续费在发放每一笔委托贷款时按照贷款人要求一次性向贷款人支付。贷款期限不足3个月的，按3个月收取。上述手续费包含增值税。

7.6 如发生本合同第8条规定的提前还款，贷款人无须退还在该笔贷款项下已收取的手续费。

7.7 如发生本合同第3.2条规定的贷款展期，展期手续费以展期贷款金额和展期期限为基础，按月费率（ / ）‰计算，手续费在贷款展期时按照贷款人要求一次性向贷款人支付。上述展期手续费包含增值税。

7.8 如委托贷款发生逾期，逾期时间在一个月以内（含一个月）的免收手续费；逾期时间在一个月以上（不含一个月）的，则逾期手续费应以逾期贷款金额和逾期天数为基础，在一年360天的基础上按年费率（ / ）‰计算，在归还贷款时按照贷款人要求一次性向贷款人支付手续费。上述逾期手续费包含增值税。

7.9 本合同项下委托贷款的手续费支付方为委托人，贷款人在此获得支付方不可撤销的授权，可在发放每一笔委托贷款之前或者贷款展期之前或者逾期贷款归还时从支付方在贷款人（包括贷款人分支机构）处开立的任何账户中扣收该笔委托贷款应付的手续费。

7.10 上述服务费用为优惠后的服务费用，优惠前的服务费用为：××。

与服务费用有关的例外条款或限制性条款：无。

第8条　提前还款

借款人提前偿还本合同项下部分或全部贷款的，应提前30天向委托人及贷款人提交书面申请。

第9条　付款规定

9.1 在借款人应于本合同项下每一笔委托贷款的到期日前5个工作日在借款人资金监管账户中备足应付本息，以支付该等到期款项。借款人在此不可撤销地授权贷款人，在有关到期日从上述借款人资金监管账户中扣收借款人到期应付的任何款项。

9.2 贷款人应将其自借款人资金监管账户扣收的款项于相关扣款日划入委托账户。

9.3 任何罚息、违约金或其他类似费用应按有权收取该费用的一方不时指定的时间和方式支付。

第10条　银行工作日

10.1 银行工作日是指贷款人对公司客户提供商业银行业务的日子，在本合同项下，委托人和借款人办理任何业务均应在银行工作日进行。

10.2 本合同项下提及的除提款期到期日、结息日、贷款期限到期日之外的任何日子（包括但不限于付息日、还款日等），如为非银行工作日，则该日应被视为结束于其后的第一个银行工作日。

第 11 条　陈述与保证

11.1 借款人和委托人在此向贷款人作如下陈述和保证：

(1) 借款人具备完全的资格拥有其资产并从事其目前正在从事的经营活动；

如委托人为法人，委托人系根据中国法律合法成立并有效存续，具备完全的资格拥有其资产并从事其目前正在从事的经营活动；

如委托人为个人，委托人是具有完全民事权利能力和行为能力的中国居民，且已就本合同项下委托贷款事宜征得权利共有人的同意。

(2) 借款人和委托人签署本合同并根据本合同行使权利及履行义务所需的公司内部程序已经完成（如有）；代表借款人或委托人签署本合同的人士是其有效授权代表，并且经该人士签署的本合同对其代表的借款人或委托人具有约束力。

(3) 借款人和委托人在本合同项下的义务是其合法有效的义务，对其有约束力，并可按照其条款强制执行。

(4) 委托人用于本合同项下贷款的委托贷款资金来源符合法律法规的要求，并对其拥有自主支配权，委托人在本合同项下的交易不违反适用于委托人的任何法律义务，且并非用于洗钱等非法的目的。

(5) 本合同项下的委托贷款基于是委托人的指定发放的。贷款金额、贷款用途、利率、贷款期限、担保合同/文件等都是经委托人确认的。

(6) 委托人确认其应当承担本合同项下贷款损失的全部风险。

(7) 借款人和委托人已仔细阅读并完全理解接受本合同的内容，其签署和履行本合同是自愿的，其在本合同项下的全部意思表示真实。

11.2 第 11.1 条中的每一项陈述与保证应被视作是由借款人和委托人根据当时存在的情况在每一笔贷款或贷款展期申请提出之日重新作出的。

第 12 条　承　　诺

借款人和委托人向贷款人承诺：

(1) 借款人和委托人应维持其企业法人地位合法有效地存在（如适用），应遵守所有对其适用的法律及法规，并应缴付所有政府部门对其征收的税费；

(2) 借款人和委托人应确保本合同第 11.1 条提及的所有授权、同意、批准及许可等保持完全有效，及时采取措施取得任何其他必要的同意、批准或许可等，并在此后维持该等同意、批准及许可等的充分效力，以确保、维持本合同之有效性；

(3) 借款事项及借款用途符合法律法规的要求，所有贷款仅被用于本合同所列明的用途。

借款人向委托人和贷款人承诺：

(1) 贷款存续期间，不对外增加融资和提供担保；土地使用权及在建工程不再对外抵押，确保贷款人抵押权的唯一性。

(2) 贷款发放后三个月内办妥××地块土地使用权证并办妥土地使用权抵押予贷款人的手续。

(3) 在贷款到期前五个工作日将应偿付资金本息足额划入在贷款人处开立的资金监管账户，确保按期还款；

(4) 在贷款人处开立预售资金监管账户，世茂暨阳湖苑项目销售收入须全部归集至该预售资金监管账户，资金如需使用，须由贷款人审核同意。

第13条　违约事件

13.1 以下事件构成本合同项下的违约事件：

(1) 借款人或委托人未能适当或及时履行其在本合同项下的任何义务或承诺；

(2) 借款人或委托人未能按照本合同的规定支付本合同项下到期应付未付的任何款项；

(3) 借款人或委托人在本合同中所作的任何陈述或保证是不真实的或误导性的。

13.2 一旦借款人发生第13.1条中的任何一项违约事件或者担保合同/文件（如有）项下发生任何违约事件，贷款人有权按照委托人的书面指示采取以下一项或多项行动：

(1) 要求借款人限期纠正违约行为；

(2) 书面通知借款人，宣布尚未偿还的全部或任何委托贷款立即到期应付，借款人应立即向贷款人支付本合同项下任何未付的本金、利息、手续费和其他款项；

(3) 书面通知借款人，宣布停止或取消未发放的贷款；

(4) 要求执行全部或部分担保合同/文件；

(5) 行使法律及本合同赋予其的任何其他权利。

13.3 一旦委托人发生第13.1条中的任何一项违约事件，贷款人有权采取以下任何一项或多项措施：

(1) 限期要求委托人纠正违约行为；

(2) 拒绝或停止为委托人办理委托贷款业务；

(3) 如造成贷款人损失的，贷款人有权要求委托人赔偿损失；

(4) 行使法律及本合同赋予其的任何其他权利。

第14条　税收与费用

14.1 借款人、委托人和贷款人应各自承担因签署和履行本合同而产生的或与之相关的任何税项。

14.2 经贷款人要求，借款人和/或委托人应立即向贷款人全额补偿其在任何司法管辖区行使或维护其在本合同项下或其中提及的任何文件项下的权利而发生的所有合理开支及费用，包括但不限于合理律师费。上述合理开支及费用均包含增值税。

14.3 借款人和委托人在此不可撤销的授权贷款人从借款人和/或委托人在贷款人（包括贷款人分支机构）处开立的任何账户中直接扣划本条项下提及的款项。

第15条　合同的转让

除非委托人及贷款人事先书面同意，借款人不得转让其在本合同项下的任何权利或义务。

第16条　合同的修改

除非经本合同各方书面同意，本合同不得做任何修改、变更或补充。

第17条　通　　知

17.1 本合同项下或与本合同有关的任何通知、要求、指示或其他文件应以书面形式作出，并发送至以下地址，或相关方及时通知对方的任何替代地址：

致委托人：××

收件人：

地址：

邮编：

致借款人：××

收件人：

地址：

邮编：

致贷款人：××

收件人：

地址：

邮编：

17.2 任何一方在本合同项下或就本合同向另一方发出的任何通知、要求、指示或其他文件应在下列情况下视为送达：

（1）如果是通过专人或特快专递发送，则在实际收到时；

（2）如果是通过传真方式发送，则在发送人收到确定的传真回应报告时；

（3）如果是通过信件方式发送，则在该信件放于标有对方正确地址的信封以邮资预付的形式寄出后第5个银行工作日。

第18条　部分无效

本合同任何条款在任何方面是或成为非法、无效或不可执行，不影响或减损本合同其他条款的合法性、有效性或可执行性。

第19条　贷款人义务范围及免责

19.1 贷款人在本合同项下的义务为：

（1）按照本合同的约定向借款人发放本合同项下的每一笔委托贷款，办理有关贷款手续。

（2）在借款人未按约定归还本合同项下贷款本息的情况下及时通知委托人。

19.2 各方确认贷款人对本合同项下的贷款不承担任何风险，不承担本合同项下贷款的贷后管理责任。贷款人没有义务以任何形式（包括但不限于提起诉讼、仲裁或任何法律程序）催收借款人拖欠的任何款项或对借款人采取任何法律行动（包括但不限于参与或涉入对借款人的任何清算、破产或类似程序）。除非收到借款人和委托人在本合同项下支付的相关款项，贷款人没有义务进行本合同项下的任何付款。

19.3 委托人与借款人均不会以任何理由通过任何形式要求贷款人以任何身份参与或涉入委托人与借款人之间提起的与本合同有关的任何法律程序。在不影响上述规定的前提下，贷款人可全权决定是否应委托人或借款人的请求参加该等法律程序，但前提是提出该等请求的一方应当预先向贷款人提供必要的资金，以支付贷款人就参加该等法律程序可能承担的所有合理损失、成本和开支（包括但不限于合理律师费）。

19.4 委托人和借款人在此免除贷款人在本合同项下的全部损害赔偿责任，

但因贷款人重大过失和故意不当行为引起的除外。

第20条　适用法律和管辖

本合同适用中华人民共和国法律并依照其进行解释。各方履行本合同中发生的争议由各方协商解决。协商解决不成的，可向贷款人所在地人民法院起诉。

第21条　协议文本

本合同正本一式××份，委托人、借款人各执一份，贷款人执二份，担保人（如有）执1份，登记机关（如有）执1份，各份具有同等法律效力。

第22条　生效及变更

22.1 本合同经委托人、贷款人及借款人法定代表人（负责人）或授权签字人签字或加盖公章（自然人委托人应签字），并自满足本合同第5.1条的生效条件之日起生效。

22.2 本合同项下的任何变更或修改都必须以书面方式作出并经委托人、贷款人及借款人法定代表人（负责人）或授权签字人签字或加盖公章（自然人委托人应签字）方能生效，或者必须以本合同明确约定的其他方式作出方能生效。

第23条　特别提示

23.1 借款人同意并不可撤销地授权贷款人根据《征信业管理条例》的相关规定，可以通过金融信用信息基础数据库查询并使用借款人信用信息及信用报告；可以对包括借款人的基本信息、财务信息、信贷信息、担保情况等信息进行采集，同时可向金融信用信息基础数据库进行报送。贷款人超出本约定所作授权的一切后果及法律责任由贷款人自行承担。贷款人已提请借款人特别注意有关其权利义务的约定，并对其作全面、准确的理解。

23.2 优惠措施：××

该优惠措施起止期间：自××年××月××日至××年××月××日。

23.3 咨询（投诉）的联系方式。可采用电话、电子邮件等方式进行咨询或投诉，电话：××

贷款人已提请借款人与委托人特别注意有关其权利义务的全部条款，并对该等条款作全面、准确的理解。各方对本合同条款的理解完全一致。

【以下无正文】

委托人：××

法定代表人（负责人）或授权签字人：××
（签字）

借款人：××
法定代表人（负责人）或授权签字人：××
（签字）××

贷款人：××有限公司
法定代表人（负责人）或授权签字人：××

附件一：贷款先决条件

下述文件应在形式和内容上均为贷款人认可和接受（经贷款人同意可部分豁免）：

1. 借款人及委托人为法人时须提供：

（1）借款人及委托人经最新工商年检的营业执照；

（2）借款人及委托人公司章程及所有相关修改或变更；

（3）人民银行颁发的有效的借款人贷款卡；

（4）借款人及委托人法定代表人（负责人）身份证明；

（5）同意本合同各项条款与条件的借款人及委托人董事会决议/会议记录；

（6）借款人及委托人董事会成员名单；

（7）借款人及委托人组织机构代码证；

（8）借款人及委托人法定代表人（负责人）身份证/护照；

（9）借款人及委托人如授权法定代表人（负责人）之外的其他人签署本合同的，须提供受托人身份证复印件及签署相关合同等法律文件的授权委托书。

2. 如委托人为自然人，须提供委托人及其配偶的合法身份证明文件，委托人还须提供其合法有效的婚姻证明文件。

3. 贷款人认为必要的其他先决条件文件。

附件二：提款通知书格式

致：××有限公司

收件人：××

关于：于××年××月××日签署的编号为××的××有限公司委托贷款合同（以下简称“委托贷款合同”）

尊敬的先生/女士：

根据委托贷款合同的规定，我们特此通知贵行，我们希望根据委托贷款合同的规定提取RMB××元（大写：人民币××元整），用于××［贷款用途］，该笔贷款年利率为××%。该笔贷款的期限自××年××月××日起至××年××月××日止。请将所提款项 □划至我公司开立于贵行的如下账户（户名：××；账号：××）/□汇入我公司如下账户（开户行：××；户名：××；账号：××）。

该笔委托贷款共分 期偿还本金，具体偿还安排如下：

期数还款日期还款金额（单位：人民币，万元）

第一期金额：××

第二期金额：××

…金额：××

第n期金额：××

还款计划每期本金相对应的利息应利随本清。最后一笔利息及最后一期本金于贷款到期日一并偿还，贷款到期日不计息；贷款到期日如遇非工作日，则顺延至下一工作日支付，顺延期间按照合同7.1条约定的贷款利率加计利息。

在上述提款到期时，贵行有权根据委托贷款合同的规定从我公司在贵行开立的如下账户（户名：××；账号：××）中直接扣除有关本金、利息或其他款项。

我们特此向贵行确认，截至本通知发出之日没有发生委托贷款合同项下的违约事件。我们进一步确认，委托贷款合同中的陈述与保证于本通知发出之日在各方面仍然是正确的。委托贷款合同中规定的所有承诺事项均已遵照执行且所有适用的先决条件均已满足。

本通知所使用之术语应与委托贷款合同中所定义的含义相同。

（借款人公司名称）

签署：××

日期：××

我们在此同意借款人的上述提款要求及还款计划。

我们确认委托贷款合同中的陈述与保证在本提款通知书签发之日真实且

正确。

（委托人公司名称/委托人姓名）

签署：××

日期：××

（18）示范文本：××项目委托贷款委托合同

××项目委托贷款委托合同

合同编号：××

委托人：（以下简称甲方）

住所：

邮政编码：

电话：

传真：

法定代表人：

受托人：（以下简称乙方）

住所：

邮政编码：

电话：

传真：

法定代表人/负责人：

甲方为有效地运用其合法所有资金，委托乙方办理委托贷款，乙方同意接受甲方的委托。为此，依据《中华人民共和国合同法》及其他有关法律、法规，甲方和乙方经平等协商一致，就委托贷款的委托事项订立本合同。

第一条　定义

本合同所称的委托贷款系指甲方提供资金，由乙方作为受托人根据甲方确定的贷款对象、用途、金额、期限、利率以及还款方式等代为发放、监督使用并协助收回贷款，贷款风险由甲方承担，乙方收取相应委托贷款手续费的金融业务。

第二条 委托事项

2.1 委托贷款的借款人为××（以下简称借款人）。

2.2 委托贷款的币种为人民币。

2.3 委托贷款的金额为（大写）×× （小写）××

2.4 委托贷款的期限为××（个月/年），自××年××月××日至××年××月××日。

2.5 委托贷款的用途为××。未经甲方书面同意，借款人不得挪作他用，乙方不承担借款人违反贷款用途运用该委托贷款的任何责任。

2.6 委托贷款利率按下列约定执行：

2.6.1 本贷款的贷款利率采用以下第××种方式确定：

（1）以本合同签订日的中国人民银行同期同档次贷款基准利率××（上/下）浮××（%或BPs），即本合同的贷款利率为××%。

（2）以贷款实际提款日的中国人民银行同期同档次贷款基准利率××（上/下）浮××（%或BPs），即本合同的贷款利率为××%。

（3）固定利率，年利率为××%。

2.6.2 本贷款采用以下第××种方式确定利率调整方式：

（1）固定利率。除本合同另有约定外，本合同履行期间，委托贷款利率不变。

（2）浮动利率。按照委托贷款借款合同约定的方式进行调整，调整后的贷款利率为利率调整日所适用的中国人民银行同期同档次的基准利率按照借款合同约定的方式进行浮动后所确定的利率。

（3）其他方式：××

第三条 委托贷款资金的交付和发放

3.1 甲方在此不可撤销的确认其在乙方开立的人民币结算账户（账号：××）作为本合同项下拨付和回收委托贷款资金的约定账户。

3.2 甲方应采取下列第××种方式将本合同项下委托贷款资金交给乙方：

（1）于本合同签订之日起××日内将本合同第二条约定的委托贷款资金一次性足额存入本条第1款的约定账户；

（2）按照乙方与借款人签订的《委托贷款借款合同》（以下简称借款合同）约定的提款计划，分别于借款人每次计划提款日前至少一个银行工作日将委托贷款资金足额存入本条第1款的约定账户。

第四条　委托贷款手续费

4.1 乙方按照委托贷款发放的实际金额和期限确定的手续费率为××‰，手续费共计××人民币（大写）：××（小写）：××。

4.2 委托贷款手续费采取下列第××种方式支付：

（1）甲方于本合同签订后借款人提取第一笔贷款本金之前一次性支付给乙方，或由乙方直接从甲方的账户中一次性扣收；

（2）在乙方与甲方指定的借款人签订借款合同后借款人提取第一笔贷款本金之前，借款人一次性支付给乙方，或由乙方从借款人的账户中一次性扣收；

（3）甲乙双方同意的其他方式：××

第五条　甲方的声明与保证

5.1 甲方提供的委托贷款资金是其合法拥有、自主支配的资金。

5.2 甲方依据中华人民共和国法律法规及其内部规章制度等有权从事本合同项下的活动。

5.3 签署和履行本合同是甲方真实意思表示，甲方就此已依法和依公司章程规定履行了全部审批手续，获得了所有必要的上级主管部门（如有）和/或公司有权机构（董事会、股东会）的批准和授权。

5.4 甲方为签订本合同及有关文件和履行相应的义务所需的一切手续均已办理完毕。

5.5 甲方保证按照本合同第三条的约定将其合法所有资金存入或汇入本合同第三条第1款的约定账户，并保证该账户上的资金余额不少于借款人依据借款合同将要提款的数额。因资金不到位影响贷款按时发放时，甲方承担由此产生的违约责任。

第六条　乙方的声明与保证

6.1 乙方为依据中华人民共和国法律成立的金融机构。

6.2 乙方有资格签署本合同及有关文件，有权履行本合同项下权利和义务。

6.3 乙方保证按照甲方的委托事项和指示发放委托贷款并监督贷款的使用。

6.4 乙方与借款人签署借款合同不视为乙方为借款人提供担保。

第七条　甲方的权利和义务

7.1 甲方有权审查确定本合同项下委托贷款的贷款对象、金额、种类、用途、期限、利率、提款、还款计划、展期及担保等。

7.2 除本合同另有约定或法律法规另有规定以外，甲方有权要求乙方按本合同约定将借款人偿还的委托贷款本息划付给甲方。

7.3 甲方应以书面形式确认乙方与借款人签署的委托贷款借款合同。

7.4 甲方应在接到借款人签发的不可撤销的提款通知单后及时把不可撤销的提款核准书递交给乙方。

7.5 甲方如同意借款人提前还款，应在接到借款人签发的不可撤销的提前还款计划后的十个银行工作日内书面通知乙方；如乙方接到借款人签发的不可撤销的提前还款计划后十个银行工作日内未接到甲方的书面通知，则视为甲方同意借款人提前还款；乙方接到借款人提前还款的资金后应在十个银行工作日内通知甲方。

7.6 如本合同约定由甲方支付委托贷款手续费的，甲方应按本合同的约定向乙方支付委托贷款手续费。

7.7 如按本合同应由借款人支付委托贷款手续费而借款人不支付或不能支付的，甲方应在接到乙方的通知后立即垫付。

7.8 本合同约定的委托贷款产生的任何风险均由甲方承担，包括但不限于借款人不偿还或不按期偿还委托贷款本息、擅自改变委托贷款的用途及其他可能影响借款人偿还能力的事件，甲方保证不因贷款产生的损失要求乙方承担赔偿责任。

7.9 在本合同有效期内，如甲方变更法定代表人、住所、名称、电话、传真，应于变更后十五日内书面通知乙方。

7.10 借款人违反借款合同的约定，不按期还款时，甲方负责贷款的催收和保全工作。甲方委托乙方根据借款合同相关争议解决的规定代为行使诉讼/仲裁的权利，甲方承诺其将承担乙方为收回委托贷款本息而发生的各项费用，包括但不限于诉讼费、差旅费、（债权总额100%内的）律师费、财产保全费、公证认证费、翻译费、评估拍卖费等。

7.11 甲方应就其与借款人就清理委托贷款的债权债务所达成的任何协商结果及时书面通知乙方，该等书面通知将作为乙方核销对应的委托存款账户的依据之一。

第八条　乙方的权利和义务

8.1 除本合同另有约定或法律法规另有规定以外，乙方应将借款人偿还的委托贷款本息于收到之日起××个银行工作日内划付到甲方的账户。借款人按照借款合同约定支付的任何款项和乙方从借款人账户扣收的任何款项，应首先作为借款人支付的利息、罚息及违约金，其余的作为借款人偿还的本金。

8.2 乙方应协助甲方监督委托贷款的使用、办理有关的账务手续并协助甲方收回委托贷款，但乙方不承担贷款损失及上述业务中的其他风险。

8.3 乙方有权按本合同第四条的约定收取委托贷款手续费，无论借款人是否偿还或按期偿还委托贷款本息；如双方同意采用本合同第四条第2款第(2)项约定的委托贷款手续费的支付方式，而借款人未支付本合同第四条第1款约定的委托贷款手续费，乙方有权从甲方在乙方的任何账户直接划扣委托贷款手续费。

8.4 无论任何原因致使借款合同无效或不能履行，乙方均不承担任何责任。

8.5 乙方不必从借款人支付的委托贷款利息、罚息等中依法代扣代缴委托人的营业税及附加费，所有税款由甲方自行申报与缴纳，如在本合同有效期内营业税率及附加费率发生调整，甲方应按调整后的税率自行代缴营业税及附加费。

8.6 乙方应对甲方提供的有关甲方的资料、文件、信息保密，但法律、法规规定的，司法、仲裁或其他类似程序或有关监管部门和其他有权机构要求披露的或本合同另有约定的除外。

8.7 出现以下任何一种情况，乙方有权根据委托人与借款人双方的书面通知注销委托贷款：

(一) 贷款到期后，委托人出具书面意见表示不同意展期，且借款人无力偿还贷款本息的；

(二) 委托人以书面意见同意展期，但累计展期期限超过贷款期限，且借款人无力偿还贷款本息的；

(三) 委托贷款逾期超过3个月，且借款人无力偿还贷款本息的。

8.8 对于逾期30天以上的委托贷款，乙方应向甲方发送《致委托人关于结清我行委托贷款的函（委托贷款逾期30天后使用)》，经发送后该笔贷款逾期3个月以上，乙方有权直接将委托存款和委托贷款科目做对冲处理，以结清逾期的委托贷款。同时，乙方应以信函（包括但不限于挂号邮件、特快专递等）方式向甲方书面发送《致委托人关于结清我行委托贷款的函》。

第九条 乙方的除外责任

9.1 乙方在本合同项下不就审查借款人的资信状况、财务状况以及贷款项目的可行性等承担任何责任。

9.2 乙方亦不负责审查担保人的资信状况、担保物状况以及担保物的监管等工作，且不承担任何责任。

9.3 乙方在本合同项下仅需依据本条约定出具并代甲方邮寄利息清单和委托贷款催收通知书，作为对甲方进行的贷款催收工作及保全工作的协助，同时：

9.3.1 借款人/担保人地址变更后没有通知乙方的，乙方不承担未寄达责任。

9.3.2 无论同城还是异地，乙方均以邮寄凭条作为寄出凭证。无论借款人/担保人是否收到邮件，乙方已寄出的委托贷款催收通知书、利息清单的复印件及寄出凭证均作为履行监督管理职责的证明依据。

9.3.3 如甲方要求邮寄后查询借款人/担保人是否收到有关单据，乙方可在能力所及范围内予以协助，并做好记录。相关费用应由甲方支付或计入手续费之中。

9.4 无论甲方是否收到贷款本息，乙方均不承担任何责任，且甲方无权要求乙方代为垫款。

9.5 甲方在此承诺：

9.5.1 甲方保证乙方免受由于甲方及其代表的疏忽或过失，造成借款人的损失而向乙方提出所有的索赔、要求、诉讼及相关责任等。

9.5.2 甲方同意放弃就乙方执行本合同项下的甲方及其代表的任何通知、指令的内容造成借款人的损失而向乙方提出的任何索赔、要求、诉讼及其他权利主张。

第十条　违约责任

10.1 甲方的违约责任

出现下列情形之一的，乙方有权要求甲方限期纠正或停止为甲方办理委托贷款业务，并要求甲方承担违约责任，如给乙方造成损失的，甲方应赔偿乙方的一切损失（包括迟延利息和乙方为甲方办理委托贷款业务预期的营业利润）：

（1）甲方未按本合同约定在乙方开立的账户上存入或汇入或延迟存入或汇入足额资金用于发放委托贷款；

（2）甲方无正当理由拒绝批准借款人的提款通知单；

（3）甲方在本合同第五条第1款、第2款、第3款或第4款中所作的声明被证明为不真实、不准确、不完整或故意使人误解；

（4）甲方未按约定支付或延迟支付委托贷款手续费；

(5) 甲方违反本合同约定的其他义务。

10.2 乙方的违约责任

乙方违反本合同约定的，甲方有权要求乙方限期纠正。

第十一条　其他约定事项

1. 抵押登记手续由乙方委托甲方至相应的抵押登记机构自行办理抵押物登记手续，乙方对抵押权属凭证的真实性及有效性概不负责。

2. 乙方仅对抵押权属凭证承担保管义务，抵押物的权利证书等证明文件均由甲方和借款人自行协商保管事项。

3. 乙方收到甲方的放款指令，即可向借款人发放委托贷款，抵押他项权证、股权质押回执不作为放款的必要条件。

如本条约定与本合同中其他条款约定冲突的，应以本条约定为准。

第十二条　适用法律

本合同适用中华人民共和国法律。

第十三条　争议的解决

凡因本合同发生的及与本合同有关的任何争议，甲乙双方应协商解决；协商不成的，双方均同意采取以下第××种方式解决：

(1) 向××仲裁委员会申请仲裁。

(2) 向乙方住所地人民法院提起诉讼。

第十四条　合同的生效、变更和解除

14.1 本合同经甲方法定代表人或授权代理人和乙方法定代表人或负责人或授权代理人签章（签字或加盖名章）并加盖公章或合同专用章后生效。

14.2 本合同生效后，除本合同已有约定的外，甲乙任何一方均不得擅自变更或解除本合同；如确需变更或解除本合同，应经甲乙双方协商一致，并达成书面协议。

第十五条　贷款担保事项

15.1 借款合同的担保方式为××（连带责任保证/抵押/质押）。

15.2 甲方委托乙方办理委托贷款业务的相关担保事宜，乙方不承担任何风险。乙方根据甲方的书面通知，与甲方指定的担保人签订有关担保合同，作为本合同项下债权的担保；抵质押的，须到登记机关办理抵质押登记手续，并对有关抵质押他项权利凭证进行保管。

15.3 甲方自行对担保的真实性、合法有效性、保证人的保证能力和抵质押品的权属和价值充足有效性，以及实现担保债权的可行性等进行审核，并对担保人、担保品做好监督检查工作，乙方不承担任何审核和监督检查义务。

15.4 乙方根据甲方的委托办理的公证、登记手续而产生的费用由借款人（甲方/借款人）预付和承担，乙方不予垫付和承担。

第十六条 其他

16.1 本合同未尽事宜，甲乙双方可另行达成书面协议，作为本合同附件。本合同的任何附件、修改或补充均构成本合同不可分割的部分，与本合同具有同等法律效力。

16.2 如本合同的某条款或某条款的部分内容在现在或将来成为无效，该无效条款或该无效部分并不影响本合同及本合同其他条款或该条款其他内容的有效性。

16.3 凡乙方就本合同给予甲方的任何通知、要求或其他通信，包括但不限于电传、电报、传真等函件，一经发出即被视为已送达甲方；邮政信函于挂号邮寄之日起第三日即被视为已递交给甲方。

16.4 本合同正本一式六份，甲方执二份，乙方执二份，其他持有方为××。

【以下无正文】

甲方：××

法定代表人：××

（或授权代理人）××

乙方：××

法定代表人/负责人：××

（19）示范文本：××项目委托贷款借款合同

××项目委托贷款借款合同

合同编号：××

借款人：（以下简称甲方）

住所：

邮政编码：

电话：

传真：
法定代表人：

贷款人：（以下简称乙方）
住所：
邮政编码：
电话：
传真：
法定代表人/负责人：

鉴于××（以下简称委托人）与乙方已于××年××月××日签订了编号为××的《委托贷款委托合同》（以下简称委托合同），乙方接受委托人的委托向甲方发放贷款。现甲方、乙方依据《中华人民共和国合同法》《贷款通则》等有关法律、法规、规章，经平等协商一致，就委托贷款事项订立本合同。

第一条　贷款种类

乙方同意根据委托合同中委托人的指定，按本合同约定向甲方提供下列第××种类的委托贷款：

1. 短期贷款　2. 中期贷款　3. 长期贷款

第二条　贷款金额（本金，下同）与贷款期限

根据委托合同中委托人的指定，本合同乙方向甲方提供如下金额和期限的委托贷款：

2.1 贷款金额为人民币（大写）：××

（小写）：××元。

2.2 贷款期限为（大写）××（个月/年），自××年××月××日至××年××月××日。

2.3 借款凭证所记载的实际贷款期限、实际提款日、贷款金额等信息与本合同约定不一致的，以借款凭证的记载事项为准。

第三条　贷款用途

本合同项下贷款用于××，未经委托人书面同意，甲方不得挪作他用，乙方不承担甲方违反贷款用途运用该借入的贷款的任何责任。

第四条 贷款利率与利息

4.1 根据委托合同中委托人的指定，本贷款的贷款利率采用以下第××种方式确定：

（1）以本合同签订日的中国人民银行同期同档次贷款基准利率××（上/下）浮××（%或BPs），即本合同的贷款利率为××%。

（2）以贷款实际提款日的中国人民银行同期同档次贷款基准利率××（上/下）浮××（%或BPs），即本合同的贷款利率为××%。

（3）固定利率，年利率为××%。

4.2 根据委托合同中委托人的指定，本贷款采用以下第（1）种方式确定利率调整方式。

（1）固定利率，贷款期内利率保持不变。

（2）浮动利率，按照以下第××种方式进行调整，调整后的贷款利率为利率调整日所适用的中国人民银行同期同档次的基准利率按照本合同第4.1款约定的方式进行浮动后所确定的利率。

①自实际提款日起，每（大写）××个月（1/3/6/12）调整一次利率，利率调整日为实际提款日在调整当月的对应日，调整当月没有实际提款日对应日的，则调整当月最后一日为利率调整日。

②自实际提款日起，首次利率调整日确定为××年××月××日，并从利率调整日后每（大写）××个月（1/3/6/12）调整一次利率，利率调整日为首次利率调整日在调整当月的对应日，调整当月没有首次利率调整日对应日的，则调整当月最后一日为利率调整日。

③自实际提款日起，中国人民银行基准利率调整日为本贷款利率的调整日。

4.3 本贷款自实际提款日起计息，利息的计算公式为：利息=实际贷款余额×计息期间的实际天数×年利率/360天。

4.4 对于非一次性还本付息的贷款，首次结息日为××.年××月××日，结息方式为以下第××种：

（1）按月结息，结息日为每月的第20日；

（2）按季结息，结息日为每季度末月的第20日。

4.5 甲方应于每个结息日前，在乙方开立账户中提前备足相应金额，供乙方按时从该账户中扣收利息；甲方如选择其他方式向乙方支付利息，应确保利息按时到账。如结息日不是银行工作日，则提前至前一个银行工作日汇入，乙方于结息日未足额收到相应的利息，即视为甲方未按时付息。

4.6 贷款到期时，应利随本清。如贷款到期日为法定节假日或公休日，在法定节假日或公休日前最后一个银行工作日归还贷款的，按合同利率计收利息，但应扣除到期日与归还日之间的天数所对应的按合同利率计算的利息；在法定节假日或公休日后第一个银行工作日归还贷款的，按合同利率加收到期日与归还日之间的天数所对应的利息，在法定节假日或公休日后第一个银行工作日未归还贷款的，从该日期起按逾期贷款计收利息。

4.7 其他：

第五条　提款

5.1 甲方应在本合同签订之日起××个银行工作日内在乙方或其分支机构开立人民币结算账户，用于办理本合同项下委托贷款的提款、还本付息及付费等手续。

5.2 甲方在下列条件全部获得满足后，方可依据本合同相关约定提款：

（1）委托人已经依据委托合同的约定及本合同 5.3 条约定的提款计划，于甲方每次计划提款日前至少一个银行工作日前将委托贷款资金足额存入其在乙方开立并在委托合同中指定的用于委托贷款发放和回收的人民币结算账户；

（2）甲方已经依据本合同第 5.1 条约定在乙方开立人民币结算账户；

（3）乙方已收到甲方签发的书面指令；

（4）委托合同中约定的或乙方有关规定中其他条件。

5.3 提款计划

甲方应按下列计划提款，计划提款日应为银行工作日：

序次提款日期提款金额

5.4 除本合同另有约定外，甲方应按本合同约定的提款计划提款；非经委托人和乙方的书面同意，甲方不得更改提款计划。如变更提款计划中的提款时间及/或提款金额，应在本合同 5.3 条约定的提款日期之前××个银行工作日提前书面通知委托人和乙方并在 5.3 条约定的提款日期之前获得委托人和乙方的书面同意。

5.5 甲方应按照上述第 5.3 款中的提款计划或按照经委托方和乙方书面同意更改后的提款计划，于每次拟提款日前六个银行工作日向委托人和乙方提交书面申请。如甲方未在上述期限内向委托方和乙方提交提款通知单亦未提出宽限提款请求的，按照本条第 5.4 款的约定处理。

5.6 任何情况下，甲方每次的提款额均不得超过委托人在乙方开立的用于发放委托贷款的人民币结算账户中的资金余额。

5.7 如本合同5.2条约定的条件中的任何一项或数项未能获得满足，则乙方没有义务向甲方发放委托贷款。对甲方因此而导致的任何损失，乙方不承担任何责任。

第六条　还款方式

6.1 本合同项下贷款采用以下第××种方式还款：

(1) 定期付息，到期还本；

(2) 一次性还本付息；

(3) 其他方式：

6.2 甲方应按下列计划偿还本金：

序次还款日期还款金额

6.3 甲方所偿还之贷款本息，应在还款日期前将不少于应还本息金额的款项汇入在乙方开立的账户（账号：××），并在此授权乙方从该账户自动扣收贷款本息。

6.4 甲方如需提前还款，则应于拟提前还款日前三十日将不可撤销的提前还款计划以书面形式提交委托人和乙方，并取得委托人的书面同意。

第七条　贷款展期

如甲方不能按期归还本合同项下贷款，需要办理贷款展期时，应在贷款到期前××个银行工作日向委托人和乙方提出书面申请，经委托人和乙方审查同意甲乙双方签订《委托贷款展期还款协议书》（附件三）。如委托人不同意展期，则本合同约定仍然有效，甲方应按本合同约定的期限归还贷款。甲方还需提供经本合同担保人同意展期后继续承担担保义务的书面文件或委托方认可的新担保。

第八条　贷款的担保

8.1 依据委托人的要求，本合同项下贷款采用以下第1.2.3种担保方式：

1. 抵押担保
2. 质押担保
3. 保证担保
4. 其他方式担保：

8.2 上述担保由乙方与担保人就本合同的具体担保事项签订下列编号的担

保合同：

1. 编号为××的《委托贷款抵押合同》

2. 编号为××的《委托贷款质押合同》

3. 编号为××的《委托贷款保证合同》

4. 编号为××的《委托贷款保证合同》

第九条　甲方声明与保证

9.1 甲方是根据中华人民共和国法律依法成立的中国法人或其他组织，依法具有签订和履行本合同所必须的民事权利能力和行为能力，能独立承担民事责任，并且甲方已经获得签署本协议的所有必要和合法的内部和外部的批准和授权。

9.2 甲方依法及按照乙方的要求所提供的与本贷款有关的一切文件、报表及陈述均是有效、合法、真实、准确、完整的。

第十条　甲方的权利和义务

10.1 甲方有权按本合同约定的期限和用途提取和使用贷款。

10.2 甲方应按本合同的约定清偿贷款本金和利息。

10.3 甲方应定期或随时应乙方要求，向乙方提供真实反映其经营和财务状况的报表及其他文件。

10.4 在贷款期间内，甲方经营决策的任何重大改变，包括但不限于转股、改组、合并、分立、股份制改造、合资、合作、联营、承包租赁、经营范围和注册资本变更等可能影响乙方权益的情形，应至少提前三十日书面通知委托人和乙方并取得委托人和乙方的事先书面同意，落实贷款的清偿责任或提前清偿贷款或提供委托人认可的担保。

10.5 甲方应积极配合乙方对其经营情况及贷款使用情况所做的调查了解及监督，乙方因甲方阻挠行为而发生的各种费用，均应由甲方承担。

10.6 未经委托人事先书面同意，甲方不得采取任何方式转移或变相转移本合同项下的债务责任。

10.7 甲方转让、出租或以为本合同项下债务以外的债务设定担保等方式处分其重大资产或营业收入的全部或重大部分的，应至少提前三十日书面通知委托人和乙方并取得委托人的事先书面同意。

10.8 如发生对本合同的债务履行有不利影响的任何事件，包括但不限于涉及诉讼、仲裁、刑事追究、行政处罚、停业、歇业、解散、被宣告破产、被吊销营业执照、被撤销、财务状况恶化等，甲方应在前述事件发生或可能发生之日起三日内书面通知委托人和乙方。

10.9 如担保人出现包括但不限于停业、歇业、被宣告破产、解散、被吊销营业执照、被撤销以及经营亏损等情形，部分或全部丧失与本贷款相应的担保能力，或者作为本合同项下贷款担保的抵押物、质物、质押权利价值减少时，甲方应提供委托人认可的新的担保。

10.10 在贷款期间，如甲方变更法人名称、法定代表人、项目负责人、住所、电话、传真等，应在变更后七日内书面通知委托人和乙方。

10.11 如依据委托合同约定应由甲方支付委托贷款手续费，甲方应依据委托合同的约定向乙方支付委托贷款手续费。

第十一条　乙方的权利与义务

11.1 乙方有权对甲方的经营情况及贷款的使用情况进行检查和了解。

11.2 乙方处分抵、质押物所得如不足以清偿本合同担保范围内的全部债权，乙方有权依法或依据委托人的委托向甲方追索不足部分。

11.3 在甲方履行了本合同约定的义务，并同时满足乙方放款条件的前提下，乙方应按期足额向甲方发放贷款。

11.4 乙方有权根据发放贷款的审查需要要求甲方提供相关文件，乙方应对甲方提供的有关甲方的资料、文件、信息保密，但依照法律、法规规定应当予以查询或披露的除外。

11.5 乙方有义务协助委托人向甲方发出委托贷款催收通知书。

11.6 乙方有权自甲方在乙方开立的结算账户中扣收本合同约定甲方应偿付的贷款本息、罚息及其他费用。划收后乙方须及时通知甲方，甲方能够证明被划收的资金是被法律特殊保护不应被划收的，乙方将返还上述财产至被划收账户。

11.7 乙方不必从借款人支付的委托贷款利息、罚息等中依法代扣代缴委托人的营业税及附加费，所有税款由甲方自行申报与缴纳，如在本合同有效期内营业税率及附加费率发生调整，甲方应按调整后的税率自行缴纳营业税及附加费。

第十二条　违约责任

12.1 本合同生效后，甲乙双方均应履行本合同约定的义务，任何一方不履行或不完全履行本合同约定义务的，应当承担相应的违约责任。

12.2 未经委托人和乙方书面同意，甲方未按本合同约定的提款日提取贷款的，乙方有权按本合同约定的利率按实际逾期天数计收违约金。

12.3 乙方未按本合同约定发放贷款的，甲方有权要求乙方按本合同约定的利率按实际逾期天数支付违约金。

12.4 出现下列情形之一，乙方有权根据委托人的要求停止或终止发放本合同项下尚未提取的任何款项，并要求甲方立即偿还所有已提贷款、应付利息及其他费用，同时依法采取相应的措施。乙方要求甲方偿还前述款项之日即为本合同项下的债务提前到期之日。乙方有权从甲方在乙方及其分支机构处开立的任何账户中直接扣款以抵偿甲方在本合同项下的债务：

12.4.1 甲方没有按期偿还本合同项下的贷款本金、利息；

12.4.2 甲方没有履行本合同约定的任何一项义务；

12.4.3 甲方向乙方提交的与本贷款有关的证明和文件及本合同第九条的声明和保证被证明为不真实、不准确、不完整或故意使人误解；

12.4.4 甲方停止偿还其到期债务，或不能或表示其不能偿还债务；

12.4.5 甲方停业、歇业、被宣告破产、解散、被吊销营业执照、被撤销或发生对甲方经营或财产状况产生不利后果的任何诉讼、仲裁或刑事、行政处罚；

12.4.6 甲方住所、营业范围、法定代表人等工商登记事项发生变更或对外发生重大投资等情况使乙方债权实现受到严重影响或威胁的；

12.4.7 甲方发生重大财务亏损、资产损失或因其对外担保而发生资产损失，或其他财务危机；

12.4.8 甲方控股股东及其他关联公司经营或财务方面出现重大危机，或甲方与控股股东及其他关联公司之间发生重大关联交易，影响甲方正常经营的；

12.4.9 甲方未按约定在乙方办理结算或存款等相关业务；

12.4.10 甲方擅自改变贷款资金用途；

12.4.11 甲方高级管理人员涉嫌重大贪污、受贿、舞弊或违法经营案件；

12.4.12 甲方的担保人违反担保合同的约定或者发生担保合同项下的违约事项；

12.4.13 甲方发生危及、损害或可能危及、损害委托人或乙方权益的其他事件。

12.5 甲方未能按本合同约定偿还的本金，乙方除有权行使本条第12.4款约定的权利外，有权根据实际逾期天数，按本合同届时适用的贷款利率加收××%罚息利率计收利息。

12.6 对甲方不能按时支付的利息，乙方有权根据实际逾期天数，按照本条第12.5款约定的罚息利率计收复利。

12.7 甲方未能按本合同约定用途使用的借款，乙方除有权行使本条第12.4款约定的权利外，有权对违约使用的部分自挪用日起，根据违约使用天数按本合同届时适用的贷款利率加收7%的罚息利率计收利息。

12.8 乙方因实现债权所发生的各项费用，包括但不限于诉讼费、差旅费、（债权总额100%内的）律师费、财产保全费、公证认证费、翻译费、评估拍卖费等，均由甲方承担（除委托合同另有约定外）。

第十三条 义务的连续性

13.1 本合同项下甲方的一切义务均具有连续性，对其继承人、接管人、受让人及其合并、改组、更改名称等后的主体均具有完全的约束力，不受任何争议、索赔和法律程序及上级单位任何指令和主合同债务人与任何自然人或法人签订的任何合同、文件的影响，也不因主合同债务人破产、无力偿还债务、丧失企业资格、更改组织章程以及发生任何本质上的变更而有任何改变。

第十四条 公证

14.1 如本合同的任何一方提出公证要求，本合同应在国家规定的公证机关进行公证，其费用由甲方承担。

14.2 如果委托人或乙方提出办理具有强制执行效力的公证书要求的，甲方同意乙方可持本合同向公证机构申请出具具有强制执行效力的公证书，如乙方的贷款本息及相关费用未在本合同约定的还款期限内得到足额清偿，乙方可持该公证书直接向乙方所在地人民法院申请强制执行，由此产生的一切费用均由甲方承担。甲方无条件同意乙方所在地法院依法强制执行，并放弃一切抗辩权。

第十五条 其他约定事项

1. 抵押登记手续由乙方委托甲方至相应的抵押登记机构自行办理抵押物登记手续，乙方对抵押权属凭证的真实性及有效性概不负责。

2. 乙方仅对抵押权属凭证承担保管义务，抵押物的权利证书等证明文件均由甲方和借款人自行协商保管事项。

3. 乙方收到甲方的放款指令，即可向借款人发放委托贷款，抵押他项权证、股权质押回执不作为放款的必要条件。

如本条约定与合同中其他条款约定冲突的，应以本条约定为准。

第十六条 适用法律

16.1 本合同适用中华人民共和国法律。

第十七条 争议的解决

17.1 凡因本合同发生的及与本合同有关的任何争议，甲乙双方应协商解决；协商不成的，双方均同意采取以下第××种方式解决：

（1）向××仲裁委员会申请仲裁。

（2）向乙方所在地人民法院提起诉讼或申请强制执行。

第十八条 乙方权利的累加性

18.1 乙方在本合同项下的权利是累加的，并不影响和排除乙方根据法律和其他合同对甲方所可以享有的任何权利。除非乙方书面表示，乙方对其任何权利的不行使、部分行使和/或延迟行使，均不构成对该权利的放弃或部分放弃，也不影响、阻止和妨碍乙方对该权利的继续行使或对其任何其他权利的行使。

第十九条 合同的生效、变更与解除

19.1 本合同经甲方法定代表人或授权代理人和乙方法定代表人或负责人或授权代理人签章（签字或加盖名章）并加盖公章或合同专用章后生效。

19.2 本合同生效后，除本合同已有约定的外，甲乙任何一方均不得擅自变更或解除本合同；如确需变更或解除本合同，应经委托人、甲乙双方协商一致，并达成书面协议。

第二十条 其他

20.1 本合同未尽事宜，甲乙双方可另行达成书面协议，作为本合同附件。本合同的任何附件、修改或补充均构成本合同不可分割的一部分，与本合同具有同等法律效力。

20.2 如本合同的某条款或某条款的部分内容被认定无效，该无效条款或该无效部分并不影响本合同及本合同其他条款或该条款其他内容的有效性。

20.3 凡乙方就本合同给予甲方的任何通知、要求或其他通信，包括但不限于电传、电报、传真等函件，一经发出即被视为已送达甲方；邮政信函于挂号邮寄之日起第三日即被视为已递交给甲方。

20.4 本合同正本一式××份，甲方××份，乙方××份，委托人××份，有关部门留存××份。

20.5 乙方已采取合理方式提请甲方注意本合同项下免除或限制其责任的条款，并按甲方要求对有关条款予以充分说明；甲乙双方对本合同所有条款内容的理解不存在异议。

甲方：××

法定代表人（或授权代理人）：××

乙方：××

法定代表人/负责人（或授权代理人）：×

合同签订地点：××

合同签订日期：××年××月××日

三、相关主体签署担保合同

（20）示范文本：××项目抵押合同

鉴于基金或基金管理人已经通过委托贷款的形式向融资方发放投资款项，为保证投资款项的安全性，基金或基金管理人会要求融资方以土地、在建工程或现房提供抵押担保，但是需要注意的是，因为基金或基金管理人属于非金融机构，因此抵押权人必须是委托贷款的放款银行。

抵押合同

编号：××

抵押人：××

抵押权人：××

第一部分　一般条款

第一条　抵押物

1.1 本合同项下抵押物详情以本合同附件《抵押物清单》为准。

1.2 抵押权人抵押权的效力及于抵押物的从物、从权利、附属物、添附物、天然及法定孳息、抵押物的代位物，以及因抵押物毁损、灭失或被征收而产生的保险金、赔偿金、补偿金。

1.3 抵押人以其现有的以及将有的生产设备、原材料、半成品、产品设定浮动抵押的，抵押物自下列情形之一发生时确定：

（1）债务履行期届满，抵押权人债权未实现；

（2）抵押人被宣告破产或被撤销；

（3）发生第7.1款所述抵押权人实现抵押权的情形；

（4）发生严重影响抵押权人债权实现的其他情形。

1.4 本合同附件《抵押物清单》中对抵押物价值的约定，不作为抵押权人处分该抵押物时的估价依据，不对抵押权人行使抵押权构成任何限制。

第二条 抵押担保的主债权

2.1 本合同项下抵押担保的主债权为本合同第十七条所指主合同项下的每一笔债权。主合同项下每一单笔业务的具体金额、期限、利率和债务履行期限等内容，由抵押权人与债务人自行在主合同项下的具体业务中确定。

2.2 本合同所担保的主债权类型包括但不限于因抵押权人向债务人提供贷款、银行承兑汇票、信用证业务等融资而产生的债务，以及抵押权人为债务人的融资、投标、合同履行等行为提供备用信用证、保函、保证担保等方式的担保而产生的或有债务。

2.3 本合同项下抵押人提供抵押担保的最高债权额，由本合同第十八条约定。本最高债权额仅指主债权本金余额不得超过的最高限额，在主债权本金不超过上述限额的前提下，就本合同第三条所指的担保范围内所有应付款项，抵押人同意承担担保责任。抵押人不得以本合同第三条所指的担保范围内所有应付款项总额超过本合同第十八条约定最高债权额而主张超过部分不承担担保责任。

2.4 外币业务中主债权金额按单笔业务发生前一工作日中国人民银行公布的外汇中间价折算。发生具体外币单笔业务的，债务人还款及抵押人履行担保责任时应偿还相应的外币。

第三条 抵押担保的范围

3.1 除双方另有约定外，本合同项下的担保范围包括主合同全部本金、利息、复利、罚息、违约金、损害赔偿金、因汇率变动而引起的相关损失、债务人应向抵押权人支付的其他款项（包括但不限于有关手续费、电讯费、杂费及其他费用）、以及抵押权人为实现债权而发生的费用（包括但不限于催收费用、诉讼费或仲裁费、保全费、执行费、公告费、评估费、拍卖费、税费、过户费、律师费、差旅费、公证费及其他费用），以及主合同生效后，经抵押权人要求追加而未追加的保证金金额。

3.2 即使发生在主债权确定期间内的单笔债权到期日超出主债权确定期间或者主债权期间内产生的或有债权转化为实际债权的时间超出主债权确定时间，仍然属于本合同项下的担保范围。

3.3 抵押权人根据主合同的约定或者国家的利率政策变化而调整利率水平、计息或结息方式等，或由于汇率变动导致实际应偿还的债务本金发生变化的，如导致债务人应偿还的本金、利息、罚息、复利增加，增加部分亦属于抵押人担保范围。

3.4 本合同所设立的抵押担保，作为债务人偿还欠款以及履行主合同项下全部义务的持续性担保，不因主合同项下债务得以部分支付或偿还而解除，抵押人仍应按照本合同的约定在担保范围内对尚未消灭的债务承担担保责任。

第四条　抵押物的登记

4.1 依法应办理抵押登记的或抵押权人要求办理抵押登记的，抵押人应在抵押权人规定的期限内向有关登记机关办理本合同项下抵押物的抵押登记手续，并在登记手续办妥后将抵押物的他项权利证书以及其他抵押权人认为必要的权利证书交抵押权人保管。

4.2 抵押权人有权在抵押人办理抵押登记时，派代表核查、验证抵押登记的有效性和完整性，以达到抵押权人满意的状态。

4.3 抵押登记事项发生变化依法需要进行变更登记的（包括抵押物为在建工程，在建工程竣工并经房屋所有权初始登记后变更为房屋所有权抵押登记的），抵押人应在登记事项变更之日起7日内通知抵押权人该等变更，并依照抵押权人要求及时到有关登记部门办理变更登记。

4.4 除非本合同双方另有约定或法律另有规定，在本合同订立后抵押物新增的从物、附属物、添附物等新增的物作为本合同项下的抵押物，一经抵押权人要求，亦应办理必要的抵押登记或变更手续。

4.5 抵押物换发新的所有权或其他权利证书，导致本合同附件《抵押物清单》所列或抵押权人收执的他项权利（抵押权）证书或抵押权证明文件与上述新的权利证书或登记机关的登记簿记载不一致的，抵押人不得以此为由拒绝承担担保责任。

第五条 抵押物的占管

5.1 抵押物由抵押人占有、管理及使用时，抵押人须确保抵押物在抵押期间内的安全、完整及不用作非法用途。抵押人应及时支付与抵押物和抵押有关的税费、公共事业费用、维修和保养费用和其他可能产生的各项杂费，继续承担与抵押物有关的责任，发生抵押物任何毁损、灭失的，由抵押人承担全部责任。

5.2 抵押人须对抵押物作正确使用及维修保养，并不得改动其任何部分，但由于任何改动而产生的抵押物的任何添附物，自动成为本合同下的抵押物。

5.3 抵押人确保抵押物的价值不受任何其控制范围以内的因素所影响。抵押人的行为足以使抵押物价值减少的，抵押权人有权要求抵押人停止其行为；抵押物价值减少时，抵押权人有权要求抵押人恢复抵押物的价值，或者提供与减少的价值相当的经抵押权人认可的担保。在收到抵押权人的要求后，抵押人应在抵押权人指定的期限内作出抵押权人要求的一切行动。

5.4 如发生抵押物灭失、毁损或价值减少，或因国家建设、需要依法列入拆迁范围，抵押人应当通知抵押权人，并采取有效措施防止损失扩大。抵押人同意抵押权人有权就因此获得的保险金、赔偿金或者补偿金等选择下列方法进行处理，并协助办理有关手续：

（1）清偿或提前清偿主合同项下债务本息及相关费用；

（2）转为定期存款，存单质押给抵押权人，或转为保证金，质押担保范围同本合同规定；

（3）按抵押权人安排进行提存；

（4）用于修复抵押物，以恢复抵押物价值。

抵押人提供符合抵押权人要求的新的担保后，经抵押权人同意，可将保险金、赔偿金或者补偿金等自由处分。

5.5 未经抵押权人书面同意，抵押人不得全部或部分转让、赠与、出租、出借、以实物形式出资、改造、改建、设定为信托资产、设立其他担保或以其他任何方式全部或部分处分抵押物；经抵押权人书面同意的，由抵押权人选择如何处理处分抵押物所得价款，处分方式同第5.4款约定。

5.6 如发生了影响抵押权人对抵押物享有的抵押权的事件或情况，抵押权人有权选择采取其自身认为适当的措施，维护其在本合同项下的担保权益，抵押人应当给予全面的支持与配合。

5.7 抵押期间，抵押权人及其委派的机构或个人有权随时对抵押物检查，抵押人应当给予全面的支持与配合。

第六条　抵押物的保险

6.1 本合同成立后，在抵押权人认为必要时，抵押人应当根据抵押权人要求的金额、期限、险种等进行投保。保险单中应当注明，抵押权人为被保险人（第一受益人）。

6.2 抵押人应将抵押物的保险单据原件交与抵押权人保管。

6.3 在本合同有效期内，抵押人不得以任何理由中断或撤销保险，如保险中断，抵押权人有权自行决定是否代为办理保险业务并代为垫付保险费。

6.4 抵押物发生保险事故的，保险赔偿金按本合同第5.4款的约定处理。

第七条　抵押权的实现

7.1 在发生以下情形时，抵押权人有权实现抵押权：

（1）主债权到期或提前到期债务人未予清偿的；

（2）发生本合同第5.3款所述情形，抵押人未在抵押权人指定期限内恢复抵押物价值或提供与减少价值相当的担保的；

（3）如抵押人/债务人为法人，抵押人/债务人被申请破产或歇业、解散、清算、停业整顿、被吊销营业执照、被撤销；

（4）抵押权人认为抵押人在生产经营过程中不遵循公平交易原则处分已设定动产浮动抵押的抵押物的；

（5）抵押人构成本合同项下其他违约情形的；

（6）法律法规规定抵押权人可实现抵押权的其他情形。

7.2 抵押权人实现抵押权时，可通过与抵押人协商，以抵押物折价或者以拍卖、变卖该抵押物所得的价款受偿，协商不成的，抵押权人可直接请求人民法院拍卖、变卖抵押物。

7.3 处分抵押物所得款项在优先支付抵押物处分费用后，抵押权人有权决定扣划所得款项的清偿顺序。

7.4 抵押权人可以不先行使对债务人的其他担保权利（如有）而直接行使本合同项下的抵押权。抵押人同意，在任何情况下，抵押权人未行使或未及时行使其与债务人在其他贷款文件项下的任何权利，包括但不限于债权、担保物权、违约救济权，均不得视作抵押权人怠于或放弃行使权利，亦不会影响其充分行使本合同项下的权利。

7.5 如发生本合同第 7.1 款约定的实现抵押权的情形，致使抵押物被人民法院依法扣押的，自扣押之日起，抵押权人有权收取自抵押物分离的天然孳息和法定孳息，孳息应当先冲抵收取孳息的费用。

7.6 如发生本合同第 7.1 款约定的实现抵押权的情形，抵押人在此不可撤销地授权抵押权人以抵押人名义代表抵押人签署及作出一切抵押权人认为必要的文件或行为；抵押人在此不可撤销地授权抵押权人以抵押人名义在符合法律规定的前提下出售或出租抵押物全部或部分并由抵押权人享有收取出售所得款项和租金的权利；抵押权人可雇用接管人或专业机构处理上述事宜，签署上述文件、作出行为、出售、出租抵押物、雇佣接管人等一切有关支出由抵押人承担，并可从处理抵押物所得价款中支付。抵押权人及其授权人员或代理人作出上述一切行为均是以抵押人的代理人身份作出的，抵押人均予以认可和确认，所有因此而产生的后果将由抵押人独自承担。

第八条　声明与承诺

8.1 抵押人声明与承诺如下：

（1）如抵押人为法人，抵押人依法注册并合法存续，具备签订和履行本合同所需的完全民事权利能力和行为能力；如抵押人为自然人，抵押人具备签订和履行本合同所需的完全民事权利能力和行为能力；

（2）抵押人完全了解主合同的内容，签署和履行本合同系基于抵押人的真实意思表示；签署和履行本合同不会违反对抵押人有约束力的任何合同、协议或其他法律文件；

（3）如抵押人为法人，抵押人已经按照其章程或者其他内部管理文件的要求取得合法、有效的授权；抵押人已经或将会取得签订和履行本合同所需的一切有关批准、许可、备案或者登记；

（4）抵押人对抵押物单独享有合法的、完整的所有权、使用权及处分权，抵押物不存在权属争议或潜在争议。抵押人保证抵押物之上没有其他共有人，或者虽有共有人但抵押人已获所有共有人的书面许可；

（5）抵押物根据法律或对抵押人有约束力的合同约定不属于不得或限制流通/转让的财产，或其限制流通情形已由抵押人在附件《抵押物清单》中注明；

（6）抵押物不存在任何权利限制或权属瑕疵，不存在被查封、扣押、监管或存在其他抵押、质押、留置或其他限制处分或影响抵押权人优先受偿权地位等情况；

(7) 抵押人没有隐瞒抵押物项下拖欠税款、工程款等款项及抵押物出租情况；

(8) 抵押人按抵押权人要求向其提供的全部文件和资料都是准确、真实、完整和有效的；

(9) 若发生下列情形，抵押人应及时通知抵押权人：

a. 抵押物权属发生争议或抵押物涉及诉讼、仲裁、强制执行等事件中；

b. 抵押物被采取查封、扣押、冻结、监管等财产保全或执行措施；

c. 抵押物可能被留置；

d. 抵押物受到或可能受到侵害的；

e. 如抵押人为法人，抵押人章程、经营范围、注册资本、法定代表人变更、股权变动；

f. 如抵押人为法人，抵押人改制、兼并、歇业、解散、清算、停业整顿、被撤销、被吊销营业执照、(被) 申请破产等；

(10) 抵押人已经由债务人告知其所担保的主债务可能用于清偿债务人在抵押权人处的已经存在的债务，对于该种债务清偿行为，抵押人不持异议；

(11) 如抵押人为第三人，抵押人在其承担担保责任后主合同项下的债务仍未获完全清偿的，则抵押人承诺，其向债务人或其他担保人主张（包括预先行使）代位权或追偿权，不应使抵押权人利益受到任何损害，并同意主合同项下债务的清偿优先于抵押人代位权或追偿权的实现。

第九条 违约事件及处理

9.1 下列事项之一即构成抵押人在本合同项下违约事件：

(1) 发生本合同第5.3款所述情形，抵押人未在抵押权人指定期限内恢复抵押物价值或提供与减少价值相当的担保；

(2) 抵押人违反本合同第5.5款约定处分抵押物；

(3) 抵押人以任何方式妨碍抵押权人依法或根据本合同约定处分抵押物；

(4) 抵押人在本合同中所做的声明不真实或违反其在本合同中所做的承诺；

(5) 如抵押人为法人，抵押人终止营业或发生解散、撤销或破产事件；如抵押人为自然人，抵押人成为限制民事行为能力人或者无民事行为能力人的；

(6) 抵押人在与抵押权人或××股份有限公司其他机构或其他金融机构

之间的其他合同项下发生违约事件；

（7）抵押人违反本合同中其他约定。

9.2 出现前款规定的违约事件时，抵押权人有权视具体情形分别或同时采取下列措施：

（1）要求抵押人限期纠正其违约行为；

（2）全部、部分调减、中止或终止对抵押人的授信额度；

（3）全部、部分中止或终止受理抵押人在与抵押权人或××股份有限公司其他机构之间

的其他合同项下的业务申请；对于尚未发放的贷款、尚未办理的贸易融资，全部、部分中止或终止发放和办理；

（4）宣布抵押人在与抵押权人或××股份有限公司其他机构之间的其他合同项下尚未偿还的贷款/贸易融资款项本息和其他应付款项全部或部分立即到期；

（5）终止或解除本合同，全部、部分终止或解除抵押人与抵押权人之间的其他合同；

（6）要求抵押人赔偿因其违约而给抵押权人造成的损失；

（7）行使抵押权；

（8）要求抵押人提供新的担保；

（9）将抵押人在抵押权人开立的账户内的款项扣划以清偿抵押人对抵押权人所负全部或部分债务，而无须提前通知抵押人；账户中的未到期款项视为提前到期；账户币种与抵押权人业务计价币种不同的，按抵押权人适用的相关汇率折算，汇率风险由抵押人承担；

（10）抵押权人认为必要的其他措施。

第十条　保证条款

10.1 如抵押人与债务人并非同一人，因下列原因致使本合同项下的任一抵押权未设立、未生效或被撤销的，相应抵押人立即成为保证人，对债务人在主合同项下的债务承担连带保证责任。本合同项下有多个抵押人的，各抵押人成为保证人后对债务人在主合同项下的债务承担连带保证责任：

（1）抵押人未按本合同约定办妥抵押登记手续或抵押登记无效或被撤销的；

（2）抵押人在本合同第八条项下任一声明不真实、不正确或违反承诺的；

（3）抵押人方面的其他原因。

10.2 抵押人保证的范围与本合同第三条所述的担保范围相同。

10.3 保证期间按主合同项下各单项授信文件约定的债务履行期限分别计算，为主合同项下每一笔具体主债务履行期限届满之日后两年止。其中：

(1) 借款、打包贷款、出口押汇、进口押汇等借款融资类业务项下的保证期间为融资到期之日起两年；

(2) 汇票承兑、开立信用证、开立保函等银行信用类业务项下的保证期间为抵押权人垫付款项之日起两年；

(3) 商业汇票贴现的保证期间为贴现票据到期之日起两年。

主合同约定分期还款的，抵押人对主合同项下分期履行的还款义务分别承担保证责任，保证期间分别为各期债务履行期限届满之日起，至最后一期还款期限届满之日后两年止。

本合同所称"到期"、"届满"包括抵押权人宣布提前到期的情形。抵押权人宣布主债权提前到期的，以其宣布的提前到期日为债务履行期届满日。

债权人与债务人就债务履行期达成展期协议的，保证期间至展期协议重新约定的债务履行期届满之日后两年止。

10.4 本第十条的效力独立于本合同的其他条款，本保证条款的生效条件是本合同项下的抵押权因本合同第10.1款中所列原因未成立、未生效或被撤销。

第十一条　与主合同的关系

11.1 本合同独立于主合同，主合同由于任何原因无效，不影响本合同的效力。对债务人在主合同无效后应承担的返还责任或赔偿责任，抵押人应承担连带责任。

11.2 抵押权人在本合同项下的权利和权益，不因抵押权人给予债务人任何宽限、抵押权人与债务人对主合同的任何条款进行修改、变更或替换等情形而受任何影响。如发生上述情形，视为已征得抵押人的事先同意，抵押人的担保责任不因此而减免。但未经抵押人同意，抵押权人与债务人协议延长主合同债务履行期限或增加主合同债务本金金额的，抵押人仅依照本合同的约定对变更前的主合同项下债务承担担保责任。

11.3 主合同为抵押权人向债务人提供开立信用证、开立保函或备用信用证业务的，抵押权人与债务人对主合同项下信用证、保函或备用信用证的任何修改，无须征得抵押人的同意而另行通知抵押人，该等修改视为已征得抵押人的事先同意，抵押人的担保责任不因此而减免。但未经抵押人同意，抵押权人与债务人协议延长主合同债务履行期限或增加主合同债务本金金额的，抵押人仅依照本合同的约定对变更前的主合同项下债务承担担保责任。

11.4 本合同的抵押担保为不可撤销担保，不受债务人与任何单位签订任何协议或文件的影响，也不因债务人破产、无力清偿债务、丧失企业资格、更改组织章程等情况而有任何改变。

第十二条　附件

本合同附件《抵押物清单》与本合同具有同等效力。

第十三条　权利保留

13.1 一方若未行使本合同项下部分或全部权利，或未要求另一方履行、承担部分或全部义务、责任，并不构成该方对该权利的放弃或对该义务、责任的豁免。

13.2 一方对另一方的任何宽容、展期或者延缓行使本合同项下的权利，均不影响其根据本合同及法律、法规而享有的任何权利，亦不视为其对该权利的放弃。

第十四条

14.1 适用法律和争议解决

本合同适用中华人民共和国（不包括香港、澳门特别行政区和台湾地区）法律。

14.2 争议管辖机构及解决方式以第二十条约定为准。争议期间，双方仍应继续履行未涉争议的条款。因发生争议而产生的诉讼费（或仲裁费）和对方支出的合理的律师费以及诉讼（或仲裁）过程中产生的其他费用（包括但不限于财产保全费、差旅费、公证认证费、翻译费、评估拍卖费、执行费等）均由违约方承担。

第十五条

15.1 合同的生效、变更和解除

本合同经抵押人法定代表人（负责人）或授权代理人签署或加盖抵押人印章（如抵押人为自然人，则仅须抵押证人签署）及抵押权人负责人或授权代理人签署或加盖抵押权人印章之日起生效。

15.2 本合同有效期内，如抵押人为法人，抵押人发生企业兼并、改制、更名或分立时，如抵押人为自然人，抵押人发生继承情况时，应通知抵押权人并由新的企业或继承人、资产受赠人继续履行本合同，并于变更后的30日内向原登记机关办理抵押变更登记。

15.3 本合同经双方协商一致，可以书面形式进行变更或修改，任何变更或修改均构成本合同不可分割的组成部分。抵押权人与抵押人、债务人在抵押登记后达成补充协议或对原主合同、抵押合同进行变更而导致与送抵押登记机关备案的合同不一致的，债务人与抵押人不得以此为由主张补充协议或变更内容无效。

15.4 除法律、法规另有规定或当事人另有约定外，本合同在其项下权利义务全部履行完毕前不得终止。

第十六条　其他

16.1 本合同项下抵押权人债权的有效凭证以抵押权人按自身业务规定出具和记载的会计凭证为准。

16.2 本合同项下的任何通知或各种通讯联系均以书面形式按本合同签署页记载的地址或其他联系方式送达对方，一方在通讯及联系地址发生变更时，应以书面形式及时通知对方。

16.3 除本合同其他条款或抵押权人与抵押人签订的补充协议条款有相反约定，抵押权人与抵押人就抵押权人在主合同与本合同项下债权与相应抵押权转让事宜确认如下：抵押人同意在本合同项下最高额担保的债权确定后，抵押权人有权单方决定将主合同项下的债权全部或部分转让给任意第三方，且对应的抵押权一并随之转让给该第三方；自抵押权人对债务人发出转让通知之日起抵押权转移，对抵押人发生效力；抵押人在此不可撤销地承诺：同意抵押权人有权单方接受债权受让人的委托继续管理对债务人的债权及对应的担保权利，管理事项包括但不限于代理扣划债务人与担保人账户资金用于支付主合同与本合同项下应付款项，代理催收、代为向债务人与抵押人提起诉讼、申请仲裁、申请保全等权利保障措施。抵押权人代理扣划应付款的，抵押权人有权直接扣划债务人及担保人在抵押权人及抵押权人总部及其分支机构处开立的任意还款账户及其他账户内的款项用于支付债务人及担保人应付未付款项，而无须通知债务人及担保人。在前述部分债权转让的情形下，抵押人对未转让的部分及转让的部分债权均依照本合同向债权人及受让债权人承担抵押担保责任。

16.4 未经抵押权人书面同意，抵押人不得将本合同项下任何权利、义务转让予第三人。

16.5 若抵押权人因业务需要须委托××股份有限公司其他机构履行本合同项下权利及义务，或将本合同项下业务划归××股份有限公司其他机构承接并管理，抵押人对此表示认可。抵押权人授权的××股份有限公司其他机构或承接本合同项下业务的××股份有限公司其他机构有权行使本合同项下全部权利，有权就本合同项下纠纷以该机构名义向法院提起诉讼、申请仲裁或申请强制执行。

16.6 除法律法规明确规定应由抵押权人承担的费用外，本合同项下其他任何费用均由抵押人承担。

16.7 在不影响本合同其他约定的情形下，如抵押人为法人，本合同对双方及各自依法产生的承继人和受让人均具有法律约束力，如抵押人为自然人，本合同对抵押物的继承人或受赠人具有法律约束力。

16.8 如本合同的某条款或某条款的部分内容现在是或将来成为无效，该无效条款或无效部分并不影响本合同及本合同其他条款或该条款其他内容的有效性。

16.9 抵押权人有权根据有关法律法规、监管规定，将与本合同有关的信息和抵押人其他相关信息提供给中国人民银行征信系统和其他依法设立的信用信息数据库，供具有适当资格的机构或个人依法查询和使用。抵押权人也有权为本合同订立和履行之目的，通过中国人民银行征信系统和其他依法设立的信用信息数据库查询抵押人的相关信息。

16.10 抵押人同意抵押权人将与本合同有关的附随业务（包括但不限于抵押权人系统开发及维护、对账单据等相关凭证的印刷及邮寄、欠款催收、财产评估等其他法律法规允许的项目）依照法律法规的规定委托第三方处理，且抵押人同意抵押权人将本合同项下抵押人相关信息、资料交予上述第三方用于处理委托事宜。

16.11 抵押权人认为有必要时，抵押人应办妥本合同的公证。该等公证应具有强制执行效力，并且抵押人承诺在债务人或抵押人不履行义务或不完全履行义务时，抵押人愿意接受依法强制执行。

第二部分　特别条款

第十七条　主合同

17.1 主合同指债权人与债务人××于主债权确定期间（××年××月×

×日至××年××月××日）内签订的一系列合同［包括但不限于编号为××的《××》以及该一系列合同项下各单项授信文件（包括合同/协议、申请书、借款借据等，下同）］。

17.2 保证人同意将已发生的编号为的《××》项下的债权人（包括债权人其他机构）未结清债权纳入本合同最高额保证范围。

第十八条 最高债权额 本合同项下被担保的最高债权额，即主债权本金余额不得超过的最高限额，为××元整（大写）。

第十九条 双方约定的其他事项××

第二十条 凡因本合同引起的或与本合同有关的任何争议，双方应协商解决；协商不成的，双方均同意采取以下方式解决：

向抵押权人所在地的人民法院提起诉讼。

将该争议提交以下仲裁委员会，并按提交仲裁申请时该委员会有效之仲裁规则进行仲裁。

仲裁裁决是终局性的，对双方均有约束力。提交仲裁时，双方同意选用简易程序进行审理，且相关法律文书（含仲裁法律文书）的送交以邮件快速专递寄送至本合同签署页记载的对方当事人联系地址后五个工作日即视为送达。送达地址如有变更，应于变更后三个工作日内书面通知对方及仲裁委员会。

将该争议提交抵押权人所在地仲裁委员会仲裁。

将该争议提交××仲裁委员会仲裁。

第二十一条 本合同正本一式××份，其法律效力相同。

【本页以下无正文】

【本页无正文，为《××股份有限公司最高额抵押合同》签署页】

抵押人确认，抵押人已经仔细阅读本合同的所有条款与条件（特别是黑色加粗字体部分），抵押权人的有关人士已经提醒抵押人在签署本合同前可以要求抵押权人的有关人士对任何条款作充分的说明和解释，并对抵押人就有关条款提出的问题和信息进行了充分的说明和解释。抵押人承认并确认现已充分了解本合同所有条款和条件的含义。因而经过谨慎考虑，抵押人同意接受所有条款和条件。

本合同由以下各方于××年××月××日在××签署。

抵押权人：

法定代表人（授权代表）：

抵押人：
法定代表人（授权代表）：

（21）示范文本：××项目质押协议

鉴于基金或基金管理人已经通过委托贷款的形式向融资方发放投资款项，为保证投资款项的安全性，基金或基金管理人会要求融资方以项目公司的股权或其他公司的股权提供质押担保。但是需要注意的是，因为质押登记机关为工商行政管理机关，其并不强制要求质押权人必须为银行、信托等金融机构，因此基金或基金管理人可以在工商行政管理机关以质押权人进行登记，或者以委托贷款的银行为质押权人在工商行政管理机关进行登记。

质押合同

编号：××
出质人：××
质权人：××

第一部分　一般条款

第一条　质物

1.1 本合同项下质物详情以本合同附件《质物信息详情》为准。

1.2 质权人质权的效力及于质物的从物、从权利、附属物、添附物、天然及法定孳息、质物的代位物，以及因质物毁损、灭失或被征收而产生的保险金、赔偿金、补偿金。

1.3 本合同附件《质物信息详情》对质物价值的约定，不作为质权人处置该质物时的估价依据，不对质权人行使质权构成任何限制。

第二条　质押担保的主债权

2.1 本合同项下质押担保的主债权为本合同第十八条所指的主合同项下的每一笔债权。主合同项下每一单笔业务的具体金额、期限、利率和债务履行期限等内容，由质权人与债务人自行在主合同项下的具体业务中确定。

2.2 本合同项下被担保的主债权类型包括但不限于因质权人向债务人提供

贷款、银行承兑汇票、信用证业务等因融资、票据关系而产生的债务，以及为债务人的融资、投标、合同履行等行为提供备用信用证、保函、保证担保等方式的担保而产生的或有债务。

2.3 本合同项下出质人提供质押担保的最高债权额，由本合同第十九条约定。本最高债权额仅指主债权本金余额不得超过的最高限额，在主债权本金不超过上述限额的前提下，就本合同第三条所指的担保范围内所有应付款项，出质人同意承担担保责任。出质人不得以本合同第三条所指的担保范围内所有应付款项总额超过本合同第十九条约定最高债权额而主张超过部分不承担担保责任。

2.4 外币业务中主债权金额按单笔业务发生前一工作日中国人民银行公布的外汇中间价折算。发生具体外币单笔业务的，债务人还款及出质人履行担保责任时应偿还相应的外币。

第三条　质押担保的范围

3.1 除双方另有约定外，本合同项下的担保范围包括主合同全部本金、利息、复利、罚息、违约金、损害赔偿金、因汇率变动而引起的相关损失、债务人应向质权人支付的其他款项（包括但不限于有关手续费、电讯费、杂费及其他费用）、以及质权人为实现债权而发生的费用（包括但不限于催收费用、诉讼费或仲裁费、保全费、执行费、公告费、评估费、拍卖费、税费、过户费、律师费、差旅费、公证费及其他费用），以及主合同生效后，经质权人要求追加而未追加的保证金金额。

3.2 即使发生在主债权确定期间内的单笔债权到期日超出主债权确定期间或者主债权期间内产生的或有债权转化为实际债权的时间超出主债权确定时间，仍然属于本合同项下的担保范围。

3.3 质权人根据主合同的约定或者国家的利率政策变化而调整利率水平、计息或结息方式等，或由于汇率变动导致实际应偿还的债务本金发生变化的，导致债务人应偿还的本金、利息、罚息、复利增加的，该增加部分亦属于出质人担保范围。

3.4 本合同所设立的质押担保，作为债务人偿还欠款以及履行主合同项下全部义务的持续性担保，不因主合同项下债务得以部分支付或偿还而解除，出质人仍应按照本合同的约定在担保范围内对尚未消灭的债务承担担保责任。

第四条 质物的登记

4.1 依法应办理质押登记的或质权人要求办理质押登记的，出质人应在质权人规定的期限内，协同质权人向有关登记机关办理本合同项下质物的质押登记手续，并在登记手续办妥后将质物的质押登记文件的正本原件及质权人认为必要的质物权利凭证等文件交质权人保管。

4.2 以汇票、本票、支票、仓单、提单、债券及其他需背书转让的权利凭证出质的，应当应质权人的要求办理背书、核押、凭证交付手续。

4.3 以理财产品出质的，出质人应与质权人签订《应收账款质押登记协议》，出质人有义务按照《应收账款质押登记协议》履行登记义务；出质人应当应质权人的要求办理理财产品权利凭证交付手续，权利凭证包括但不限于理财产品收益权凭证、理财产品说明书正本原件、理财产品协议正本原件以及能够证明出质人合法拥有理财产品所有权的其他原始文件。

4.4 质权人有权对质物的权利凭证（包括相关的商务合同）进行审查，并在出质人办理质押登记时，派代表核查、验证质押登记的有效性和完整性，以达到质权人满意的状态。

4.5 质押登记事项发生变化依法需要进行变更登记的，出质人应在登记事项变更之日起7日内通知质权人该等变更，并依照质权人要求及时到有关登记部门办理变更登记。质物换发新的所有权或其他权利证书，导致本合同附件《质物信息详情》所列或质权人收执的他项权利证书或质权证明文件与上述新的权利证书或登记机关的登记簿记载不一致的，出质人不得以此为由拒绝承担担保责任。

4.6 除非本合同双方另有约定或法律另有规定，在本合同订立后质物新增的从物、附属物、添附物等新增的物作为本合同项下的质物，一经质权人要求，亦应办理必要的质押登记或变更手续。

第五条 质物的交付、占有和保管

5.1 除出质人、质权人另行与第三方签订货物质押监管合作协议，由第三方保管质物的情况外，本合同项下的质物或权利凭证由质权人占有和保管，出质人应于本合同签署当日将质物及相关凭证交付质权人。

5.2 在质权人占有和保管质物的情况下，质权人应妥善保管质物，因保管不善致使质物毁损、灭失的，应承担赔偿责任。

5.3 交付质物时，出质人应以书面形式充分告知质权人质物的瑕疵状况以及保管质物应注意的事项。除非出质人特别书面要求并支付费用，否则质权人只需按通常的方法和标准占有与保管质物，并且可以变更保管场所。

5.4 质权人有权收取自质物分离的天然孳息和法定孳息，孳息应当先行冲抵收取孳息的费用。

5.5 出质人确保质物的价值不受任何其控制范围以内的因素所影响。出质人的行为足以使质物价值减少的，质权人有权要求出质人停止其行为；质物价值减少时，质权人有权要求出质人恢复质物的价值，或者提供与减少的价值相当的经质权人认可的担保。在收到质权人的要求后，出质人应在质权人指定的期限内作出质权人要求的一切行动。

5.6 如质物价值发生减少的，出质人应当通知质权人，并采取有效措施防止损失扩大。出质人同意质权人可以单方面选择下列方法处理因此获得的保险金、赔偿金或者补偿金，且出质人同意协助办理有关手续：

（1）清偿或提前清偿主合同项下债务本息及相关费用；

（2）转为定期存款、存单质押给质权人，或转为保证金，担保范围同本合同规定；

（3）按质权人安排进行提存；

（4）用于修复质物，以恢复质物价值。

出质人提供符合质权人要求的新的担保后，经质权人同意，可将保险金、赔偿金或者补偿金等自由处分。

5.7 未经质权人书面同意，出质人不得全部或部分转让、赠与、出租、出借、以实物形式出资、改造、改建、设定为信托资产、设立其他担保或以其他任何方式全部或部分处分或约定处分质物；经质权人书面同意的，由质权人选择如何处分质物所得价款，处分方式同第5.6款约定。

5.8 如发生了可能影响质权人对质物享有的质权的事件或情况，质权人有权选择采取其自身认为适当的措施（包括但不限于使用、收益和处分质物），维护其在本合同项下的担保权益，出质人应当给予全面的支持与配合。

5.9 质物为保证金时，出质人应当将保证金存入本合同附件《质物信息详情》约定的保证金专用账户，保证金由质权人占有、管理。债务人未足额清偿质权人相应欠款前，出质人除质权人同意外不得要求动用或支取质押保证金。质权人对上述保证金依法享有优先受偿权。债务人未清偿主合同项下的到期债务或被宣布提前到期的债务，或违反主合同的任何约定，质权人有权直接扣划上述专户内的保证金用以清偿，而无须通知出质人。

第六条　权利质押的特别规定

6.1 本合同项下的权利质押包括但不限于出质人将其有权处分的汇票、支票、本票、债券、存单、基金、股权、理财产品、知识产权财产权、应收账款等权利出质。

6.2 质押期间与质物相关的账款、还款、提前还款、理财本金、收益、赔偿金等全部质物权益系质物的代位物，质权人对上述代位物依照本合同的约定享有优先受偿的权利。

6.3 权利质押的出质人应在质权人处开立本合同附件《质物信息详情》约定的质押融资专用账户。质押期间与质物相关的账款、还款、提前还款、理财本金、收益、赔偿金等全部质物权益均应由出质人书面通知相关付款人支付至质押融资专用账户。任何该等收款账户的变更如与出质人和付款人原相关文件约定不一致的，构成对原相关文件约定的变更。

6.4 质物以任何形式变现后存入质押融资专用账户均作为保证金质押，由质权人占有、管理。债务人未足额清偿质权人相应欠款前，出质人除质权人同意外不得要求动用或支取质押保证金。

6.5 资金进入上述质押融资专用账户后即视为已经移交质权人占有并特定化，具有《中华人民共和国担保法》等法律规定的保证金质押性质，质权人对质押融资专用账户中的款项享有优先受偿的权利。债务人未清偿主合同项下的到期债务或被宣布提前到期的债务，或违反主合同的任何约定，质权人有权直接扣划上述专户内的资金用以清偿主合同项下债务，而无须通知出质人。

6.6 质物为汇票、本票、支票、仓单、提单、债券时：

（1）若质物到期日、提取日早于主合同项下授信到期日时，质权人有权采取对质物进行托收等合理的方式对质物进行变现，并将所得款项存入质押融资专用账户。

（2）若质物的到期日、提取日迟于主合同项下授信到期日时，如债务人无法清偿到期债务，采取对质物进行托收、贴现等合理的方式对质物进行变现，质权人有权在质物到期后，对质物进行托收，所得款项直接优先用于清偿主合同项下债务。

6.7 质物为存单时，发生质物的转存或账号的变更不影响质权的效力。转存后的存单以及账号变更后的存单继续是本合同项下质物的权利凭证。在主合同项下债务全部得以清偿之前，未经质权人书面同意，出质人不得动用或支取质押存款与存款利息，不得取回存单或申请挂失，也不得更换预留印鉴或密码。质押存单由质权人冻结止付。债务人未清偿主合同项下的到期债务或被宣布提前到期的债务，或违反主合同的任何约定，出质人授权质权人有权支取定期存单或以法律规定的其他方式处分定期存单（包括但不限于提前支取未到期存单）偿还主合同项下所有债务，而无须通知出质人。

6.8 质物为理财产品时：

(1) 质权人对质物价值的减少、损失、灭失不承担赔偿责任。

(2) 质权人有权独立对质物的价值进行评估或独立委托第三方机构对质物的价值进行评估。如质物的价值发生减少时，出质人应提供符合质权人要求的新的担保或按照第5、6款约定处理。

(3) 若质物的到期日早于主合同项下授信到期日时，质权人有权将质物项下的应收账款存入质押融资专用账户。

(4) 若质物的到期日迟于主合同项下授信到期日时，如债务人无法清偿到期债务，出质人不可撤销的委托质权人有权以自己的名义以授信到期日的价值对质物进行转让，并以转让所得款清偿债务，质物在授信到期日的价值按照本款第（2）项约定方式确定。转让完成后，由受让方承继质物的权利并承担相应义务，出质人放弃对质物的抗辩权。

第七条　质物的保险

7.1 本合同成立后，质权人认为有必要时，出质人应当根据质权人要求的金额、期限、险种等进行投保。保险单中应当注明，质权人为被保险人（第一受益人）。

7.2 出质人应将质物的保险单据原件交与质权人保管。

7.3 在本合同有效期内，出质人不得以任何理由中断或撤销保险，如保险中断，质权人有权自行决定是否代为办理保险业务并代为垫付保险费。

7.4 质物发生保险事故的，保险赔偿金按本合同第5.6款的约定处理。

第八条　质权的实现

8.1 在发生以下情形时，质权人有权实现质权：

(1) 主债权到期或提前到期债务人未予清偿的；

(2) 出质人未在质权人指定期限内恢复质物价值或提供经质权人认可的新的担保的；

（3）出质人或债务人被申请破产或歇业、解散、清算、停业整顿、被吊销营业执照、被撤销的；

（4）出质人构成本合同项下其他违约情形的；

（5）法律法规规定质权人可实现质权的其他情形。

8.2 质权人实现质权时，可通过与出质人协商，以质物折价或者以拍卖、变卖该质物所得的价款受偿，协商不成的，质权人可直接请求人民法院拍卖、变卖质物。

8.3 用于出质的存单的兑现日期、定期保证金存款到期日先于主债权到期的，质权人有权兑现，并以兑现的价款提前清偿债务或者提存。

8.4 处分质物所得款项在优先支付质物处分费用后，质权人有权决定扣划所得款项的清偿顺序。

8.5 质权人可以不先行使对债务人的其他担保权利（如有）而直接行使本合同项下的质权。出质人同意，在任何情况下，质权人未行使或未及时行使其与债务人在其他贷款文件项下的任何权利，包括但不限于债权、担保物权、违约救济权，均不得视作质权人怠于或放弃行使权利，亦不会影响其充分行使本合同项下的权利。

8.6 如发生本合同第 8.1 款约定的实现质权的情形，出质人在此不可撤销地授权质权人以出质人名义代表出质人签署及作出一切质权人认为必要的文件或行为；出质人在此不可撤销地授权质权人以出质人名义在符合法律规定的前提下处分质物全部或部分；质权人可雇用接管人或专业机构处理上述事宜，签署上述文件、作出处分行为的一切有关支出由出质人承担，并可从处分质物所得价款中支付。质权人及其授权人员或代理人作出上述一切行为均是以出质人的代理人身份作出的，出质人均予以认可和确认，所有因此而产生的后果将由出质人独自承担。

第九条　声明与承诺

9.1 出质人声明与承诺如下：

（1）如出质人为法人，出质人依法注册并合法存续，具备签订和履行本合同所需的完全民事权利能力和行为能力；如出质人为自然人，出质人具备签订和履行本合同所需的完全民事权利能力和行为能力；

（2）出质人完全了解主合同的内容，签署和履行本合同系基于出质人的真实意思表示；签署和履行本合同不会违反对出质人有约束力的任何合同、协议或其他法律文件；

(3) 如出质人为法人，出质人已经按照其章程或者其他内部管理文件的要求取得合法、有效的授权；出质人已经或将会取得签订和履行本合同所需的一切有关批准、许可、备案或者登记；

(4) 出质人对质物单独享有合法的、完整的所有权、使用权及处分权，质物不存在权属争议或潜在争议。出质人保证质物上没有其他共有人，或者虽有共有人但出质人已获所有共有人的书面许可；

(5) 质物根据法律或对出质人有约束力的合同约定不属于不得流通/转让的财产；

(6) 质物不存在任何权利限制或权属瑕疵，不存在被查封、扣押、监管或存在其他抵押、质押、留置或其他限制处分或影响质权人优先受偿权地位等情况；

(7) 如质物为应收账款，应收账款的基础合同中不应存在任何限制转让或质押的情形，和任何允许以该应收账款与出质人的其他债务进行抵销的约定，未经质权人书面同意，不得对基础合同进行任何不利于质权人的变更；

(8) 出质人向质权人提供的全部文件和资料都是准确、真实、完整和有效的；

(9) 若发生下列情形，出质人应及时通知质权人：

a. 质物权属发生争议或质物涉及诉讼、仲裁、强制执行等事件中；

b. 质物被采取查封、扣押、冻结、监管等财产保全或执行措施；

c. 质物受到或可能受到侵害的；

d. 出质人章程、经营范围、注册资本、法定代表人变更、股权变动；

e. 出质人改制、兼并、歇业、解散、清算、停业整顿、被撤销、被吊销营业执照、(被) 申请破产等。

(10) 出质人已经由债务人告知其所担保的主债务可能用于清偿债务人在质权人处的已经存在的债务，对于该种债务清偿行为，出质人不持异议；

(11) 如出质人为第三人，出质人在其承担担保责任后主合同项下的债务仍未获完全清偿的，则出质人承诺，其向债务人或其他担保人主张（包括预先行使）代位权或追偿权，不应使质权人利益受到任何损害，并同意主合同项下债务的清偿优先于出质人代位权或追偿权的实现。

第十条　违约责任

10.1 下列事项之一即构成出质人在本合同项下违约事件：

（1）出质人未在质权人指定期限内恢复质物价值或提供经质权人认可的新的担保的；

（2）出质人违反本合同第5.7条约定处分质物的；

（3）出质人以任何方式妨碍质权人依法或根据本合同有关约定处分质物的；

（4）出质人在本合同中所做的声明不真实或违反其在本合同中所做的承诺；

（5）出质人未按本合同第6.3款的约定通知付款人将款项付至质押融资专用账户的；

（6）出质人违反本合同中其他规定；

（7）如出质人为法人，出质人终止营业或发生解散、撤销或破产事件；如出质人为自然人，出质人成为限制民事行为能力人或者无民事行为能力人的；

（8）出质人在与质权人或××股份有限公司其他机构或其他金融机构之间的其他合同项下发生违约事件。

10.2 出现前款规定的违约事件时，质权人有权视具体情形分别或同时采取下列措施：

（1）要求出质人限期纠正其违约行为；

（2）全部、部分调减、中止或终止对出质人的授信额度；

（3）全部、部分中止或终止受理出质人在与质权人或××股份有限公司其他机构之间的其他合同项下的业务申请；对于尚未发放的贷款、尚未办理的贸易融资，全部、部分中止或终止发放和办理；

（4）宣布出质人在与质权人或××股份有限公司其他机构之间的其他合同项下尚未偿还的贷款/贸易融资款项本息和其他应付款项全部或部分立即到期；

（5）终止或解除本合同，全部、部分终止或解除出质人与质权人之间的其他合同；

（6）要求出质人赔偿因其违约而给质权人造成的损失；

（7）行使质权；

（8）将出质人在质权人开立的账户内的款项扣划以清偿出质人对质权人所负全部或部分债务，无须提前通知出质人。账户中的未到期款项视为提前到期。账户币种与质权人业务计价币种不同的，按质权人适用的相关汇率折算，汇率风险由出质人承担；

（9）质权人认为必要的其他措施。

10.3 除上述约定外，质物为汇票时还应适用本条约定：

（1）出质的汇票在托收时如果被拒付，质权人书面通知出质人拒付信息，并有权在收到拒付通知之日与出质汇票到期之日二者中较早之日，就被拒付汇票对应的汇票敞口金额收取汇票敞口管理费及违约金。汇票敞口管理费及违约金费率计收标准详见本合同附件《质物信息详情》。计收违约金时间为收到拒付通知之日与出质汇票到期之日二者中较早之日起至出质人提供足额保证金入账或质权人认可的担保物并办妥相关手续之日止。

（2）出质的汇票在托收时如果被拒付，出质人应在收到拒付通知之日起三个工作日内，依照质权人的指示在质权人指定的保证金账户中存入足额的保证金或者在收到拒付通知之日起十个工作日内，提供经质权人认可的其他担保物，否则视为出质人违约。

第十一条 保证条款

11.1 如出质人与债务人并非同一人，因下列原因致使本合同项下的任一质权未设立、未生效或被撤销的，相应出质人立即成为保证人，对债务人在主合同项下的债务承担连带保证责任。本合同项下有多个出质人的，各出质人成为保证人后对债务人在主合同项下的债务承担连带保证责任：

（1）出质人未按本合同约定办妥质押登记手续或质押登记无效或被撤销的；

（2）出质人在本合同第九条项下任一声明不真实、不正确或违反承诺的；

（3）出质人方面的其他原因。

11.2 出质人保证的范围与本合同第三条所述的担保范围相同。

11.3 保证期间按主合同项下各单项授信文件约定的债务履行期限分别计算，为主合同项下每一笔具体主债务履行期限届满之日后两年止。其中：

（1）借款、打包贷款、出口押汇、进口押汇等借款融资类业务项下的保证期间为融资到期之日起两年；

（2）汇票承兑、开立信用证、开立保函等银行信用类业务项下的保证期间为债权人垫付款项之日起两年；

(3) 商业汇票贴现的保证期间为贴现票据到期之日起两年。

主合同约定分期还款的，出质人对主合同项下分期履行的还款义务分别承担保证责任，保证期间分别为各期债务履行期限届满之日起，至最后一期还款期限届满之日后两年止。

本合同所称“到期”“届满”包括债权人宣布提前到期的情形。债权人宣布主债权提前到期的，以其宣布的提前到期日为债务履行期届满日。

债权人与债务人就债务履行期达成展期协议的，保证期间至展期协议重新约定的债务履行期届满之日后两年止。

11.4 本第十一条的效力独立于本合同的其他条款，本第十一条的生效条件是本合同项下的质权因本合同第11.1条中所列原因未成立、未生效或被撤销。

第十二条　与主合同的关系

12.1 本合同独立于主合同，主合同由于任何原因无效，不影响本合同的效力。对债务人在主合同无效后应承担的返还责任或赔偿责任，出质人应承担连带责任。

12.2 质权人在本合同项下的权利和权益，不因质权人给予债务人任何宽限、质权人与债务人对主合同或主合同项下单笔业务合同的任何条款进行修改、变更或替换等情形而受任何影响。如发生上述情形，视为已征得出质人的事先同意，出质人的担保责任不因此而减免。但未经出质人同意，质权人与债务人协议延长主合同债务履行期限或增加主合同债务本金金额的，出质人仅依照本合同的约定对变更前的主合同项下债务承担担保责任。

12.3 主合同为质权人向债务人提供开立信用证、开立保函或备用信用证业务的，质权人与债务人对主合同项下信用证、保函或备用信用证的任何修改，无须征得出质人的同意而另行通知出质人，该等修改视为已征得出质人的事先同意，出质人的担保责任不因此而减免。但未经出质人同意，质权人与债务人协议延长主合同债务履行期限或增加主合同债务本金金额的，出质人仅依照本合同的约定对变更前的主合同项下债务承担担保责任。

12.4 本合同的质押担保为不可撤销担保，不受债务人与任何单位签订任何协议或文件的影响，也不因债务人破产、无力清偿债务、丧失企业资格、更改组织章程等情况而有任何改变。

第十三条　附件

13.1 本合同附件《质物信息详情》与本合同具有同等效力。

第十四条　权利保留

14.1 一方若未行使本合同项下部分或全部权利，或未要求另一方履行、承担部分或全部义务、责任，并不构成该方对该权利的放弃或对该义务、责任的豁免。

14.2 一方对另一方的任何宽容、展期或者延缓行使本合同项下的权利，均不影响其根据本合同及法律、法规而享有的任何权利，亦不视为其对该权利的放弃。

第十五条　适用法律和争议解决

15.1 本合同适用中华人民共和国（不包括香港、澳门特别行政区和台湾地区）法律。

15.2 争议管辖机构及解决方式以第二十一条约定为准。争议期间，双方仍应继续履行未涉争议的条款。因发生争议而产生的诉讼费（或仲裁费）和对方支出的合理的律师费以及诉讼（或仲裁）过程中产生的其他费用（包括但不限于财产保全费、差旅费、公证认证费、翻译费、评估拍卖费、执行费等）均由违约方承担。

第十六条　合同的生效、变更和解除

16.1 本合同经出质人法定代表人（负责人）或授权代理人签署或加盖出质人印章（如出质人为自然人，则仅须出质人签署）及质权人负责人或授权代理人签署或加盖质权人印章之日起生效。

16.2 本合同有效期内，出质人为法人时，如出质人发生企业兼并、改制、更名或分立时，如出质人为自然人，出质人发生继承情况时，应通知质权人并由新的企业或继承人、资产受赠人继续履行本合同，并于变更后的30日内向原登记机关办理质押变更登记。

16.3 本合同经双方协商一致，可以书面形式进行变更或修改，任何变更或修改均构成本合同不可分割的组成部分。

16.4 除法律、法规另有规定或当事人另有约定外，本合同在其项下权利义务全部履行完毕前不得终止。

第十七条　其他

17.1 本合同及主合同项下质权人债权的有效凭证以质权人按自身业务规

定出具和记载的会计凭证为准。

17.2 本合同项下的任何通知或各种通讯联系均以书面形式按本合同签署页记载的地址或其他联系方式送达对方，一方在通讯及联系地址发生变更时，应以书面形式及时通知对方。

17.3 除本合同其他条款或质权人与出质人签订的补充协议条款有相反约定，质权人与出质人就质权人在主合同与本合同项下债权与相应质权转让事宜确认如下：出质人同意在本合同项下最高额担保的债权确定后，质权人有权单方决定将主合同项下的债权全部或部分转让给任意第三方，且对应的质权一并随之转让给该第三方；自质权人对债务人发出转让通知自之日起质权转移，对出质人发生效力；出质人在此不可撤销地承诺：同意质权人有权单方接受债权受让人的委托继续管理对债务人的债权及对应的担保权利，管理事项包括但不限于代理扣划债务人与出质人/担保人账户资金用于支付主合同与本合同项下应付款项，代理催收、代为向债务人与出质人提起诉讼、申请仲裁、申请保全等权利保障措施。质权人代理扣划应付款的，质权人有权直接扣划债务人及出质人/担保人在质权人及质权人总部及其分支机构处开立的任意还款账户及其他账户内的款项用于支付债务人及担保人应付未付款项，而无须通知债务人及出质人/担保人。在前述部分债权转让的情形下，出质人对未转让的部分及转让的部分债权均依照本合同向债权人及受让债权人承担质押担保责任。

17.4 未经质权人书面同意，出质人不得将本合同项下任何权利、义务转让予第三人。

17.5 若质权人因业务需要须委托××股份有限公司其他机构履行本合同项下权利及义务，或将本合同项下业务划归××股份有限公司其他机构承接并管理，出质人对此表示认可。质权人授权的××股份有限公司其他机构或承接本合同项下业务的××股份有限公司其他机构有权行使本合同项下全部权利，有权就本合同项下纠纷以该机构名义向法院提起诉讼、申请仲裁或申请强制执行。

17.6 除法律法规明确规定应由质权人承担的费用外，本合同项下其他任何费用均由出质人承担。

17.7 在不影响本合同其他约定的情形下，如出质人为法人，本合同对双方及各自依法产生的承继人和受让人均具有法律约束力，如出质人为自然人，本合同对质物的继承人具有法律约束力。

17.8 如本合同的某条款或某条款的部分内容现在是或将来成为无效，该无效条款或无效部分并不影响本合同及本合同其他条款或该条款其他内容的有效性。

17.9 质权人有权根据有关法律法规、监管规定，将与本合同有关的信息和出质人其他相关信息提供给中国人民银行征信系统和其他依法设立的信用信息数据库，供具有适当资格的机构或个人依法查询和使用。质权人也有权为本合同订立和履行之目的，通过中国人民银行征信系统和其他依法设立的信用信息数据库查询出质人的相关信息。

17.10 出质人同意质权人将与本合同有关的附随业务（包括但不限于质权人系统开发及维护、对账单据等相关凭证的印刷及邮寄、欠款催收、财产评估等其他法律法规允许的项目）依照法律法规的规定委托第三方处理，且出质人同意质权人将本合同项下出质人相关信息、资料交予上述第三方用于处理委托事宜。

17.11 质权人认为有必要时，出质人应办妥本合同的公证。该等公证应具有强制执行效力，并且出质人承诺在债务人或出质人不履行义务或不完全履行义务时，出质人愿意接受依法强制执行。

第二部分　特别条款

第十八条　主合同

18.1 主合同指债权人与债务人××于主债权确定期间（××年××月××日至××年××月××日）内签订的一系列合同［包括但不限于编号为××的《××》以及该一系列合同项下各单项授信文件（包括合同/协议、申请书、借款借据等，下同)］。

18.2 保证人同意将已发生的编号为的《××》项下的债权人（包括债权人其他机构）未结清债权纳入本合同最高额保证范围。

第十九条　最高债权额 本合同项下被担保的最高债权额，即主债权本金余额不得超过的最高限额，为××元整（大写）。

第二十条　双方约定的其他事项××

第二十一条　凡因本合同引起的或与本合同有关的任何争议，双方应协商解决；协商不成的，双方均同意采取以下方式解决：

□向质权人所在地的人民法院提起诉讼。

□将该争议提交以下仲裁委员会，并按提交仲裁申请时该委员会有效之仲裁规则进行仲裁。

仲裁裁决是终局性的，对双方均有约束力。提交仲裁时，双方同意选用简易程序进行审理，且相关法律文书（含仲裁法律文书）的送交以邮件快速专递寄送至本合同签署页记载的对方当事人联系地址后五个工作日即视为送达。送达地址如有变更，应于变更后三个工作日内书面通知对方及仲裁委员会。

□将该争议提交质权人所在地仲裁委员会仲裁。

□将该争议提交××仲裁委员会仲裁。

第二十二条　本合同正本一式××份，其法律效力相同。

【本页以下无正文】

【本页无正文，为《××股份有限公司最高额质押合同》签署页】

出质人确认，出质人已经仔细阅读本合同的所有条款与条件（特别是黑色加粗字体部分），质权人的有关人士已经提醒出质人在签署本合同前可以要求质权人的有关人士对任何条款作充分的说明和解释，并对出质人就有关条款提出的问题和信息进行了充分的说明和解释。出质人承认并确认现已充分了解本合同所有条款和条件的含义。因而经过谨慎考虑，出质人同意接受所有条款和条件。

本合同由以下双方于××年××月××日在××签署。

质押权人：

法定代表人（授权代表）：

质押人：

法定代表人（授权代表）：

（22）示范文本：××项目保证协议

鉴于基金或基金管理人已经通过委托贷款的形式向融资方发放投资款项，为保证投资款项的安全性，基金或基金管理人会要求公司实际控制人及其配偶、项目公司股东提供无限连带责任保证。保证人既可以是基金或基金管理人，也可以是委托贷款的银行机构。

保证合同

编号：××

保证人：××

债权人：××

第一部分　一般条款

第一条　被担保的主债权

1.1 本合同项下被担保的主债权为本合同第13条所指主合同项下的每一笔债权。主合同项下每一单笔业务的具体金额、期限、利率和债务履行期限等内容，由债权人与债务人自行在主合同项下的具体业务中确定。

1.2 本合同项下被担保的主债权类型包括但不限于因债权人向债务人提供贷款、银行承兑汇票、信用证业务等因融资、票据关系而产生的债权，以及债权人为债务人的融资、投标、合同履行等行为提供备用信用证、保函、保证担保等方式的担保而产生的或有债权。

1.3 本合同项下保证人提供保证担保的最高债权额，由本合同第14条约定。本最高债权额仅指主债权本金余额不得超过的最高限额，在主债权本金不超过上述限额的前提下，就本合同第2条所指的保证范围内所有应付款项，保证人同意承担连带保证责任。保证人不得以本合同第2条所指的保证范围内所有应付款项总额超过本合同第14条约定最高债权额而主张超过部分不承担保证责任。

1.4 外币业务中主债权金额按单笔业务发生前一工作日中国人民银行公布的外汇中间价折算。发生具体外币单笔业务的，债务人还款及保证人履行担保责任时应偿还相应的外币。

第二条　保证范围

2.1 除双方另有约定外，本合同项下的保证范围包括主合同全部本金、利息、复利、罚息、违约金、损害赔偿金、因汇率变动而引起的相关损失、债务人应向债权人支付的其他款项（包括但不限于有关手续费、电讯费、杂费及其他费用）、以及债权人为实现债权而发生的费用（包括但不限于催收费用、诉讼费或仲裁费、保全费、执行费、公告费、评估费、拍卖费、税费、过户费、律师费、差旅费、公证费及其他费用)，以及主合同生效后，经债权人要求追加而债务人未追加的保证金金额。

2.2 即使发生在主债权确定期间内的单笔债权到期日超出主债权确定期间或者主债权期间内产生的或有债权转化为实际债权的时间超出主债权确定时间，仍然属于本合同项下的保证范围。

2.3 债权人根据合同的约定或者国家的利率政策变化而调整利率水平、计息或结息方式等，或由于汇率变动使得实际应偿还的债务本金发生变化的，如导致债务人应偿还的本金、利息、罚息、复利增加，增加部分亦属于保证人保证范围。

第三条　保证方式

3.1 本合同项下的保证为连带责任保证。主合同项下有多个保证人的，各保证人就全部被担保债务对债权人分别承担连带保证责任。

3.2 保证期间，债权人根据主合同的约定，宣布债务人债务提前到期的，保证人应相应提前承担保证责任。

3.3 保证人确认，当债务人未按主合同约定履行其债务时，无论债权人对主合同项下的债权是否拥有其他担保权利（包括但不限于保证、抵押、质押等担保方式)，债权人均有权要求保证人在其合同约定的保证范围内承担保证责任，而无须要求先予履行其他担保权利。保证人在此明确放弃要求先履行债务人提供的物的担保的抗辩。

3.4 本合同所设立的保证担保，作为债务人偿还欠款以及履行主合同项下全部义务的持续性担保，不因主合同项下债务得以部分支付或偿还而解除，保证人仍应按照本合同的约定在保证范围内对尚未消灭的债务承担保证责任。

第四条　保证期间

4.1 保证期间按主合同项下各单项授信文件约定的债务履行期限分别计算，为主合同项下每一笔具体主债务履行期限届满之日后两年止。其中：

（1）借款、打包贷款、出口押汇、进口押汇等借款融资类业务项下的保证期间为融资到期之日起两年；

（2）汇票承兑、开立信用证、开立保函等银行信用类业务项下的保证期间为债权人垫付款项之日起两年；

（3）商业汇票贴现的保证期间为贴现票据到期之日起两年。

4.2 主合同约定分期还款的，保证人对主合同项下分期履行的还款义务分别承担保证责任，保证期间分别为各期债务履行期限届满之日起，至最后一期还款期限届满之日后两年止。

4.3 本合同所称“到期”“届满”包括债权人宣布提前到期的情形。债权人宣布主债权提前到期的，以其宣布的提前到期日为债务履行期届满日。

4.4 债权人与债务人就债务履行期达成展期协议的，保证期间至展期协议重新约定的债务履行期届满之日后两年止。

第五条 保证责任的履行

5.1 保证人在本合同项下的债务均为见索即付，即只要债权人向保证人提交列明保证合同编号与主债务金额的债务催收通知文书，保证人应当在收到之日立即履行清偿责任。如为外币业务的，保证人履行保证责任时应偿还相应的外币。

5.2 保证人有到期应付的债务时，债权人有权扣划保证人在××银行股份有限公司开立的任意账户中的款项用于清偿到期应付债务，且无须提前通知保证人。账户中的未到期款项视为提前到期。除双方另有约定外，债权人有权决定扣划所得款项的清偿顺序。扣划所得款项与需清偿的币种不一致的，按债权人适用的汇率折算，汇率风险由保证人承担。

5.3 债权人依据主合同约定要求债务人增缴保证金的，债务人未增缴的，债权人有权直接要求保证人增缴上述保证金，并有权直接从保证人在××银行股份有限公司开立的任意账户中扣划款项以清偿被担保债务，且无须提前通知保证人。账户中的未到期款项视为提前到期。保证人在此不可撤销地授予债权人上述直接扣划的权利。

第六条 声明与承诺

6.1 如保证人为法人，保证人声明如下：

（1）保证人依法注册并合法存续，具备签订和履行本合同所需的完全民事权利能力和行为能力；

（2）签署和履行本合同系基于保证人的真实意思表示，已经按照其章程或者其他内部管理文件的要求取得合法、有效的授权，且不会违反对保证人有约束力的任何协议、合同和其他法律文件；保证人已经或将会取得签订和履行本合同所需的一切有关批准、许可、备案或者登记；

（3）保证人在本合同项下向债权人提供的全部文件、财务报表、凭证及其他资料是真实、完整、准确和有效的；

(4) 保证人未向债权人隐瞒可能影响其财务状况和履约能力的事件；

(5) 保证人及其任何股东、关联公司未涉及任何清算、破产、重整、合并（被兼并）、分立、重组、解散、减资或类似法律程序，亦未发生任何可能导致涉及该等法律程序的情形；

(6) 保证人未涉及任何可能对其产生重大不利影响的经济、民事、刑事、行政诉讼程序或类似仲裁程序，亦未发生任何可能导致其涉及该等诉讼程序或类似仲裁程序的情形；

(7) 保证人之任何重要资产未涉及任何强制执行、查封、扣押、冻结、留置、监管措施，亦未发生任何可能导致涉及该等措施的情形。

6.2 如保证人为法人，保证人进一步承诺如下：

(1) 按照债权人要求，定期或及时向债权人报送其财务报表（包括但不限于年报、季报和月报表）及其他相关资料；

(2) 如果保证人已经或将与债务人就其在本合同项下的保证义务签订反担保协议或类似协议，该等协议将不会损害债权人在本合同项下的任何权利；

(3) 如保证人发生进行合并、分立、减资、股权转让、对外投资、实质性增加债务融资、重大资产和债权转让以及其他可能对保证人的担保能力产生不利影响的事项时，须事先征得债权人的同意；

(4) 若保证人发生下列情形，保证人应及时通知债权人：

①公司章程、经营范围、注册资本、法定代表人变更；

②进行任何形式的联营、与外商合资、合作、承包经营、重组、改制、计划上市等经营方式的变更；

③涉及重大诉讼或仲裁案件，或财产或担保物被查封、扣押或监管，或在担保物上设置新的担保；

④歇业、解散、清算、停业整顿、被撤销、被吊销营业执照、（被）申请破产等；

⑤股东、董事和现任高级管理人员涉嫌重大案件或经济纠纷；

⑥在其他合同项下发生违约事件；

⑦出现经营困难和财务状况发生恶化等情形；

(5) 保证人已经由债务人告知其所保证的债务可能用于清偿债务人在本合同签订前已欠债权人的债务，对于该等债务清偿行为，保证人不持异议；

(6) 保证人在其履行保证责任后主合同项下的债务仍未获完全清偿的，则保证人承诺，其向债务人或其他担保人主张（包括预先行使）代位权或追偿权，不应使债权人利益受到任何损害，并同意主合同项下债务的清偿优先于保证人代位权或追偿权的实现。

6.3 如保证人为自然人，保证人声明与承诺如下：

(1) 保证人具备签订和履行本合同所需的完全民事权利能力和行为能力；

(2) 保证人完全了解本合同的内容，签署和履行本合同系基于保证人的真实意思表示；签署和履行本合同不会违反对保证人有约束力的任何合同、协议或其他法律文件；

(3) 保证人向债权人提供的所有文件和资料是准确、真实、完整和有效的；

(4) 保证人接受债权人对保证人财务状况的监督和检查，并给予协助和配合；

(5) 保证人未向债权人隐瞒截止本合同签订日已经承担的重大负债；

(6) 若发生可能影响保证人财务状况和履约能力的情况，包括但不限于进行重大资产或股权转让、承担重大负债、涉及重大诉讼或仲裁案件或丧失民事行为能力等，保证人应及时通知债权人；

(7) 保证人已经由债务人告知其所保证的债务可能用于清偿债务人在本合同签订前已欠债权人的债务，对于该等债务清偿行为，保证人不持异议；

(8) 保证人在其履行保证责任后主合同项下的债务仍未获完全清偿的，则保证人承诺，其向债务人或其他担保人主张（包括预先行使）代位权或追偿权，不应使债权人利益受到任何损害，并同意主合同项下债务的清偿优先于保证人代位权或追偿权的实现。

第七条　违约事件及处理

7.1 下列事项之一即构成保证人在本合同项下违约事件：

(1) 保证人未按照本合同的约定及时履行保证责任；

(2) 保证人在本合同中所做的声明不真实或违反其在本合同中所做的承诺；

(3) 发生任何可能影响保证人财务状况和履约能力的情况，包括但不限于进行重大资产或股权转让、承担重大负债、涉入重大诉讼或仲裁案件、或丧失民事行为能力等；

(4) 如保证人为法人，保证人终止营业或发生解散、撤销或破产事件；

(5) 如保证人为自然人，保证人成为限制民事行为能力人或者无民事行为能力人的；

（6）保证人在与债权人或××银行股份有限公司其他机构或其他金融机构之间的其他合同项下发生违约事件；

（7）保证人违反本合同中的其他规定。

7.2 出现前款规定的违约事件时，债权人有权视具体情形分别或同时采取下列措施：

（1）要求保证人限期纠正其违约行为，及时履行保证责任；

（2）全部、部分调减、中止或终止对保证人的授信额度；

（3）全部、部分中止或终止受理保证人在与债权人或××银行股份有限公司其他机构之间的其他合同项下的业务申请；对于尚未发放的贷款、尚未办理的贸易融资，全部、部分中止或终止发放和办理；

（4）宣布保证人在与债权人或××银行股份有限公司其他机构之间的其他合同项下尚未偿还的贷款/贸易融资款项本息和其他应付款项全部或部分立即到期；

（5）终止或解除本合同，全部、部分终止或解除保证人与债权人之间的其他合同；

（6）要求保证人赔偿因其违约而给债权人造成的损失；

（7）采取本合同第5.2款规定的扣划措施；

（8）债权人认为必要的其他措施。

第八条　与主合同的关系

8.1 本合同独立于主合同，主合同由于任何原因无效，不影响本合同的效力。对债务人在主合同无效后应承担的返还责任或赔偿责任，保证人应承担连带责任。

8.2 债权人在本合同项下的权利和权益，不因债权人给予债务人任何宽限、债权人与债务人对主合同或主合同项下单笔业务合同的任何条款进行修改、变更或替换等情形而受任何影响。如发生上述情形，视为已征得保证人的事先同意，保证人的保证责任不因此而减免。但未经保证人同意，债权人与债务人协议延长主合同有效期限或增加主合同授信额度金额的，保证人仅依照本合同的约定对变更前的主合同项下债务承担保证责任。

8.3 主合同为债权人向债务人提供开立信用证、开立保函或备用信用证业务的，债权人与债务人对主合同项下信用证、保函或备用信用证的任何修改，无须征得保证人的同意而另行通知保证人，该等修改视为已征得保证人的事先同意，保证人的保证责任不因此而减免。但未经保证人同意，债权人与债务人协议延长主合同额度有效期限或增加主合同授信额度金额的，保证人仅依照本合同的约定对变更前的主合同项下债务承担保证责任。

8.4 本合同的保证为不可撤销保证，不受债务人与任何单位签订任何协议或文件的影响，也不因债务人破产、无力清偿债务、丧失企业资格、更改组织章程等情况而有任何改变。

第九条　权利保留

9.1 一方若未行使本合同项下部分或全部权利，或未要求另一方履行、承担部分或全部义务、责任，并不构成该方对该权利的放弃或对该义务、责任的豁免。

9.2 一方对另一方的任何宽容、展期或者延缓行使本合同项下的权利，均不影响其根据本合同及法律、法规而享有的任何权利，亦不视为其对该权利的放弃。

第十条　适用法律和争议解决

10.1 本合同适用中华人民共和国（不包括香港、澳门特别行政区和台湾地区）法律。

10.2 争议管辖机构及解决方式以第十六条约定为准。争议期间，双方仍应继续履行未涉争议的条款。

因发生争议而产生的诉讼费（或仲裁费）和对方支出的合理的律师费以及诉讼（或仲裁）过程中产生的其他费用（包括但不限于财产保全费、差旅费、公证认证费、翻译费、评估拍卖费、执行费等）均由违约方承担。

第十一条　合同的生效、变更和解除

11.1 本合同经保证人法定代表人（负责人）或授权代理人签署或加盖保证人印章（如保证人为自然人，则仅须保证人签署）及债权人负责人或授权代理人签署或加盖债权人印章之日起生效。

11.2 本合同经双方协商一致，可以书面形式进行变更或修改，任何变更或修改均构成本合同不可分割的组成部分。

11.3 除法律、法规另有规定或当事人另有约定外，本合同在其项下权利义务全部履行完毕前不得终止。

第十二条　其他

12.1 本合同项下债权人债权的有效凭证以债权人按自身业务规定出具和记载的会计凭证为准。

12.2 本合同项下的任何通知或各种通讯联系均以书面形式按本合同签署页记载的地址或其他联系方式送达对方，一方在通讯及联系地址发生变更时，应以书面形式及时通知对方。

12.3 除本合同其他条款或债权人与保证人签订的补充协议条款有相反约定，债权人与保证人就债权人在主合同与本合同项下债权与相应担保权利转让事宜确认如下：保证人同意在本合同项下最高额担保的债权确定后，债权人均有权单方决定将主合同项下的债权全部或部分转让给任意第三方，且对应的担保权利一并随之转让给该第三方；自债权人对债务人发出转让通知之日起担保权利转移，对保证人发生效力；保证人在此不可撤销地承诺：同意债权人有权单方接受债权受让人的委托继续管理对债务人的债权及对应的担保权利，管理事项包括但不限于代理扣划债务人与保证人/担保人账户资金用于支付主合同与本合同项下应付款项，代理催收、代为向债务人与保证人提起诉讼、申请仲裁、申请保全等权利保障措施。债权人代理扣划应付款的，债权人有权直接扣划债务人及保证人/担保人在债权人及债权人总部及其分支机构处开立的任意还款账户及其他账户内的款项用于支付债务人及保证人/担保人应付未付款项，而无须通知债务人及保证人/担保人。在前述部分债权转让的情形下，保证人对未转让的部分及转让的部分债权均依照本合同向债权人及受让债权人承担连带保证责任。

12.4 未经债权人书面同意，保证人不得将本合同项下任何权利、义务转让予第三人。

12.5 若债权人因业务需要须委托××银行股份有限公司其他机构履行本合同项下权利及义务，或将本合同项下业务划归××银行股份有限公司其他机构承接并管理，保证人对此表示认可。债权人授权的××银行股份有限公司其他机构或承接本合同项下业务的××银行股份有限公司其他机构有权行使本合同项下全部权利，有权就本合同项下纠纷以该机构名义向法院提起诉讼、申请仲裁或申请强制执行。

12.6 除法律法规明确规定应由债权人承担的费用外，本合同项下其他任何费用均由保证人承担。

12.7 在不影响本合同其他约定的情形下，如保证人为法人，本合同对双方及各自依法产生的承继人和受让人均具有法律约束力。

12.8 如本合同的某条款或某条款的部分内容现在是或将来成为无效，该无效条款或无效部分并不影响本合同及本合同其他条款或该条款其他内容的有效性。

12.9 债权人有权根据有关法律法规、监管规定，将与本合同有关的信息和保证人其他相关信息提供给中国人民银行征信系统和其他依法设立的信用信息数据库，供具有适当资格的机构或个人依法查询和使用。债权人也有权为本合同订立和履行之目的，通过中国人民银行征信系统和其他依法设立的信用信息数据库查询保证人的相关信息。

12.10 保证人同意债权人将与本合同有关的附随业务（包括但不限于债权人系统开发及维护、对账单据等相关凭证的印刷及邮寄、欠款催收、财产评估等其他法律法规允许的项目）依照法律法规的规定委托第三方处理，且保证人同意债权人将本合同项下保证人相关信息、资料交予上述第三方用于处理委托事宜。

12.11 债权人认为有必要时，保证人应办妥本合同的公证。该等公证应具有强制执行效力，并且保证人承诺在债务人或保证人不履行义务或不完全履行义务时，保证人愿意接受依法强制执行。

第二部分　特别条款

第十三条　主合同

13.1 主合同指债权人与债务人××于主债权确定期间（××年××月××日至××年××月××日）内签订的一系列合同［包括但不限于编号为××的《××》以及该一系列合同项下各单项授信文件（包括合同/协议、申请书、借款借据等，下同）］。

13.2 保证人同意将已发生的编号为的《××》项下的债权人（包括债权人其他机构）未结清债权纳入本合同最高额保证范围。

第十四条　最高债权额

本合同项下被担保的最高债权额，即主债权本金余额不得超过的最高限额，为××元整（大写）。

第十五条　双方约定的其他事项××

第十六条　凡因本合同引起的或与本合同有关的任何争议，双方应协商解决；协商不成的，双方均同意采取以下方式解决：

□向债权人所在地的人民法院提起诉讼。

□将该争议提交以下仲裁委员会，并按提交仲裁申请时该委员会有效之仲裁规则进行仲裁。

仲裁裁决是终局性的，对双方均有约束力。提交仲裁时，双方同意选用简易程序进行审理，且相关法律文书（含仲裁法律文书）的送交以邮件快速专递寄送至本合同签署页记载的对方当事人联系地址后五个工作日即视为送达。送达地址如有变更，应于变更后三个工作日内书面通知对方及仲裁委员会。

□将该争议提交债权人所在地仲裁委员会仲裁。

□将该争议提交××仲裁委员会仲裁。

第十七条　本合同正本一式××份，其法律效力相同。

【本页以下无正文】

【本页无正文，为《××银行股份有限公司最高额保证合同》签署页】

保证人确认，保证人已经仔细阅读本合同的所有条款与条件（特别是黑色加粗字体部分），债权人的有关人士已经提醒保证人在签署本合同前可以要求债权人的有关人士对任何条款作充分的说明和解释，并对保证人就有关条款提出的问题和信息进行了充分的说明和解释。保证人承认并确认现已充分了解本合同所有条款和条件的含义。因而经过谨慎考虑，保证人同意接受所有条款和条件。

本合同由以下双方于××年××月××日签署。

债权人：

法定代表人（授权代表）：

保证人：

法定代表人（授权代表）：

四、基金管理人或基金与融资方等签署股权转让（增资）合同与公司章程

项目执行过程中，如果被投方已经设立项目公司进行项目运作，基金或基金管理人可以与原股东签署《股权转让协议》，通过受让原股东的部分股权，进入项目公司并作为股东，参与项目公司的经营管理以及项目的开发运作。当然，基金或基金管理人也可以对项目公司增资扩股，进入项目公司，参与项目公司的经营管理以及项目的开发运作。具体以何种方式进入项目公司，取决于融资方的具体融资需求以及后续项目运作的实际需要。

基金或基金管理人在对项目公司进行股权转让或股权增资后，应同时签署项目公司章程并向工商行政管理机关申请进行变更登记，以便在工商登记管理机关确认股东身份。这里需要注意的是，对于投资协议中约定的，股东会或董事会决议的特别事项，股东会或董事会表决权特别事项、以及基金或基金管理人委派董事或监事的事项，章程必须明确约定。

（23）示范文本：关于【××项目公司】股权转让协议

关于【××目标公司】股权转让协议

目　录

第一条　目标公司
第二条　转让标的
第三条　转让价格及支付
第四条　行政许可、审批或备案手续的办理
第五条　转让后公司治理结构
第六条　过渡期安排
第七条　陈述和保证
第八条　违约责任与协议解除
第九条　法律适用与争议解决
第十条　保密条款
第十一条　不可抗力
第十二条　部分无效

第十三条　最终效力
第十四条　不视放弃
第十五条　转让禁止
第十六条　不受影响
第十七条　通知送达
第十八条　关联关系
第十九条　排他性协商
第二十条　非授权行为
第二十一条　标题意义
第二十二条　对价锁定
第二十三条　内容明示
第二十四条　补充协议
第二十五条　特殊约定
第二十六条　其他约定

本协议由以下各方于××年××月××日在××签署。

转让方：××有限公司（以下简称甲方）
法定代表人：
地址：　　　　　　　　　　　邮编：
电话：
传真：

受让方：××有限公司（以下简称乙方）
法定代表人：
地址：　　　　　　　　　　　邮编：
电话：
传真：

鉴于：

1. 甲方是一家依中华人民共和国法律于××年××月××日成立并合法存续的有限责任公司（或有限合伙企业），注册地在中华人民共和国××市，其合法持有目标公司【××%】的股权。

2. 乙方是一家依中华人民共和国法律于××年××月××日成立并合法存续的有限责任公司（或有限合伙企业），注册地在中华人民共和国××市，将依据本协议约定条件受让甲方持有的目标公司【××%】的股权。

3. ××有限公司（以下简称“目标公司”）是一家依中华人民共和国法律于××年××月××日成立并合法存续的有限责任公司，注册地在中华人民共和国××市。

4. 甲乙双方已就甲方持有的目标公司【××%】的股权转让事宜进行协商，甲方同意依据并受限于本协议约定的条件将上述股权转让给乙方，乙方亦同意依据本协议约定的条件受让上述股权。

经甲乙双方友好协商并达成一致，就甲方持有的目标公司股权的转让事宜，依据《中华人民共和国民法通则》及其实施意见、《中华人民共和国合同法》等法律、法规的相关规定，订立本股权转让协议，以资遵守。

第一条　目标公司

目标公司是一家依中华人民共和国法律于××年××月××日成立并合法存续的有限责任公司，注册资本：人民币××万元（其中认缴人民币××万元；实缴人民币××万元）；经营范围为：××；经营期限为××；企业注册登记号：××；法定代表人：××。

目标公司本次股权转让前的股权结构为：

股东名称	出资总额	占注册资本比例	备注：

第二条　转让标的

2.1 目标公司本次股权转让后的股权结构：

依据并受限于本协议所述的条件和条款，甲方将向乙方转让其持有的目标公司【××%】的股权，乙方同意受让被转让的股权，并依据受让后的股权享有相应的股东权益并承担相应的股东义务。

目标公司本次股权转让后的股权结构为：

股东名称	出资总额	占注册资本比例	备注：

2.2 股权保证：

甲方保证其持有的目标公司的股权真实、完整、合法、有效；其持有的上述股权在设立时已经履行完毕法律法规、规定的行政审批、核准和备案手续（如需）；上述股权已经全部实际出资到位并且不存在任何纠纷、争议或权利瑕疵；所有股权缴付的注册资本不存在抽逃出资或变相抽逃出资的情形；所有股权均为自身单独的合法利益所持有，不存在委托、信托、共有、代持等情形。

第三条　转让价格及支付

3.1 转让（购买）价格：

乙方应当向甲方支付人民币××元（大写：××元）（以下简称购买价格），作为其向甲方转让目标公司股权的对价。购买价格应当以人民币计价。

3.2 股权转让及股权转让价款支付的前提条件：

3.2.1 本协议第2.2条的股权保证真实、完整、合法、有效；

3.2.2 各方同意并正式签署本协议及其附属协议（如有）；

3.2.3 公司原股东已经书面放弃本次股权转让的优先受让权（签署放弃优先受让权承诺书）。

3.2.4 本次交易已经取得政府主管部门或其他部门（如需事前许可、审批或备案）的批准（如需）、目标公司内部（董事会/股东会）的批准和目标公司原股东（股东会/董事会）相关的同意和批准（如需）。

3.2.5 目标公司及甲方按照本协议的相关条款修改章程并经目标公司所有股东和乙方正式签署；目标公司及甲方已经按照国家和当地的规定办理完毕工商登记变更的手续并且向乙方出具更新后的登记变更文件；

3.2.6 目标公司及甲方已经将乙方记载于公司股东名册（上述股东名册股东可以查阅）并已经向乙方出具出资证明书（加盖公司公章），出具证明书具备中华人民共和国公司法规定的内容。

3.2.7 目标公司及甲方未实质违反陈述与保证义务，对各项陈述与保证无重大的瑕疵从而危及本交易；目标公司及甲方未发生或即将发生危及本次交易的重大不利情形以及影响自身经营的重大不利情形；

3.2.8 目标公司及甲方在过渡期内实质性的履行本协议约定义务，未发生或即将发生严重损害或将要损害目标公司以及乙方权益的行为；

3.2.9 本协议的强制执行公证已经办理完毕并且乙方已经取得强制执行公证书（如存在回购事宜）。

3.3 支付时间和方式：

支付时间：

乙方应在目标公司完成股权工商变更登记手续（以证明文件载明日期为准）以及目标公司向乙方出具出资证明书（加盖目标公司公章）并同时将乙方记载于股东名册之日起××日内，向甲方支付人民币××元。

甲方同意乙方将股权转让价款支付到以下银行账户：

开户银行：××

账户名称：××

银行账号：××

3.4 税费分担

股权转让过程中需甲方或乙方缴纳有关税费，如甲方乙方有约定的，按照双方的约定进行处理；无约定的，由甲乙双方各自按照国家和地方的相关规定自行分担。

第四条　行政许可、审批或备案手续的办理

4.1 行政许可、审批或备案手续的办理

甲方应自行或要求目标公司在××年××月××日之前内向××行政机关按照其要求提交本次交易审批所需的文件和资料，并在××年××月××日内办理完毕上述行政许可、审批或备案手续，取得相关证明文件并通知乙方（可以要求核实原件），乙方应予积极配合完成上述手续。（如有）

4.2 工商变更手续的办理

甲方应自行或要求目标公司××年××月××日之前向工商行政管理机关提交办理完毕有关股权变更登记事项的资料，并在××年××月××日之前完成工商行政机关的变更登记手续，以及取得相关证明文件并通知乙方（可以要求核实原件），乙方应予积极配合完成上述手续。

4.3 目标公司内部手续的办理

甲方应自行或要求目标公司在工商变更登记完成后××年××月××日

之前向乙方出具出资证明书一份（加盖目标公司公章，出具证明书应具备公司法上要求的必备内容），并同时向乙方出具股东名册一份（加盖目标公司公章，股东名册应具备公司法上要求的必备内容）。

4.4 互相配合

各方承诺并保证在本协议签署之日起互相协助配合准备必要的股权转让行政机关许可、审批或备案手续（如有）所要求的资料以及工商行政管理机关股权变更登记所要求的资料或出具股东会决议、董事会决议以及其他需由双方签署或实施的必要的工作等。

第五条　转让后公司治理结构

5.1 股东会：

目标公司股东会由全体股东组成，是公司的权力机构，依照《中华人民共和国公司法》及其他相关规定、公司章程以及本协议的约定行使职权。股东会上，甲方表决权比例为【××%】；乙方表决权比例为【××%】。对于股东会决定的事项，必须经过乙方的同意后才能批准和实施。（须列入工商机关备案的章程之中）

股东会职权：【在公司章程中规定】。

5.2 董事会：

本次转让后目标公司董事会由××名董事组成，其中甲方提名××名；乙方提名××名。各方同意在股东会上投票赞成上述提名的人士出任目标公司董事，目标公司应及时办理董事会变更手续。

董事会对股东会负责，依照《中华人民共和国公司法》及其他相关规定、公司章程以及本协议的约定行使职权。对于董事会决定的事项，必须经过乙方委派的董事的同意后才能批准和实施，乙方派驻董事具有一票否决权。（须列入工商机关备案的章程之中）

董事会职权：【在公司章程中规定】。

5.3 监事会：

公司设立监事会，其中甲方提名××名；乙方提名××名；职工代表【1】名。各方同意在股东会上投票赞成上述提名的人士出任目标公司监事，职工代表由目标公司职工通过职工代表大会、职工大会或者其他形式民主选举产生。

目标公司应及时办理监事会变更手续。监事会对股东会负责，依照《中

华人民共和国公司法》及其他相关规定、公司章程以及本协议的约定行使职权。(须列入工商机关备案的章程之中)

监事会职权:【在公司章程中规定】。

5.4 总经理:

公司可以设总经理××人,由××进行委派并由董事会聘用或解聘,对董事会负责。公司设财务总监××人(由××进行委派并由董事会聘用或解聘)和财务副总监××人(由××进行委派并由董事会聘用或解聘),对董事会负责。

总经理职权:【在公司章程中规定】。

5.5 公司印信的管理:

公司的公章、财务章、协议章、法定代表人人名章和手签章由××委派的××进行统一管理和使用。

第六条　过渡期安排

6.1 利润分享、损失承担

自本协议签署之日起至本次股权转让工商变更登记办理完毕之日的期间为过渡期。过渡期内产生的经营利润或其他收益,将由目标公司享有。对于过渡期内,正常经营产生的亏损,将由目标公司承担;非正常经营产生的亏损,将由甲方承担并在股权购买价格中预先扣除;

6.2 日常管理

过渡期内,目标公司同意乙方派驻人员【2】名参与并监督目标公司的日常经营工作。对于公司的日常经营管理事项,各方应共同决定并且将对共同对决定事项进行书面确认,目标公司不得无故为乙方参与管理制造障碍。对于甲方或目标公司自行决定的行为或事项,乙方不承担任何责任并将索赔;

6.3 诚信持续经营

过渡期内,甲方、目标公司应尽一个诚实、善良、诚信的管理人的职责,保证目标公司平稳、持续、合法的经营,采取所有合理的步骤以保存和保护公司的资产及其商誉,继续为目标公司创造经营收益;

6.4 保持稳定

过渡期内,甲方或目标公司不得从事任何有损于目标公司或乙方权益的行为,尤其是应保持公司核心经营管理团队人员的稳定(但乙方已经要求甲方辞退的人员除外)。如发生上述行为,甲方应无条件承担上述损失;

6.5 禁止行为

过渡期内，甲方、目标公司不对其任何实质性业务、目标公司资产设定任何新的债务负担，包括但不限于在资产和业务上设置抵押、质押、留置、出借、出租、转让等；不与其关联方或实际控制人发生任何新的关联交易，以及不发生任何新的资产被关联方占用的情况；依诚信原则维持与其客户、员工、债权人，以及与其往来的其他人之间的原有关系；

6.6 权利禁止

过渡期内，甲方保证自己和其他股东不转让其所持有的部分或全部目标公司股权或在其上设置质押等权利负担；保证自己和其他股东不得再对目标公司进行增资或减资或融资等活动；保证自己和其他股东不得进行利润分配或变相利润分配；保证自己和其他股东不对目标公司股权或其衍生权益进行委托、信托等行为；保证自己和其他股东不得运用其股东权利从事任何违反法律以及本协议的行为。

第七条　陈述和保证

7.1 甲方、目标公司的陈述和保证：

7.1.1 甲方所属股权已经全部实际出资完毕并已经取得中国注册会计师事务所的验资报告，上述股权上未设定也不存在任何第三人的所有权、共有权、抵押权、质押权、留置权或其他第三者权益，不存在任何纠纷、争议或权利瑕疵、不存在被查封或其他限制股东行使股权权利的其他情形，亦不存在对上述股权出资抽逃或变相抽逃的情形。

7.1.2 除事先声明及披露的之外，甲方、目标公司向乙方提供的全部书面文件/资料，以及通过口头等其他非书面方式提供的文件/资料均真实、准确、完整和有效，不存在重大遗漏、虚假性记载或误导性陈述。甲方、目标公司所提供的书面文件的复印件均与原件一致、副本均与正本一致。

7.1.3 除事先声明及披露的之外，甲方、目标公司披露的目标公司所有工商档案信息均真实、合法、有效、完整，没有包含或不存在任何不真实的描述或陈述，亦不存在任何忽略、隐瞒、误导和遗漏的情形。

目标公司有效合法存续并已经通过工商历年年检，其已经按照国家和地方的规定办理完毕工商注册及其变更登记手续，不存在或具有任何可能导致其终止、停业、解散、清算、丧失法人资格的情形或法律程序。

7.1.4 除事先声明及披露的之外，甲方、目标公司披露的目标公司所有相关经营资格及其许可文件及资质文件均真实、合法、有效、完整，没有包含或不存在任何不真实的描述或陈述，亦不存在任何忽略、隐瞒、误导和遗漏的情形。

目标公司合法合规从事经营活动，拥有从事目标公司业务范围的所需的所有政府批准、许可、登记、备案、认证等相关经营及资质文件，所有上述文件有效并可持续使用，没有任何现实或潜在的可能导致上述政府批准、许可、登记、备案和认证文件被取消、收回或失效的事由发生。

7.1.5 除事先声明及披露的之外，目标公司披露的财务报表/数据以及甲方、目标公司披露的财产清单中反映的公司的各项资产/数据均真实、合法、有效、完整，没有包含或不存在任何不真实的描述或陈述，亦没有存在任何忽略、隐瞒、误导和遗漏的情形。

目标公司所属资产完整、充分不存在权利上的任何瑕疵，其可以按照中国法律转让或以其他方式依法处置，在上述资产上不存在任何第三人的权利，也没有被法院、仲裁机构或其他有权机构采取的查封、冻结、扣押等强制措施，其资产也不存在任何保留所有权或其他可能影响完整的所有权的安排或负担。

目标公司所拥有及使用的知识产权均为公司的合法有效财产，其对知识产权享有完整、充分的所有权且无任何权利负担，所有权利均经过相关的政府部门批准或备案，并按时缴纳相关费用，以维持权利的持续有效，不存在无效的情形。

7.1.6 除事先声明及披露的之外，目标公司披露的公司所属项目的开发建设的行政许可、审批或备案手续和文件均真实、合法、有效、完整，没有包含或不存在任何不真实的描述或陈述，亦没有存在任何忽略、隐瞒、误导和遗漏的情形。

目标公司已经按照国家和地方法律、法规、规章以及规范性文件的规定对所属项目进行了合法的开发和建设，所有固定资产投资所需的行政许可、审批或备案手续均已经合法办理并取得项目投资建设的合法文件，所有项目均合法的可以通过国家和地方主管行政机关的验收并取得相应的验收文件，上述项目取得或办理相应的产权证明以及进行交易亦无法律上的障碍或瑕疵。

7.1.7 除事先声明及披露的之外，甲方、目标公司披露的所有重大协议的签订、履行和终止情况均真实、合法、有效、完整，没有包含或不存在任何不真实的描述或陈述，亦没有任何忽略、隐瞒、误导和遗漏的情形。

目标公司已按通常的商业惯例并依据协议条款履行重大协议，不存在任何已经发生的或潜在的违约行为，也不存在可能导致目标公司承担违约责任及/或赔偿责任的情形，亦不存在未按照法律的规定进行备案的情形。

目标公司均没有在披露信息之外另行订立的协议或安排，或受到这些协议或安排的义务的限制，或订立了具有不寻常、承担过重义务或期限过长的或具有非正常交易性质的任何协议或安排，或受到这些协议或安排的任何义务的限制。

7.1.8 除目标公司的财务报表以及甲方、目标公司披露的其他财务文件反映的债务之外，目标公司不存在任何其他债务（包括已有既存债务及由于公司提供保证、抵押、质押或其他形式的担保或协议违约所产生的或然债务），已披露文件没有包含或不存在任何不真实的描述或陈述，亦没有存在任何忽略、隐瞒、误导和遗漏的债务的情形。

若目标公司存在其他债务但甲方、目标公司未进行披露，甲方应自行承担该债务。如果法院判决或仲裁裁决或债权人要求目标公司承担未披露的债务，甲方应直接向有关债权人清偿债务；如果目标公司承担了债务，乙方及目标公司有权向甲方追偿，甲方应立即无条件无保留的偿还。

本协议的签订和履行将不会导致目标公司的债权人（包括但不限于贷款银行）有权宣布债务提前到期或要求提供担保或提高利息或在其他方面改变债务条件和条款；如果有上述事宜发生，甲方应立即无条件无保留的承担有关责任。

7.1.9 除事先声明及披露的之外，目标公司已经披露的正在进行或已经完结的诉讼、仲裁、争议、行政处罚或任何其他法律程序均真实、合法、有效、完整，没有包含或不存在任何不真实的描述或陈述，亦没有存在任何忽略、隐瞒、误导和遗漏的情形。

甲方、目标公司保证目标公司不存在任何其他正在进行或已经完结的诉讼、仲裁、争议、行政处罚或任何其他法律程序，或存在任何就该等诉讼、仲裁、争议、行政处罚或任何其他法律程序未履行之判决或命令。甲方、目标公司亦进一步保证目标公司不存在有可能引起前述诉讼、仲裁、争议、行政处罚或其他法律程序的行为或事件。

7.2 乙方的陈述和保证：

7.2.1 乙方保证按照本协议的约定及时间向甲方支付购买价格以及履行本协议约定的其他义务。

7.3 甲方和乙方的陈述和保证：

7.3.1 双方拥有完全合法的权利和授权签订本协议并根据本协议履行约定义务，甲方、乙方在本协议上签字的代表已经获得充分的授权签署本协议，不存在权利上的瑕疵。

7.3.2 双方承诺并保证责成各自的公司的股东会和/或董事会就本次股权转让的任何相关事项予以批准或同意，不造成不必要的拖延或履行相应的内部手续并经批准或同意，不存在任何内部程序上的瑕疵。

7.3.3 就双方现在所知，订立和履行本协议将不会造成双方违反：

a. 中国法律、法规和政府主管部门的有关规定或任何政府部门的授权或批准；

b. 双方的股东出资协议、合作协议、公司章程、营业执照或其他组织性文件；

c. 双方订立的对其本身或其资产有约束力的任何重要协议和协议或对其有约束力的任何单方/双方承诺或保证；如有违反的情况，双方已经在本协议生效前获得该等协议和协议之他方的同意、许可或放弃；

d. 任何对其有约束力的法院判决或仲裁庭的仲裁裁决或对其有管辖权的任何政府或主管机关的命令或裁决。

7.3.4 双方不会进行与本协议或与执行本协议约定的相违背或违反的其他任何行为；各方应采取合理的、必要的、合适及可取的措施以完成和执行本次交易。

7.3.5 各方同意：如果作为批准或许可本协议规定的交易的条件，行政许可、审批或备案机关要求对本协议、新章程或任何补充协议作重大的修改，各方应当善意的进行协商并尽力按照上述行政/主管机关的要求进行修改。

7.3.6 本协议生效前，各方均应当自行承担各自所发生的所有成本、费用、支出或款项。一方承诺不得向其他方主张（无论采取何种方式）上述成本、费用、支出或款项，其他方也无支付的义务。

除非本协议另有规定，所有的营业税、印花税、转让税、使用税、增值税、登记费、总收入或类似费用以及与本协议项下的交易有关的所有备案和登记费用，应由适用法律或司法区域的惯例规定应当承担的一方承担，或若无相关规定、惯例或约定时，由各方平均分担。

7.3.7 在股权转让完成之前，每一方应及时就以下情况向其他方发出书面通知：发生导致或可能导致任何该一方于本协议作出的陈述或保证不真实、不准确、不完整的任何情况；该方出现不能够符合或满足本协议规定的需要符合或满足的任何重大承诺、前提、条件或状况。

7.4 不实陈述和保证的后果：

如任何陈述和保证不正确，则该方构成对本协议的违约。本协议的违约方应向非违约方赔偿因该等违约而给该非违约方造成的任何实际损失和损害并承担相应的违约责任。

第八条 违约责任与协议解除

8.1 违约行为

除非本协议或法律另有规定，如一方（违约方）未履行其在本协议项下的义务，则另一方（受损害方/非违约方）可自行选择：

8.1.1 向违约方发出书面通知，描述违约的事实、性质和范围，并要求违约方自担费用在通知发出后【30】天内纠正其违约行为并书面进行反馈；和

8.1.2 如违约方未能在上述书面通知指定期限内纠正其违约行为，并已构成根本违约，则受损害方可通过书面通知违约方解除本协议，并就违约所致的所有直接及可预见的损失要求损害赔偿以及承担相应的违约责任。

8.2 乙方解除本协议

如果出现下列情形之一并且由于甲方原因造成的，乙方可以解除本协议：

8.2.1 截至本协议规定的时间，本次交易未完成行政主管机关或其他主管机关的行政许可、审批或备案手续，并取得相关证明文件；

8.2.2 截至本协议规定的时间，本次交易未通过工商行政管理机关的工商变更登记手续，并取得相关证明文件；

8.2.3 截至本协议规定的时间，乙方未取得目标公司向乙方出具的出资证明书以及股东名册；

8.2.4 甲方实质性违反本协议约定的陈述与保证义务以及过渡期义务并且未在乙方限定的时间内纠正。

8.3 甲方解除本协议

如果出现下列情形之一的并且由于乙方原因造成的，甲方可以解除本协议：

8.3.1 超过本协议规定的时间【30】日，乙方未支付本协议规定的任何一笔款项。

8.4 双方解除本协议

如果出现下列情形之一的并且不是由双方而是由于行政机关和国家政策的原因造成的，双方均可以解除本协议：

8.4.1 超过本协议规定的时间【60】日，本次交易未获得××行政主管机关或其他主管机关的许可、审批或备案手续，并取得相关证明文件。

8.4.2 超过本协议规定的时间【60】日，本次交易未通过××工商行政管理机关的工商变更登记手续，并取得相关证明文件。

第九条　法律适用与争议解决

本协议的解释与适用遵循中华人民共和国的法律、法规、规章及其他规范性文件。因本协议引起的或与本协议有关的任何争议，可以依法向本协议签署地的人民法院起诉。

第十条　保密条款

对于与签署的本协议的任何信息、资料、文件或其他信息，各方均应承担保密义务，不得向他人泄露、透露或以其他方式被他人知悉，但因法律、法规要求或司法、行政机关要求以及向己方法律顾问、财务顾问披露的除外。

第十一条　不可抗力

本协议项下之“不可抗力”指以下事实：本协议各方不能预见、不能避免、不能克服的客观情况。遭受上述不可抗力事件的一方，应当在事件发生后，立即书面通知另一方，并在其后的【15】日内提供证明该不可抗力事件发生及其持续时间的足够证明。

如发生不可抗力事件，协议各方应当立即互相协商，以寻求公平的解决办法，以使不可抗力事件的影响减低到最低程度；如因不可抗力而须解除本协议，则各方应根据协议履行的具体情况以及法律规定，由各方协商解决。

第十二条 部分无效

如果本协议的任何条款或条款的任何部分，或对任何人或在任何情况下适用该等条款或其任何部分会被认定为无效或不可执行，本协议中任何其他条款或该条款的任何其他部分，或对任何人或在任何情况下适用该等条款或其任何部分的效力不受影响，仍然对任何人或在任何情况下有效并可执行。

第十三条 最终效力

本协议构成对经各方就本协议业已确认之事项最终的、具有约束力的法律文件，并取代以前已经发生的任何有关该事项的任何协议、补充协议、文件、函件、资料、表述、传真、记录、承诺等，各方在此予以确认并对此不持异议。

第十四条 不视放弃

任何非违约方未要求或延迟要求违约方履行本协议项下的任何义务或违约责任，不得视为非违约方放弃或减免要求违约方履行本协议项下的义务或违约责任，但非违约方书面承诺放弃或减免违约方该义务或责任的除外。

第十五条 转让禁止

各方享有的或承担的本协议项下的权利或/和义务或/和责任，不得发生转让、互易、赠与、委托、信托或发生具有类似效果的行为，但对方书面同意的除外，并转让方应对给对方造成的损失承担赔偿责任。

第十六条 不受影响

各方承诺截至本协议签署之前、签署过程中以及本协议签署之后，各方不存在或将不签署任何协议、文件、资料、承诺或保证等以使本协议的履行受到实质性阻碍或产生实质性影响，或排除对方依据本协议享有的权利。

第十七条 通知送达

根据本协议所要求或允许做出的所有的通知、请求、要求和其他来往信函皆应采取书面形式，且应由专人递交、经传真发送或以预付邮资的航空信、挂号信或特快专递发送。该等通知、请求、要求和其他来往信函在发出【3】日后即视为已经送达。

如发至：××

地址：

邮编：
传真：
指定人员：

如发至：××
地址：
邮编：
传真：
指定人员：

第十八条　关联关系

基于本协议签署之协议或协议确认各方之关系，均不得解释为一方为另一方的委托人、受托人、代理人、合伙人、实际控制人等，各方在此确认各自均为独立、非关联的承担法律责任的法律实体/组织，不存在任何委托、信托、代理、实际控制等关联关系，亦不对另一方行为承担法律责任。

第十九条　排他性协商

就本协议各方协商洽谈之事项，各方承诺任何一方不得再就上述事项同协议之外的第三方进行任何形式或实质上的协商、洽谈或合作以及发生类似效果的行为，亦即各方具有排他性合作的权利，但各方未进行合作或合作终止后除外。

第二十条　非授权行为

各方仅对其书面授权的人员在书面授权委托书中明确载明的授权范围内的行为进行认可和确认，任何非书面授权范围内的所属职员及其行为对方均不予认可和确认，并不得解释为该职员的职务行为并将责任归属于相对方，相对方亦对该职员的行为不承担任何法律责任。

第二十一条　标题意义

本协议中的章、节、条、款之标题仅为参阅方便本协议所设，不得解释为对任何标题下之协议内容所作之限制或扩张或进行解释，所有协议各方之权利、义务、责任均需以标题之下协议内容为准并对各方具有最终约束力。

第二十二条　对价锁定

即使本协议未予明示或/和默示的进行表述和列明，但甲方为履行本协议所述事宜发生的任何费用或/和款项（如有），均已视为被包含在本协议列明的协议价款之中，所有费用或/和款项均已在本协议价款中被充分考虑，乙方、目标公司不得以任何形式再行要求支付任何款项/和费用。

第二十三条　内容明示

各方在签署本协议时已详细阅读了本协议的全部文字表述，对本协议及其各个条款的表述、权利、义务、责任均已明确知悉并完全理解，各方亦承诺本协议中不具有任何排除或限制己方权利、增加对方责任或义务、或减免己方责任或义务的内容，并完全同意受其约束。

第二十四条　补充协议

凡在本协议签署之后签署的补充协议，均需各方以书面形式签署（如以其他方式签署，需取得对方的书面承诺），并与本协议具有同等效力。如补充协议与本协议发生冲突或矛盾的，以补充协议为准，除非补充协议另行约定。

第二十五条　特殊约定

××____

____

____

第二十六条　其他约定

本协议用中文文字书写，经甲、乙双方法定代表人或授权代表签字或盖章后生效。如本协议具有英文或其他语言的版本，当不同版本发生矛盾、冲突或需要进行解释时，以中文版本为准。

本协议正本一式四份，甲方、乙方各执两份，具有同等法律效力。

【以下无正文】

附件一：披露事项数据库

本页为关于【××目标公司】《股权转让协议》签署页

甲方：××

法定代表人/授权代表：××

乙方：××

法定代表人/授权代表：××

(24) 示范文本：××项目有限公司章程

××有限公司章程

第一章　总　　则

第一条　为规范公司的组织和行为，根据《中华人民共和国公司法》(以下简称《公司法》) 和有关法律法规及规范性文件的规定，制定本章程。

第二条　公司类型：有限责任公司。

第三条　本章程为本公司行为准则，公司、股东、董事、监事和高级管理人员应当严格遵守。

第二章　公司名称和住所

第四条　公司名称：××有限公司。

第五条　住所：××

第三章　公司经营范围

第六条　公司经营范围：房地产开发；销售自行开发的商品房；企业信息咨询、房地产信息咨询、经济信息咨询。(企业依法自主选择经营项目，开展经营活动；依法须经批准的项目，经相关部门批准后依批准的内容开展经营活动；不得从事本市产业政策禁止和限制类项目的经营活动。)

第四章　公司注册资本及股东的姓名（名称）、出资方式、出资额、出资时间

第七条　公司注册资本：××万元人民币。

股东的姓名（名称)、认缴的出资额（万元)、出资时间、出资方式如下：

股东名称	认缴情况		
	出资数额	出资时间	出资方式
××	××	××	货币
××	××	××	货币

第五章　公司的机构及其产生办法、职权、议事规则

第八条　股东行使下列职权：

（一）决定公司的经营方针和投资计划；

（二）选举和更换非由职工代表担任的董事、监事；

（三）决定有关董事、监事的报酬事项；

（四）审议批准董事会的报告；

（五）审议批准监事的报告；

（六）审议批准公司的年度财务预算方案、决算方案；

（七）审议批准公司的利润分配方案和弥补亏损方案；

（八）对公司增加或者减少注册资本作出决议；

（九）对发行公司债券作出决议；

（十）对公司合并、分立、解散、清算或者变更公司形式作出决议；

（十一）修改公司章程。

第九条　股东就上述事项作出的决定，应当采用书面形式，并由股东签字后置备于公司。股东会需经全体股东出席方可召开，审议事项必须经全体股东一致通过方为有效。

第十条　公司设董事会，成员为五人，由股东委派产生。其中，××委派××名；××委派××名。董事任期三年，任期届满，可连选连任。董事会设董事长一人，副董事长一人，由董事会选举产生。

第十一条　董事会行使下列职权：

（一）制订公司的经营方针和投资计划；

（二）制订公司的年度财务预算方案、决算方案；

（三）制订公司的利润分配方案和弥补亏损方案；

（四）制定公司章程的修改方案；

（五）制定公司注册资本的增加或者减少以及发行公司债券的方案；

（六）制定公司的解散方案；

（七）制定公司合并、分立和变更组织形式的方案；

（八）审议商业计划书及其修改，依据商业计划书制定公司年度经营计划及资金计划；

（九）依据商业计划书审批公司项目运营计划中每一期的开工、开盘、主

体结构封顶、竣工备案、入住等工程进度、销售进度的时间节点较原经董事会批准的计划延后超过××日的议案；

（十）依据商业计划书审批公司所开发项目的分期目标成本、费用（不含项目土地成本，即竞得价款和税费总和）较原经董事会批准该分期整体目标成本金额超出3%（含）以上议案。审批项目公司年度销售面积、销售金额、销售回款计划较原经董事会批准的商业计划书调减超出5%（含）以上的议案；

（十一）审批公司的对外股权投资/负债、向第三方提供借款或财务资助；

（十二）审批公司提供担保、抵押；

（十三）审批承担公司审计的会计师事务所（独立审计师）的聘任，解聘及更换；

（十四）审批公司所拥有的股权、债权、重大资产的让与、出售、转让、负担、处置、重组等相关事项（不包含商品房销售）；

（十五）审议批准公司提起或终结或涉及标的公允金额达到或超过人民币100万元的重大诉讼、仲裁、行政处罚（包括但不限于单一诉讼标的或同一事由诉讼标的之和达到100万元以上，涉及房屋的，公允金额达到或超过人民币500万元）；

（十六）决定由经理负责的事项种类。

对前款所列事项董事以书面形式一致表示同意的，可以不召开董事会会议，直接作出决定，并由全体董事在决定文件上签名、盖章。

第十二条　董事会会议由董事长召集和主持；董事长不能履行职务或者不履行职务的，由副董事长召集和主持；副董事长不能履行职务或者不履行职务的，由半数以上董事共同推举一名董事召集和主持。

召开董事会会议，应当于会议召开5日以前通知全体董事，但全体董事一致同意提前召开董事会会议的不受此限。董事因故不能到会的，可以委托其他董事出席并表决，但不得委托董事以外的人员出席董事会并表决。

第十三条　董事会决议的表决，实行一人一票。

五分之三（含）以上的董事可以提议召开董事会会议，并于会议召开前十日通知全体董事。

董事会对所议事项必须由××委派的董事表决通过方为有效，并应做成会议记录，出席会议的董事应当在会议记录上签名。

第十四条　公司设经理，由董事会决定聘任或者解聘。经理对董事会负责，行使下列职权：

（一）主持公司的生产经营管理工作，组织实施董事会决议；

（二）组织实施公司年度经营计划和投资方案；

（三）拟订公司内部管理机构设置方案；

（四）拟订公司的基本管理制度；

（五）制定公司的具体规章；

（六）提请聘任或者解聘公司副经理、财务负责人；

（七）决定聘任或者解聘除应由董事会决定聘任或者解聘以外的负责管理人员。

（八）董事会授予的其他职权。

经理列席董事会会议。

第十五条　公司不设监事会，设监事一人，由股东委派产生。监事的任期每届为三年，任期届满，可连任。

第十六条　监事行使下列职权：

（一）检查公司财务；

（二）对董事、高级管理人员执行公司职务的行为进行监督，对违反法律、行政法规、公司章程或者股东会决议的董事、高级管理人员提出罢免的建议；

（三）当董事、高级管理人员的行为损害公司的利益时，要求董事、高级管理人员予以纠正；

（四）向股东提出提案；

（五）依照《公司法》第一百五十二条的规定，对董事、高级管理人员提起诉讼。

第六章　公司的法定代表人

第十七条　董事长为公司的法定代表人，任期三年，任期届满，可连任。

第七章　股东认为需要规定的其他事项

第十八条　股东可以向股东以外的人转让其全部出资或部分出资。

第十九条　公司的营业期限20年，自公司营业执照签发之日起计算。

第二十条　有下列情形之一的，公司清算组应当自公司清算结束之日起30日内向原公司登记机关申请注销登记：

（一）公司被依法宣告破产；

（二）公司章程规定的营业期限届满或者公司章程规定的其他解散事由出现，但公司通过修改公司章程而存续的除外；

（三）一人有限责任公司的股东决定解散；

（四）依法被吊销营业执照、责令关闭或者被撤销；

（五）人民法院依法予以解散；

（六）法律、行政法规规定的其他解散情形。

第二十一条　一人有限责任公司的股东不能证明公司财产独立于自己的财产的，应当对公司债务承担连带责任。

第八章　附　　则

第二十二条　公司登记事项以公司登记机关核定的为准。

第二十三条　本章程一式两份，并报公司登记机关一份。

法定代表人签字：××

××有限公司××

法定代表人签字：××

××年××月××日

第八节　私募投资基金办理强制执行公证书与申请执行证书

以前的实践操作中，为确保债权类基金在项目出现问题时，基金管理人可以快速处理投资项目，避免繁杂的、时间漫长的诉讼程序，争取在项目处理上的主动，最大程度上减少投资人的损失，基金管理人一般会在投资协议的相关文件签署后及时办理强制执行的公证手续，这样一旦项目出现问题或风险，基金管理人便可以向公证机关申请执行证书，然后向有管辖权的法院申请强制执行。相对于复杂、漫长的诉讼程序来说，强制执行公证手续非常便捷和快捷，可以为基金管理人在项目出现问题并进而寻求快速解决时省却大量的时间。但是要注意的事实际操作中，每个公证处的操作标准有所不同，投资的相关协议未必每个公证处都会给做公证，建议提前与公证处沟通，明确具体哪些协议文本可以做公证，哪些协议文本不可以做公证，以便在设计法律文件时作出有针对性的安排。

（25）示范文本：强制执行公证书

公证书

（　）××字第××号

申请人：借款人：××有限公司，

住址：××，法定代表人：××

贷款人：××，地址：××，负责人：××

公证事项：赋予《流动资金借款合同》强制执行效力

申请人××有限公司（以下称甲方）、××分行（以下称乙方）于××年××月××日向本处申请对前面的《流动资金借款合同》（以下称该合同）进行公证并赋予该合同强制执行效力。

甲方向本处提交了下述证明材料：一、甲方的注册号为××号企业法人营业执照（正副本）；二、编号为××号组织机构代码证；三、法定代表人××的身份证；四、税务登记证；五、公司章程；六、股东会决议。乙方向本处提交了下述证明材料：一、注册号为××营业执照（副本）；二、编号为××号金融许可证；三、负责人××身份证。经查，甲、乙双方依法均具有签订该合同、建立借贷法律关系的民事权利能力和民事行为能力。本公证员就该合同的内容及甲、乙双方提交的证明材料依法进行了审查，本公证员要求甲方确认该合同的内容，并告知了强制执行公证的有关法律规定、法律意义和可能产生的法律后果。在此基础上，甲、乙双方经协商，订立了本公证书前面的合同。甲、乙双方在合同中约定：甲方向乙方借款金额为人民币××亿元整，借款期限为××个月。甲、乙双方在该合同中明确约定了借款的币种、数额、还款期限、利率及违约责任等条款；为保证债务的履行，甲方作出了自愿接受强制执行的意思表示。甲、乙双方就债务人违约时本处应债权人的申请出具《执行证书》前的核实内容、程序达成了明确、具体的约定。

依据上述事实，兹证明甲方××有限公司的法定代表人××与乙方××分行的负责人×××在××市签署了前面的《流动资金借款合同》，当事人的签约行为符合《中华人民共和国民法通则》第五十五条的规定，该合同的内容符合《中华人民共和国合同法》的有关规定，合同上各方当事人的签字、印章均属实。

根据《中华人民共和国民事诉讼法》第二百一十四条、《中华人民共和国公证法》第三十七条和《最高人民法院、司法部关于公证机关赋予强制执行效力的债权文书执行有关问题的联合通知》的有关规定，自前面的《授信额度协议》《授信额度协议补充协议》生效及债权债务形成之日起，本公证书具有强制执行的效力。

中华人民共和国××公证处

公证员：××

时间：××年××月××日

(26) 示范范本：执行证书

执行证书

××市××公证处

（××）××执字第××号

申请执行人：××

地址：××

被申请执行人：××

住所：××

法定代表人：××

申请执行人××于××年××月××日向本公证处提出申请，申请本处出具《执行证书》。

经审查：

一、××年××月××日，申请执行人××与××、被申请执行人××签署了《××资金委托贷款合同》（合同编号：××）；申请执行人××与××、被申请执行人××签署了《抵押合同》（合同编号：××）；申请执行人

××与××、被申请执行人××签署了《股权质押协议》（编号：××）。上述合同经本公证处（××）经证字第××号公证书公证并赋予强制执行效力。

二、根据上述合同的约定，××通过贷款人××于××年××月××日向××发放了委托贷款共计××万元。贷款人××于××年××月××日办理了土地抵押登记手续（土地他项权利证明书编号××）。贷款人××于××年××月××日办理了股权出质登记手续（股权出质设立登记通知书编号为：××）。

三、根据申请执行人××与××、被申请执行人××签署了《××资金委托贷款合同》（合同编号：××）第十条第三款的约定，被申请执行人××未及时偿还《××资金委托贷款合同》任何款项的，××均有权宣布贷款提前到期并要求被申请执行人××提前偿还全部款项。因被申请执行人××未按时还本付息，申请执行人××向本处提出申请出具执行证书。

根据《中华人民共和国民事诉讼法》第二百三十八条和《中华人民共和国公证法》第三十七条、《公证程序规则》的规定及签署的《××资金委托贷款合同》《××抵押合同》《股权质押合同》，本处出具执行证书。申请执行人××可持本执行证书及本公证处（××）经证字第××号公证书，向有管辖权的人民法院申请强制执行。

被申请执行人：××

执行标的为：

委托贷款本金××万元；自××年××月××日起至委托贷款清偿完毕之日止的，按照年利率××计算利息；以及实现债权的相关费用（包括但不限于公证费、律师费、差旅费、执行费及其他实现债权、担保权利的费用等，按实际发生额计算）。

根据《中华人民共和国民事诉讼法》第二百三十九条的规定，申请执行的期间为二年。有关诉讼时效中止、中断，适用法律规定有关中止、中断的规定。前款规定的的期间，从法律文书规定履行期间的最后一日起计算；法律文书规定分期履行的，从规定的每次履行期间的最后一日起计算；法律文书未规定履行期间的，从法律文书生效之日起计算。

中华人民共和国××公证处

××年××月××日

第九节　私募地产投资基金的跟投机制

团队跟投是私募地产投资基金投资中的一个重要的环节，也是私募地产投资基金的一个显著特色。跟投机制具有多重的作用，对此，不同的人也有不同的看法，褒贬不一、说法各异。一方面，跟投机制是强制投资团队对其拟投项目按照一定的投资比例进行投资，与基金共同承担项目投资失败的风险，这就客观要求投资团队尽职尽责，挑选好的项目，做好尽职调查，做好投资方案，做好投资测算，做好投后跟踪，做好项目退出，最大程度上避免投资失败的风险和道德风险。另一方面，跟投机制鼓励投资团队对好的项目进行一定比例的投资，共同享受投资带来的收益，对于项目团队来说是一个巨大的激励，可以增强投资团队的粘性与主动性。

实践中，经常出现的是基金管理公司的一些关系户或投资经理的一些关系户进行跟投，但跟投金额不符合合格投资者的标准，导致跟投主体不能直接签署基金合同以及其他基金的法律文件，许多基金管理公司便以代持的形式来解决这个问题，但从法律法规的规定角度来说，这个是不合法不合规的，已经违反了私募投资监管的有关规定，一旦被监管机构或中国证券投资基金业协会发现，将可能会面临纪律处分。但是实践中这种操作也比较多，因此也列举一个代持协议范本，供各基金管理人参考。

（27）示范文本：基金份额（有限合伙财产份额）代持协议书

基金份额（有限合伙财产份额）代持协议书

委托人（甲方）：
身份证号：
住所地：
联系电话：

受托人（乙方）：
住所地：
联系电话：

就甲方（委托人）委托乙方（受托人）代为持有北京××投资管理中心（有限合伙）财产份额的有关事宜，甲、乙双方经友好协商，依照法律、法规的规定达成如下协议，以兹共同遵守。

第一条 委托内容

1. 甲方同意委托乙方（以乙方的名义）代为持有甲方对××（以下简称××）的出资份额（有限合伙财产份额）¥××万元整（大写：人民币××仟××佰××拾××万元整）。

2. 乙方确认甲方为北京××投资管理中心（有限合伙）（以下简称××）的出资份额（有限合伙财产份额）的实际持有人并且享受实际权益，乙方仅作为上述财产份额的名义持有人，代为甲方持有。

3. 甲方应在本协议签署之日起三日内将其对××的出资额（有限合伙财产份额）实际全部支付到乙方指定的下列银行账户：

开户名称：××

开户银行：××

银行账号：××

第二条 委托权限

在取得甲方同意的前提下，甲方同意乙方（以乙方的名义）代为行使乙方与××签署的《入伙协议》《合伙协议》以及法律规定的有限合伙人的全部权利。上述甲方委托乙方行使的权利，乙方不得再转委托他人行使；同时上述权利甲方也不得再行委托第三方行使。

第三条 甲方的权利与义务

1. 甲方作为××有限合伙财产份额（以实际出资为前提并以实际出资额为限）的实际持有人，实际享有××有限合伙企业有限合伙人的相关权利并履行有限合伙人的有关义务（通过乙方并以乙方名义）。

2. 甲方作为××有限合伙财产份额实际持有人，有权依据本协议对乙方不适当的受托行为进行批评、监督与指正，要求乙方纠正其不适当的行为并及时向甲方进行反馈结果。

3. 如果乙方违反诚实、守信义务，实施违反本协议行为并给甲方造成损失，甲方有权基于本协议约定以及法律的相关规定，要求乙方赔偿因违反本协议而给甲方造成的实际损失。

4. 在委托期限内（××《入伙协议》《合伙协议》规定的投资期限内），甲方不得提前终止本委托协议（即提前终止投资），但《入伙协议》《合伙协议》的另有规定的除外。

5. 甲方承诺已经全部阅读并完全理解乙方与××签署的《入伙协议》《合伙协议》《风险告知书》《个人投资者风险调查问卷》《投资分析报告》《募集说明书》的全部内容，知悉并自愿承担上述投资带来的风险。

第四条　乙方的权利与义务

1. 乙方确认甲方为××出资额（有限合伙财产份额）的实际持有人并且享受实际权益履行有关义务，乙方仅作为上述财产份额的名义持有人代为持有，不实际享受有限合伙实际权利并承担实际义务。

2. 未经甲方事先书面同意，乙方无权以任何形式处分其代持的全部或部分受托有限合伙财产份额，包括但不限于将受托财产份额全部或部分质押、转让、赠与、转委托等。

3. 作为××出资额（有限合伙财产份额）的名义持有人，乙方承诺其行使××《入伙协议》《合伙协议》规定的任何权利、履行任何义务，乙方应提前三日通知甲方并取得甲方同意。

4. 乙方承诺将其为甲方代持有限合伙财产份额在项目清算时分配的投资本金和产生的收益及时划转到甲方指定的银行账户（在××《入伙协议》《合伙协议》约定分配时间内）。

5. 乙方仅为甲方代为持有甲方投资的××有限合伙财产份额，不享有该××有限合伙财产份额产生的任何收益，亦不承担该××有限合伙财产份额发生的任何风险。

第五条　委托代持期限

甲方委托乙方代为持有限合伙财产份额的期限为：自本甲方将全部出资款项实际支付到本协议指定的银行账户并乙方将上述款项实际支付××《入伙协议》《合伙协议》指定的银行收款账户之日起，至××《入伙协议》《合伙协议》规定的有限合伙人投资期限截止之日止。

第六条　代持协议解除

如果甲方未按照本协议的约定时间将全部投资款项实际支付到乙方指定的银行收款账户，乙方可以解除本协议。

第七条　保密条款

对于与签署的本协议的任何信息、资料、文件或其他信息，双方均应承担保密义务，不得向他人泄露、透露或以其他方式被他人知悉，但因法律、法规要求或司法、行政机关要求以及向己方法律顾问、财务顾问披露除外。该等保密义务在本协议终止后仍然继续有效。任一方因违反该等义务而给对方造成损失的，均应当赔偿对方的相应损失。

第八条　争议的解决

凡因履行本协议所发生的争议，甲、乙双方应友好协商解决，协商不能解决的，任一方均有权将争议提请甲方所在地人民法院起诉。

第九条　其他事项

本协议一式两份，协议双方各持一份，具有同等法律效力。本协议自甲、乙双方签署后生效。

【以下无正文】

有限合伙人指定收款账户：

开户名称：××

开户银行：××

银行账号：××

甲方：××

乙方：××

时间：××年××月××日

第三章　私募地产投资基金的投后管理

第一节　私募地产投资基金的投后管理概述

私募地产投资基金在投资完成后，进入到投后管理的环节。对于一些私募地产投资基金管理公司来说，可能认为投后管理环节没有那么重要，甚至一些公司基本忽视了投后管理工作，没有专门人员和部门负责投后管理，有的则是投资部门在进行兼管。一些私募投资基金管理公司虽然有投后人员，但是也仅仅是进行记账与日常联络工作，并未对投资项目进行实质性管理。但随着经济周期导致的投资活动中暴露的问题越来越多，投资行为日益由粗放型向集约型转变，投资行为日益向着广度和深度的方向发展，投资行为的价值要求与专业要求越来越高，私募投资基金管理公司设置专门的部门和人员，加强对项目的投后管理工作便变得越来越急迫，越来越重要。一方面，加强已投项目投后的监管，可以在某种程度上防范被投企业和被投人员的道德风险，防止基金资金被滥用和乱用，防止项目被肆意处置导致项目的最终失败进而危害基金和投资人的利益；另一方面，基金管理人可以利用自身的专业素质和可利用资源为项目提供专业性的意见和建议，对接一些迫切需要的社会资源，解决项目中出现的痛点问题，积极提升项目的自身价值，推动项目更快的进展，为基金的顺利退出提供更好的保证。因此，现在私募投资基金管理人逐渐开始对投后管理越来越重视，许多私募投资基金管理人已经设置了专门的投后管理部门以及专业的投资管理人员，针对不同的投资项目，也采取了或紧或松的管控手段，投后管理的价值逐渐显现，投管分离的趋势日趋明显。

完善的投后管理方案是做好投后管理的关键。投资正式决策之前或项目决定投资后，基金管理人应及时制定项目投后管理方案，上述方案应以基金与融资方签署的投资协议以及其他法律文件为准，将上述文件中与融资方谈定的投后管理措施落实、细化到投后管理方案中。实践中，基金管理人也可以单独制定投后管理方案，经融资方书面确认，经基金管理人与融资方确认的投后管理方案是双方对项目管理边界或权力的确认，非经双方协商一致，任何一方不得反悔。实践中，由于投资协议或投资管理方案约定不明确，导致基金管理人与融资方发生冲突或矛盾的事例很多，矛盾的焦点就是双方的权力边界出现争执，这往往导致项目推进的严重滞后，甚至直接导致双方关系的破裂，给投资方与融资方都造成了极大的损失。因此，基金管理人在起草投资协议或者投后管理方案时，应将其权力边界、行使程序、行使时间清晰列明，防止投后管理过程中扯皮进而影响双方的合作关系。同时，即使项目投后管理过程中出现争议，基金管理人与融资方也应本着合作共赢的态度积极进行解决，毕竟双方的最终目标是一致的，即快速实现项目的清盘和退出。

私募地产投资基金的投后管理是一项复杂而又琐碎的工作，涉及的问题很多，也没有太多的逻辑性和条理性。但是抽丝剥茧，披沙拣金，从总体来看，私募地产投资基金投后管理工作还是有许多共性可言。一般来说，私募地产投资基金投后管理集中在参与被投项目公司股东会、董事会权力决策（主要是一些重大事项须经股东会、董事会审议，如变更项目建设方案、大幅度提高工程造价等）、项目日常运营管控（主要是工程设计、施工进度、工程造价、合同签署、工程付款、物业销售等几方面）、项目信息披露（主要是对投资人进行信息披露以及向中国证券投资基金业协会进行信息报送）、项目的风险预警（如设计缺陷、进度滞后、造价超标、资金紧张、销售不利、市场波动、政策变化、安全事故、违规建设等）、项目增值服务（主要是帮助项目公司对接社会资源，提升项目价值或加快项目进度或去化）、基金日常模拟复盘等。从上述投后管理的主要工作可以看出，私募地产投资基金的投后管理工作还是比较复杂和繁琐的，并且对于专业的要求也是比较高的，最好还是在房地产开发公司或者施工单位工作过的人员比较适宜。

私募地产投资基金投后管理的主要法律问题是在起草基金与融资方签署的投资协议时（或双方确认的投后管理方案），必须将基金想要参与的投后管理工作明确落实到投资协议中去，使之成为投资协议的一部分，只有这样才对双方产生约束力，防止出现出尔反尔的情形。投资协议中，投后管理事项必须明确、具体、可执行，不具有任何争议。投后管理工作过程中主要就是对投资协议中的投后管理事项或投后管理方案进行落实，其实主要集中到项目公司三会规范运作以及基金信息披露这两个方面，当然，有些项目在私募地产投资基金投资后，投资协议中的交易条款尚未落实，如股东变更登记尚未办理、章程尚未进行工商变更、董事会人员变更尚未进行备案、国有土地使用权抵押登记手续尚未办理、股权质押手续尚未办理、强制执行公证手续尚未办理、销售回款共管账户尚未开立、主要印信、证照尚未进行共管等，这些在投资协议中约定的手续必须逐一进行落实，避免产生遗漏进而影响基金的权益。

按照投管分离的原则，为使投后管理部门及其人员更好的了解项目的具体投资情况，在投资项目交给投后管理人员管理之前，投资管理人员、财务人员、法务人员以及风险人员将项目详细概况与投后管理人员进行沟通是非常必要的。通过沟通，投后管理人员可以详细的了解投资项目的前期运营情况，了解投资企业的现实运营状况，了解企业管理团队的做事风格，了解现在项目非优缺点以及风险点等，为以后与被投企业以及投资团队的沟通接触和进行投资项目的管理做到心中有数，也方便对投资项目的投后管理进行一个专业性的规划。在必要时，投资管理人员和投后管理人员可与被投企业或被投项目人员召开一个项目交接会，互相熟悉一下，让被投企业对项目情况进行介绍，让投后管理人员和被投团队的人员互相沟通了解，为以后顺利开展工作创造便利条件，防止因为不熟悉导致沟通出现的隔阂。项目投资交接需要关注的一个问题是，一定要求与投资人员确认投资条件的落实情况，尤其是要注意投资协议中的条款约定未完成情况，防止出现遗漏，给基金退出留下隐患。

第二节　私募地产投资基金投后管理涉及的主要工作

投资项目交接完成以后，项目便正式进入到投后管理的阶段。不同的投资对象、投资项目、投资金额、投资比例、投资诉求、投资目的、基金管理公司以及投资经理的投资风格，都会导致在项目的投资管控上力度具有很大差异。对于一些实力较强的投资对象，管控相对来说可以比较松；对于那些实力较弱的投资对象，管控就要严些。对于投资金额和比例小一些的项目，可以管控松些；对于投资金额较大和投资比例较大的一些项目，管控就要相对比较严。一些基金管理公司管理风格比较严谨和保守，因此对项目的管控力度就比较严；而有的基金管理公司比较粗放，因此项目的管控力度也比较粗糙，流于形式。管控力度受多种因素影响，没有一个统一的标准。但是在现阶段，强化对项目的严管控还是有必要的。很难想象，在没有任何管控约束机制的情况下，仅靠道德约束就能保证被投企业及其股东完全按照合同的约定履行合同义务，这是对基金以及投资人不负责任。一般来说，私募地产投资基金投后管理会集中在下面几个方面。

一、项目公司治理层面的管控

在公司治理层面，对于股东会和董事会的决策事项，一般都会对项目公司产生重大影响。为加强项目管控，一般基金管理人都会要求进入公司决策层，即进入到公司股东会、董事会当中，对于公司重大事项尤其是基金管理人关注的重大事项，要求拥有一定比例的表决权，甚至一票否决权。当然，如果基金管理人要求拥有这些权利，这些权利必须写在投资协议中，在公司股东会、董事会中的决策事项中进行体现，并同时体现在公司章程中。对于重大事项的表决，在股东会决策机制中，基金管理人一般要求股东会决议需要全体股东一致通过；在董事会决策机制中，基金管理人也会要求董事会决议也需要全体董事一致通过或非经投资方派驻董事同意，不得通过。

(1) 示范文本：项目公司股东会、董事会权力设置与表决机制

股东会是公司的权力机构，股东依法行使下列职权：

①决定公司的经营方针和投资计划；

②选举和更换非由职工代表担任的董事、监事，决定有关董事、监事的报酬事项；

③审议批准董事会的报告；

④审议批准监事的报告；

⑤审议批准公司的年度财务预算方案、决算方案；

⑥对公司增加或者减少注册资本作出决议；

⑦审议批准公司的利润分配方案；

⑧审议批准公司的弥补亏损方案；

⑨审议关联交易；

⑩对发行公司债券作出决议；

⑪对公司合并、分立、变更公司形式、解散和清算等事项作出决议；

⑫修改公司章程；

⑬审议商业计划书及其修改（实质性偏差超过××），依据商业计划书制定项目公司年度经营计划及资金计划；

⑭依据商业计划书审批项目公司项目运营计划中每一期的开工、开盘、主体结构封顶、竣工备案、入住的时间节点较原经董事会批准的计划延后超过××日的议案；

⑮依据商业计划书审批项目公司所开发项目的分期目标成本、费用（不含项目土地成本，即竞得价款和税费总和）较原经董事会批准该分期整体目标成本金额超出××（含）的议案。

⑯审批项目公司年度销售面积、销售金额、销售回款计划较原经董事会批准的商业计划书调减超出××的议案；

⑰公司章程规定的其他职权。

所有股东会决议必须经全体股东表决通过方为有效。

项目公司董事会由××名董事组成，其中甲方委派××名董事，乙方委派××名董事；董事长由甲方推荐，由董事会选举产生并担任项目公司法定代表人。项目公司的下述事项及其他法律法规规定的事项需董事会经代表××（含）以上董事通过方为有效：

①制定对项目公司章程的修改方案；

②制定项目公司注册资本的增加或者减少方案；

③制定项目公司的解散方案；

④制定项目公司合并、分立和变更组织形式的方案；

⑤审议商业计划书及其修改（实质性偏差不超过××），依据商业计划书制定项目公司年度经营计划及资金计划；

⑥依据商业计划书审批项目公司项目运营计划中每一期的开工、开盘、主体结构封顶、竣工备案、入住的时间节点较原经董事会批准的计划延后超过××日但不超过××日的议案；

⑦依据商业计划书审批项目公司所开发项目的分期目标成本、费用（不含项目土地成本，即竞得价款和税费总和）较原经董事会批准该分期整体目

标成本金额超出××（含）但不超过××的议案。审批项目公司年度销售面积、销售金额、销售回款计划较原经董事会批准的商业计划书调减超出××（含）但不超过××的议案；

⑧审批项目公司的对外融资（包括开发贷）事宜；

⑨项目公司向第三方提供借款或财务资助，或为第三方提供担保；

⑩制订项目公司的利润分配或亏损处理方案；

⑪审批项目公司对外提供担保（但如项目公司为客户提供按揭担保或为获取施工许可证而提供的担保除外）；

⑫审议批准符合甲方监管部门认可的会计师事务所（“独立审计师”）的聘任，解聘及更换；

⑬审批项目公司所拥有的股权、债权、重大资产的让与、出售、转让、负担、处置、重组等相关事项（不包含商品房销售）；

⑭审议批准项目公司提起或终结或涉及标的公允金额达到或超过人民币××万元的重大诉讼、仲裁、行政处罚；

⑮决定由总经理负责的事项种类；

⑯董事会认为应当由董事会审议的其他事项。

二、公司运营层面的管控

在公司具体的经营管理层面，投资方也应视不同的情况有限度地介入。实践中，有的投资方只管财务付款（这种实践中偏多），有的则除了公司财务事项外，对公司进行整体管控，即全面介入到公司的日常经营管理之中，如人事、财务、投资、重大资产处置、合同管理、规划设计、建设施工、营销策划以及印信管理等。具体的管控深度和要求，受多种因素影响以及不同项目的影响，也和投资方的投资风格紧密相关。投后管控带来的一个问题是，管控越严，力度越大，基金或基金管理人的成本会越高，这也会间接导致基金收益的下降。虽然我们可以将上述成本转移到被投方或被投项目，但是不同市场环境下，被投方不一定会接受这个诉求，因此转移成本的目标不一定会实现。同时，管控的力度强弱也会带来沟通协调成本的增加，掌握不好尺度的话，容易造成基金管理人和被投企业的矛盾和冲突，不利于项目的进展和沟通，甚至导致项目的停滞，影响项目的退出。因此，投后管理也是一门需要研究的艺术。但是实践中，解决这个问题的关键还是要事先定好游戏规则，在相关投资文件中明确投后管理的事项、条件以及程序。如果某些重要事项没有约定，对于双方来说最好的办法就是协商解决，毕竟大家最终的目的是一样的。一般来说，在地产私募投资基金中，投资方会委派成本和财务人员，对项目成本支出和项目公司付款等事项进行管控，对财务印鉴证照和有关账户进行监管，而不会过多的介入到项目操盘的事项中去，毕竟还是要相信被投方的操盘能力和水平，否则就失去了投资的意义。

（2）示范文本：项目公司日常运营管控的约定

①基金向项目公司派驻专职财务副总监，基金派驻的财务副总监、成本副经理工资薪酬由基金发放，并自行决定派驻财务副总监的任免和更换。但应提前3个工作日通知项目公司和被投企业。若基金委派的财务副总监在经营活动中出现重大失误、不称职、需其审批或者负责的相关事宜出现效率滞后时，被投企业有权要求更换财务副总监，基金应该积极配合办理相关手续或者采取被投企业认可的补救措施并防止类似事件再次发生。

②基金派驻财务副总监负责保管财务专用章，共管网银密钥，拥有对公章、合同章和销售合同章使用的用章审批权（与被投企业共同审批），并配合项目公司人员根据审批结果履行盖章手续。对于项目公司的合同与付款均须经财务总监、财务副总监签字同意并由双方共同审批。基金保证参与项目公司管理的效率，如果基金因保管相关密钥和财务章等导致工作延误，需及时改正。同时甲乙双方（含具体投资主体）对项目公司经营享有完整的知情权和监督权，包括但不限于对项目公司所有合同、财务过程、财务结果和财务凭证的随时查询权。基金派驻财务副总监对项目公司经营信息负有保密义务。

③被投企业应保证基金派驻的财务副总监在项目公司管理系统（包括但不限于OA办公系统、财务系统、销售系统、成本系统、合同管理系统、预算成本系统、工程质量进度系统及未来新上线的系统）以及协议中享有相应的查询权限和导出权限。对于涉及付款的流程，享有网银付款权限。基金派驻的财务副总监、成本副经理纳入项目公司统一管理体系，根据项目公司管理体系履行其权利、义务，对项目公司成本、售价及开发进度变化的方案享有知情权，可列席项目公司召开的各内部会议。

④基金向项目公司派驻成本副经理共同完成成本审核工作，基金自行决定派驻成本副经理的任免和更换。该成本副经理具有参与成本方案制定、实施等工作以及向高级管理人员汇报和提出建议的权利，对项目公司的各项成

本工作享有充分的知情权。基金派驻的财务副总监和成本副经理权限为甲乙双方一致认可，被投企业及项目公司应保障相关权限的顺利执行，未经甲乙双方一致书面同意，上述权限范围不得更改。

三、私募地产投资基金的信息披露

信息披露是私募投资基金管理人的法定义务，当然因为信息披露事宜必须在基金合同中约定，因此信息披露也是基金管理人一个约定义务。2016 年 2 月 4 日，中国证券投资基金业协会发布《私募投资基金信息披露管理办法》，对私募投资基金信息的披露活动进行规范。上述办法第二条规定，本办法所称的信息披露义务人，指私募投资基金管理人、私募投资基金托管人，以及法律、行政法规、中国证券监督管理委员会（以下简称中国证监会）和中国证券投资基金业协会（以下简称中国基金业协会）规定的具有信息披露义务的法人和其他组织。同一私募投资基金存在多个信息披露义务人时，应在相关协议中约定信息披露相关事项和责任义务。信息披露义务人委托第三方机构代为披露信息的，不得免除信息披露义务人法定应承担的信息披露义务。第三条规定，信息披露义务人应当按照中国基金业协会的规定以及基金合同、公司章程或者合伙协议（以下统称基金合同）约定向投资者进行信息披露。第四条规定，信息披露义务人应当保证所披露信息的真实性、准确性和完整性。同时中国证券投资基金业协会同时颁布《私募投资基金信息披露内容与格式指引 1 号》（适用于私募证券投资基金），对私募证券投资基金的信息披露格式提出要求。2016 年 11 月 14 日，中国证券投资基金业协会颁布关于发布《私募投资基金信息披露内容与格式指引 2 号适用于私募股权（含创业）投资基金》（以下简称《信批指引 2 号》）的通知，规定根据《证券投资基金法》《私募投资基金监督管理暂行办法》及《私募投资基金信息披露管理办法》有关规定，经中国证券投资基金业协会理事会表决通过，现予以发布《信披指引 2 号》。本指引自发布之日起实施，相关机构应按照本指引要求，向投资者披露私募股权（含创业）投资基金信息。上述管理办法以及内容与格式指引详细规定了基金管理人信息披露的时间、内容等，基金管理人必须遵守。

（3）示范文本：私募投资基金信息披露内容与格式指引2号－适用于私募股权（含创业）投资基金使用说明

1. 根据《私募投资基金信息披露管理办法》（以下简称《信披办法》）第三条规定，私募投资基金管理人及相关信息披露义务人应当按照中国证券投资基金业协会的规定以及基金合同、公司章程或者合伙协议的约定向投资者进行信息披露。根据《信披办法》和《私募投资基金合同指引1～3号》，私募投资基金管理人应当按照规定通过中国证券投资基金业协会指定的私募投资基金信息披露备份平台进行信息披露文件备份。

2. 本指引适用于私募投资基金管理人定期、定向给私募投资基金投资者披露私募股权（含创业）投资基金的相关运作情况。私募投资基金管理人应当参照本指引对所管理的私募股权（含创业）投资基金编制信息披露报告。本指引仅作为私募投资基金管理人向投资者进行私募股权（含创业）投资基金信息披露的最低行业标准，协会鼓励私募投资基金管理人根据《私募投资信息披露管理办法》第十五条规定及《私募投资基金合同指引1～3号》相关要求，依约定向投资者披露更详尽的私募投资基金相关信息。

3. 根据《私募投资基金监督管理暂行办法》第二十七条规定，中国证券投资基金业协会将对私募投资基金管理人和私募投资基金信息严格保密。在私募投资基金信息披露备份平台备份的私募股权（含创业）投资基金信息披露报告，仅用作协会备份及私募投资基金管理人下载使用，并不面向社会公众和私募投资基金投资者公开查询。

4. 私募投资基金管理人应保证本报告披露的信息不存在任何虚假记载、误导性陈述或者重大遗漏，并对内容的真实性、准确性、完整性承担法律责任。

5. 中国证券投资基金业协会普通会员应当向投资者披露本指引的全部信息（含选填项）。鼓励协会观察会员及非会员披露或部分披露选填项。

6. 信息披露半年度报告应在当年9月底之前完成，信息披露年度报告应在次年6月底之前完成。协会鼓励私募投资基金管理人向投资者披露季度报告（含第一季度、第三季度），季度报告不做强制要求。

7. 上述已在私募投资基金信息披露备份平台备份的报告可供私募投资基金管理人自行下载。相关报告若经托管机构或会计师事务所复核，下载报告正文首页将加注以下信息：该报告已经×××（托管机构或会计师事务所名称）复核。

附表 1　私募股权（含创业）投资基金信息披露半年度报告

（201×年××月××日－201×年××月××日）

金额单位：万元

1. 基金基本情况

基金名称	
基金编码	
基金类型	
基金注册地（1）	
基金成立日期	
基金到期日期	
认缴金额（如有）	
已实缴金额	
估值方法（2）	
期末总资产	
期末净资产	
关键人士/投资经理/投资团队（如有）	
投资者数量	
基金名称	
基金编码	
基金类型	
基金注册地（1）	
基金成立日期	
基金到期日期	
认缴金额（如有）	
已实缴金额	
估值方法（2）	
期末总资产	
期末净资产	
关键人士/投资经理/投资团队（如有）	
投资者数量	

2. 基金管理人和基金托管人

项目		基金管理人	基金托管人（如有）
名称			
信息披露负责人	姓名		
	联系电话		
	电子邮箱		
传真			
注册地址			
办公地址			
邮政编码			
法定代表人			
项目		基金管理人	基金托管人（如有）
名称			
信息披露负责人	姓名		
	联系电话		
	电子邮箱		
传真			
注册地址			
办公地址			
邮政编码			
法定代表人			

3. 基金投资者情况（选填）

序号	投资者名称	投资者类型（3）	认缴出资	实缴出资
1				
2				
…				
序号	投资者名称	投资者类型（3）	认缴出资	实缴出资
1				
2				
…				

（1）公司型、合伙型基金的注册地应填写工商注册地，除此之外的私募股权投资基金，基金注册地填写“不适用”。

（2）管理人手动填写。

（3）投资者类型：机构投资者，境内法人机构（公司等）、境内非法人机构（一般合伙企业等）、财政直接出资、本基金管理人跟投、境外机构；投资计划，私募投资基金产品、证券公司及其子公司资产管理计划、基金公司及其子公司资产管理计划、期货公司及其子公司资产管理计划、信托计划、商业银行理财产品、保险资产管理计划、慈善基金、捐赠基金等社会公益基金、养老基金、社会保障基金、企业年金、政府类引导基金、境外资金（QFII、RQFII 等）；个人投资者，自然人（非员工跟投）、自然人（员工跟投）。

4. 基金投资运作情况（同一项目多轮投资请分次列出）

4.1 所投项目情况

序号	投资项目名称	项目注册地	投资行业（5）	投资方式（6）	持股比例	投资日期	投资认缴资本总额	已投资总额	是否退出	退出日期	退出方式	收益亏损情况
1												
2												
…												
序号	投资项目名称	项目注册地	投资行业（5）	投资方式（6）	持股比例	投资日期	投资认缴资本总额	已投资总额	是否退出	退出日期	退出方式	收益亏损情况
1												
2												
…												

4.2 所投基金情况

序号	基金名称	是否备案	基金编码（如有）	投资日期	投资认缴资本总额	已投资总额
1						
2						
…						

续表

序号	基金名称	是否备案	基金编码（如有）	投资日期	投资认缴资本总额	已投资总额
1						
2						
…						

5. 基金持有项目/基金特别情况说明（选填）

6. 基金费用明细

项目	当期	自设立以来
管理费		
托管费		
业绩报酬		
外包服务费		
其他（如配售费用、咨询费、自愿放弃的费用金额、未完成交易费等，如有可手动添加）		
费用合计		
项目	当期	自设立以来
管理费		
托管费		
业绩报酬		
外包服务费		
其他（如配售费用、咨询费、自愿放弃的费用金额、未完成交易费等，如有可手动添加）		
费用合计		

7. 管理人报告（选填）（如报告期内高管及其关联基金情况、高管变动情况、基金运

作遵规守信情况、基金投资策略和业绩表现、对宏观经济及其行业走势展望、内部基金监察稽核工作、基金估值程序、基金运作情况、投资收益分配和损失承担情况、关联交易等可能存在的利益冲突、关于基金负债以及潜在负债或担保的简要说明等）

（4）请根据基金所投标的具体形式选择填写表4.1或4.2。

（5）投资行业分类参考标准见附录。

（6）投资方式：包括股权、可转换债。

表2　私募股权（含创业）投资基金信息披露年度报告

（201×年××月××日－201×年12月31日）

金额单位：万元

1. 基金产品概况

1.1 基金基本情况

基金名称	
基金编码	
基金类型	
基金注册地（7）	
基金成立日期	
基金到期日期	
认缴金额（如有）	
已实缴金额	
估值方法（8）	
期末总资产	
期末净资产	
关键人士/投资经理/投资团队（如有）	
投资者数量	
基金名称	
基金编码	

续表

基金类型	
基金注册地（7）	
基金成立日期	
基金到期日期	
认缴金额（如有）	
已实缴金额	
估值方法（8）	
期末总资产	
期末净资产	
关键人士/投资经理/投资团队（如有）	
投资者数量	

1.2 基金产品说明

投资目标	
投资策略	
投资范围	
关注行业	
关注阶段	
其他需说明事项	
投资目标	
投资策略	
投资范围	
关注行业	
关注阶段	
其他需说明事项	

1.3 基金管理人和基金托管人

项目		基金管理人	基金托管人（如有）
名称			
信息披露负责人	姓名		
	联系电话		
	电子邮箱		
传真			
注册地址			
办公地址			
邮政编码			
法定代表人			
项目		基金管理人	基金托管人（如有）
名称			
信息披露负责人	姓名		
	联系电话		
	电子邮箱		
传真			
注册地址			
办公地址			
邮政编码			
法定代表人			

（7）公司型、合伙型基金的注册地应填写工商注册地，除此之外的私募股权投资基金，基金注册地填写“不适用”。

（8）管理人手动填写。

1.4 基金投资者情况（选填）

序号	投资者名称	投资者类型（9）	认缴出资	实缴出资
1				
2				
…				

续表

序号	投资者名称	投资者类型（9）	认缴出资	实缴出资
1				
2				
…				

1.5 外包机构情况

项目	名称	办公地址	联系方式
会计师事务所			
注册登记机构			
……			
项目	名称	办公地址	联系方式
会计师事务所			
注册登记机构			
……			

2. 基金运营情况（10）

2.1 累计运营情况

期末累计投资总额（实缴）			
期末累计运营费用（11）			
期末累计收益（12）			
期末累计总投资项目个数		期末累计总投资项目总额	
其中：在管项目个数		其中：在管项目总额	
本期新增项目个数		本期新增项目总额	
已退出项目个数		已退出项目总额	
已上市项目个数		已上市项目总额	
期末累计总投资基金个数		期末累计总投资基金总额	
期末累计投资总额（实缴）			
期末累计运营费用（11）			
期末累计收益（12）			
期末累计总投资项目个数		期末累计总投资项目总额	

续表

其中：在管项目个数		其中：在管项目总额	
本期新增项目个数		本期新增项目总额	
已退出项目个数		已退出项目总额	
已上市项目个数		已上市项目总额	
期末累计总投资基金个数		期末累计总投资基金总额	

2.2 持有项目情况表（13）

×××项目一（可增加）

投资项目基本信息表	
投资项目基本信息表	
项目名称	
投资行业	
法定代表人	
设立日期	
主营业务	
注册地址	
注册资本	
是否并购类项目	
是否属于中小企业（14）	
是否属于高新技术企业（15）	
是否享受国家财税政策	
投资阶段（16）	
投资日期	
投资额	
投资占股比例%	
是否退出	
退出额	
退出方式（17）	
退出日期	

续表

备注			
投资项目追加投资表（如有）			
投资阶段	系该项目的第几轮融资	投资日期	投资金额
投资项目退出投资表（如有）			
退出方式	系该项目的第几次退出	退出日期	退出额
项目股权结构情况表（选填）			
序号	主要股东姓名/名称（持股5%以上）	持股数（股）	持股比例（%）
1			
2			
…			

2.3 所投基金情况

序号	基金名称	是否备案	基金编码（如有）	投资日期	投资认缴资本总额	已投资总额
1						
2						
…						
序号	基金名称	是否备案	基金编码（如有）	投资日期	投资认缴资本总额	已投资总额
1						
2						
…						

（9）投资者类型：机构投资者，境内法人机构（公司等）、境内非法人机构（一般合伙企业等）、财政直接出资、本基金管理人跟投、境外机构；投资计划，私募投资基金产

品、证券公司及其子公司资产管理计划、基金公司及其子公司资产管理计划、期货公司及其子公司资产管理计划、信托计划、商业银行理财产品、保险资产管理计划、慈善基金、捐赠基金等社会公益基金、养老基金、社会保障基金、企业年金、政府类引导基金、境外资金（QFII、RQFII 等）；个人投资者，自然人（非员工跟投）、自然人（员工跟投）。

（10）请根据基金所投标的具体形式选择填写表 2.1、2.2 或 2.3。

（11）期末累计运营费：指基金运营过程中的所有费用之和，为表 3.2 所列费用合计。

（12）期末累计收益：按照财务会计准则进行核算。

（13）如所投项目涉及国家机密，可不进行披露备份。

（14）中小企业标准：投资时职工数不超过 500 人，年销售额不超过 2 亿元，资产总额不超过 2 亿元。

（15）高新技术企业：指在《国家重点支持的高新技术领域》内，持续进行研究开发与技术成果转化，形成企业核心自主知识产权，并以此为基础开展经营活动，在中国境内（不包括港、澳、台地区）注册的居民企业。详情请查阅科技部、财政部、国家税务总局以国科发火〔2016〕32 号印发修订后的《高新技术企业认定管理办法》。

（16）投资阶段：包括种子期、起步期、扩张期、过渡期、重建期、已上市。

（17）退出方式：包括境内上市、境外上市、协议转让、整体收购、企业回购、新三板挂牌、清算。

3. 主要财务指标、基金费用及利润分配情况

3.1 主要会计数据和财务指标

期间数据和指标	2015 年	2014 年	2013 年
本期已实现收益（18）			
本期利润（19）			
期末数据和指标	2015 年年末	2014 年年末	2013 年年末
可供分配收益			
期末基金净资产			
期间数据和指标	2015 年	2014 年	2013 年
本期已实现收益（18）			
本期利润（19）			
期末数据和指标	2015 年年末	2014 年年末	2013 年年末
可供分配收益			
期末基金净资产			

3.2 基金费用明细

项目	当期	自设立以来
管理费		
托管费		
业绩报酬		
外包服务费		
其他（如配售费用、咨询费、自愿放弃的费用金额、未完成交易费等，如有可手动添加）		
费用合计		

3.3 过去三年基金的利润分配情况

年度	基金分红次数	分红金额	现金形式发放总额	年度利润分配合计	备注
2015 年					
2014 年					
2013 年					

4. 基金投资者变动情况

报告期期初投资者数量		报告期期初投资者实缴规模	
减：报告期期间投资者减少数量		减：报告期期间基金减少规模	
加：报告期期间投资者新增数量		加：报告期期间基金新增规模	
报告期期末投资者总数		报告期期末投资者实缴规模	

5. 管理人报告（如报告期内高管及其关联基金情况、高管人员变动情况、基金运作遵规守 信情况、基金投资策略和业绩表现、对宏观经济及其行业走势展望、内部基金监察稽核工作、基金估值程序、基金运作情况、投资收益分配和损失承担情况、项目上市进展情况、关联交易等可能存在的利益冲突、关于基金负债以及潜在负债或担保的简要说明等）

（18）本期已实现收益：指基金本期利息收入、投资收益、其他收入（不含公允价值变动收益）扣除相关费用后的余额。

（19）本期利润：本期已实现收益加上本期公允价值变动收益。

6. 托管人（如有）报告（如报告期内本基金托管人遵规守信情况声明，托管人对报告期内本基金投资运作遵规守信、基金估值、利润分配等情况的说明，托管人对本年度报告中财务信息等内容的真实、准确和完整发表意见等）。

7. 经审计财务报告（20）

《中华人民共和国公司法》第一百六十四条规定，公司应当在每一会计年度终了时编制财务会计报告，并依法经会计师事务所审计。《中华人民共和国合伙企业法》第六十八条规定，有限合伙人不执行合伙事务，不得对外代表有限合伙企业。有限合伙人的下列行为，不视为执行合伙事务：（一）参与决定普通合伙人入伙、退伙；（二）对企业的经营管理提出建议；（三）参与选择承办有限合伙企业审计业务的会计师事务所；（四）获取经审计的有限合伙企业财务会计报告；（五）对涉及自身利益的情况，查阅有限合伙企业财务会计账簿等财务资料；（六）在有限合伙企业中的利益受到侵害时，向有责任的合伙人主张权利或者提起诉讼；（七）执行事务合伙人怠于行使权利时，督促其行使权利或者为了本企业的利益以自己的名义提起诉讼；（八）依法为本企业提供担保。私募投资基金管理人应在每年度结束后在私募投资基金信息披露备份系统上传经审计财务报告。

附表 3　私募股权（含创业）投资基金信息披露第 X 季度报告

（201×年××月××日－201×年××月××日）

金额单位：万元

1. 基金基本情况

基金名称	
基金编码	
基金类型	
基金注册地（21）	
基金成立日期	
基金到期日期	
认缴金额（如有）	
已实缴金额	
估值方法（22）	
期末总资产	
期末净资产	
关键人士/投资经理/投资团队（如有）	
投资者数量	

2. 基金管理人和基金托管人

项目		基金管理人	基金托管人（如有）
名称			
信息披露负责人	姓名		
	联系电话		
	电子邮箱		
传真			
注册地址			
办公地址			
邮政编码			
法定代表人			

3. 基金投资者情况（选填）

序号	投资者名称	投资者类型（23）	认缴出资	实缴出资
1				
2				
…				

（21）公司型、合伙型基金的注册地应填写工商注册地，除此之外的私募股权投资基金，基金注册地填写“不适用”。

（22）管理人手动填写。

（23）投资者类型：机构投资者，境内法人机构（公司等）、境内非法人机构（一般合伙企业等）、财政直接出资、本基金管理人跟投、境外机构；投资计划，私募投资基金产品、证券公司及其子公司资产管理计划、基金公司及其子公司资产管理计划、期货公司及其子公司资产管理计划、信托计划、商业银行理财产品、保险资产管理计划、慈善基金、捐赠基金等社会公益基金、养老基金、社会保障基金、企业年金、政府类引导基金、境外资金（QFII、RQFII 等）；个人投资者，自然人（非员工跟投）、自然人（员工跟投）。

4. 基金投资运作情况（同一项目多轮投资请分次列出）（24）

4.1 所投项目情况

序号	投资项目名称	项目注册地	投资行业（25）	投资方式（26）	持股比例	投资日期	投资认缴资本总额	已投资总额	是否退出	退出日期	退出方式	收益亏损情况
1												
2												
…												

4.2 所投基金情况

序号	基金名称	是否备案	基金编码（如有）	投资日期	投资认缴资本总额	已投资总额
1						
2						
…						

5. 基金持有项目/基金特别情况说明（选填）

6. 基金费用明细

项目	当期	自设立以来
管理费		
托管费		
业绩报酬		
外包服务费		
其他（如配售费用、咨询费、自愿放弃的费用金额、未完成交易费等，如有可手动添加）		
费用合计		

7. 管理人报告（选填）（如报告期内高管及其关联基金情况、高管变动情况、基金运作遵规守信情况、基金投资策略和业绩表现、对宏观经济及其行业走势展望、内部基金监察稽核工作、基金估值程序、基金运作情况、投资收益分配和损失承担情况、关联交易等可能存在的利益冲突、关于基金负债以及潜在负债或担保的简要说明等）

（24）请根据基金所投标的具体形式选择填写表 4.1 或 4.2。

（25）投资行业分类参考标准见附录。

（26）投资方式：包括股权、可转换债。

附表4　重大事项临时报告

序号	公告事项	
1	基金名称、注册地址、组织形式发生变更	
2	投资标的和投资策略发生重大变化	
3	变更基金管理人或托管人	
4	管理人的法定代表人、执行事务合伙人（委派代表）、实际控制人发生变更	
5	触及基金止损线或预警线后处理情况	
6	管理费率、托管费率发生变化	
7	基金收益分配事项发生变更	
8	基金存续期变更或展期	
9	基金发生清盘或清算	
10	发生重大关联交易事项	
11	基金管理人、实际控制人、高管人员涉嫌重大违法违规行为或正在接受监管部门或自律管理部门调查	
12	涉及私募投资基金管理业务、基金财产、基金托管业务的重大诉讼、仲裁	
13	基金合同约定的影响投资者利益的其他重大事项	

附录：投资行业分类参考标准

一级行业		二级行业		三级行业	
00	能源	0001	能源	000101	能源开采设备与服务
				000102	石油与天然气
				000103	煤炭
01	原材料	0101	原材料	010101	化学原料
				010102	化学制品
				010103	建筑材料

续表

一级行业		二级行业		三级行业	
				010104	容器与包装
				010105	有色金属
				010106	钢铁
				010107	非金属采矿及制品
				010108	纸类与林业产品
02	工业	0201	资本品	020101	航空航天与国防
				020102	建筑产品
				020103	建筑与工程
				020104	电气设备
				020105	工业集团企业
				020106	机械制造
				020107	环保设备、工程与服务
		0202	商业服务与用品	020201	商业服务与用品
		0203	交通运输	020301	航空货运与物流
				020302	航空公司
				020303	航运
				020304	道路运输
				020305	交通基本设施
03	可选消费	0301	汽车与汽车零部件	030101	汽车零配件与轮胎
				030102	汽车与摩托车
		0302	耐用消费品与服装	030201	家庭耐用消费品
				030202	休闲设备与用品
				030203	纺织服装
				030204	珠宝与奢侈品
		0303	消费者服务	030301	酒店、餐馆与休闲

续表

一级行业		二级行业		三级行业	
				030302	综合消费者服务
		0304	传媒	030401	传媒
		0305	零售业	030501	日用品经销商
				030502	互联网零售
				030503	多元化零售
				030504	其他零售
04	主要消费	0401	食品与主要用品零售	040101	食品与主要用品零售
		0402	食品、饮料与烟草	040201	饮料
				040202	包装食品与肉类
				040203	烟草
00	能源	0001	能源	000101	能源开采设备与服务
				000102	石油与天然气
				000103	煤炭
01	原材料	0101	原材料	010101	化学原料
				010102	化学制品
				010103	建筑材料
				010104	容器与包装
				010105	有色金属
				010106	钢铁
				010107	非金属采矿及制品
				010108	纸类与林业产品
02	工业	0201	资本品	020101	航空航天与国防
				020102	建筑产品
				020103	建筑与工程
				020104	电气设备
				020105	工业集团企业

续表

一级行业		二级行业		三级行业	
				020106	机械制造
				020107	环保设备、工程与服务
		0202	商业服务与用品	020201	商业服务与用品
		0203	交通运输	020301	航空货运与物流
				020302	航空公司
				020303	航运
				020304	道路运输
				020305	交通基本设施
03	可选消费	0301	汽车与汽车零部件	030101	汽车零配件与轮胎
				030102	汽车与摩托车
		0302	耐用消费品与服装	030201	家庭耐用消费品
				030202	休闲设备与用品
				030203	纺织服装
				030204	珠宝与奢侈品
		0303	消费者服务	030301	酒店、餐馆与休闲
				030302	综合消费者服务
		0304	传媒	030401	传媒
		0305	零售业	030501	日用品经销商
				030502	互联网零售
				030503	多元化零售
				030504	其他零售
04	主要消费	0401	食品与主要用品零售	040101	食品与主要用品零售
		0402	食品、饮料与烟草	040201	饮料

续表

一级行业		二级行业		三级行业	
				040202	包装食品与肉类
				040203	烟草
				040204	农牧渔产品
		0403	家庭与个人用品	040301	家常用品
05	医药卫生	0501	医疗器械与服务	050101	医疗器械
				050102	医疗用品与服务提供商
		0502	医药生物	050201	生物科技
				050202	制药
				050203	制药与生物科技服务
06	金融地产	0601	银行	060101	商业银行
				060102	抵押信贷机构
		0602	其他金融	060201	其他金融服务
				060202	消费信贷
		0603	资本市场	060301	资本市场
		0604	保险	060401	保险
		0605	房地产	060501	房地产开发与园区
				060502	房地产管理与服务
				060503	房地产投资信托（REITs）
07	信息技术	0701	计算机运用	070101	互联网服务
				070102	信息技术服务
				070103	软件开发
		0702	计算机及电子设备	070201	电脑与外围设备
				070202	电子设备
		0703	半导体	070301	半导体
08	电信业务	0801	电信业务	080101	电信运营服务

续表

一级行业		二级行业		三级行业	
				080102	电信增值服务
		0802	通信设备	080201	通信设备
09	公用事业	0901	公用事业	090101	电力
				090102	燃气
				090103	供热或其他公用事业
				090104	水务
				090105	电网

四、私募地产投资基金的信息报送

《私募投资基金信息披露管理办法》第五条规定，私募投资基金管理人应当按照规定通过中国基金业协会指定的私募投资基金信息披露备份平台报送信息。私募投资基金管理人过往业绩以及私募投资基金运行情况将以私募投资基金管理人向私募投资基金信息披露备份平台报送的数据为准。2016 年 11 月 14 日，中国证券投资基金业协会发布《私募投资基金信息披露内容与格式指引 2 号—适用于私募股权（含创业）投资基金》，自 2017 年 1 月 1 日起，相关机构应按照《信披指引 2 号》使用说明第一条要求，通过私募投资基金信息披露备份系统（https：//pfid. amac. org. cn）进行信息披露文件备份。私募投资基金管理人应按照中国证券投资基金业协会的规定并按照中国证券投资基金业协会发布的格式文本及时报送基金相关信息，防止因信息未报送给基金管理人带来处罚的风险。

五、私募地产投资基金的项目复盘

在项目投后管理过程中，无论项目是否发生风险情形，基金管理人均应定期或不定期做一下项目复盘工作，评估测算一下项目开发建设情况，看看是否出现投资偏差，偏差的原因是什么，偏差的影响程度高低，对于投资偏差有没有什么补救措施，偏差对于项目的收益以及基金的收益损害，这些损害是否可在容忍的范围之内，等等。特别是在项目开发建设过程中出现重大问题和偏差时，基金管理人应及时对基金投资进行重新测算和评估，以便对投资的风险状况有个清晰的判断，为进一步继续投资还是中止或提前退出投资做好准备，防止当问题恶化时，投资不能及时退出甚至不能退出带来更大的风险和损失。阶段性的投资复盘也是一项持续性、常态性的工作，其主要目的是发现投资偏差，找到原因，调整投资策略，保证投资目标的最终实现，也为以后项目投资总结经验。

六、私募地产投资基金的风险预警

投资是一项高风险的活动，私募地产投资基金投资项目运行过程中，难免会出现突发情况导致项目出现一些风险，这些风险有可能导致项目的中止、停滞、失败，从而给基金投资带来巨大的退出风险。尤其房地产行业又是深受政策影响的一个行业，政策周期和经济周期对其影响特别大，因此这就要求投后管理部门在投后管理过程中密切关注项目和经济政策环境的进展情况，从政策环境、经济周期、公司股东、项目团队、资金财务、项目策划、规划设计、建筑施工、物业销售、政策导向、市场环境等多方面对项目予以关注。这些因素有的是宏观层面的，有的是微观层面的，实际工作中，许多基金管理人往往重视微观因素的影响，但是宏观层面的因素往往对房地产行业的影响比微观层面的影响更大，导致的破坏性后果更严重。因此，基金管理人还要重视对地产行业的政策性研究和经济周期的研究，顺势而为，驭势而行，不能违背经济发展的大趋势。

在投后管理过程中，投后管理人员应保持高度的敏感性和警惕性，当项目出现或可能出现问题的端倪时，又或者出现对项目有重大影响的事件时，应及时捕捉项目风险信息，找出问题出现的原因，评估问题可能带来的影响，做好风险解决预案，为下一步的投资决策以及风险防范做好准备，防止项目出现问题或风险后，因为没有解决预案导致无从下手或措手不及，应对已晚。投后风险监控也是一个长期、持续性的工作，需要投后管理人员定期比对有关数据，发现偏差，评估影响。对于一些常规、可量化的风险，基金管理人应建立风险管理数据库，通过信息化、大数据、模型化进行管理，以保证风险管理的例行性、客观性、及时性以及可控性。对于一些非常规、不可量化的风险，基金管理人应在投资时或投后管理过程中模拟风险事件，制定风险应急预案（当然可以在事发时根据情况进行调整），并保证风险发生时第一时间启动应急预案，控制和减少损失。

七、私募地产投资基金的增值服务

在私募地产投资基金野蛮发展的前几年，基金管理人或说基金基本上就是为房地产公司进行配资，然后收取利息或者按照股权比例分享利润，为房地产公司提供附加值的基金管理公司几乎不存在。但是对于 PE、VC 等股权投资来说，为被投企业提供增值服务比较普遍。私募地产投资基金领域给被投企业提供增值服务的企业并不多，这主要还是受房地产投资这个特定行业的影响。受益于近 20 年中国房地产市场的急速发展和快速扩张，房产地产相关行业都攫取了巨大的利益，作为地产行业食物链上游的私募地产投资基金同样也不例外。在这样的市场形势下，房私募地产投资基金的管理相对来说还比较粗放（现实也没必要精细，这意味着成本增加），远没有到达精细化管理的要求。无论股权投资还是债权投资亦或夹层投资，地产投资基金管理人只注重资金的控制和使用（有的私募投资基金管理人甚至连这种管控也比较忽视）而很少主动对项目提供附加价值（当然这也和基金管理人的专业水平有关）。随着投资行业进入的门槛越来越高，对专业性的要求越来越苛刻，私募地产投资基金对基金管理人的专业素质、主动管理能力、资源的掌控和整合能力要求也越来越高，只能提供资金的私募投资机构而不能提供其他价值的机构将越来越边缘化。受制于特定的企业文化、投资环境、业务领域的限制，单纯依靠被投团队和被投企业的专业水平有时并不能解决项目中存在的问题或者并不能为项目带来更高的价值（有时被投企业也希望听到一些专业性的意见），因此，如果基金管理人在项目中可以依靠自身的专业素质或者其他资源为项目以及团队提供一些意见或建议（譬如设计建议、开发建议、销售建议等），或者带来一定的帮助，无疑对于推进项目的顺利完成以及基金的顺利退出具有积极的促进作用。作为私募地产投资基金管理人，可以采取适当的方式在项目策划、规划设计、建筑施工、营销策划、报批报建、市场销售等众多方面给予被投企业以帮助，使项目更好地适应市场，这本身也是基金管理人专业价值的体现。

八、私募地产投资基金的投后管理报告

投后管理报告是基金投出以后，基金管理人按照合同约定定期向投资人出具的基金投资情况的管理报告。投后管理报告内容与中国证券基金业协会

要求的信息披露的部分内容是重合的，但投后管理报告不限于信息披露的内容。中国证券基金业协会要求的信息披露的内容侧重于财务数据，投后管理报告除上述财务数据以外，还有更多的被投项目的具体信息，因此，投后管理报告的内容相对来说更为丰富，蕴含的信息量也更大。

（4）示范文本：××私募地产投资基金投后管理报告格式

××私募地产投资基金投后管理报告

1. 基金概况

基金名称	××私募投资基金
基金类型	封闭式私募投资基金
基金注册地	××
基金架构	非子母基金，无平行基金
基金形式	有限合伙
合伙企业管理人	××股权基金管理有限公司；登记编码：××
募集监管银行	××银行
资金托管银行	××银行
会计师事务所	××会计师事务所
律师事务所	××律师事务所
服务外包情况	无
募集规模	××万元人民币，其中普通合伙人（GP，认购不超过当期规模的××%
合伙人规模	不超过50人
投资期限	××个月
投资范围	一线城市房地产
募集期限及方式	××年××月××日开始，不超过30个工作日，非公开募集
最低出资额	100万元（人民币），按10万的整数倍增加
出资方式	货币，人民币
投资项目	收购××公司开发的××项目
退出方式	通过出售实现项目退出
风控措施	××公司及其股东××为投资人退出提供保证
收益分配	按照实缴出资比例进行分配

2. 已投项目概况

被投企业	项目名称	××
	投资方式	××
	投资规模	××
	投资时间	××
	投资期限	××
	退出时间	××
	增信措施	××
	物业类型	××
	建设规模	××
	开工时间	××
	竣工时间	××
	报建情况	××
	建设单位	××
	施工单位	××
	设计单位	××
	监理单位	××
	形象进度	××
	销售进度	××

3. 基金财务报表

资产负债表					
					会企 01 表
编制单位：			××年××月××日		单位：元
资产	期末余额	年初余额	负债和所有者权益（或股东权益）	期末余额	年初余额
流动资产：			流动负债：		
货币资金			短期借款		
以公允价值计量且其变动计入当期损益的金融资产			以公允价值计量且其变动计入当期损益的金融负债		

续表

衍生金融资产			衍生金融负债		
应收票据			应付票据		
应收账款			应付账款		
预付款项			预收款项		
应收利息			应付职工薪酬		
应收股利			应交税费		
其他应收款			应付利息		
存货			应付股利		
持有待售资产			其他应付款		
一年内到期的非流动资产			持有待售负债		
其他流动资产			一年内到期的非流动负债		
流动资产合计			其他流动负债		
非流动资产：			流动负债合计		
可供出售金融资产			非流动负债：		
持有至到期投资			长期借款		
长期应收款			应付债券		
长期股权投资			其中：优先股		
投资性房地产			永续债		
固定资产			长期应付款		
在建工程			专项应付款		
工程物资			预计负债		
固定资产清理			递延收益		
生产性生物资产			递延所得税负债		
油气资产			其他非流动负债		
无形资产			非流动负债合计		
开发支出			负债合计		
商誉			所有者权益（或股东权益）：		

续表

长期待摊费用			实收资本（或股本）		
递延所得税资产			其他权益工具		
其他非流动资产			其中：优先股		
非流动资产合计			永续债		
			资本公积		
			减：库存股		
			其他综合收益		
			盈余公积		
			未分配利润		
			所有者权益（或股东权益）合计		
资产总计			负债和所有者权益（或股东权益）总计		

利润表		
		会企 02 表
编制单位：	××年××月	单位：元
项目	本期金额	上期金额
一、营业收入		
减：营业成本		
税金及附加		
销售费用		
管理费用		
财务费用		
资产减值损失		
加：公允价值变动收益（损失以“－”号填列）		
投资收益（损失以“－”号填列）		
其中：对联营企业和合营企业的投资收益		
资产处置收益（损失以“－”号填列）		

续表

其他收益		
二、营业利润（亏损以“－”号填列）		
加：营业外收入		
减：营业外支出		
三、利润总额（亏损总额以“－”号填列）		
减：所得税费用		
四、净利润（净亏损以“－”号填列）		
（一）持续经营净利润（净亏损以“－”号填列）		
（二）终止经营净利润（净亏损以“－”号填列）		
五、其他综合收益的税后净额		
（一）以后不能重分类进损益的其他综合收益		
1. 重新计量设定受益计划净负债或净资产的变动		
2. 权益法下在被投资单位不能重分类进损益的其他综合收益中享有的份额		
……		
（二）以后将重分类进损益的其他综合收益		
1. 权益法下在被投资单位以后将重分类进损益的其他综合收益中享有的份额		
2. 可供出售金融资产公允价值变动损益		
3. 持有至到期投资重分类为可供出售金融资产损益		
4. 现金流量套期损益的有效部分		
5. 外币财务报表折算差额		
……		
六、综合收益总额		
七、每股收益：		
（一）基本每股收益		
（二）稀释每股收益		

现金流量表		
		会企 03 表
编制单位：	××年××月	单位：元
项目	本期金额	上期金额
一、经营活动产生的现金流量：		
销售商品、提供劳务收到的现金		
收到的税费返还		
收到其他与经营活动有关的现金		
经营活动现金流入小计		
购买商品、接受劳务支付的现金		
支付给职工以及为职工支付的现金		
支付的各项税费		
支付其他与经营活动有关的现金		
经营活动现金流出小计		
经营活动产生的现金流量净额		
二、投资活动产生的现金流量：		
收回投资收到的现金		
取得投资收益收到的现金		
处置固定资产、无形资产和其他长期资产收回的现金净额		
处置子公司及其他营业单位收到的现金净额		
收到其他与投资活动有关的现金		
投资活动现金流入小计		
购建固定资产、无形资产和其他长期资产支付的现金		
投资支付的现金		
取得子公司及其他营业单位支付的现金净额		
支付其他与投资活动有关的现金		
投资活动现金流出小计		
投资活动产生的现金流量净额		
三、筹资活动产生的现金流量：		
吸收投资收到的现金		

续表

取得借款收到的现金		
收到其他与筹资活动有关的现金		
筹资活动现金流入小计		
偿还债务支付的现金		
分配股利、利润或偿付利息支付的现金		
支付其他与筹资活动有关的现金		
筹资活动现金流出小计		
筹资活动产生的现金流量净额		
四、汇率变动对现金及现金等价物的影响		
五、现金及现金等价物净增加额		
加：期初现金及现金等价物余额		
六、期末现金及现金等价物余额		

第四章　私募地产投资基金的退出

第一节　私募地产投资基金的退出概述

私募地产投资基金的退出是私募地产投资基金运行的最后一个环节，也是衡量基金投资成败的最终环节。在正常运作的情况下，这应该是私募地产投资基金投资中最简单的一个环节。但是如果基金投资出现问题，反而成为基金投资中最为复杂的一个环节。如果在既定的投资期限内，基金从投资项目实现顺利退出，在对投资人进行分配后，基金正常清算解散。但如果在既定的投资期限内，基金未能顺利从投资项目到期退出，则基金有可能延期、启动应急处理程序、启动司法程序、启动重组程序又或是基金管理人强行接管程序、第三人强行启动项目托管程序或者对项目进行强行变现程序，等等，不一而足，要看项目的不同情况灵活处置。正常来说，私募投资基金到期，投资项目未正常退出，基金未正常对投资人进行兑付，肯定意味着投资已经失败。投资有风险，这是毋庸置疑的，但是投资失败后，如何使项目起死回生或尽可能减轻投资人的损失，最大限度地保护基金以及投资人的利益，则是考验基金管理人管理能力的重要方面。一般来说，综合质素较高，资源禀赋比较雄厚的基金管理人，处理问题项目的方式、手段比较多，即使项目出现问题也能全部解决，不一定会给基金带来多大损失，顶多可能是时间上长一些。但是一些综合质素较差，资源比较欠缺的基金管理人，处理问题项目的手段可能就比较单一（譬如司法手段），这样就会给基金带来巨大损失，一来是司法程序成本较高，时间较长，二来是问题项目通过司法程序，折价的可能性比较大。因此，这也提示广大的投资人，选择基金时尽量选择实力比较强、综合质素比较高、历史业绩比较好的基金管理人。不同类型的投资，退出方式也不一样，正常退出的情况下，如果是债权投资，只有债权到期日，本息偿还完毕就可以了。如果是股权投资，基金到期或者进行项目清算，或者进行项目公司减资，或者由合作方或其指定第三方进行回购。如果是夹层融资，则要考虑上面两种方法。非正常情况下，无论是债权投资还是股权投资以及夹层投资等，应该视情况不同，综合考虑运用是司法程序或者是重组程序又或是基金管理人强行接管程序、第三人强行项目托管程序、对项目进行强行变现程序，等等。总之，正常情况下，基金退出按照合同的约定进行即可，非正常情况下，则需要考虑的问题和因素比较多。

第二节　私募地产投资基金的退出

一、正常情况下的私募地产投资基金退出

根据私募地产投资基金运作模式的不同，私募地产投资基金的退出可以分为债权类地产投资基金的退出、股权类地产投资基金的退出以及夹层类地产投资基金的退出，因为投资方式的不同，基金退出模式也有很大区别。这里需要注意的一个问题是，无论哪种投资模式的基金，在正常退出的情况下，为彻底终止投资方与被投资方之间的法律关系，建议在基金投资正常退出的情况下，由双方就投资终止事宜签署终止协议，对双方之间的投资事宜做一个了断，防止日后双方再因投资事宜产生争议。

1. 债权类私募地产投资基金的退出

相对来说，债权类地产投资基金的退出比较简单，和银行正常的贷款还本付息没有多大差别。一般来说，债权类地产投资基金都是通过信托公司信托贷款或银行委托贷款的形式向被投项目进行放款，被投方通过抵押、质押、保证等方式对信贷进行增信，同时基金按照投资文件约定的方式对投资项目进行投后监管。私募地产投资基金到期后，只要被投方到期还本付息，基金便能顺利退出，没有太多复杂的环节和事宜，一般按照银行或信托等金融机构的要求办理相关手续即可。需要注意的是，被投方还本付息完成后，基金管理人应及时为被投方撤回项目监管人员、解除印信的监管、解除财务账户的监管、注销无用的账户、解除财务秘钥的监管、解除项目系统的管理权限、归还相关的钥匙、解除土地、在建工程以及现房抵押手续、解除股权质押手

续、及时办理工商登记变更手续、及时办理项目退出的交接手续，等等。不要给被投方后续开发融资工作造成障碍，导致项目延迟。同时，基金及时退出，也能防止给基金带来一些不可预知的风险。

2. 股权类私募地产投资基金的退出

相对于债权类私募地产投资基金来说，股权类基金的退出稍微有些复杂。一方面这种投资毕竟是权益类投资，共享收益、共担风险，风险系数相对来说比债权类基金大，这种投资方式本身就比较严谨；另一方面，基金的退出时间、方式、价格也容易产生争议，尤其是退出价格问题。从退出时间和方式来说，股权类私募地产投资基金一般来说，可以在项目开发完成销售后，项目清算退出；也可以约定投资期满一定时间后，由项目方股东或其指定第三方收购基金股东的股权（股权回购），从而实现基金的退出；或者也可以约定销售套数、销售面积、去化比例、销售金额等达到一定比例后，由项目方股东或其指定第三方收购基金股东的股权（股权回购），从而实现基金的退出。实践中，私募地产投资基金毕竟有期限限制，其投资期限一般都在一到三年，一般都不会与被投资方在项目开发中不加任何限制的共进退，等待项目清盘后再退出。如果基金投资时间过长的话，一般不符合现阶段个人投资者与机构投资者的投资习惯，对于资金募集端来说压力比较大，另一方面也容易与地产波动周期相叠加，容易增加风险，况且对于一般的楼盘来说，三年时间已经足够出清。股权类私募地产投资基金从退出价格上来说，为保证退出价格的公允性，一般以双方选定的第三方机构的评估价格退出（股权价值评估报告），只不过评估的原则和标准可能出现不同，这也是双方最容易出现争议的问题，因此，投资协议中事先确定评估机构的选择和评估原则事关重要。例如，被投企业及其指定第三方应收购基金持有的项目公司股权，股权转让价格以双方共同选聘一家在中国注册、排名前十位并具有符合双方要求的评估资质且声誉良好的房地产评估机构（以下简称第三方评估公司）出具的正式评估报告值为准。仅为本条款约定回购项目公司股权之目的，股权转让价格按照以下原则确认。（1）住宅、住宅地下室按照如下方式确定：①对于已经销售的物业，按照实际销售价格进行认定；②对于评估基准日前已开始销售的物业类型的未售部分，其价格以第三方评估公司按照市场销售价格来确定的评估价值乘以××计算，同时乙方有权以上述价格收购剩余物业类型；③对于评估基准日前尚未开始销售的物业类型，则该类型的物业的价格以双方认可的第三方评估公司提供的销售价格来确定的评估价值乘以××计算，同时乙方有权以上述价格收购剩余物业类型。（2）商业（包括但不限于商业、写字楼、社区商业、配套商业等商业业态）的价格按照如下方式确定：① 对于已经销售的物业，按照实际销售价格进行认定；② 对于评估基准日前已开始销售的物业类型的未售部分，其价格以第三方评估公司按照市场销售价格来确定的评估价值乘以××计算，同时乙方有权以上述价格收购剩余物业类型；③对于评估基准日前尚未开始销售的物业类型，则该等类型的物业的价格以双方认可的第三方评估公司提供的销售价格确定的评估价值乘以××计算，同时乙方有权以上述价格收购剩余物业类型。（3）车位的价格按照如下方式确定：①已售部分按照实际销售价格；②未售车位价格以第三方评估公司按照市场销售价格来确定的评估价值乘以××计算，同时乙方有权以上述价格收购剩余车位。（4）对已发生的成本（包括但不限于土地成本、开发成本、管理费用、营销费用、财务费用、税费等），按实际发生额计算；对尚未发生的成本、费用及税金（包括在建工程或者尚未开发部分按照经营计划预计会发生的成本，包括但不限于土地成本、开发成本、管理费用、营销费用、财务费用、各项税费等），按项目公司的股东会和项目公司的股东批准的预算进行计算。

（1）示范文本：关于××有限公司股权回购协议

××项目股权回购协议

本协议由以下各方于××年××月××日在××签署。

转让方：××（以下简称甲方）

法定代表人：××

地址：××邮编：××

电话：××

传真：××

受让方：××（以下简称乙方）

法定代表人：××

地址：××邮编：××

电话：××

传真：××

现甲、乙双方已就乙方回购甲方持有的目标公司××的股权事宜进行友好协商并达成一致，依据《中华人民共和国民法通则》及其实施意见、《中华人民共和国合同法》等法律、法规的相关规定，订立本股权回购协议，以资遵守。

第一条　目标公司

目标公司是一家依中华人民共和国法律于××年××月××日成立并合法存续的有限责任公司，注册地在中华人民共和国××市；注册资本：人民币××万元（其中认缴人民币××万元；实缴人民币××万元）；经营范围为：××；经营期限为××；企业注册登记号：××；法定代表人：××。

目标公司本次股权转让前的股权结构为：

股东名称	出资总额	占注册资本比例	备注：

第二条　转让（回购）标的

2.1 转让（回购）标的

依据并受限于本协议所述的条件和条款，甲方将向乙方转让其持有的目标公司××的股权，乙方同意回购被转让的股权并依据受让后的股权享有相应的股东权益并承担相应的股东义务。

目标公司本次股权转让后的股权结构为：

股东名称	出资总额	占注册资本比例	备注：

第三条　转让价格及支付

3.1 转让（回购）价格：

乙方应当在本协议签署之日起××日内向甲方支付人民币××元（大写：

××元）（购买价格），作为其向甲方回购目标公司股权的对价。购买价格应当以人民币计价。

甲方同意乙方将股权转让价款支付到以下银行账户：

开户银行：××

账户名称：××

银行账号：××

3.2 税费分担

股权转让过程中需甲方或乙方缴纳有关税费，如甲乙双方有约定的，按照双方的约定进行处理；无约定的，由甲乙双方各自按照国家和地方的相关规定自行分担。

3.3 承诺保证

鉴于甲方、乙方均为目标公司的股东，因此乙方承诺其对项目公司的工商登记、股权结构、经营状况、财务状况、治理结构、公司制度、人员配备等完全知悉和了解，其不会以此为由对本次股权转让提出任何抗辩并拖延回购价款的支付。

第四条　行政许可、审批或备案手续的办理

4.1 目标公司应在××年××月××日之前内向××行政机关按照其要求提交本次较交易行政许可、审批或备案所需的文件和资料，取得相关证明文件并通知甲方（可以要求核实原件），甲方应予积极配合完成上述手续。

4.2 目标公司××年××月××日之前向工商行政管理机关提交办理完毕有关股权变更登记事项的资料，取得相关证明文件并通知甲方（可以要求核实原件），乙方应予积极配合完成上述手续。

4.3 双方承诺并保证在本合同签署之日起互相协助配合准备必要的股权转让行政机关许可、审批或备案以及工商行政管理机关股权变更登记所要求的资料或出具股东会决议、董事会决议以及其他需由双方签署或实施的必要的工作等。

4.4 在办理工商变更登记的过程中，如果行政许可、审批或备案机关要求双方对本协议进行修改，在不违背本协议的前提下，双方应按照上述机关的要求完成修改，以保证股权转让的顺利完成。

第五条　违约责任

乙方应按本协议约定回购甲方持有目标公司的股权，并按时向甲方支付转让价款，否则每逾期一日，乙方应按转让价格总额【千分之一】向甲方支付违约金。

第六条　法律适用与争议解决

本协议的解释与适用遵循中华人民共和国的法律、法规、规章及其他规范性文件。因本协议引起的或与本协议有关的任何争议，可以依法向本协议签署地的人民法院起诉。

第七条　保密条款

对于与签署的本协议的任何信息、资料、文件或其他信息，各方均应承担保密义务，不得向他人泄露、透露或以其他方式被他人知悉，但因法律、法规要求或司法、行政机关要求以及向己方法律顾问、财务顾问披露的除外。

第八条　不可抗力

本协议项下之“不可抗力”指以下事实：本协议各方不能预见、不能避免、不能克服的客观情况。遭受上述不可抗力事件的一方，应当在事件发生后，立即书面通知另一方，并在其后的15日内提供证明该不可抗力事件发生及其持续时间的足够证明。

如发生不可抗力事件，协议各方应当立即互相协商，以寻求公平的解决办法，以使不可抗力事件的影响减低到最低程度；如因不可抗力而须解除本协议，则各方应根据协议履行的具体情况以及法律规定，由各方协商解决。

第九条　保密条款

对于与签署的本协议的任何信息、资料、文件或其他信息，各方均应承担保密义务，不得向他人泄露、透露或以其他方式被他人知悉，但因法律、法规要求或司法、行政机关要求以及向己方法律顾问、财务顾问披露的除外。

第十条　不可抗力

本协议项下之“不可抗力”指以下事实：本协议各方不能预见、不能避免、不能克服的客观情况。遭受上述不可抗力事件的一方，应当在事件发生后，立即书面通知另一方，并在其后的15日内提供证明该不可抗力事件发生及其持续时间的足够证明。

如发生不可抗力事件，协议各方应当立即互相协商，以寻求公平的解决办法，以使不可抗力事件的影响减低到最低程度；如因不可抗力而须解除本协议，则各方应根据协议履行的具体情况以及法律规定，由各方协商解决。

第十一条 其他约定

本协议用中文文字书写，经甲、乙双方法定代表人或授权代表签字或盖章后生效。如本协议具有英文或其他语言的版本，当不同版本发生矛盾、冲突或需要进行解释时，以中文版本为准。

本协议正本一式四份，甲方、乙方各执两份，具有同等法律效力。

【以下无正文】

甲方：××

法定代表人/授权代表：××

乙方：××

法定代表人/授权代表：××

（2）示范文本：××房地产公司股权价值评估报告

××房地产开发公司股东全部权益价值资产评估报告书

××评报字［××］第××号

目 录

一、委托方、被评估单位及委托方以外的其他报告使用者简介
二、评估目的
三、评估对象和评估范围
四、价值类型及定义
五、评估基准日
六、评估依据
七、评估方法
八、评估程序实施过程和情况
九、评估假设
十、评估结论
十一、特别事项说明
十二、评估报告使用限制说明
十三、评估报告日
十四、注册资产评估师签字盖章、评估机构盖章和法定代表人或者合伙

人签字

资产评估报告书备查文件

1. 有关经济行为文件复印件 2. 被评估单位评估基准日会计报表复印件 3. 委托方及被评估单位营业执照复印件 4. 产权证明文件复印件 5. 委托方、被评估单位的承诺函 6. 评估机构资质证书和资产评估师资质证书复印件 7. 资产评估机构营业执照复印件

注册资产评估师声明：

一、我们在执行资产评估业务中，遵循了相关法律法规和资产评估准则，恪守独立、客观、公正的原则，根据我们在执业过程中掌握的事实，评估报告陈述的事项是客观、真实的。我们的分析、判断和推论，以及出具的评估报告遵循了资产评估准则和相关规范。

二、根据资产评估准则，遵守相关法律、法规，对评估对象在评估基准日特定目的下的价值进行分析、估算并发表专业意见，是注册资产评估师的责任；提供必要的资料并保证所提供资料的真实性、合法性、完整性，恰当使用评估报告是委托方和相关当事方的责任。

三、我们与评估报告的相关当事方没有现存或预期的利益关系。

四、我们执行本项资产评估业务的目的是对委估资产所具有的价值进行估算并发表自己的专业意见，我们不会为当事人的决策承担责任。我们提请报告使用者注意，评估结论仅在本报告载明的假设和限制条件下成立，并且不应该被认为是委估资产在市场上可实现价格的保证。

五、我们对评估对象的法律权属状况给予了必要的关注，对评估对象法律权属资料进行了查验，但不对评估对象的法律权属真实性做任何形式的保证。本报告不得作为任何形式的产权证明文件使用。

六、我们具备评估业务所需要的执业资质和相关专业评估经验。评估报告已披露利用其他机构报告的情形。

七、我们出具的评估报告中的分析、判断和结论受评估报告中假设和限定条件的限制，评估报告使用者应当充分关注评估报告中载明的特别事项说明及其对评估结论的影响。

八、本报告仅供委托方为本报告所列明的评估目的服务和送交资产评估主管部门审查使用，本评估报告的使用权归委托方所有。除按规定报送有关

政府管理部门或依据法律需公开的情形外，未经本评估公司许可，报告的全部或部分内容不得发表于任何公开的媒体上。

××房地产开发公司股东全部权益价值资产评估报告书摘要

××评报字［××］第××号

重要提示：

以下内容摘自资产评估报告书，欲了解本评估项目的全面情况，应认真阅读资产评估报告书全文。

××资产评估有限责任公司接受××股份有限公司的委托，根据国家关于资产评估的有关规定，本着客观、独立、公正、科学的原则，按照公认的资产评估方法，对××股份有限公司拟转让下属全资子公司——××房地产开发公司的100%股权价值而申报的资产和负债进行了评定估算。本公司评估人员按照必要的评估程序对委托评估的资产和负债实施了实地勘查、市场调查与询证，对××房地产开发公司股东全部权益价值在评估基准日××年××月××日所表现的市场价值发表本公司的专业意见。

本次评估采用的基本方法为资产基础法和收益法。在评估过程中，××资产评估有限责任公司对××房地产开发公司申报评估范围内的资产和负债进行了必要的勘察核实，对××房地产开发公司提供的法律性文件、财务记录等相关资料进行了必要的查验，实施了必要的资产评估程序。

（一）资产基础法评估结果

截至评估基准日××年××月××日××股份有限公司委托评估的××房地产开发公司的总资产账面价值为36083.07万元、总负债为34191.55万元、股东全部权益为1891.52万元；调整后的总资产为36083.07万元、总负债为34191.55万元、股东全部权益为1891.52万元；评估后总资产

为38041.28万元、总负债为34191.55万元、股东全部权益为3849.73万元，股东全部权益评估增值1958.21万元，增值率103.53%。从而得出××股份有限公司持有的100%××房地产开发公司股权价值为3849.73万元。各资产、负债、股东全部权益的评估情况见下表：

资产评估结果汇总表

被评估单位名称：××房地产开发公司　　　　金额单位：人民币万元

资产项目	账面价值	调整后账面值	评估价值	增减值	增值率%
流动资产	34707.07	34707.07	36770.79	2063.72	5.95
非流动资产：	1376.00	1376.00	1270.49	-105.51	-7.67
投资性房产	736.78	736.78	628.25	-108.53	-14.73
长期股权投资					
固定资产净值	559.37	559.37	571.41	12.05	2.15
其中：建筑物	478.19	478.19	482.65	4.46	0.93
设　备	81.18	81.18	88.77	7.59	9.35
固定资产减值准备					
固定资产净额	559.37	559.37	571.41	12.05	2.15
在建工程					
工程物资					
固定资产清理					
无形资产					
长期待摊费用					
递延所得税资产	79.84	79.84	70.82	-9.02	-11.30
其他非流动资产					
资产总计	36083.07	36083.07	38041.28	1958.21	5.43
流动负债	34191.55	34191.55	34191.55	0.00	0.00
非流动负债					
负债总计	34191.55	34191.55	34191.55	0.00	0.00
净资产（股东全部权益）	1891.52	1891.52	3849.73	1958.21	103.53

（二）收益法评估结果 评估人员采用收益法进行评估，收益法评估的股东全部权益价值为

4626.74万元（大写人民币：肆仟陆佰贰拾陆万柒仟肆佰圆整）。

（三）评估结论的确定

资产基础法评估结果与收益法评估的股东全部权益价值相比相差777.01

万元，差异产生原因是两种评估方法考虑的角度不同，收益法是从企业的未来获利能力角度考虑的，资产基础法是从资产的再取得途径考虑的，评估师在充分考虑了各种因素后，认为资产基础法评估结果更能公允反映本次评估目的下股东全部权益价值。故较终选取资产基础法得出的评估值作为较终评估结果。

评估结果如下：

经评估，在持续经营和公开市场前提下，于评估基准日××年××月××日，××房地产开发公司股东全部权益的评估结果为3849.73万元（大写人民币：叁仟捌佰肆拾玖万柒仟叁佰元整）。

上述资产评估结论自评估基准日起在一年内有效，自××年××月××日至2010年8月31日前有效，超过一年需要重新进行评估。

本报告专为委托方及本报告所列明的评估目的以及报送财产评估主管机关审查而作。除依据法律需要公开的情形外，报告的全部或部分内容不得发表于任何公开媒体。

本报告提出日期为××年××月25日。

××股份有限公司拟转让××房地产开发公司股东全部权益价值资产评估报告书

××评报字××第××号

××股份有限公司：××资产评估有限责任公司接受贵公司的委托，根据国家关于资产评估的有关规定，本着客观、独立、公正、科学的原则，按照公认的资产评估方法，对贵公司拟转让下属全资子公司—××房地产开发公司的100%股权价值而申报的资产和负债进行了评定估算。本公司评估人员按照必要的评估程序对委托评估的资产和负债实施了实地勘查、市场调查与询证，对××房地产开发公司股东全部权益价值在评估基准日××年××月××日所表现的市场价值发表本公司的专业意见。现将该专业意见报告如下：

一、委托方、被评估单位及委托方以外的其他报告使用者简介

（一）委托方概况

1. 委托方简介公司名称：××股份有限公司（以下简称××）注册地址：××法定代表人：××注册资本：叁亿伍仟捌佰肆拾壹万圆 实收资本：

叁亿伍仟捌佰肆拾壹万整 公司类型：股份有限公司（上市）经营范围：资金信托；动产信托；不动产信托；有价证券信托；其他财产或财产权信托；作为投资基金或者基金管理公司的发起人从事投资基金业务；经营企业资产的重组、购并及项目融资、公司理财、财务顾问等业务；受托经营国务院有关部门批准的证券承销业务；办理居间、咨询、资信调查等业务；代保管及保管箱业务；以存放同业、拆放同业、贷款、租赁、投资方式运用固定资产；以固有财产为他人提供担保；从事同业拆借；法律法规规定或中国银行业监督管理委员会批准的其他业务。

2. 历史沿革

××股份有限公司（以下简称××）是国内首家上市的非银行金融企业，也是国内目前仅有的两家整体上市信托投资公司之一。××设立于1985年元月，1992年增资扩股向社会发行股票，1994年元月"××A"（股票代码000563）在深交所挂牌交易。2001年，××在全国首批、西北首家完成重新登记。2006年7月完成股权分置改革，迈入全流通时代。2008年9月，中国银监会为公司换发了新的金融许可证。

（二）被评估单位概况

1. 被评估单位简介

企业名称××房地产开发公司（以下简称××地产）

住所：××

法定代表人：××

注册资金：××圆整

经济性质：股份制企业

经营范围：房地产开发、经营；建筑材料、房地产咨询业务。

2. 历史沿革

××地产成立于1992年8月，是××下属的全资子公司，具有独立的法人资格和二级开发资质。

××地产自成立之日到目前为止，一直由××直接管理。目前设有工程建设管理部、客户营销部、前期开发部、财务审计部、行政管理部等部门。

3. 生产经营

××地产多年以来运营稳健，管理架构和团队精干，有一套完整的管理程序和管理制度。截至目前已累计在西安及北京两地开发和参与投资开发12

个、70多万平方米的房地产项目。

4. 近三年及截至评估基准日当期财务状况

××地产进入本次股权转让范围内的资产和负债业经上海东华会计师事务所有限公司审计，截至××年××月××日，账面资产总额36083.07万元，其中：流动资产34707.07万元；投资性房产736.78万元；固定资产净额559.37万元；递延所得税资产79.84万元；负债合计34191.55万元，全部为流动负债；净资产1891.52万元。截止××年××月××日，实现营业收入20591.92万元，净利润-421.22万元。

近三年又一期的财务状况见下表：

金额单位：人民币万元

	2006	2007	2008	2009年8月31号
总资产	38018.22	50337.65	54019.17	36083.07
总负债	35571.58	46650	47933.48	34191.55
净资产	2446.64	3687.65	6085.7	1891.52

（三）其他报告使用者 除委托方外，国家法律、法规规定为实现本次目的相关经济行为而需要使用本报告的其他评估报告使用者。

二、评估目的

根据××拟转让其持有的下属全资子公司××地产的100%股权价值的需要，对××地产所申报的资产、负债和股东全部权益进行评估，提供股东全部权益价值于评估基准日“市场价值”的专业意见，为××拟转让××地产的100%股权价值提供价值参考依据。

三、评估对象和评估范围

本次评估对象为××地产的股东全部权益。

评估范围为××地产于××年××月××日经审计后资产负债表列示的资产和负债。列入评估范围的资产和负债账面价值主要为：账面资产总额36083.07万元，其中：流动资产34707.07万元；投资性房产736.78万元；固定资产净额559.37万元；递延所得税资产79.84万元；负债合计34191.55万元，全部为流动负债；净资产1891.52万元。

具体见下表：

金额单位：人民币万元

项目	账面价值
流动资产	34707.07
非流动资产：	1376.00
投资性房产	736.78
固定资产净值	559.37
其中：建筑物	478.19
设　备	81.18
固定资产减值准备	
固定资产净额	559.37
递延所得税资产	79.84
资产总计	36083.07
流动负债	34191.55
非流动负债	0.00
负债总计	34191.55
净资产（股东全部权益）	1891.52

具体评估范围以××地产提供的资产评估申报明细表为准，凡列入评估申报表内并经核实的资产均在评估范围之内。纳入评估范围的资产与委托评估确定的资产范围一致。

以上资产和负债已经上海东华会计师事务所有限公司审计并出具了无保留意见的审计报告。审计报告号：××号。报告中披露事项详见备查文件所附审计报告。

四、价值类型及定义

根据评估目的，本次资产评估的价值类型为市场价值。

“市场价值”是指自愿买方和自愿卖方在各自理性行事且未受任何强迫的情况下，评估对象在评估基准日进行正常公平交易的价值估计数额。

五、评估基准日

本次资产评估基准日是××年××月××日。该评估基准日由委托方确定。本次评估的取价标准均为基准日的有效价格或执行的标准。

六、评估依据

我们对评估范围内的资产进行评估过程中，依据国家资产评估的法律法规及规范化要求，主要依据如下：

（一）主要法律法规及准则 1. 原国家国有资产管理局国资办发（1996）23 号《资产评估操作规范意见（试行）》；2. 财政部令第 33 号和财会（2006）3 号下发的《企业会计准则》；3. 财政部财企（2004）20 号《资产评估准则—基本准则》；4. 财政部财企（2004）20 号《资产评估职业道德准则—基本准则》；5. 中评协（2007）189 号颁布的《资产评估准则—评估报告》；6. 中评协（2007）189 号颁布的《资产评估准则—评估程序》；7. 中评协（2007）189 号颁布的《资产评估准则—业务约定书》；8. 中评协（2007）189 号颁布的《资产评估准则—工作底稿》；9. 中评协（2007）189 号颁布的《资产评估准则—机器设备》；10. 中评协（2007）189 号颁布的《资产评估准则—不动产》；11. 中评协（2007）189 号颁布的《价值类型指导意见》12. 中国注册会计师协会会协（2003）18 号《注册资产评估师关注评估对象法律权属指导意见》；13. 2004 年 12 月 30 日中评协（2004）134 号《企业价值评估指导意见（试行）的通知》；14. 中华人民共和国主席令第六十三号颁布的《中华人民共和国企业所得税法》；15.《中华人民共和国土地管理法》；16.《中华人民共和国城市房地产管理法》；17.《中华人民共和国土地管理法实施条例》；18. 国务院令（1993）138 号《中华人民共和国土地增值税暂行条例》；19. 财法（1995）6 号《中华人民共和国土地增值税暂行条例实施细则》；20. 其他有关法律、法规、通知文件等。

（二）行为依据 1. ××股份有限公司于××年 9 月 30 日召开的第六届董事会第四次会议决议；2. 陕西国际信托投资股份有限公司与××资产评估有限责任公司签订的《资产评估业务约定书》。

（三）重大合同协议、产权证明文件 1. 房屋所有权证及其他产权证明文件；2. 土地使用权证及其他产权证明文件；3. 建设用地规划许可证、建设工程规划许可证、建设工程施工许可证等；4. 商品房预售许可证；5. 车辆行驶证；6. 设备购置合同、发票等；7. 被评估单位出具的有关产权方面的“说明”“承诺”。

（四）取价依据 1. 陕西省现行的建筑工程预算定额、安装工程预算定额、装饰工程预算定额、市政工程预算定额等定额资料；2. 陕西省××年第三期工程材料信息价；3. 陕西省现行的建筑工程概算指标；4. 国家有关部门公布的建设前期和其他费用标准；5.《××中心市区国有土地基准地价表》(2007年)；6.《××城区土地级别图》；7. 国经贸经（1997）456号《关于发布汽车报废标准的通知》、国经贸资源［2000］1202号《关于调整汽车报废标准若干规定的通知》、国经贸（1998）40号《关于调整轻型载货汽车报废标准的通知》；8.《中国机电产品报价手册》（××年）；9. ××地产验资报告及变更情况；10. ××地产前三年会计报表（资产负债表、损益表、现金流量表）；11. ××地产提供的前三年收入构成及分析资料；12. ××地产提供的前三年营业费用分析资料；13. ××地产审计后的2006年、2007年、2008年、××年××月××日的审计报告；14. ××地产提供的未来收入成本等的预测表和预测说明；15. 本公司收集的有关市场资料、产业经济和宏观经济资料。

（五）参考资料及其他 1. ××地产提供的于评估基准日评估清查明细表和调查表；2. ××地产提供的于评估基准日的资产负债表、财务会计核算资料；3. 评估人员现场勘察、核实资料；4. ××地产提供的有关情况说明；5. 陕西省地方工业与民用建设项目投资估算指标（2002年）；6. 国家标准《房地产估价规范》GB/T50291－1999；7. 全国资产评估参考资料选编；8. 国家有关部门颁布的统计资料和技术标准资料，以及评估机构收集的其他有关资料；9. 西安房地产信息网（WWW.800J.COM.CN）；10. WIND资讯终端；11. ××资产评估有限责任公司价格信息资料库。

七、评估方法

（一）评估方法的选择和确定 本次评估是根据××拟转让其下属全资子公司—××地产的股权价值事宜的需要，对该经济行为所涉及的××地产的全部股东权益价值提供价值参考依据，评估对象为××地产的股东全部权益价值。可采用的资产评估基本方法（评估途径）有收益法、市场法和成本法，本项目采用成本法（又称资产基础法）和收益法进行评估，理由如下：

（1）市场法 市场法是指利用市场上同样或类似资产的近期交易价格，经过直接比较或类比分析以估测资产价值的各种评估技术方法的总称。

1）使用市场法评估时应具备以下条件：①有一个充分发展、活跃的资本市场；②公开市场上要有可比的资产及其交易活动；③可以确信依据的信息资料具有代表性和合理性，且在评估基准日是有效的。

2）鉴于目前我国的资本市场尚不成熟，尤其是评估对象和参考企业所面临的风险和不确定性往往不尽相同，很难在市场上寻找到与评估对象类似的可比案例，采用市场法评估存在较大难度，因此本项目评估师未采用市场法进行评估。

(2) 收益法

收益法是指通过将被评估资产预期收益资本化或折现以确定评估对象价值的评估思路。本项目评估师根据收益法评估需具备的三个条件，具体分析本项目评估对象，结合评估范围的资产状况，较终确定是否选用收益法进行评估。

1）运用收益法进行评估需具备的三个前提条件

①投资者在投资某个企业时所支付的价格不会超过该企业（或与该企业相当且具有同等风险程度的同类企业）未来预期收益折算成的现值；②能够对企业未来收益进行合理预测；③能够对与企业未来收益的风险程度相对应的收益率进行合理估算。

2）本项目收益法适用性分析 按照本次评估目的××地产提供了评估基准日及前三年审计后的会计报表和生产成本、管理费用、销售费用和财务费用明细。在此基础上，本项目评估师经过分析确认：①被评估资产的未来预期收益可以预测并可以用货币来衡量；②资产拥有者获得预期收益所承担的风险也可以预测并可以用货币来衡量；③被评估资产预期获利年限可以预测。因此，本项目适用采用收益法进行评估。

(3) 资产基础法（又称成本法）

资产基础法也称成本法，是指合理评估企业各项资产价值和负债的基础上确定企业价值的方法。具体对各类资产的评估过程中，包括重置成本法、市场比较法和收益法等具体评估方法。合理评估企业各项资产价值和负债的基础上确定企业价值的方法本次评估的资产目前处于继续使用状况，企业财务核算制度健全，具备资产基础法评估需要的历史资料。

因此本项目适用采用资产基础法进行评估。

（二）资产基础法

资产基础法评估是指根据各项资产的实际情况适当地选择了市场比较法、收益法、假设开发法或重置成本法进行评估，然后加和得出总资产评估值。各类资产及负债的评估方法如下：

1. 关于流动资产的评估：主要采用资产基础法进行评估。

(1) 货币资金 货币资金是由现金和银行存款两部分组成。

1) 现金

评估人员在企业财务、出纳人员的配合下盘查了当日的现金日记账，并查看了基准日至盘点日的现金日记账及部分现金收付的原始单据。以现有库存现金加基准日至盘点日的现金支出数，减基准日至盘点日的现金收入数，推算得出的评估基准日库存现金数与现金日记账、总账及资产负债表账面数相符，按清查核实后的账面值确认评估值。

2) 银行存款

该公司银行账户共有19个，我们对企业提供的评估申报表、银行对账单及银行存款余额调节表进行核对，并对银行存款余额中的未达账项进行检查，了解未达账项的形成原因及发生时间，以核对无误后的账面值确认评估值。

(2) 应收账款 应收账款为银行扣五位购房人逾期违约款，应收售房款、楼花款及××地产与陕西省苹果研究发展中心、西安汇杰实业有限公司的太阳岛合作款。评估人员在核实无误的基础上，根据每笔款项可能收回的数额确定评估值。评估方法为以清查调整后账面值扣减评估估计的风险损失额。由于已考虑了其可能发生坏账的情况，故对计提的该部分坏账准备，其评估值按零值计算。

(3) 其他应收款 主要内容为××地产内部职工的备用金、电费押金、市政施工押金、水表押金、租房押金以及陕西鸿信物业管理公司代收的契税及维修基金等款项。

评估人员在核实无误的基础上，按个别认定法和账龄分析法相结合评估，根据每笔款项可能收回的数额确定评估值。通过查阅账簿、报表，在进行经济内容和账龄分析的基础上，对大额款项进行了函证，并了解其发生时间、欠款形成原因及单位清欠情况、欠债人资金、信用、经营管理状况，具体分析后对各项其他应收款收回的可能性进行判断确定评估值。

由于已考虑了其可能发生坏账的情况，故对计提的该部分坏账准备，其评估值按零值计算。

(4) 预付款项 主要内容为××地产为陕西省苹果研究发展中心、西安汇杰实业有限公司、中铁电气化局集团第一工程有限公司预付的水电费。

对于预付账款，评估人员通过核查账簿、原始凭证，并对大额款项进行函证或相关替代程序进行清查核实，在此基础上按预计可收回相关资产和权益确定评估值。

(5) 存货，包括房地产开发产品、开发成本等。

1) 存货—开发产品的评估

对存货—开发产品—商品房，采用市场价值倒扣法进行评估。对已经签订商品房销售（预售）合同的根据合同确定开发产品销售金额，尚未签订商品房销售（预售）合同的参考近期销售情况结合市场房价确定开发产品预计销售金额。在此基础上扣除相关税费和适当比例的利润确定评估值。根据产品是否畅销情况采用如下计算公式：

①比较畅销

评估价值=开发产品预计销售金额-销售费用-销售税金及附加-土地增值税所得税

②平销

评估价值=开发产品预计销售金额-销售费用-销售税金及附加-土地增值税所得税-适当数额的净利润

③滞销

评估价值=开发产品预计销售金额-销售费用-销售税金及附加-土地增值税所得税-全部净利润

2) 存货-开发成本的评估：

根据委估资产特点以及账面价值的构成，选用不同的评估方法：

①为金桥国际广场尚需发生的成本，本次评估保留其账面值为评估值。

②对于开发成本中的太阳岛合作项目，账面价值为分摊的土地取得费及前期开发费用，××地产就该项目已与北京芳城房地产开发有限公司签订了有关合作开发合同协议，截至评估基准日，合作项目尚未开工，本次评估保留其账面值为评估值。

③对于待开发的金桥紫禁长安项目位于长安区的项目用地，截至评估基准日已办理了国有土地使用证，本次评估采用基准地价修正法和市场比较法评估。

A. 基准地价修正法

a. 基本原理

宗地地价是城镇内某一宗土地使用权的评估价格，是根据基准地价，土地使用年期和评估的市场行情、容积率、区位及宗地条件、区域基础设施以及特殊因素的影响，综合评估的具体宗地在某一时点的价格。

b. 根据《××市区宗地地价修正体系》，基准地价修正体系包括土地使用年期和评估期日的市场行情、容积率、区位及宗地条件、区域基础设施以及特殊因素，利用基准地价系数修正法评估宗地地价的计算公式为：宗地地价＝基准地价×A×B×C×（1＋D＋E）＋F 式中：A 为年期修正系数；B 为期日修正系数；C 为容积率修正系数；D 为区域、个别因素修正系数；E 为特殊因素修正系数；F 为土地开发程度修正值。

B. 市场比较法

a. 基本原理：在同一市场条件下，根据替代原则，以条件类似或使用价值相同的土地买卖与待估土地加以对照比较，就两者之间在影响待估土地价值的交易情况、交易日期、区域及个别因素等方面的差异对比较实例价格进行修正，求取待估土地的方法。

b. 计算公式：PD＝PB×A×B×D×E×F 式中 PD 为待估土地价格；PB 为已成交的案例土地价格；A 为待估土地交易情况修正指数/已成交的案例交易情况修正指数；B 为待估土地估价期日地产价格指数/已成交的案例期日土地价格指数；D 为待估土地区域因素条件指数/已成交的案例区域因素条件指数；E 为待估土地个别因素条件指数/已成交的案例个别因素条件指数；F 为土地年期修正指数。

2. 投资性房地产

评估人员首先对投资性房地产形成的原因、账面值和实际状况等进行了取证核实，并查阅了租赁合同、协议和有关会计记录等，以确定投资性房地产的真实性和完整性，在此基础上依据投资性房地产的不同情况，对纳入本次评估范围的投资性房地产，采用收益法进行评估。

$$P = A\left[\frac{(1+i)^2 - 1}{i\ (1+i)^n}\right]$$

P—房地产评估值

A—房地产年净收益

i—折现率

n—房地产预计收益年限

3. 机器设备的评估 对于机器设备主要采用重置成本法进行评估，对于报废的旧设备有回收价值的以估计回收价值为评估值，无回收价值的评估值为零。

评估值=重置全价×综合成新率

（1）机器设备重置全价的确定

1）机器设备重置全价的确定

本次评估范围内的机器设备主要是国内采购或国内代理，其购置价包含了安装调试费、运杂费，其重置全价等于购置价，因此，重置全价的公式为：重置全价=设备购置价 购置价主要通过向生产厂家或代理商询价、参照《中国机电产品报价手册》（××年）等价格资料及参考近期同类设备的合同价格确定。对少数未能查询到购置价的设备，采用同年代、同类别设备的价格变动率推算确定购置价。

2）电子设备重置全价的确定

根据××年第8期《全国办公设备及家用电器报价》，全国办公设备及家用电器价格信息网编；以及电子设备当地市场信息及《慧聪商情》等近期市场价格资料，确定评估基准日的电子设备价格，一般不计取运杂费、安装调试费等，确定其重置全价。

3）车辆重置全价的确定

车辆重置全价由车辆购置价、车辆购置税、牌照费三部分构成。

重置全价=车辆购置价+车辆购置税+牌照费

车辆购置价：车辆所在地市场价格 车辆购置税=购置价÷（1+17%）×10% 牌照费：包括验车费、手续费等。

（2）成新率的确定 分别计算年限成新率N1和现场勘察成新率N2，加权平均确定其成新率N，即：成新率N=年限成新率N1 0.4+现场勘察法成新率N2 0.6 其中：年限成新率N1：按机器设备的已使用年限，评估确定的不同类型设备的经济寿命年限及根据现场勘察情况和设备的大修周期确定的超过经济寿命年限的尚可使用年限，计算成新率：根据设备尚可使用年限与其经济寿命年限的比率确定成新率，其经济寿命年限按以下原则确定：

年限成新率：N1=（1－已使用年限÷经济寿命年限）×100%或=［尚可使用年限÷（已使用年限+尚可使用年限）］×100%现场勘察成新率N2：通过现场勘察设备现状及查阅有关运行、修理、管理档案资料，对设备各组成部分进行勘察，确定其现场勘察成新率。对成新率小于15%但还继续使用的设备，成新率取15%。

对于车辆等，依据国家颁布的车辆强制报废标准，以车辆行驶里程、使用年限两种方法根据孰低原则确定年限成新率，然后结合现场勘察情况加以修正，确定其综合成新率。车辆年限成新率，根据已使用年限和已行驶里程分别计算：年限法成新率 =（经济寿命年限 - 已使用年限）/经济寿命年限 × 100% 里程法成新率 =（规定行驶里程 - 已行驶里程）/规定行驶里程 × 100% 现场勘察车辆的外观、结构是否有损坏，发动机是否正常，电路是否通畅，制动性能是否可靠，是否达到尾气排放标准等，根据勘察结果，在年限成新率的基础上进行调整，确定综合成新率。

（3）评估值的确定 评估值 = 重置全价 × 成新率。

4. 房屋建筑物的评估：采用市场比较法进行评估。

市场比较法：是在同一市场条件下，根据替代原则，以条件类似或使用价值相同的房地产买卖、租赁实例与待估房地产加以对照比较，就两者之间在影响待估房地产价值的交易情况、交易期日、区域及个别因素等方面的差异对比较实例价格进行修正，求取待估房地产价格的方法。

基本公式：PD = PB × A × B × C × D，式中：PD 为待估房地产价格；PB 为已成交的案例房地产价格；A 为待估房地产交易情况修正指数/比较案例交易情况修正指数；B 为待估房地产评估期日房地产价格指数/比较案例期日房地产价格指数；C 为待估房地产区域因素条件指数/比较案例区域因素条件指数；D 为待估房地产个别因素条件指数/比较案例个别因素条件指数。

5. 递延所得税资产的评估

递延所得税资产系某些资产、负债项目的账面价值与其计税基础之间的差额，以及未作为资产和负债确认但按照税法规定可以确定其计税基础的项目的账面价值与计税基础之间的差额产生的暂时性差异。如企业计提的各项准备、快速折旧、计提的不可税前列支的负债等，本次评估根据其形成的原因按资产及负债实际评估的情况进行分析确认。

6. 关于流动负债的评估 关于负债，我们根据企业提供的各负债科目清查评估明细表，检验核实各项负债在评估目的实现后的实际债务人、负债额，以评估目的实现后的产权所有者实际需要承担的负债项目及金额确定评估值。

（三）收益法 收益法，就是运用适当的折现率或资本化率，将未来的纯收益折算为现值的估价方法。具体操作时可以采用净利润折现、净现金流量折现或未来收益资本化。

1. 评估思路 本次评估对象为企业的股东全部权益价值。根据××地产未来经营的具体情况，采用收益法对企业的股东全部权益价值进行评估，即以未来预测期内的企业净现金流量作为依据，采用适当的折现率折现后加总计算出营业性资产价值，加上溢余资产价值、非经营性资产价值和长期投资价值，然后减去有息负债得出股东全部权益价值。

2. 计算模型 本次评估收益法模型选用企业自由现金流量折现法。

股东全部权益价值 = 企业价值 - 有息债务

（1）企业价值 企业价值 = 营业性资产价值 + 溢余资产价值 + 非经营性资产价值 + 长期投资价值

1）营业性资产价值的确定

营业性资产价值 = 企业自由现金流量折现值 = 详细预测期间的息前自由现金流量现值 + 终值的现值

①企业自由现金流量的确定

（预测期内每年）企业息前自由现金流量 = 销售收入 - 开发成本 - 主营业务税金及附加 + 其他业务利润 - 期间费用（管理费用和营业费用）+ 税后利息费用 + 营业外收支净额 - 所得税 + 折旧及摊销 - 资本性支出 - 营运资金追加额

②终值的确定 收益期为预测期，终值按预测期末回收资产变现净值的现值确定。

③折现率的确定 按照收益额与折现率口径一致的原则，本次评估收益额口径为企业自由现金流量，则折现率选取加权平均资本成本（WACC）。

公式：WACC = Ke × E/（D + E）+ Kd × D/（D + E）×（1 - T）式中：

E：股东权益的市场价值；D：有息债务的市场价值；Ke：权益资本成本；Kd：债务资本成本（为税前利息）；T：被评估企业的所得税税率；D/E：根据市场价值估计的委估企业的目标债务与权益比率；

其中：权益资本成本 Ke = Rf + Beta × MRP + Rc

Rf：无风险报酬率；Beta：企业风险系数；MRP：市场风险溢价；Rc：企业特定风险调整系数。

④预测期的确定

根据××地产目前现有可销售房源情况，以及××地产提供的未来销售计划，预测期至现有可销售房源完成销售后当年，××地产房地产项目较后一个项目—金桥国际广场C座计划开发完成时间为××年6月，预计销售完2012年末，因此预测期取定到2012年末。

注：截至评估基准日，长安区土地仅取得土地使用权证，尚未取得建设规划许可证，无法确定其未来开发情况，未来收益无法测算，因此将其作为溢余资产加回。

⑤收益期的确定××地产主要从事房地产开发，所开发房地产主要对外销售，主营业务收入主要来源于房地产销售，××地产对现有可销售房源做了详细的销售计划，预计2012年12月完成所有项目的销售，因此收益期按预测期确定。

2）溢余资产价值的确定 溢余资产是指与企业经营收益无直接关系的，超过企业经营所需的多余资产。对其分别选用成本法和市场法确定评估基准日价值。

3）非经营性资产价值的确定 非经营性资产是指与企业正常经营收益无直接关系的资产，包括不产生效益的资产，以及与本次评估预测收益无关联的资产，第一类资产不产生利润，第二类资产虽然产生利润但在收益预测中未加以考虑。根据各种非经营性资产价值的性质，分别选用成本法、市场法或收益法确定评估基准日价值。

4）长期投资价值的确定 截至评估基准日××年××月××日，××地产无长期投资单位。

（2）有息债务：指基准日账面上需要付息的债务，包括短期借款，带息应付票据、一年内到期的长期负债、长期借款等。于评估基准日××年××月××日，××地产的有息负债为一年内到期的非流动负债13000万元。

该账面价值反映了评估基准日有息债务的市场价值，因此有息债务的价值为13000万元。

八、评估程序实施过程和情况

本次资产评估工作于××年××月1日开始，至××年××月25日出具正式报告。

整个评估工作包括以下程序：

（一）明确评估业务基本事项 根据委托方××资产评估意向，经洽谈后，确定承接评估业务。在正式评估之前，我公司有关人员与相关单位的有关人员进行了交流，明确了以下事项：委托方与产权持有者、告使用者等相关当事方及其相互关系；评估目的；评估范围和评估对象基本情况；适用的价值类型；评估基准日；评估假设和限定条件；时间安排和工作配合。

（二）签订业务约定书 在明确了上述事项的基础上，双方签订业务约定书，对评估机构和委托方的权利、义务和其他重要事项进行了约定。

（三）编制评估计划 根据评估目的，制定了项目资产评估操作方案和计划，拟定收集资料提纲。并根据委估资产多数为房地产类资产的特点，专门制定了房地产类资产评估操作方案，作为资产评估操作方案的重要组成部分，全程指导和规范评估作价。根据评估方案和计划，组织了房地产、财务、设备及收益法等各专业评估人员。

（四）现场调查 在项目评估组进入现场之前，项目负责人就资产评估的前期准备工作与××地产及相关单位进行了交流，并向相关单位发送了资产评估清查表格、资产评估需提供资料清单，对资产评估申报工作及需提供的资料进行了详细的解释。具体现场工作如下：

1. 清查组织工作××年××月××日开始，各专业评估人员陆续到达评估现场，指导企业进行资产评估申报，对申报评估资产进行现场清查，对相关资料进行收集审核。根据企业申报评估资产类型，评估人员分为综合、设备和房产三个小组，按照项目操作方案要求，分别对有关资产进行全面的现场清查。清查工作结束后，各小组均提交了清查核实及现场勘察作业工作成果。

2. 初步审查被评估单位提供的资产评估明细表

评估人员到达现场后，了解涉及评估范围内具体对象的详细状况，仔细查看各类资产评估申报明细表，初步检查有无填项不全、错填、资产项目不明确，并根据经验及掌握的有关资料，检查资产评估申报明细表有无漏项等。

（1）指导企业相关人员首先进行资产清查与收集、准备应向评估机构提供的资料在评估人员到达现场前，通过电话、传真等方式指导××地产的财务与资产管理人员在自行资产清查的基础上，按照评估机构提供的“资产评估申报明细表”“评估调查表”及其填写要求、资料清单，细致准确的登记填报，对被评估资产的产权归属证明文件和反映性能、状态、经济技术指标等情况的文件资料进行收集。

（2）初步审查被评估单位提供的资产评估申报明细表

××年××月××日开始，评估人员通过翻阅有关资料、合同及图纸，了解涉及评估范围内具体对象的详细状况，特别是房地产开发项目，详细了解其建设规划、工程进度、营销方式、项目前景等。然后仔细阅读预评估各类资产评估明细表，初步检查有无填项不全、错填、资产项目不明确，并根据经验及掌握的有关资料，检查资产评估明细表有无漏项等。

（3）补充、修改和完善资产评估明细表

根据现场实地勘察结果，进一步完善资产评估申报明细表，以做到表实相符。

（4）核实产权证明文件

对评估范围内的房产、土地、车辆的产权资料进行查验，但对产权证的真实有效性不承担责任。本次评估是在调查核实房屋等产权的基础上进行的，以不存在产权纠纷为假设前提。

3. 现场实地勘察、调查

××年××月12日至××月20日，依据评估资产评估明细表、评估调查表，对申报资产进行现场勘察。针对不同的资产性质及特点，采取不同的勘察方法。

（1）固定资产的清查

1）设备类资产的清查核实是在被评估单位有关财会人员、设备管理人员的配合下进行。对设备的勘察，主要为：a核查实物，即根据清查评估明细表所列项目，查对设备编号、确认有无此设备，同时按设备上的铭牌核查设备名称、型号、规格、制造厂家、制造年月；b产权核查，对一些价值较高的贵重设备和对产权发生疑问的设备进行深入调查，主要通过查阅订货合同、购置发票、借据等为依据；对产权权属资料中所载明的所有人与被评估单位和相关当事人不符的情况，给予高度关注，进一步通过询问的方式，了解产权权属，并要求委托方和相关当事人出具了“说明”和“承诺函”；c调查了解设备的实际技术状况，如在使用、停用、已拆除、在修、待修、闲置、待报废、未开箱等，检查有关技术文件、资料。并对运行、故障、非在用设备、封存、闲置、维护保养情况等进行核查。

2）对于房屋建筑物类资产，我公司评估人员进驻评估现场后，对评估范围内的建筑物进行了清查。现场勘察建筑物的新旧程度，主要对结构、装修等进行观察，以确定重置价值和成新率。

（2）流动资产、负债的清查

1）实物性流动资产清查（主要为存货）

主要是房地产开发项目，评估人员逐个项目地进行了现场勘察，了解房屋地理位置、周边环境、配套设施、交通状况、项目规划、工程进度、项目预算等，并对具体项目的建设时间、五证是否齐全（土地使用权证、建设用地规划许可证、建设工程规划许可证、建设工程施工许可证、商品房预售许可证等）等进行核实，对周边同类项目进行市场调研。

2）非实物资产和负债的清查

主要通过核对企业财务总账、明细账、会计凭证，对非实物性流动资产进行清查。我们对货币资金、应收账款、预付账款、其他应收款、一年内到期的非流动负债、应付账款、预收账款、其他应付款、应付职工薪酬、应交税费等科目的重要记账凭证进行了重点核验。

（3）对损益类项目的清查

1）对于收入的清查

首先，评估人员根据企业所属行业的情况设计了历史数据及预测表。评估人员根据企业提供的历史数据及预测表与各年损益表、销售明细表以及主要销售合同进行核对，以了解申报数据的准确性、总收入变化趋势、收入构成的变化情况、销售的区域分布情况、主要客户变化情况、主要产品的终端市场以及产品价格的变化趋势和引起价格变化的主要因素等情况进行了解。

2）主营业务成本的清查

根据企业以前年度及现行的核算方法和制度设计制造费用历史数据和预测表、生产成本历史数据及预测表（主要产品分别列示）。通过上述两张表格及企业当年的主营业务成本、期初期末存货变动情况、外购外销商品情况对企业提供的历年成本情况进行核实和了解。

3）主营业务税金和附加的清查

评估人员通过企业申报的主营业务税金及附加历史数据及预测表、历年损益表核实和了解了以下主要内容：企业是否是纳税主体，生产经营的产品适用的税种和税率，是否享受国家相关的税收优惠政策以及企业历年实际交纳的主营业务税金及附加与主营业务收入或产量、企业历年毛利率的相关性。

4）期间费用的清查

本次评估过程中主要通过营业费用历史数据及预测表、管理费用历史数据及预测表、财务费用历史数据及预测表及企业提供的历年的损益表进行核实了解。主要了解企业各项期间费用划分的原则、固定性费用发生的规律、依据和文件、变动性费用发生的依存基础和发生规律。

5）其他损益类项目的清查 评估人员主要核实和了解了其他业务利润、营业外收支等项目。对于其他业务利润和营业外收支，评估人员主要了解和核实企业历年上述两项目所核算的内容及具体发生的业务情况，重点关注了所发生的业务或内容是否在企业未来经营中会经常发生以及发生的规律和依据。

（五）收集资料 评估人员根据评估目的、评估现场作业了解的情况，搜集被评估企业和委托对象的相关资料，通过各种渠道收集与被评估对象相关的市场价格信息和相关参数资料。

（六）评定估算

1. 成本法（资产基础法）评估

根据现场清查情况和评估人员的询价结果，按照通用的评估方法对各项资产、负债进行评定估算、汇总。

2. 收益法评估

（1）综合××地产提供的资料及评估组的调查结果，对未来收益期限内的收入成本费用、净现金；

（2）通过对行业风险、公司风险、政策风险等风险因素的分析，确定折现率；

（3）按照收益法计算公式确定收益法评估值；

企业价值＝营业性资产价值＋溢余资产价值＋非经营性资产价值＋长期投资价值

股东全部权益价值＝企业价值－有息债务

（七）编制和提交评估报告

1. 根据评估人员对各类资产的初步评估结果，进行评估结果汇总、评估结论分析工作；

2. 确认评估工作中没有发生重复和漏评的情况，并根据汇总分析情况，对资产评估结果进行调整、修改和完善；

3. 根据评估工作情况，撰写资产评估报告书、评估说明，并进行三级审核；

4. 向委托方提交评估报告初稿，经与委托方交换意见后，向委托方提交正式资产评估报告书；

（八）工作底稿归档

资产评估机构和人员在向委托方提交资产评估后，将在资产评估工作中形成的、与资产评估业务相关的有保存价值的各种文字、图表及其他查询的相关资料予以归档，并按国家有关规定对资产评估工作档案进行保存、使用和销毁。

九、评估假设

本次评估是以企业持续经营为评估假设前提。

（一）一般假设

1. 宏观经济环境稳定的假设：假设国家现行的宏观经济、金融以及产业等政策不发生重大变化；××地产所处的社会经济环境以及所执行的税赋、税率、利率等政策无重大变化；行业政策按照发展规划实施，整个国民经济持续稳定，健康发展的态势不变；

2. 持续经营的假设：假设××地产目前的经营方式、目前的销售市场的网点分布，未来的经营管理班子尽职，并继续保持现有的经营管理模式持续经营；

3. 公开市场假设：假设被评估资产拟进入的市场条件是公开市场。公开市场是指充分发达与完善的市场条件，指一个有自愿的买者和卖者的竞争性市场，在这个市场上，买者和卖者的地位是平等的，彼此都有获取足够市场信息的机会和时间，买卖双方的交易行为都是在自愿的、理智的，而非强制或不受限制的条件下进行的；

4. 交易假设：是资产评估较基本的前提假设，假定所有待评估资产已经处在交易过程中，评估师根据待评估资产的交易条件等模拟市场进行估价。一方面为资产评估得以进行创造了条件，另一方面限定了资产评估的外部环境，即资产是被置于市场交易之中的；

5. 管理水平社会平均化的假设：假设××地产的经营和管理达到社会

平均水平，其经济效益的降低或提高不是源于管理水平的变化，而是源于外部异常经济因素的影响。因此，本次评估不考虑经营者的主观因素对该公司经济效益和企业价值的影响；

6. 均衡经营假设：××地产的营业收入成本费用均衡发生，其销售费用与房产的销售价格变化基本同步；

7. 不可抗拒的自然灾害或其他无法预测的突发事件，不作为预测该公司未来情况的相关因素；

8. 假设××年9月起，××地产所处行业大环境、基本政策无重大变化，即市场销售不会因大环境的变化而急剧下降，或因政策干预而大幅萎缩；房产能实现正常销售，即不受开发成本、城市规划等政策的限制，并且能获取正常的价差。

（二）具体假设

1. ××地产现有和未来的管理层是负责的，并能积极、稳步推进该公司的房地产经营开发计划，并努力保持良好的经营态势；正在开发和尚未开发的房地产项目能够按预期完成开发投入运营和销售，开发成本能有效控制在预算范围内，经营计划能按预期完成；

2. 假设××地产的现金流在每个预测期间的期末产生，如在一个预测年度内，现金流在年终产生；

3. 在××地产存续期内，不存在因对外担保等事项导致的大额或有负债；

4. 未来××地产保持现有的收入取得方式和信用政策不变，不会遇到重大的款项回收问题；

5. 本次预测以××地产评估基准日股权结构为框架，未考虑评估基准日后可能发生的股权变化或重组，对该公司经营计划决策的影响；

6. ××地产主要从事房地产开发，所开发房地产项目主要是对外销售，主营业务收入主要来源于房地产销售，对现有可销售房源做了详细的销售计划，因此假设收益期为预测期，在未来经营期内其产品业务结构及其比例均保持当前水平而不发生较大变化；

7. 假设××地产的销售成本等于该项目的开发成本；××地产在结转销售收入的同时，配比的结转其相应的成本、费用；

8. ××地产未来房产的销售策略和成本控制等仍保持其较近几年的状态持续，其房产的销售价格和成本等仍保持其较近几年的变化趋势，而不发生特殊变化；

9. ××地产房产的销售业务，评估只基于现有可销售的房地产类存货销售完后和经营状况对企业价值作出判断，不考虑未来可能由于管理层、经营策略和追加投资等情况。其中：未来经营期内的房产的年销量，按照管理层制定的房地产开发和销售的详细计划能如期完成，不考虑其可能超、减销售等带来的特殊变动；

10. 营运资本增加额与运营规模及其所需营运成本和营运效率同步变化。

（三）限制条件

经核实及尽职调查，本次评估受到以下条件的限制：

本次评估中所采用预测的销售收入、开发成本和期间费用等均是评估机构依据被评估单位提供的数据为基础做出的职业判断，其准确性受国家宏观经济发展的影响。

十、评估结论

根据国家有关资产评估的规定，本着独立、公正、科学和客观的原则及履行必要的评估程序，××资产评估有限责任公司对本次经济行为涉及的××地产的全部资产和负债及股东全部权益价值进行了评估，评估过程中采用了资产基础法和收益法。

本次评估采用的基本方法为资产基础法和收益法。在评估过程中，××资产评估有限责任公司对××地产申报评估范围内的资产和负债进行了必要的勘察核实，对××地产提供的法律性文件、财务记录等相关资料进行了必要的查验，实施了必要的资产评估程序。

（一）资产基础法评估结果

截至评估基准日××年××月××日，××委托评估的××地产的总资产账面价值为36083.07万元、总负债为34191.55万元、股东全部权益为1891.52万元；调整后的总资产为36083.07万元、总负债为34191.55万元、股东全部权益为1891.52万元；评估后总资产为38041.28万元，总负债为34191.55万元，股东全部权益为3849.73万元，股东全部权益评估增值1958.21万元，增值率103.53%。从而得出××持有的100%××地产股权价值为3849.73万元。各资产、负债、股东全部权益的评估情况见下表：

资产评估结果汇总表

被评估单位名称：××房地产开发公司　　　　金额单位：人民币万元

资产项目	账面价值	调整后账面值	评估价值	增减值	增值率%
流动资产	34707.07	34707.07	36770.79	2063.72	5.95
非流动资产:	1376	1376	1270.49	-105.51	-7.67
投资性房产	736.78	736.78	628.25	-108.53	-14.73
长期股权投资					
固定资产净值	559.37	559.37	571.41	12.05	2.15
其中：建筑物	478.19	478.19	482.65	4.46	0.93
设　备	81.18	81.18	88.77	7.59	9.35
固定资产减值准备					
固定资产净额	559.37	559.37	571.41	12.05	2.15
在建工程					
工程物资					
固定资产清理					
无形资产					
长期待摊费用					
递延所得税资产	79.84	79.84	70.82	-9.02	-11.30
其他非流动资产					
资产总计	36083.07	36083.07	38041.28	1958.21	5.43
流动负债	34191.55	34191.55	34191.55	0	0
非流动负债					
负债总计	34191.55	34191.55	34191.55	0	0
净资产（股东全部权益）	1891.52	1891.52	3849.73	1958.21	103.53

（二）收益法评估结果

评估人员采用收益法进行评估，收益法评估的股东全部权益价值为4626.74万元（大写人民币：肆仟陆佰贰拾陆万柒仟肆佰圆整）。

（三）评估结论的确定

资产基础法评估结果与收益法评估的股东全部权益价值相比相差777.01万元，差异产生原因是两种评估方法考虑的角度不同，收益法是从企业的未来获利能力角度考虑的，资产基础法是从资产的再取得途径考虑的。本次评估中主要资产为房地产类存货，资产基础法对其主要是站在评估时点，假设按现时点的预计销售价格和账面成本，扣减税费、利息、期间费用、利润而得到的评估值。而收益法是对企业未来的房产售价和开发成本进行合理预测，通过未来净现金流入折现加总得出评估值。

在企业价值的收益法中，收入、成本、费用等指标是以审计后企业近几年的实际经营财务指标为基础，分析××地产目前的经营现状，预测未来经济和市场的发展趋势，对未来经营期的收入、成本、费用等作出预测，计算得出收益法评估结论。收益法的评估受国家经济运行情况、政府宏观调控方向、市场供需状况及产品价格等因素影响较大。2003 至 2007 年，受我国整体国民经济的持续稳定增长，房地产行业需求旺盛，房价持续上升。随着 2007 年我国房地产价格的快速上升，国家对房地产行业的调控日益加强，通过土地供应、税收、信贷与利率政策等多管齐下的调控方式，在一定程度上抑制了房地产行业的过快发展态势，而至 2008 年下半年，受全球经济危机的影响，房地产市场形势急转直下，销量急剧下降，随着××年 1～5 月国内经济运行形势的回暖，房地产行业的形势已比 2008 年四季度有了较大的改善，经济形势的变化将直接影响到房地产行业的运行状况。

目前，金融危机已对全球实体经济产生了巨大的冲击，国内经济的发展也由此放缓。虽然现行的统计数据和多数机构、学者认为国内经济情形正在复苏，但我们也注意到这些预测的发表还是比较谨慎的。是否能够更加肯定地做出中国经济复苏的判断，还要看当前出现的积极趋势能否在今后一段时间持续下来并进一步改善。由于中国仍然在很大程度上依赖对外出口，而国际市场还在继续萎缩，因此东亚与太平洋地区要实现真正可持续的复苏，较终还取决于发达经济体的形势发展。同时我们还注意到一些经济学家所持的“宏观形势的好转，并不一定带来广大企业盈利状况的好转，可能会出现宏观迅速好转、微观经营业绩依然较为艰难的格局”的观点。据此收益法评估中对今后若干年进行的盈利预测及相关风险折现数据的选取面临较大的困难，造成收益法的评估中的不确定性因素增加。因此，就评估基准日的市场价值而言，本报告资产基础法的结果相对更谨慎、稳健。

综上所述，评估师在充分考虑了各种因素后，认为资产基础法评估结果更能公允反映本次评估目的下股东全部权益价值。故终选取资产基础法得出的评估值作为终评估结果。评估结果如下：

经评估，在持续经营和公开市场前提下，于评估基准日××年××月××日，××房地产开发公司股东全部权益的评估结果为3849.73万元（大写人民币：叁仟捌佰肆拾玖万柒仟叁佰元整)。

评估结果与调整后账面值比较变动情况及原因：

（一）总资产评估值为38041.28万元，与调整后账面值相比，评估增值1958.21万元，评估增值率为5.43%。这主要是由于：

1. 流动资产评估值为36770.79万元，与调整后账面值相比，评估增值2063.72万元，评估增值率5.95%，其中：

（1）应收账款、其他应收款分别增值7.40万元和0.49万元，增值率分别为5.26%和1.12%。评估增值是由于会计计提坏账准备和评估对坏账的确认口径不同所致。

（2）存货评估增值2055.83万元，增值率6.45%。主要是开发产品和开发成本的增值。主要原因为：开发成本主要为土地增值，因账面价值为先期投入成本，目前区域土地价格有一定程度上涨；开发产品账面价值为先期投入成本，土地取得时间较早，取得成本相对较低，房地产售价按基准日市场价值，比历史成本提高；

2. 非流动资产评估价值为1270.49万元，与调整后账面值相比，评估增值-105.51万元，评估净值增值率-7.67%。其中：

（1）投资性房产评估增值-108.53万元，增值率-14.73%。减值原因主要是由于金桥商务楼评估减值，该楼为原拆迁遗留房屋，属临时建筑，没有房屋所有权证，但账面价值较高，本次评估是按实际面积及实际使用状况评估，引起减值。

（2）房屋建筑物评估增值4.46万元，增值率0.93%。其增值主要是由于本次评估对房屋建筑物按评估基准日市场价格比较分析得出的，而账面价值为历史成本价值，近年来房地产市场价格有一定上涨，评估价值比照调整后账面价值，评估增值。

（3）设备类评估增值7.59万元，增值率9.35%。其中车辆原值减值、净值增值，主要是由于近年车辆购置价下降，引起其重置价值减少，企业计提折旧年限与评估所使用的经济寿命年限相比相对较短，从而导致一定幅度的增值；电子设备主要为电脑及其他办公自动化设备，原值减值、净值增值，主要是由于企业计提折旧年限与评估所使用的经济寿命年限相比相对较短，账面净值偏低，从而导致一定幅度的增值；机器设备类，原值减值、净值增值，主要是由于企业计提折旧年限与评估所使用的经济寿命年限相比相对较短，账面净值偏低，从而导致一定幅度的增值。

（二）负债评估值为34191.55万元，与调整后账面值相比，评估无增减值。

（三）全部股东权益评估值为3849.73万元，与调整后账面值相比，评估增值1958.21万元，增值率103.53%。

十一、特别事项说明

以下为在评估过程中已发现可能影响评估结论但非评估人员执业水平和能力所能评定估算的有关事项（包括但不限于）：

1. 本项评估是在独立、公正、客观、科学的原则下做出的，本公司及参加评估工作的全体人员在评估资产中没有现实的和预期的利益，同时与经济行为相关各方之间没有个人利益关系或偏见。评估人员在评估过程中恪守职业道德，遵循评估规范，勤勉尽责。

2. 委托方及被评估单位提供的产权依据、财务会计数据、企业生产经营资料等与评估相关的所有资料是编制本报告的基础。如委托方及被评估单位提供的资料中存在虚假或隐瞒事实真相等情况，本评估结果无效，由此引起的相关后果由委托方及被评估单位负责，本公司不承担任何责任。

3. 委托方及被评估单位对所提供委估资产的法律权属资料和其他必要资料的真实性、合法性和完整性承担责任。注册资产评估师的责任是遵守相关法律法规和资产评估准则，对评估对象价值进行估算并发表专业意见。注册资产评估师对评估对象的法律权属状况给予必要的关注，对查验情况予以披露，但不对评估对象的法律权属作任何形式的保证。

4. 2008年11月，国家为顺利实施增值税转型改革，重新颁布了《中华人民共和国增值税暂行条例》和《中华人民共和国增值税暂行条例实施细则》，规定纳税人在××年1月1日后（含1月1日）购入的固定资产允许抵扣固定资产进项税额。本评估结论中未考虑上述事项对固定资产评估值的影响。

5. 委托评估的车辆中：车牌号为××吉普车，车辆行驶证证载车主为××，发动机号：××，车架号：××。

6. 2008年12月31日前，××地产由××全资子公司××有限公司并表核算，2008年12月31日，××对××有限公司进行解散清理，将××地产的100%股权直接纳入并表核算范围。

7. 固定资产中××地产使用的办公楼（××广场B座22层）房屋建筑物建筑面积897.11平方米未办理房产证，投资性房产××商务楼（位于××）建筑面积1200平方米未办理房产证。

8. 投资性房地产中的××负一层，建筑面积901.55，目前作为地下停车库，房产证编号：××，可规划停车位18个，已出售使用权8个，截至评估基准日，尚余10个停车位，未办理产权分割。

9. ××广场一期规划面积50243平方米，实测面积57040.43平方米，规划面积与实测面积差异6797.43平方米。差异率13.53%，××广场二期规划面积36150平方米，预测面积43202.41平方米，规划面积与预测面积差异7052.41平方米，差异率19.51%，提请报告使用者注意。

10. ××规划范围内与××房地产开发有限公司合作项目，合作方式主要是由××地产提供已获政府批准可建设商品房的建设用地，提供已办理的建设前期的相关手续（土地、规划、建审、环保）等，××开发有限公司向××地产支付包括上述内容的项目前期费用后，由××有限公司自行组织本项目的工程建设和监理招投标及工程建设和管理，并承担相应的所有费用。开发成本中××二期合作项目2834.14万元为××地产分摊的土地取得费及前期开发费用，××地产就该项目已与××有限公司签订了有关合作开发合同协议。截至评估基准日，合作项目尚未开工，本次评估保留其账面值为评估值。

11. 开发成本中-1428.94万元为××广场尚需发生的成本，本次评估保留其账面值为评估值。

12. 企业存在的可能影响资产评估值的瑕疵事项，在被评估单位未作特殊说明而评估人员根据专业经验一般不能获悉的情况下，评估机构及评估人员不承担相关责任。

评估报告使用者应注意以上的特别事项对评估结论所产生的影响。

十二、评估报告使用限制说明

1. 本评估报告的分析和结论是在恪守独立、客观和公正原则基础上形成的，仅在评估报告设定的原则、依据、前提、评估假设和限制条件下成立。

2. 本评估结论是反映评估对象在本次评估目的下，根据公开市场的原则确定的现行市场价值，没有考虑将来可能承担的抵押、担保事宜，以及特殊的交易方可能追加付出的价格等对评估价格的影响；亦未考虑该等资产所欠付的税项，以及如果该等资产出售，则应承担的费用和税项等可能影响其价值的任何限制；我们也未对资产评估增值额作任何纳税调整准备。同时，本报告也未考虑国家宏观经济政策发生变化以及遇有自然力和其他不可抗力对资产价格的影响，当前述条件以及评估中遵循的持续经营原则等发生变化时，评估结论一般会失效。

3. 评估结论是××资产评估有限责任公司出具的，受具体参加本次项目的评估人员的执业水平和能力的影响。

4. 本评估报告包含评估报告正文、附件、评估说明和评估明细表。评估报告正文、附件和评估明细表须配套使用，资产评估说明仅供资产评估主管机关、企业主管部门审查资产评估报告书和检查评估机构工作使用。

5. 在评估基准日后，当被评估资产因不可抗力而发生拆除、毁损、灭失等影响资产价值的期后事项时，不能直接使用评估结论。

6. 本报告的专业意见不应当被认为是对评估对象可实现价格的保证；未考虑特殊交易方式对评估结论的影响，恰当使用评估报告是委托方及相关当事方的责任。

7. 评估基准日后、评估结果有效期以内，若资产数量及价格标准发生变化，对评估结论产生影响时，不能直接使用本评估结论，须对评估结论进行调整或重新评估。即：（1）资产数量发生变化，委托方应根据原评估方法对资产额进行相应调整；（2）若资产价格标准发生变化、并对资产评估价格已产生了明显影响时，委托方应及时聘请评估机构重新进行评估。

8. 本次评估对应收账款、其他应收款等科目的坏账的确认，是评估人员根据实际情况做出的估值意见，仅为此次经济行为提供价值参考依据，不作为企业核销坏账的依据。企业核销坏账还需按照国家的有关规定，经有关财政、税务部门批准后，方可进行账务处理。

9. 本评估报告只能用于评估报告载明的评估目的和用途。

10. 本次评估的股权价值没有考虑控股权溢价和少数股权折价，也未考虑流动性折扣对股权价值的影响。

11. 根据国家的有关规定，本资产评估报告书有效期为一年，自评估基准日××年××月××日起计算，至2010年8月31日前有效。超过有效期，需重新进行资产评估。

12. 未征得出具评估报告的评估机构同意，评估报告的内容不得被摘抄、引用或披露于公开媒体，法律、法规规定以及相关当事方另有约定的除外。

十三、评估报告日

本评估报告提出日期为××年××月××日。

十四、注册资产评估师签字盖章、评估机构盖章和法定代表人或者合伙人签字

【此页无正文】

评估机构法定代表人或授权人：

注册资产评估师：

注册资产评估师：

××资产评估有限责任公司

××年××月××日

3. 夹层类私募地产投资基金的退出

夹层基金是介于股权与债权之间的资金，兼具债权与股权的属性，只不过可以转股并可以享受股权的收益（要看具体协议如何约定股权的设置）。夹层基金的收益和风险介于企业债务资本和股权资本之间的资本形态，本质是长期无担保的债权类风险资本。当企业进行破产清算时，优先债务提供者首先得到清偿，其次是夹层资本提供者，最后是公司的股东。因此对投资者来说，夹层资本的风险介于优先债务和股本之间。一般来说，现阶段我国夹层私募地产投资基金就是指固定收益加浮动收益的地产投资基金，即债权部分的固定收益加股权部分的浮动收益设立的基金。由于现阶段我国对于优先股、可转债等适用的范围有明确规定（主要在一二级资本市场），因此实践中通过优先股、可转债设立私募地产投资基金行不通，实践中也往往是通过约定固定收益加浮动收益来变相实现。夹层类私募地产投资基金的退出方式参考债类地产投资基金的退出和股类地产投资基金的退出即可，实践中操作起来可能需要考虑多种因素的结合。

4. 有关投资事宜终止协议

投资期限届满或投资退出约定的其他条件出现，基金应及时退出投资项目。由于投资涉及的事宜较多并且比较复杂，建议在投资结束时，及时就投

资事宜签署终止事宜，对投资事项进行了断，防止出现不可预见的事项或某些疏漏事项导致投资方与融资方出现纠纷。

(3) 示范文本：××项目投资事宜终止协议

××项目投资事宜终止协议

投资方：××
法定代表人：××
地址：×× 邮编：××
电话：××
传真：××

被投资方：××
法定代表人：
地址：×× 邮编：××
电话：××
传真：××

第三方：××
法定代表人：××
地址：×× 邮编：××
电话：××
传真：××

就××年××月××日，××、××、××与××签署的《投资协议》，××与××签署的《××协议》，经各方友好协商并达成一致，依据《中华人民共和国合同法》以及其他法律规定，就终止各方签署的上述协议的有关事宜签署如下终止协议，以供共同遵守：

一、各方同意自本协议签署之日，××、××、××与××签署的《投资协议》，××与××签署的《××协议》终止。上述协议终止后，除本协议另有约定的权利、义务、责任之外，各方之间不再存在任何权利、义务、责任关系，亦不允许任何一方以任何形式再追究他方的任何责任，各方对于已终止的协议已无任何争议。

二、本协议的解释与适用遵循中华人民共和国的法律、法规、规章及其他规范性文件。因本协议引起的或与本协议有关的任何争议，均应提请投资方住所地人民法院提起诉讼。

三、本终止协议书经各方签字或盖章之日起生效，本协议一式××份，各方各执一份，具有同等法律效力。

【以下无正文】

投资方：
法定代表人或授权代表：
时间：××年××月××日

被投资方：
法定代表人或授权代表：
时间：××年××月××日

第三方：
法定代表人或授权代表：
时间：××年××月××日

二、非正常情况下的私募地产投资基金的退出

非正常情况下私募地产投资基金的退出一般是指项目出现问题或出现突发情况的情形下，被投项目不能如期或不能按照既定的投资方案或退出方案进行退出。非正常情况下地产投资基金的退出根据风险以及后果的严重程度，可以分为非重大问题情况下的退出以及出现重大问题情况下的退出。一般来说，非重大问题情况下的退出是指由于某种因素的影响（譬如政府管制、改变设计、施工不利、招标采购无效、报批报建延迟、销售方案改变等）导致项目不能如期完工验收，项目不能如期实现去化，导致基金退出期限延长，基金不能按时退出，但项目投资收益和基金投资收益水平整体不受影响。重大问题情况下的退出，一般来说，是指项目出现重大问题（譬如监管政策重大限制、资金链断裂、开发商跑路、项目涉诉被查封、违章建筑被责令拆除、

项目售价暴跌、市场急剧降温等）导致项目开发建设停滞，项目亏损已经不可避免，基金已经不能正常退出并且基金损失已经形成的情形。因为这两种情况对基金造成的影响大小不同，损失大小迥异，基金因此采取的策略也有所区别。无论是债权类私募地产投资基金还是股权类地产投资基金，亦或夹层类私募地产投资基金，都可能在投资过程中出现上述问题。因此，任何私募地产投资基金的投后管理或投资退出时都需要制定预案，提前预估可能出现的问题，做到有备无患，有的放矢，以免在出现问题时，措手不及，做到不打无准备之仗。

1. 非重大问题情况下私募地产投资基金退出

投资向来不可能是一帆风顺的，投资项目开发建设过程中或多或少的会出现一些小的问题，这些问题有的是比较常见的，譬如更改局部设计，更改施工工艺，有的是突发的，譬如发生安全事故、项目涉诉（非重大）。一般来说，只要是这些问题不太严重，基本上都可以通过正当的方式与被投方协商解决，只不过可能要耗费一些时间，影响一些精力，增加一些成本，延长投资的时间，但对项目与基金以及对投资人来说并没有实质上的伤害。问题不同，采取的应对策略也应该有所区别。如项目设计定位脱离现实，基金可以提出一些设计定位的更改建议。如项目施工进度缓慢，基金就要推动项目方采取有效措施，督促施工方加快施工。如项目报批报建被停滞，基金可以动用自身的力量协助项目方加快进度。如果项目销售进度不理想，基金可以积极调研，提出一些切实可行的促销方案。如果项目定价不合理，基金可以参考竞品项目，提出项目定价建议。所有这些问题解决的最终目标，从基金的角度来看，其实就是为了促进项目如期完工，如期销售，如期分配，基金顺利退出，投资人顺利退出。非重大问题情况下的基金退出，一般来说只是项目开发、建设、验收、销售周期会拉长，进而导致基金退出期限延长，投资人退出期限延长，但基金整体收益不会受影响，不会损害基金和投资人的利益，相对来说，投资人的抗性也比较小，与投资人沟通协调起来比较容易。非重大问题情况下的基金退出参考地产投资基金正常情况下退出的方式即可。

2. 重大问题情况下私募地产投资基金的退出

当项目出现重大问题（主要是被投资方违约）时，譬如资金链断裂、开发商跑路、项目涉诉被查封、违章建筑被责令拆除、项目售价暴跌、市场急剧降温、出现重大安全事故被责令停工等，项目陷入停滞状态，建设已经遥遥无期，销售去化已经实际上成为不可能，基金退出已经受到严重影响或者已经不能通过正常途径退出，基金损失已经不可避免。这些情形下，基金已经不能正常退出项目，投资人的利益已经受到严重影响，因此一些原来的常规的手段已经不能解决上述问题。问题虽然很严重，基金管理人还是要尽其可能的通过各种手段来减少基金的损失，减少投资人的损失。针对出现的不同种类的问题，基金也要根据具体的项目情况和自身能力，采取不同的处理方案。开发建设期中项目整体质素还不错的，如果能够继续开发建设并且投资方拥有足够可支配的合作资源的，可以委托其他开发商代建或委托管理；如果项目能够并购重组的，基金可以参与项目的并购重组，积极引进项目操盘方和资金方；如果项目可以通过过桥资金解决的，可以基金寻找资金，搭建过桥解决方案；如果基金管理人自身有开发能力的，还可以继续施工，自己强制操盘；如果基金管理人没有操盘能力的或者没有项目管理经验的，可在公开市场通过招拍挂方式进行转让或寻找合作方；如果项目已经进入销售期，加大推广的力度和折让力度，积极与中介机构合作，扩大客源，吸引顾客。当然处置过程中，许多处置方案需要被投方的配合，否则许多解决方案不可能实施下去。同时，如果项目方不配合，基金管理人也要积极启动司法程序，保全权利。但是司法程序一般来说，时间较长，成本较高，结果不确定，对投资人来说心理影响较大，因此如果项目能够通过重组方式解决的，还是建议通过重组方式解决。如果问题过于严重，项目实际上就可能已经没有起死回生的可能，基金管理人唯一能做的可能只有尽量减少损失，最大化地实现基金的利益。

图书在版编目（CIP）数据

私募地产投资基金投资运作全流程法律实务解析／段永强编著．—北京：中国法制出版社，2018.11

ISBN 978－7－5093－9801－2

Ⅰ.①私…　Ⅱ.①段…　Ⅲ.①证券投资基金法－研究－中国　Ⅳ.①D922.287.4

中国版本图书馆 CIP 数据核字（2018）第 220082 号

责任编辑：谢　雯　张海洋（zhanghaiy604@163.com）　　封面设计：杨泽江

私募地产投资基金投资运作全流程法律实务解析

SIMU DICHAN TOUZI JIJIN TOUZI YUNZUO QUANLIUCHENG FALÜ SHIWU JIEXI

编著/段永强

经销/新华书店

印刷/三河市国英印务有限公司

开本/710 毫米×1000 毫米　16 开　　印张／41　字数/487 千

版次/2018 年 11 月第 1 版　　2018 年 11 月第 1 次印刷

中国法制出版社出版

书号 ISBN 978－7－5093－9801－2　　定价：128.00 元

北京西单横二条 2 号

邮政编码 100031　　传真：010－66031119

网址：http：//www.zgfzs.com　　**编辑部电话：010－66010405**

市场营销部电话：010－66033393　　**邮购部电话：010－66033288**

（如有印装质量问题，请与本社印务部联系调换。电话：010－66032926）